21 世 纪 本 科 金 融 学 名 家 经 典 教 科 书 系

跟单信用证专家考试（CDCS）指定参考书目

2012—2013年度全行业优秀畅销书

“十二五”普通高等教育本科国家级规划教材

国际结算

（第七版）

International Settlement

苏宗祥　徐捷　著

中国金融出版社

责任编辑：王效端　王　君
责任校对：张志文
责任印制：陈晓川

图书在版编目（CIP）数据

国际结算/苏宗祥，徐捷著．—7 版．—北京：中国金融出版社，2020. 8
ISBN 978 - 7 - 5220 - 0620 - 8

Ⅰ．①国…　Ⅱ．①苏…②徐…　Ⅲ．①国际结算—高等学校—教材
Ⅳ．①F830. 73

中国版本图书馆 CIP 数据核字（2020）第 076129 号

国际结算（第七版）
GUOJI JIESUAN（DI-QI BAN）
出版
发行　中国金融出版社
社址　北京市丰台区益泽路 2 号
市场开发部　（010）66024766，63805472，63439533（传真）
网 上 书 店　www. cfph. cn
　　　　　　（010）66024766，63372837（传真）
读者服务部　（010）66070833，62568380
邮编　100071
经销　新华书店
印刷　北京侨友印刷有限公司
尺寸　185 毫米×260 毫米
印张　36
字数　850 千
版次　1997 年 8 月第 1 版　1998 年 11 月第 2 版　2004 年 6 月第 3 版
　　　2008 年 11 月第 4 版　2010 年 11 月第 5 版　2015 年 8 月第 6 版
　　　2020 年 8 月第 7 版
印次　2021 年 6 月第 2 次印刷
印数　10051—20050
定价　70. 00 元
ISBN 978 - 7 - 5220 - 0620 - 8
如出现印装错误本社负责调换　联系电话（010）63263947
编辑部邮箱：jiaocaiyibu@126. com

21世纪高等学校金融学系列教材
编审委员会

作者简介

苏宗祥，男，1925 年 9 月出生，福建闽侯人。天津财经大学经济学院金融系教授。1950 年毕业于复旦大学商学院会计系，同年 7 月分配至中国银行天津分行，从事跟单信用证业务工作 28 年，具有坚实的国际银行业务基础。1978 年 11 月调至天津财经大学金融系讲授国际结算等课程，从教 30 年。1982 年在全国最早创建国际结算学科，并编写了大学本、专科教材。1997—2004 年相继编写了《国际结算》大学本科教材第一版、第二版、第三版和《国际结算》大学专科教材第一版、第二版，均由中国金融出版社出版。《国际结算》第三版、第四版被教育部评定为普通高等教育“十一五”国家级规划教材；第五版被教育部评定为“十二五”普通高等教育本科国家级规划教材，并获“2012—2013 年度全行业优秀畅销书”奖项。上述教材自发行以来，始终稳居国际结算教材销量排行榜第一位。

徐捷，中国政法大学法学博士后，法国格勒诺布尔高等商学院（Grenoble Ecoled Management）工商管理博士，美国弗吉尼亚理工大学（Virginia Tech）金融硕士。国际商会中国国家委员会银行委员会副主席，中国银行业协会贸易金融委员会副主任，SWIFT 全球企业用户顾问委员会（CAG）成员，中国人民大学商学院兼职教授，中国政法大学比较法学院兼职教授。在《金融研究》等核心刊物发表学术论文多篇，拥有 20 多年国际业务及贸易融资从业经历，曾供职于中国外汇交易中心、中国工商银行上海分行国际业务部，负责过世界银行及国际银团贷款项目。2003 年入职民生银行，历任上海分行国际业务部总经理、贸易金融部上海分部总经理、总行工商企业金融事业部市场总监兼苏州区域总裁、民生银行苏州分行副行长、总行零售银行部副总经理、总行小微金融部副总经理、总行交易银行部副总经理。荣获全国金融五一劳动奖章、全国五一劳动奖章。

《国际结算》（第七版）姐妹篇

《国际贸易融资——实务与案例》（第二版）

前　言

“绿树阴浓夏日长，满架蔷薇一院香。”当《国际结算》第七版付梓之时，京城已是绿意盎然、葳蕤繁茂的盛夏。十五年弹指一挥间，从有幸被国际结算领域的开山鼻祖和学术泰斗苏宗祥教授选为学术传承人，到完成《国际结算》第四版至第七版写作，虽风华不在，但初心不改。

苏宗祥教授于1982年在全国最早创建了国际结算学科，《国际结算》也随之成为该学科领域的第一本专业教材。本书自1997年由中国金融出版社出版后，深受广大读者的厚爱，被连续评为普通高等学校金融类“九五”规划重点教材、“十一五”和“十二五”普通高等教育国家级规划教材，并获得了2012—2013年度全行业优秀畅销书等诸多荣誉。第一版至第六版发行以来，始终稳居国际结算教材销量排行榜第一位，成为国际结算领域最具权威性的经典教材。

本书第六版出版以后，国际商会银行管理委员会（ICC Banking Commission）又颁布和实施了一些新规则。如国际商会根据国际货物贸易的发展，充分考虑到近十年贸易领域出现的新变化，对《2010年国际贸易术语解释通则》进行了修订，新版本《2020年国际贸易术语解释通则》（国际商会第723E号出版物）于2020年1月1日实施。2019年国际商会发布了《跟单信用证项下汇票指引》，该指引建议银行开立延期付款信用证替代承兑信用证、减少汇票在信用证中的使用，从而终止了业界关于汇票存废的争议，对今后业务中减少不符点、规范信用证操作、统一单证审核标准，均有着重要的实际意义与指导作用。2019年国际商会还发布了《跟单信用证统一惯例（UCP 600）关于电子交单的附则》（eUCP2.0）及《托收统一规则（URC 522）关于电子交单的附则》（eURC1.0）。上述电子规则的修订，有利于推进信用证与托收的电子交单及贸易金融数字化进程。2020年6月，在新冠肺炎（COVID－19）疫情的背景下，国际商会发布了《关于正确理解UCP 600第35条第一段的解释性文件》，就银行在信用证项下单据传递过程中的免责问题进行了澄清。该文件在一定程度上体现了适应实务变化的灵活性，也展现了UCP等信用证规则的生命力。

速度慢、查询困难、扣费不透明、支付信息难以完整传递，这是在企业跨境汇款业务中存在了三十年的“顽疾”。为改善客户跨境支付体验，由环球同业银行金融电讯协会（SWIFT）牵头发起的全球支付创新项目（GPI－Global Payment Innovation）是对现有国际支付体系的重大变革。该项目提高了跨境支付的速度、透明度和可预见性，已经成为跨境支付领域的新标准。

作为国际结算领域最具影响力的国家级规划教材，本书始终坚持与时俱进，针对上述变化，我们对《国际结算》第六版做了及时更新，推出了《国际结算》第七版，力图和国际商会颁布的新规则保持同步。我们对近年来国际商会意见、法院和 DOCDEX 判决以及实务经典案例进行了全面梳理，用二维码的方式添加了延伸阅读材料，以帮助读者全面、深入地掌握国际惯例、DOCDEX 规则和争议解决方式。

为了使本教材精益求精，我们还邀请了长期从事 国际结算教学工作的江西财经大学王善论副教授对全书进行审阅，实现了课堂教学实践与外汇单证实务的紧密结合，充分体现了“国际结算”课程的实践性。同时，我们对教材中必学和选学内容做了标注，既区分了本科教学与实务工作的不同需要，又便于老师根据课时灵活授课；在各章补充了知识结构图等，更加便利教学和复习。

跟单信用证专家资格考试（CDCS）是对国际贸易、金融等领域从业人员理论和操作水平的专业认证，代表着该领域的国际水平。为帮助考生熟悉 CDCS 考试并顺利通过，我们在写作过程中吸收了近几年《跟单信用证专家资格考试应试人员学习指南》[*Certified Documentary Credit Specialist*（*CDCS*）*Candidate Study Guide*] 的精华，可为考生提供有价值的参考。CDCS 考生希望根据考纲要求将贸易术语、备用信用证、银行保函、国际保理、福费廷及打包贷款、押汇、出口发票贴现等常见的国际贸易融资方式纳入本书。我们将上述内容增补为第十四章，限于篇幅，内容较为简洁。如果读者有兴趣进一步研究国际贸易融资业务，可参见本书的姐妹篇——《国际贸易融资——实务与案例》（第二版，徐捷著）。

《国际结算》（第七版）精练了 SWIFT 实务案例，以阐述国际结算中的票据原理为基础，以介绍国际结算中的基本方式为主要内容，以解析信用证结算方式为重点，介绍国际结算中的汇票、本票、支票等金融工具，汇款、托收、信用证等结算方式，以及信用证审核、银行保函、备用信用证、国际贸易融资基础知识等内容，既有必要的原理，更突出实用性和可操作性。

汇聚实务界和学术界各方顶级专家的意见后，《国际结算》（第七版）逻辑清晰，重点突出，内容丰富且贴近实务，与国际结算的最新发展同步，满足了不同层次读者的需要。同时，我们按照本教材的章节安排，针对重点和难点配套编写了大部分篇幅为英文的《国际结算练习》，便于老师教学和读者自学之用。

本书配课件，请登录中国金融出版社网站 http：//www. chinafph. cn，点击“课件下载”下载使用，课件中还包括 2 份期末模拟试卷。

本书的写作得到了许多专家的支持。ICC 银行委员会技术顾问、UCP 600 修订小组主席 Gary Collyer 先生，国内著名的信用证业务法学专家、中国政法大学高祥教授，以及原新加坡华联银行副总裁、国际著名的贸易融资专家苏志成先生都提供了许多有价值的参考资料及意见；中国工商银行总行运行管理部彭华副总经理、德意志银行金融机构资金管理亚太区总裁苏昭颖女士对银行跨境清算章节进行了审定；中国工商银行国际结算单证中心夏霖副总经理对信用证以及托收业务的相关章节进行了审定。我们对他们提供的帮助表示感谢！

ICC DOCDEX 专家、ISBP745 修订顾问组专家、ICC CHINA 银行委员会信用证组专家、中国银行总行国际结算单证业务专家组专家贾浩先生对本书的修订提出了许多专业的意见，投入了大量的精力，付出了辛勤的劳动，在此表示特别感谢！

感谢中国金融出版社王效端主任和王君编辑，在新冠肺炎疫情期间为了本教材的顺利出版付出了大量心血。感谢中国民生银行总行单证中心对本书的出版给予了热情的支持。

希望本书能为中国国际结算业务的发展有所助益。由于作者水平有限，本书难免有不尽如人意甚至错误、疏漏之处，敬请读者惠予批评指正。

徐捷

2020 年 8 月 8 日于北京

目　录 Contents

第一章
国际结算概述

本章学习要点

- 掌握国际结算的概念，国际结算业务的种类；
- 熟悉国际结算的演进阶段和发展趋势；
- 了解国际结算适用惯例的相关知识。

本章知识结构

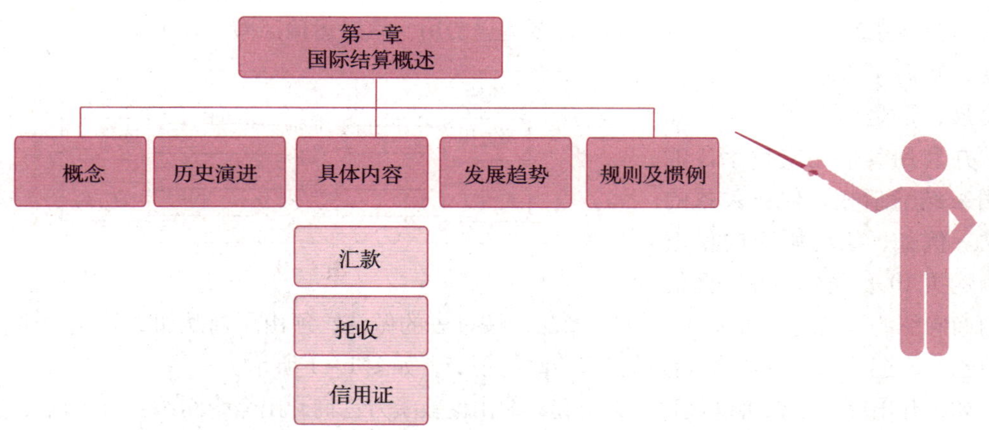

一、国际结算的概念

不同国家之间之所以存在债权债务关系，是因为国家之间存在着广泛的政治、经济、军事、文化等各方面的交往，这些交往常常会伴随着资金流动。

国际结算（International Settlement）是指为清偿国际债权债务关系或跨国转移资金而发生在不同国家之间的货币收付活动。

国际结算在商业银行的业务构成中，主要属于中间业务，从其整体运行来看，主要包括票据的运用、贸易单据的处理、结算方式操作、贸易融资、信用担保、银行间的国际合作、账户设置与支付系统运行等多项内容。由此可见，国际结算就是应用一定的金融工具（汇票、本票、支票等），采取一定的方式（汇付、托收、信用证等），利用一定的渠道

（通信网、互联网等），通过一定的媒介机构（银行或其他金融机构等），进行国与国之间的货币收付行为，从而使国际债权债务得以清偿。

通常国际结算分为国际贸易结算和非贸易结算。

国际贸易结算是指因国际间贸易产生的货币收付和债权债务的结算。

由于国际货物贸易引起的货款跨境交易金额巨大，业务流程复杂，在国际收支中占有重要的地位，它和国际贸易的发生和发展、世界市场变化、国际运输、货损保险、电讯传递有着密不可分的联系。

国际贸易以外的其他经济活动以及政治、文化等交流活动，例如，对外投资、筹资、外汇买卖、捐款、侨汇、信用卡、旅行支票、经济军事援助等引起的货币收付，称为非贸易结算。它们多是建立在非商品交易基础上的，也称为“无形贸易结算”。

二、国际结算的历史演进

（一）从现金结算发展到非现金结算

国际结算是随着国际贸易的发展而产生和发展的，纵观国际结算的历史发展，最初的演进是从现金结算发展到非现金结算。

中世纪的世界各国对外贸易都是采用黄金、白银、铸造硬币作为国际间的现金结算货币。但国际贸易区域不断扩大，从地中海沿岸移至大西洋沿岸，然后远及亚洲、非洲、美洲并遍布全世界，而由于采用现金结算，需要运送费用，承担运输风险，还要清点钱数，很不方便，妨碍了大规模的远洋贸易发展，于是出现了采用商业汇票并利用其信用支付手段的作用来结清债权、债务关系的做法。例如，纽约甲商向伦敦乙商购买10万美元商品，而伦敦丙商向纽约丁商也购买了10万美元商品，按过去的做法，须由甲商从纽约输送现金付给伦敦乙商，还须由丙商从伦敦输送现金给纽约丁商，如图1－1所示。

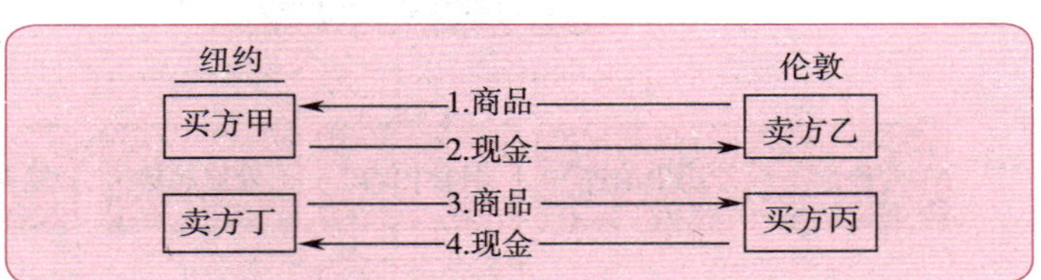

图1－1

如果开出商业汇票可以代替输送现金，即由伦敦卖方乙商开出命令纽约买方甲商支付10万美元给伦敦卖方的汇票，将其售给伦敦买方丙商，丙商将此汇票寄给纽约卖方丁商，由丁商提示汇票给纽约买方甲商，要求支付10万美元给丁商。这样既销售了商品，又无须买方输送现金给卖方，如图1－2所示。

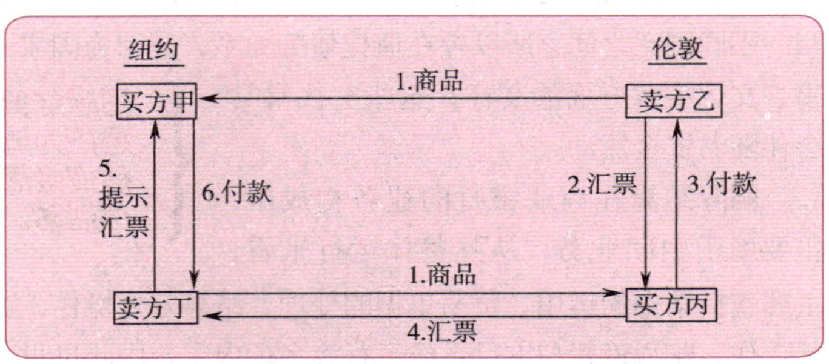

图1－2

早期的商业汇票显示出票人既是第一笔交易的债权人，又是第二笔交易的债务人，其后逐渐演变成为现代汇票。汇票的流通带动了支票和本票的流通，它们代替了异地输送现金。同城间的票据结算，采用集中在票据交换所进行收付票款的交换清算，将大量的异地托收、同城付款的票据，用收付轧抵的办法清算，节省大量现金支付。后来票据清算又发展为计算机化管理。

（二）从直接贸易结算发展到间接贸易结算

买卖双方直接结算方式不适合国际贸易的客观情况，因为卖方和买方位于两个不同国家，使用不同货币，处在不同的贸易和外汇管理制度之下，不可能办理面对面的钱、货两清的直接结算，只有委托银行办理结算。银行有自己的机构网点或代理行机构网点设在买方和卖方驻地，它们经营各国外汇或套汇业务，了解各国贸易、外汇管制情况，因此贸易结算自然地分工到银行，从而使买卖双方集中精力开展贸易，货款结算则完全通过银行办理。卖方可将货运单据经银行寄出，索取货款，银行则配合收款。卖方也可自寄货运单据给买方，由买方经银行汇回货款。银贸之间既有分工又有协作，共同为开展对外贸易、安全收汇和节约付汇作出贡献。

（三）从现金交货发展为货物单据化和履约证书化的国际结算方式

原始的结算为卖方一手交货，买方一手交钱，货钱两清，通常称为现金交货（Cash on Delivery）方式。当贸易商与运输商有了分工以后，卖方将货物交给运输商承运至买方，运输商将货物收据交给卖方转寄买方向运输商取货，海上运输继续扩大。简单的货物收据发展成为比较完善的海运提单，它起着物权单据（Title Document）的作用，承运人凭着交来的正本提单才能把货物交给提示人，交单换取交货。由于这种作用，海运提单又成为可以流通转让的单据（Negotiable Document），便利卖方（受益人）把提单转让给银行，获得银行融资，再由银行以付款赎单方式转让给买方（申请人）。

在 CIF、CFR、FOB 贸易条件下，卖方义务是提交已装船的海运提单表明其交货，买方义务是凭收到的物权单据证明卖方已经履行交货义务，买方即应支付货款。只有货物单据化以后，才能使银行成为买卖的中介人，代卖方交出物权单据，向买方收取货款，从而完成一笔国际贸易结算。

在商品买卖合同中，卖方履行合同的义务是按期、按质、按量发运货物，买方履行合同的义务是接收货物，按期如数支付货款。卖方可提供各种单证表示履约，例如，交来提单，以其装运日期证明按期发货；提交商检机构签发的品质证书来证明按质发货；提交商业发票注明货物数量或另加商检机构签发的数量证书来证明按量发货。又如，机器设备交易可凭海运提单、制造商证书、安装证书、验收证书等确定卖方已经履约，买方在审核这些证书相符后决定付款给卖方。

货物单据化、履约证书化为银行办理国际结算创造了良好条件，只需凭审核相符的单据付款，不凭货物或设备付款，这就使不熟悉商品专业知识的银行能够介入买卖之间，凭单据垫款付给卖方，再凭单据向买方索取货款归垫。

三、国际结算方式的具体内容

（一）国际结算方式的内容

国际结算方式又称支付方式，在购销合同中叫做支付条件，通常是指全套单据与货款对流的形式。国际结算方式应包括以下内容：

1. 按照买卖双方议定的具体交单与付款方式办理单据和货款的对流。
2. 结算过程中，银行充当中介人和保证人，正确结清买卖双方的债权和债务。

3. 买卖双方可以向银行提出给予资金融通的申请。

4. 结算方式必须订明具体类别、付款时间、使用货币和所需单据与凭证。

（二）国际结算方式的类别

1. 按传统银行业务可分为：（1）汇款（Remittance）；（2）托收（Collection）；（3）信用证（Letter of Credit）。

2. 按付款时间分类。贸易界以装运时间先后为准，可分为：（1）预先付款（Payment in Advance）；（2）装运时付款（Payment at Time of Shipment）；（3）装运后付款（Payment after Shipment）。银行界以交单时间先后为准，可分为：（1）交单前预付（Advance Payment before Presentation of Documents）；（2）交单时付款（Payment upon Presentation of Documents）；（3）交单后付款（Payment after Presentation of Documents）。

3. 按使用货币分类。国际结算使用的货币应是可兑换的货币（Convertible Currency），可以是：（1）出口国货币；（2）进口国货币；（3）第三国通用货币。美元是世界通用货币，易被买卖双方接受；至于使用出口国货币或进口国货币，须经买卖双方磋商决定。

四、国际结算新的发展趋势

（一）信用证结算呈现下降趋势且区域分布不均衡

现代国际贸易已由卖方市场转变为买方市场，进口商考虑到信用证结算方式对自己意味着费用高、占压资金大、手续繁杂等众多不利，便依赖自身的较强议价力（Bargaining Power）逐渐减少使用信用证结算方式。因此，商业信用重新成为国际贸易发展的重心所在，而代表银行信用的信用证结算方式逐步出现边缘化的倾向。以我国为例，根据国际商会发布的《国际商会 2018 年全球贸易金融调查报告》，2015 年至 2017 年，信用证结算量约占我国贸易结算量的 15%，比 2014 年下降约 19%。同时，2017 年 SWIFT 的全球信用证交易量连续第四年下滑，为 2011 年以来的最低水平：其中亚太地区依旧是通过 MT700 发送进出口报文量最大的地区，占比超过 70%，其次是欧洲—欧元区，占比不超过 8%；中东地区的比例不超过 6%，明显呈现出区域发展不均衡的趋势特征。

（二）国际保理、保函等新的国际结算方式日益被广泛运用

国际保理、包买票据及保函等国际结算中新的结算方式逐步取代信用证结算方式的主导地位。例如，国际保理业务作为贸易融资中一种主要的产品，能帮助出口商获得无追索权的、手续简便的贸易融资，出口商出口货物后，就可以获得 80% 的预付款融资和 100% 的贴现融资；出口商借助保理业务可以向客户提供赊销、付款交单、承兑交单等商业结算方式，因而增强了产品出口的竞争力，进口商可以以有限的资金购进更多的货物，节省了因开立信用证而付出的高额的开证保证金，加快了资金和货物的流动，增加了利润。

（三）国际结算中的混合结算方式日益增多

国际结算方式的混合运用正日益增多。如部分货款采用信用证结算，部分货款采用托收结算；或部分货款采用 T/T 预付款结算，部分货款采用信用证结算等。采用混合国际结算方式的优点在于使买卖双方分摊一些结算风险和成本，有利于达成双方均可接受的结算方式合约。

（四）国际结算的电子化程度越来越高

20 世纪 60 年代以后，世界进入了电子与信息技术的时代，电子数据交换（Electronic

Data Interchange，EDI）广泛使用，使得国际贸易往来的过程不再依赖纸面单证，而逐渐被电子单证所替代，即利用计算机网络技术，将有关物流、信息流和资金流进行整合，通过电子方式来传递、交换有关数据和文件。同时新一代贸易、结算合一网——BOLERO 已运行，BOLERO 由欧共体发起创立，由联运保赔协会（Through Transport Club，TTCLUB）与环球银行金融电信协会（Society for Worldwide Interbank Financial Telecommunications，SWIFT）合资成立。其用户包括了国际贸易中的进出口商、银行、保险公司、运输行、海关、检疫机构、港务机构等。用户通过互联网交换单据、核查数据，完成贸易过程，而且还可以通过权利注册申请，在线转让货物所有权。

随着全球国际贸易交易的电子化支付越来越普遍，我国国际结算方式中的电子化程度亦在不断提高之中。目前我国开展国际结算业务的商业银行都使用了 SWIFT 系统，具有自动加押、核押等安全功能。因此，国际结算的安全性和效率已经逐步提高。

（五） 国际结算的汇率风险不断增大

近年来，随着汇率市场化改革的深入推进，人民币汇率双向浮动弹性逐步增强，汇率单边走势及单边预期被打破，国际结算面临的汇率风险不断增大。

（六） 跨境人民币结算日趋深入

为顺应国内外市场和企业的要求，国务院于 2009 年 4 月 8 日决定在上海市和广东省的广州、深圳、珠海、东莞 4 个城市先行开展跨境人民币结算试点工作，境外地域范围暂定为港澳地区和东盟国家，由中国人民银行、财政部、商务部、海关总署、税务总局、银监会共同制定的《跨境贸易人民币结算试点管理办法》于 2009 年 7 月 2 日正式实施。从此以后，跨境人民币结算业务不断深入发展，且一直保持着良好的推进势头，包括不断简化贸易项下人民币结算手续、逐步开放、鼓励和完善资本项下人民币的使用、完善人民币支付清算体系的建立，同时改革人民币汇率的形成机制，在结算的基础上推进人民币作为国际外汇储备货币的进程等。在“一带一路”的大背景下，人民币国际化进程，特别是人民币成为国际结算的主要币别以及国际认可的外汇储备资产之一，对我国稳定对外金融秩序，减少国内经济波动具有重要的影响。

（七）ISO 20022 标准有望在 SWIFT 大额支付领域得到运用

据 SWIFT 统计，截至 2019 年，全球有 70 多个国家的本地市场基础设施已采纳了 ISO 20022标准，主要集中在支付和证券业务领域。SWIFT 预估未来 5 年间，ISO 20022 在大额支付，实时支付市场以及证券、外汇和投资基金等业务领域中将占据主导地位。

（八） 随着电子科技的突飞猛进， 支付创新让越来越多的市场参与主体受益

为改善客户跨境支付体验，SWIFT 组织于 2015 年 12 月牵头发起 SWIFT GPI（Global Payments Innovation Initiative，即全球支付创新项目），该项目通过与参与银行一起制定新的跨境支付标准协议（SLA），提高跨境支付的速度、透明度和可预见性。

（九） 区块链技术将在跨境支付领域得到广泛运用

区块链作为一项新的信息技术，具有泛中心化、信任共识、信息不可篡改、开放性等特点。将区块链技术与现代支付技术有效结合，能够大幅节省银行业务资源，降低跨境支付的风险，提高跨境支付效率。

五、国际结算规则及惯例

（一）国际结算规则

国际结算规则是指由国际性的商务组织或团体负责协调、统一各有关贸易方的立场，就国际商务结算中的相关问题、程序和方式，所达成的为各方认可、接受和将在国际结算业务中得到遵循的国际性的商务结算规定、规范、惯例和原则。

国际结算规则的基本特点如下：

1. 存在应用前提。所有的国际结算规则，它们都有具体的应用情况，所有的当事人都必须受其约束，除非在结算规则中有明确表达的特定情况。

2. 贴近国际结算实务。总体来说，所有的国际结算规则已得到从事金融和贸易活动的银行界和商业界的接受和认同，因为这些规则紧密反映了国际金融和商务活动的实际。

3. 规范国际结算行为，推进国际贸易发展。所有的国际结算规则的推行都在不同程度上促进了国际贸易的可行性、公平性和规则化。

4. 与时俱进，不断更新。所有的国际结算规则都被修订过，并随着时代的发展不断在更新，以与国际商务活动的变化同步发展。

（二）国际结算惯例

国际惯例是指在长期的国际交往实践中约定俗成的，为国际社会公认的国际交往行为的惯常模式、规则、原则等，对当事人之间的关系、权利和义务有明确的规范，是国际外交、国际经贸、国际军事活动、国际文化交流等惯例的总称。

1. 国际结算惯例的特点。

（1）国际性。国际经贸活动是在世界范围内进行的，因此作为调整经贸关系的惯例也具有国际性，它被许多国家和地区认可，成为各国的共同行为准则。由于其国际民间性质，不涉及国家主权，各国为了避免相互之间涉外经济立法的冲突，避免按国际经贸法律协调时涉及国家主权问题，普遍愿意承认和采纳国际惯例。

（2）非强制性。尽管在国际贸易中国际结算惯例对国家间的当事人的支付与清偿行为具有一定的约束力，但是国际结算惯例本身并不是法律。国际结算惯例是国际间民间团体（如国际商会）或同一行业的人们共同信守的规则，而法律则是由国家权力机关统一制定和认可、集中体现国家意志的并由国家执法机关强制保证实施的约束人们的行为规范。

（3）相对稳定性。国际惯例是在长期的经贸活动中，经过反复使用、约定俗成而历史地形成的，是经贸活动的历史产物，因此具有相对的稳定性。若经常变动，就不成其为规范，失去了权威性，也不可能在国际经贸活动中发挥规范和调整作用。

2. 国际结算惯例的功能。国际结算惯例作为一种非正式的约束国际间不同主体行为的制度安排，在现实国际经济往来中具有独特的优势和功能，因为国际结算惯例可以有效地填补各国有关国际金融清算法律方面存在的真空和缺失。主要表现在：

（1）可以推动和促进国际经贸活动的发展。

（2）可以减少或避免经贸活动中的法律冲突。

（3）可以规范人们在国际间的支付和清偿款项的商业行为和办法，降低资金结算的交易成本。

3. 国际结算惯例的制定机构——国际商会。国际贸易与结算惯例大多是由国际性的商业组织或团体来组织编纂和负责解释的，国际商会是其中最为重要的机构之一。国际商会（International Chamber of Commerce，ICC）由美国商会发起，成立于1919年，总部设在巴黎，是世界上重要的民间经贸组织，是由来自世界各国的生产者、消费者、制造商、贸易商、银行家、保险家、运输商、法律经济专家组成的国际性的非政府机构。其宗旨是：在经济和法律领域里，以有效的行动促进国际贸易和投资的发展。其工作方式为：制定国际经贸领域的规则、惯例，并向全世界企业界和商界推广应用；寻求与各国政府以及国际组织对话，以求创造一个利于自由企业、自由贸易和自由竞争的国际环境；促进各国或各地区会员之间的经贸合作，并向全世界商界提供实际和实用的服务。

1988年经国务院批准，我国加入了国际商会。中国国际商会（ICC China）在国际经贸规则与惯例的研究、推广和国际商事仲裁领域，产生了巨大影响。依托中国国际贸易促进委员会的工作网络，中国国际商会同世界上200多个国家和地区的工商企业界建立了广泛的联系；与160多个对口组织签订了合作协议，并同一些国家的商会建立了联合商会。

随着国际经济与科学技术的发展，贸易与非贸易结算规则不断增加，日趋完善。现将适用规则列明如下：

1992年的《见索即付保函统一规则》（国际商会出版物第458号）；

1992年的《多式运输单据规则》（国际商会出版物第481号）；

1993年修订的《跟单信用证统一惯例》（国际商会出版物第500号）；

1995年修订的《托收统一规则》（国际商会出版物第522号）；

1996年的《跟单信用证项下银行间偿付统一规则》（国际商会出版物第525号）；

1998年的《国际备用信用证惯例》（国际商会出版物第590号）；

1999年修订的《2000年国际贸易术语解释通则》（国际商会出版物第560号）；

2000年国际保理商联合会制定的《国际保理业务惯例规则》；

2002年的《跟单信用证统一惯例（UCP 500）关于电子交单的附则（eUCP1.0版）》；

2002年的《关于UCP 500等的意见汇编》（国际商会出版物第632号）；

2003年的《审核跟单信用证项下单据的国际标准银行实务》（国际商会出版物第645号）；

2007年修订的《跟单信用证统一惯例（UCP 600）关于电子交单的附则（eUCP1.1版）》；

2007年修订的《跟单信用证统一惯例》（国际商会出版物第600号，2007年7月1日起实施）；

2007年修订的《审核跟单信用证项下单据的国际标准银行实务》（国际商会出版物第681号）；

2008年修订的《跟单信用证项下银行间偿付统一规则》（国际商会出版物第725号）；

2010年修订的《2010年国际贸易术语解释通则》（国际商会出版物第715号，2011年1月1日起实施）；

2010年修订的《见索即付保函统一规则》（国际商会出版物第758号，2010年7月1日起实施）；

2013年修订的《关于审核UCP 600下单据的国际标准银行实务》（国际商会出版物第745号）；

2013 年修订的《国际商会福费廷统一规则》（国际商会出版物第 800 号，2013 年 1 月 1 日起实施）。

2013 年，国际商会与 SWIFT 合作制定了《银行付款责任统一规则》（Uniform Rules for Bank Payment Obligations，URBPO），是规范银行付款责任（BPO）业务的纲领性文件，该文件于 2013 年 7 月 1 日起正式在全球范围内实施。

2019 年 5 月，国际商会正式发布 eUCP2.0 和 eURC1.0。

2019 年 9 月，国际商会修订并发布了《国际贸易术语解释通则 2020》（国际商会出版物第 723E 号，2020 年 1 月 1 日生效）。

2007 年 7 月 1 日，顺应时代变迁和科技发展的 UCP 600 正式生效，其特点是语言简练、严密，条款简洁、务实，结构合理科学，对国际结算及贸易实务产生了很大影响。

在国际贸易和结算领域，以 UCP 为核心，还有许多配套的规则。由于 UCP 的改进，这些规则也必然作相应的改变。其中最主要的几项规则如下：

一是 eUCP。根据国际商会（ICC）国家委员会的建议，eUCP1.1 是专门针对 UCP 600 惯例的补充规定，共有 12 个条款。需要注意的是，UCP 很多条款并不对电子交单产生影响，所以要与 eUCP 一起使用。在电子交单或以电子和纸质单据混合方式提交单据时，要同时使用 eUCP 和 UCP 两个规则。为进一步推动电子交单的发展并结合实务的最新变化，国际商会于 2019 年 5 月正式发布 eUCP2.0 版本。eUCP2.0 版是对 eUCP1.1 版的修订升级，修订后的规则对信用证项下的电子交单业务具有更好的推动意义。

二是审核跟单信用证项下单据的国际标准银行实务（International Standard Banking Practice，ISBP）及其修改。ISBP 是一个供单据审核员在审核跟单信用证项下提交的单据时使用的审查项目（细节）清单。ISBP 于 2002 年首次通过，并作为国际商会制定的应用广泛的关于跟单信用证的规则——UCP 的必不可少的补充，得到了各界广泛的接纳。通过详细规定跟单信用证操作中的细节，比如如何签发海运提单，保险单据的关键特征，如何处理拼写和打印错误等，ISBP 填补了概括性的 UCP 规则与信用证使用者日常操作之间的差距。2007 年 7 月 1 日，通过了与 UCP 600 精神相一致的 ISBP681。ISBP681 的调整与 UCP 600 的大规模修订同时展开，而 UCP 600 起草组的工作重心主要放在 UCP 600 的修订上，所以，ISBP681 的调整显得比较粗糙。为此，国际商会在 UCP 600 实施一年多后于 2008 年底正式发起动议，修订起草新版 ISBP745，以反映不断发展中的信用证审单实务。经过五年的修订，ISBP745 正式于 2013 年生效。

三是 SWIFT 的升级。SWIFT 是为国际结算提供电讯服务的，所以它的修改一直同步跟进，并且得到了 UCP 修改小组的具体指导。SWIFT 升级的时间表为：第一步改变于 2006 年 11 月 18 日生效，年底发布指引。第二步改变于 2007 年 7 月 1 日 UCP 600 生效时，指引的内容开始在 SWIFT 电文中使用。第三步改变于 2007 年 10 月 27 日，新的指引在 SWIFT 使用手册中正式发布了。SWIFT 修改原则是“最小的影响，最少的费用”。SWIFT 升级涉及的电文格式有 MT700、MT710、MT720、MT705 等，具体调整了 44 场（域），增加了 40E 场，44 场 A、E、F、B 等随 UCP 600 转运单据条款而改变，这些改变从 2006 年 11 月起执行；关于拒付时单据处理条款，电文 MT734 中的 77B 场已不能适应 UCP 600 第 16 条，

2007 年 11 月采用新的执行版本。第四步，为适应全球业务的飞速发展，满足监管合规要求，提高报文直通率，提升客户体验，在经历多次客户意见征询和系统测试后，2018 年 11 月 18 日，SWIFT 组织正式对 SWIFT 报文格式标准进行升级，此次升级主要涵盖 SWIFT7 类报文和 GPI 标准报文，是近年来最大的一次业务功能优化和服务创新。此次升级共新增了 MT708、MT744、MT759 等 9 个报文种类，并对 MT700、MT707 等 18 个报文格式进行了优化，极大地提升了实际业务需求。

附录 贸易术语

一、贸易术语概述

国际贸易的买卖双方分处两国，远隔两地，在卖方交货和买方接货的过程中，将会涉及许多问题。例如，货物的检验费、包装费、保险费、运费、进出口税费和其他杂项费用究竟由何方支付；货物在运输途中可能发生的损坏或灭失的风险由何方负担；安排运输、装货、卸货、办理货运保险、申请进出口许可证和报关纳税等责任又由何方承担。如果每笔交易都要求买卖双方对上述费用、风险和责任（Cost，Risks and Responsibilities）逐项反复磋商将耗费大量的时间和费用，并将影响交易的达成。在国际贸易的长期实践中，逐渐形成了各种不同的贸易术语。通过使用贸易术语，可以解答上述问题，便利和促进交易的达成。

贸易术语是指用一组英文短语或三个缩写字母来明确价格的构成，主要描述了货物由卖方交付给买方过程中所涉及的工作、成本和风险。贸易术语所表示的贸易条件，主要分两个方面：（1）说明商品价格的构成，是否包括成本以外的主要从属费用，即运费和保险费（比如 CIF 价格构成为采购成本、出口关税 、保险费和国际运费）。（2）确定交货条件，说明买卖双方所承担的责任、费用和风险的划分。

贸易术语中，交货问题涉及运输途中风险由谁承担责任，运输路途的运费、保险费及其他费用由谁负担，因此每一贸易术语必须在理论上订立两个临界点（Critical Point）。第一是交货临界点（Critical Point for Delivery），又称风险临界点（Critical Point for Risk），货物运到这个临界点，从法律观念上可以认为卖方已经尽到交货责任，将货物交与买方，故在这个临界点以前货物遇到风险发生损失由卖方承担责任，在这个临界点以后货物遇到风险发生损失由买方承担责任。第二是费用临界点（Critical Point for Cost），在这个临界点以前发生的运费（有时加保险费）由卖方负担，在这个临界点以后发生的运费（有时加保险费）由买方负担。

二、Incoterms 2020 贸易术语简介

《2020 年国际贸易术语解释通则》（INCOTERMS 2020）在 INCOTERMS 2010 的基础之上，历经了 3 年的多方征求意见和修订之后于 2019 年 9 月 10 日由国际商会正式发布，并于 2020 年 1 月 1 日在全球范围内正式生效。INCOTERMS 2020 在 2010 版本的基础上对买卖双方的责任做了进一步明确，并就部分术语中的相关条款进行了更为贴近实务的变更，如 FCA 项下对已装船提单的选择性安排等。整体来看，贸易术语的此次变更对国际贸易、国际结算实

务及贸易融资等领域都将产生重要的影响。INCOTERMS 2020 共有 11 种贸易术语，按照所适用的运输方式划分为两大类（见表 1－1）。

表1－1 贸易术语一览表

THE 11 INCOTERMS 2020
Rules For Any Mode or Modes of Transport(适用于任何运输方式或多种运输方式的术语)
EXW Ex Works...(insert named place of delivery)工厂交货(指定地点) FCA Free Carrier...(insert named place of delivery)货交承运人(指定地点) CPT Carriage Paid to...(insert named place of destination)成本、运费付至（指定目的地） CIP Carriage and Insurance Paid to...(insert named place of destination)成本、运费、保费付至（指定目的地） DAP Delivered at Place (insert named place of destination)目的地交货(指定地点) DPU (Delivered at Place Unloaded)(insert named place of destination) 卸货地交货（指定目的地） DDP Delivered Duty Paid...(insert named place of destination)完税后交货（指定目的地）
Rules for Sea and Inland Waterway Transport(适用于海运及内河水运的术语)
FAS Free Alongside Ship...(insert named port of shipment)装运港船边交货（指定装运港） FOB Free on Board(insert named port of shipment)装运港船上交货（指定装运港） CFR Cost and Freight...(insert named port of destination)成本加运费（指定目的港） CIF Cost,Insurance and Freight...(insert named port of destination)成本、保费加运费（指定目的港）

三、常用贸易术语

（一）FCA 术语

FCA Free Carrier（... named place of delivery） Incoterms® 2020，货交承运人（填入指定交货地点）国际贸易术语解释通则® 2020（见图 1－3）。

如 We offer to sell 500 jackets，USD 16 per piece FCA Pudong Airport，Shanghai Incoterms® 2020，delivery during June，2020.（报价出售 500 件夹克衫，每件 16 美元，FCA 上海浦东机场 2020 年 6 月交货。）

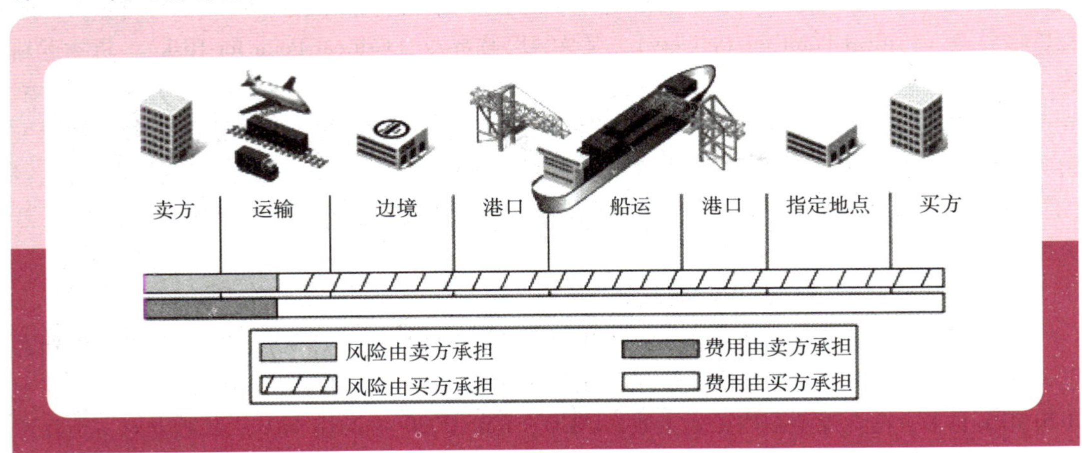

图 1－3 FCA 术语示意图

FCA 术语是指卖方在其所在地或其他指定地点，将已出口清关的货物，交付给买方指定的承运人，即完成交货义务。风险在交货地点由卖方转移给买方，双方应尽可能清楚地表明指定交货地内的交货点。

在国际贸易术语解释通则® 2020 术语中，承运人是签约承担运输责任的一方。若买方指定非承运人的其他人接收货物，则自货物交付给该人之时起，即视为卖方已经履行了交付货物的义务。

1. 买卖双方的基本义务。

（1）卖方责任。

风险转移：卖方只要将货物在指定的地点交给由买方指定的承运人，并办理了出口清关手续，即完成了交货。

费用负担：货物交运送人接管前一切成本费用及出口通关费。

单据提供：①商业发票；②官方及其他正式出口文件；③一般交货证明或运送单据；④协助买方取得进口及过境他国之相关文件。

货物交付：卖方须于规定期限内办妥货物出口通关事宜并负责一切风险及费用直到货交买方指定交货地的运送人接管。

与安全相关的要求：卖方需向买方提供运输项下和出口清关过程中与安全有关的必要信息，并在交货之前遵守安全方面的相关要求，以确保货物运输和清关等手续的顺利进行。

（2）买方责任。待货物交付买方指定运送人后其一切风险及费用全归买方负担。

2. 使用 FCA 术语注意事项。

（1）若交货是在卖方的所在地进行，则卖方应负责将货物装载于买方提供的运输工具；若交货是在任何其他地点进行，则卖方将处于其运输工具上的并已准备好卸载的货物（不负责卸载货物）交由承运人或买方的指定人处置。

（2）若适用时，FCA 术语要求卖方办理货物出口清关手续。但卖方无义务办理进口清关、支付进口税或办理进口海关手续。买方承担进口清关手续和费用。

（3）Incoterms 2020 规定，如双方同意，在买方的要求下以及由买方承担相应风险和成本的条件下，承运人在货物装船后需向卖方出具已装船提单，卖方需通过约定的方式如通过卖方银行交与买方。上述处理方式作为一种变通，并不改变卖方在 FCA 术语项下不承担运输责任的规定。

（4）在适用的情况下，FCA 术语允许买方可以不受条款的限制选用自己的交通工具安排运输。

（二）FOB 术语

FOB，Free on Board（... named port of shipment）Incoterms ® 2020，装运港船上交货（填入指定装运港）国际贸易术语解释通则® 2020（见图 1－4）。

如 We offer to sell Chinese bean about 3000M/T，USD550 per M/T FOB Shanghai，China Incoterms® 2020，shipment during August，2020.（报价出售中国大豆约 3 000 公吨，每公吨 550 美元，FOB 中国上海港船上交货，2020 年 8 月装运。）

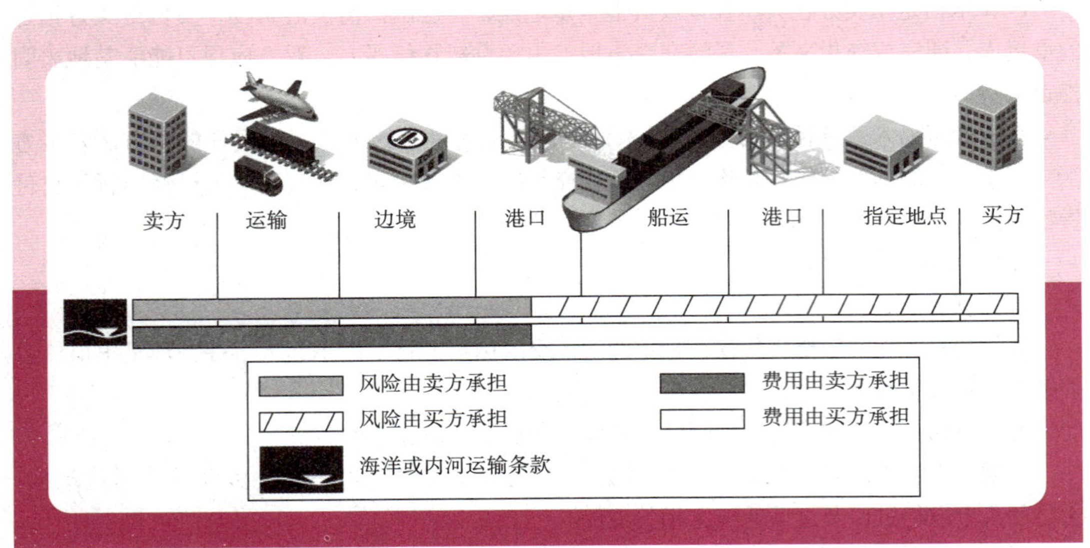

图 1－4　FOB 术语示意图

FOB 术语是指在指定的装运港，卖方将货物装上买方指定的船舶时，或取得已交付至船上的货物（链式销售）时，卖方即完成其交货义务。买方自此时之后，承担货物灭失或损坏的一切风险和费用。

若适用时，FOB 术语要求卖方办理货物出口清关手续。但卖方无义务办理进口清关、支付进口税或办理进口海关手续。买方承担进口清关手续和费用。FOB 可能不适合货物在装上船舶之前已交付给承运人的情况。例如，在集装箱运输时，通常在集装箱码头交货。此类情况下，应使用 FCA 术语。

1. 买卖双方应尽的责任。

（1）卖方责任。

风险转移：卖方承担货物装上船为止的一切风险。

费用负担：货装船前一切成本、费用及出口通关费。

单据提供：①商业发票；②官方及其他正式出口文件；③一般交货证明或协助买方取得运送单据；④协助买方取得进口及过境他国之相关文件。

货物交付：卖方须于规定期限内办妥货物通关事宜并负责一切风险及费用，直到货送到指定装运港安全装载于买方所指定的船上。

与安全相关的要求：卖方需向买方提供运输项下和出口清关过程中与安全有关的必要信息，并在交货之前遵守安全方面的相关要求，以确保货物运输和清关等手续的顺利进行。

（2）买方责任。待货装上买方指定船上后，一切风险及费用全归买方负担。若买方怠于依规定发出通知或所指定船未能准时抵达或承载货物，一切损害及费用均归买方负责。

2. 使用 FOB 术语注意事项。

（1）在以 FOB 条件成交的交易中，买方往往要求卖方代办运输事宜，此时，卖方仅仅提供服务，其风险和费用仍然由买方承担。

（2）卖方在交货后应及时给予买方充分装船通知，以便买方安排投保、通关、接货。若卖方怠于此项通知，致使买方无法投保，即使货物已在装运港装上船舶，但有关货物在此情况下的风险并不被认为已由卖方转移给买方。

（3）在该术语下，买方有义务安排运输事宜，并将相关的船名、装货地、交货地及交货时间等信息及时通知卖方。若买方怠于此项通知，或所指定船舶未按时抵达，或不能装运货物，或提前截止装货，则货物的风险和费用可提前转移，只要货物已经特定化。

（4）为防止货物因意外事故致损，而买方又拒绝付款，卖方最好投保“出口信用保险”或“卖方利益险”；为防止货物在装运前的内陆运输风险，卖方应投保“陆运险”。

（三）CFR 术语

CFR，Cost and Freight（... named port of destination）Incoterms® 2020 成本加运费（填入指定目的港）国际贸易术语解释通则® 2020（见图 1－5）。

如 We offer to sell refrigerator 1000 units，USD 280 per set，CFR Paris Incoterms® 2020，shipment during April/May，2020.（报价出售电冰箱 1000 台，每台 280 美元，CFR 目的地巴黎，2020 年 4 月至 5 月装运。）

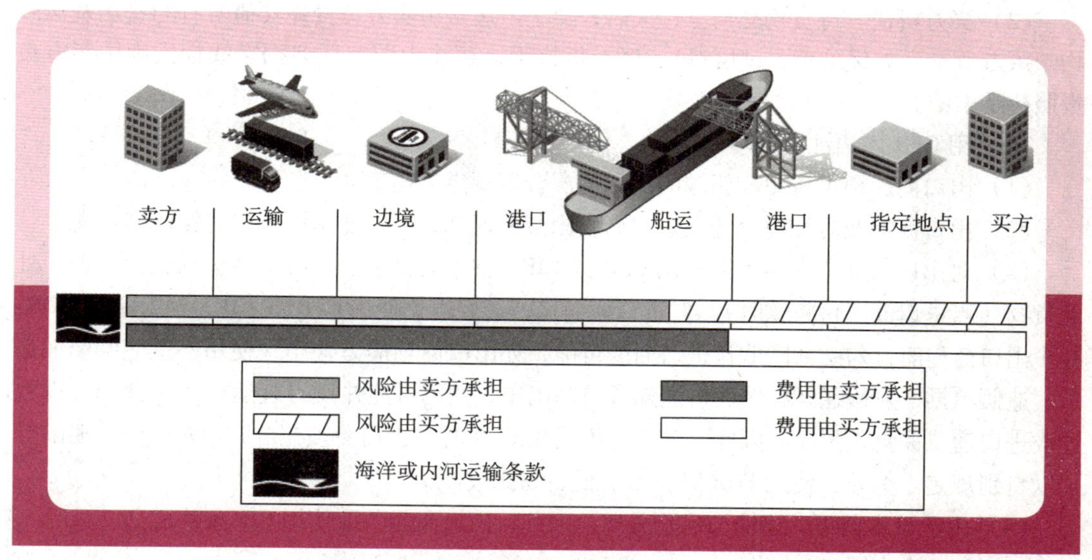

图 1－5　CFR 术语示意图

CFR 术语是指卖方在装运港船上交货或以取得已经这样交付的货物方式交货（此处“取得”一词适用于大宗商品贸易中常见的交易链中的链式销售）。货物灭失或损坏的风险在装上船舶时转移。卖方须订立运输合同，支付货物运至指定目的港的运费。使用该术语时，卖方在装运港船上交货或购买已如此交付的货物，即完成了交货义务，而不是货物到达目的地之时。

该术语下，风险转移和费用转移的地点是两个不同的地点，即风险和费用（如运费）的划分点相分离。因此，双方应尽可能确切地在指定目的港内明确该地点（运费划分点）。若卖方按照运输合同在目的港交货点产生了卸货费用，则除非双方事先另有约定，否则卖方无权向买方要求补偿该项费用。CFR 贸易术语是 Incoterms 中最常用的术语之一。卖方都在装运港完成交货义务，因此，人们常常将该术语下的买卖合同称为“装运合同”。CFR 可能不适合于货物在装船前已经交给承运人的情况，例如，集装箱运输货物通常在集装箱码头交货。在此类情况下，应该使用 CPT 术语。

1. 买卖双方的基本义务。

（1）卖方责任。

风险转移：卖方承担货送至装运港船上之前的一切风险。

费用负担：货装船前一切成本、费用、出口通关费及主运费。

单据提供：①商业发票；②官方及其他正式文件；③标明“运费已付”的运送单据；④协助买方取得货物进口及过境他国的相关文件。

货物交付：卖方须于规定期限内将货物运至指定装运港安全装载于船舶上，之后的风险由买方负责。

与安全相关的要求：在交货之前，卖方在运输项下和出口清关过程中必须遵守安全方面的相关要求，确保运输和清关等手续的顺利进行。

（2）买方责任。待货物交与承运人后，除了主运费由卖方负责外其他所有的费用及风险均归买方负责（如保险费、过境费）。至于货物于运送途中若有任何损害或损失则由买方负责照料及索赔。

2. 使用 CFR 术语注意事项。

（1）出口商应根据货源和船源的实际情况合理规定装运期。

（2）出口商应及时和充分地向进口商发出装船通知，否则要承担进口商漏保的损失。

（3）对出口商而言，尽可能采用 CFR 或 CIF：便于安排装运；可适当提高报价；便于处理货物（当进口商不付货款时）。对进口商而言，最好避免使用 CFR 或 CIF，最好采用 FOB：减少出口商与船方勾结共同欺诈进口商的可能，如出口商与船方勾结，使用不适航的船舶运货、造假单据、发假通知，然后再通知进口商出事，实际可能并没有装运或人为凿船，以致造成进口商或保险人损失。因此，若不得不使用 CFR 时，进口商须在合同中对船级、船龄等加以特别规定。另外，使用 FOB 时，报价低、易比较。

（4）由于该术语下，运输与保险分离，因此，出口商应争取使用 CIF 条件成交。

（四）CIF 术语

CIF，Cost，Insurance and Freight（... named port of destination）Incoterms® 2020，成本、保险费加运费（……指定目的港）国际贸易术语解释通则® 2020（见图 1－6）。

如 We offer to sell rice grade A about 800 M/T，USD 80 per M/T，CIF Amsterdam，Incoterms® 2020，shipment during March，2020.（报价出售一级大米约 800 公吨，每公吨 80 美元，CIF 目的港阿姆斯特丹，2020 年 3 月装运。）

CIF 术语是指卖方在（装运港）船上交货或以取得已经这样交付的货物方式交货。货物灭失或损坏的风险在货物交到船上时转移。卖方须签订运输合同，或者取得一份这样的合同，并支付必要的成本和运费，将货物运至指定的目的港。此处“取得”一词适用于大宗商品贸易中常见的交易链中的多层销售（链式销售）。卖方还要为买方在运输途中货物的灭失

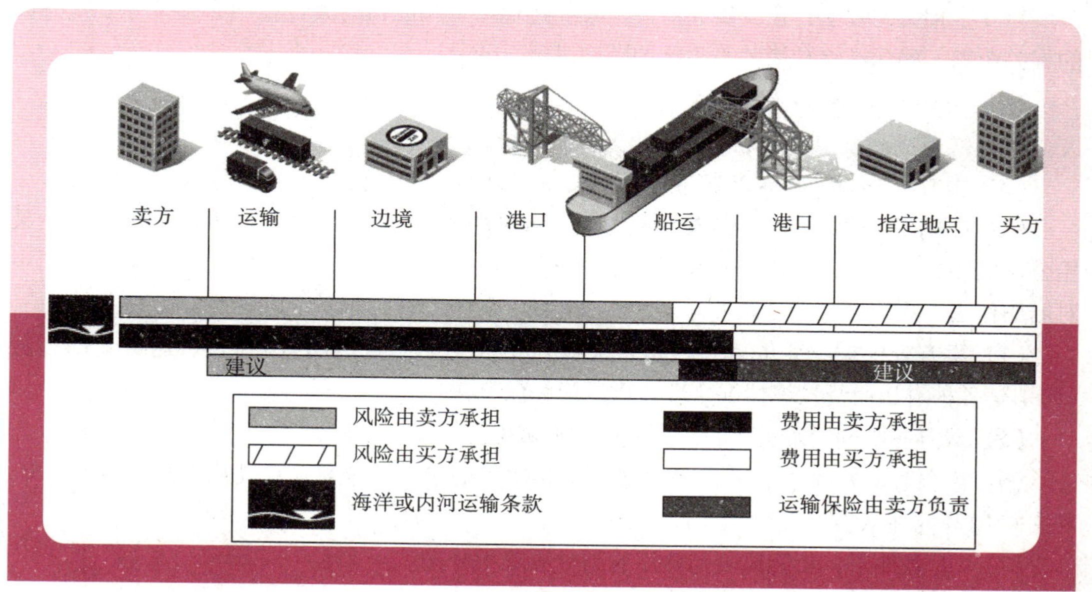

图 1－6　CIF 术语示意图

或损坏风险办理保险。

买方应注意到，在 CIF 下卖方仅需投保最低险别。若买方需要更多保险保障，则需与卖方明确达成协议，或者自行作出额外的保险安排。当使用 CIF 时，卖方在装运港船上交货或购买已如此交付的货物时，即完成其交货义务，而不是货物到达目的地之时。

由于卖方需承担将货物运至目的地具体地点的费用，双方应尽可能确切地在指定目的港内明确该地点。若卖方按照运输合同在目的港产生了卸货费用，则除非双方事先另有约定，卖方无权向买方要求补偿该项费用。CIF 可能不适合于货物在装船前已经交给承运人的情况，例如，集装箱运输货物通常在集装箱码头交货。在此类情况下，应该使用 CIP 术语。若适用时，CIF 术语要求卖方办理货物的出口清关手续。但卖方无义务办理进口清关、支付进口税或办理进口海关手续，进口事宜或有关税费由买方办理或承担。

1. 买卖双方的基本义务。

（1）卖方责任。

风险转移：卖方承担货送至装运港船上之前的一切风险。

费用负担：货装船前一切成本、费用、出口通关费、主运费及保险费。

单据提供：①商业发票；②官方及其他正式文件；③标明“运费已付”的运送单据；④协助买方取得货物进口及过境他国的相关文件；⑤保险单据。

货物交付：卖方须于规定期限内将货物运至指定装运港安全装载于船舶上，之后的风险由买方负责。

（2）买方责任。待货物交与承运人后，除了主运费及保险费由卖方负责外其他所有的费用及风险均归买方负责（如过境费）。至于货物于运送途中若有任何损害或损失则由买方负责照料及索赔。

与安全相关的要求：在交货之前，卖方在运输项下和出口清关过程中必须遵守安全方面的相关要求，确保运输和清关等手续的顺利进行。

2. 使用 CIF 术语应注意的事项。

（1）卖方应高度重视装运单据的重要性。

（2）卖方应按 Incoterms 2020 的相关规定，正确处理与保险有关的问题。

（3）原则上，卖方有权拒绝接受买方关于限制船舶（国籍、船型、船龄、船级、指定某船公司船舶）的要求。但可以根据具体情况予以通融（费用可由买方负担），一旦在合同中对船舶作出了规定，卖方必须遵守。

（4）卖方应根据运距的远近、是否需要转船（转船比直达船费用高）、运价变动趋势（特别是各种附加运费）等情况合理核算运费和保险费。

（5）双方应明确大宗货物的卸货费用由谁负担。

（6）出口时最好争取采用 CIF，避免使用 FOB；进口时，最好避免使用 CIF 而选用 FOB。理由同 CFR 的注意事项（3）。

（7）CIF 条件下，货物风险与费用的划分界限相分离。

（五）DAP 术语

DAP，Delivered at Place （... named place of destination） Incoterms® 2020，目的地交货（填入指定目的地），国际贸易术语解释通则® 2020（见图 1－7）。

如 DAP Sydney，Australia Incoterms® 2020。

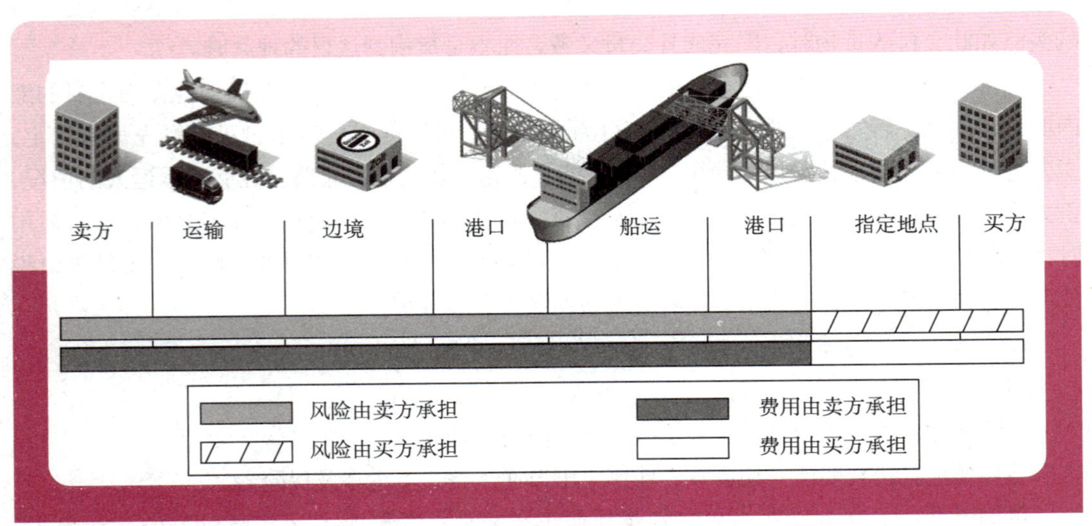

图 1－7 DAP 术语示意图

DAP 术语是指当卖方在指定目的地将仍处于抵达的运输工具上，且已做好卸载准备的货物交由买方处置时，即为交货。卖方承担将货物运送到指定地点的一切风险。

因此，DAP 下，卖方只需在指定目的地将货物处于买方控制之下，而无须承担卸货费（由买方或船方卸货，比较适合程租船运输），也不负责进口清关。双方对货物的风险、责任及费用以目的地运输工具上为界限。换言之，DAP 下，买卖双方在指定目的地运输工具上交货。Incoterms 2020 框架下，DAP 术语与 Incoterms 2010 对比变化不大，卖方不承担在交货地的卸货义务和费用。

1. 买卖双方的基本义务。

（1）卖方责任。

风险转移：卖方承担将货物交至指定目的地之前的一切风险。

费用负担：货物运抵指定目的地交买方处置前的一切成本及费用。

单据提供：①商业发票；②官方及其他正式出口文件；③小提单及/或一般运送单据；④协助买方取得输入货物而须由发货国签发的文件。

货物交付：卖方应于规定的期限内负担所有风险及费用直到货物运抵"指定目的地"交买方处置为止。

与安全相关的要求：在交货之前，卖方在运输项下和出口清关过程中必须遵守安全方面的相关要求，确保运输和清关等手续的顺利进行。

（2）买方责任。待货物交买方处置后其一切风险及费用全归买方自行负责。

2. 使用 DAP 术语应注意的事项。

（1）由于卖方承担在特定地点交货前的风险，双方尽可能明确地约定指定目的地内的交货点。若卖方按照运输合同在目的地产生了卸货费用，除非双方另有约定，卖方无权向买方要求偿付。

（2）若适用时，DAP 要求卖方办理出口清关手续。但是卖方无义务办理进口清关、支付进口税或办理进口海关手续（由买方负责）。若双方希望卖方办理进口清关、支付进口关税，并办理所有进口海关手续，则应使用 DDP 术语。

（3）在适用的情况下，DAP 术语允许卖方可以不受条款的限制选用自己的交通工具安排运输。

（4）DAP 术语项下，由于卖方承担从起运地至目的地的所有风险和费用，因此卖方在运输过程中对买方没有签订保险合同的义务，卖方可以根据自己的意愿自行投保；但是在适用的情况下，如应卖方的要求，买方应向卖方提供保险相关信息以保证卖方可以顺利投保。

（六）DPU 术语

DPU，Delivered at Place Unloaded (... named place of destination) Incoterms 2020，卸货地交货（填入指定目的地），国际贸易术语解释通则 2020（见图 1－8）。如 DPU Shanghai，China Incoterms 2020。

DPU 术语是 Incoterms 2020 项下唯一变更的贸易术语，其取代了 Incoterms 2010 规则中的 DAT 术语。与 DAT 术语项下强调交货地点为目的港或目的地的运输场站（Terminal，包括码头、仓库、集装箱堆场、汽车货站、航空货站等）不同的是，DPU 术语明确了买卖双方的交货地点为运输目的地，或者一个经双方同意的位于目的地之内的交货点。因此，DPU 术语扩大了 DAT 术语下交货地点的范围，可以更加灵活地满足实务中买卖双方对于交货地点的不同需求。

DPU 术语项下，当卖方按照合同的要求将货物运送至指定目的地并将货物从运输工具上卸下后交由买方处置时，即视为交货。与 DAP 术语相比，两个术语项下的卖方均承担将货物运送到指定目的地的一切风险，都不负责进口清关。DPU 与 DAP 的不同之处在于：在 DAP 术语下，卖方只需在指定目的地将货物处于买方控制之下而无须承担卸货费（由买方或船方卸货，比较适合程租船运输），而 DPU 术语下，根据规定卖方需承担在目的地将货物从运输工具中卸下的义务和费用，卸货之前的风险也由卖方承担。买卖双方对货物的风险、责任及费用的划分以货物已卸下并交由买方处置为临界点。

1. 买卖双方的基本义务。

（1）卖方责任。

风险转移：卖方承担在目的地将货物从运输工具中卸下并交于买方处置之前的一切风险。

费用负担：货物从运输工具中卸下并交于买方处置之前的一切成本和费用。

单据提供：①商业发票；②官方及其他正式出口文件；③一般运输单据；④协助买方取得进口货物而须由出口国签发的文件。

货物交付：卖方应于规定的期限内负担所有风险及费用直到货物运抵“指定目的地”卸下并交买方处置为止。

与安全相关的要求：在交货之前，卖方在运输项下和出口清关过程中必须遵守安全方面的相关要求，确保运输和清关等手续的顺利进行。

（2）买方责任。待货物从运输工具中卸下并交买方处置后的一切风险及费用全由买方自行负责。

2. 使用 DPU 术语应注意的事项。

（1）由于卖方承担在特定地点交货前的风险，双方尽可能明确地约定指定目的地内的交货点。卖方应按照运输合同的要求支付承运人在目的地产生的卸货费用。

（2）若适用时，DPU 要求卖方办理出口清关手续，但是卖方无义务办理进口清关、支付进口税或办理进口海关手续，该手续应由买方负责。若双方希望卖方办理进口清关、支付进

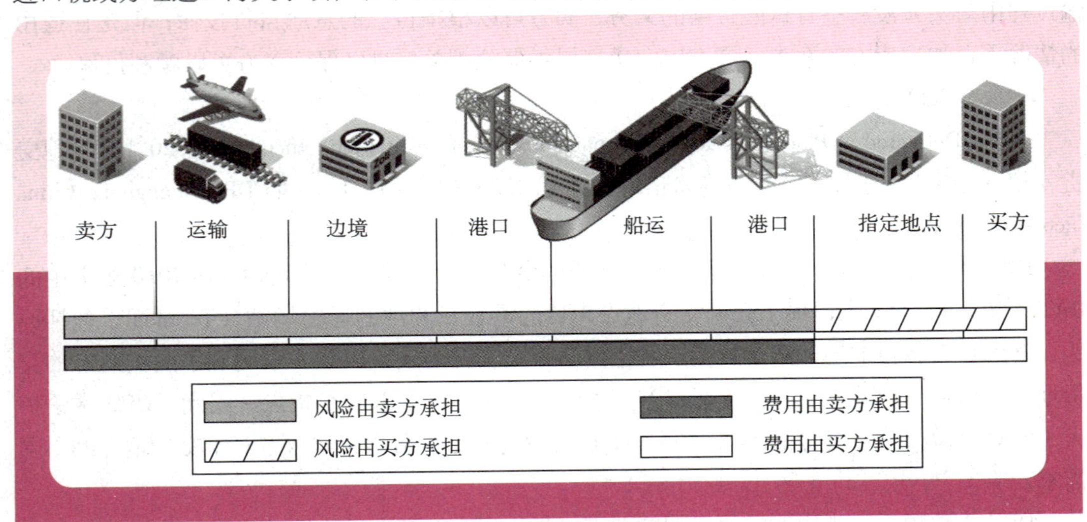

图 1－8　DPU 术语示意图

口关税，并办理所有进口海关手续，则应使用 DDP 术语。

（3）在适用的情况下，DPU 术语允许卖方可以不受条款的限制选用自己的交通工具安排运输。

（4）DPU 术语项下，由于卖方承担从起运地至目的地并进行卸货的所有风险和费用，因此卖方在运输过程中对买方没有签订保险合同的义务，卖方可以根据自己的意愿自行投保；但是在适用的情况下，如应卖方的要求，买方应向卖方提供保险相关信息以保证卖方可以顺利投保。

案例：无锡湖美公司诉星展银行信用证不符点案

第二章
国际结算中的票据

本章学习要点

- 掌握票据的特性、金融票据的必要项目、票据当事人的权责、主要的票据行为；
- 熟悉票据的功能、主要金融票据的分类及其用途；
- 了解票据的法律体系、我国票据法的概况。

本章知识结构

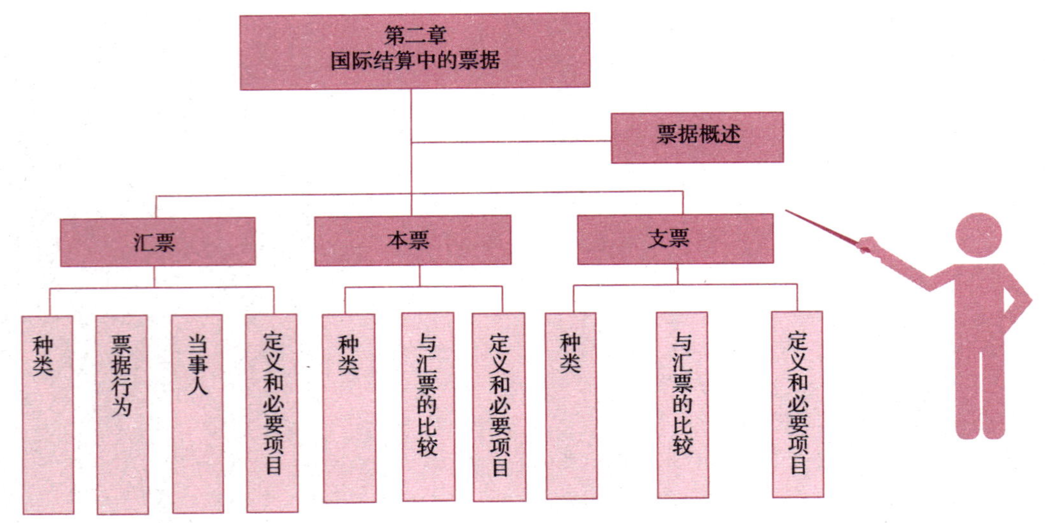

第一节　票据概述

票据有广义和狭义之分，广义的票据是指商业上的权利单据（Document of Title），简言之就是一般的商业凭证，如钞票、发票、提单、保险单、仓单等；狭义的票据是指由出票人签名于票据上，无条件地约

狭义的票据是以支付一定金额为目的，可以流通转让的有价证券，仅用于债权债务的清偿和结算的凭证。

定由自己或另一人支付一定金额，可以流通转让的证券。若约定由出票人本人付款，则是本票；若由另一人付款，则是汇票或支票。本章研究的票据是狭义的票据，即汇票、本票和支票。

一、票据流通的形式

票据分别采用下列三种形式转让流通（详见表2-1）。

（一）过户转让或通知转让

过户转让（Assignment）或通知转让必须：

1. 写出转让书的书面形式，表示转让行为并由转让人签名。

2. 在债务人那里登记过户，或书面通知原债务人，让他不因债权人更换而解除其债务。

3. 受让人获得权利要受到转让人权利缺陷的影响。

4. 在三个当事人之间，即债权转让人、债权受让人以及原债务人之间完成转让行为。

采用过户转让的票据有股票、人寿保险单、政府证券、债券等，它们不是完全可流通的证券。

（二）交付转让

交付转让（Transfer）可以：

1. 通过单纯交付或背书交付而转让票据，不必通知原债务人。

2. 受让人取得票据的全部权利，他可以用自己的名义对票据上的所有当事人起诉。

3. 受让人获得票据权利并不优于前手，而是继承前手权利，还要受到前手权利缺陷的影响。

4. 是在两个当事人即转让人和受让人之间的双边转让。

采用交付转让的票据有提单（B/L）、仓单（Warehouse Receipt）、栈单（Dock Warrants）、写明“不可流通”字样的划线支票或即期银行汇票（Not Negotiable Crossed Cheque or Demand Draft）等，它们是准流通证券（Quasi - negotiable Instruments）或半流通证券（Semi - negotiable Instruments）。

（三）流通转让

流通转让（Negotiation）可以是：

1. 转让人经过单纯交付或背书交付票据给受让人，受让人善意地支付对价取得票据，不必通知原债务人。

2. 受让人取得票据，即取得它的全部权利，他可以以自己的名义对票据上的所有当事人起诉。

3. 受让人获得票据权利优于其前手权利，即受让人的权利不受转让人权利缺陷的影响。

4. 它是在两个当事人即转让人和受让人之间的双边转让。

采用流通转让的票据有汇票、本票、支票、国库券、大额定期存单（Certificate of Deposit）、不记名债券（Bearer Securities）等，它们是完全可流通证券（Negotiable Instruments）。

表2－1　三种票据流通形式对比

对比项目	过户转让或通知转让	交付转让	流通转让
转让方式	制作转让书	单纯交付或背书交付	单纯交付或背书交付
是否通知债务人	必须	无须	无须
权利限制	受让人受转让人权利缺陷的影响	受让人受前手权利缺陷的影响	受让人不受前手权利缺陷的影响
参与方	三方转让	双边转让	双边转让
票据种类	非完全可流通票据	准/半流通票据	完全可流通票据
举例	股票、证券、人寿保单等	提单、仓单、写明“不可流通”字样的划线支票或即期银行汇票等	汇票、本票、支票、国库券、大额定期存单、不记名债券等

二、票据的法律体系

票据法是规范票据的种类、形式、内容及当事人权利义务等事项的法律。为了保障票据的正常使用和流通，保护票据当事人的合法权益，促进商品发展，各国纷纷制定票据法。19世纪末，欧洲各国对于票据相继立法，逐渐形成了目前世界上最具影响力的两大法系——英美法系和大陆法系（见表2－2）。

（一）英美法系

起先，英美没有专门法典，判案根据先前某法官的案例进行。英国于1882年颁布施行的《票据法》（*Bills of Exchange Act*）是起草人查尔姆总结历来的习惯法、特别法以及各种判例而编成的，订立了较为完整的汇票法规、支票法规和本票法规。美国于1952年制定、1962年修订的《统一商法典》（*Uniform Commercial Code*）中包括了关于汇票、本票和支票的法规。美国的票据法律是在英国《票据法》的基础上发展而成的。英国、爱尔兰、美国及一些英联邦成员国如加拿大、澳大利亚、印度、巴基斯坦等国的票据法均属英美法系。

（二）大陆法系

大陆法系以成文法、法典作为法院判案依据。1930年，法国、德国、意大利等30多个国家在日内瓦召开了国际票据法统一会议，签订了《日内瓦统一汇票、本票法公约》。1931年又签订了《日内瓦统一支票法公约》。两个公约合称为《日内瓦统一法》。这两项法律是比较完善的票据法规。英美未派代表参加签字，参加签字并遵守统一票据法的成员国形成了大陆法系。我国也属该法系。

以英国《票据法》为代表的英美法系和以《日内瓦统一法》为代表的大陆法系之间在汇票必要项目方面大体相同，但也有些差异，比较明显的差异如下：一是伪造背书以后的拥有汇票人，《日内瓦统一法》认为可以成为持票人，英国《票据法》认为不能成为持票人，没有持票人的权利。这就引起了付款问题、付款人或承兑人责任问题、行使追索权问题的差异，大陆日内瓦统一法体系规定没有受害影响，而英国《票据法》规定受害影响很大。二是“保证”的票据行为，大陆日内瓦统一法体系有着完整的规定，而英国《票据法》仅有近似规定。三是票据的对价观点，《日内瓦统一法》没有规定，而英国《票据法》有着明确规定，还进一步规定了付对价持票人和正当持票人，给予正当持票人优越的权利，支持票据流通转让，保护银行权益。

联合国贸易法律委员会想要消除两大法系的差异，拟定国际票据的统一法律，1987 年 8 月联合国贸易法律委员会第 20 届会议正式通过其制定的《国际汇票和国际本票公约》（*Convention on International Bills of Exchange and International Promissory Notes*）和《国际支票公约》（*Convention on International Cheques*）。

表2－2　英美法系与大陆法系的比较

比较项目	英美法系	大陆法系
起源	以1882年英国《票据法》为蓝本，由英联邦国家签署。 1952年美国《统一商法典》第三章。属于国内法	以1931年《日内瓦统一票据法》为依据，德国、法国、意大利等30个国家签署。 中国也签署，并于1995年制定了《票据法》。属于国际公约
立法形式	三票合一的形式。以汇票为基本票据，派生出本票、支票	汇票、本票、支票独立成章
票据定义	有明确的票据定义，未规定票据所载必要项目。	无票据定义，通过规定票据的必要元素给票据定义，缺少元素会导致票据无效
持票人权利	受前手权利限制，正式持票人才对票据有完全的权利	只要连续都是合法的持票人背书，可以拥有完全的权利
伪造背书	从伪造背书的签字起及后手对汇票都不再拥有权利，受害人是被骗者	伪造背书签字是无效的，其他当事人的背书仍有效，受害人是被窃者
适用原则	1. 有关出票及票据的合法性适用出票地法律 2. 其他票据行为适用行为地法律	

三、票据的特性

票据是非现金结算工具，它能够代替货币使用，因为票据具有如下特性：

1. 流通性（Negotiability）。英国《票据法》第 8 条规定：除非票据上写出“禁止转让”字样，或是表示它是不可转让的意旨以外，一切票据不论它是采用任何形式支付票款给持票人，该持票人都有权把它流通转让给别人。票据付款给持票人的形式有下列几种：

（1）支付给一个特定人的指定人（Payable to the order of a specified person）。

（2）支付给来人（Payable to bearer）。

（3）票据上仅有的或最后的背书是空白背书（An endorsement in blank）。

（4）支付给一个特定人（Payable to a specified person）。

特别是第四种形式，没有“order”字样，按第 8 条解释，照样可以流通转让，因为英国《票据法》赋予票据可流通性（美国《商法典》第 3 篇规定第四种形式不能转让，但支票除外）。前面说过汇票、本票、支票是完全可流通证券，人们用它们模仿货币职能，以便代替货币使用。

2. 无因性（Non－causative Nature）。票据是一种不须过问原因的证券，这里所说的原因是指产生票据上的权利义务关系的原因。票据的原因是票据的基本关系，包括两个方面的内容：一是出票人与付款人之间的资金关系，二是出票人与收款人以及票据的背书人与被背书人之间的对价关系。从事实上看，任何票据关系的产生都有一定的原因，例如A为出票人发出以B为付款人的票据，B绝不会无缘无故地成为付款人并同意承担付款义务，其中必有原因，其原因可能是A在B处有存款，或者B同意给A信贷等，这种关系就是所谓的资金关系。又如当A开出以B为收款人的票据，而B又以背书方式把该票据转让给C时，其中也必有原因，其原因可能是因为A购买了B的货物，需要开立以B为收款人的票据来支付货款，而B之所以要把该票据转让给C，可能是因为他欠了C的债，这种关系就是所谓的对价关系。票据当事人的权利义务就是以这些基本关系为原因的，这种关系称为票据原因。但是，票据是否成立不受票据原因的影响，票据当事人的权利与义务也不受票据原因的影响。对于票据受让人来说，他无须调查这些原因，只要票据记载合格，他就取得票据文义载明的权利。票据的这种特性就称为无因性，这种无因性使票据得以流通。

3. 要式性（Requisite in Form）。票据的要式性是指票据的形式必须符合法律规定，票据上面记载的必要项目必须齐全且符合规定。各国的票据法对这些必要项目都做了详细规定，使票据文义简单明了，根据文义来解释票据，明确当事人的责、权。

票据的要式性，有时也可说成票据是书面形式要件，指票据从书面形式上包含的必要条件符合票据法规定的，就是有效的票据。它的权利、义务全凭票据上的文义来确定，不需要过问票据基本关系的原因，而且票据本身是独立于基础合约的，这样有利于票据的流通转让，因此我们常说票据是要式不要因。

4. 提示性（Presentment）。票据上的提示性是指持票人要求付款时必须在法定期限内向付款人出示票据，才能请求给付。否则，付款人可以不予理会。

5. 返还性（Returnability）。票据上的返还性是指票据的持票人收到支付的票款时，应将已收款的票据交还付款人。付款人要求持票人写明“收讫”字样并签名，同时将票据收回，以防再度提款。由于票据的返还性，它不能无限期地流通，在到期日被付款后其流通结束。这也说明票据模仿货币的功能仍有其自身的局限性，一经付款，票据就不能流通了。

6. 可追索性（Recourse）。票据的可追索性是指票据的付款人或承兑人如果对合格的票据拒绝承兑或付款，正当持票人①为维护其票据的权利，有权通过法定程序向债务人追索，要求得到票据的权利。

四、票据的功能

（一）支付工具

持票人提示票据要求付款，受票人见票即付或见票承兑在到期日付款。前者凭票取款，后者凭票付款，所以票据是支付凭证（Payment Instrument），也是支付手段。

（二）流通工具

票据的流通作用具体如下。

1. 票据模仿货币，要式不要因，发挥着流通作用。票据是形式要件，只要它符合票据法的必要条件，就具有法律效力。票据不要过问其原因，就可仿照货币那样广泛地流通。

---

① 可参阅本书第26页“正当持票人”的概念。

2. 货币起着一般等价物的作用。一手交钱，一手购货，钱货对流。票据同样可以一手转让票据，一手收取货物或劳务对价，这是票据和对价的对流。

3. 货币的交付就使货币流通，它是法律赋予的流通性。票据的流通表现在来人票据可以单纯交付而转让流通，记名票据可以背书交付而转让流通。

4. 背书交付的流通转让。为了表明票据权利完全转让至受让人，票据法规定受让人付给对价，善意地取得一张完全正常的票据，他就成为正当持票人和真正所有人。这样，受让人权利有了保障，银行也乐于议付或贴现票据。

当票据经过提示、付款返还到付款人手中时，票据就终止其流通作用，这是票据不能模仿货币的自身局限性。

（三） 信用和融资工具

在国际贸易结算中，买方获得货物或服务时，本应同时提供价款或现金的对价，但实际提供的却是承诺付款的票据，即债务人承诺债权人的权利在一定时间界限内能够得到实现，这即是交易商之间的信用。目前票据多由银行等金融机构出票，因为有银行信用的介入，可以转让的票据经背书等方式转让后可以流通，因此票据具有社会信用的功能。由于票据是信用工具，因此特别是在承兑或远期票据情况下，为了资金周转的便利，持票人可将未付款或未到期票据在贴现市场上贴现，或卖给其他愿意买入票据的人，或作为获得其他来源资金的担保，以获得现金。这样，票据就成了融资的工具。

五、票据的当事人

票据有三个基本当事人，即出票人、付款人、收款人，也是票据尚未进入流通领域以前的基本当事人，现在分述如下。

（一） 出票人

出票人（Drawer）是指开立票据、在票据上签章并交付给他人的人。票据开立后，出票人对收款人及正当持票人承担票据在提示时付款人一定付款或承兑的保证责任；如果票据遭拒付、出票人被索款时，应负偿还票款责任；在即期付款票据或远期付款票据未承兑之前，出票人是票据的主债务人。

（二） 付款人

付款人（Drawee）是根据出票人的命令支付票款的人或票据开致的当事人。付款人对票据承担付款责任。根据英文字面含义，应称为受票人，即接受票据之人。但收款人或持票人不能强迫付款人付款或承担到期付款的责任，以防止出票人无故向他人滥签发票据。票据一经承兑，即表示承兑人（Acceptor）同意出票人的支付命令，承担到期付款的责任。票据承兑后，承兑人即成为票据的主债务人，出票人退居从债务人的地位。背书人、持票人或出票人均可凭承兑的票据向承兑人要求付款。

（三） 收款人

收款人（Payee）是收取票款的人，又称受款人，是票据的主债权人。收款人有权向付款人要求付款，如遭拒绝，有权向出票人追索票款；收款人经票据背书转让成为票据的第一背书人时，同样承担付款或承兑的保证责任；当票据遭拒付、持票人向其追索时，应负责偿还票款，然后向出票人追索。

票据进入流通领域以后出现以下当事人：

1. 背书人和被背书人。背书人（Endorser）是指收款人或持票人在收到票据后，经过背书，将票据转让给他人的人。背书人在票据上背书签字，就必须承担相应的法律责任；被背书人（Endorsee）在票据上再加背书而转让，成为第二背书人；再背书，成为第三背书人，依此类推。由此，票据可以连续转让。对受让人（被背书人）来说，所有的背书人及原出票人都是他的前手（Prior Endorser）。对转让人（背书人）来说，所有的受让人及被背书人都是他的后手（Subsequent Endorser）。背书人对其后手承担票据的付款责任或承兑的保证责任，并证明前手签字的真实性和权利的正当性。票据的转让人和受让人并非全是票据上的背书人和被背书人，如持票来人抬头的票据仅凭交付转让，而不经背书。

如果背书人想要免除自己的责任，可在票据上加注“不得追索”字样。例如，在票据上加注“Pay to the order of Mike without recourse to me”，当票据遭拒付、持票人追索时，只能越过这个背书人，向其前手追索。但对于此种票据，被背书人应考虑背书人的前手是否可靠。如果所有的背书人都写上“不得追索”字样，这张票据就很难流通，因为出票人将成为唯一的负责人。

2. 承兑人（Acceptor）。承兑人是指同意接受出票人的命令并在票据正面签字的人。承兑人只存在于汇票关系中，本票和支票没有承兑行为，当然也就没有承兑人。承兑人一经承兑，出票人退居次债务人的地位，承兑人必须保证对其所承兑的文义付款，而不能以下述情况为借口拒绝付款：（1）出票人不存在；（2）出票人的签字是伪造的；（3）出票人没有签发票据的能力或授权。

3. 保证人（Guarantor）。保证人是由一个第三者对于出票人、背书人、承兑人或参加承兑人作成保证行为的人，经过保证签字的人就是保证人。保证人与被保证人负相同责任。

4. 持票人（Holder）。持票人指票据的占有人，即票据的收款人、被背书人或持票来人。

只有持票人才能向付款人或其他关系人要求履行票据所规定的义务。依据持票人取得票据的方式不同，可将其分为付过对价持票人和正当持票人。

（1）付过对价持票人（Holder for Value）。付过对价持票人是指取得票据时，付过一定代价的持票人。

所谓对价是指可以支持一项简单交易或合约之物，如货物、劳务、金钱等。持票人所付的对价不一定与票据金额完全相等。有时持票人在取得票据时，虽未付过对价，如赠予获得，但由于其前手曾付过对价，后手也称为付过对价持票人。

（2）正当持票人的权利优于其前手，不受其前手权利缺陷的影响，不受汇票当事人之间债务纠纷的影响，即正当持票人能够获得十足的票据金额。

正当持票人(Holder in Due Course)也称善意持票人，是指善意地付过全部金额的对价，取得一张表面完整、合格、不过期的票据的持票人，并且未发现这张票据曾被拒付，也未曾发现其前手在权利方面有任何缺陷。

六、票据行为

票据行为有狭义与广义之分：

狭义的票据行为是以承担票据上的债务为目的所做的必要形式的法律行为，那就是出票、背书、承兑、参加承兑和保证等。其中，出票是主票据行为，其他行为都以出票所开立的票据为基础，因此称为附属票据行为。

广义的票据行为除包括上述狭义的票据行为外，还包括票据处理中有专门规定的行为，如提示、付款、参加付款、退票、行使追索权等行为。票据开出是要式的，票据行为也是要式的，还要符合票据法的规定。

第二节　汇票

一、汇票的定义

汇票定义指出的必要项目是：（1）书面的无条件命令；（2）由一人开致另一人，而不是开致他自己；这表明汇票是要求他人付款，而不是自己允诺付款；（3）发出命令的人必须签名；（4）付款时间；（5）一定金额的货币；（6）收款人。详见图2－1。

*英国《票据法》关于汇票的定义是：汇票是由一人开致另一人的书面的无条件命令，由发出命令的人签名，要求接受命令的人在要求付款时立即，或在固定时间，或在可以确定的将来时间，把一定金额的货币支付给一个特定的人，或他的指定人，或来人。*①

英国《票据法》还规定不符合定义指出的必要项目的票据，或者命令去做支付金钱以外的其他任何行为的票据不是汇票。

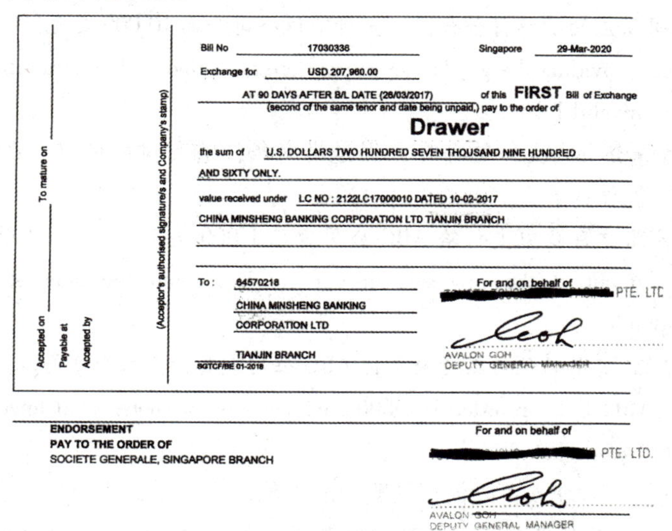

To mature on

Accepted on
Payable at
Accepted by

(Acceptor's authorised signature/s and Company's stamp)

Bill No 17030336　　Singapore 29-Mar-2020

Exchange for USD 207,960.00

AT 90 DAYS AFTER B/L DATE (28/03/2017) of this FIRST Bill of Exchange
(second of the same tenor and date being unpaid,) pay to the order of

Drawer

the sum of U.S. DOLLARS TWO HUNDRED SEVEN THOUSAND NINE HUNDRED AND SIXTY ONLY.

value received under LC NO : 2122LC17000010 DATED 10-02-2017
CHINA MINSHENG BANKING CORPORATION LTD TIANJIN BRANCH

To : 64570218
CHINA MINSHENG BANKING
CORPORATION LTD
TIANJIN BRANCH
SGTCF/BE 01-2018

For and on behalf of
PTE. LTD
AVALON GOH
DEPUTY GENERAL MANAGER

ENDORSEMENT
PAY TO THE ORDER OF
SOCIETE GENERALE, SINGAPORE BRANCH

For and on behalf of
PTE. LTD.
AVALON GOH
DEPUTY GENERAL MANAGER

图2－1　汇票票样

二、汇票的必要项目

汇票的必要项目是指汇票的形式要项（Requisites in Form）。只要这些项目齐全并符合票

① A bill of exchange is an unconditional order in writing, addressed by one person to another, signed by the person giving it, reguiring the person to whom it is addressed to pay on demand or at a fixed or determinable future time a sum certain in money to or to the order of a specified person, or to bearer.

据法规定，汇票即可成立和有效。汇票的必要项目包括：（1）写明“汇票”字样。（2）无条件的支付命令。（3）出票地点和日期。（4）付款期限。（5）一定金额的货币。（6）付款人名称和付款地点。（7）收款人名称。（8）出票人名称和签字。

现就必要项目分别说明如下。

（一）写明“汇票”（Bill of Exchange；Draft）字样

汇票上注明“汇票”字样的目的在于与其他票据如本票、支票加以区别，以免混淆，如 Exchange for GBP 1 250.00 或 Draft for USD 18 320.00。英国《票据法》认为可以不写票据名称，但从实际业务上看，写出票据名称可给有关当事人不少方便。实际业务都已加上“汇票”字样。

（二）无条件的支付命令

1. 必须用英语的祈使句，以动词开头，作为命令式语句。例如：

“支付给 ABC 公司或其指定人金额 1 000 美元。”——正常汇票

“Pay to ABC Co. or order the sum of one thousand US dollars.” —normal bill

“我们授权你向 ABC 公司的指定人支付。”——授权支付，非支付指令

“We hereby authorize you to pay to the order of ABC Co.” —is not an order to pay

2. 支付命令必须是无条件的，凡是附带条件的支付命令即违背了汇票定义，将使汇票无效。例如：

“如果 ABC 公司供应的货物符合合同，支付给该公司金额 10 000 美元。”——无效的汇票

“Pay to ABC Co. providing the goods they supply are complied with contract the sum of ten thousand US dollars.” —invalid bill

3. 使用一种特殊资金去支付的命令，仍是带有条件的支付命令（英国《票据法》第 3 条），故不能接受。例如：

“从我们的 1 号账户存款中支付给 ABC 公司金额 1 000 美元。”——不能接受

“Pay to ABC Co. out of the proceeds in our No. 1 account the sum of one thousand US dollars.” —unacceptable

“使用我方对 XYZ 公司的预付款资金支付 ABC 公司或其指定人 600 美元。”——有效汇票

“Please pay to ABC Co. or order USD600, on account of moneys advanced by me for XYZ Co.” —is a valid bill of exchange

4. 支付命令连接着付款人可以借记某账户的表示，则是无条件的、可以接受的。例如：

“支付给 ABC 银行或其指定人金额 10 000 美元，并将此金额借记申请人开设在你行的账户。”——可以接受

“Pay to ABC Bank or order the sum of ten thousand US dollars and charge/debit same to applicants account maintained with you.” —acceptable

5. 支付命令连接着发生汇票交易的陈述也是无条件的、可以接受的。例如：

“支付给 ABC 银行或其指定人金额 10 000 美元。按照纽约 XYZ 银行于 202×年 8 月 15 日开立的第 12345 号信用证开立这张汇票。”——可以接受

“Pay to ABC Bank or order the sum of ten thousand US dollars. Drawn under L/C No. 12345 issued by XYZ Bank, New York dated on 15th August, 202×." —acceptable

6. 汇票大写金额后面是否写上"对价已收"（for value received）都不影响汇票的有效性。

（三）出票地点和日期

出票地点应该与出票人的地址相同，英国《票据法》认为汇票未注明出票地点也可成立，此时就以出票人的地址作为出票地点，或者将汇票交付给收款人由收款人加列出票地点。国际汇票注明出票地点，就应按照出票地点的国家法律来确定必要项目是否齐全，汇票是否成立和有效。国际惯例采用行为地法律原则，即出票行为在某地发生，就以该地国家的法律为依据。

列明出票日期可起三个作用：

1. 决定汇票提示期限是否已超过《日内瓦统一票据法》第23条、第34条分别规定的见票后一固定时期付款汇票，或见票即期付款汇票必须在出票日以后一年内提示要求承兑或提示要求付款。

2. 决定到期日。付款时间是出票日以后若干天（月）付款的汇票，从出票日起算，决定其付款到期日。

3. 决定出票人的行为能力。若出票时法人已宣告破产或清理，丧失行为能力，则汇票不能成立。

英国《票据法》规定"不能以票据无出票日期为由认定票据无效"，出票时未注明出票日期的，当汇票交付给持票人时，持票人可自行添加出票日期，但在我国《票据法》等大陆法系票据法下出票日为绝对应记载事项。

出票日期的形式有两种写法，即欧洲形式（DD/MM/YY）和美国形式（MM/DD/YY）（见国际商会出版物第565号R210）。例如，2020年11月10日（the 10th of November, 2020）可以写成：

（1）欧洲式DD/MM/YY：10.11.20；10. Nov., 20；10. Nov., 2020；2020. Nov. 10；10. November, 2020。

（2）美国式MM/DD/YY：11.10, 20；Nov. 10, 20；Nov. 10, 2020；November 10, 2020。

当日、月、年全部用两位数码字表示时，若数码字是01～12时，DD与MM容易混淆，产生分歧。因此，强烈建议月份使用名称，年份使用四位数字，以最大限度地规避风险。

（四）付款期限

付款期限（Tenor）有以下三种：

1. 即期付款汇票（Bills Payable at sight/ on demand/on presentation, Pay to...），又称即期汇票（Sight/Demand Bill），指持票人提示汇票的当天即为到期日。即期汇票无须承兑。若汇票没有明确表示付款期限，即为见票即付的汇票。另须区分"at sight"与"at ××× after sight"，前者为即期，后者为远期见票后若干天付款。

2. 定期付款汇票或在可以确定的将来时间付款汇票（Bills payable at a determinable future time），俗称远期汇票（Time/Usance/Term Bill）。

（1）远期汇票的种类。

①见票后若干天/月付款汇票［Bills payable at ×× days/××month（s）after sight］。此

种汇票须由持票人向付款人提示要求承兑，以便从承兑日起算确定付款到期日，并明确承兑人的付款责任。

②出票日后若干天/月付款汇票［Bills payable at ×× days/×× month（s）after date］。此种汇票须由持票人向付款人提示要求承兑，以明确承兑人的付款责任。

③提单日期/装运日期/说明日期后若干天/月付款的汇票（Bills payable at ×× days/×× months after B/L date/shipment date/stated date）。例如：

At 30 days after B/L date pay to...

At 30 days after shipment date pay to...

At 60 days after 01 May pay to...

此种汇票也须提示要求承兑，以明确承兑人的责任。

按照《关于审核 UCP 600 下单据的国际标准银行实务》（ISBP745）的规定，提单日期后若干天付款的汇票可以转换成说明日期后若干天付款的汇票，它还可再转换成出票日后若干天付款的汇票，提单日期就是已装船批注日期，即使提单签发日期与装船批注日期不是同一日期也如此，示例如下：

提单日期后若干天付款的远期汇票：

Exchange for GBP500.00 London 16 July 202×

At 30 days after B/L date 15/JUL/202× pay to the order of ourselves the sum of Pounds Sterling Five hundred only

转换成说明日期后若干天付款的远期汇票：

Exchange for GBP500.00 London 16 July 202×

At 30 days after 15/JUL/202×, pay to the order of ourselves the sum of Pounds Sterling Five hundred only

再转换成汇票出票日期后若干天付款的远期汇票：

Exchange for GBP500.00 London 15 July 202×

At 30 days after date pay to the order of ourselves the sum of Pounds Sterling Five hundred only

（2）到期日算法。

①见票/出票日/说明日以后若干天付款（At ×× days after sight/date/stated date）的到期日算法是："算尾不算头，若干天的最后一天是到期日，如遇假日顺延。"即不包括所述日期，将所述日期之次日作为起算日。例如："见票后 90 天"（At 90 days after sight），见票日即是所述日，如为 4 月 15 日，则 4 月 15 日这一天不算，即所述日不作为起算日。

4 月 16—30 日	15 天	所述日之次日作为起算日
5 月 1—31 日	31 天	
6 月 1—30 日	30 天	
	76 天	
7 月 1—14 日	14 天	7 月 14 日末尾一天计算到期日是 90 天的最后一天，即第 90 天

90 天　　此汇票到期日是 7 月 14 日，若 7 月 14 日适逢假日，则到期日顺延至 7 月 15 日

②从说明日起若干天付款，根据 UCP 600 第 3 条第 9、10 段的规定，重点说明 from 和 after的用法。

a. 用于确定装运日期

从……开始（from）用于确定装运日期时，包含提及的日期（第 9 段规定）：

Shipment date falls at 60 days from 15 April.

4 月	15—30 日	16 天	
5 月	1—31 日	31 天	
6 月	1—13 日	13 天	（装运日）
		60 天	

Shipment date falls on 13 June.

在……之后（after）用于确定装运日期，则不包含提及的日期（第 9 段规定）：

Shipment date falls at 60 days after 15 April.

4 月	16—30 日	15 天	
5 月	1—31 日	31 天	
6 月	1—14 日	14 天	（装运日）
		60 天	

Shipment date falls on 14 June.

b. 用于确定付款到期日

从……开始（from）用于确定付款到期日时，不包含提及的日期（第 10 段规定）：

Maturity date falls at 60 days from 15 April.

在……之后（after）用于确定付款到期日时，同样不包含提及的日期（第 10 段规定）：

Maturity date falls at 60 days after 15 April.

含有 from 的一句和含有 after 的另一句的付款到期日均为 14 June：

Both maturity dates fall on 14 June.

③见票/出票日/说明日以后若干月付款［At × × month（s）after sight/date/stated date］的到期日算法是：到期日应该为付款之月的相应日期，如果没有相应日期，则以该月最后一日为到期日。例如："1 月 15 日以后 3 个月（At 3 months after 15 Jan.）"的到期日为 4 月 15 日，"5 月 31 日以后 1 个月（At 1 month after 31 May）"的到期日为 6 月 30 日，"12 月 31 日以后 2 个月（At 2 months after 31 Dec.）"的到期日为 2 月 28 日。

3. 固定将来日期付款汇票（Bills payable on a fixed future date）。例如："固定在 6 月 30 日付款（On 30 June fixed pay to）。"此种汇票有时称为板期付款汇票，需要提示承兑，以明确承兑人的付款责任。

上面说到，提单日期后若干天付款的汇票也可转换成为固定将来日期付款的汇票。举例：At 30 days after B/L date 15/JUL/202 × 转换成固定在 14/AUG/202 × 付款的汇票。

Exchange for GBP500. 00　　　　London 16 July 202 ×

On 14/AUG/202 × fixed pay to the order of ourselves the sum of Pounds Sterling Five hundred only

除以上三种期限外，凡是注明“在一个不确定日期付款”或是“在一个或有事件发生时付款”者都是无效汇票。举例：“货物到达目的港时付款”（On arrival of the goods at the port of destination pay to...）即为无效汇票。

（五）一定金额的货币

必须支付一定金额的货币，否则票据无效。所谓一定金额，意指任何人都可以计算出来或可以确定的金额。汇票除了写明应付的确定金额外，有时还可：

1. 带有利息。《日内瓦统一票据法》第 5 条规定：“即期付款汇票或见票后若干天/月付款汇票，可由出票人加列利息记载；如是其他付款期限的汇票，则不能载有利息条款，否则视为无效。”带有利息记载举例如下：

（1）“支付给 ABC 公司的指定人金额 1 000 美元加上利息。”

“Pay to the order of ABC Co. the sum of one thousand US dollars plus interest.”

由于没有注明利率，算不出“加上利息”是多少金额，按照英国《票据法》第 9 条的规定，这张汇票不能成立。按照《日内瓦统一票据法》第 5 条规定“加上利息”视为无记载，而汇票本身是有效的。

（2）“支付给 ABC 公司的指定人金额 1 000 美元，加上利息，按年率 6%，从这张汇票出票日起至付款日止，计算利息金额。”

“Pay to the order of ABC Co. the sum of one thousand US dollars plus interest calculated at the rate of 6% per annum from the date hereof to the date of payment.”

此项利息条款注明了利率、起算日和终止日，可算出利息金额。设出票日为 9 月 23 日，付款日为 10 月 23 日，则

$$\text{利息金额} = 1\,000 \times \frac{30}{360} \times \frac{6}{100} = 5\ \text{（美元）}$$

$$\text{汇票应付总金额} = 1\,000 + 5 = 1\,005\ \text{（美元）}$$

（3）“支付给 ABC 公司的指定人金额 1 000 美元，加上利息，按年率 ×% 计算。”

“Pay to the order of ABC Co. the sum of one thousand US dollars plus interest calculated at the rate of ×% p.a..”

此项利息条款注明了利率，没有起算日和终止日，可以接受。根据《日内瓦统一票据法》第 5 条，从出票日起算，商业习惯以付款日作为终止日。

2. 分期付款。英国《票据法》第 9 条允许汇票分期付款，但《日内瓦统一票据法》不允许汇票分期付款。现将分期付款记载举例如下：

（1）“以分期付款形式支付给 ABC 公司的指定人金额 1 000 美元。”

“Pay to the order of ABC Co. the sum of one thousand US dollars by instalments.”

因为分期付款记载笼统含蓄，付款人不易履行，故不能接受。

（2）“出票日以后 30 天支付给 ABC 公司的指定人金额 1 000 美元，采用 10 个相等的、连续的、按月的分期付款形式。”

"At 30 days after date pay to the order of ABC Co. the sum of one thousand US dollars by ten equal consecutive monthly instalments."

此项分期付款记载明确、具体，付款人可以履行，故可以接受。

（3）"出票日后5年内采用10个相等的、连续的、每半年一期的分期付款形式，支付给A公司的指定人10万美元，倘若任何一期付款违约时，则其余未付各期成为到期。"

"Pay to the order of A Co. the sum of one hundred thousand US dollars in 10 equal consecutive half-yearly instalments within 5 years after the date hereof provided that upon default in payment of any instalment the unpaid balance becomes due."

除了分期付款条款，还增加了付款违约条款，即分期付款汇票的任何一期到期不获付款时，未到期的部分视为全部到期。故可以接受。

3. 支付等值其他货币。在支付等值其他货币时，必须注明汇率。例如：

"支付给ABC公司的指定人金额1 000美元，折合成等值英镑。"

"Pay to the order of ABC Co. the sum of one thousand US dollars converted into sterling equivalent."

因为没有注明折合的汇率，故各方当事人无法算出相同的英镑金额，不宜接受。又如：

"支付给ABC公司的指定人金额1 000美元，按照现时汇率折成等值英镑支付。"

"Pay to the order of ABC Co. the sum of one thousand US dollars converted into sterling equivalent at current rate of exchange."

按照"现时汇率"折成英镑也即按照付款日当天的汇率折成英镑，则各方当事人都能按此算出相同的英镑金额，故可以接受。

汇票金额要用文字大写（Amount in Words）和数字小写（Amount in Figures）分别表明。如果文字与数字不符，以文字为准。实际做法多是退票，要求出票人更改相符后，再行提示要求付款。

（六）付款人名称和付款地点

付款人（Drawee）也可称为受票人。他是接受命令的人，不是确定付款的人。因为他没有签字，不承担一定付款之责，他可以拒付，也可以指定担当付款人付款。我国习惯上按付款职能将其称为付款人。

付款人的名称、地址必须书写清楚，以便持票人向其提示要求承兑或付款。特别是付款人为银行且在某城市有两家以上的分支机构时，如果只写城市名称，不写街道及门牌号码，就会使提示汇票时遇到麻烦。

付款人与出票人应是两个不同的当事人。如果付款人与出票人是同一个当事人，持票人可以选择把它当作本票或汇票看待。若当作本票看待，可以免去提示要求承兑，使被追索人不至于减少，让签票人自始至终处于主债务人地位。

英国《票据法》允许汇票开给两个付款人（A bill drawn on A and B is permissible），但是不允许开给两个付款人任择其一（A bill drawn on A or B is not permissible），因为这样的付款人是不确定的。

（七）收款人名称

汇票的收款人（Payee）是汇票上记名的债权人。汇票上记载的收款人通常称为抬头，根据抬头的不同写法，确定汇票的可流通性或不可流通性。习惯上汇票只写收款人名称，不写其地址（见英国《票据法》第7条解释）。汇票抬头有三种写法：

1. 限制性抬头。限制性抬头的汇票不得转让他人。例如：

（1）仅付约翰·戴维斯（Pay to John Davids only）。

（2）支付约翰·戴维斯，不可转让（Pay to John Davids not transferable）。

（3）支付约翰·戴维斯，在汇票任何一处写有“不可转让”（Not transferable）字样。

2. 指示性抬头。指示性抬头的汇票可用背书和交付的方法转让。例如：

（1）支付给ABC公司的指定人（Pay to the order of ABC Co.）。

（2）支付给ABC公司或其指定人（Pay to ABC Co. or order）。

（3）支付给ABC公司（Pay to ABC Co.）。

按照英国《票据法》第8条第4分条的规定，此种写法可以当作“支付给ABC公司或其指定人”（Pay to ABC Co. or order）看待。但在美国《商法典》第3篇规定下，该形式则不属于negotiable票据，除非该票据是《商法典》第3篇规定下的支票。

3. 来人抬头。英国《票据法》允许以来人作为收款人，《日内瓦统一票据法》不允许以来人作为收款人。有些国家票据法规定，凡票据上未记载收款人者，视作来人抬头，但英国《票据法》和《日内瓦统一票据法》都认为收款人非注明不可。来人抬头的汇票仅凭交付而转让，无须背书。例如：

（1）支付给来人（Pay to bearer）。

（2）支付给ABC公司或来人（Pay to ABC Co. or bearer）。

只要写上“bearer”字样，不论在它前面是否写有具体收款人名称，均视为来人抬头。

（八）出票人名称和签字

凡在票据上签字的人，就是票据债务人。换言之，他要对票据付款负责任。出票人在开出汇票时首先要签字，承认自己的债务责任，汇票方可有效。收款人有了债权，票据随之成为债权凭证。如果签字是伪造的，或是未经授权的人签字，则应视为无效。

出票人是个人，如果代理他的委托人签字，而委托人是公司、单位、银行、团体时，应在公司名称前面写上“For”或“On behalf of”或“For and on behalf of”或“Per pro.”字样，并在个人签字后面写上职务名称，如：

For ABC Co. Ltd., London

John Smith Manager

这样ABC公司受到个人John Smith签字的约束，而John Smith不是个人开出汇票，而是代理ABC公司开出汇票。

（九）连接全部必要项目的英文常用术语凭以开立汇票，或用英文常用术语表达已开立汇票的全部内容

A draft for 金额 is drawn by 出票人

on 付款人 payable at 付款时间

to 收款人 dated 出票日期

marked 出票条款

开立汇票填写汇票空白的格式：上面印有“汇票”名称和“无条件的支付命令”，这两项不必填写；“出票地点”与出票人所在城市名称相同。

A draft for GBP21787. 00 is drawn by China National Animal By – Products Imp. &. Exp. Corp. , Beijing Branch, Beijing on Bank of Atlantic, London payable at 90 days sight to the order of ourselves dated 22 May, 202 × marked “Drawn under Bank of Atlantic, London L/C No. 1162/202 × dated 21 Jan. , 202 ×” .

按照上述长句可以开立如下一张汇票：

Exchange for GBP21 787. 00	Beijing, 22 May, 202 ×

At 90 days sight pay to the order of ourselves the sum of Pounds Sterling Twenty one thousand seven hundred and eighty seven only.

Drawn under Bank of Atlantic, London L /C No. 1162/202 × dated 21 Jan. , 202 ×

To Bank of Atlantic, London.	For China National Animal By – Products Imp. & Exp. Corp. , Beijing Branch, Beijing.
	signature

反之，看见这张汇票也可用上述英文术语，以一个长句表述这张汇票的全部内容。

三、汇票的其他记载项目

除了以上形式要项外，汇票还可以有票据法允许的其他记载项目。现在列举如下：

1. 成套汇票（A Set of Bill）。成套汇票的各张汇票面额和内容是完全相同的，每张必须有编号，各张要交叉注明全套中任何一张付款后，其余各张即不再付，意指不能重付。例如，通常一套两张的汇票，在第一张汇票记载：“凭此第一张汇票支付（第二张相同内容和日期者不付）给……”［Pay this first bill of exchange (second of the same tenor and date being unpaid) to...］俗称“付一不付二”；在第二张汇票上写明“付二不付一”。

2. 需要时的受托处理人。汇票以买主作为付款人时，在其名称旁边记载需要时的受托处理人（Referee in Case of Need）的名称和详细地址。例如：

TO：ABC Co. , 36 Threadneedle Street, London.

In case of need refer to

DEF Co. , 139 Lambart Street, London.

如果汇票不获承兑或不获付款而退票时，持票人可向需要时的受托处理人联系，求助于他。如他愿意，即可参加承兑，在到期日参加付款。因为他准备充当付款人，故又称为预备付款人。

3. 付款地点。持票人必须在付款地点提示票据。可以单独开辟记载付款详细地址的空格，如果没有单独载明付款地点，则以付款人名称旁边的地点为付款地点。

4. 担当付款行。当汇票是以某公司作为付款人时，为了方便起见，出票人可根据其与付款人的约定，写出付款人的开户行作为担当付款行（A Banker designated as Payer）。例如：

A bill drawn on ABC Co. , London.

Payable by Bank of Europe, London.

上述约定表示希望担当付款行支付票款，并借记付款人账户。持票人向付款人提示要求承兑，到期日向担当付款人提示要求付款。如果出票人未记载担当付款行，付款人承兑时可以加列担当付款行。例如：

ACCEPTED

(date)

Payable at

Lloyds Bank Ltd. ,

London.

For

ABC Co. , London

signature

5. 利息与利率。汇票上可以记载利息与适用的利率（Interest and its Rate），以便计算。

6. 用其他货币付款。汇票可以记载使用其他货币支付（Payable in other currency），并注明汇率，但是这种记载应不与付款地法律相抵触。

7. 提示期限。出票人可以在汇票上规定提示期限（Limit of time for presentment），也可不规定提示期限，还可规定在指定的日期以前不得提示要求承兑。

8. 免作退票通知或放弃拒绝证书。出票人或背书人可在其签名旁记载放弃对持票人的某种要求。例如：

“约翰·史密斯——免除退票通知”（“John Smith——Notice of dishonour excused”）

“约翰·史密斯——放弃拒绝证书”（“John Smith——Protest waived”）

上述记载意指退票后无须发给他退票通知，或不要作成拒绝证书，即可向他追索，他对汇票仍是负责的。

9. 无追索权。出票人在票面写上“无追索权”（Without Recourse）字样，或在其自己签名旁记载“无追索权”或“对我们没有追索权”字样，就是免除对出票人的追索权。背书人也可在其签名旁作同样记载，免除对背书人的追索权。例如：

Without recourse to us

For ABC Co. Ltd. , London

signature

上述记载实际上是免除出票人或背书人对于汇票应负的责任。持票人可以把加注“无追索权”的签名视为划掉的签名，从而减少对汇票负责的人。《日内瓦统一票据法》第9条有着不同的规定：出票人可以解除他的保证承兑责任，但是任何解除出票人的保证付款责任的规定，视为无记载。

四、汇票的当事人及其权利、责任

（一）汇票当事人

出票时，作为汇票必要项目的三个当事人，即出票人、付款人和收款人是汇票的必要当事人，也是汇票进入流通领域以前的基本当事人。现在分述如下：

1. 出票人（Drawer）。出票人是开立、签发和交付汇票的人。出票人在承兑前是主债务人，承兑后是从债务人，他对汇票付款承担的责任是保证汇票凭正式提示，即按其文义被承兑和付款，并保证如果汇票遭到退票，他将偿付票款给持票人或被迫付款的任何背书人。

2. 付款人。付款人是接受汇票的人，又称为受票人，也是接受支付命令的人（Addressee），我们通常按其职能称其为付款人。因其未在汇票上签名，故不是汇票债务人，不承担汇票一定的付款责任。

付款人对汇票承兑并签名后，就成为承兑人（Acceptor），他以自己的签名表示其同意执行出票人发给他的无条件命令。他应承担的责任是：按照他的承兑文义保证到期日自己付款。承兑人是汇票的主债务人，汇票的持票人、被迫付款的背书人或出票人，都可凭票向承兑人要求付款。

3. 收款人。收款人是收取票款的人，他是第一持票人。出票人开出汇票，立即交给收款人，收款人是第一个持有汇票从而产生对于汇票的权利的人，故他是主债权人。他所持有的汇票是一项债权凭证，他可凭票取款，也可背书转让他人。

汇票进入流通领域以后出现以下当事人：

4. 背书人（Endorser）。背书是指收款人不拟凭票取款，而以背书交付的方法，转让汇票，卖给他人。收款人背书后成为第一背书人，以后汇票继续转让，还有第二、第三……背书人，他们是汇票的债务人，对于汇票付款承担的责任是：保证汇票凭正式提示，即按其文义被承兑和付款，并保证如果汇票遭到退票，他们将偿付票款给持票人或被迫付款的后手背书人。

5. 被背书人（Endorsee）。被背书人是接受背书之人。当他受让汇票后再转让时，他就成为另一个背书人；如果他不转让，则将持有汇票，成为第二持票人，所以被背书人是汇票的债权人，最后被背书人必将是持票人。

6. 参加承兑人（Acceptor for Honour）。当票据提示被拒绝承兑或无法获得承兑时，由一个第三者参加承兑汇票，并签名于票据上，他就成为参加承兑人，也是汇票债务人。当票据到期而付款人拒不付款时，参加承兑人负责支付票款。

7. 保证人（Guarantor）。保证人是由一个第三者对于出票人、背书人、承兑人或参加承兑人作成保证行为的人。经过保证签字的人就是保证人，他与被保证人负相同的责任。

8. 持票人（Holder）。持票人意指收款人或被背书人或来人，即现在正持有汇票者；持票人泛指尚未转让或已经转让的汇票的持有人。

9. 付过对价持票人（Holder for Value）。对价是指可以支持一项简单交易（或合约）之物，如货物、劳务、金钱等。英国《票据法》认为经转让而接受汇票的持票人，依照他是否付过对价，对汇票有着不同的权利。

无论持票人自己是否付了对价，只要前手付过对价并转让到现在持有汇票的人手中，则持票人就是付过对价持票人。付过对价持票人通常指前手付过对价，自己没有付对价而持票的人。

10. 正当持票人（Holder in Due Course）。正当持票人是经过转让而持有汇票的人。根据英国《票据法》第29条的规定，正当持票人应具备的条件是：他的前手背书是真实的；汇票票面完整正常；取得汇票时没有过期；不知道汇票曾被退票；也不知道转让人的权利有何缺陷；他自己支付对价，善意地取得汇票。英国《票据法》进一步在第31条中对“流通转让”进行了解释，所谓“流通转让”需要通过背书并交付持票人而使票据流通。根据英国法的规定，持票人获得汇票必须由其前手背书汇票，然后交付给持票人，这样持票人方可成为正当持票人。收款人（第一持票人）取得票据仅通过出票人的交付，没有经过出票人背书，因此收款人不能成为正当持票人。收款人之后的第二、第三、第四持票人取得汇票均通过其前手背书并交付汇票，因此符合英国法的规定，可以成为正当持票人。

美国《统一商法典》第三篇《商业票据》第3－302条关于正当持票人的定义中，除了和英国《票据法》中规定的持票人善意取得、支付对价、汇票没有过期、持票人不知晓票据曾被拒付等相同的规定外，在关于持票人获得票据的方式方面同英国《票据法》的规定截然不同。按照第3－302条的规定，持票人可以通过两种方式成为正当持票人：（1）出票人出具（Issue）汇票后，第一次把汇票交付给收款人（第一持票人），收款人成为正当持票人；（2）收款人（第一持票人）将票据的所有权转让（Negotiate）给受让人（第二、第三、第四持票人等），受让人成为正当持票人。从美国《统一商法典》的规定，我们可以看出美国法律除和英国法一样承认第二、第三、第四持票人为正当持票人外，还承认第一持票人（即收款人）为正当持票人。这是美国《统一商法典》同英国《票据法》关于正当持票人认定的根本不同。

英美《票据法》从保护正当持票人的利益出发，将票据关系与其基础关系严格区别，不问票据的对价关系以及资金关系如何，凡善意地付了对价的票据受让人的权利不受其前手票据权利瑕疵的影响，因此正当持票人权利优先于前手。如果票据签字被伪造，则伪造签名后的持票人不能对汇票有任何权利的要求，任何对汇票的清偿也不能作为对债务的清偿。任何持票人应初步推定为正当持票人。但在汇票涉及诉讼时，有证据表明，承兑、出票和以后的流通转让是受到欺诈、胁迫、暴力和恫吓或非法行为的影响，持票人不能作为正当持票人，除非他能提出反证，其善意地付出对价是在上述欺诈或非法行为之后。

虽然我国《票据法》没有“正当持票人”的概念，但是《票据法》仍包含保护正当持票人权益的规定。《票据法》第十三条规定，票据债务人不得以自己与出票人或者与持票人的前手之间的抗辩事由，对抗持票人，持票人明知存在抗辩事由而取得票据的除外。英美票据法体系以票据权利人为观察角度来分析问题，而我国票据法则是从票据义务人的角度来分析问题。所以前者的思路是“持票人是否受制于抗辩”而后者则是“义务人能否抗辩权利人”。在这两个完全不同的思路下，对于具体案件的处理角度也是完全不同的。同一个票据纠纷，根据英美《票据法》，首先是依据已经确立的要件来确定持票人的地位，如果上述的要件都具备，原告就可成为正当持票人，取得正当持票人的权利，从而可排除所有对人的抗辩。而持票人只能作为普通合同法上的受让人，要受制于被告可以对原告提出的一切抗辩。当然原告提出的对物抗辩也适用于正当持票人。依据我国《票据法》，首先判断被告所提出的抗辩类型，即对人还是对物。然后根据原告和被告的关系是直接当事人还是间接当事人来决定这些抗辩对其是否适用，而后再进一步分析有没有例外情况如善意取得等。

（二）当事人的权责

汇票持票人包括收款人、被背书人、来人，他们是汇票的债权人，对于汇票享有充分的权利。承兑人、出票人、背书人是汇票的债务人，对于汇票付款承担责任。现在分述于下：

1. 从人称代词观点来看，汇票被出票人A开出，命令付款人B支付票款给收款人C（A bill is drawn by A on B payable to C），这里出票人、付款人、收款人分别表示为我们、你们、他们（A bill is drawn by us on you payable to them）。

如果出票人和收款人是同一个人，汇票使用代词表示为：A bill is drawn by us on you payable to ourselves.

如果付款人和收款人是同一个人，汇票使用代词表示为：A bill is drawn by us on you payable to yourselves.

如果出票人和付款人是同一个人，汇票使用代词表示为：A bill is drawn by us on ourselves payable to them.

为了鉴别各当事人之间的关系，先找出谁是出票人，然后把你自己放在出票人“我们”的位置上，去查看汇票文字，找出“你们”和“他们”是谁，就可懂得这张汇票了。

2. 从交付和提示汇票的观点来看，出票人是第一当事人（1st party），收款人是第二当事人（2nd party），付款人是第三当事人（3rd party）。汇票如果转让的话，出票人是第一当事人，收款人或第一背书人是第二当事人，第二背书人是第三当事人，付款人是最后当事人。

3. 汇票债务人承担汇票付款责任次序（Order of Liability）如下：

承兑前：（1）出票人；（2）第一背书人；（3）第二背书人。

承兑后：（1）承兑人；（2）出票人；（3）第一背书人。

4. 汇票持票人享有的充分权利如下：（1）提示要求承兑或付款之权；（2）汇票转让他人之权；（3）背书汇票权；（4）发出退票通知给前手当事人之权；（5）向前手当事人行使追索权；（6）用自己名字起诉的权利；（7）丢失汇票后获得副本权；（8）在支票或银行即期汇票上划线的权利和委托一家银行托收票款的权利。

五、汇票的票据行为

汇票的票据行为是指汇票业务的处理手续，一般有下列几个环节：出票、背书、提示、承兑、付款、退票、退票通知、拒绝证书、追索权、参加承兑、参加付款、保证或担保等环节。

（一）出票

开立汇票包括两个动作，一个是写成汇票并在汇票上签字（to draw a draft and to sign it），另一个是将汇票交付收款人（to deliver a draft to the payee），这样就创设了汇票的债权，收款人持有汇票就拥有债权。

交付（Delivery）意指实际的或推定的所有权从一个人转移至另一个人的行为。汇票的出票（Issue）、背书、承兑的票据行为在交付前都是不生效的和可以撤销的，只有将汇票交付给他人后，出票、背书、承兑行为才开始生效，并且是不可撤销的。

开出汇票时，出票人签名于上，并对汇票付款承担责任，而付款人对于汇票付款并不承担责任。因为汇票不是“领款单”，汇票是由出票人担保的“信用货币”，收款人的债权完全依赖于出票人的信用。

（二）背书

背书（Endorsement）是指汇票背面的签字。即使只签字不加文字说明，也可称为背书。持票人是收款人或被背书人时，如要把票据权利转让给别人，必须在票据背面签字并经交付，汇票权利才由背书人转移至被背书人。只有持票人，即收款人或被背书人才能有权背书汇票。

背书包括两个动作，一个是在汇票背面签字；另一个是交付给被背书人，只有经过交付，才算完成背书行为，使其背书有效和不可撤销。

背书有以下五种：

1. 特别背书（Special Endorsement）。特别背书又称记名背书，需要记载“支付给被背书人名称的指定人”字样，并经背书人签字。例如：

Pay to the order of

B Co. , London

For A Co. , London

signature

被背书人 B 公司可用背书和交付方法继续转让汇票。从一系列的特别背书中可以看出背书的连续性（见图 2－2）：

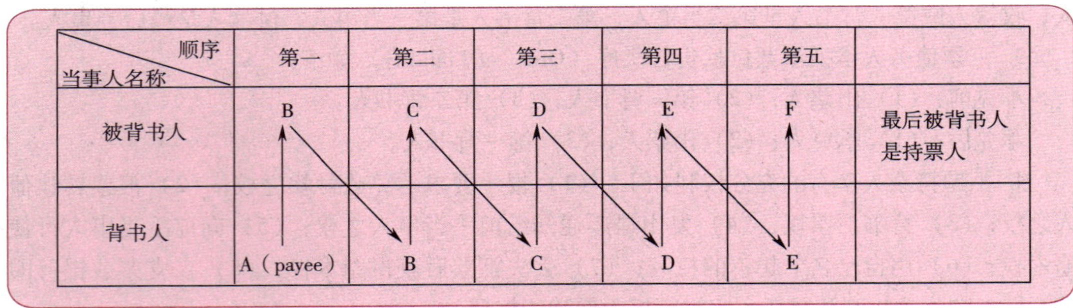

图 2－2　背书的连续性

2. 空白背书（Blank Endorsement or Endorsement in Blank）。空白背书又称不记名背书，即不记载被背书人名称，只有背书人的签字。当汇票经空白背书后，交付转让给一个不记名的受让人，如他与来人抬头汇票的来人相同，则无须背书，仅凭交付再行转让。因为他没有在汇票背面签字，所以他对汇票不承担责任。

任何持票人都可将已作空白背书的汇票转变为记名背书，在背书人名称签字上面写明“支付给×××（持票人自己的名称或第三者的名称）的指定人”字样即可。此后被背书人还可作成空白背书，将其恢复为空白背书的汇票。

持票人应以不间断的连续背书证明他的权利是正当的，即使最后背书是空白背书，他仍是合法持票人。当空白背书后面跟着次一个背书时，则该次个背书人视为前面空白背书的被背书人。这样，在一系列背书中，即使含有空白背书，也可表明背书的连续性。

指示性抬头的汇票作成空白背书后，与来人抬头汇票相同，两者都是仅凭交付而转让（见图 2－3）。

正面：

<table>
<tr><th>指示性抬头汇票</th><th>来人抬头汇票</th></tr>
<tr><td>Exchange for GBP 500.00　　London, 10 Nov.
At sight pay to the order of C Co., the sum of Pounds Five hundred only
To B Bank,　　For A Company,
London　　London
signature</td><td>Exchange for GBP 500.00　　London, 10 Nov.
At sight pay to bearer
the sum of Pounds Five hundred only
To B Bank,　　For A Company,
London　　London
signature</td></tr>
</table>

背面：

<table>
<tr><th>指示性抬头汇票</th><th>来人抬头汇票</th></tr>
<tr><td>For C Company, London
signature
作成空白背书的上述汇票等同于来人抬头汇票，被背书人无须背书仅凭交付即可转让汇票。</td><td>上述来人汇票的持票来人无须背书，仅凭交付即可转让汇票。</td></tr>
</table>

图 2－3　指示性抬头汇票与来人抬头汇票

此项背书规则适用于可流通的单据，如提单、保险单。ISBP745 载有相似规定："如果信用证要求空白背书式的保险单据，则保险单据也可开立成来人式，反之亦然。"

但是作成空白背书的上述汇票，如以后再作记名背书，又将其转变成指示性抬头。可是来人抬头汇票自始至终都是付给来人的，即使再作记名背书，也不能改变仅凭交付转让汇票的性质。

上述汇票连续转让时，被背书人 D 公司转让汇票本来无须背书，但它却作成了记名背书：

Pay to the order of

E Co., London

For D Co., London

signature

然后把汇票交给 E 公司，完成转让行为。如果 E 公司转让汇票，恢复指示性抬头汇票的要求，它必须先作背书，然后交付被背书人完成转让行为。

上述来人抬头汇票的来人 A 公司本来无须背书，但它却作了记名背书：

Pay to the order of

B Co., London

For A Co., London

signature

然后把汇票交给 B 公司，完成转让行为。B 公司持有来人抬头汇票，虽然带有记名背书，但并不能改变来人抬头汇票的性质，它无须背书，仅凭交付即完成转让行为。

3. 限制性背书（Restrictive Endorsement）。限制性背书是指"支付给被背书人"的指示带有限制性的词语。例如：

仅付给 A 银行（Pay to A Bank only）；

支付给 A 银行记入 XYZ 公司账户（Pay to A Bank for account of XYZ Co.）；

支付给 A 银行不可流通（Pay to A Bank not negotiable）；

支付给 A 银行不可转让（Pay to A Bank not transferable）；

支付给 A 银行不得付给指定人（Pay to A Bank not to order）。

作成上述限制性背书的汇票，禁止被背书人把汇票再行流通或转让，他只能凭票取款。

4. 带有条件背书（Conditional Endorsement）。带有条件背书是指“支付给被背书人”的指示是带有条件的。例如：

Pay to the order of B Co.

On delivery of B/L No. 125

For A Co. , London

signature

开出的汇票必须是无条件的支付命令，作成背书却是可以带有条件的。附带条件仅对背书人和被背书人有约束作用，它与付款人、出票人无关。

当汇票持票人向付款人提示要求付款时，付款人不管条件是否履行，可以照常付款给持票人，汇票即被解除责任。带有条件背书实际是指背书行为中的交付，即只有在条件完成时方可把汇票交给被背书人。

5. 托收背书（Endorsement for Collection）。托收背书是要求被背书人按照委托他代收票款的指示，处理汇票。通常是在“Pay to the order of B Bank”的前面或后面写上“For collection”字样。有时还可写出其他指示，例如：

For collection pay to the order of B Bank;

Pay to the order of B Bank for collection only, prior endorsement guaranteed;

Pay to the order of B Bank for deposit;

Pay to the order of B Bank value in collection;

Pay to the order of B Bank by procuration;

Pay to any bank.

被背书人凭授权代收票款，其虽然持有汇票，但并没有获得汇票所有权：

（1）他仅是接受委托，为了代收票款的目的而在票据上背书并进行转让，不是票据所有权的转让。

（2）行使由票据产生的一切权利，如提示要求付款权。

（3）应受前手背书人所遭受一切索偿和抗辩的限制。

（4）托收的背书人对于票据的任何后手持票人不承担责任。

英国《票据法》第 24 条规定：伪造背书的后手不能成为持票人，当汇票转让给一个受让人时，他必须确定背书的连续性和证实前手背书的真实性，才能接受汇票使自己成为持票人。最后持票人即汇票提示人多是一家代收行，当它将汇票提示给付款行（Drawee Bank）要求付款时应作空白背书，付款行需要证实最后背书的真实性才能付款。

（三）提示

持票人将汇票提交付款人要求承兑或要求付款的行为叫做提示（Presentment/ Presentation）。票据是一种权利凭证，要实现权利必须向付款人提示票据，以便要求实现票据权利。提示可以分为两种：

1. 远期汇票向付款人提示要求承兑。

2. 即期汇票或已承兑的远期汇票向付款人或承兑人提示要求付款。这表明即期汇票只需一次提示，将承兑和付款一次完成。远期汇票需两次提示，承兑和付款先后完成。

提示必须在规定的时限办理，英国《票据法》对于即期汇票要求付款的提示期限和远期汇票要求承兑的提示期限规定为合理时间内，《日内瓦统一票据法》规定为 1 年。英国《票据法》规定已承兑远期汇票的付款提示期限为付款到期日；《日内瓦统一票据法》规定要在付款到期日或其后的两个营业日内提示，如未在规定时限提示，持票人即丧失对其前手的追索权。

持票人应在汇票载明的付款地点向付款人提示。如果汇票没有载明付款地点，则向付款人营业所提示；如果没有营业所，则到其住所提示。汇票上记载有担当付款人时，持票人应向担当付款人提示要求付款。由于票据上的付款人绝大多数是银行，还可以通过银行票据交换所提示票据。

持票人向付款行提示汇票的渠道有三条：第一条是到付款行柜台上提示，这种情况极少；第二条是通过票据交换所的清算银行换出票据，付款行经其清算银行换入票据，如不退票就是付款了；第三条是代理行、联行通过邮寄票据提示给付款行代收票款。

如果票据经背书转让给持票人，再由持票人委托银行代收票款，最后代收银行的背书应附有“保证前手背书真实”（prior indorsements guaranteed）字样。

（四）承兑

承兑（Acceptance）意指远期汇票的付款人签名表示同意按照出票人命令付款的票据行为。

付款人承兑汇票后成为承兑人，他的签名表明他已承诺付款责任，愿意按照承兑文义保证付款，不得以出票人的签字是伪造的、背书人无行为能力等理由来否认汇票的效力。

承兑包括两个动作：第一，写明“已承兑”（ACCEPTED）字样并签字；第二，将已承兑汇票交给持票人。这样，承兑就是有效的和不可撤销的。国际银行业务习惯上是由承兑行发出承兑通知书给持票人，用来代替交付已承兑汇票给持票人。见票后若干天付款的汇票，承兑日就是见票日。由此推算到期日，待到期日承兑行主动付款并记入持票人账户。

承兑构成承兑人在到期日无条件付款的承诺，这就给持票人在汇票到期日获得付款提供了有力的保证。按照英国《票据法》第 53 条文义，已承兑汇票可以当作持票人要求支取汇票金额的“领款单”或“过户转让书”，故一般银行愿意贴现买进银行承兑的远期汇票。承兑人是汇票的主债务人，出票人退居从债务人的位置。

付款人是否承兑需要考虑时间。英国《票据法》规定，考虑时间在提示的次一个营业日营业时间终了之前。《日内瓦统一票据法》规定考虑时间可从第一次提示后之次日至第二次提示时为止。承兑时盖上“承兑”戳记，写上承兑日期，不写到期日，经承兑人签字即可。为了方便起见，可在汇票右上角写上到期日，例如：Due 15 Nov.，202×。也可在承兑行为中写成：

ACCEPTED
(date)

to mature
(date)
For name of drawee
signature

远期成套汇票中的各张分次先后提示要求承兑，付款人只能承兑一张，而且是首先提示的（to accept against first presentation）那一张，后来提示的那一张不再承兑，待到期日仅凭承兑的那张汇票付款。

汇票的承兑有两种，即普通承兑和限制承兑。

1. 普通承兑（General Acceptance）。普通承兑是指承兑人对出票人的指示不加限制地同意和确认，通常所称的承兑即指普通承兑。

2. 限制承兑（Qualified Acceptance）。限制承兑是指承兑时用明白的措辞改变汇票承兑后的效果。常见的限制承兑有以下几种：

（1）带有条件的承兑（Conditional Acceptance），即承兑人的付款依赖于承兑时所提条件的完成。例如：

ACCEPTED
1 June，202×
Payable on delivery of
Bills of Lading
For ABC Bank Ltd.，London
signature

（2）部分承兑（Partial Acceptance），仅承兑和支付票面金额的一部分。例如：票面金额为 GBP 1 000.00。

ACCEPTED
3 June，202×
Payable for amount of
GBP 800.00 only
For ABC Bank Ltd.，London
signature

（3）限定地点的承兑（Local Acceptance），即承兑仅在某一特定地点支付，亦即用文字明白表示汇票仅在那里（and there only）而不在别处支付。例如：

ACCEPTED
5 June，202×
Payable at The Hambros
Bank and there only
For ABC Bank Ltd.，London
signature

如果承兑的支付是在承兑人的账户行，即写出承兑人的担当付款行。如在它的后面没有 and there only，则是普通承兑。

（4）延长时间承兑（Qualified Acceptance as to time）。例如，出票日后 3 个月付款的汇票，承兑时写明 6 个月付款。

ACCEPTED
5 June，202×
Payable at 6 months after date
For ABC Bank Ltd.，London
signature

（五）付款

票据的最终目的是凭以付款（Payment）。即期汇票提示日即为付款到期日，见票后若干天付款的远期汇票从承兑日推算到期日。持票人在到期日提示汇票，经付款人或承兑人正当付款（payment in due course）以后，汇票即被解除责任。所谓正当付款即指：

1. 要由付款人或承兑人支付，而不是由出票人或背书人支付。

2. 要在到期日那天或以后付款，而不能在到期日以前付款。

3. 要付款给持票人，意指汇票如被转让，前手背书必须连续和真实。《日内瓦统一票据法》只要求付款人鉴定背书连续；英国《票据法》还要求付款人认定背书必须真实，但对即期付给指定人并以银行作为付款人的汇票，可以不负背书真伪之责。

4. 善意的付款，付款人按照专业惯例，尽了专业职责，利用专业信息仍不知道持票人权利有何缺陷而付款的，即为善意付款。

付款人向持票人正当付款之后，汇票就被解除责任，不仅解除了付款人的付款义务，而且解除了所有的票据债务人的债务。

提示汇票有三条渠道，付款行的三种相应付款方法是：

第一是收款人到付款行柜台提示汇票，付款行凭票支付现金给收款人，要求他在汇票上作空白背书并将汇票当作收款人的收据。付款行还可将收款人的身份证件名称、号码记在汇票背面，将其收回归档注销。

第二是通过票据交换所提示，付款行收到换入票据后即作转账付款，借记出票人账户，贷记交换科目。

第三是联行或代理行寄来票据，付款行仍作转账付款，借记出票人账户，贷记联行往来或代理行往来账户。

付款行应以汇票载明的货币支付。如果汇票规定支付等值其他货币，应按规定的汇率折成其他货币支付。如果汇票以外国货币表示，付款行按照当地金融管制法令，可以折成本国货币支付。

（六）退票

持票人提示汇票要求承兑时，遭到拒绝而不获承兑（Dishonour by Non－acceptance），或持票人提示汇票要求付款时，遭到拒绝而不获付款（Dishonour by Non－payment），均称退票（Dishonour），也称拒付。

除了拒绝承兑和拒绝付款外，付款人避而不见、死亡或宣告破产，以致付款事实上已成为不可能时，也称为拒付。

汇票在合理时间内提示遭到拒绝承兑时，或汇票在到期日提示而遭到拒绝付款时，持票人的追索权立即产生，持票人有权向背书人和出票人追索票款。

（七）退票通知

退票通知（Notice of Dishonour）的目的是要汇票债务人及早知道拒付之事，以便做好准备。英国《票据法》规定：持票人若不作成退票通知并及时发出，即丧失其追索权。《日内瓦统一票据法》认为，退票通知仅是后手对前手的义务，不及时通知退票并不丧失追索权。但如因未及时通知而造成前手遭受损失时，应负赔偿之责，其赔偿金额不超过汇票金额。发出退票通知有两种方法，如图2－4所示。

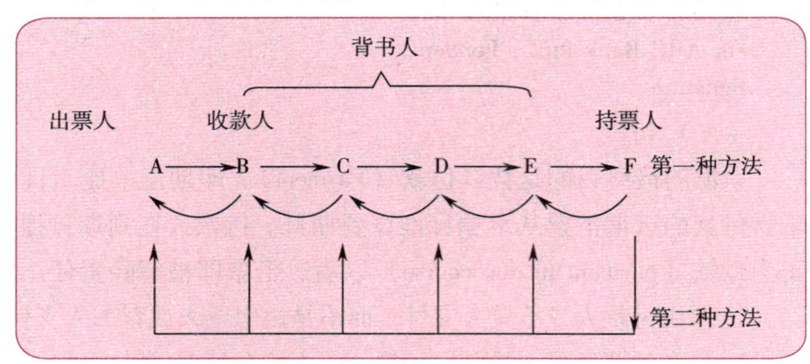

图2－4　发出退票通知的方法

图2－4发出退票通知的第一种方法是持票人在退票后一个营业日内，将退票事实通知前手背书人，前手背书人于接到通知后一个营业日内再通知他的前手背书人，一直通知到出票人。接到退票通知的每个背书人都有向其前手进行追索的权利。如持票人或背书人未在规定时间内将退票通知送达前手背书人或出票人，则该持票人或背书人即对未接到通知的前手丧失追索权。但正当持票人的追索权不因遗漏通知而受到损害。

第二种方法是持票人将退票事实通知全体前手，如此则每个前手即无须继续向前手通知了。

（八）拒绝证书

英国《票据法》规定：外国汇票遇到付款人退票时，持票人须在退票后一个营业日内作成拒绝证书（Protest）。国内汇票持票人因拒付而行使追索权时，不是必须提供拒绝证书。

作成拒绝承兑证书后，无须再作提示要求付款和拒绝付款证书。

拒绝证书是由拒付地点的法定公证人（Notary Public）作出的证明拒付事实的文件。持票人请求公证人作成拒绝证书时，应将汇票交出，由公证人持向付款人再作提示，仍遭拒付时，即由公证人按规定格式作成拒绝证书，连同汇票交还持票人，持票人凭拒绝证书及退回的汇票向前手背书人行使追索权。

如拒付地点没有法定公证人，拒绝证书可由当地知名人士（Famous Man）在两个见证人（Witness）面前作成。在我国可请公证处作成拒绝证书。

持票人要求公证人作成拒绝证书所付的公证费用，在追索票款时一并向出票人算收。有时出票人为了免除此项费用，可在汇票上加注“放弃拒绝证书”（Protest Waived）字样，则持票人无须作成拒绝证书，即可行使追索权。如果汇票有了此项记录，仍然作成拒绝证书，则该证书有效，但公证费用应由持票人自行负担。

（九）追索权

追索权（Right of Recourse）是指汇票遭到拒付，持票人对其前手背书人或出票人有请求其偿还汇票金额及费用的权利。

行使追索权的对象是背书人、出票人、承兑人以及其他债务人，他们对持票人负有连带的偿付责任。持票人是票据上的唯一债权人，他可向对汇票负责的任何当事人取得偿付。被迫付款的出票人得向承兑人取得偿付，被迫付款的背书人得向承兑人或出票人或其前手背书人取得偿付。追索的票款应包括：汇票金额，利息，作成退票通知、拒绝证书和其他必要的费用。

行使追索权的三个条件是：

1. 必须在法定期限内提示。英国《票据法》规定为合理时间内向付款人提示汇票，未经提示，持票人不能对其前手追索。

2. 必须在法定期限内通知。英国《票据法》规定为退票日后的次日，将退票事实通知前手，后者再通知其前手，直到出票人。

3. 外国汇票遭到退票，必须在法定期限内，英国《票据法》规定为退票后一个营业日内，由持票人请公证人作成拒绝证书。

只有符合上述三个条件，才能保留和行使追索权。持票人或背书人必须在法定期限内行使其追索权，否则即自行丧失。英国《票据法》规定，保留追索权的期限为 6 年。《日内瓦统一票据法》规定，持票人对前一背书人或出票人行使追索权的期限为 1 年，背书人对其前手背书人行使追索权的期限则为 6 个月。

（十）参加承兑

参加承兑（Acceptance for Honour）是指汇票遭到拒绝承兑而退票时，某非汇票债务人在得到持票人同意的情况下，参加承兑已遭拒绝承兑的汇票（to accept the bill supra protest）的一种附属票据行为。其目的是防止追索权的行使，维护出票人和背书人的信誉。参加承兑行为的人称为参加承兑人（Acceptor for Honour）。参加承兑人应在汇票上面记载参加承兑的意旨、被参加承兑人姓名、参加承兑日期并签字。参加承兑记载形式如下：

Acceptor for honour
of ________________
on ________________
signed by ________________

汇票到期时，如付款人不付款，持票人可向参加承兑人提示要求付款，并向他通知付款人因拒绝付款而退票、已作成拒绝付款证书的事实。参加承兑人即应照付票款，从而成为参加付款人。

被参加承兑人（the person for whose honour acceptance has been given）是指其信誉由参加承兑人担保的任意债务人。举例如图 2 – 5 所示。

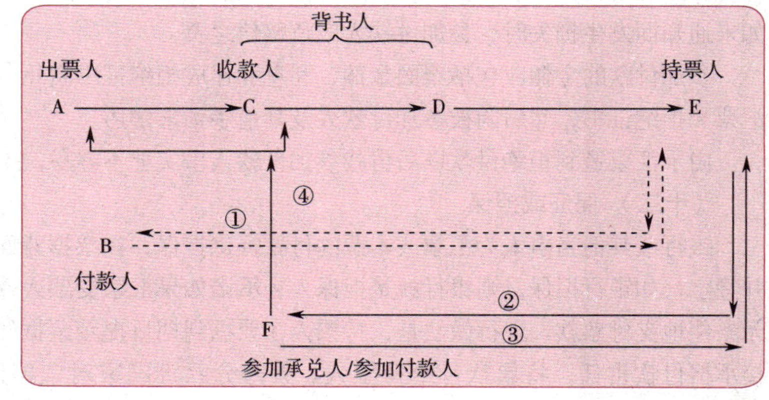

图 2 – 5

在图 2 – 5 中，C 将汇票背书转让给 D，D 再背书转让给 E。E 作为持票人向付款人 B 提示要求承兑，但遭拒绝（①），参加承兑人F参加承兑（②），并指定被参加承兑人为C，即参加承兑人F向持票人E担保C的信誉。汇票到期，付款人B拒不付款，而由参加承兑人F付款（③），此时，F即成为参加付款人，对被参加付款人C及其前手A有请求偿还权（④），而被参加付款人C的后手D被免除票据责任。

《日内瓦统一票据法》规定，凡参加承兑而没有记载被参加承兑人者，则应视出票人为被参加承兑人。

参加承兑人于参加承兑后两个营业日内，应将参加承兑事实通知被参加承兑人，如未通知，致使被参加承兑人受到损失，则应由参加承兑人负赔偿责任。

持票人同意第三者参加承兑后，即不得于到期日以前向前手行使追索权。

见票后若干天付款的汇票被参加承兑时，其到期日是从作成拒绝承兑证书之日起算，而不是从参加承兑日起算。持票人于到期日须先向付款人提示要求付款，遭到拒付时，始得向参加承兑人要求付款，参加承兑人则应照付票款。

由于汇票遭到拒绝承兑以后，再找参加承兑人是不容易的，故参加承兑行为很少发生。

（十一）参加付款

在因拒绝付款而退票并已作成拒绝付款证书的情况下，非票据债务人可以参加支付汇票票款。参加付款者要出具书面声明，表示愿意参加付款，说明被参加付款人的名称，并由公证人证明后，即成为参加付款人（Payer for Honour）。

参加付款（Payment for Honour）与参加承兑的作用同为防止持票人行使追索权，维护出票人、背书人的信誉，而且两者都可指定任意债务人作为被参加人。所不同的是参加付款人无须征得持票人的同意，任何人都可以作为参加付款人，而参加承兑须经持票人的同意；同时参加付款是在汇票遭拒绝付款时为之，而参加承兑则是在汇票遭拒绝承兑时为之。

参加付款后，参加付款人对于承兑人、被参加付款人及其前手取得持票人的权利，有向其请求偿还权。被参加付款人之后手因参加付款而免除票据责任。

参加付款人未记载被参加付款人者，则出票人视为被参加付款人。

参加承兑人在参加付款时，应以被参加承兑人作为被参加付款人。

由第三者作为参加付款人时，应将参加付款的事实在两个营业日内通知被参加付款人，如未通知而发生损失时，参加付款人应负赔偿之责。

参加付款的金额应包括票面金额、利息和作成拒绝证书费用。付款时，参加付款人收回汇票和拒绝证书，然后向被参加付款人及其前手请求偿还。

由于汇票遭到拒绝付款以后再找参加付款人事实上不容易，故参加付款行为极少发生。

（十二）保证或担保

银行或其他当事人为汇票或本票的付款提供担保，在票据背面或正面写上“Aval”字样并签字，如银行担保，则银行就是担保人，承诺如果汇票受票人或本票制票人违约，担保人无条件地支付票款。现行做法是，持票人在票据到期日提示票据给担保银行，由担保银行直接承担付款责任，将票款付给持票人。大部分欧洲国家对票据担保业务作了明确的立法规定。

英国的习惯做法是银行对汇票或本票提供保证（Guarantee），开立单独保函，保证被保证人违约时保证人无条件支付票款。因为英国《票据法》对票据保证没有规定，现在多已采用担保（Aval）的做法。

银行在票据上签字成为担保人，出票人、背书人、承兑人、制票人均可作为被担保人。担保人与被担保人所负责任相同，汇票的被担保人通常是承兑人。对汇票金额全部付款予以担保又称为汇票的保付，等同于为承兑人担保。担保的形式如下：

Per Aval	Per Aval
For account of	On behalf of
Name of importer	Name of importer
Name of (import) Bank	Name of (import) Bank
signature	signature

当票据流通时，担保的功能随票据转移，所以使用担保的票据行为特别便利银行承销商业票据在二级市场上买卖，不管汇票是否已被承兑，在票据尚未付款以前，背书链条的每一个人均可以向前手背书人、出票人、担保人索取票款（见图2-6）。

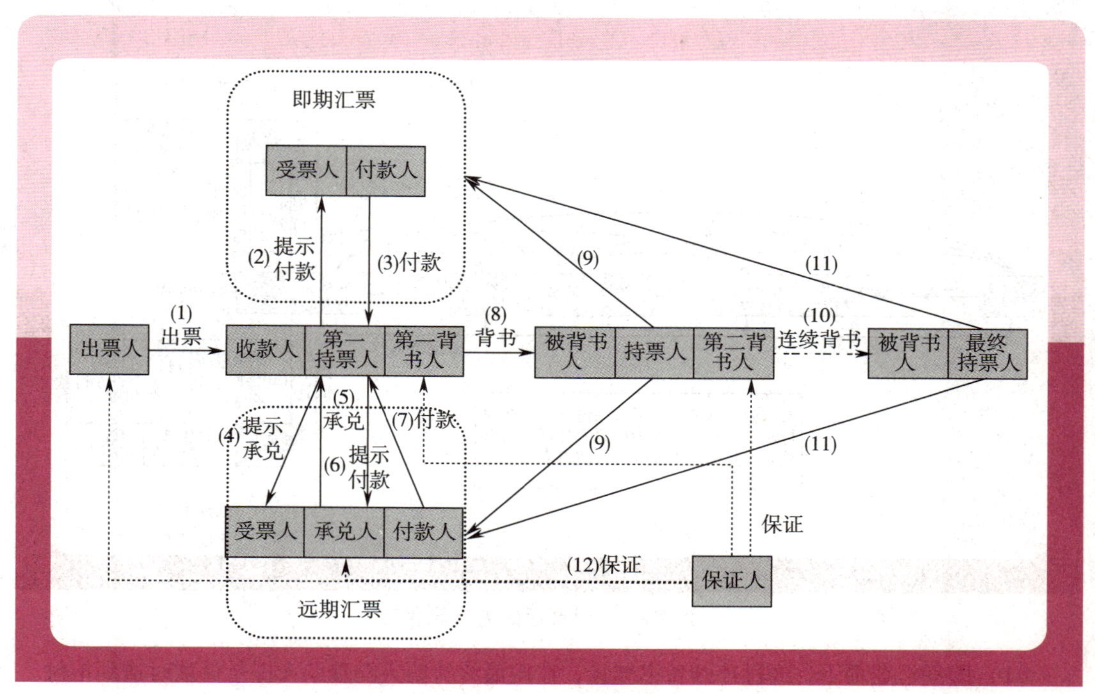

图2-6　汇票正常处理流程

（1）出票人开出汇票交付给收款人，此时收款人为第一持票人，出票人承担第一付款责任。

（2）即期汇票项下，当收款人（第一持票人）不再转让汇票，决定自己收款时，向汇票载明的受票人提示要求付款。

（3）受票人同意并作为付款人向第一持票人支付票面金额，终结该汇票。

（4）远期汇票项下，收款人（第一持票人）可自行向汇票载明的受票人提示要求承兑。

（5）受票人同意并承兑汇票后成为承兑人，此时其取代出票人成为第一债务人，出票人退居第二债务人。承兑人将承兑后的汇票退还第一持票人。

（6）收款人（第一持票人）不再转让汇票，决定自己收款时，可持票待汇票到期，向承兑人提示要求付款。

（7）承兑人同意并作为付款人向第一持票人支付票面金额，终结该汇票。

（8）如果收款人（第一持票人）未选择提示付款/承兑，而是将汇票（未承兑或已承兑未付款）背书转让交付给其他人，此时第一持票人成为第一背书人。

（9）被背书人可以选择作为持票人向受票人提示付款/承兑。

（10）或者被背书人继续背书转让汇票给其他人，依此类推。

（11）直至最终持票人向受票人提示付款/承兑。

（12）此流程中可能出现保证人对汇票流转过程中的任一债务人提供担保，包括出票人、承兑人以及后来的背书人。

下面为退票后的处理流程（见图2－7）。

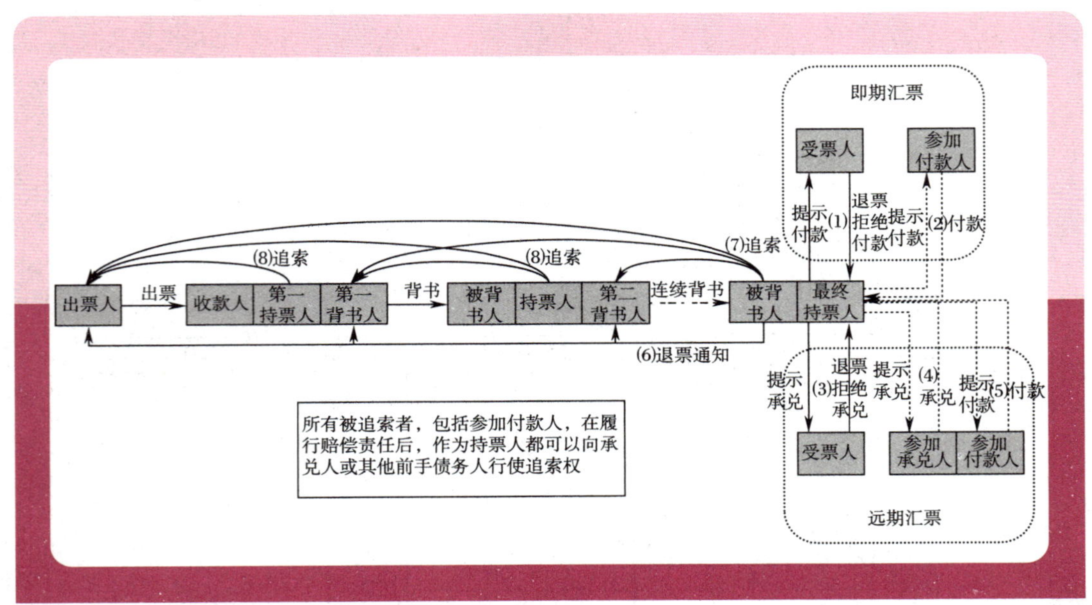

图2－7 退票后的处理流程

（1）即期汇票项下，经过连续背书转让，在由最终持票人向受票人提示付款时遭到拒付。

（2）为避免持票人行使追索权，参加付款人出现指明被参加付款人（汇票上记载的债务人之一）后将款项付给持票人。参加付款人应在两个营业日内将参加付款事实通知被参加付款人。完成付款后，参加付款人可以向被参加付款人及前手行使索偿权。

（3）远期汇票项下，持票人在向受票人提示承兑时遭到拒绝。

（4）同样为避免持票人行使追索权，参加承兑人在得到持票人同意的情况下，指明被参加承兑人（汇票上记载的债务人之一）后对汇票进行承兑，并将承兑后的汇票退还持票人。参加承兑人应在两个营业日内将参加承兑事实通知被参加承兑人。

（5）汇票到期，持票人向参加承兑人提示付款，参加承兑人付款后成为参加付款人，并可以向被参加承兑人（被参加付款人）及前手行使索偿权。

（6）在参加人不存在的情况下，持票人只能选择行使追索权。在追索前，持票人应就拒付事宜进行退票通知，可采取两种方式：一种是将退票事实通知前手背书人，再由其通知他的前手背书人，直至通知到出票人；另一种是持票人将退票事实通知全部前手。

（7）在尽到退票通知责任后，持票人行使追索权向票面上记载的任一前手进行追索。

（8）所有被追索者，在履行赔偿义务后，作为持票人可以向其前手债务人继续行使追索权，直至出票人（即期汇票或远期未承兑汇票）或承兑人（远期已承兑汇票），终结该汇票。

六、汇票的贴现

（一）贴现业务

贴现（Discount）是指远期汇票承兑后尚未到期，由银行或贴现公司从票面金额中扣减按照一定贴现率计算的贴现息后，将净款付给持票人，从而贴进票据的行为。

贴现行持贴进的汇票直至到期日，提示给承兑人要求付款，承兑人支付票面金额，归还贴现行的垫款，并使贴现行赚取贴现息。可见，贴现业务既是票据买卖业务，也是资金融通业务。

贴现息是按照贴现天数即距到期日提早付款天数乘以贴现率计算得来的。但因贴现率多是用年率表示，应将其折成日率。英镑按一年 365 天作为基本天数，美元、欧元则按 360 天作为基本天数，故计算公式为

$$\text{贴现息} = \text{票面金额} \times \frac{\text{贴现天数}}{360(\text{或}\ 365)} \times \text{贴现率}$$

净款（Net Proceeds）又称汇票现值，其计算公式是

$$\text{净款} = \text{票面金额} - \text{贴现息}$$

或者

$$\text{净款} = \text{票面金额} \times \left[1 - \frac{\text{贴现天数}}{360(\text{或}\ 365)} \times \text{贴现率}\right]$$

举例：一张见票后 90 天付款、票面金额为 8 000 美元的汇票已被承兑，承兑日为 4 月 1 日，持票人要求于承兑当日贴现，贴现行按贴现率 6% p. a.（年率）计算如下：

$$\text{贴现息} = 8\ 000 \times \frac{90}{360} \times 6\% = 120(\text{美元})$$

$$\text{净款} = 8\ 000 \times \left(1 - \frac{90}{360} \times 6\%\right) = 7\ 880(\text{美元})$$

（二）贴现市场

在英国的金融市场中，伦敦贴现市场由 12 家贴现公司（Discount House）组成，专门经营买入各种票据，包括贴现商业票据。伦敦还有 8 家商人银行，又称承兑公司（Accepting House），办理承兑汇票业务，它们与普通商号约定，允许普通商号开出以承兑公司作为付款人的远期汇票。承兑公司不收对价，在汇票上签字承兑，用自己的名字来提高汇票的信誉。出票人也是收款人，将已承兑的汇票拿到贴现公司要求贴现，从而获得净款的资金融通，待汇票到期日出票人再将票款交承兑公司，以便支付给提示汇票索款的贴现公司。这样的汇票

就称为融通汇票（Accommodation Bill）。

美国联邦储备银行允许美国的会员银行（US Member Banks）承兑汇票，拿到市场贴现从而融通资金，这就是美国的银行承兑汇票（Banker's Acceptance）。

（三）汇票的身价

汇票的身价是由汇票签字人（出票人和承兑人）的信誉、地位决定的，可从以下两个方面鉴别：

1. 出票人和承兑人的地位（Standing）。出票人和承兑人必须是声誉良好的商号，并具有好的资金实力。贴现公司规定要求贴现的汇票上面有两个信誉好的商号的签字，因为这样的汇票有好的身价。在出票人和承兑人的两个名号中，承兑人的信誉更加受到重视。一般认为，作为承兑人，银行优于商号，大银行优于小银行。

2. 汇票起源交易的出票条款。贴现公司认为由于正常交易出售货物而出具的汇票是可靠的，因此，注明根据信用证出具的汇票是最好的汇票。

（四）贴现费用

贴现时发生的费用有承兑费、印花税和贴现率三种。

1. 承兑费（Acceptance Commission）。伦敦银行对远期汇票的承兑费按承兑期每月1‰计收，最少收2‰，即最少按60天承兑期收费。远期付款交易的承兑费一般由买方负担，但卖方开出远期汇票，要求承兑公司承兑后，请贴现公司贴进时，承兑费用与买卖交易无关，则由卖方负担。

2. 印花税（Stamp Duty）。英国对3个月的远期国内汇票按2‰计收印花税，6个月的远期国内汇票按4‰贴印花，外国汇票按国内汇票的一半贴印花。印花税由卖方负担。

3. 贴现率（Discount Rate）。伦敦贴现市场的贴现率由伦敦贴现市场公会决定，按年率计算。汇票出票人和承兑人的名誉好，贴现率就低；名誉差，则贴现率高。贴现率一般略低于银行对客户的贷款利率。贴现率经常变动，每天在伦敦重要报纸上公布。

（五）汇票的重贴现

汇票的贴现人售出他所贴进的汇票称为再贴现或重贴现。贴现人贴进远期汇票，占压了自己的资金，如果等不及到期日需要用款时，可以提前抛售汇票收回资金，即向本国中央银行要求再贴现或重贴现（Rediscount）。

1. 重贴现的条件。英国规定汇票重贴现的条件是汇票上必须带有两个英国头等名号银行（Two First Class British Banks）：一个是汇票的付款人，也就是汇票承兑后的承兑人必须是英国的银行；另一个是贴现公司，也必须是英国的。因为贴现公司属银行性质，汇票贴进后，贴现公司如拟出售，即须在汇票上背书，因此汇票上有了第二个英国银行的名号。只有银行承兑汇票才具备重贴现条件，商业承兑汇票不具备重贴现条件。所谓头等银行，指的是第一流大银行。

2. 重贴现的银行。贴现公司主要是利用拆借同业短期贷款的资金来买入票据，如果商业银行要收回贷款，贴现公司就得把贴进的票据提交中央银行，即英格兰银行重贴现。一般是中央银行做重贴现业务，由于重贴现率比市场贴现率高，所以贴现公司只能把少量贴现票据交英格兰银行重贴现，否则就要亏本。英格兰银行的重贴现率是衡量英国利率水平的主要标志。

七、汇票的种类

1. 按照三个当事人居住地不同分类。当汇票出票人、付款人、收款人的居住地中有两个在不同的国家，汇票在两个国家流通时，它被称为国际汇票（International Bill of Exchange）。国际结算使用的汇票多为国际汇票。当汇票出票人、付款人、收款人的居住地在同一个国家，汇票仅在一个国家内流通时，它被称为国内汇票（Domestic Bill of Exchange）。

2. 按照付款时间不同分类。出票人要求付款人在持票人向其提示汇票时见票即付的汇票称为即期汇票（Sight Bill）。出票人要求付款人经过一段时间后再向持票人付款的汇票称为远期汇票（Time Bill）。

3. 按照收款人的不同分类。当汇票收款人是持票来人时，它被称为持票来人汇票（Bearer Bill）。当汇票收款人是记名当事人时，它被称为记名汇票（Order Bill）。

4. 按照付款人和出票人的不同分类。当汇票出票人、付款人均是商号时，它被称为商业汇票（Commercial Bill）或商号汇票（Trader's Bill）。当汇票出票人、付款人均是银行时，它被称为银行汇票（Banker's Bill）。

5. 按照汇票是否跟随单据分类。当汇票不附带单据时，称为光票（Clean Bill）。当汇票附带单据时，称为跟单汇票（Documentary Bill）。

6. 按照使用货币不同分类。当汇票使用本国货币时，称为本国货币汇票。当汇票使用外国货币时，称为外国货币汇票。

汇票有不同分类方法，但并不意味着一张汇票只具备一个特征，它可以同时具备几个特征，如远期外国货币跟单汇票。

第三节　本票

一、本票的定义

本票的发令人和受令人是同一人，因本人不能自己命令自己，所以本票上的付款文字实际上是签发本票之人告知受款人的承诺，常见的表达方式为“We promise to pay…”。

本票是一项书面的、无条件的支付承诺，由一人作成，并交给另一人，经制票人签名承诺即期或定期或在可以确定的将来时间，支付一定数目的金钱给一个特定的人或其指定人或来人。[①]

二、本票的必要项目

根据《日内瓦统一票据法》的规定，本票必须具备以下几项内容：（1）写明“本票”字样；（2）无条件支付承诺；（3）收款人或其指定人；（4）制票人签字；（5）出票日期和地点（未载明出票地点者，制票人名字旁的地点视为出票地）；（6）付款期限（未载明付款期限者，视为见票即付）；（7）一定金额；（8）付款地点（未载明付款地点者，出票地视为

① A promissory note is an unconditional promise in writing made by one person to another signed by the maker, engaging to pay, on demand or at a fixed or determinable future time, a sum certain in money, to, or to the order, of a specified person or to bearer.

付款地）。

兹将上列项目标明在附式 2－1 的本票式样中。

附式 2－1

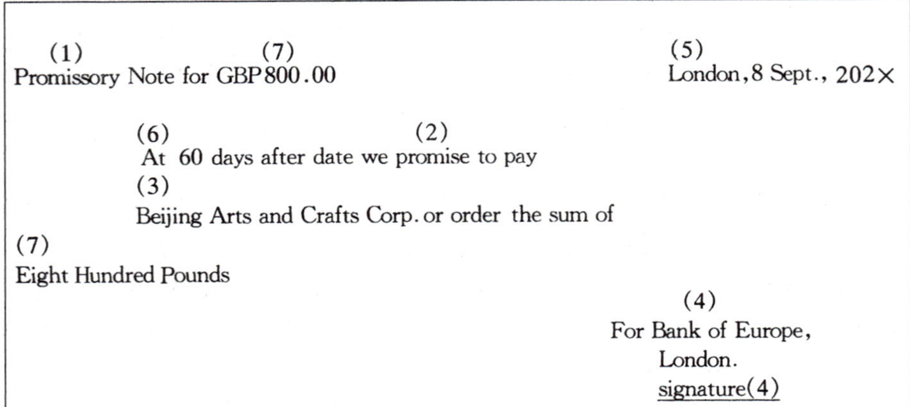

(1) Promissory Note for (7) GBP800.00 — (5) London, 8 Sept., 202×

(6) At 60 days after date (2) we promise to pay

(3) Beijing Arts and Crafts Corp. or order the sum of

(7) Eight Hundred Pounds

(4) For Bank of Europe,
London.
signature(4)

三、本票与汇票的异同

（一） 本票与汇票的相同点

1. 本票的收款人与汇票的收款人相同。

2. 本票的制票人与汇票的承兑人相似，两者同是主债务人。

（二） 本票与汇票的不同点

1. 基本当事人不同。本票有两个基本当事人，即制票人和收款人；汇票有三个基本当事人，即出票人、付款人、收款人。一般常说制成本票（to make a promissory note），因此制成人（Maker）就是制票人。我们还说开出汇票（to draw a bill of exchange），因此出票人就是Drawer。

2. 付款方式不同。本票的制票人自己出票、自己付款，所以制票人向收款人承诺自己付款，本票是承诺式的票据。汇票是出票人要求付款人无条件地支付票款给收款人的书面支付命令，付款人没有义务必须支付票款，除非他承兑了汇票，所以汇票是命令式或委托式的票据。

3. 名称的含义不同。本票英文直译为承诺券，它包含着一笔交易的结算。汇票英文直译为汇兑票，它包含着两笔交易的结算。

4. 承兑等项目不同。本票不需要：（1）提示要求承兑；（2）承兑；（3）参加承兑；（4）发出一套。汇票必须要有（1）至（4）项。

因为本票没有承兑这一项目，所以英国《票据法》主张远期本票只有 after date，没有 after sight。但《日内瓦统一票据法》认为可有 after sight 本票，持票人须向制票人提示并请他“签见”（visa），从签见日期起算确定到期日。如制票人拒绝签见，则从提示日起算。

5. 如国际本票遭到退票，不需作成拒绝证书。如国际汇票遭到退票，必须作成拒绝证书。

6. 主债务人。本票的主债务人是制票人，汇票的主债务人承兑前是出票人，承兑后是承兑人。

7. 本票不允许制票人与收款人作成相同的一个当事人，汇票允许出票人与收款人作成相同的一个当事人。

四、本票的用途

本票通常用于以下方面：

1. 商品交易中的远期付款，可先由买主签发一张以约定付款日为到期日的本票，交给卖方，卖方可凭本票如期收到货款，如果急需资金，也可将本票贴现或转售他人。

2. 用做金钱的借贷凭证，由借款人签发本票交给贷款人收执。借款合同订有利率和担保人时，可在本票上写上利息条款，注明利率和起算日，并请担保人在本票上作成担保付款的行为。

3. 企业向外筹集资金时，可以发行商业本票，通过金融机构予以保证后，销售于证券市场获取资金，并于本票到期日还本付息。

4. 客户提取存款时，银行本应付给现金，如果现金不多，可将存款银行开立的即期本票交给客户，以代替支付现钞。

五、本票的不同形式

本票的制票人相当于汇票的出票人和付款人结合为一人。任何票据的出票和付款重叠在一个当事人身上，那张票据就是本票形式或是带有本票性质的票据。现将这类本票分述于下。

（一）商业本票

商业本票（Trader's Note）是以贸易公司作为制票人的本票，包括美国较大公司开出的商业票据（Commercial Paper）。

商业票据式样如附式 2－2 所示。

附式 2－2

Haverty Furniture Companies

USD100 000.00　　　　Atlanta GA　　Oct. 6, 202×

AT SEVENTY DAYS AFTER DATE　WE PROMISE TO PAY TO

THE ORDER OF　BEARER　THE SUM OF

ONE HUNDRED THOUSAND US DOLLARS

THE FIRST NATIONAL BANK OF CHICAGO, CHICAGO, ILLINOIS OR PAYABLE

AT FULTON NATIONAL BANK, MAIN OFFICE, ATLANTA, GEORGIA　VALUE

RECEIVED

NOT VALID UNLESS AUTHENTICATED　　HAVERTY FURNITURE CO.

BY THE FIRST NATIONAL BANK OF　　signature

CHICAGO AS ISSUING AGENT　　Senior Vice President

and Treasurer

DUE DEC.15, 202×

（二）银行本票

银行本票（Banker's Note）是由商业银行开出即期付给记名收款人或者付给来人的本票，它可以当作现金交给提取存款的客户。一般形式如附式 2－3 所示。

附式 2－3

Note for GBP 100.00　　London, 21 Jan., 202×

On demand we promise to pay bearer

the sum of One Hundred Pounds

For Bank of Europe,

London

signature

（三）国际小额本票

国际小额本票（International Money Order）多是以设在美元货币清算中心的美国银行作为制票行，以美元定值的银行小额本票。其形式如附式 2－4 所示。

附式 2－4

INTERNATIONAL MONEY ORDER
MANUFACTURERS HANOVER TRUST COMPANY
NEW YORK, N.Y. 10015

PAY TO THE
ORDER OF ____________________　　____________ 202×

A
M
O
U
N
T

PAY AT YOUR BUYING RATE
FOR EXCHANGE ON NEW YORK
UNITED STATES DOLLARS
Georg D. Schiela
NOT VALID UNLESS COUNTER
SIGNED ABOVE

Maximum of Two Thousand Five
Hundred (USD 2 500.00) U S
Dollars

Henry C. Prahel
AUTHORIZED SIGNATURE

MANUFACTURERS HANOVER TRUST CO.
NEW YORK, N. Y. 10015

（四）旅行支票

旅行支票（Traveler's Check）从付款人就是该票的发行机构这一点来看，旅行支票是带有本票性质的票据。但旅行支票的发行，实际上是购票人在发票机构的无息存款，兑付旅行支票等于是支取此笔存款，故旅行支票又带有支票性质。旅行支票的式样如附式 2－5 所示。

附式 2－5

1.在付款出纳员面前复签。2.复签应与初签相符。

（五）流通存单

流通存单（Negotiable Certificate of Deposit）是美国的大银行作为制票人发出的大额定期存单，要求外界购买，至到期日偿付本息，它是作为筹资工具的一种票据。花旗银行伦敦分行发行的欧洲美元流通存单形式如附式 2－6 所示。

附式 2－6

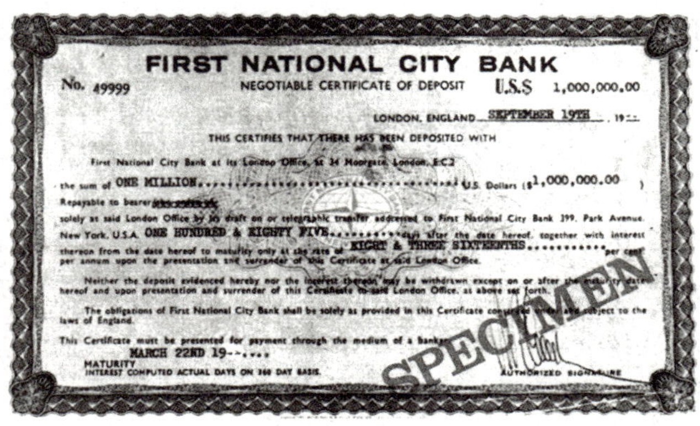

FIRST NATIONAL CITY BANK

No. 49999　NEGOTIABLE CERTIFICATE OF DEPOSIT　U.S.$ 1,000,000.00

LONDON, ENGLAND SEPTEMBER 19TH 19--

THIS CERTIFIES THAT THERE HAS BEEN DEPOSITED WITH

First National City Bank at its London Office, at 34 Moorgate, London, E.C2

the sum of ONE MILLION.......... U.S. Dollars ($1,000,000.00)

Repayable to bearer

solely at said London Office by its draft on or telegraphic transfer addressed to First National City Bank 399, Park Avenue, New York, U.S.A. ONE HUNDRED & EIGHTY FIVE.......... days after the date hereof, together with interest thereon from the date hereof to maturity only at the rate of EIGHT & THREE SIXTEENTHS.......... per cent per annum upon the presentation and surrender of this Certificate at said London Office.

Neither the deposit evidenced hereby nor the interest thereon may be withdrawn except on or after the maturity date hereof and upon presentation and surrender of this Certificate to said London Office, as above set forth.

The obligations of First National City Bank shall be solely as provided in this Certificate construed under and subject to the laws of England.

This Certificate must be presented for payment through the medium of a banker.

MARCH 22ND 19--....

MATURITY

INTEREST COMPUTED ACTUAL DAYS ON 360 DAY BASIS.

SPECIMEN

AUTHORIZED SIGNATURE

（六）中央银行本票

中央银行本票（Central Banker's Note）系指西方国家规定中央银行有权签发即期定额付给来人的银行本票，又称银行券。相似于大额纸币，如有的英镑纸币就印有“WE PROMISE TO PAY BEARER TEN POUNDS”字样。

（七）各种债券

为了筹集一年以内的短期资金，地方政府、银行、大企业可以向投资市场或者面向社会发行债券（Bonds）。债券属于远期本票，因为发行债券的单位负责在到期日付款给持票人。

（八）政府本票

政府本票通常的出票机构主要是外国财政部或政府，付款人一般情况下是财政部、中央银行。政府本票只要不是伪造的，出票人付款是有保证的。政府本票有退税支票和财政部支票，退税支票一般不流出国外，在国内提示付款。以美国财政部支票为例，是美国财政部签发给工人的社会保证金和福利性支票，一些有关人员的工资有时也发给财政部支票。美国财政部支票如附式 2－7 所示。

附式 2－7

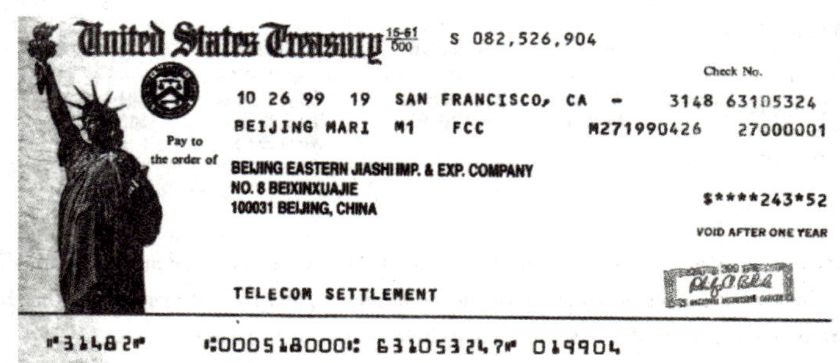

United States Treasury 15-51/000　$ 082,526,904

Check No.

10 26 99　19　SAN FRANCISCO, CA　-　3148 63105324

BEIJING MARI　M1　FCC　M271990426　27000001

Pay to the order of

BEIJING EASTERN JIASHI IMP. & EXP. COMPANY

NO. 8 BEIXINXUAJIE

100031 BEIJING, CHINA

$****243*52

VOID AFTER ONE YEAR

TELECOM SETTLEMENT

⑈3148⑈ ⑆000518000⑆ 631053247⑈ 019904

另外，英国政府也发行过国库券（Treasury Bills），是以英国财政部作为制票人，发行的91天定额付给来人的票据，其具有本票性质。英国国库券经中央银行转给贴现公司抛售给商业银行，用于收回市场资金。当商业银行需要资金而将国库券提示中央银行要求贴现时，财政部就要投放资金，经中央银行流到了市场上。这样，国库券成为调剂市场资金余缺的流通工具。

从上述具有本票性质的八种票据来看，票据上面相当于制票人的发行人和付款人的地位，从低级升到高级，即从商号升至银行，再上升到政府财政部；票据信用也从商业信用升至银行信用，再上升到政府信用；票据的功能也从非现金结算上升为货币，再上升到金融政策工具。

第四节　支票

一、支票的定义

简单地说，支票是一张以银行作为付款人的见票即付的汇票。所以支票是从汇票派生出来的一个特例。英国《票据法》把支票归入汇票中。

支票是银行存款客户向银行签发的，授权该银行即期支付一定数额的货币给一个特定人或其指定人或来人的无条件书面支付命令。①

二、支票的必要项目

根据《日内瓦统一票据法》的规定，支票必须具备以下几项内容：（1）写明“支票”字样；（2）无条件支付命令；（3）付款银行的名称和地点；（4）出票人的名称和签字；（5）出票日期和地点（未载明出票地点者，出票人名称旁的地点视为出票地）；（6）写明“即期”字样，如未写明即期，仍视为见票即付；（7）一定金额；（8）收款人或其指定人。

兹将上列项目标明在附式2－8的支票举例中。

附式2－8

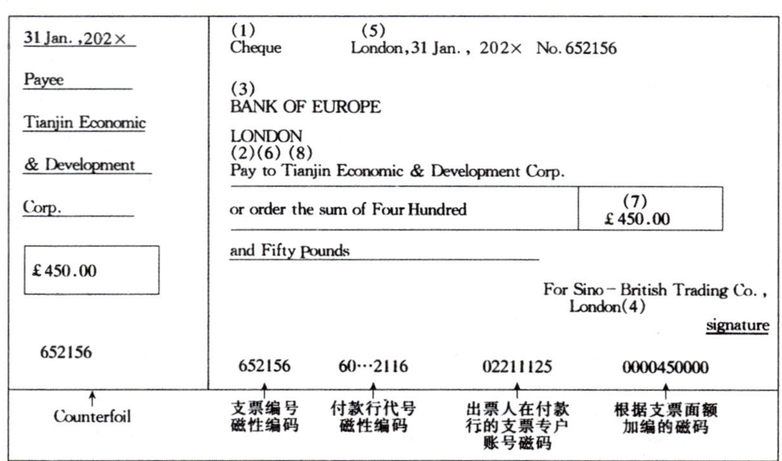

① Briefly speaking, a cheque is a bill of exchange drawn on a bank payable on demand. Detailedly speaking, a cheque is an unconditional order in writing addressed by the customer to a bank signed by that customer authorizing the bank to pay on demand a sum certain in money to, or to the order of, a specified person or to bearer.

实际上，支票是存款人为向存款银行支取存款而开出的票据，首先交给收款人，再由收款人凭票提示取款，或由收款人转让给别人持向银行提示取款，故支票也是可流通的票据。

三、支票的划线

所谓划线是指支票正面有两条平行线，标明该支票持有人只能将其送达它的开户银行去收账，再由收账银行向付款银行提示付款，款项收妥入账而不能付现。支票不带划线者称为可取现金支票（Open Cheque），也称开放支票。支票带有划线者称为划线支票（Crossed Cheque）或转账支票。

（一） 支票的划线

支票的划线可分为普通划线和特别划线两种。

1. 普通划线（General Crossing）有以下几种：（1）支票带有横过票面的两条平行线，中间无任何加注；（2）加注“banker”字样；（3）加注“& Co.”字样；（4）划线中可加注“不可流通”（Not Negotiable）字样，意指不要转让，如仍转让，受让人的权利不得优于前手转让人；（5）划线中还可加注“记入收款人账户”（Account Payee）字样，这是对代收行的指示，要求它将票款记入收款人账户。

2. 特别划线（Special Crossing）是指支票带有横过票面的两条平行线，中间有一家银行的名称。

支票的划线（Crossing the Cheque）形式如图2－8所示。

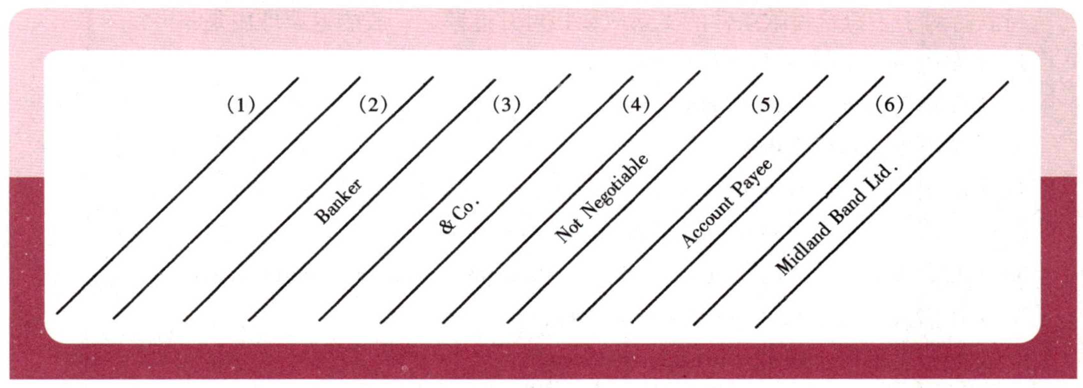

图2－8 支票的划线形式

（二） 谁可以划线

出票人和持票人可以划线。出票人作成普通划线，持票人可以把它转变成特别划线。出票人作成普通划线或特别划线，持票人加注“不可流通”字样。

被特别划线的银行可以再作特别划线给另一家银行代收票款。代收票款的银行可以作成特别划线给它自己。

（三） 划线支票受票行的义务

1. 按照划线规定付款，即对普通划线支票只能转账付给一家代收银行，特别划线支票只能转账付给划线里面的那家银行。

2. 如受票行有绝对把握确认提示人就是真正所有人，它可直接付款给真正所有人。但是慎重的受票行都愿采用第一种方式而不愿采用第二种方式。

（四）支票划线的作用

划线支票可以防止支票丢失或被偷窃而被冒领票款。因为记名支票如已划线，冒领者没有在银行开户，要找一个开户人帮他收取票款是很困难的；即使找到一个开户人愿为冒领者代收票款并存在他的账户里，也很容易通过追踪代收行查出这个客户。真正所有人有权从冒领者或帮他获得票款的人那里讨还付款，真正所有人的这种权利从付款日起保留 6 年。

如冒领者把划线记名支票转让他人，收取对价，则必须伪造背书，但伪造背书的后手不能成为持票人；即使有人轻率地购买而接受了那张支票，受票行也不能付款给他；如果受票行付了款，则其还要第二次付款给真正所有人。

如果窃贼偷到未加注“不可流通”划线的来人支票并收取对价转让别人，因为转让无须背书，受让人若不知偷窃之事，可以成为正当持票人和真正所有人，原来的真正所有人则丧失其身份。倘若作成“不可流通”划线的来人支票，则可以防止上述情况发生。如果窃贼偷来“不可流通”划线来人支票并转让他人，受让人对支票的权利不比转让人的权利更好，而窃贼本来就没有权利，转让支票后的受让人也没有权利，即使受让人提示支票获得付款，真正所有人仍有权在 6 年内要求他偿还票款（详见英国《票据法》第 73 条、第 76 条、第 77 条、第 80 条、第 81 条）。

四、支票的拒付

付款行对于不符合付款条件的支票应该拒付并退票，一般的退票理由是：

1. 出票人签名不符（signature differs）；
2. 奉命止付（orders not to pay）；
3. 存款不足（insufficient fund）；
4. 请洽出票人（refer to drawer）；
5. 大小写金额不符（words and figures differ）；
6. 大写金额需出票人确认（amount in words requires drawer's confirmation）；
7. 金额需大写（amount requires in words）；
8. 支票开出不符合规定（irregularly drawn）；
9. 支票未到期（post - dated）；
10. 支票逾期提示或过期支票（out of date or stale check）；
11. 需收款人背书（payee's endorsement required）；
12. 重要项目涂改需出票人确认（material alterations to be confirmed by drawer）。

五、支票的止付

支票是出票人授权其开立账户的银行即期付款的票据，支票本身就是授权书。但是出票人要撤销其授权，也就是对支票的止付，应由出票人向付款银行发出书面通知，要求其对某张支票（号码、日期、金额、收款人名称等）停止支付。

当持票人遗失支票而要求付款银行止付时，该银行应告诉持票人立即和出票人联系，由出票人发出书面通知后，止付才能成立。以后如该支票提示，付款行在支票上注明“奉命止付”（orders not to pay）字样，并退票给提示人。

若出票人先以电话通知付款行止付，然后发出书面止付通知，在接到电话尚未收到书面通知时，报失支票被提示给付款银行要求付款，这时付款银行因已知道持票人权利有缺陷不能付款。

六、支票的种类

1. 按照收款人的不同分类。当支票收款人是来人时，就称为来人支票（Check Payable to Bearer），又称不记名支票，取款时持票人无须在支票背后签章即可支取，它可仅凭交付而转让。当收款人是记名当事人时，它被称为记名支票（Check Payable to Order），取款时须由收款人签章。

2. 按照出票人的不同分类。当支票出票人是银行时，表明一家银行 A 作为客户在另一家银行 B 开立账户，从而开出银行支票（Banker's Check）的出票人是 A 行，受票人是 B 行，票汇汇款的银行即期汇票（Banker's Demand Draft）即属于此类银行支票。当出票人是个人时，开出的支票称为私人支票（Personal Check）。

3. 按照支票是否划线分类。可以分为划线支票（Crossed Check）和开放支票（Open Check）即未划线支票（Uncrossed Check），前者只能转账付款，后者可以现金付款。

4. 按照支票是否保付分类。按此可分为保付支票（Certified Check）和普通支票（Check）即未经保付的支票。

七、支票与汇票的不同点

1. 支票的出票人是银行客户，付款人是开立账户银行，支票是授权书，它授权付款行借记其客户的账户。汇票的出票人、付款人是没有限定的任何人，汇票是委托书。

2. 支票是支付工具，只有即期付款，没有承兑，也没有到期日的记载。汇票是支付和信用工具，它有即期、远期等几种期限，有承兑行为，也可能有到期日的记载。

3. 支票的主债务人是出票人；远期汇票的主债务人是承兑人。

4. 支票可以保付；汇票没有保付的做法，但有请求第三者保证的做法。

5. 支票可以划线；除银行即期汇票和类似支票的票据以外，一般汇票不能划线。

6. 划线支票和划线银行即期汇票的付款行要对真正所有人负责付款；即期汇票或未划线支票的付款行要对持票人负责付款。

7. 支票可以止付；汇票承兑后，付款是不可撤销的。

8. 支票只能开出一张；汇票可以开出一套。

专栏 2－1

国际结算中的票据与国内票据的比较

一、票据种类的比较

在我国国内使用的票据有商业汇票、银行汇票、现金支票、银行本票和转账支票等；而国际结算中使用的票据不仅包括我国现行允许使用的各种票据，还包括商业本票、划线支票、非划线支票和保付支票等。商业汇票又可具体分商业承兑汇票和银行承兑汇票，多是使用银行汇票。在 2000 年末才将推广使用商业汇票的工作提到议事日程。我国国内结算中不使用商业本票，只使用银行本票。商业本票是除银行以外的出票人签发的保证于一定日期支付票面金额的书面承诺。由于商业本票的出票人经常不能按照承诺付款，所以近年来本票的使用有缩小的趋势。

二、汇票内容的比较

《中华人民共和国票据法》（以下简称《票据法》）规定汇票必须记载下列事项：表示汇票字样、无条件支付的委托、确定的金额、付款人名称、收款人名称、出票日期和出票人签章。汇票上未记载以上规定事项的则汇票无效。汇票上可以记载以上规定事项以外的其他出票事项，但是该记载事项不具有汇票的效力。根据《日内瓦统一汇票本票法》的规定，汇票必须具备下列要件：写明“汇票”字样、无条件支付命令、一定金额的货币、付款人姓名、出票人签名、出票日期和地点、付款地点、付款期限、收款人姓名。如果汇票上要件不齐备，得不到法律保障。但是《英国票据法》却又规定，凡汇票缺少要件者，持票者有权自行加上，仍然有效。因此，一张经出票人签名后的空白汇票交于持票人自行填列是有效的，但该票如遗失或被窃，非法取得的人填上的项目是无效的。这种缺少要件的汇票在我国就会被认定为无效的汇票，可见基于汇票的内容不同，国内和国际结算中对待票据的态度有很大不同。

三、汇票的票据行为比较

按《日内瓦统一汇票本票法》规定，汇票有出票、流通、提示、承兑、付款、退票、追索、担保等行为。而我国的《票据法》规定汇票的使用有出票、背书、承兑、保证、付款、追索等行为。但《英国票据法》中就没有担保这一做法，所以在出票、背书和保证方面特别要注意。按《英国票据法》规定，不论出票、背书或承兑，如无“交付”这一法律行为，则票据其他各种法律行为都无效。但是如果该出票人开立汇票以后，该汇票已为他人所持有，若无相反的证明，应认为是出票人或背书人自己交付的。我国《票据法》未对此行为作特别解释。在我国国内结算中使用的汇票，背书时必须载明被背书人的名称，也即要求采用记名背书，而且规定背书不得附加条件。如果背书附有条件，则所附条件不具有汇票上的效力。而国际结算中汇票的背书种类有记名背书、不记名背书（空白背书）、限制背书等。《英国票据法》规定如果附条件背书，付款人应检查条件是否履行。在国际结算中通常可以见到多份的汇票，背书人或承兑人误在两张汇票上签名，而这两张汇票分别落入不同的正当持票人之手，则背书人或承兑人仍应对两张汇票负责。

第三章
银行跨境清算

本章学习要点

- 掌握 SWIFT 电文格式分类；
- 熟悉 SWIFT 电文结构及电文表示方式；
- 了解国际银行的清算系统。

本章知识结构

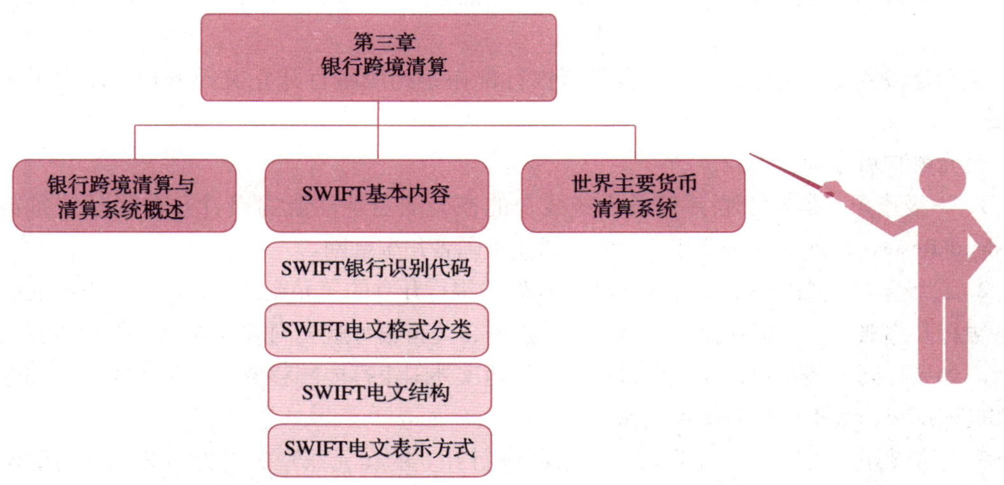

第一节　银行跨境清算和清算系统[①]

一、清算与清算中心

国际结算与国际清算是紧密联系和不可分割的，结算是清算的前提，清算是结算的继续和

① 国际结算与国际清算密不可分，结算是清算的前提，清算是结算的继续和完成，在实务中尤为重要。但在一般的本科教学中，本章内容不要求重点掌握，建议教师在教学过程中酌情选取相关内容进行学习。

完成。结算主要是指债权人和债务人通过银行清偿债权债务关系，清算是指银行之间通过清算网络来结算债权债务关系，而银行之间的债权债务关系又主要是由结算引起的。

清算（Clearing）是指不同银行之间因资金的代收、代付而引起的债权债务通过票据清算所或清算网络进行清偿的活动。

银行间债权债务的清算一般是通过票据清算所自动清算完成的。票据清算所（Clearing House）或清算网络是指由许多银行参加的、彼此进行资金清算的场所。参加票据清算所的银行叫清算银行。在票据清算所里，清算银行之间的债权债务大部分可以相互抵消，实际清算的只是彼此之间的差额。清算系统（Clearing System）是指由结算和清算过程中诸要素组成的有机整体。它包括一笔款项从付款人账上付出，中间经过清算，收入到收款人账户；或从收入收款人账户，中间经过清算，到付款人付账的全过程。

在国际结算和清算中，一切货币的收付最终必须在该货币的清算中心进行结算。国际贸易和结算使用的货币主要有美元（USD）、欧元（EUR）、英镑（GBP）、日元（JPY）、加元（CAD）、港元（HKD）、人民币（CNY）等。人民币自2009年跨境使用以后，且在2015年加入国际货币基金组织特别提款权SDR货币篮子后，作为国际结算货币的使用也在不断扩大。这些货币均有主权国相应的清算中心或金融中心，美元的清算中心在纽约，英镑的清算中心在伦敦，欧元的清算中心在法兰克福等地，日元的清算中心在东京。为了结算和清算的方便，从事国际业务的银行一般都要在主要货币的清算中心或在当地可清算该币种的银行开立账户。

美元是最主要的结算货币，很多外国银行都在纽约的银行开立美元账户，以利于美元结算。

美元账户可分为三类：

1. 一级账户，指属于联邦储备系统成员的在美国当地注册的银行并在联邦储备银行（Federal Reserve）开立的美元账户，它连通全美国各州金融网。

2. 二级账户，指外国银行在美国当地注册的银行开立的美元账户。外国银行不能在联邦储备银行开立账户，只能在美籍银行开户，这样，美籍银行就会同时成为很多国外银行的账户行。如果在同一美籍银行如花旗银行开户的两家外国银行要转移资金，花旗银行只要进行内部转账即可，划拨十分方便和迅速。

3. 三级账户，指外国银行在美国的外籍银行开立的美元账户。当美国某银行为偿付行时，委托外籍银行（账户行）索汇收款必须通过纽约的清算系统进行。显然，通过三级账户收汇不如通过二级账户收汇方便。

二、清算系统

实现债权债务清偿及资金转移的方式就是外币清偿，主要通过以下两种形式清算：

1. 外币清算的基本流程和主要参与方——通过清算机构清算。

通过清算机构的外币清算流程如

金融体系支付系统(Payment System)也称清算系统或支付清算系统。它是一个国家或地区对伴随着经济活动而产生的交易者之间、金融机构之间的债权债务关系进行清偿的一系列组织和安排。具体地讲，它是由提供支付服务的中介机构、管理货币转移的规则、实现支付指令传送及资金清算的专业技术手段共同组成的，用于实现债权债务清偿及资金转移的一系列组织和安排。

图3-1所示，汇款人指示其开户银行（汇款银行）向受益人支付一笔款项。汇款银行将汇款人的汇款指示通过SWIFT/TELEX系统发送给其代理行（汇款行代理行），汇款行代理行借记汇款行账户后将该笔付款指令传送给清算机构，在清算机构内完成资金清算后，该笔款项入受益行代理行的账户，受益行代理行根据指示通过SWIFT/TELEX系统将汇款信息发送给受益银行，同时贷记受益行账户，最终受益银行将款项解付给受益人。

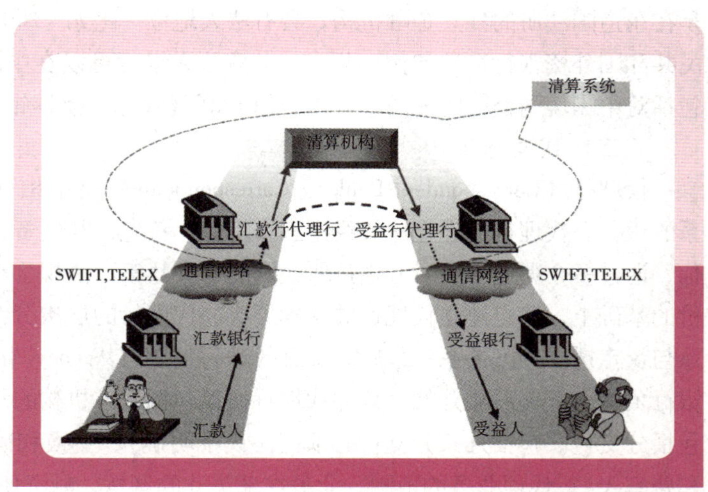

图3-1　通过清算机构的外币清算流程

2. 外币清算的基本流程和主要参与方——内部转账（Book Transfer）。如果汇款银行与收款银行均在某家代理行开有账户，资金的流动可以不经过清算系统，仅在代理行的账面进行调整处理，具有速度快、成本低的特点。

例如：A银行和B银行在花旗银行纽约分行都开有美元账户。A银行将汇款人的汇款指示通过SWIFT/TELEX系统发送给其账户行花旗银行纽约分行，收款人为B银行的受益人。通过Book Transfer的清算方式，花旗银行纽约分行直接借记A银行在其账户并同时贷记B银行的账户，资金的清算无须通过CHIPS/FED清算系统即可完成，如图3-2所示。

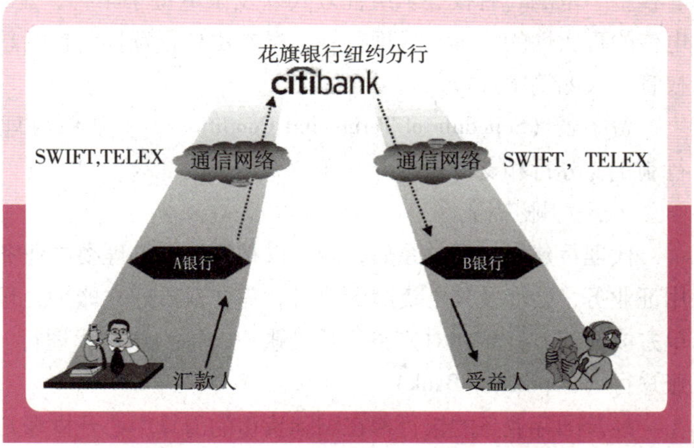

图3-2　通过内部转账的外币清算流程

三、国际结算的银行网络

（一）商业银行的分支机构

商业银行在全世界往往有以下分支机构：(1) 分行和支行（Branch & Sub-branch）。分行和支行之间的关系称为联行关系（Sister Bank）。(2) 代表处（Representative Office）。它是商业银行在国外设立的非营业性机构，为总行或其国外分行提供当地信息，为开办分行建立基础。(3) 经理处（Agency）。它是商业银行在海外设立的能办理汇款及贷款业务的机构，但被限制经营当地存款业务，是总行的一个组成部分，介于代表处和分行之间，不具有法人资格。资金来源只能是总行或者从东道国银行同业市场拆入。(4) 子银行（Subsidiary）。它是在东道国注册的独立金融机构，具有法人地位。比如，2006 年 12 月 11 日颁行的《中华人民共和国外资银行管理条例》规定，外资法人银行可以在中国从事全面外汇和人民币业务，包括对中国境内公民的人民币业务。(5) 联营银行。(6) 银团银行（Consortium Bank)。

（二）代理行

代理行（Correspondent Bank 或 Correspondents）是指相互间委托办理业务、具有往来关系的银行。代理行的建立一般经过三个步骤。首先，开展资信调查。主要考察对方银行的资信，通过多个渠道了解对方银行所在国的有关政策、法规、市场信息等。其次，在分析与评价的基础上，确定建立代理行关系的层次。代理行的层次分为：一般代理关系、账户代理关系与议定透支额度关系。最后，签订代理行协议（Agency Arrangement)。代理行协议由双方银行负责人签署后才开始生效。代理行协议包括双方机构的总称（总行签订的代理协议是否包括分支行、包括几家分支行必须在协议中明确)、交换和确认控制文件（密押、签字样本和费率表)、代理业务的范围、业务往来头寸的调拨、融资便利的安排等内容。

密押（Test Key）是两家银行之间事先约定的专用押码，在发送电报时，由发送电报的银行在电文前加注，经接收电报的银行核对相符，用于确认电报的真实性。密押的机密性强，国际结算中的所有资金转移均通过电报或者电传进行，因此应由绝对可靠的人经管，使用 1 ~ 2 年后应当更换新的密押，以确保安全。

签字样本（Book of Authorized Signature）是银行列示的每个有权签字人的有权签字额度、有权签字范围、有权签字组合方式以及亲笔签字字样，是代理行用于核对对方发来的电报、电传的真实性的凭证。代理行签字样本由总行互换，包括总行及代理协议中所包括的分行有权签字人的签字式样。

费率表（Schedule of Terms and Conditions）是银行办理各项业务的收费标准。一般由总行制定，分行和支行执行。

（三）账户行

代理行建立代理关系后，就可以根据协议办理委办业务。但是，对于汇款、托收以及信用证业务，会涉及外汇资金的收付，需要双方建立账户处理资金的清算。因此，代理行之间单方或者双方互相在对方银行开设账户，称为账户代理行（Depository Correspondents)，简称账户行（Depository Bank)。

经营国际业务的银行都在国际货币的清算中心开立账户，否则会影响货币收付的正常进行。例如，经营美元国际业务的银行，必须在美元的清算中心——纽约开立账户；经营日元国际业务的银行，必须在日元的清算中心——东京开立账户。开立账户时，如果本国银行在境外其他银行开立账户的，称为往账（Nostro Account 或 Due From Account)。往账通常开立的是境外货币的账户。例如，中国银行在纽约花旗银行开立美元账户，在日本东京开立日元账户。若境外银行在国内开立账户的，称为来账（Vostro Account 或 Due to Account)。来账通常以本币开立，也可以用境外货币开立。例如，德意志银行在上海开设人民币和美元账户。账户行一定是代理行，代理行不一定是账户行。各银行开立账户的条件各不相同，在不同银行建立账户的成本费有大有小。开立账户的条件大致有以下几种：（1）最低存款额；(2）存款利息；(3）透支额度及利息；(4）账户费用；(5）对账单。

第二节 SWIFT的基本内容[①]

一、SWIFT简介

环球同业银行金融电讯协会（Society for Worldwide Interbank Financial Telecommunication，SWIFT）是一个国际银行同业间非营利性的合作组织，负责设计、建立和管理SWIFT国际网络，总部设在比利时的布鲁塞尔，成立于1973年5月，董事会为最高权力机构。该组织创立之后，其成员银行数逐年迅速增加。从1987年开始，非银行的金融机构，包括经纪人、投资公司、证券公司和证券交易所等，也开始使用SWIFT。截至2019年，该网络已遍布全球200多个国家和地区的11 000多家金融机构，提供金融行业安全报文传输服务与相关接口软件，支持80多个国家和地区的实时支付清算系统。它的环球计算机数据通信网在荷兰和美国设有运行中心，在各会员国（地区）设有地区处理站。

SWIFT具有三个明显的特点：安全可靠；高速度、低费用；自动加核密押。目前全球大多数国家和地区的大多数银行使用SWIFT系统。SWIFT为银行的结算提供了安全、可靠、快捷、标准化、自动化的通信业务，从而大大提高了银行的结算速度。

SWIFT用户包括三种类型，分别为：会员（股东）、子会员以及普通用户。会员可享受所有的SWIFT服务；普通用户只享有与其业务相关的服务，主要来自证券行业，如证券中介、投资管理公司、基金管理公司等。

1980年SWIFT连接到香港。中国银行于1983年加入SWIFT，成为中国第一家会员银行，并于1985年5月13日开通使用该系统，成为我国与国际金融标准接轨的重要里程碑。之后，我国各国有商业银行及上海和深圳的证券交易所，也先后加入SWIFT。进入20世纪90年代后，除国有商业银行外，中国所有可以办理国际银行业务的股份制商业银行和外资、侨资银行以及地方性银行纷纷加入SWIFT。SWIFT发报量增长很快，传统的电传方式收发电报量正在逐年下降，SWIFT网络已成为国际结算、收付清算、外汇资金买卖、国际汇兑等各种业务系统的通信主渠道。

随着电子科技的突飞猛进，支付创新让越来越多的市场参与主体受益。为改善客户跨境支付体验，SWIFT组织于2015年12月牵头发起、相关银行加入参与的项目SWIFT GPI（Global Payments Innovation Initiative），即“全球支付创新”项目，该项目通过与参与银行一起制定新的跨境支付标准协议（SLA），提高跨境支付的速度、透明度和可预见性，有效解决跨境支付痛点。

跨境汇款业务在全球的国际结算量中的占比达到80%以上，在国际业务中占有举足轻重的地位。SWIFT GPI服务在SWIFT现有的全球平台运行，任何属于SWIFT成员，并遵守GPI业务

① SWIFT报文格式是国际结算业务的基石，也是本书特色之所在。只有熟练掌握各种报文格式，才能真正领悟国际结算业务的精髓。但对于本科教学而言，本章内容不要求重点掌握，建议教师在教学过程中酌情选取相关内容进行学习。

规则的受监管金融机构均可参与。相较现有的跨境支付业务，这一新的服务在满足终端客户需求的同时，使银行能够继续保持其履行合规义务、满足市场、信贷及流动性风险要求的能力和优势。

该项目于 2017 年 11 月正式投产，随后，SWIFT 扩充了该项目二期的两项功能，并于 2018 年 11 月和 2019 年 1 月投放。这两项功能分别被命名为 gCOV（头寸付款追踪功能）、gSRP（汇款止付和召回功能）。

gCOV（头寸付款追踪功能）旨在保证头寸付款方式项下的电文，通过 SWIFT TRACKER 的追踪功能，清晰地展现在 GPI 银行的视线中，汇款行可通过 API 技术，随时从云端服务器获取头寸状态和汇款信息，实时了解汇款进程，汇款过程一目了然，并引入 UETR 代码，使得其与 MT103 报文能够更加紧密地结合，降低电文错配的风险。

gSRP（汇款止付和召回功能）是对 SWIFT 汇款传统止付处理流程的改进和提升，与传统止付处理时将止付报文发送给账户行不同，该服务是汇款行将止付/召回请求直接发送给 SWIFT TRACKER，由云端服务器判断汇款报文的当前处理银行，并将止付请求直接推送到该行。同时，在 SWIFT 网络中设置相应汇款报文的止付状态，阻止该报文的继续流转，从而达到快速传递、提高处理效率的目的；此外，使用该服务时，一份报文请求同时起到两项作用，当款项未解付时视为止付申请，当款项已解付时视为退汇申请。

用科技创新开启跨境支付新时代

二、SWIFT 银行识别代码

每家申请加入 SWIFT 组织的银行都必须事先按照 SWIFT 组织的统一原则，制定出本行的 SWIFT 地址代码，经 SWIFT 组织批准后正式生效。银行识别代码（Bank Identifier Code，BIC）是由电脑可以自动判读的八位或是十一位英文字母或阿拉伯数字组成，用于在 SWIFT 电文中明确区分金融交易中相关的不同金融机构。十一位数字或字母的 BIC 可以拆分为银行代码、国家代码、地区代码和分行代码四部分。以中国银行上海分行为例，其银行识别代码为 BKCHCNBJ300。其含义如图 3－3 所示。

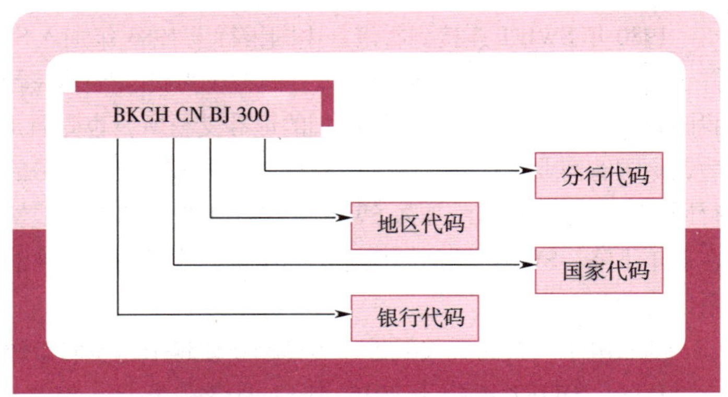

图 3－3　银行识别码的含义

1. 银行代码（Bank Code）：由四位英文字母组成，每家银行只有一个银行代码，并由其自定，通常是该行的行名字头缩写，适用于其所有的分支机构。

2. 国家代码（Country Code）：由两位英文字母组成，用以区分用户所在的国家和地理区域。

3. 地区代码（Location Code）：由 0、1 以外的两位数字或两位字母组成，用以区分位于所在国家的地理位置，如时区、省、州、城市等。

4. 分行代码（Branch Code）：由三位字母或数字组成，用来区分一个国家里某一分行、组织或部门。如果银行的 BIC 只有八位而无分行代码时，其初始值定为“×××”。

如果想查某个银行的 BIC 号码（SWIFT code）可以到银行的网站上查，或者打客户服务电话查询。也可以在以下网站查询：http://www2.swift.com/bsl/index.faces（见图3－4）。

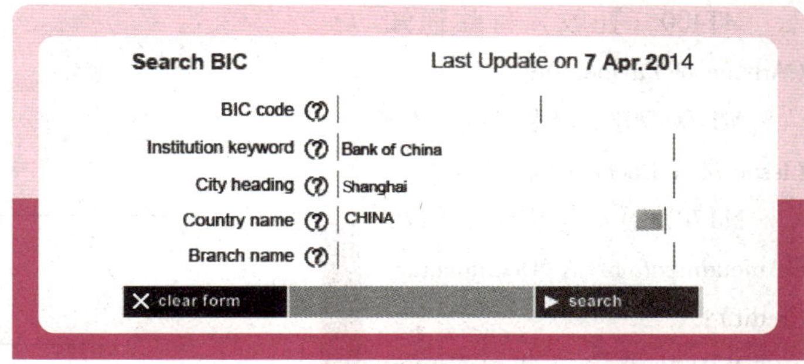

图3－4　查询 BIC 号码

比如在 2014 年 4 月 7 日，要查询中国银行上海分行的 BIC 号码：

在网站上查询结果如下：中国银行上海分行的 BIC 号码为 BKCHCNBJ300（见图3－5）。

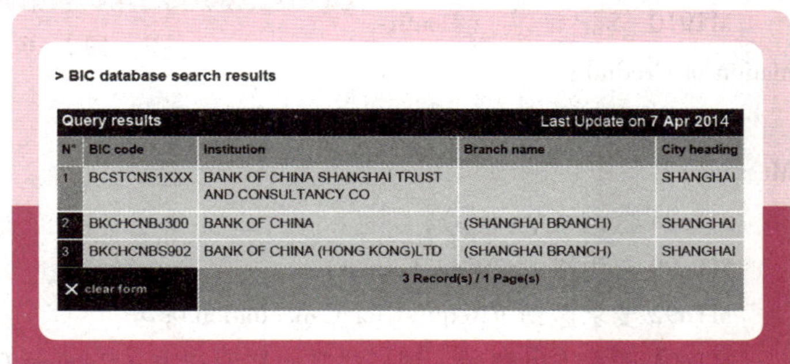

图3－5　查询结果

三、SWIFT 电文格式分类（Message Type）

SWIFT 报文共有十类。

第 1 类：客户汇款与支票（Customer Payments & Checks）；

第 2 类：金融机构间头寸调拨（Financial Institution Transfers）；

第 3 类：资金市场交易（Treasury Markets－FX，MM，Derivatives）；

第 4 类：托收与光票（Collections & Cash Letters）；

第 5 类：证券（Securities Markets）；

第 6 类：贵金属（Treasury Markets－Precious Metals）；

第 7 类：跟单信用证和保函（Documentary Credits and Guarantees）；

第 8 类：旅行支票（Traveler's Checks）；

第 9 类：现金管理与账务（Cash Management & Customer Status）；

第 0 类：SWIFT 系统电报。

除上述十类报文外，SWIFT 电文还有一个特殊类，即第 n 类——公共报文组（Common Group Messages），详见下述。

其中，每一类（Category）包含若干组（Group），每一组又包含若干格式（Type）。每个电报格式代号由三位数字组成，如图3－6所示。

例如，常见的 SWIFT 电文有：

MT103 客户汇款（Single Customer Credit Transfer）；

MT200 单笔银行头寸调入发报行账户（Financial Institution Transfer for Its Own Account）；

MT202 单笔银行头寸调拨（General Financial Institution Transfer）；

MT204 备付金索汇（Financial Markets Direct Debit Message）；

MT400（托收）付款通知（Advice of Payment）；

MT700/701 开立跟单信用证（Issue of A Documentary Credit）；

MT707 跟单信用证的修改（Amendment to A Documentary Credit）；

MT900 借记证实（Confirmation of Debit）；

MT910 贷记证实（Confirmation of Credit）；

MT950 对账单（Statement Message）；

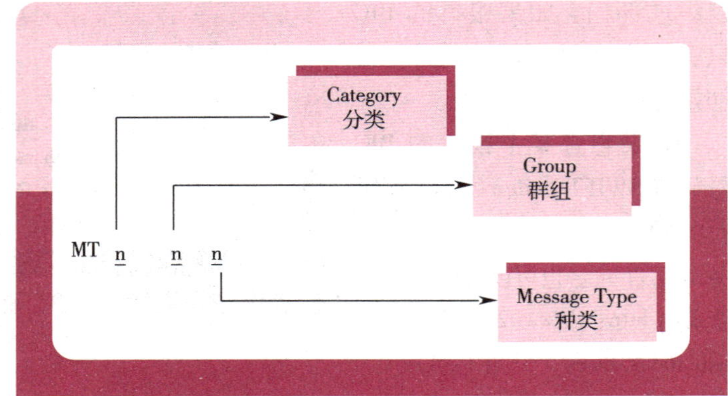

图 3－6 电报格式代号

MTn95 查询（Queries）；

MTn99 自由格式（Free Format）；

MTn92 要求撤销（Request for Cancellation）；

MTn91 要求支付费用、利息或其他款项支出（Request for Payment of Charges, Interest and Other Expenses）；

MTn90 费用、利息或其他调整的通知（Advice of Charges, Interest and Other Adjustments）。

其中 MTn95、MTn99、MTn92、MTn91、MTn90 在 SWIFT 报文中属于 Common Group Messages（公共报文组）。使用者可根据报文类别的不同自由选择 n 代表的数字（见表 3－1）。

表3－1 公共报文组的具体格式

MT	MT Name	Purpose	Authen.	Max.Length	MUG
n90	Advice of Charges, Interest and Other Adjustments	Advises an account owner of charges, interest or other adjustments to its account	*	2 000	N
n91	Request for Payment of Charges, Interest and Other Expenses	Requests payment of charges, interest or other expenses	*	2 000	N
n92	Request for Cancellation	Requests the receiver to consider cancellation of the message identified in the request	*	2 000	N
n95	Queries	Requests information relating to a previous message or amendment to a previous message	*	2 000	N
n96	Answers	Respond to a MT n95 queries message or MT n92 request for cancellation or other messages where no specific message type has been provided for the response	*	2 000	N
n98	Proprietary Message	Contains formats defined and agreed to between users and for those messages not yet live	*	10 000	N
n99	Free Format	Contains information for which no other message type has been defined	*	2 000	N

以 MTn99 为例：MT199 用于汇款；MT299 用于银行头寸调拨；MT499 用于托收；MT799 用于信用证；MT999 则可用于各种类型的报文。

在使用公共报文组时必须注意，如果该报文的第一个数字所代表的报文种类是需要加押的，那么这个公共组报文就必须加押。以下为需要加押的报文类别：

1. Customer Transfers and Checks
2. Financial Institution Transfers
3. Collections and Cash Letters
4. Securities Markets
5. Precious Metals and Syndications
6. Documentary Credits and Guarantees
7. Travellers Checks

SWIFT 电文结构

四、SWIFT 密押

SWIFT 密押是独立于电传密押之外、在代理行之间交换、仅供双方在收、发 SWIFT 电讯时使用的密押。与传统的密押相比，其可靠性、保密性强，自动化程度高。

SWIFT 密押由两组各由字母 A ~ F 和数字 0 ~ 9 共 32 个随机产生的字符串组成。交换 SWIFT 密押的两行可以各用各押，也可共用你押或我押。双方在各自的 SWIFT 密押文件中输入约定的押值，并互发测试电报予以证实，此后，双方的收发电将由 SWIFT 系统密押文件自动审核。SWIFT 密押对全部文件包括所有字母、数字和符号进行加押，其准确程度远远超过电传密押。按照 SWIFT 守则规定，代理行之间的 SWIFT 密押每半年更换一次。

SWIFT 正式报文第 1 类至第 8 类均为押类电报，第 9 类和第 0 类则无须加押。

五、SWIFT 电文表示方式

（一） 项目的表示方式

SWIFT 电文（Text）由项目（Field）组成，每一种电文格式都规定了由哪些项目组成。如在 MT700（跟单信用证）中，20：Documentary Credit Number（信用证号码），就是一个项目，20 是项目的代号，可以用两位数字表示，也可用两位数字加上字母来表示，如 31C：Date of Issue（开证日期）。不同的代号表示不同的含义。项目还规定了一定的格式，各种 SWIFT 电文都必须按照这种格式表示。

在 SWIFT 电文中，一些项目是必选项目（Mandatory Field），一些项目是可选项目（Optional Field）。必选项目是必须要具备的，如 MT700 中的 44C：Latest Date of Shipment（最晚装运期）；可选项目是另外增加的项目，并不一定每个电文都有，如 MT700 中的 57D “Advise through Bank”（转通知银行）则可有可无。

（二） 日期的表示方式

SWIFT 电文的日期用六位数字表示，规则为 YYMMDD，即年、月、日。例如，2020 年 2 月 12 日表示为 200212；2021 年 11 月 23 日表示为 211123。

（三） 数字的表示方式

在 SWIFT 电文中，数字不使用分隔号，小数点用逗号“,”来表示。如 9,876,543.21 表示为 9876543，21；$\frac{4}{5}$ 表示为 0，8；5 $\frac{1}{4}$ 表示为 5，25；0.32 表示为：0，32；10% 表示为 10 PERCENT；30,000 表示为 30000。

（四）货币的表示方式

货币以三位大写英文字母表示，如美元 USD，欧元 EUR，日元 JPY，港元 HKD，人民币 CNY，英镑 GBP，瑞士法郎 CHF，加拿大元 CAD，澳大利亚元 AUD，新加坡元 SGD 等。

第三节　世界主要货币的清算系统*

一、主要的清算代码和银行识别码

（一） SWIFT Bank Identifier Code（BIC）/ SWIFT Address

SWIFT 组织公布的用于识别 SWIFT 用户的 8 位或 11 位编码，由字母和数字组合构成。例如，中国民生银行上海分行为：MSBCCNBJ002；中国外汇交易中心的代码为：PBOCCNSFCFX。

（二） FedABA

FedABA 是在美国联邦交换系统中识别清算成员的 9 位数字编码。

例如，花旗银行纽约分行：021000089，在 SWIFT 报文中表示为：

59D：/FW021000089
CITIBANK，N. A.
NEW YORK，USA

（三） CHIPS 成员的识别码

1. CHIPS Participants' Routing Numbers 即 CHIPS ABA 号。CHIPS 的一级清算成员都有一个 4 位数的代码。

例如，美联银行：0509，在 SWIFT 报文中表示为：

59D：/CP0509
WACHOVIA BANK，N. A. NEW YORK，USA

2. CHIPS Universal Identification Number（UID）。CHIPS 的二级清算成员只能通过一级清算成员来间接参与清算，二级清算成员银行可以在多个一级清算银行开立账户，但无论通过哪家一级行清算，6 位数的 CHIPS UID 代码是唯一的。UID 代码保证了清算系统较高的直通处理（STP – Straight through Processing）比率，94% 的直通处理率意味着如此高比例的清算业务无须任何人工干预，实效性非常强，数秒即可完成一笔清算业务。

例如，花旗上海：310606，在 SWIFT 报文中表示为：

59D：/CH310606
CITIBANK，N. A.
SHANGHAI，CHINA

（四） ACH Universal Payment Identification Code（UPIC）

在 ACH 中用于标识 ACH 清算参与成员的代码，隐含了成员的账户信息。

---

* 为选学内容。

（五）International Bank Account Number（IBAN）

ISO 标准用于识别银行账号的编码最长 34 位，由字母和数字组合构成，包含国家、银行、分行、账号、校验码等信息，目前广泛用于欧洲地区清算，包括欧元清算。

（六）CNAPS 码

CNAPS CODE 是中国人民银行支付系统行号，由 12 位数字按照一定规则编排，由 3 位行别代码、4 位地区代码、4 位分支机构序号及 1 位校验码组成。在跨境人民币清算中可以使用。

二、美元清算系统

迄今为止，美元仍是世界上最重要的储备货币、外汇及清算货币，国际贸易中以美元计价的仍占一半以上，因此我们必须清楚了解整个美元清算的运作程序和承运的机构。

美元的转移和支付可通过五种方式进行，它们是：CHIPS（纽约银行间的清算系统）、FEDWIRE（美国联邦储备银行的清算系统）、Book Transfer（内部转账）、Check（支票）和 ACH（自动清算所）。每种通信和支付体系都有各自的规则和优先级别。

（一）CHIPS 简介

在美国境内，美国联邦储备银行是一个完美的中介机构，替全美的银行转账。但是，全世界的所有银行并不可能都在美国联邦储备银行开户，使美国联邦储备银行为全世界的银行转账。所以，世界其他国家的银行必须寻求另一个所谓“世界央行”的机构，来为全世界从事美元外汇业务的银行进行转账。然而，世界上哪一家银行大到足以吸引所有银行都去开设账户？迄今为止，尚未有这样的银行出现。因此，早在 1853 年便成立的纽约清算中心（New York Clearing House Association，NYCHA），在 1970 年设立了 CHIPS 系统（Clearing House Inter－bank Payments System，CHIPS）。CHIPS 的功能是经办国际银行间的资金交易和电子资金划转及清算，由 NYCHA 负责其运行。截至 2015 年底，通过 CHIPS 处理的美元交易额约占全球美元总交易额的 95%，日均交易量在 30 万笔，日均交易额超过了 1.5 万亿美元。这样，不但可以为全世界的银行完成美元的转账，而且也巩固了纽约市作为世界金融中心的地位。

参加 CHIPS 的 100 多家美国银行和外国银行在纽约的分支机构中，有 48 家是清算银行（Clearing Bankers），它们都在联邦储备银行开立账户，作为联邦储备系统成员银行（Member Bankers），能够直接参与清算交割。

参加 CHIPS 的银行必须向纽约清算所申请，经该所批准后成为 CHIPS 会员银行，每个会员银行均有一个美国银行公会号码（American Bankers Association Number），即 ABA 号码，作为参加 CHIPS 清算时的代号。每个 CHIPS 会员银行所属客户在该行开立的账户，由清算所发给通用认证号码，即 UID 号码，作为收款人（或收款行）的代号。经常使用 CHIPS 系统的银行应该申请独立的（6 位数）号码。

只有通过 CHIPS 支付和收款的双方都是 CHIPS 会员银行，才能经过 CHIPS 直接清算。通过 CHIPS 的每笔收付均由付款一方开始进行，即由付款一方的 CHIPS 会员银行主动通过其 CHIPS 终端机发出付款指示，注明账户行 ABA 号码和收款行 UID 号码，经 CHIPS 计算机中心传递给另一家 CHIPS 会员银行，收在其客户的账户上，而收款行则不能通过它的 CHIPS 终端机直接向付款行索款，但它可以拍发索款电，注明 ABA 号码和 UID 号码及最终受益人名称，要求付款行通过 CHIPS 付款。

所有成员银行都与 CHIPS 系统即时连线（ON－line），接收/传送有关美元收/付的电文。全世界所有办理美元外汇业务的银行，都会在这 48 家 CHIPS 成员银行中的一家或几家开立美元账户。因此，通过 CHIPS 系统，全世界所有的银行都能间接地将美元汇至世界各地。其实，美元都停留在 CHIPS 体系内，只是由成员甲转到成员乙的手上，也就是说所有美元只是在这 48 家银行的账上转来转去，而从未离开纽约市。

CHIPS 使用 ON－line 接收或传送规定格式电文，原是通过记账形式清算，从 2001 年 1 月开始改为即时清算，是唯一进行实时冲账处理并且带有电子数据转换（EDI）功能的系统，在很大程度上降低了清算风险。

CHIPS 的清算时间为美国东岸时间起息日前一天 21:00 到起息日当天 17:00，总共 20 个小时。CHIPS 是一个净额支付清算系统，它租用了高速传输线路，有一个主处理中心和一个备份处理中心。每日营业终止后，进行收付差额清算，每日 18:00（纽约时间）完成资金转账。

CHIPS 并不像 FEDWIRE 真的有账户可以转账，而只是一种记账的方式，替目前的 48 家成员银行相互冲账。在 CHIPS 系统关闭以后，通知所有成员银行，通过 FEDWIRE 于当天冲平各自的正余额或负余额。

【例】

	银行甲		银行乙		银行丙
付乙	$300 万	付甲	$100 万	付甲	$300 万
付丙	$200 万	付丙	$500 万	付乙	$400 万
收乙	$100 万	收甲	$300 万	收甲	$200 万
收丙	$300 万	收丙	$400 万	收乙	$500 万
净余额：	－$100 万		＋$100 万		0

银行甲在收到 CHIPS 通知后，必须在 17:15 之前发送付款指示到 FEDWIRE 系统，支付 100 万美元到 CHIPS 系统开在纽约联邦储备银行的账户。银行乙会在17:30左右收到 FEDWIRE 系统的通知：从 CHIPS 收讫 100 万美元。银行丙当天收、支相抵，无须做任何收付动作。

1. CHIPS 运转流程。如图 3－7 所示。

2. CHIPS 的轧差清算方式。CHIPS 直接会员在 CHIPS 开设清算账户，同时在联储银行开设结算账户，CHIPS 自身也在联储银行开设结算账户。CHIPS 清算采用预留铺底资金，铺底资金由 CHIPS 根据成员行的交易量每周计算、调整。余额释放法采用单边轧差、双边轧差、多边轧差的方式，大金额的付款可能需要等待匹配，日终通过 FEDWIRE 完成结算。

（1）单边轧差（占总量的 89%）：一笔付款从一个参与者清算至另一个参与者。

假设 A 银行目前账户余额为 1 000 万美元，B 银行目前账户余额为 800 万美元，A 银行要付给 B 银行 300 万美元。通过 CHIPS 的单边轧差清算后，A 银行账户中少了 300 万美元，余额变为 700 万美元；而 B 银行的账户中多了 300 万美元，余额增加为 1 100 万美元（见图 3－8）。

图 3-7　CHIPS 运转流程

（2）双边轧差（占总量的 10%）：在两个清算参与者之间进行两笔或两笔以上的付款清算。

假设 A 银行目前账户余额为 150 万美元，B 银行目前账户余额为 250 万美元。

A 银行共要支付给 B 银行 3 笔款项，分别为 30 万美元、10 万美元和 40 万美元；而 B 银行也要付给 A 银行 2 笔款项，分别为 20 万美元和 50 万美元。由于 CHIPS 采用轧差方式进行清算，所以 A 银行和 B 银行之间的 5 笔头寸往来并不需要逐笔清算，而是通过轧出一个净值，即 A 银行付给 B 银行的总额为 80 万美元，B 银行付给 A 银行的总额为 70 万美元，两者之间的净值为 10 万美元，所以 A 银行只要在账户中付 10 万美元给 B 银行即可。轧差的结果是 A 银行账户余额变为 140 万美元，B 银行账户余额变为 260 万美元（见图 3-9）。

（3）多边轧差（占总量的 1%）：在三个或三个以上的参与者之间进行三笔或三笔以上

的付款清算。

假设A银行目前账户余额为300万美元，B银行目前账户余额为250万美元，C银行目前账户余额为260万美元。A银行要支付给B银行2 500万美元，B银行要付给C银行2 600万美元，C银行要付给A银行2 250万美元，付给B银行300万美元。由于A、B、C三家银行所要支付的款项都超出了其自身账户内的余额，因此在逐笔清算模式下这些付款都无法得以清算，只有等这三家银行补足了账户内的差额时，清算才能得以进行。但在CHIPS多边轧差的清算模式中，可以计算出A银行共需对外支付250万美元，B银行应收到200万美元，C银行应收到50万美元。最终A银行的账户余额变为50万美元，B银行的账户余额变为450万美元，C银行的账户余额变为310万美元。这样，通过CHIPS多边轧差，7 650万美元的清算业务只需810万美元的可用资金就完成了（见图3－10）。

由于有了CHIPS的实时清算，银行间的流动资金得到了有效利用。由于有了最低的预存资金，银行之间可以在净额基础上进行结算和清算。CHIPS在结算和清算超过1.2兆亿美元的数额时只要求24亿美元的预存额——一个超过500倍的放大效应。

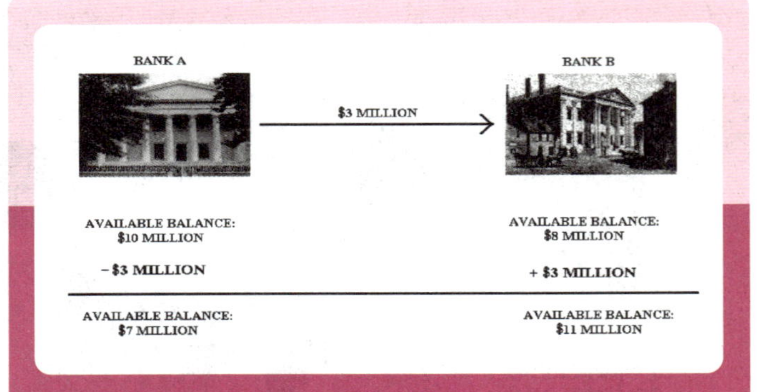

图3－8　单边轧差

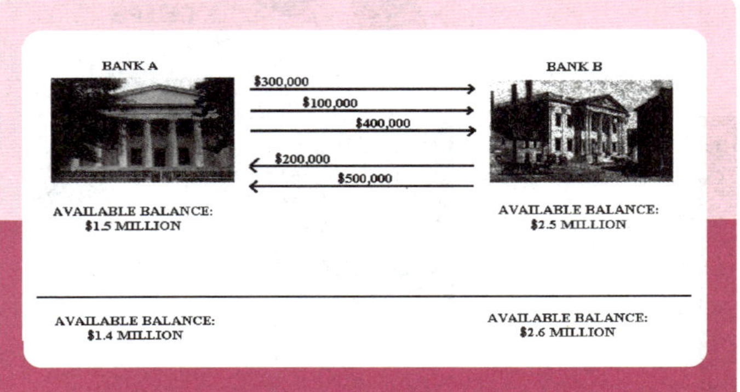

图3－9　双边轧差

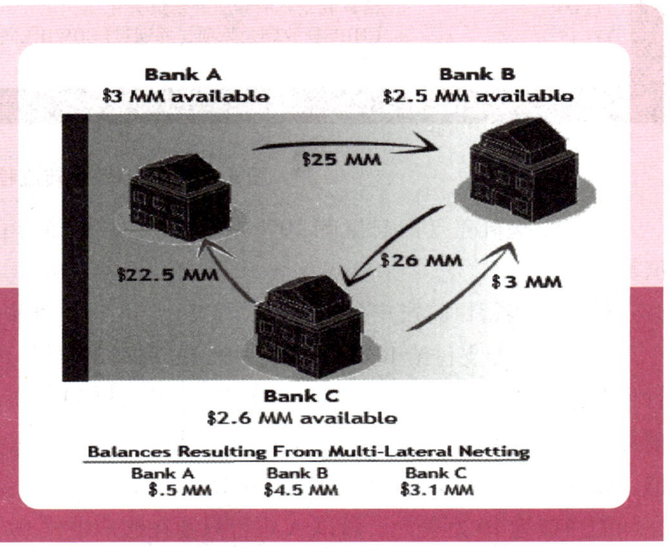

图3－10　多边轧差

3. CHIPS 的信息处理。CHIPS 接受的 SWIFT 付款格式为 MT103、MT200 和 MT202，并且转化为 CHIPS 自己所规定的格式，即 SN（客户付款）和 SB（银行付款）。CHIPS 在提供清算的时候按照业务量收取相关的费用，并根据不同的付款指令和指令是否符合 CHIPS 的标准来收取不同的服务费用（见图 3－11）。

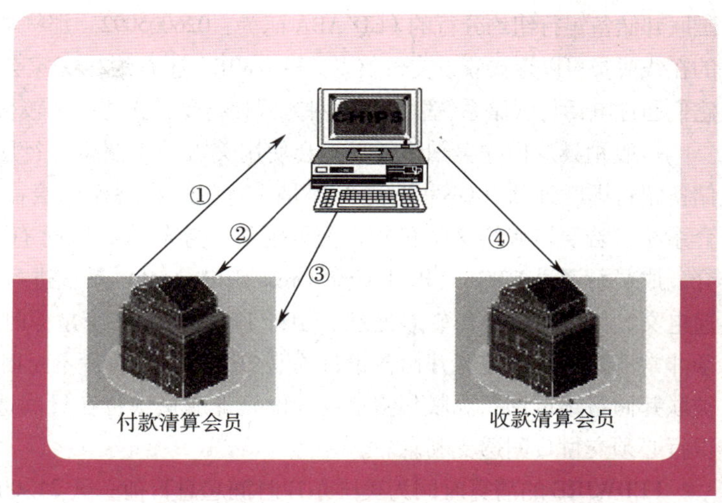

图 3－11　CHIPS 的信息处理

信息处理说明：①向 CHIPS 发送付款信息。②若付款信息有效，则被 CHIPS 系统接收并进入付款队列，同时系统反馈给付款方 Payment Message Stored Response；若付款信息无效，系统即发送 Payment Message System Cancelled Response。③当被存储的付款信息被最终处理后，系统发送 Payment Resolver Notification 给付款会员。④一笔付款被成功发出时，CHIPS 系统立即向收款会员发出 Receive Notification。

4. CHIPS 的其他操作功能。

（1）立即付款功能（优先付款）：在系统内被指定“紧急”或“优先”级别的付款将不按照队列顺序而获得优先处理。该功能使得付款方能更加有效地安排资金。

（2）在线管理工具：系统为会员提供实时的在线监督、查询和管理工具，会员可以随时随地获得账户头寸信息、付款状态、付款查询明细信息、日终余额等信息，并能删除未解付付款指令，这些即时的管理功能能有效降低清算会员的业务管理成本，并能迅速应对突发危机。

（3）OFAC（Office of Foreign Assets Control）数据库：CHIPS 通过与 OFAC 最新的数据库联网自动检索功能，为银行提供符合美国财政部要求的客户筛选清单。

（二）FEDWIRE 简介

FEDWIRE 系统于 1918 年建立，电脑系统连接美国境内 12 个联邦区域的联邦储备银行，并同时连接弗吉尼亚州（Virginia）CULPEPER 地区的自动信息传递中心。一般而言，FEDWIRE 是美国境内美元清算的系统，是美国全国性的电子付款清算系统。美国跨州电汇划拨款项需要通过 FEDWIRE 系统，直接由联邦储备银行进行操作和管理。

FEDWIRE 主要用于处理各银行间的清算业务，诸如头寸调拨、票据清算、证券清算和账户余额划转。另外，该系统还如同散发网络信息那样，为美国政府和美联储提供各种金融信息和相关政策。

FEDWIRE 的成员由 12 000 家银行组成。日均交易量最高可达 53 万笔，日均交易额达 2 万亿美元。目前大约有 9 300 家在线成员，每一个成员由美国银行家协会（American Bankers Association）分配一个专用的 9 位数线路号码，俗称 FED ABA 码或 FED ROUTING NUMBER。如美国联邦储备银行纽约分行的 FED ABA 码为：026005092。那些与联储系统有直接电子线路连接的在线成员可以连接收发支付信息。FEDWIRE 还有约2 000家会员行是非在线（Offline）银行，它们通过电话与联储系统联系，这种方式使得受益人要经过较长的时间才能收到款项。

一般稍具规模的美国银行，都会使用美国联邦储备银行所提供的 FEDWIRE 和美国联邦储备银行即时连线（ON－line）。但是，有些较小规模的银行，或信用合作社，尚未参加这套系统。若要转账给这些机构，便要通过一家较大、同时有即时连线的银行作为转账的中介。成员行通过 RTGS（Real Time Gross Settlement）系统进行实时、全额清算，记账同时传递电文，每笔付款不作轧差处理。由于 FEDWIRE 系统是即时扣账，每个成员在付款时，必须非常清楚自己开在联邦储备银行的账户余额。当余额不足时，千万不能付款，否则，将会被联邦储备银行惩罚。联邦储备银行仅允许成员银行在日间透支（Interday Overdraft），透支银行必须交付日间透支利息。

FEDWIRE 的清算时间为美国东岸时间起息日前一天 21:00 到起息日当天 18:30，共 21.5 个小时。通过 FEDWIRE 系统进行美元清算，必须按规定电文格式进行，因为所有程序均由电脑自动处理，不通过人工处理。当美国某个 FEDWIRE 成员银行将付款电文送达美国联邦储备银行后，美国联邦储备银行会做两件事：一是借记该成员银行在联邦储备银行的账户，同时贷记受益人银行在联邦储备银行的账户；二是联邦储备银行将该成员银行的电文转送到受益人银行。

当受益人银行收到联邦储备银行送来的电文时，便可放心地确认该笔款项已入其在联邦储备银行的账户，受益人银行即可按照电文的指示将款项转入受益人的账户。

1. 客户通过 FEDWIRE 清算的流程。如图 3－12 所示。

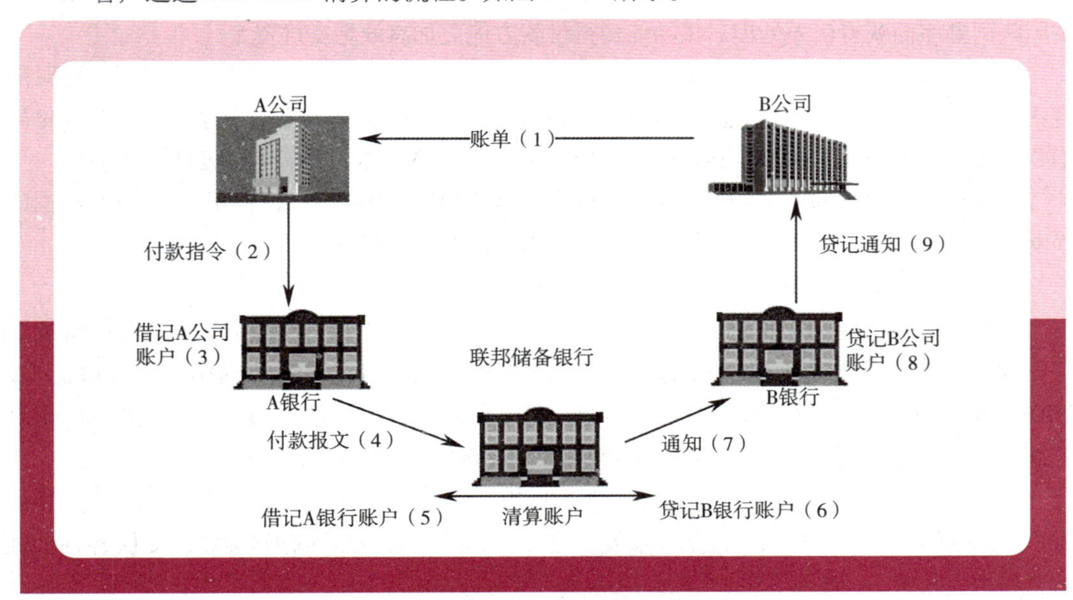

图 3－12　客户通过 FEDWIRE 清算的流程

流程说明：（1）B 公司要求 A 公司支付款项；（2）A 公司向 A 银行申请付款；（3）A 银行借记客户 A 的账户款项；（4）作为 FEDWIRE 清算成员，A 银行直接向联储系统发送付款指示；

（5）联储系统借记A银行账户（A银行在联储的账户内必须有足够的余额）；（6）联储系统贷记B银行账户；（7）联储通过系统向收款的B银行发送收款通知；（8）B银行根据系统通知贷记收款人B公司账户；（9）B银行向受益人B公司发送贷记通知。

2. FEDWIRE的其他特点。FEDWIRE仅接受SWIFT MT200、MT202的格式，并且将其格式转化为与FEDWIRE匹配的格式，这种方法称为CTR（客户付款）和BTR（银行付款）。

FEDWIRE的特点之一是由美联储担保单笔对单笔间的借记和贷记。任何一笔交易，只要其付款指令正确将会立即生效，并根据相关信息直接进行借记和贷记，以保证那些与FEDWIRE有明确账户关系的成员行在账户上有充足的资金。为了降低大额美元结算风险，FEDWIRE采用监控每日账户的透支余额和设置每日借记限额的方法，管理每日的结算风险，这种方法被称为日间透支额度控制程序。若成员行在自己的账户余额不足时进行付款，将扣收透支部分的罚息，并以分钟计算。

3. FEDWIRE与CHIPS的比较。

FEDWIRE	CHIPS
■优势 —起息：实时，当日起息 —交割：无交割风险 —最终性：资金一旦入账，未经受益人许可无法召回 —速度：非常快 —安全性：可靠、安全	■优势 —起息：实时，当日起息 —交割：通过预留铺底资金降低交割风险 —最终性：资金一旦入账，未经受益人许可无法召回 —速度：快速 —安全性：可靠、安全 —信息：付款可以跟附最多9 000字节的数据信息
■劣势 —成本：高于隔日付款(ACH)	■劣势 —成本：高于隔日付款(ACH) —仅处理单向贷记：不能处理借记请求（no draw downs）

（三）Book Transfer

内部转账是指在同一家银行开立账户的各方之间的资金支付。由于不需要任何外部的支付系统，与其他资金转移方式相比，内部转账速度更快、价格更便宜、差错更少、效率更高。

图3－13为摩根大通银行清算操作时间表。

（四）美元早清算服务（FTEO）

为了避免汇率风险，亚洲国家之间的贸易和非贸易往来大部分仍使用美元结算，而由于时差的原因，大部分亚洲国家金融机构的营业时间正是美国居民的休息时间，尤其是中国与美国一般时差达12小时（在冬季为13小时），因此地处亚洲地区的汇款人通过在美国的美元账户行汇往亚洲国家的美元汇款最快也只能实现隔日起息。这样，同在亚洲，甚至同在一个国家、一个城市的两个客户使用美元进行结算，却不能实现款项在汇款人付出款项的当天到达收款人手中，增加了结算双方的交割风险和客户对银行资金控制能力与工作实效性的不信任，在一定程度上影响了业务的正常发展。为解决这一矛盾并便利亚洲客户的付款，从2004年5月17日起，CHIPS和FEDWIRE同时延长操作时间，从纽约时间

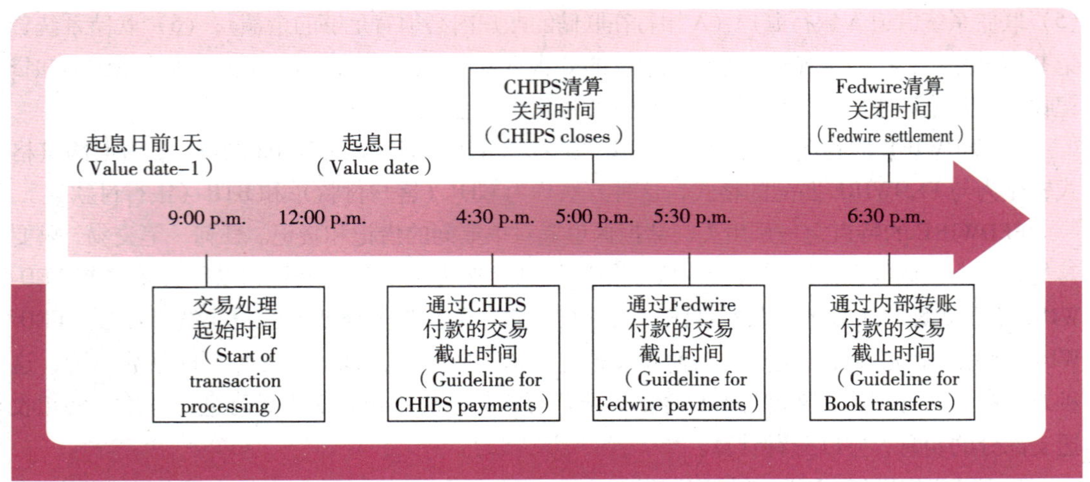

图 3－13　摩根大通银行清算操作时间表

凌晨 00:30 提前 3.5 个小时至前一天晚上 21:00。就此，很多以美元清算业务为主的美国银行根据亚洲地区客户的要求，为满足收款人和收款银行加速清算速度的需要而在亚洲地区推出了一项美元清算服务方面的新产品——美元早清算服务（Funds Transfer Early Operation，FTEO）。

通过该项服务，地处亚洲地区的付款银行只要将合格的、不需要修改的 SWIFT MT103 付款指令于北京时间中午 12：00 之前发到美元清算行，该笔美元汇款在当日便可送达亚洲地区收款人在当地的收款银行（汇款路线中出现中间行的情况将在当日付到该中间行），从而方便受益人于各亚洲国家银行营业时间内收到美元款项。这里所提到的亚洲银行营业时间是指亚洲国家银行内部规定的办理当日起息汇入汇款的截止时间。在截止时间之前收款银行收到的美元汇款将于当日贷记客户账户并从当日开始计算起息；在此时间之后收款银行收到的款项将视为隔日起息。此产品对于亚洲同时区的大洋洲国家同样适用。

实现亚洲同日美元汇款将大大缩短对亚洲地区的美元汇款到账时间，从而提高亚洲国家之间的商务及个人汇款的实效性，为客户有效利用资金创造了条件。同时，可加强客户对银行服务的信赖程度，并通过汇款业务速度的提高吸引更多的客户，带动其他业务的增长，提高银行在当地市场的竞争力。

（五） CHECK

如果付款人不能确定在美国的受益人的开户银行，可以通过银行开出支票，邮寄给受益人后，由受益人进行提示托收获得票款。美元支票的主要种类及其特点如下：

1. 商业支票（Commercial Check）：私人、公司及银行本票都属商业支票，通常为 6 个月有效期，非定额，支票上有磁性电脑数字码（Magnetic Ink Character Recognition，MICR），用于电子清算。

2. 旅行支票（Travelers Check）：无提示时间限制，固定金额，有初签与复签，有磁性电脑数字码，用于电子清算。

3. 美国政府国库支票（Treasury Check）：有效期 1 年，通常是小金额，必须通过美元支票清算系统处理，不接受托收（只可以用立即贷记），有磁性电脑数字码，用于电子清算。

4. 美国邮政汇票（Postal Money Order）：必须通过美元支票清算系统处理，不接受托收（只可以用立即贷记），分为美国境内和境外提示两类。

（六） ACH

自动清算所（Automated Clearing House，ACH）属于民间组织，由美国教会商业管理学会（NACHA）组建。现有超过 15 000 个金融机构在使用。该系统一般处理小金额、大批量的收付款，或定时重复性的付款，如退休金、养老金、保险费、薪金等。

该系统由 Electronic Payments Network（EPN）拥有并运作，向 1 200 多家在美国和波多黎各的金融机构提供服务。清算所通过 ACH 借记（ACH Debit）与 ACH 贷记（ACH Credit）方式完成资金的电子化转移，多为企业客户所使用（如收付款与资金集中），但也允许金融机构客户与个人客户使用。ACH 清算需要一到两天完成。

（七） 美元清算的银行收费

一笔美元清算，从汇款人发出汇款指示到受益人收到款项之间的各个环节都会产生费用。如图 3－14 所示，美元清算的收费主要包括：汇款行的汇款手续费；汇款行的代理行、受益行代理行的清算费用；受益行的解付费用。

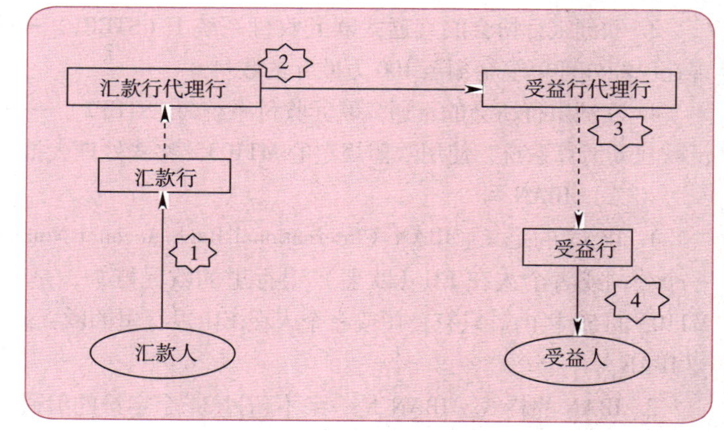

图 3－14　美元清算的银行收费

根据银行与银行间签订的协议不同，各银行有各自的收费标准，因此美元清算过程中所产生的费用是不固定的。

一般来说，在 MT103 付款中，费用的承担方式有三种：

SHA——汇款人与受益人分摊费用。即图 3－14 中 1 的费用由汇款人承担，2、3、4 的费用由受益人承担。

BEN——所有费用由受益人承担。在这种情况下，受益人承担 1、2、3、4 所产生的所有费用，将在其本金中扣除。

OUR——所有费用都由汇款人承担。在这种情况下，1、2、3、4 所产生的费用一般来说都由汇款人承担。往往在一笔汇款成功解付后，受益行代理行和受益行会直接向汇款行的代理行索要费用，而汇款行的代理行会定期与汇款行清算由此产生的所有费用。

但在 OUR 的付款方式下，由于受益行的代理行与受益行可能对费用的承担有特殊的规定，受益人仍旧无法全额收到款项。为满足受益人的特殊要求（如资本金入账、偿还贷款等必须全额收款），现各家清算行推出了一项新产品，即美元全额到账服务——OUROUR。如果汇款行在其 MT103 付款指示中使用了 OUROUR，即可保证受益人全额收到汇款人的款项。相应地，使用这种方式的清算行会向汇款行收取较为高额的清算费用（见表 3－2）。

表3－2 MT103与MT202报文中关于费用收取的不同表示方式

报文	MT103	MT202
栏位	71栏	72栏
费用分摊	/SHA/	无
费用由汇款方承担	/OUR/	/NODEDUCT/
费用由收款方承担	/BEN/	/CHGBEN/

三、欧元清算系统

（一）欧元清算主要使用的清算系统

1. 欧元实时总额自动清算系统（Trans European Real Time Gross Settlement Express Transfer System，TARGET）——各欧盟成员国中央银行的实时总额清算系统，采取逐笔清算方式。

2. 欧洲银行协会的欧元1号系统（EURO1）——由欧洲银行协会清算公司运营，用于跨境的大额清算，不可日中透支，不承担任何信贷风险。

3. 欧洲银行协会的直通式欧元收付系统1（STEP1）——最初只能处理小额欧元收付，现在已能处理单笔金额至100万欧元的收付。

4. 欧洲银行协会的直通式欧元收付系统2（STEP2）——自2003年4月起运行的第一个泛欧自动清算系统，使用欧盟规定的MT103+格式处理大批量支付。

（二）IBAN号

1. IBAN的定义。IBAN（International Bank Account Number）是国际银行账号，用于识别一个公司或者个人在EU（欧盟）银行里的欧元账户，是收款人的识别码，填写在SWIFT MT103的59栏内。只有公司或者个人在EU银行里的欧元账户需要IBAN，银行的账户不需要IBAN。

2. IBAN的格式。IBAN是一组不超过34个字符的编码，前两个编码代表账户所在的国家；接下去的2个号码是验证码，用于验证IBAN；剩下的号码是银行账号，包括银行分行的代码。

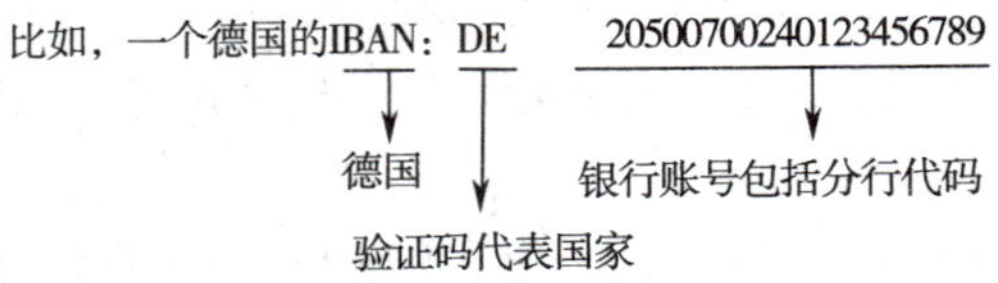

比如，一个德国的IBAN：DE 20500700240123456789

DE → 德国

（DE 后两位）→ 验证码代表国家

500700240123456789 → 银行账号包括分行代码

3. EU条例对BIC（Bank Identifier Code）和IBAN的要求：

（1）2003年7月EU条例规定，跨国汇款手续费应该与国内汇款的手续费一样。这样的特别价格要求汇款人与收款人都在EU国家内，汇款金额在5万欧元以下，汇款指令中必须包括收汇行的BIC和收款人的IBAN。

（2）2006年1月EU条例规定，在EU和EEA（欧洲经济区）的欧元汇款必须有BIC和IBAN。

（3）2007 年 1 月 EU 条例规定，如果汇款指令中没有 BIC 和 IBAN，收款银行就有权利拒绝汇款或者加收费用。

四、英镑清算系统

伦敦是最早的国际金融中心，也是英镑的清算中心。英镑的清算原来主要依靠两个系统：一个是伦敦城内交换系统（Town Clearing），另一个是普通交换系统（General Clearing）。

伦敦城内交换系统是一个当天交换系统，它只清算以伦敦城内的银行为付款行、面额在 1 万英镑以上的票据。普通交换系统不是当天交换的系统，它办理以伦敦城内的交换银行为付款行，面额在 1 万英镑以下和伦敦城以外的票据交换。

随着银行收付业务的增加，票据交换的数量日益增多，“双重交换系统”的工作量日益增大，成本上升。为了降低成本，提高效率，加速资金周转，在美国的 CHIPS 成立之后，英国的交换银行也从 1984 年初起设立并开始使用计算机来办理票据交换工作。于是，在原来的“双重交换系统”的基础上建立了一个新系统：交换银行自动收付系统（Clearing House Automated Payment System，CHAPS），它不仅是伦敦同城电子支付清算中心，也是世界所有英镑的电子支付清算中心。

五、日元清算系统

FXYCS（Foreign Exchange Yen Clearing System）于 1980 年 10 月由东京银行家协会（Tokyo Bankers Associations，TBA）建立，1983 年 3 月 6 日转交日本中央银行（Bank of Japan）负责管理并在 BOJ - NET 系统内运作。与外汇业务有关联的清算（没有金额限制）都必须通过 FXYCS 来进行，包括外汇交易及海外代理行账户收支。

六、人民币跨境支付系统

随着跨境人民币业务规模不断扩大，中国中央银行即中国人民银行决定组织开发独立的人民币跨境支付系统（Cross - border Interbank Payment System，CIPS）。该系统为境内外金融机构人民币跨境和离岸业务提供资金清算、结算服务，是重要的金融基础设施，大大提升了跨境汇款清算效率。

（一） CIPS 简介

经国务院 2009 年批准开展跨境贸易人民币结算试点后，中国人民银行于 2012 年正式启动建设 CIPS 系统，并于 2015 年一期项目投产成功，2018 年 3 月 26 日，该系统的二期项目正式上线。

CIPS 系统首批参与者，直接参与行包括 19 家境内外中资外资银行，同步上线的间接参与行包括位于亚洲、欧洲、大洋洲、非洲等地区的 38 家境内银行和 138 家境外银行。截至 2019 年末，CIPS 系统共有 33 家直接参与者，903 家间接参与者，覆盖全球六大洲 94 个国家和地区，CIPS 系统业务实际覆盖 167 个国家和地区的 3 000 多家银行法人机构。

CIPS 系统主要有以下特点：（1）可处理人民币贸易类、投资类等跨境支付业务；（2）可实现混合结算功能（全额结算 + 定时净额结算）；（3）采用国际通行报文标准（ISO 20022 报文标准）；（4）满足主要时区人民币结算需求；（5）连接境内、境外直接参与者。

（二） 运行时序

CIPS 系统运行时间覆盖全球各时区，实现“5 × 24 小时 + 4 小时”运行，系统处理分日间场次和夜间场次，日间场次运行时间为 T 日（自然日）8:30 至 20:30（20:00 至 20:30 为清零等场终处理时间）。夜间场次运行时间为 T 日（自然日）20:00 至 T+1 日（自然日）8:30。两场之间业务处理无缝衔接。

银行间赔付规则

同时，为适应国内外市场的需求并满足 CIPS 时序设计原则，大额实时支付系统实现 5×21 小时运行。运行时间为前一日 T-1 日 20:30 至 T 日 17:30，清算窗口时间为 17:15 至 17:30，系统运行 21 小时。

第四章
汇款方式

本章学习要点

- 掌握汇款方式的当事人及其业务关系、汇款的种类及其业务程序；
- 熟悉汇款头寸调拨的方法与措辞；
- 了解顺汇法与逆汇法的差异、汇款在国际贸易中的应用。

本章知识结构

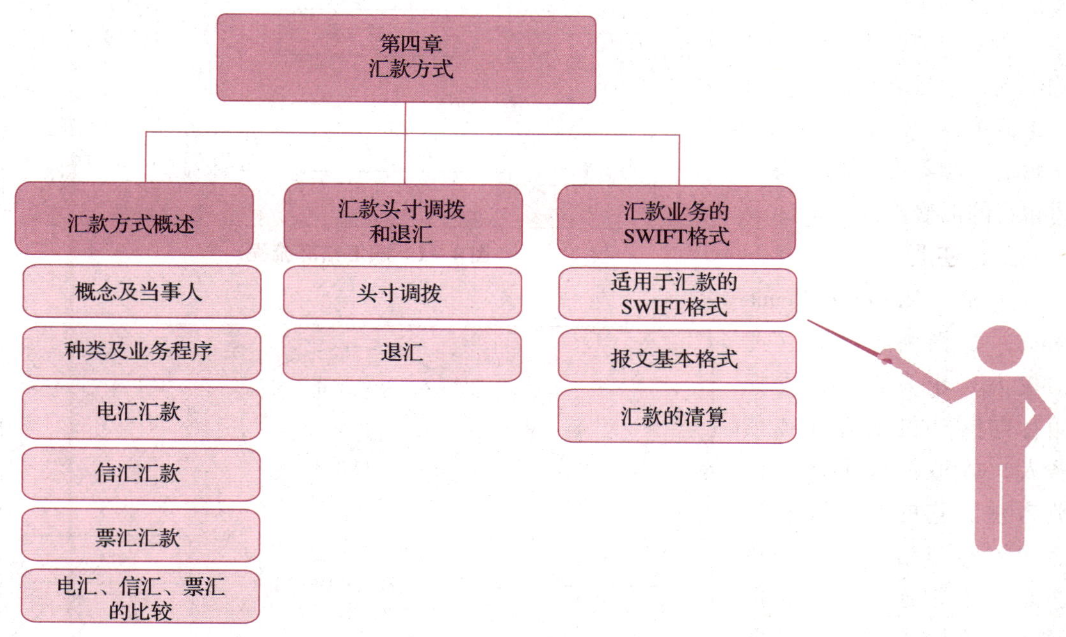

第一节　国际汇兑

国际汇兑（International Exchange）亦称国外汇兑（Foreign Exchange），它具有动态的

(Dynamic) 和静态的 (Static) 两层含义。

国外汇兑的动态含义，是把它看做一种行为和活动，这种行为和活动是通过国际间银行的“汇”与“兑”来实现国与国之间债权债务的清偿和国际资金的转移。所谓“汇”，是指货币资金在国际间的转移，“兑”指不同国家货币的相互转换。

国外汇兑的静态含义，是指某种以外币表示的、用于国际结算的支付手段，通常称其为外汇。国际汇兑按资金流向和结算工具的流向不同分为顺汇和逆汇两大类。

国际汇兑是指通过银行把一个国家的货币兑换为另一个国家的货币，并借助于各种信用工具(如汇票等)，将货币资金转移到另一个国家，以清偿国际间由于贸易或非贸易往来所产生的债权债务关系的专门性经营活动。

一、顺汇

顺汇（Remittance）又称汇付，它的特点是：资金的流向与结算工具的传送方向相同。其具体做法是由付款人（或债务人）主动将款项交给银行，委托银行使用某种结算工具，支付一定金额给收款人（或债权人）的一种汇兑方法（见图4－1）。

图4－1中实线表示资金的流向，虚线表示结算工具传递的方向，二者的流向是一致的。顺汇在国际结算中是银行的汇款业务。

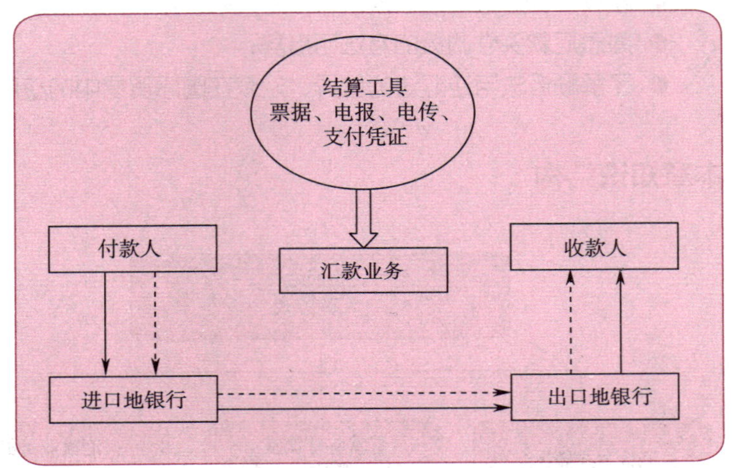

图4－1 顺汇结算流程

二、逆汇

逆汇（Reverse Remittance）是指由收款人（或债权人）出具汇票，委托银行向国外付款人（或债务人）收取汇票金额的汇兑方法。它的特点是：资金的流向与结算工具的传送方向是相逆的。因逆汇通常由债权人签发汇票向债务人收款，这种方法又称为出票法。

图4－2中实线表示资金的流向，虚线表示结算工

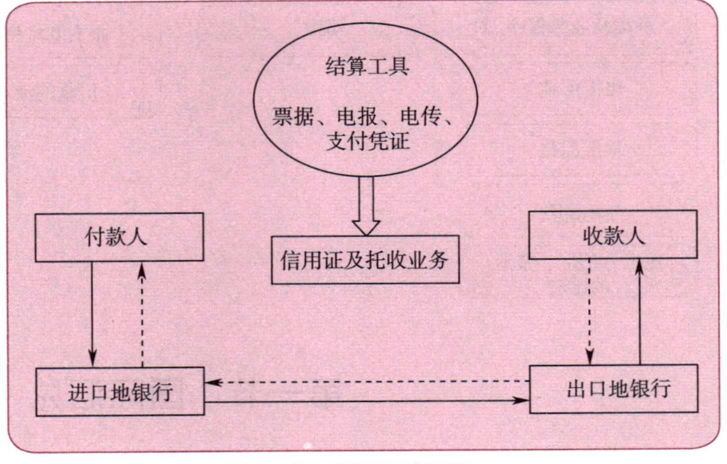

图4－2 逆汇结算流程

具传递的方向，二者的方向是相反的。逆汇在国际结算中是托收方式和信用证方式。

总之，顺汇与逆汇的区别就在于其资金与结算工具两者的流动方向是否相同，相同者称为顺汇，相逆者称为逆汇。

第二节　汇款方式概述

一、汇款的基本概念及其当事人

汇款方式(Methods of Remittance)，是由汇款人委托银行，将款项汇交给收款人的一种结算方式。

汇款方式的当事人有四个：（1）汇款人（Remitter）。（2）收款人或受益人（Payee or Beneficiary）。（3）汇出行（Remitting Bank），是指受汇款人的委托汇出款项的银行。汇出行所办理的汇款业务叫做汇出汇款（Outward Remittance）。（4）汇入行，或称解付行（Paying Bank），是指受汇出行的委托解付汇款的银行。解付行所办理的汇款业务叫做汇入汇款（Inward Remittance）。

二、汇款方式的种类及其业务程序

按照汇款使用的支付工具不同，汇款可分为电汇、信汇、票汇三种（见图4－3）。在目前的实际业务操作中，信汇已基本不使用，主要采用电汇方式，票汇一般用于小额支付。

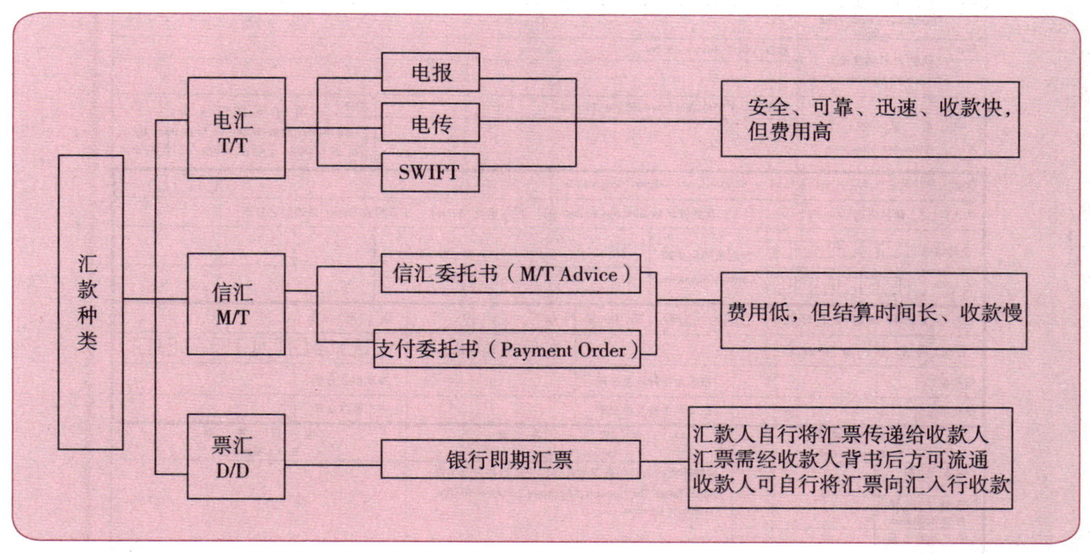

图4－3　汇款方式及特点

在办理汇款业务时，汇款人需要向汇出行提交汇款申请资料，汇出行按申请书的指示，使用某种通信和操作系统（如SWIFT系统、电传、电报、汇票等）通知汇入行，汇入行按照收到的指示，办理向收款人的解付入账手续。

按照我国目前的外汇管理规定，汇款人需要向汇出行提交证明其交易真实性的商业单据和有效凭证，银行按照真实性和一致性原则审核无误后方可办理汇款手续。2006年，国家外汇管理局对国际收支申报系统进行了升级，将各家银行的汇出汇款申请书的格式予以统一，包括境外汇款申请书和境内汇款申请书。前者用于办理外汇资金的跨境支付，后者用于外汇资金的境内划拨。

境外汇款申请书的式样见附式4－1。

附式4－1

境 外 汇 款 申 请 书

APPLICATION FOR FUNDS TRANSFERS (OVERSEAS)

致：Deutsche Bank
TO:

日 期
Date

□电汇 T/T □票汇 D/D □信汇 M/T	发电等级 Priority	□普通 Normal □加急 Urgent

申报号码 BOP Reporting No.	□□□□□□ □□□□ □□ □□□□□□ □□□□		
20 银行业务编号 Bank Transac. Ref.No.		收电行／付款行 Receiver/Drawn on	
32A 汇款币种及金额 Currency & Interbank Settlement Amount		金额大写 Amount in Words	
其中 现汇金额 Amount in FX		账号 Account No./Credit Card No.	
其中 购汇金额 Amount of Purchase		账号 Account No./Credit Card No.	
其中 其他金额 Amount of Others		账号 Account No./Credit Card No.	
50a 汇款人名称及地址 Remitter's Name & Address			
□对公 组织机构代码 Unit Code □□□□□□□□□－□	□对私	个人身份证件号码 Individual ID No.	
		□中国居民个人 Resident Individual	□中国非居民个人 Non-Resident Individual
54/56a 收款银行之代理行名称及地址 Correspondent of Beneficiary's Bank Name & Address			
57a 收款人开户银行名称及地址 Beneficiary's Bank Name & Address	收款人开户银行在其代理行账号 Bene's Bank A/C No.		
59a 收款人名称及地址 Beneficiary's Name & Address	收款人账号 Bene's A/C No.		
70 汇款附言 Remittance Information	只限140个字位 Not Exceeding 140 Characters	71A 国内外费用承担 All Bank's Charges If Any Are To Be Borne By	□汇款人 OUR □收款人 BEN □共同 SHA

收款人常驻国家（地区）名称及代码 Resident Country/Region Name & Code					□□□
请选择：□预付货款 Advance Payment	□货到付款 Payment Against Delivery	□退款 Refund	□其他 Others	最迟装运日期	
交易编码 BOP Transac. Code	□□□□□□	相应币种及金额 Currency & Amount		交易附言 Transac. Remark	
	□□□□□□				
是否为进口核销项下付款	□是 □否	合同号		发票号	
外汇局批件／备案表号		报关单经营单位代码	□□□□□□□□□□		
报关单号		报关单币种及总金额		本次核注金额	
报关单号		报关单币种及总金额		本次核注金额	

银行专用栏 For Bank Use Only		申请人签章 Applicant's Signature	银行签章 Bank's Signature
购汇汇率 Rate	@	请按照贵行背页所列条款代办以上汇款并进行申报 Please Effect The Upwards Remittance, Subject To The Conditions Overleaf:	
等值人民币 RMB Equivalent			
手续费 Commission			
电报费 Cable Charges			
合计 Total Charges			
支付费用方式 In Payment of the Remittance	□现金 by Cash □支票 by Check □账户 from Account	申请人姓名 Name of Applicant 电话 Phone No.	核准人签字 Authorized Person 日期 Date
核印 Sig. Ver.		经办 Maker	复核 Checker

填写前请仔细阅读各联背面条款及填报说明
Please read the conditions and instructions overleaf before filling in this application.

境外汇款申请书主要内容包括汇款人填写和银行填写两部分。汇款人需要将汇款的基础信息填写完整、准确，包括汇款币种及金额、资金来源（现汇或者购汇）、账号（人民币或者外币账号）、汇款人名称及地址、组织机构代码或个人身份证件号码、收款人名称及地址、收款人开户银行、收款人账号、收款人国别、汇款费用的承担、交易附言及编码、合同号码、发票号码等信息。

银行将汇款人填写的信息与其提交的商业单据和有效凭证进行核对，无误后办理售付汇手续，填写手续费、邮电费、使用的汇率等要素。

目前，境外汇款申请书一般为一式两联，分别为银行和汇款人留存联，银行可根据自身情况印制额外页联。按照国家外汇管理局的要求，银行也可以根据实际情况，增加相应的联数，如会计凭证联等。因此，境外汇款申请书同时具有汇出汇款申请书、国际收支申报单、银行会计凭证等多种功能。

审核汇款申请时应注意的事项如下：

1. 申请办理汇出汇款业务，必须符合国家外汇管理的规定，才可向银行申请办理汇款手续。

2. 银行审核资金来源：汇款人可以使用人民币资金向银行申请购汇汇出，也可使用自有现汇资金办理原币支付，或者使用银行的国内外汇贷款、向境外借用的外债资金等办理支付手续。

3. 银行在办理汇出手续时，应按照“拉直汇款路线”的原则，妥善选择境外账户行和代理行办理转账手续，尽量减少中间行转汇的环节，降低汇款人和收款人的经营成本。

汇出行的业务处理流程如图4－4所示。

三、电汇汇款

电汇业务的基本流程见图4－5。

电汇是一种最快捷的汇款方式，它在收取汇费时还要加收电报费。随着信息事业发达，采用电汇方式越来越多，日趋普遍。例如，国际银行经营外汇买卖业务涉及资金调拨都以电汇汇率为主。电汇主要有以下几种方式：

电汇汇款(Telegraphic Transfer，T/T)是汇款人(付款人或债务人)委托银行以电报(Cable)、电传(Telex)、环球同业银行金融电讯协会(SWIFT)方式，指示出口地某一银行(其分行或代理行)作为汇入行，解付一定金额给收款人的汇款方式。

1. 采用电报或电传的汇款方式。电报汇款可分为书信电（Letter Telegram）、普通电（Ordinary Telegram）和加急电（Urgent Telegram）三个等级。自从有了电传和SWIFT以后，一般就分为普通电和加急电两个等级了。

电稿一般包括如下内容：（1）密押；（2）收款人名称及地址；（3）币别和金额；（4）汇款人名称及地址；（5）附言；（6）头寸拨付方法。

2. 采用SWIFT的电汇方式。SWIFT总部设在布鲁塞尔，是个国际性银行间传递信息的网络组织。通过SWIFT的电讯格式化和规范化，电汇方式采用客户汇款MT103格式，单笔普通金融机构头寸调拨MT202格式。

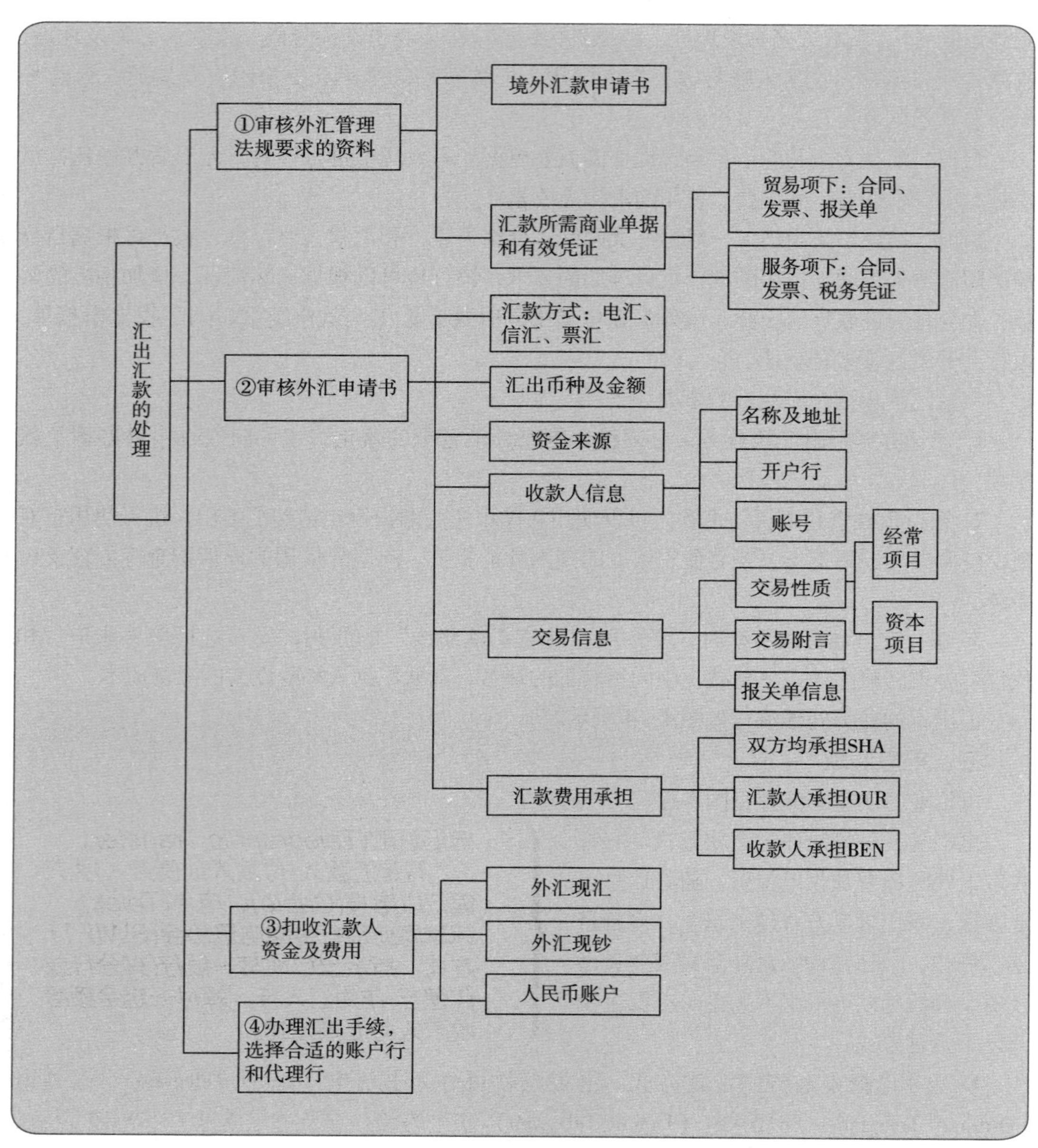

图4-4　汇出行业务处理流程

四、信汇汇款

信汇汇款（Mail Transfer，M/T）是汇出行应汇款人申请，将信汇委托书（Mail Transfer Advice，M/T Advice）或支付委托书（Payment Order）邮寄给汇入行，授权其解付一定金额给收款人的一种汇款方式。信汇业务的基本程序见图4-6。

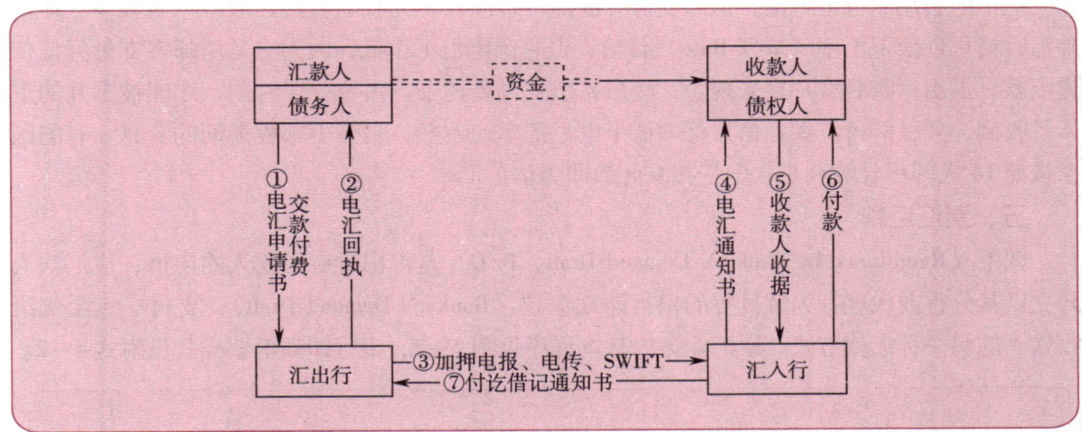

注：① 汇款人填写汇款申请书，交款付费给汇出行，申请书上选择使用电汇方式。② 汇出行收妥汇款资金及汇款手续费后，将汇款申请书第二联作为电汇回执退还汇款人。③ 汇出行以加押电报、电传或 SWIFT 等电讯方式，向汇入行发出电汇委托书，内容包括汇款申请书所列的各项内容以及汇出行的电汇业务编号、密押、偿付指示等。④ 汇入行收到电讯指令后，核对密押无误后，缮制电汇通知书，通知收款人收款。⑤ 收款人收到通知书后在收据联上盖章，交汇入行。⑥ 汇入行借记汇出行账户，取出头寸，解付汇款给收款人。⑦ 汇入行将付讫借记通知书寄给汇出行，通知它汇款解付完毕。资金从债务人流向债权人，完成一笔电汇汇款。

图 4－5　电汇业务流程

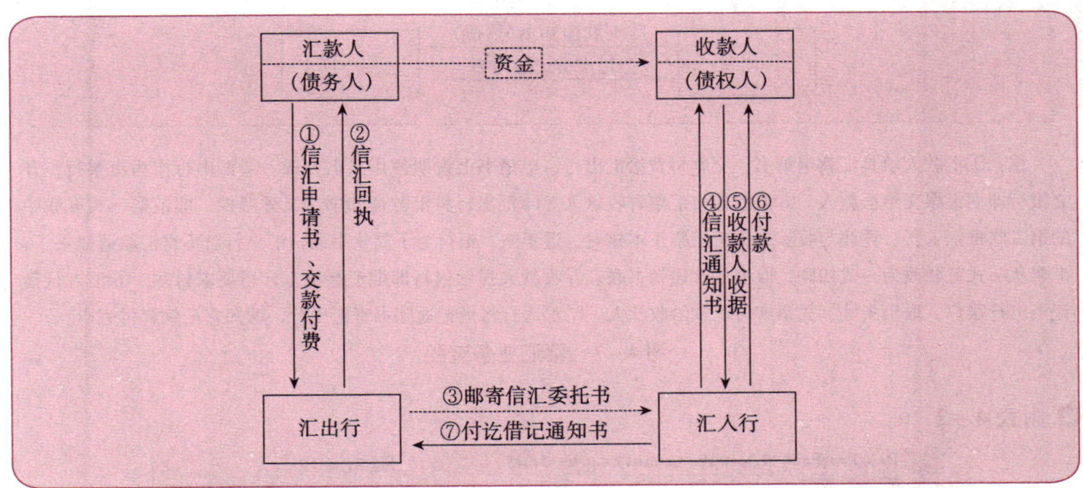

注：① 汇款人填具汇款申请书，交款付费给汇出行，申请书上说明使用信汇方式。② 汇款人取得信汇回执。③ 汇出行根据申请书制作信汇委托书或支付委托书，经过两人双签，邮寄汇入行。④ 汇入行收到信汇委托书或支付委托书后，核对签字无误，将信汇委托书的第二联信汇通知书及第三、第四联收据正副本一并通知收款人。⑤ 收款人凭收据取款。⑥ 汇入行借记汇出行账户取出头寸，解付汇款给收款人。⑦ 汇入行将借记通知书寄汇出行，通知它汇款解付完毕，资金从债务人流向债权人，完成一笔信汇汇款。

图 4－6　信汇业务流程

信汇的费用比电汇低廉，但因支付凭证邮寄时间较长而收款较慢，故采用者较少。即期外汇行情可以信汇汇率（M/T Rate）计价，但它比电汇汇率低，因为它是用邮寄支付凭证传递汇款，汇出行收到客户交来现金，然后寄出支付委托书，需要一段时间，才能被国外的汇入行收到，凭以解付汇款。信汇汇率低于电汇汇率的差额，相当于邮程期间的利息。有的国家按照 14 天邮程计算利息，电汇扣减此数即为信汇汇率。

五、票汇汇款

票汇（Remittance by Banker's Demand Draft，D/D）是汇出行应汇款人的申请，代汇款人开立以其分行或代理行为解付行的银行即期汇票（Banker's Demand Draft），支付一定金额给收款人的另一种汇款方式。票汇业务的基本程序见图 4－7，银行即期汇票样式见附式 4－2。

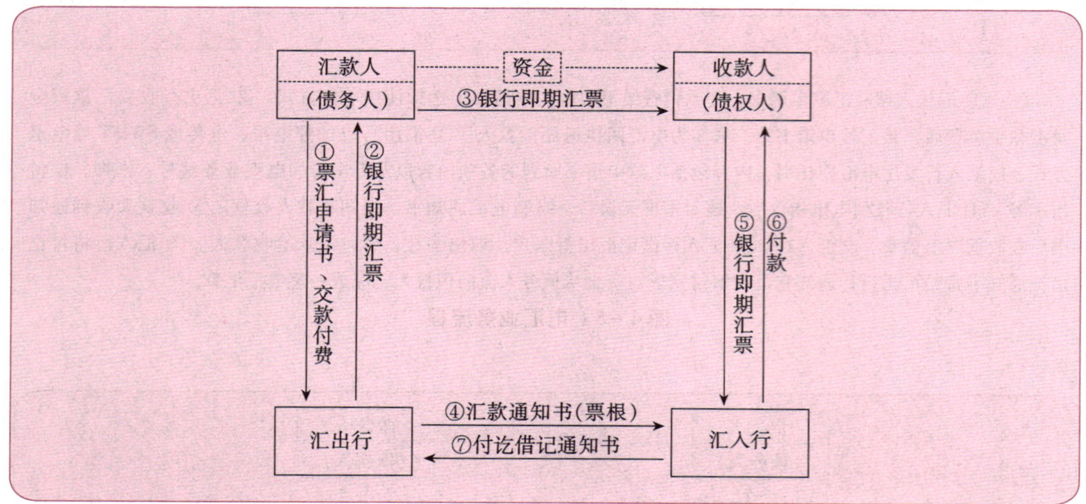

注：①汇款人填具汇款申请书，交款付费给汇出行，申请书上说明使用票汇方式。②汇出行作为出票行，开立银行即期汇票交给汇款人。③汇款人将汇票寄收款人。④汇出行将汇款通知书，又称票根，即汇票一式五联中的第二联寄汇入行，凭此与收款人提交汇票正本核对。近年来，银行为了简化手续，汇出行已不寄汇款通知书了，汇票从一式五联改为一式四联，取消汇款通知书联。⑤收款人提示银行即期汇票给汇入行要求付款。⑥汇入行借记汇出行账户，取出头寸，凭票解付汇款给收款人。⑦汇入行将借记通知书寄汇出行，通知它汇款解付完毕。

图 4－7　票汇业务流程

附式 4－2

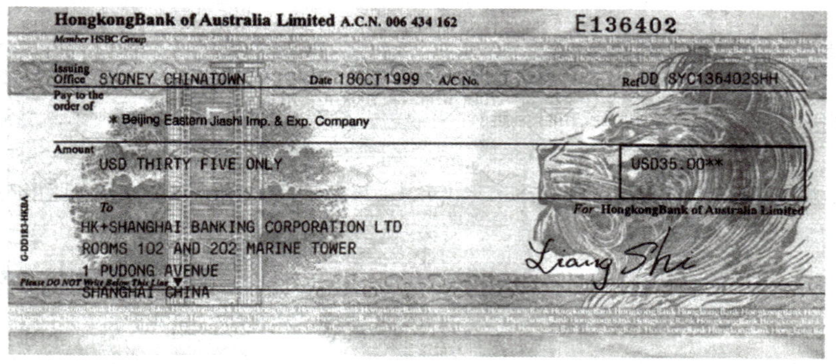

HongkongBank of Australia Limited A.C.N. 006 434 162　　E136402

Member HSBC Group

Issuing Office SYDNEY CHINATOWN　Date 18OCT1999　A/C No.　Ref DD SYC136402SHH

Pay to the order of　* Beijing Eastern Jiashi Imp. & Exp. Company

Amount　USD THIRTY FIVE ONLY　　USD35.00**

To
HK+SHANGHAI BANKING CORPORATION LTD
ROOMS 102 AND 202 MARINE TOWER
1 PUDONG AVENUE
SHANGHAI CHINA

For HongkongBank of Australia Limited

Liang Shi

Please DO NOT Write Below This Line

G-DD183-HKBA

银行即期汇票的收款人是汇款的收款人，出票人是汇出行，付款人是汇入行（或称解付行），两者皆是银行，票面没有表示付款期限就是即期，故称为银行即期汇票，也是银行支票。如果出票行与付款行是联行，还可视为银行本票。它是可流通的票据，收款人可以背书将汇票转让流通。有时出票行想限制收款人只能凭票取款，不能转让他人，于是在汇票上作成不可流通划线，使汇票仅是支付工具。

使用票汇业务较多的是银行。根据不同需要，可使用三种即期汇票：第一是划线不可流通汇票；第二是无划线可流通汇票；第三是磁性数码汇票，便于纽约的付款行放在支票自动处理机上分类清算。即期外汇行情可以票汇汇率（D/D Rate）计价表示，它的价格与信汇汇率相同。

六、电汇、信汇、票汇三种方式的比较

电汇、信汇、票汇三种方式各有利弊，下面从支付工具、费用、安全性、速度等方面对三种汇款作一简要比较。

1. 从支付工具来看，电汇方式使用电报、电传或SWIFT，用密押证实；信汇方式使用信汇委托书或支付委托书，用签字证实；票汇方式使用银行即期汇票，用签字证实。

2. 从汇款人的成本费用来看，电汇收费较高，信汇与票汇费用较电汇低。

3. 从安全方面来看，电汇比较安全，汇款能在短时间内迅速到达对方。信汇必须通过银行和邮政系统来实现，信汇委托书有可能在邮寄途中遗失或延误，收款人可能因此不能及时收到汇款，因此信汇的安全性比不上电汇。票汇虽有灵活的优点，却有丢失或毁损的风险，背书转让带来一连串的债权、债务关系，容易陷入汇票纠纷，汇票遗失以后，挂失或止付的手续也比较麻烦。

4. 从汇款速度来看，电汇是一种最快捷的方式，也是目前广泛使用的方式，尽管费用较高，但可用缩短在途时间的利息抵补。信汇方式由于资金在途时间长，操作手续多，故日趋落后，有的银行很少使用，甚至不用。票汇是由汇款人邮寄给收款人，或者自己携带至付款行所在地提示要求付款，比较灵活简便，适合邮购或支付各种费用，或者当作礼券馈赠亲友，其使用量仅次于电汇。

第三节　汇款头寸调拨和退汇

一、头寸调拨

在汇款业务中所谓的头寸（Cover），是指汇款资金的调拨与偿付。汇出行办理汇出汇款业务，应及时将汇款金额拨交给其委托解付汇款的汇入行，这又叫做汇款的偿付（Reimbursement of Remittance Cover），或俗称“拨头寸”。如果汇出行不能拨头寸，汇入行将不予解付，故在每笔汇款中，必须注明拨头寸的具体指示。一般应该在订立代理行合同中规定汇款方式的拨头寸办法。拨头寸结合汇出行与汇入行的开设账户情况，具体可以分为以下几种拨账方法。

（一）账户行之间的直接转账

账户行之间的直接转账又分为两种情况：

1. 主动贷记。汇出行主动贷记（Credit）汇入行账户。当汇入行在汇出行开立了往来账户，汇出行在委托汇入行解付汇款时，会在支付委托书上注明偿付指示：“In cover, we have

credited your A/C with us."（作为偿付，我行已经贷记你行在我行开立的账户），并在寄给汇入行的贷记报单（Credit Advice）上注明"your A/C credited"字样。汇入行接到支付委托书，知道汇款头寸已拨入自己的账户，即可使用头寸解付汇款给收款人（如图4－8所示）。

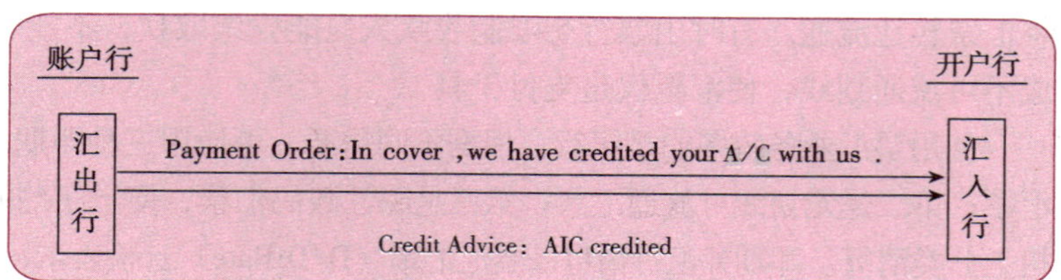

图4－8　主动贷记方式转账流程

2. 授权借记。汇出行授权汇入行借记（Be Authorized to Debit）汇出行账户。当汇出行在汇入行开立了往来账户，汇出行在委托汇入行解付汇款时，应在支付委托书上注明偿付指示："In cover, please debit our A/C with you."（作为偿付，请借记我行在你行开立的账户），汇入行在借记该账户后，应在寄给汇出行的借记报单（Debit Advice）上注明"your A/C debited"字样。汇入行接到支付委托书，即被授权凭以借记汇出行账户，拨出头寸解付给收款人，并以借记报单通知汇出行，此笔汇款业务即告完成（如图4－9所示）。

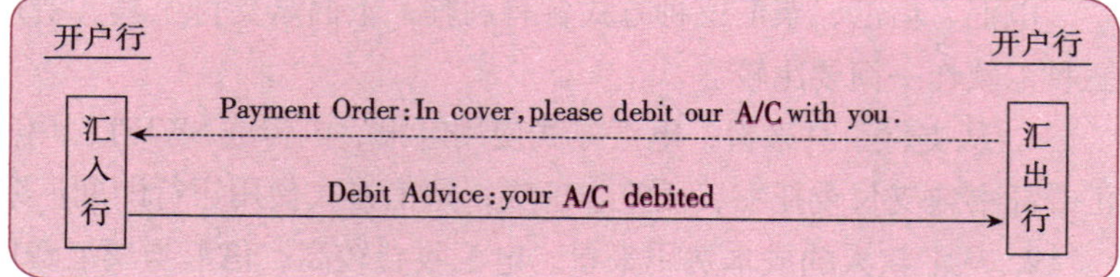

图4－9　授权借记方式转账流程

（二）共同账户行转账

汇出行和汇入行相互之间没有往来账户，在同一代理行开立往来账户时，为了偿付汇款，汇款时主动通知代理行将款项拨付汇入行在该代理行的账户。汇出行可以在支付委托书上作偿付指示："In cover, we have authorized ××Bank to debit our A/C and credit your A/C with them."（作为偿付，我行已授权××银行在借记我行的账户同时贷记你行在该行开立的账户），汇入行接到汇出行的电汇拨头寸指示，同时也收到××银行寄来的头寸贷记报单，即可使用该头寸解付给收款人（如图4－10所示）。

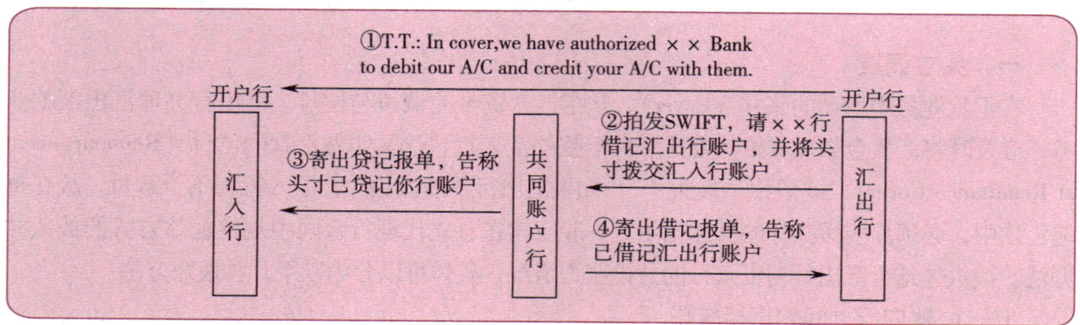

注：①汇出行向汇入行发出支付委托书，并在支付委托书上作偿付指示。②汇出行向共同账户行发出指示，授权共同账户行借记汇出行账户，并将头寸拨交汇入行账户。③④共同账户行向汇入行邮寄贷记报单同时向汇出行邮寄借记报单。

图4－10　共同账户行转账流程

（三）各自账户行转账

汇出行和汇入行相互之间没有往来账户，但它们各自的账户行之间有账户往来时，为了偿付，汇出行可在汇款时主动通知其代理行将款项拨付给汇入行在其代理行的账户。汇出行应在支付委托书上作偿付指示："In cover, we have instructed A Bank to pay the proceeds to your A/C with B Bank."（作为偿付，我行已授权 A 银行支付款项入你行在 B 银行所开立的账户），汇入行接到汇款，使用汇来的头寸，解付给收款人（如图4－11所示）。

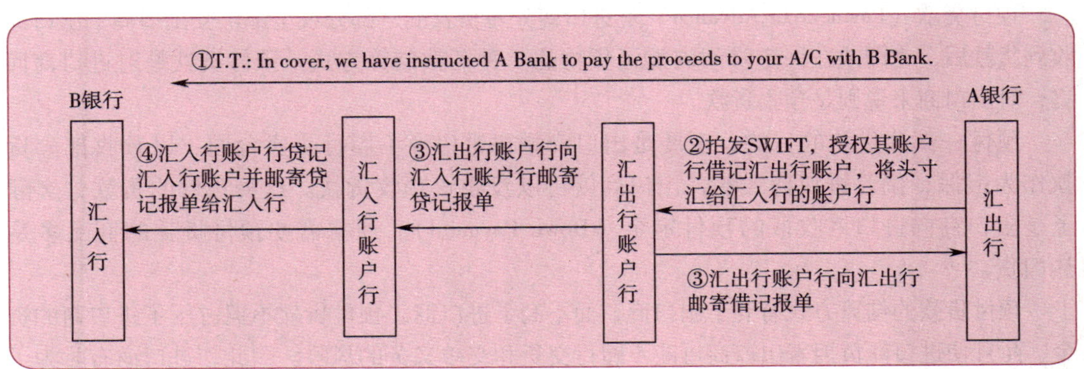

注：①汇出行向汇入行发出汇款支付委托，并在支付委托书上作偿付指示。②汇出行向其账户行发出指示，授权其账户行借记汇出行账户，并将款项汇给汇入行的账户行。③汇出行账户行向汇入行账户行邮寄贷记报单同时向汇出行邮寄借记报单。④汇入行账户行贷记汇入行账户并邮寄贷记报单给汇入行。

图4－11　各自账户行转账流程

二、汇款的退汇

汇款人或收款人某一方，在汇款解付前要求撤销该笔汇款叫做退汇。

（一）信汇和电汇的退汇

如果汇款人提出退汇，对信汇和电汇，汇出行应通知汇入行停止解付，撤销汇款。收款人如有意见，应向汇款人交涉；若汇款在要求退汇前已经解付，汇款人就不得要求退汇，只能直接向收款人交涉退回。汇出行接受汇款人对信汇或电汇的退汇申请后，应立即用电函告知国外汇入行办理退汇，俟接到国外汇入行同意退汇的通知后，再转告国内汇款人持汇款回执前来办理退款。

如果是收款人提出退汇，汇入行可作为收款人拒收汇款处理，并通知汇出行，由汇款人到汇出行办理退汇手续。

（二）票汇的退汇

票汇的退汇，汇款人在寄出汇票前，可由汇款人持原汇票到汇出行申请办理退汇手续。汇出行应发函通知汇入行将有关的汇票通知书（或票根）注销寄回。若汇款人在已将汇票寄出后要求退汇时，汇出行为维护银行票据的信誉，一般不予接受。

汇票如果遗失、被窃，应办理挂失、止付手续，由汇款人向汇出行出具保证书，保证万一发生重付，由汇款人负责赔偿。汇出行即可据以通知汇入行挂失止付，待汇入行书面确认后，汇出行方能办理补发汇票或退汇手续。

第四节　汇款方式在国际贸易中的应用

在国际贸易中，使用汇款方式结算买卖双方的债权债务主要有以下两种做法。

一、预付货款

预付货款（Payment in Advance）是进口商先将货款的一部分或全部汇交出口商，出口商收到货款后，立即或在一定时间内发运货物的一种汇款结算方式。预付货款是对进口商而言，对出口商来说则是预收货款。

预付一部分货款的目的，主要是出口商顾虑进口商不履行买卖合同，以预收部分货款作为担保，倘若进口商毁约，出口商就可以没收该预收货款。这种预付的货款，实际上是出口商向进口商收取的预付定金（Down Payment）。通常需要预付货款的商品多是热门货。

预付货款的结算方式有利于出口商，而不利于进口商。预付货款不但占压了进口商的资金，而且使进口商负担着出口商可能不履行交货和交单义务的风险。因此，进口商有时为了保障自身的权益，就规定了解付汇款的条件，即收款人取款时，应提供书面担保，以保证在一定时间内将货运单据寄交汇入行，转交汇款人；或提供银行保证书，保证收款人如期履行交货交单义务，否则退还预收货款，并加付利息。

二、货到付款

货到付款（Payment after Arrival of Goods）是出口商先发货，待进口商收到货物后，立即或在一定期限内将货款汇交出口商的另一种汇款结算方式。这种方式有时还可称为赊销方式（Sold on Credit）或记账赊销方式（Open Account，O/A）。货到付款在国际贸易上可分为售定和寄售两种。

（一）售定

售定（Goods Sold）是指买卖双方已经成交，货物售妥发运，并经进口商收到后一定时期将货款汇交出口商。多数的货到付款系指售定方式。广东、广西、福建等省经常有鲜活商品，如牛、羊、猪、鸡、鸭、鱼、鲜花、蔬菜等对港澳出口，因为时间性较强，出口商采用鲜活商品随到随出、提单随船带交进口商的方式。这便于迅速提货，不致积压，并按实际收到货物汇付货款结算。所以售定方式又称为先出后结。这种方式对进口商有利而对出口商不利，因为货物出口后，出口商就失去控制货物的权利，如进口商不付款，出口商将会货款两失。

（二）寄售

寄售（Sold on Consignment）是指出口商先将货物运至进口国，委托进口国的商人在当地市场代为销售，待售出后被委托人将货款按规定扣除佣金后全部汇交出口商。

寄售的出口商称为委托人，接受委托寄售的国外商人称为受托人。委托人与受托人之间通常订有委托寄售协议。在委托寄售时，货物价格未定，可在寄售协议中规定最低限价，或自由作价，或以委托人同意的价格销售。寄售的一切运、保、杂费及佣金等均由委托人负担，从销售款项内扣除，受托人汇寄净款给委托人。寄售货物在出售前物权属于委托人。

寄售的装运单据多由委托人直接寄给受托人，个别的也通过银行寄单。交单给受托人的条件是：凭受托人的收据（Receipt）和信托收据（Trust Receipt），来表示借取单据；以及受托人的保证书（Consignee's Letter of Guarantee）和当地银行的保证书（Local Banker's L/G），保证书应保证货到后一定时期汇付售后净款。

寄售方式委托人承担的风险很大，寄售项下货款能否收进，全靠受托人的代销能力，因此必须重视受托人的资信、经营能力、作风等。寄售方式一般仅用于推销新品种、冷背滞销货物或展销商品。

近年来，在我国的外资企业增多，它们与国外交往频繁，彼此了解程度逐步加深，在国际贸易中采用汇款方式结算的逐渐增多，改变了过去着重采用信用证的方式，体现了支付方式的灵活性。

第五节　汇款业务的 SWIFT 格式[①]

一、适用于汇款的 SWIFT 格式

表4－1　适用于汇款的 SWIFT 格式

报文格式	MT 格式名称	名称描述
MT103	客户汇款	请求调拨资金
MT200	单笔金融机构头寸调拨至发报行自己账户	请求将发报行的头寸调拨至其他金融机构的该行账户上
MT201	多笔金融机构头寸调拨到发报行的账户上	多笔 MT200
MT202	单笔普通金融机构头寸调拨	请求在金融机构之间的头寸调拨
MT203	多笔普通金融机构头寸调拨	多笔 MT202
MT204	金融市场直接借记电文	用于向 SWIFT 会员银行索款
MT205	金融机构头寸调拨执行	国内转汇请求
MT210	收款通知	通知收报行，它将收到头寸记在发报行账户上

二、MT103、MT200、MT202 报文的基本格式

1. MT103 Single Customer Credit Transfer（客户汇款请求调拨资金）。

① 本科学生只要求基本掌握 MT103 和 MT200 报文格式，其他报文格式可以酌情选学。单证从业人员要求重点掌握 MT103、MT200、MT202 以及 MT202COV 报文格式。

表4－2

Status	Tag	Field Name	Status	Tag	Field Name
M	20	Sender's Reference	O	54a	Receiver's Correspondent
O	13C	Time Indication	O	55a	Third Reimbursement Institution
M	23B	Bank Operation Code	O	56a	Intermediary Institution
O	23E	Instruction Code	O	57a	Account With Institution
O	26T	Transaction Type Code	M	59a	Beneficiary Customer
M	32A	Value Date/Currency/Interbank Settled Amount	O	70	Remittance Information
O	33B	Currency/Instructed Amount	M	71A	Details of Charges
O	36	Exchange Rate	O	71F	Sender's Charges
M	50a/k	Ordering Customer	O	71G	Receiver's Charges
O	51A	Sending Institution	O	72	Sender to Receiver Information
O	52a	Ordering Institution	O	77B	Regulatory Reporting
O	53a	Sender's Correspondent	O	77T	Envelope Contents

M＝Mandatory　O＝Optional

【例1】 MT103 客户汇款

2020年4月7日，A公司指示其开户行建设银行上海分行汇出USD 1958给荷兰银行阿姆斯特丹分行，作为B公司的货款。B公司在荷兰银行的账号为5687151。所有的银行费用由汇款人和收款人共同承担。

汇款流程见图4－12。

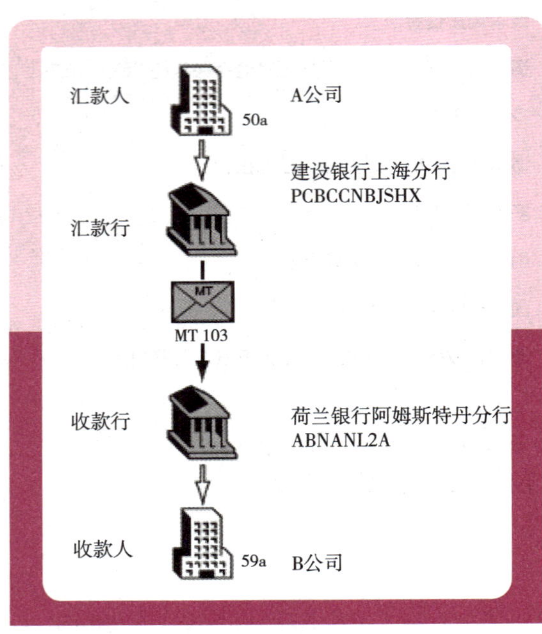

图4－12　MT103 汇款流程（1）

表4－3　MT103报文

注　解	报文格式
发报行	PCBCCNBJSHX（中国建设银行上海分行）
报文类型	103
收报行	ABNANL2A（荷兰银行阿姆斯特丹分行）
发报行编号	20：0204OR07000005
银行交易代码	23B：CRED
起息日、币种、金额	32A：200407 USD 1958，
汇款人实际汇款币种、金额	33B：USD 1958，
汇款人	50K：A COMPANY
收款人及账号	59：/5687151 B COMPANY
费用承担	SHA
注	在上例中发报行与收报行之间由于有直接的美元账户关系，不需要有中间行参与整个清算过程

【例2】 MT103客户汇款

C公司指示其开户行中国工商银行上海分行汇付USD 850.00到D公司开在新加坡发展银行新加坡分行的账户，账号为729615－941，起息日为2020年3月20日。该笔款项为2月的业务费用。

中国工商银行上海分行指示汇丰银行纽约分行付款。汇丰银行纽约分行和新加坡发展银行新加坡分行的美元账户都开在图4－13 MT103汇款流程（2）花旗银行纽约分行。汇款人和收款人同意各自承担费用。花旗银行的费用为10美元。

汇款流程见图4－13。

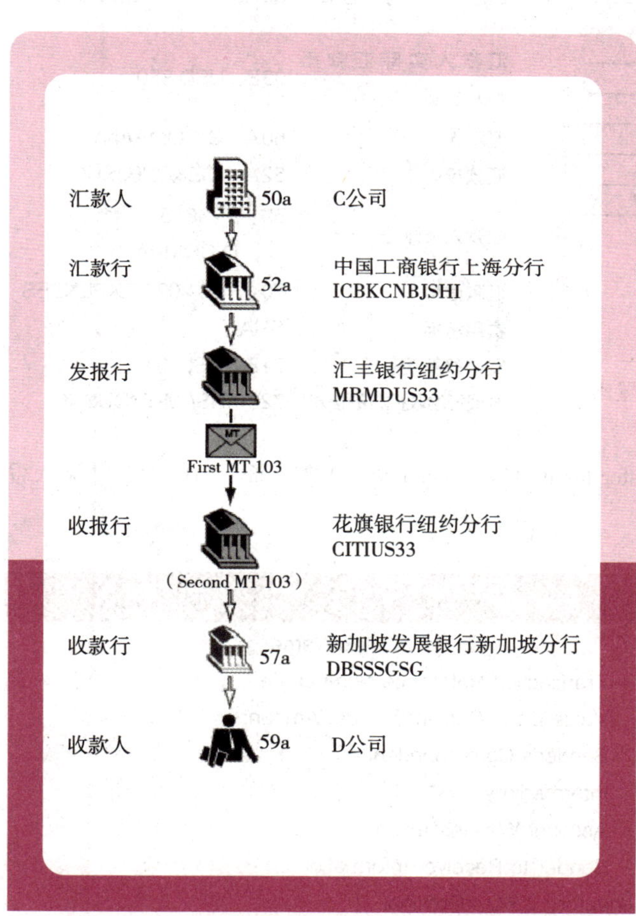

图4－13 MT103汇款流程（2）

表4－4 MT103报文（一）

注 解	报文格式
发报行	MRMDUS33（汇丰银行纽约分行）
报文类型	103
收报行	CITIUS33（花旗银行纽约分行）
发报行编号	20：0204OR07000006
银行交易代码	23B：CRED
起息日、币种、金额	32A：200320 USD 850，
汇款人	50A：C COMPANY
汇款行	52A：ICBKCNBJSHI
收款行	57A：DBSSSGSG
收款人及账号	59：/729615－941 D COMPANY
汇款信息	70：FEB 2020 EXPENSES
费用承担	SHA

图4－14表示了第一个MT103报文中的要素体现在第二个MT103报文中的具体位置。

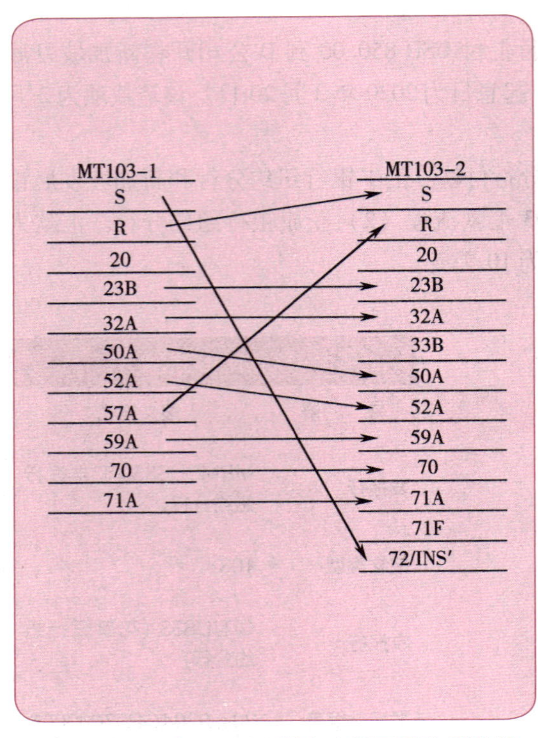

图4－14　两个MT103报文中的要素位置比较

表4－5　MT103报文（二）

注　解	报文格式
发报行	CITIUS33（花旗银行纽约分行）
报文类型	103
收报行	DBSSSGSG（新加坡发展银行新加坡分行）
发报行编号	20：0204OR07000006
银行交易代码	23B：CRED
起息日、币种、金额	32A：200320 USD 840，
汇款人实际汇款币种、金额	33B：USD 850，
汇款人	50A：C COMPANY
汇款行	52A：ICBKCNBJSHI
收款人及账号	59：/729615－941 D COMPANY
汇款信息	70：FEB 2020 EXPENSES
费用承担	SHA
发报行费用	71F：USD 10，
发报行给收报行的信息	72：/INS/ MRMDUS33

2. MT200 Financial Institution Transfer for its Own Account（单笔普通金融机构头寸调入发报行账户）。

表4－6

Status	Tag	Field Name
M	20	Transaction Reference Number
M	32A	Value Date, Currency Code, Amount
O	53B	Sender's Correspondent
O	56a	Intermediary
M	57a	Account With Institution
O	72	Sender to Receiver Information
M＝Mandatory　O＝Optional		

【例3】　MT200单笔普通金融机构头寸调入发报行自己账户

2020年3月18日，渣打银行香港分行指示德意志银行法兰克福分行划款EUR 100 000.00到其开在ING银行阿姆斯特丹分行的账户。

该笔业务的银行代码为SHTF57895247。

汇款流程见图4－15。

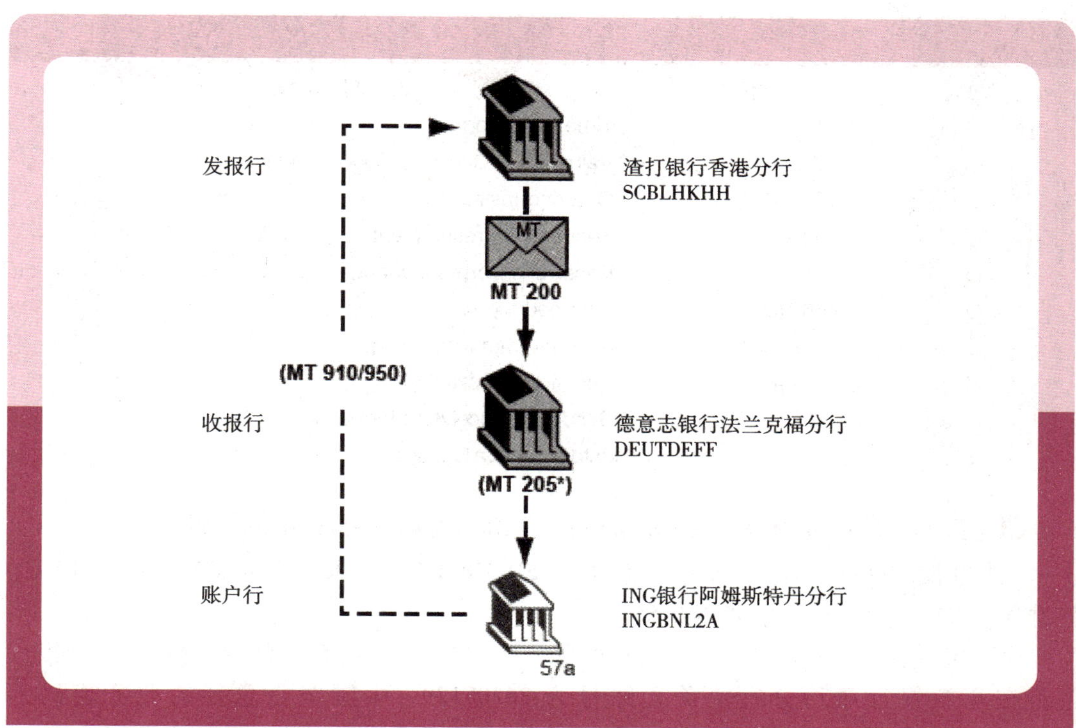

注：ING 银行收到报文后将直接贷记渣打银行香港分行在其开立的账户，并发送 MT910（贷记证实）或 MT950（对账单）给渣打银行香港分行。

图 4 –15　MT200 汇款流程

表4 –7　MT200报文

注　解	报文格式
发报行	SCBLHKHH（渣打银行香港分行）
报文类型	200
收报行	DEUTDEFF（德意志银行法兰克福分行）
发报行编号	20：SHTF57895247
起息日、币种、金额	32A：200318 EUR 100000,
账户行	57A：INGBNL2A

表4 –8　MT910报文

注　解	报文格式
发报行	INGBNL2A（ING 银行阿姆斯特丹分行）
报文类型	910
收报行	SCBLHKHH（渣打银行香港分行）
发报行编号	20:ING846821
有关业务编号	21：SHTF57895247
账号	25：
起息日、币种、金额	32A：200318 EUR 100000,
指示行	52A：DEUTDEFF

3. MT202 General Financial Institution Transfer（单笔普通金融机构头寸调拨请求在金融机构之间的头寸调拨）。

表4 –9

Status	Tag	Field Name
M	20	Transaction Reference Number
M	21	Related Reference

续表

Status	Tag	Field Name
O	13C	Time Indication
M	32A	Value Date, Currency Code, Amount
O	52A/D	Ordering Institution
O	53A/B/D	Sender's Correspondent
O	54A/B/D	Receiver's Correspondent
O	56A/D	Intermediary
O	57A/B/D	Account With Institution
M	58A/D	Beneficiary Institution
O	72	Sender to Receiver Information
M = Mandatory　O = Optional		

【例4】 MT202 单笔普通金融机构头寸请求在金融机构之间的头寸调拨

三井住友东京总行向中国银行总行索汇 USD 578 347.00，起息日为2020年2月10日。三井住友东京的业务代码为BP5642356。

中国银行总行和三井住友东京总行的美元账户都开在花旗银行纽约分行，中国银行总行在花旗银行纽约分行的美元账号为36208129，中国银行总行的业务代码为SHTF55565447。

汇款流程见图4－16。

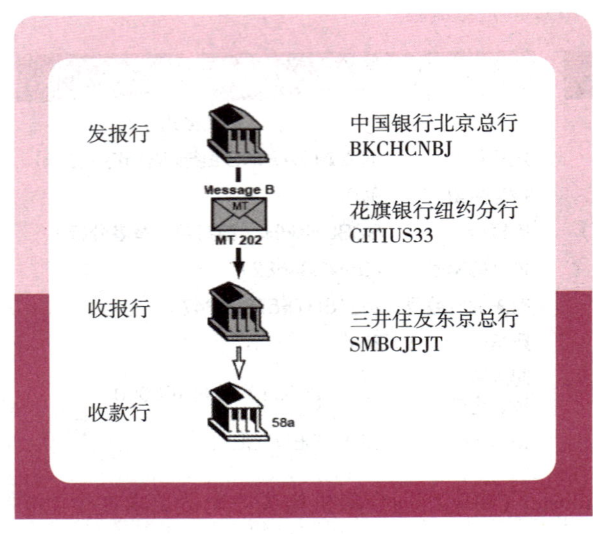

图4－16　MT202 汇款流程

表4－10　MT202报文

注　解	报文格式
发报行	BKCHCNBJ（中国银行北京总行）
报文类型	202
收报行	CITIUS33（花旗银行纽约分行）
发报行编号	20：SHTF55565447
有关业务编号	21：BP5642356
起息日、币种、金额	32A：200210 USD 578347，
发报行在代理行的账号	53B：/36208129
收款行	58A：SMBCJPJT

客户的支付交易是资金从一家金融机构转移到另一家时得以实现，通常通过金融机构中为另一家金融机构提供服务的账户进行资金划转。

当一个国家的金融机构与另一个国家的金融机构之间无直接的账户关系时，或当涉及第三国货币时，就需要一系列代理行来完成。对于这种经代理行的多方支付，有两种不同的支付方式可供选择：头寸付款方式（Cover Method）和链式付款方式（Serial Method）。

头寸付款方式包含两个报文，MT103 发给汇入行用于汇款通知，而 MT202 发给账户行，指示其将款项划付给汇入行。但是，MT202 报文无法传达交易所涉及各方的全部信息（见图4－17）。换句话说，受理 MT202 报文的账户行不会收到关于汇款客户和收款客户的任何信息，同时也掩盖了中间参与银行的相关信息，无法很好监控、查询资金的真正流动过程，因而欧美一些国家基于反洗钱法规要求不太倾向使用头寸付款方式。

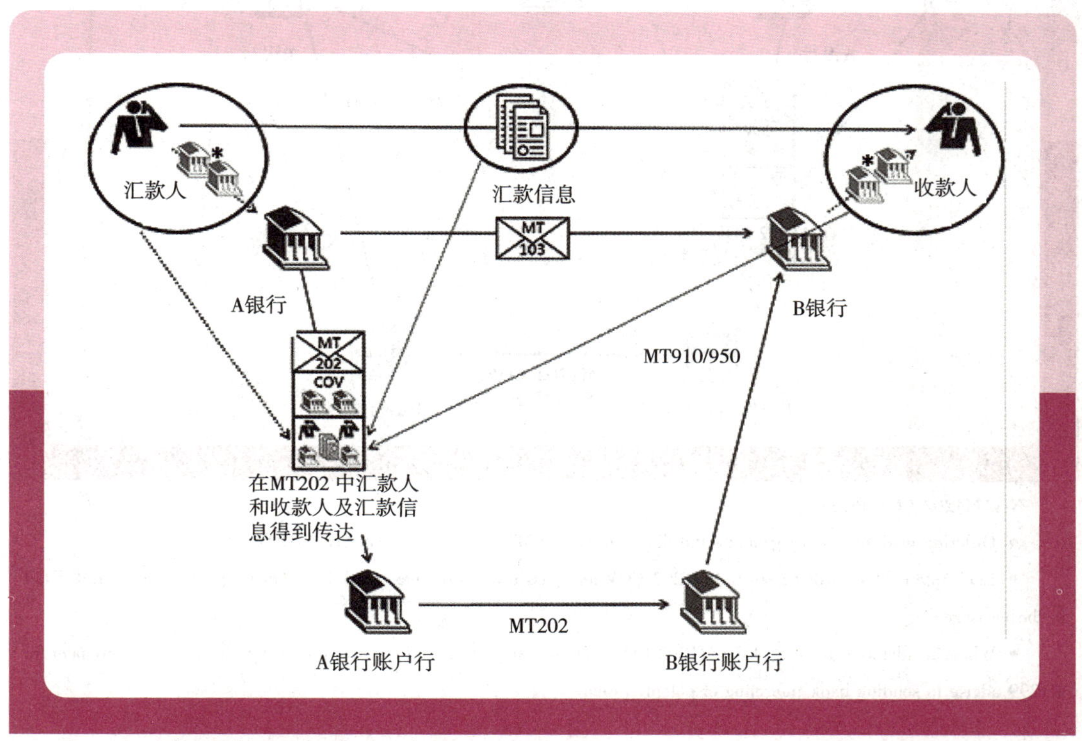

Limitations identified in current message format：

- Today MT202 cover messages provide limited information
- Detailed information is transmitted in MT103 to Beneficiary Bank
- Intermediary Bank has no visibility to underlying beneficiary information or originating party
- Potential AML or FATF（国际反洗钱组织）non compliance due to lack of transparency

图4－17

为了防止不法分子可能利用头寸付款方式缺乏透明度的缺点进行洗钱等违法行为，达到国际反洗钱组织的监管要求，从 2009 年 11 月 21 日起，MT202 引入了新变体报文——MT202 COV。当 MT202 报文标题的字段 19 “验证标记”（Validation Flag）中出现“COV”字样时，就必须在报文的附加数列中包含来自发送的客户信用转账的选定字段内容。有了 MT202 COV，各个终端都将掌握客户和金融机构的完整信息，参与交易清算和结算的账户行就可根据监管法规，以合适的方式筛选支付交易（见图4－18）。

4. MT202 COV General Financial Institution Transfer（头寸付款方式下，单笔普通金融机构头寸调拨请求在金融机构之间的头寸调拨）。

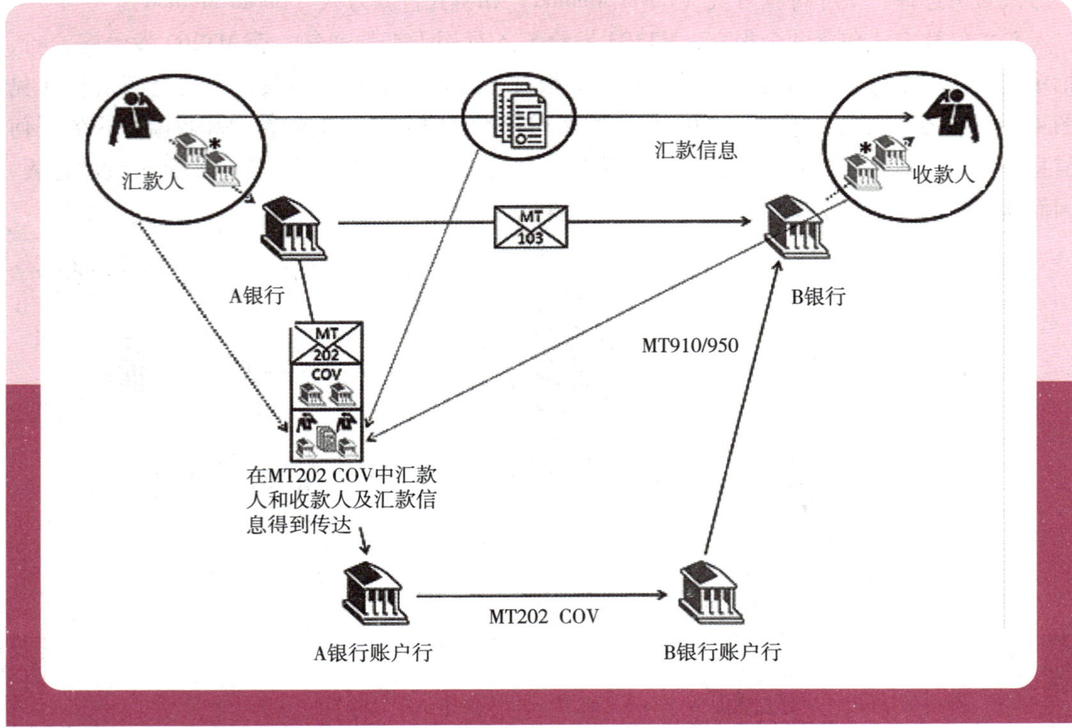

New MT202 COV Process:

- Ordering institution must generate the direct message (MT103) & the new MT202 COV
- Each intermediary will screen the MT202 COV and pass it on to the next bank in the chain preserving the full detail in the message
- Where regulatory screening of the MT202 COV causes a suspect hit and requires further investigation, requirement for MT299 advise to sending bank informing of potential delay

图 4－18

表4－11

Status	Tag	Field Name	Content/Options
Mandatory Sequence A General Information			
M	20	Transaction Reference Number	16x
M	21	Retaed Reference	16x
O	13C	Time Indication	/8c/4!n1x4!n
M	32A	Value Date. Currency Code. Amount	6!n3!a15d
O	52a	Ordering Institution	A or D
O	53a	Sender's Correspondent	A. B. or D
O	54a	Receiver's Correspondent	A. B. or D
O	56a	Intermediary	A or D
O	57a	Account With Institution	A. B. or D
M	58a	Beneficiary Institution	A or D
O	72	Sender to Receiver Informaiton	6*35x

续表

Status	Tag	Field Name	Content/Options
End of Sequence A General Information			
Mandatory Sequence B underlying customer credit transfer details			
M	50a	Ordering Customer	A. E. or K
O	52a	Ordering Institution	A or D
O	56a	Intermediary Institution	A. C. or D
O	57a	Account With Institution	A. B. C. or D
M	59a	Beneficiary Customer	No letter option or A
O	70	Remittance Information	4*35x
O	72	Remittance Information	6*35x
O	33B	Currency/Instructed Amount	3!a15d
End of Sequence B underlying customer credit transfer details			
M = Mandatory. O = Optional			

【例 5】 MT202 COV 头寸付款方式下，单笔普通金融机构头寸调拨请求在金融机构之间的头寸调拨

2020 年 5 月 27 日，Big 先生指示其开户行布鲁塞尔 A 银行汇出发票号 1234 下的款项 10 500美元至 Small 先生开立于伦敦 B 银行的账户上，账号为 987654321。A 银行通过单笔头寸调拨方式操作此笔汇款。发送：

报文 A：客户汇款报文 MT103 至 B 银行，引用参考号 090525/123COV。

报文 B：头寸调拨报文 MT202 COV 至其美元账户行纽约 C 银行，要求贷记伦敦 B 银行在纽约 D 银行开立的账户，账户为 123444555，同时报文引用参考号 090525/124COV。

第 1 份报文：MT103 客户汇款

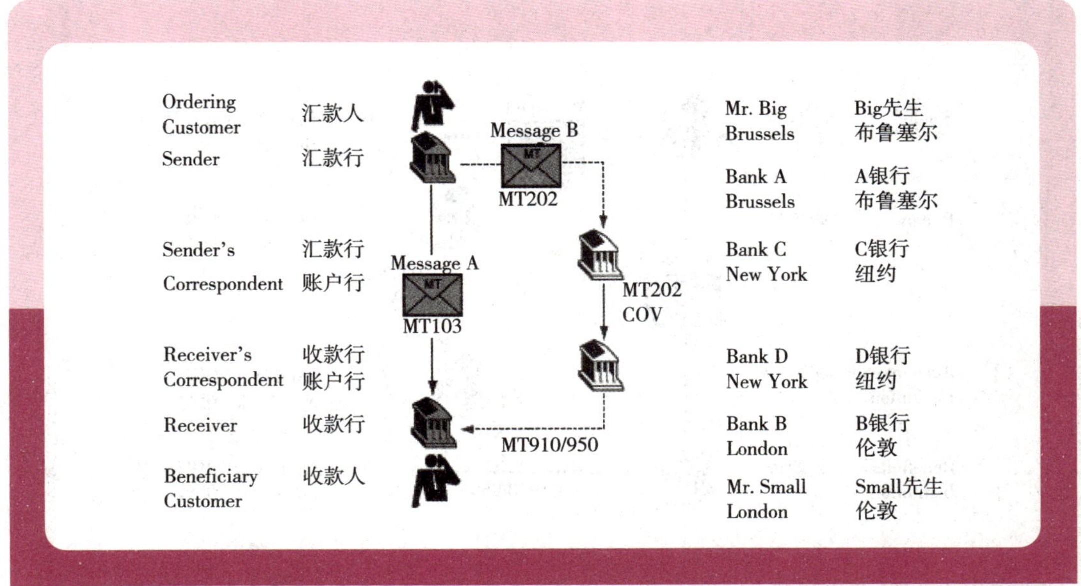

图 4－19

表4－12 MT103报文

Explanation	Format
Sender	AAAABEBB
Message type	103
Receiver	BBBBGB22
Message text	
Sender's reference	:20:090525/123cov
Bank operation code	:23B:CRED
Value date/currency code/amount	:32A:160527USD10500,00
Currency/Instructed Amount	:33B:USD10500,00
Ordering customer	:50F:/123564982101 1/MR.BIG 2/HIGH STREET 3 3/BE/BRUSSELS
Sender's correspondent	:53A:CCCCUS33
Receiver's correspondent	:54A:DDDDUS33
Beneficiary customer	:59:/987654321 MR.SMALL LOW STREET 15 LONDON GB
Remittance information	:70:/INV/1234
Details of charges	:71A:SHA
End of message text/trailer	

第 2 份报文：MT202 COV 头寸付款

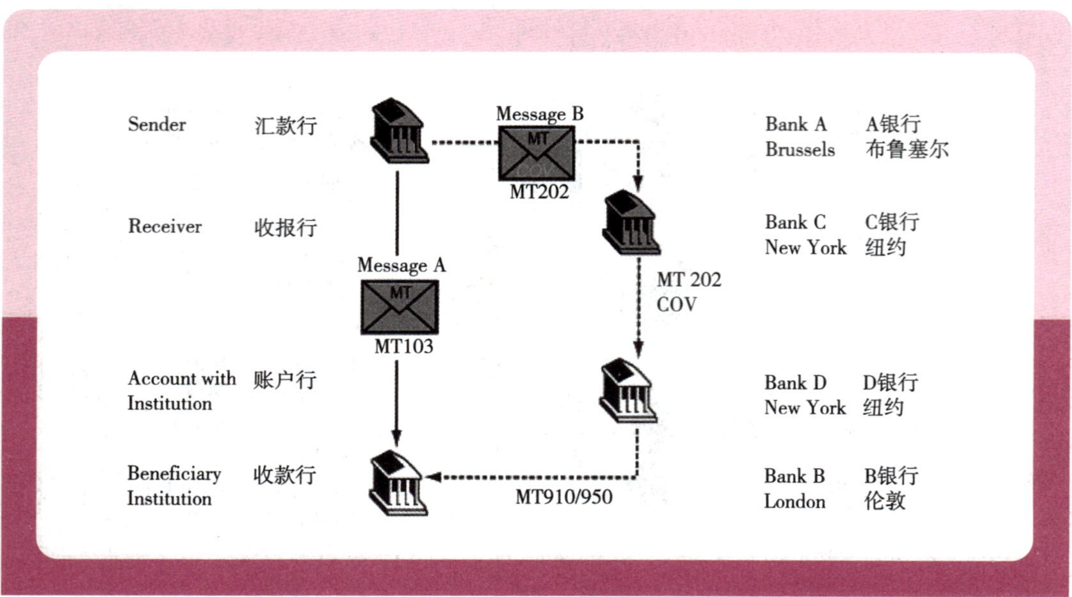

图 4－20

表4－13　MT202 COV 报文

Explanation	Format
Sender	AAAABEBB
Message type	202
Receiver	CCCCUS33
Validation flag	:119:COV
General Information	
Transaction reference number	:20:090525/124COV
Related reference①	:21:090525/123COV
Value date/currency code/amount	:32A:090527USD10500,00
Account with Institution	:57A:DDDDUS33
Beneficiary institution	:58A:BBBBGB22
Underlying Customer Credit Transfer Datails	
Ordering customer	:50F:/123564982101
1/MR,BIG	
2/HIGH STREET 3	
3/BE/BRUSSELS	
Beneifciary customer	:59:/987654321 MR,SMALL LOW STREET 15LONDON GB
Remittance information	:70:/INV/1234
Currency/Instructed Amount	:33B:USD10500,00
End of message text/trailer	

注：①The related reference is the Sender's Reference of the MT103 Customer Credit Transfer.

三、汇款的清算

（一）汇款的清算支付方式

1. 头寸付款方式——汇入行的付款指示。当汇出行与汇入行无账户关系时，汇出行可以指示其账户行与汇入行的账户行取得联系，通过该币种的央行清算系统（RTGS）将资金转到收款人的银行账户中。如此操作，汇出行将同时发出两份电文：（1）MT103 付款指示给汇入行，用于汇款通知；（2）MT202 COV 付款指示电文给其账户行，指示该行借记汇出行账户并贷记汇入行的美元账户行。流程见图 4－21。

流程见图 4－21。

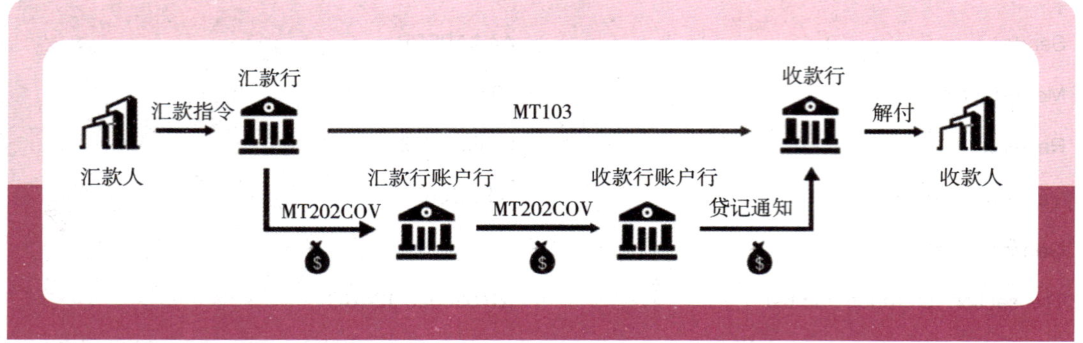

注：美元账户行在收到汇出行的 MT103 报文后，可通过两种途径进行清算：（1）通过 FEDWIRE，经联邦储备局后该资金入汇入行账户；（2）通过 CHIPS 总部进行清算入汇入行账户。

图 4－21 头寸付款方式的流程

一般对于美元汇款来说，在美国本土的清算使用 FEDWIRE 系统，而跨境交易则通过 CHIPS 系统，由哪种系统进行清算完全取决于汇出行的美元账户行。

2. 链式付款方式——通过清算系统进行清算，直接将头寸给下一个参与清算的机构。流程见图 4－22。

图 4－22 链式付款方式的流程

（二）清算过程①

1. 头寸付款方式的清算流程。采用头寸付款方式，付款指示电文直接发给汇入行，指示其贷记收款人账户，并通知收款人银行将款项从哪家银行划转。

例如：2020 年 12 月 22 日，Lisa（莉莎）指示她的开户行中国民生银行上海分行（MSBCCNBJ002）电汇 USD 3 500.00 给她的丈夫 Jack（杰克），Jack 的账户行为 Bank of America, HONG KONG（BOFAHKHX），账号为 123456，并提供了她的护照号码 V631006，同时指示所有的费用由收款人承担。

① 此部分内容本科学生选学，实务从业人员重点掌握。

中国民生银行上海分行的账户行为 Citibank，NY（CITIUS33），Bank of America，HONG KONG 的账户行为 Bank of America，New York（BOFAUS3N）。该笔付款的流程见图 4－23。

在头寸付款方式下，中国民生银行上海分行将发两个报文，一个 MT103 给美国银行香港分行，一个 MT202 COV 给花旗银行纽约分行。

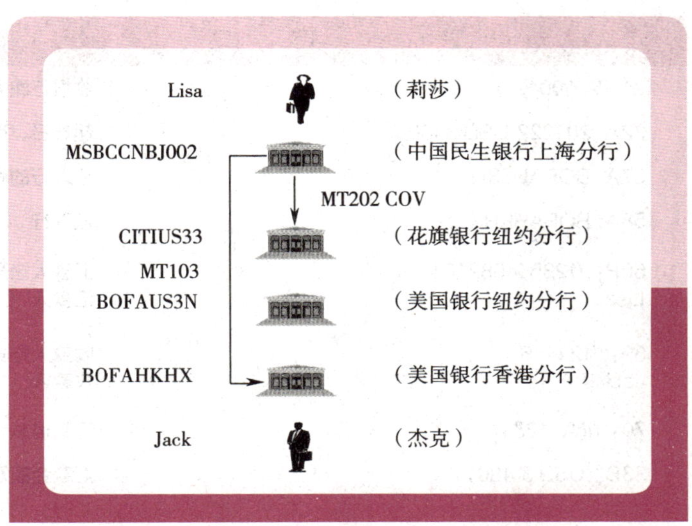

图 4－23　头寸付款方式的流程（例）

表4－14　MT103

SENDER：MSBCCNBJ002	发报行代号（民生，上海）
MT：103	报文类型
RECEIVER：BOFAHKHX	收报行代号（美国，香港）
20：PAY/001	汇款编号
23B：CRED	
23E：HOLD/PASSPORT No. V631006	护照号
32A: 201222USD 3 480,	起息日、币种、清算金额
33B: USD 3 500,	实际汇款金额
50K: Lisa	汇款人
53A: CITIUS33	汇出行的账户行
54A: BCOMUS33	汇入行的账户行
59 /123456 Jack	收款人账号 收款人
71A:BEN	费用承担
71F: USD 20,	民生银行扣费

表4－15　MT202 COV

SENDER: MSBCCNBJ002	发报行代号（民生，上海）
MT：202	报文类型
RECEIVER: CITIUS33	收报行代号（花旗，纽约）
VALIDATION FLAG：119：COV	验证标记
20: PAY/001	发报行编号

续表

21:PAY/001	收报行编号
32A: 201222 USD 3480,	起息日、币种、清算金额
57A: BOFAUS3N	汇入行的账户行
58A: BOFAHKHX	汇入行
50F：/123564982101 Lisa	汇款人账号 汇款人
59：/123456 Jack	收款人账号 收款人
70：/INV/1234	汇款信息
33B：USD 3 480,	汇款金额及币种

2. 链式付款方式的清算过程。在链式付款方式下，同时发出贷记受益人账户和借记发报行账户的指示。然后再单独发一份 MT103 电文给代理行，也就是资金划转链中的第一家银行。该代理行再通过 SWIFT 或清算系统将 MT103 传送到下一个银行。当收款行收到最后的 MT103 或当地清算系统相应的回执时，就完成了这条付款链。

案例同上，此时，该笔付款的流程见图 4－24。

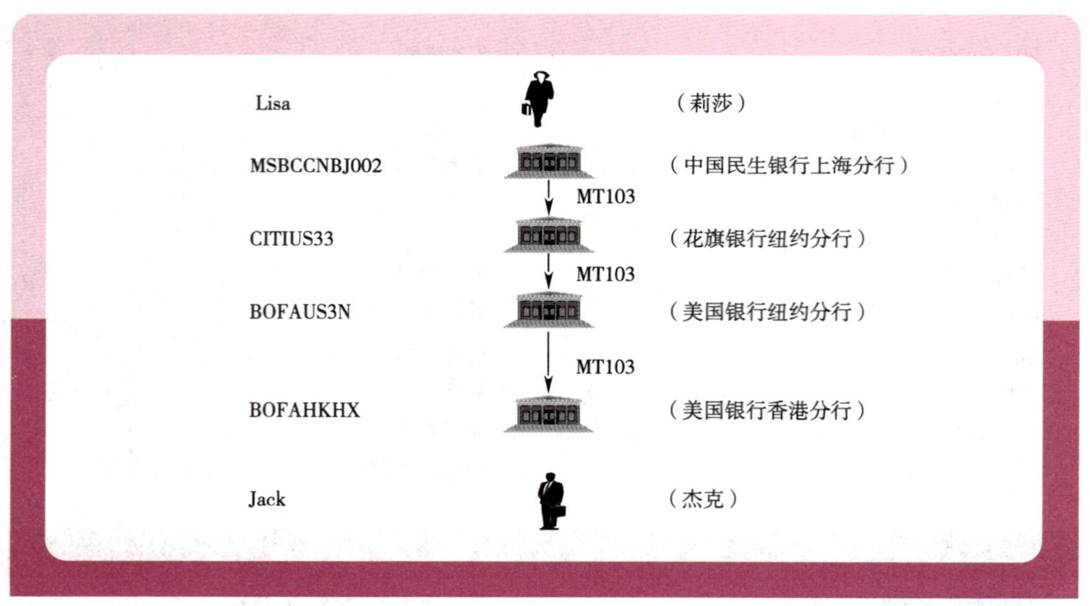

图 4－24　链式付款方式的流程（例）

第一步：中国民生银行上海分行发 MT103 给花旗银行纽约分行。

表4－16	
SENDER'S BIC：　MSBCCNBJ002	发报行代号（民生，上海）
MT：103	报文类型
RECEIVER'S BIC：CITIUS33	收报行代号（花旗，纽约）
20: PAY/001	汇款编号
23B: CRED	
23E: HOLD/PASSPORT No. V631006	护照号
32A: 201222 USD 3 480,	起息日、币种、清算金额
33B: USD 3 500,	实际汇款金额
50K: Lisa	汇款人
56A: BOFAUS3N	中间行
57A: BOFAHKHX	收款行
59:/123456 Jack	收款人账号 收款人
71A: BEN	费用承担
71F: USD 20,	中国民生银行扣费

第二步：花旗银行纽约分行收到中国民生银行的付款指示后，扣除银行费用 USD 15 后再发 MT103 给美国银行纽约分行。

表4－17	
SENDER'S BIC：　CITIUS33	发报行代号（花旗，纽约）
MT：103	报文类型
RECEIVER'S BIC：BOFAUS3N	收报行代号（美国，纽约）
20: PAY/002	汇款编号
23B: CRED	
23E: HOLD/PASSPORT No. V631006	护照号
32A: 201222USD 3 465,	起息日、币种、清算金额
33B: USD 3 500,	实际汇款金额
50K: Lisa	汇款人
52A: MSBCCNBJ002	汇款行
57A: BOFAHKHX	收款行
59: /123456 Jack	收款人账号 收款人
71A: BEN	费用承担
71F: USD 20,	中国民生银行扣费
71F: USD 15,	花旗银行扣费

第三步：美国银行纽约分行收到花旗银行纽约分行的报文后扣除银行费用 USD 20 后再将 MT103 转发给美国银行香港分行。

表4－18	
SENDER'S BIC： BOFAUS3N	发报行代号（美国，纽约）
MT：103	报文类型
RECEIVER'S BIC：BOFAHKHX	收报行代号（美国，香港）
20: PAY/003	汇款编号
23B: CRED	
23E: HOLD/PASSPORT No. V631006	护照号
32A: 201222USD 3 445,	起息日、币种、清算金额
33B: USD 3 500,	实际汇款金额
50K: Lisa	汇款人
52A: MSBCCNBJ002	汇款行
59: /123456 Jack	收款人账号 收款人
71A: BEN	费用承担
71F: USD 20,	民生扣费
71F: USD 15,	花旗扣费
71F: USD 20,	美国银行扣费
72：/INS/CITIUS33	银行间信息

第五章
托收方式

本章学习要点

- 掌握托收方式的当事人及其契约关系、光票托收与跟单托收的业务流程；
- 熟悉托收业务项下利息与费用的表示方法；
- 了解《托收统一规则》的主要内容。

本章知识结构

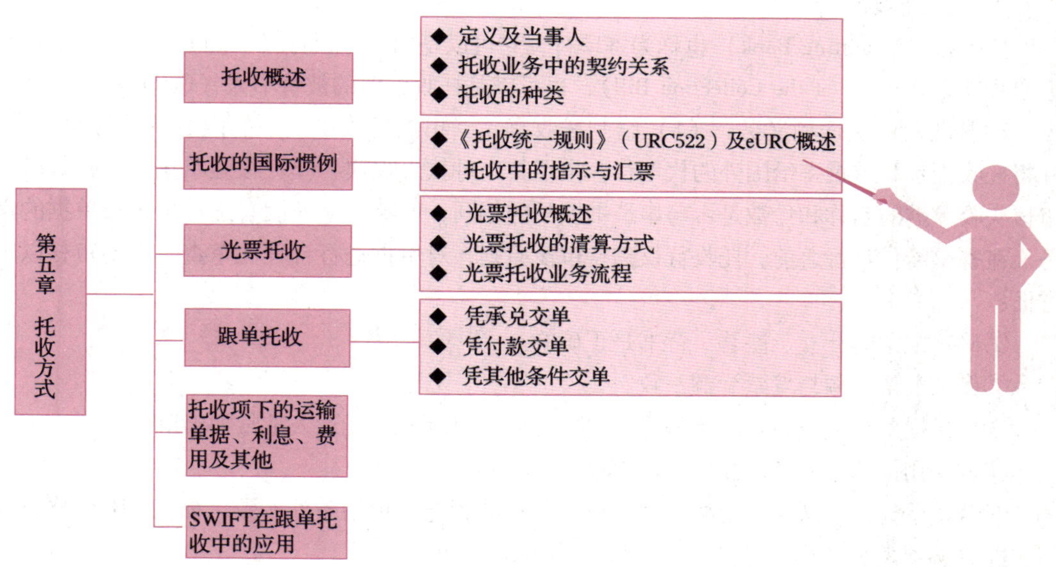

第一节 托收概述

一、托收的定义

金融单据（Financial Documents）意指汇票、本票、支票或其他用于获得货币付款相似的票据。商业单据（Commercial Documents）意指发票、运输单据、物权单据或其他相似单据，或不是金融单据的其他任何单据。

托收是指出口商（或债权人）根据买卖合同先行发货，然后开立金融单据或商业单据或两者兼有，委托出口托收行通过其海外联行或代理行（进口代收行），向进口商（或债务人）收取货款或劳务费用的结算方式。

二、托收当事人

（一）委托人

委托人（Principal）是委托一家银行办理托收业务的当事人。它可以是出口商（Exporter）、卖方（Seller）、出票人（Drawer）、托运人（Consignor），也可以是托收汇票的收款人（Payee）。

1. 委托人的责任和义务：（1）根据合同规定交付货物。（2）提交符合合同规定的单据。进口商提货前必须取得单据，单据代表货物所有权。（3）填写托收申请书，并将托收申请书和金融单据或商业单据或两者兼有一并交给托收行。（4）承担被指示方银行办理托收所产生的费用。

2. 委托申请书的内容：（1）委托人的名称、地址、有权印鉴；（2）付款人的名称、地址或开户行的名称、地址、账号；（3）托收随附单据的名称和份数；（4）托收交单方式；（5）托收收妥后的收账要求；（6）托收拒付或者拒绝承兑时应采取的必要措施，如是否要作成拒绝证书，货物抵港后是否代办存仓保险等；（7）托收费用由谁承担；（8）有关托收的其他要求。

（二）托收行

托收行（Remitting Bank）也称为寄单行，它可以是出口方银行（Exporter's Bank）、托收汇票收款人（Payee of the Collection Bill），也可以是托收汇票的被背书人（Endorsee）。

1. 托收行的责任和义务：（1）缮制托收指示。根据托收申请书的内容制作托收指示，并将托收指示和单据寄给国外的代理行，指示其向付款人收款。（2）核验单据。托收行应当审核实收单据的名称和份数是否与申请书填写的相同，但除此之外没有进一步审核单据的义务。在寄单给代收行之前，托收行仅需持审慎原则，对单据进行合理性审查，主要审核以下方面：

①确定汇票的开立、签署、背书是正确的。

②保证汇票金额与发票金额一致。

③如果提单作成空白指示抬头，须由托运人空白背书（托运人常常为出口商）。

④若使用提单，通常需提供全套提单。

⑤若发票显示了适用的价格条件，核实单据是否与该价格条件一致，如在 CIF 价格条件下，提单必须表明“运费已付”，同时须提供保险单据。

⑥确认托收指示合乎逻辑，如凭承兑交单应跟随一张即期汇票。

⑦若有保险单据，保证其已正确背书。

⑧提单不应以银行作为收货人或凭银行指示放货。实际上，代收行不会同意作为收货人，因为除非事先已征得代收行的同意，否则银行没有对货物采取任何行动的义务。

⑨保证单据间的一致性，避免因错配单据出现问题。

2. 业务处理中遵循的国际惯例。托收行应按照委托人指示处理托收业务，对于托收指示中未提及的事项，托收行在处理业务时应遵照相关的国际惯例，即《托收统一规则》国际商会第 522 号出版物（以下简称 URC522）。例如，根据 URC522 第 5 条 d 款，若托收行指示未指定代收行，托收行可以替委托人选择代收行。另外，根据 URC522 第 11 条 b 款规定，即便托收行主动选取某些银行作为代收行，若代收行不执行托收指示，托收行也无须承担责任。而且，根据 URC522 第 4 条 a 款规定，所有的托收单据必须附有一项完整准确的托收指示，并且明确规定该托收业务受 URC522 约束。

3. 过失责任。根据 URC522，托收行应遵守信用并谨慎从事。它应对因自己的疏忽而造成的损失负责任。例如，托收行未能将代收行的拒付通知及时通知委托人，因此使委托人遭受损失；托收行将单据寄给代收行但弄错地址，托收行应负责。

[案例 5－1]
寄单地址错误案例

（三）代收行

代收行（Collecting Bank）是接受托收行的委托，参与办理托收业务的一家银行，它还是进口方银行（Importer's Bank）、托收汇票的被背书人或收款人（Endorsee or Payee of the Collection Bill）。

代收行在托收业务中承担的责任与托收行基本相同，如核对单据的份数和名称，如有不符立即通知托收行；代收行在未经托收行同意前不得变更托收指示上的任何条件，否则责任自负。除此之外，代收行还有以下责任：

1. 执行托收指示。通常托收行与代收行之间是委托代理关系。代收行根据托收指示处理托收业务。根据 URC522 第 4 条，代收行只准根据托收指示中的指示行事并受 URC522 的约束。代收行满足进口商不符合托收指示的要求都是冒险行事。

若托收指示不清楚，代收行应及时联系托收行，并听候下一步指示。若代收行发现执行托收行指示有困难，例如，在没有事先征得同意的情况下将货物运交代收行，代收行可不予理睬。代收行无义务接受货物，根据 URC522 第 10 条由发货方承担风险和责任。

2. 单据的处理。根据 URC522 第 12 条，代收行必须查对已收到的单据与托收指示中所列是否相符，如有不符，应立即通知托收方。除此之外，代收行在这方面不承担更多的责任。

根据 URC522 第 5 条，代收行应向进口商提示所收到的单据。托收行的通知和单据的影印本也一并交给进口商。这就为进口商提供了必要的事实，证明货物已发出，并告知进口商银行所收到的单据是否可让进口商提货并通关。进口商可以去银行检验单据。然而，代收行没有出口商的授权不会准许进口商在目的地验货。

在承兑交单业务下，已承兑的汇票或保存在代收行之处，或退还托收行，具体做法视出口商指示而定。若退还托收行，托收行将汇票交给出口商，出口商可以贴现或到期托收。在距到期日还有一半时间的情况下，票据也可能被卖给票据购买方或用做银行预付款的抵押。

3. 对货物的保护。根据 URC522 第 10 条，倘若货物直接发至代收行，或者作成以代收行为抬头的记名提单，由银行凭付款或承兑或其他条件将货物交给进口商，如未事先征得代收行的同意，则代收行没有提货的义务，货物风险和责任由发货人承担。即使代收行收到明确的指示要求对跟单托收项下的货物采取行动，包括仓储和保险，代收行也无义务这样做，它应将其态度明确通知托收行。然而，如果代收行为保护货物而采取行动，无论有无指示，代收行对货物的状况或受托保护货物的第三方的行为或疏忽不承担任何责任。但是，代收行必须将其所采取的行动毫不延迟地通知托收行。

4. 单据必须凭托收指示中要求的货币支付后方可放单。该货币无论是支付地本国货币还是外国货币，必须是按托收指示可立即支用和汇出的。

5. 放单。在凭付款放单的托收项下，根据 URC522 第 19 条，只有托收指示特别授权，才可以接受对跟单托收的部分付款。否则，代收行只有在收到全部付款之后才能向进口商放单，并且代收行对于因交单延误而产生的任何后果不负责任。

6. 汇票承兑的完整性与正确性。代收行负责汇票承兑形式的完整与正确，但对任何签字的真实性与签发承兑的签署者的权威性不负责任。不过，若进口商是银行的客户，较为妥善的做法是：必须根据客户预留的印鉴检查签字的有效性；必须对承兑汇票严格管理，承兑汇票到期后不能通过邮寄的方式提示付款。

7. 利息、手续费和费用。根据 URC522 第 20 条和第 21 条，如果代收指示明确指出托收手续费、费用或利息向进口商收取，而进口商拒付，代收行在未收取手续费、费用和利息时可以凭付款或承兑交单，但声明放弃的手续费和费用将借记托收一方的账户，也可以从货款中扣除。然而，如果托收指示明确表明手续费、费用或利息的收取不可以放弃，而进口商拒付，代收行则不应该交单，并且对因交单延误而出现的任何后果不承担责任。但是代收行必须通过电讯方式，如电讯方式不可能，可通过其他有效方式，立即通知托收行。

8. 资金的及时划转。根据 URC522 第 16 条，托收款项（扣除手续费、第三方费用）必须按托收指示中的条款无延误地支付给发出托收指示的一方。

（四）付款人

付款人（Payer）是债务人，也是汇票的受票人（Drawee）。当汇票提示给他时，如为即期汇票，他应见票即付；如为远期汇票，他应承兑汇票，并于到期日付款。他还是进口商（Importer）、买方（Buyer）。

［案例 5－2］

代收行失责案例

在托收业务中，还有时有时无的两个当事人：提示行和需要时的代理人。

（五）提示行

当付款人要求与他有账户往来关系的银行作为向他提示汇票的银行时，就有了提示行（Presenting Bank）。代收行应将汇票单据交给提示行，由它向付款人提示。如果付款人没有要求，则无提示行，代收行自行办理提示工作。

（六）需要时的代理人

需要时的代理人（Agent in Necessity）是委托人指定的在付款地代为照料货物存仓、转售、运回或改变交单条件等事宜的代理人。如果委托人须指定需要时的代理人，应在托收申请书和托收委托书中对授予该代理人的具体权限作出明确和充分的指示；否则，银行对需要时的代理人的任何命令都可以不受理。

三、托收业务中存在的契约关系

1. 出口商与托收行之间的契约关系体现为委托代理关系，具体表现在托收申请书中出口商对托收行的各项托收指示。

2. 托收行与代收行之间的契约关系体现在托收指示（Collection Instruction）的面函中。

委托人 ←托收申请书→ 托收行 ←托收指示→ 代收行

图 5－1

托收行将列入托收申请书中的各项托收指示全部转入托收指示面函中，所以托收行实际上是传递指示和寄送单据的银行。URC522 第 4ai 定明：银行仅被允许根据该项托收指示所作出的各项指示和 URC522 托收统一规则办理。如果代收行未按 URC522 第 4ai 办理，自作主张，致使委托人遭受损失，应由代收行承担责任。至于如何确定代收行的赔偿，须经诉讼，由法院裁决。在托收业务中存在的契约关系体现为两种形式，出口商与托收行之间的契约关系是托收申请书，托收行与代收行之间的契约关系就是托收指示（见图 5－1）。

托收当事人之间的关系见图 5－2。

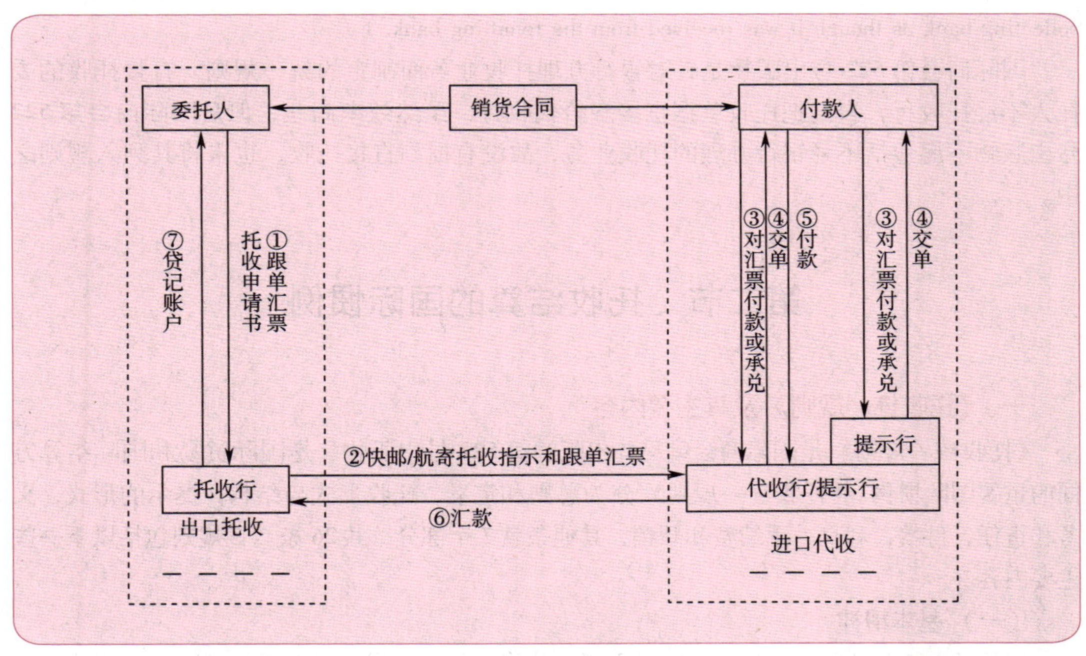

图 5－2　托收当事人之间的关系

四、托收方式的种类

托收结算方式分为光票托收（Clean Collection 或 Clean Bill for Collection）、跟单托收（Documentary Collection 或 Documentary Bill for Collection）和直接托收（Direct Collection），现在分述于下。

（一）光票托收

贸易上的光票托收，其货运单据由卖方直接寄交买方，汇票则委托银行托收，主要用于清偿债务（详见本章第三节）。

光票托收意指金融单据的托收，是不伴随任何商业单据而委托银行代收款项的一种托收结算方式。

（二）跟单托收

跟单托收是指商业单据或随附金融单据的托收，凭条件（付款或承兑等）放单给付款人的一种托收结算方式，主要用于贸易结算。

（三）直接托收

《国际商会托收统一规则评注》（国际商会第550号出版物）指出：卖方/委托人从其银行即托收行那里获得托收指示的空白格式，由其自己填写，连同托收单据直接寄给买方银行，即代收行，请其代收货款，并将已经填妥的托收格式副本送给托收行，请其将此笔托收视同本行办理一样。国际商会第550号出版物认为，托收格式是一份银行格式，必须注明：

1. 该笔托收受到国际商会第522号出版物《托收统一规则》的约束。（The collection is subject to URC Rules No. 522.）

2. 代收行把该笔托收看做从托收行那里收到的一样。（The collection is to be treated by the collecting bank as though it was received from the remitting bank.）

国际商会第522号出版物是针对银行办理托收业务而制定的统一规则。直接托收的委托人不经托收行，自己把托收单据直接寄给代收行，虽然效率高些，但是国际商会第522号出版物不愿包括不经银行办理的托收业务，故没有提到直接托收，也未将其列入规则之中。

第二节　托收结算的国际惯例

一、《托收统一规则》及其主要内容

《托收统一规则》是国际商会编写并出版的第522号出版物，是国际贸易和国际结算方面的重要国际惯例。《托收统一规则》分为总则和定义，托收形式与结构，提示的形式，义务和责任，付款，利息、手续费和开销，其他条款7个部分，共26条。该规则包括以下一些主要内容。

（一）基本精神

银行承办托收业务时，应完全按照委托人的指示行事，银行对在托收过程中遇到的一切风险、费用开支、意外事故等均不负责，而由委托人承担。

（二）银行的义务与责任

银行仅被允许根据托收申请书的指示和URC522办理委托，不得超越、修改、疏漏、延误委托人在申请书上的指示，否则引起的后果由银行负责。但银行的免责条款如下：

1. 银行对于任何单据的形式、完整性、准确性、真实性、伪造及法律效力，或单据上规定或附加的特殊条件，概不负责。

2. 银行对于任何单据代表之货物的描述、数量、重量、质量、状况、包装、交货价值或存在，或货物的发货人、承运人、运输行、收货人或货物保险人或其他人的诚信、行为和/或疏忽、偿付能力、执行能力或信誉，概不负责。

3. 银行对于任何电报、信件或单据在寄送途中的延误和/或丢失所引起的后果，或由于任何电讯工具在传递中的延误、残缺和其他错误，或由于专门术语在翻译或解释上的错误，不承担义务或责任。

4. 银行对于自己所收到的指示因意思不明需澄清所引起的延误不负责任。

5. 银行对于天灾人祸、暴动、内乱、叛乱、战争或它们所不能控制的任何其他原因，或罢工、停工致使营业中断所造成的后果，不承担义务或责任。

此外，还规定：除非事先征得银行同意，货物不应直接运交银行；如果货物直接运交银行或者以银行为收货人，银行无提货义务（此项货物仍由发货人承担风险与责任）。

（三）关于提示、付款、承兑等手续

该规则中关于提示、付款、承兑等手续规定如下：

1. 银行应按交来的单据原样向付款人发出提示。

2. 如果是即期付款的单据，银行必须毫不延误地提示付款人付款。

3. 如果是远期付款的单据，银行必须毫不延误地提示承兑，当要求付款时，必须不迟于到期日提示付款。

4. 如果跟单托收中有远期付款的汇票，托收委托书中必须指明在承兑或付款后将单据交给付款人；如无此规定，单据在付款后交付。

（四）eURC

为了更好地适应电子化结算的趋势，国际商会银行委员会借鉴信用证项下 eUCP 规则的应用方式，自 2017 年 6 月开始为国际托收项下结算草拟相应的电子交单规则（eURC），并最终于 2019 年 5 月正式发布 eURC1.0。eURC1.0 作为《国际托收统一规则》（URC522）的补充规则于 2019 年 7 月 1 日生效。新规则共包含 13 个条款，参考了 eUCP 的条款结构设置，主要区别在于删除了 eUCP 中关于审单、拒付、运输及单据正副本的条款，取而代之以不付款/不承兑通知、付款到期日及电子数据的放单条款。

eURC 的推出填补了国际托收结算下电子交单规则的空白，为交易双方在当今日益创新的电子商务环境下提供了一套独立且可信赖的合约规则，同时为纸质交单结算向电子交单结算过渡减少了障碍。

二、托收指示和托收汇票

（一）托收指示

凡按要求托收的所有单据，必须伴随托收指示，注明这笔托收受《托收统一规则》的约束并作出完全和准确的指示，银行仅被允许根据该项托收指示和按照《托收统一规则》办理。

银行间托收指示就是寄送托收单据的面函（Covering Letter），它是由托收行根据委托人提交的托收申请书制作的，过去称为托收委托书（Collection Advice）。国际商会第 322 号出版物称为托收命令（Collection Order），国际商会第 522 号出版物称为托收指示。附式 5－1 为托收指示格式举例。

托收指示的重要性有三点：

1. 托收业务离不开托收指示，所有的托收业务必须附有一个单独的托收指示。

2. 代收行仅依托收指示中载明的指示行事。

3. 代收行不从别处寻找指示，并且没有义务审核单据以获得指示。个别单据上面不载有托收指示，如果有的话，也将不予理会。

代收行遵守托收指示，将不理会除收到托收委托的当事人/银行以外的任何当事人/银行的任何指示。例如，远东一家银行寄送的一笔托收，其托收进程被美国一家银行控制时，代收行要接受那家美国银行的指示/质询，而 URC522 第 4 条 A 分条第Ⅲ款否定了这种做法。

✪ 附式 5－1 托收指示举例

The Industrial & Commercial Bank Of China Collection Instruction

ORIGINAL

To:

Date ....

Our Ref No. ....

Dear Sirs,

We send you herewith the under-mentioned item(s)/documents for collection.

Drawer:						Draft No.: Date:		Due Date/Tenor	
Drawee(s):						Amount:			
Goods:				From				To	
By Par				On					
Documents	Draft	Invoice	B/L	Ins. Policy/ Cert.	W/M	C/O			
1st									
2nd									

Please follow instructions marked "×":

☐ Deliver documents against payment/acceptance.

☐ Remit the proceeds by airmail/cable.

☐ Airmail/cable advice of payment/acceptance.

☐ Collect charges outside ________________ from drawer/drawee.

☐ Collect interest for delay in payment ________________ days after sight at ______ % P. A.

☐ Airmail/cable advice of non-payment/non-acceptance with reasons.

☐ Protest for non-payment/non-acceptance.

☐ Protest waived.

☐ When accepted, please advise us giving due date.

☐ When collected, please credit our account with _________.

☐ Please collect and remit proceeds to ______ Bank for credit of our account with them under their advice to us.

☐ Please collect proceeds and authorize us by airmail/cable to debit your account with us.

Special Instructions

This collection is subject to

Uniform Rules for Collections

(1995 Revision) ICC Publication No. 522

For The Industrial & Commercial Bank of China

____

Authorized Signature (s)

托收指示必须包含URC522第4条B分条第Ⅰ～Ⅱ款表明的正当托收业务所必需的详细资料。如果委托人/托收行没有提供所需的资料，则代收行对延迟或不符之处不负责任。代收行对于短少的资料应发出通知，在收到完全资料以前，代收行没有必要采取任何行动去办理托收业务。因此委托人/托收行必须确保所有的必要资料和指示已经提供在托收指示中。

［案例5－3］
代收行未执行托收指示案例

（二）托收指示中的收款指示

托收指示中的重要指示，第一是交单条件，本章第四节将详述；第二是收款指示，其拟订必须结合托收行与代收行的账户开设情况。现将常用的三种收款指示分列如下。

1. 凡托收行在代收行开立账户者，出口托收指示中的收款指示写明："收妥款项，请贷记我方在你行的账户，并以SWIFT或航邮通知我行。"代收行将收妥货款贷记托收行账户，并发出贷记报单，托收行接到贷记报单，得知货款已收妥后，可立即贷记委托人账户，完成此笔托收业务，见图5－3。

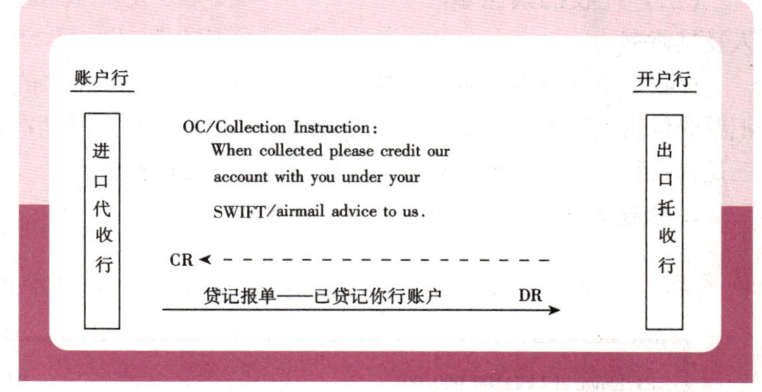

注：出口方托收行办理的托收业务称为出口托收（Outward Collection，OC），进口方代收行办理的托收业务称为进口代收（Inward Collection，IC）。

图5－3　出口托收指示中的收款指示
（托收行在代收行开立账户）

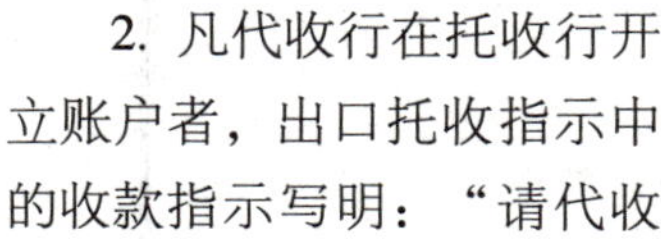

2. 凡代收行在托收行开立账户者，出口托收指示中的收款指示写明："请代收款项并以SWIFT或航邮授权我行借记你方在我行的账户。"当代收行收妥款项后，发出支付委托书（Payment Order），授权托收行借记自己的账户。托收行接到支付委托书后，立即借记代收行账户，取出款项，贷记委托人账户，完成此笔托收业务，见图5－4。

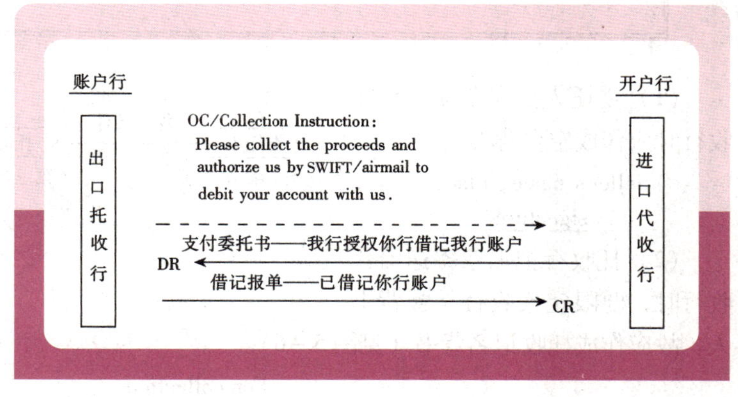

图5－4　出口托收指示中的收款指示
（代收行在托收行开立账户）

3. 当托收行与代收行之间没有设立账户，托收行在第三家银行国外×银行开立账户时，出口托收指示中的收款指示写明："请代收款项并将款项汇至×银行贷记我行在该行的账户，并请该行以 SWIFT 或航邮通知我行。”当代收行收妥款项，汇交×银行贷记托收行账户并通知托收行后，托收行得知款项已收妥，可立即贷记委托人账户，完成此笔托收业务，见图 5－5。

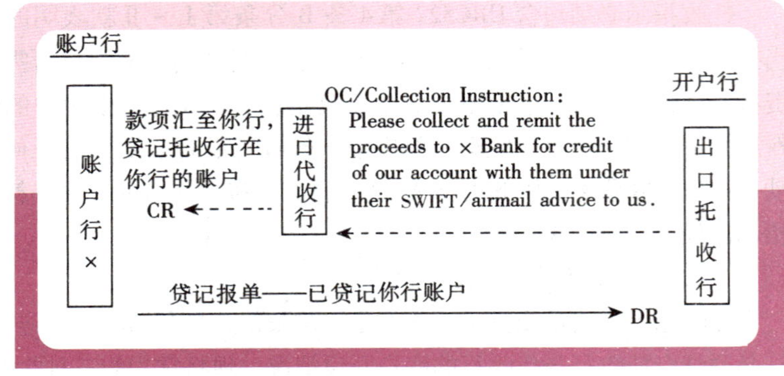

图 5－5　出口托收指示中的收款指示
（托收行与代收行之间没有设账户）

（三）托收汇票当事人及其背书

托收汇票（Collection Bill/Draft）的当事人有：托收汇票的出票人即出口商或卖方，托收汇票的付款人即进口商或买方，托收汇票的收款人有三种情况：一是受益人，二是托收行，三是代收行。现将托收汇票的三种背书转让情况分述于下。

1. 委托人/出口商是 payee，见附式 5－2。

附式 5－2　即期托收汇票格式（委托人/出口商是 payee）

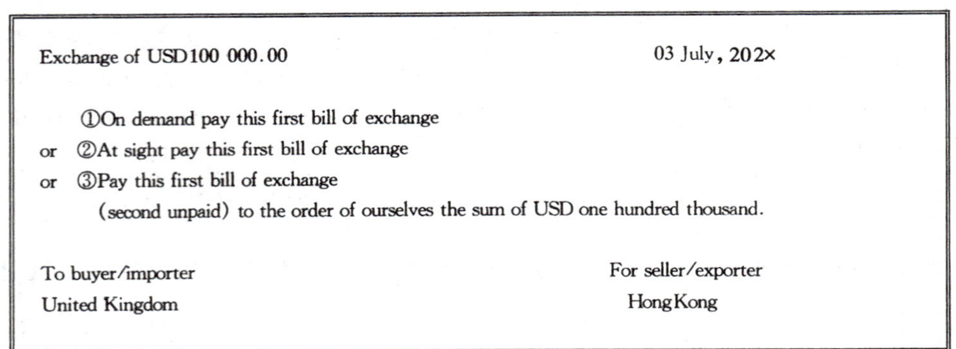

Exchange of USD100 000.00　　　　03 July, 202×

①On demand pay this first bill of exchange
or ②At sight pay this first bill of exchange
or ③Pay this first bill of exchange
(second unpaid) to the order of ourselves the sum of USD one hundred thousand.

To buyer/importer　　　　For seller/exporter
United Kingdom　　　　HongKong

（1）委托人把汇票提示给托收行时应作成空白背书。

Seller's name, place
signature

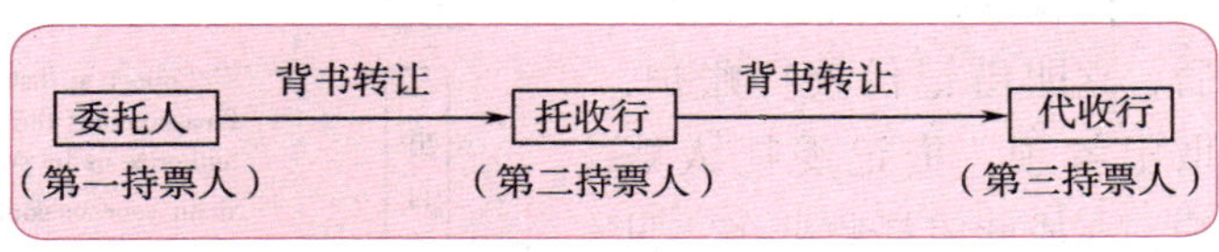

图 5－6

（2）托收行把汇票寄送给代收行时，要限定代收行是被背书人，故应作成托收记名背书（见图 5－6）。

For collection
Pay to the order of
Collecting Bank, place
For Remitting Bank, place

signature

2. 托收行是 payee，见附式 5 - 3。

附式 5 - 3 即期托收汇票格式（托收行是 payee）

Exchange for HKD21 500.00　　　　Tianjin, 15 April, 202×

D/P　　At ________ sight of this First of Exchange (Second of the same tenor and date unpaid) pay to the order of

The Industrial and Commercial Bank of China　　　　the sum of

HongKong dollars twenty one thousand five hundred only

Drawn against shipment of 22 bales of pongee from Tianjin to HongKong for collection

To Sunlight Garments Company,

314 Locky Road,　　　　For Tianjin Textiles Import and

HongKong.　　　　Export Corporation, Tianjin

signature Manager

托收行把汇票寄送给代收行时应作成托收记名背书，背书给代收行。

For Collection

Pay to the order of

Collecting Bank, place

For Remitting Bank, place

signature

3. 代收行是 payee，见附式 5 - 5。

委托人和托收行不是持票人（收款人），无权也不需要当事人背书。委托人提示托收行寄给代收行（见图 5 - 7，图 5 - 8）。

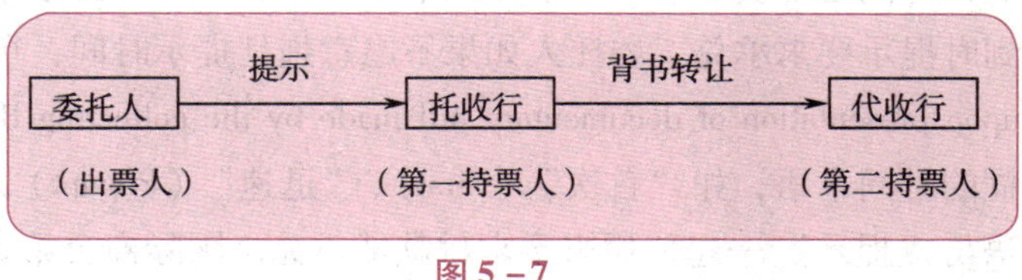

图 5 - 7

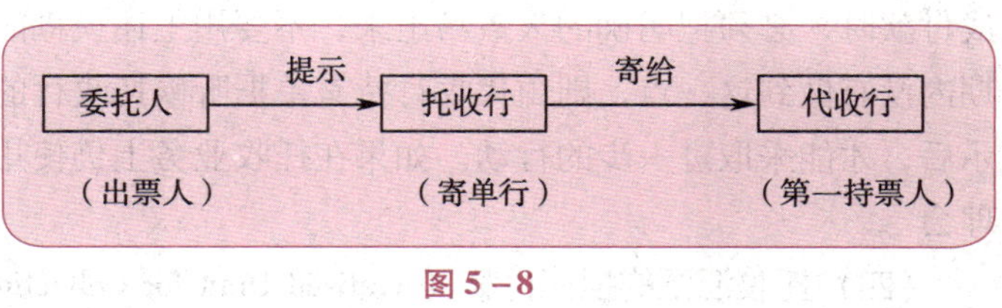

图 5 - 8

托收汇票的期限有下列三种：（1）即期汇票（Bills payable, on demand, at sight, pay），见附式 5 - 2 和附式 5 - 3。（2）远期汇票（Bills payable at a period after sight），见附式 5 - 4和附式 5 - 5。（3）固定日期以后一个时期付款（Bills payable at a period after a fixed date）。托收汇票期限前面可以写出 D/P（见附式5 - 4）或 D/A（见附式5 - 5）。

附式 5－4　简式远期托收汇票

Exchange of USD100 000.00　　　　03 July，202×

At thirty days sight pay this first bill of exchange (second of the same tenor and date unpaid) to the order of ourselves the sum of USdollars one hundred thousand only.

To buyer/importer　　　　For seller/exporter
United Kingdom　　　　Hong Kong

附式 5－5　远期托收汇票格式

Exchange for HKD18 600.00　　　　Tianjin，20 May，202×
D/A　At 30 days after sight of the First of Exchange (Second of the same tenor and date unpaid) pay to the order of
Nanyang Commercial Bank Ltd.　　　　the sum of
Hong Kong dollars eighteen thousand six hundred only
Drawn against shipment of 16 cartons of Cashmere Coats from Tianjin to Hong Kong for collection
To Sunlight Garments company,
314 Locky Road,
Hong Kong.
For Tianjin Textiles Import and Export Corporation，Tianjin
signature Manager

《日内瓦统一票据法》第 22 条规定：出票人还可规定在指明日期以前不得提示汇票要求承兑。实际业务中，汇票没有规定不得提示的日期，但付款人却要求按照当地习惯，将提示时间延至货到时；对于即期汇票，请求货到时提示要求付款；对于远期汇票，请求货到时提示要求承兑。委托人如果不愿意拖延提示时间，可在托收指示上加注：D/P at sight upon presentation of documentary bill made by the collecting Bank。URC522 的 5b 要求不要用含糊的时间术语，如“首次”（First）、“迅速”（Prompt）、“立即”（Immediate），或类似术语与“提示”一起使用来要求付款或承兑。国际商会第 550 号出版物指出，如果付款人被要求承兑或付款或其他行动，委托人和托收行希望付款人在“不迟于一个特定天数”承兑或付款时，必须把明确的天数写出来，不要用上述模糊的时间术语。如果付款人在写明时期内没有做到这一点，则由代收行持有单据听候托收行的处理。只有从托收行收到新的指示后，才能采取进一步的行动。如果在托收业务上仍使用上述模糊时间术语，银行将不予理会。

（四）托收汇票的担保付款（Avalised Draft for Collection）

一些国家或地区为了加强 D/A 项下远期汇票的付款信用，要求代收行作出担保。由于各国各地区的法律和做法的差异，URC522 没有拟订汇票保付的统一规则。现在简述常见的做法。在销售合同中订明“D/A 保付汇票”，使买方有义务要求代收行担保汇票付款，同意负担保付费用。然后，委托人即卖方在托收申请书中要求托收行通知代收行办理已承兑汇票的担保。托收行在托收指示中写明："请你行（代收行）在汇票上担保，以保证到期日全额付款，办完此项手续，交单给进口商。"进口商交来已承兑汇票，经代收行审查承兑人的资信、签字的真实性后，还可要求承兑人交付一定比例的保证金。双方订立保付汇票承诺书，明确各自权责，然后在汇票正面或背面担保如下：

Per Aval
For account of
Name of acceptor
Name of Collecting
Bank，place
signature

代收行交单并在发给托收行的承兑通知书电文中注明："我行已对汇票作出保付，保证到期日付款。"这张汇票就由商业信用付款转为银行信用付款，便于银行融资业务，如叙做出口押汇。其程序如图 5－9 所示。

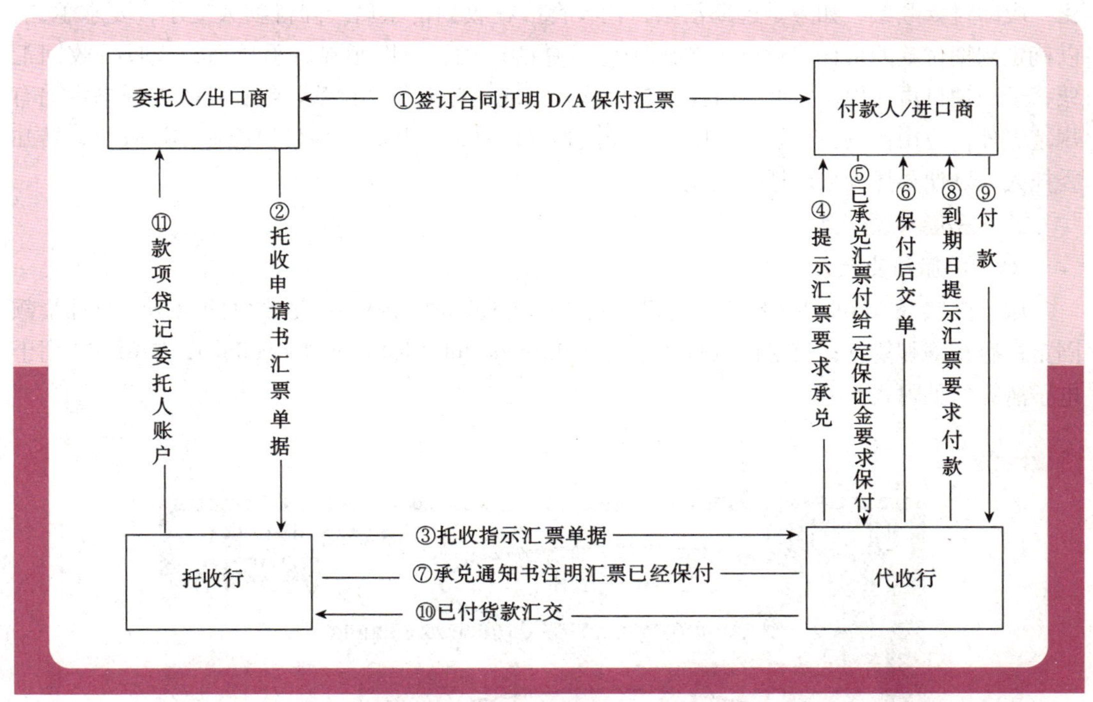

图 5－9　托收汇票担保付款程序

代收行/提示行对于一般汇票承兑形式应检查其完整性，但对签字的真实性及签字人的权限不负责任，另对于本票、收据或其他票据上的任何签字的真实性及签字人的权限也不负责任。

[案例 5－4]
担保付款托收案例

第三节　光票托收*

一、光票托收概述

光票托收意指金融单据的托收，而不伴随商业单据委托银行代收款项的一种托收结算。常见的光票有银行汇票、本票、支票、旅行支票和商业汇票等。有时汇票仅附非货运单据如发票、垫款清单等，也属光票托收。

贸易上的光票托收，一般用于收取货款尾数、代垫费用、佣金、样品费或其他贸易从属费用。清算中的光票托收一般用于金融单据（旅行支票、商业支票）的兑付，委托银行代收款项。光票托收的票据由收款人作成空白背书，托收行作成记名背书给代收行，并制作托收指示，随汇票寄代收行托收票款。光票托收的汇票可以是即期汇票，也可以是远期汇票。如果是即期汇票，代收行应于收到汇票后，立即向付款人提示，要求付款。付款人如无拒付理由，应即付款赎票。如果是远期汇票，代收行应在收到汇票后，向付款人提示，要求承兑，以确定到期付款的责任。付款人如无拒绝承兑的理由，应即承兑。承兑后，代收行收回汇票，于到期日再作提示，要求付款。若付款人拒绝承兑或拒绝付款，除在托收委托书中另有规定者外，应由代收行在法定期限内，作成拒绝证书，并及时把拒付情况通知托收行，转知委托人，以便委托人采取适当措施。

二、金融单据的种类

（一）旅行支票

旅行支票（Traveler's Check）有以下特点：无提示时间限制；是预付的票据，而且金额固定；有初签和复签；有磁性电脑数字码（Magnetic Ink Character Recognition，MICR），用于电子清算。见附式 5－6。

附式 5－6

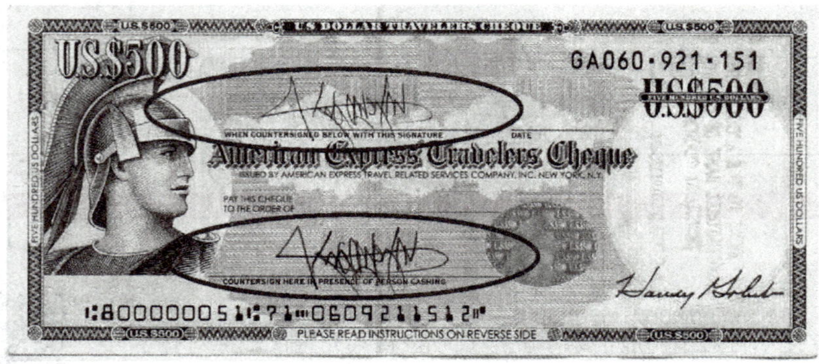

（二）商业支票

私人、公司及银行本票都属商业支票（Commercial Check），它有以下特点：除非特别注

---

* 为选学内容。

明，有效期为6个月；金额不定；有磁性电脑数字码，用于电子清算；追索期正面1年，背面3年。见附式5－7。

附式5－7

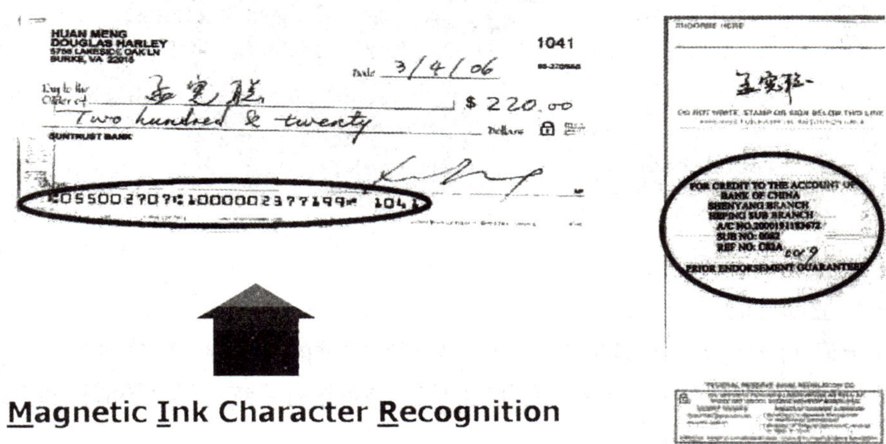

（三）美国政府国库支票

美国政府国库支票（Treasury Check）有以下特点：有效期1年；通常是小金额；必须通过美元支票清算系统处理；不接受收妥贷记方式，只可以用立即贷记方式；有磁性电脑数字码，用于电子清算；追索期18个月。见附式5－8。

附式5－8

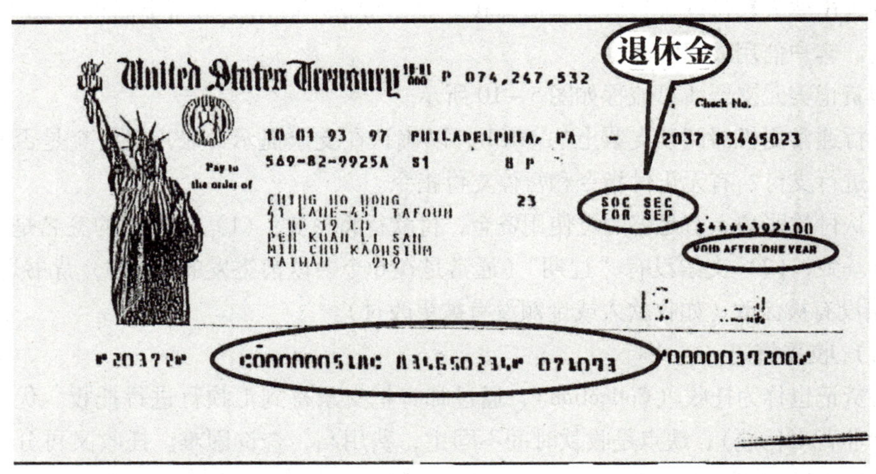

（四）美国邮政汇票

美国邮政汇票（Postal Money Order）有以下特点：可分美国境内和国际性两种，旨在阻止洗黑钱活动；必须通过美元支票清算系统处理；不接受收妥贷记方式，只可以用立即贷记方式；追索期2年。见附式5－9。

附式 5－9

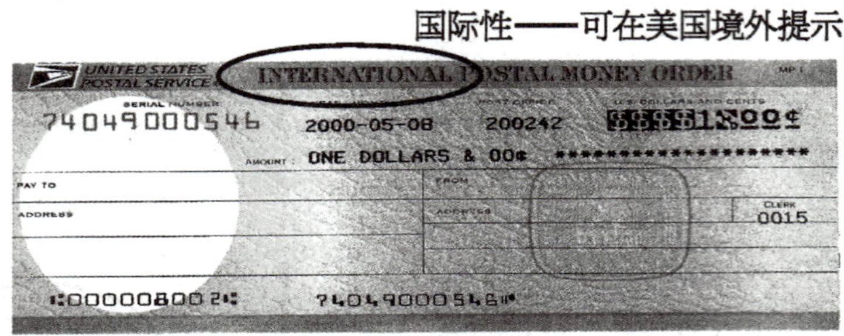

三、光票托收清算方式

（一） 立即贷记

立即贷记（Cash Letter）是指托收行在收到托收票据的几日内，先行垫款，一旦付款人拒付，托收行再行使追索权。下文以通过美国联邦储备银行系统进行电子清算的立即贷记流程为例。

支票由提示行传递给其在美国的账户行后，就被送到联邦储备系统参加清算，由联邦储备银行借记付款行的账户，并贷记该账户行的账户。由于支票并未到达付款行，付款行不知道该支票和付款人的账户，该行保留追索权。如果出票人账户资金不足或已销户，付款行将在 2～4 个工作日内向联邦储备银行发出拒付通知书，并且相应借记提示行在美国的账户行账户。以光票立即贷记方式托收的支票是一种有条件的贷记。因此，托收资金在解付给受款人之前必须在其账户行存上一定时间。其优点是入账时间短，费用低，不用查询；缺点是有条件入账，出票人和付款银行保留有追索权。立即贷记一般用于票面金额小于 25 000 美元、票面清洁、客户信用较好的票据。

立即贷记美元支票清算流程如图 5－10 所示。

付款行通常用机器阅读支票上的 MICR，以确认在支票提示日账户上资金是否不足或无有效资金进行支付、有无止付指令和暂停支付指令。

若确认付款账户上有足够的可使用资金，付款行将核实：（1） 出票人的签名是否与存档签字样本一致；（2） 支票没有“过期”（通常是在 6 个月以前签发的）；（3） 背书是否有效；（4） 支票没有被涂改（如收款人或金额没有被更改过）。

（二） 收妥贷记

收妥贷记也称为托收（Collection），通过邮寄把支票寄到汇款行进行托收。优点是无追索权（除非背书伪造）；缺点是收款时间不固定，费用高，查询困难。托收又可分为独立支票托收（Individual Check Collection） 和最终贷记服务（Final Credit Service）。

1. 独立支票托收针对支票金额过大和隐藏较高风险的支票，其优点是由代理行通过系统自动定时向付款银行发出催收电文，并会将收到的回应即时通知托收行，避免托收行自行向付款银行查询的麻烦，且节省费用；缺点是收费较高。

2. 最终贷记服务可缩短收款时间，降低费用，获得较大的退票保障。其优点是款项入账

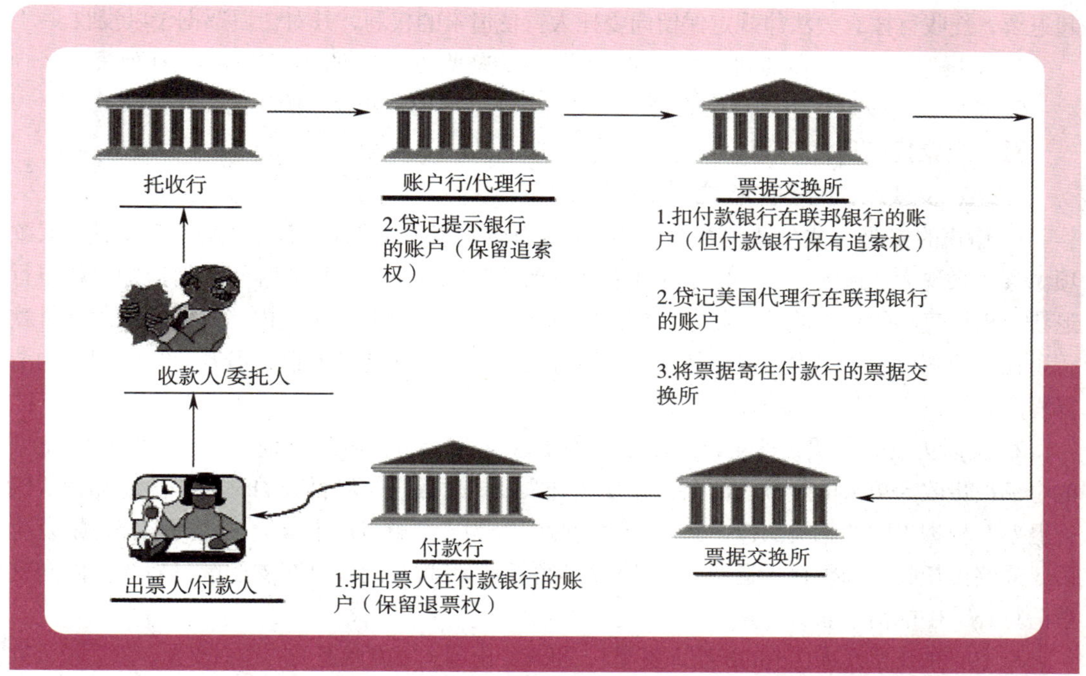

图5－10 立即贷记美元支票清算流程

后，代理行便承担一切票面风险，不再保留有向托收行追索的权利，除非退票是因为背书伪造、假冒等问题；缺点是超大金额（一般超过75万美元）支票不能适用此项服务。

四、光票托收业务流程

1. 委托人填制“光票托收申请书”。申请书上所载内容要与票据内容一致，银行留存联上要签名或加盖委托人预留印鉴。

［案例5－5］有关立即贷记与收妥贷记的两个案例

2. 托收行审核“光票托收申请书”和票据。托收行审查“光票托收申请书”的各项内容：申请书上币种、金额与托收票据的币种、金额相一致；申请书上留有委托人或委托单位的签名或印章、客户联系方式；核对企业客户委托书上的签章、票据背书与预留账户印鉴的一致性；核对、复印留存背书人及代办人的有效证件（如身份证）。

对委托人交来的票据进行审查，主要审查票据表面，要求无涂改、无污染，背书完整、正确，票据大小写金额一致，票据在有效托收日期内，出票人签字完整。在符合托收要求的票据上加盖划线章、背书章；正、反面复印票据，与委托书一并留存，并作相关登记。

托收行审核无误后，根据具体币种和金额大小选择托收路径，并缮制委托面函后寄相关账户行。

3. 款项收妥。托收行收到账户行贷记的款项后，将通知委托人，或委托人在该行有存款账户，委托行将自动把款项入委托人账户。

4. 退票。托收行收到退票通知时，应及时通知委托人，在委托人取回票据时要求其签收并收取退票手续费。倘因票据为伪冒背书或票面经涂改（包括金额、受益人、日期等）而引起退票，托收行按有关法律规定保留向委托人行使追索的权利，并对伪冒票据予以没收。

5. 票据遗失。如在邮寄过程中金融票据丢失，托收银行依据国际惯例不负任何责任。

6. 费用。托收过程中所产生的费用，均由委托人承担，托收行照实向委托人收取。

五、光票托收风险防范

（一）支票欺诈的多种形式

1. 偷窃的支票（或伪造的背书），指支票有效签发后即遭偷窃，且伪造了背书骗取款项。具体表现为伪造的背书。出票人在发现支票被窃后应在“合理的时间”内通知付款银行退票。根据美国的相关法律，此“合理的时间”为支票解付后 3 年之内。退票发生后，付款行可在支票解付后 3 年内向借记其账户的银行退票，并就此金额索偿；沿着前文所阐述的清算程序，最终由托收行向委托人退票。

2. 实质更改的支票，指支票的受款人被更改（改为偷窃者或其他人），同时/或者支票的金额被更改为更大的金额。出票人在发现支票被更改后应在“合理的时间”内通知付款银行退票。根据美国的相关法律，此“合理的时间”为支票解付后 1 年之内。同上，退票发生后，最终由托收行向委托人退票。要特别注意的是，付款行同样可在支票解付后 3 年内向支票清算环节中的前一家银行索偿。

3. 伪造的支票（或伪造的出票人签名），指未经出票人签发就遗失的空白支票，然后被人欺诈性地填写并出具，即支票正面的出票人签名是伪造的或未经合法授权的。支票解付后仅仅由此原因导致的退票将由付款行承担责任，因为其他行（人）不对出票人签字负责。

（二）风险控制

1. 旅行支票。

（1）要求兑付人当面签字；（2）必须留下兑付旅行支票人的身份证明文件的副本；（3）复印旅行支票的正面和背面留档；（4）尽可能留下买票人当时买旅行支票的合约书；（5）致电旅行支票发行公司确认票据状况。

2. 仔细审核票据。

（1）审核票据正面要素，包括：出票人、收款人、付款行、出票日期、金额（大小写）、出票人签名及票据编号等，确定无被拒付印记、票面（包括签字、金额、日期等）无涂改及伪造痕迹。如该票据有磁性电脑数字码，还应审核编码内容，该编码包括付款行 ABA 代码、出票人在付款行的账号和支票编号三项。如果最右侧还印有支票金额，则该支票已被清算过，不可接受。另外，万一支票上有空白项目（如收款人），托收行不可代委托人填写，一定要请委托人自己填写。

（2）审核支票背面，确定背书真实、完整、正确。支票背面伪造追索期为 3 年。关于背面，办理业务时托收行需在支票背面盖背书章，意味着托收行担保前手（背书人）与支票的收款人相符。事实上，各项服务都无法消除支票背面伪造给托收行带来的风险，因此，原则上只接受未经背书转让的支票，并确认收款人背书的真实性。

3. 银行不予受理的票据有：已背书转让的票据，未到期或已逾期的票据，票面已盖有退票理由的票据，票面盖有其他银行印章的票据，无出票人签章的票据，票面金额巨大、不合常理的票据。

4. 由于光票托收业务直接涉及票据的有关法律问题，因此作为收款人需要熟悉相关的法律条款，以便在业务处理中掌握主动权。

（三）托收行内控政策

1. 合规性原则。依照托收行与各外汇代理行签订的托收协议及相关国际贸易和非贸易结算的规定，仔细审核票据，规避接收伪造、变造票据的风险；企业客户还应根据客户的信用及是否可追索等条件决定是否受理。

2. 安全性原则。票据在各个环节流转时严格实行签收手续，谨防单据遗失。

3. 及时性、效益性原则。收到票据及时寄票索汇；收到托收款项并符合入账要求的，及时办理入账。

4. 建立完善的催收制度。对未按时收妥的款项，及时向代收行催收确认。

第四节　跟单托收

跟单托收（Documentary Bill for Collection）是主要的托收业务，它分成两大部分，一是出口托收部分，二是进口代收部分。出口托收部分是由委托人/出口商出具托收申请书，连同金融和/或商业单据委托出口地托收行代其收取出口货款。托收行接受委托，转委进口代收行按照托收指示，将金融和/或商业单据提示给进口商，以后收妥货款，汇交托收行转交委托人/出口商，完成出口托收业务。进口代收部分，它是代收行按照托收指示，将金融和/或商业单据提示给付款人/进口商代为索取货款，后收妥货款，汇交托收行转交委托人。

跟单托收按金融单据是否随附商业单据分为两种。一种是金融票据随商业单据的托收。这种托收是凭汇票付款，其他单据是汇票的附件，起“支持”汇票的作用。另一种是商业单据不附金融单据的托收。由于有些国家如日本、德国对汇票要征收印花税，通常为了减免税收负担而在信誉和信任度较高的公司之间采用。

一、凭承兑交单

凭承兑交单（Documents against Acceptance，D/A）就是凭付款人对远期汇票承兑而交出单据。它是指代收行在付款人承兑远期汇票后，把商业单据交给付款人，于汇票到期日由付款人付款的一种交单方式。单据凭承兑汇票一经交出，代收行/提示行对这样交出的单据就不承担进一步的责任了，因为它们实现了托收行的指示，履行了自己的义务。D/A 程序见图 5－11。

二、凭付款交单

按出口商开立汇票付款期限的不同，凭付款交单分为凭即期付款交单与凭远期付款交单。

（一）凭即期付款交单

凭即期付款交单（Documents against Payment，D/P 或 D/P at Sight），就是凭付款人对即期汇票付款或简单地凭付款而交出单据（the release/delivery of documents against payment of sight drafts or simply against payment.）。凭即期付款交单（D/P at sight）是指代收行提示跟

［案例 5－6］
承兑交单案例

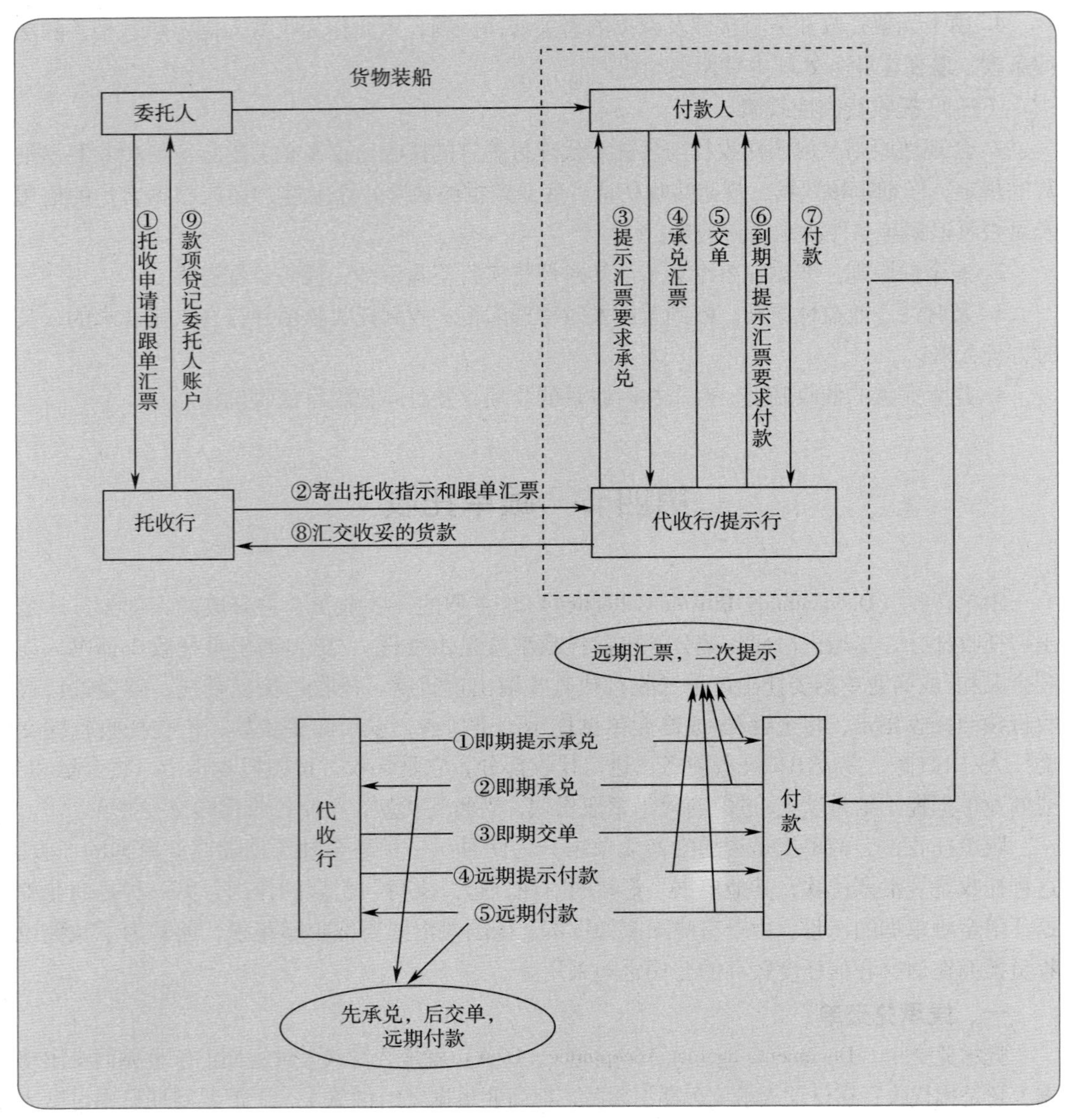

图 5－11　凭承兑交单程序

单汇票给付款人要求其付款，而付款人见票即付后，代收行才交单给付款人的一种交单方式。单据凭着这样的汇票付款或简单地付款而交出，代收行/提示行即不承担进一步的责任了。D/P 程序见图 5－12。

凭付款交单是指代收行必须在进口商付清票款后，才将商业单据包括提单交给进口商的一种交单方式。

由于某些出口国家外汇管制规定，没有获得付款不得交出单据；或者出口商出于保护自己货权的愿望，要求托收业务包含远期汇票带有“凭付款而交单”的指示，因此 URC522 不得不将凭远期付款交单列入规则。

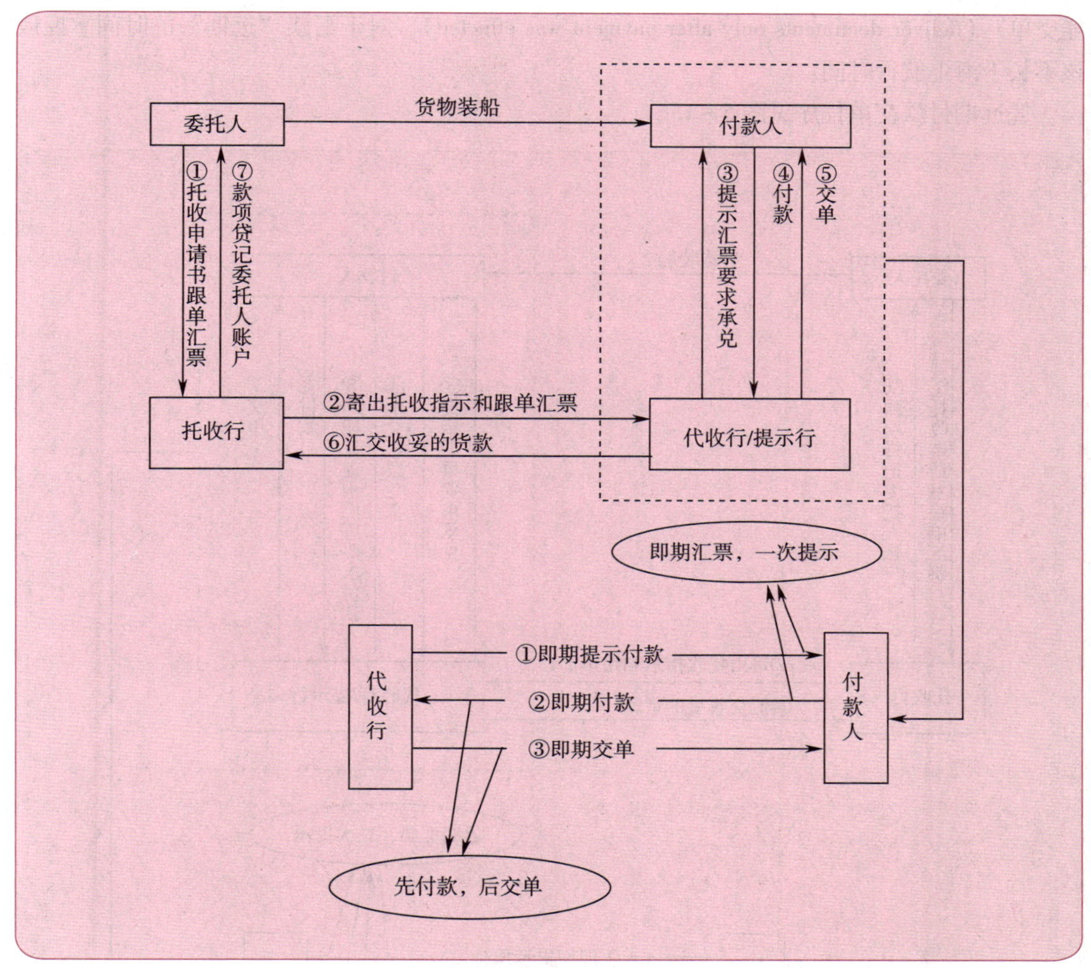

图 5-12 凭即期付款交单程序

（二）凭远期付款交单

凭远期付款交单（D/P at ×× Days after Sight），就是凭付款人对远期汇票付款而交出单据（the release/delivery of documents against payment of tenor drafts）。具体而言，是指代收行提示跟单汇票给付款人要求承兑，付款人承兑后由代收行保管全套商业单据，于到期日提示付款，付款人付款后取得单据。凭远期付款交单的缺点是在“远期”的时间间隔之内，如果货物已经抵达目的港，而买方尚未付款，不能得到单据，无法提取货物，导致货物滞留港口码头，易遭损失或罚款。但是代收行/提示行执行托收指示，不得不将单据延至付款以后交出，它们没有责任。

故 URC522 第 7 条 a 款提到：托收应不包含在将来日期付款的汇票，并有指示提到商业单据凭付款而交出。第 7 条 c 款提到：如果托收包含在将来日期付款的汇票，以及托收指示注明商业单据凭付款而交出，则单据实际只能凭付款才可交出，代收行对产生于延迟交单的任何后果不负责任。由此可见，URC522 是不鼓励这样的条件的。

委托人为了防止凭远期付款交单与凭承兑交单相混淆，可在托收指示上写明“付款后才能交单”（deliver documents only after payment was effected）。对于汇票“远期”的时间掌握应该不长于海上航行时间。

凭远期付款交单程序见图 5－13。

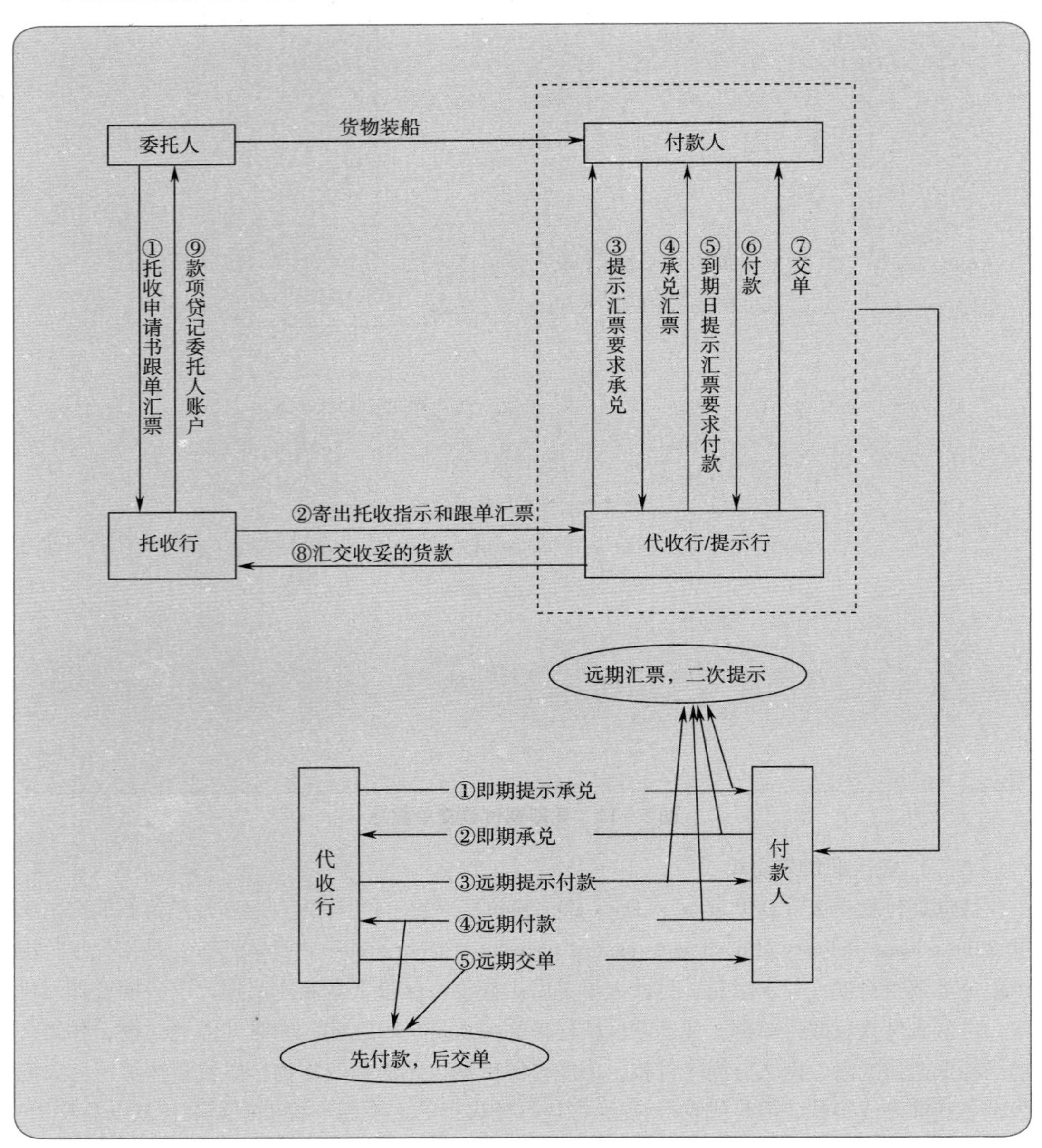

图 5－13　凭远期付款交单程序

在托收实务上我们遵循的原则是：D/P 无论汇票为即期或远期，必须是付款人付款，即 documents against payment，代收行放单，“一手交钱，一手交单”。D/A 为付款人承兑汇票后交单。在托收实务中，有关银行作为托收行，应当劝阻委托人采用 D/P 远期这一不规范的做法，还要正确掌握 D/P 远期托收付款交单的时限，即船只航程与单据到达代收行的时间之差

（其远洋应以 15 ~ 30 天为限），超过此限应采用 D/A 远期结算方式。

从理论上讲，D/P 远期对出口商是有利的。也就是说，出口商不但有物权的保障（进口商不付款代收行不放单），而且有票据法的保护（进口商对已承兑的汇票有到期付款的责任）。但是，实务中并不是在任何国家、任何银行都是这样处理 D/P 远期业务的，欧洲大陆一些国家的银行，比如瑞士，就有将 D/P 远期当作 D/A 处理的习惯。所以，国际商会并不鼓励 D/P 远期这一托收方式，以避免一些银行当 D/A 处理，使受票人（进口商）轻易取得商业单据，违背“付款交单”的本质与初衷。

D/P 远期项下托收行如何保障出口方利益呢？首先，可以加注“SUBJECT TO UNIFORM RULES FOR COLLECTION ICC PUBLICATION NO. 522 1995 REVISION”，用该规则约束各有关当事人。其次，在面函上加注“ACCORDING TO URC522 ART7，YOU ARE AUTHORIZED TO DELIVER DOCUMENTS TO DRAWEE ONLY AGAINST THEIR FINAL PAYMENT FOR THE FULL VALUE OF THE ACCEPTED DRAFTS”或类似文句。URC522 第 7 条 c 款与 a 款呼应，表明了 ICC 对明确强调付款后才交单的 D/P 远期业务的处理立场是：不可以按 D/A 处理。可见，ICC 即使不鼓励 D/P 远期，但对出口方仍然有所保障。因此，加注上述指示，可以制约代收行，有效保障物权。进口商要想提货，可办理 D/P T/P（信托收据），进口商拒付的风险由办理信托收据的代收行承担。

表 5 - 1 为三种交单方式的比较。从进出口商承担风险的角度来看，进口商风险由低到高依次为承兑交单、远期付款交单、即期付款交单，而出口商在承兑交单情况下承担风险最大，即期付款交单承担风险最小。

表5 -1　三种交单方式的比较

	即期付款交单	远期付款交单	承兑交单
放单方式	凭付款放单	凭付款放单	凭承兑放单
付款期限	即期	远期	远期
是否需要汇票	可选	必须	必须
放单时间	即期	远期	即期
票据种类	非完全可流通票据	准/半流通票据	完全可流通票据
举例	股票、证券、人寿保单等	提单、仓单等	汇票、本票、支票、国库券、大额定期存单等

三、凭其他条款和条件交出商业单据

凭承兑或付款交出单据可能比其他关于交单的指示更普遍，但必须注意下列类型的托收：

1. 分批部分付款（Partial Payment）。指凭一部分即期付款、其余部分承兑在将来日期付款的单独汇票而交单（delivery of documents against part of collection to be paid at sight and the balance by way of the acceptance of a separate draft payable at a future date），这种方式可以减少出口商凭进口商承兑全部金额汇票而交单所冒的风险。

［案例 5 -7］
远期付款交单托收案例

［案例5－8］
部分付款托收案例

2. 凭本票交单（Delivery of Documents Against Promissory Note）。由于汇票可能导致缴纳印花税，买方和卖方可能同意用本票代替，本票是由进口商或买方开立和签字的，包含进口商在约定的未来日期付款的承诺。本票形式见附式5－10。

3. 凭付款承诺书交单（delivery of documents against letters of undertaking to pay）。有时进口商/付款人坚持使用付款承诺书代替汇票或本票，即凭进口商的承诺书承诺在将来日期付款而交单。

除了能够节省印花税外，有人认为承诺书不属合法的法规管辖范围，如不受英国《票据法》管辖，它不像汇票那样表示从一个账户支付票款。

4. 凭签字的信托收据交单（delivery of documents against a signed trust receipt）。详见信托收据的相关介绍。

附式5－10 Promissory Note

USD100 000.00　　　　　　　　　　03 July，202×

On the 03 Oct.，202× fixed by this promissory note we promise to pay seller/exporter HongKong or their order at their office in HongKong the sum of US dollars one hundred thousand only.

For and on behalf of
buyer/importer

5. 凭买方或其银行开立保函担保在固定将来日期付款而交单（delivery of documents against letter of guarantee from the buyers or their bank guaranteeing payment must be made at a fixed future date）。

专栏5－1 CAD知识

一、CAD的概念

CAD（Cash Against Documents）即交单付现，也就是说，买方付款后，卖方交单。买方付款是卖方交单的前提条件。在卖方对买方资信不了解的情况下采用此种支付方式，对卖方具有保护作用。

二、CAD的性质

在国际贸易中，常用的支付方式有三种：汇付、托收和信用证。前两者为商业信用，后者为银行信用。CAD属汇付范畴，具有商业信用性质。汇付有三种方式：信汇（M/T）、电汇（T/T）、票汇（D/D）。在国际贸易实务中，汇付有三种做法：预付货款、见单付款（包括售定、寄售）、交单付现（CAD）。预付货款对出口商最安全，见单付款对出口商风险最大，交单付现介于前两者之间，对出口商和进口商比较公平。汇付为顺汇法，即进口商主动将货款汇给出口商，结算工具传递方向与资金运动方向一致；托收和信用证则为逆汇法，即出口商主动索取货款，结算工具传递方向与资金运动方向相反。

三、CAD 与 D/P 的比较

D/P 即付款交单，买方付款后，通过指定银行获取单据，卖方交单以买方付款为条件。表 5 -2将即期 CAD 与即期 D/P 进行比较。

表5 -2　即期 CAD 与即期 D/P 的异同点

项目	CAD	D/P
相同点	商业信用 买方付款在先	
不同点	汇付范畴	托收范畴
	顺汇	逆汇
	不受 URC522约束	受 URC522约束
	无须汇票①	需汇票
	直接寄单给进口商	通过银行转交单据

采用 CAD 方式，就等于卖方给予买方信用，以即期形式为佳，不宜延长信用期限。但在出口实务中，采用见单 30 天、货到 30 天、提单日期后 60 天甚至 90 天等远期形式的 CAD 也不少，而且大多通过银行传递单据，表面看来，已将 CAD 转化为 D/P 即期或远期，实际上，CAD 和 D/P 毕竟是有区别的，宜谨慎而不采用 CAD 远期方式。

四、对 CAD 的出口操作建议

1. 无论通过银行寄单与否，切不可放 1/3 正本提单给进口商。有的进口商可能找出种种理由，要求出口商同意不付款情况下放 1 份正本提单，一旦放给进口商 1 份正本提单，那么出口商的物权就丧失了，众所周知，3 份正本提单具有同等法律效力，1 份生效后其余两份自动失效。

2. 投保短期出口信用险，不失为安全措施之一。但保险公司对进口商的资信调查比较严格，对一个进口商的批准限额很有限，如采用远期 CAD 方式，则不可能做大规模。

3. 采用保理业务方式，确保收汇安全。涉及四方当事人的保理业务机制有两种：保理机制和双保理机制。我国银行大多采用双保理机制。随着信用证在国际贸易交付方式中所占比重的下降，保理业务机制将在我国出口贸易实务中发挥越来越重要的作用。在保理机制保护下，出口商可采用记账赊销（O/A）、承兑交单等更有利于进口商的支付方式。

4. 综合运用出口信用险、保理机制、进口商资信扩大出口规模，实现规模效益。

5. 通过银行交单时，应指示委托行在给代收行的面函中注明进口商付款后交单，并申明受 URC522 约束，实际上将 CAD 转化为 D/P 托收业务。

第五节　托收项下的运输单据、利息、费用及其他

一、运输单据

委托人交来的运输单据多是海运提单。未经银行事先同意，货物不得直接发至银行，或

① 实务中，往往通过银行传递单据，提供汇票。

托运至银行或其指定之人。换言之，提单不得作成代收行的抬头，如：

Bill of lading

Shipper

Consignee

Bank of China, London or

To order of Bank of China, London

Notify party

上述提单是将货物直接发运至中国银行伦敦分行或托运至中国银行伦敦分行的指定人。在上述做法下，中国银行伦敦分行没有提货义务，不承担运输上的货物风险责任。笼统地说，被发至或被托运至的银行没有提货义务，货物的风险责任由发货人承担。

正确的做法举例如下：

Bill of lading

Shipper

The Exporting Company, Tianjin

Consignee

To order

Notify party

The importing Company

25 Queen Street, Hong Kong

提单的收货人应该作成 To order 或 To order of shipper，以保证卖方的物权只能随着单据交出才被转移出去，故提单能够起着控制买方必须付款和对远期汇票必须承兑的作用。不正确的做法是，当货物托运至代收行或其指定之人，付款人对于托收已经付款、承兑，或履行其他条款和条件，以及代收行发出交货命令，安排交货。为了防止错交货，可由对方出具担保赔偿书，这时托收行将视为它已自动授权代收行进行如此行为。

银行没有义务对跟单托收项下的有关货物采取任何行动，包括货物存仓和保险；除非征得代收行同意，代收行才采取行动。如果代收行不同意采取行动，甚至遗漏通知对方，代收行也没有责任。代收行为了保护货物，交给第三者运输行去做，但不论是否已被指示，代收行对于货物都不承担责任或义务，但是代收行必须把所采取的行动通知托收行。委托人交来的航空运单、邮包收据都不是物权单据，起不到控制买方付款或承兑的作用。如果买方资信不佳，将会遇到买方自行提货而不付款的风险。对出口商来说，交易中使用的贸易条件以 CIF（成本加保险、运费）较好，因为 CIF 条件下由卖方投保，万一买方不能付款时，卖方为保险赔偿的受益人。

二、利息

如果托收指示中指明收取利息但付款人拒付利息时，提示行可凭付款或承兑或其他条款和条件交单，而不再收取利息。当需要收取利息时，托收指示中必须指明利率、计息时期和计算基数（1 年基本天数）。

[案例 5－9]
以代收行为运输单据
收货人案例

当托收指示明确陈述利息不得放弃而付款人拒付利息时，提示行不得放单，并且对任何延迟交单造成的任何后果不负责任。当支付利息已被拒绝时，提示行必须不延迟地以电讯通知发出托收指示的银行，如不可能，则以其他快捷方式通知该行。

收取利息的指示应该在下列方格中注明：

□ Please collect interest for delay in payment calculated from the maturity to the date of actual payment at the rate of ×% p. a. on the basis of 360 days a year from the drawee.

□ Waive/ (do not waive) interest if refused by the drawee.

三、费用

如托收指示中指明托收费用应由付款人负担但付款人拒付托收费用时，提示行可凭付款或承兑或其他条款交单，而不再收取这项费用。当托收费用被放弃时，则此费用由发出托收的当事人负担，并可在收妥款项中扣除。

当托收指示明确陈述费用不得放弃但付款人拒付这些费用时，提示行不得放单，并且对于任何延迟交单造成的任何后果不负责任。当支付托收费用的要求已被拒绝时，提示行必须毫不延迟地以电讯通知发出托收指示的银行，如不可能，则以其他快捷方式通知该行。

在一切情况下，根据托收指示中明确的条件，或根据 URC522，开支及/或花费及/或托收费用应由委托人负担。代收行有权向发出托收指示的银行迅速收回由其支付的有关开支、花费和费用，而托收行不管这笔托收的结局如何，有权向委托人收回任何金额的支出，连同它本身的开支、花费和费用。

银行保留向发出指示的当事人要求预先支付费用/和花费的权利，以弥补在试图执行任何指示时的成本和收到此项支付以前还要保留不执行这项指示的权利。

向付款人收取费用/花费的指示，应在下列方格中注明：

□ Collection charges/expenses outside China are for account of the drawee.

□ Waive/ (do not waive) charges if refused by the drawee.

□ Collection charges may not be waived and the drawee refuses to pay such charges, the presenting bank will not deliver documents.

四、需要时的代理人

如委托人指定一名代表，在遇到拒绝付款及/或拒绝承兑时作为需要时的代理人，则应在托收指示中清楚、完全地表明此项代理人的权限；如无上述明示，银行将不接受关于需要时的代理人的任何指示。

[案例 5－10]
托收费用案例

作出需要时的代理人的指示，举例如下：

Special Instruction

In case of need refer to Smith & Jones Co. , 99 Rue des Achetuer, Paris whose authority is limited to assisting in having the draft honoured.

五、拒绝证书

托收指示应注明是否作成拒绝证书（Dishonour），例如：

□ Do not protest in case of dishonour.

□ Protest for □ Non - acceptance□ Non - payment.

□ We will give instruction to you upon receipt of SWIFT/airmail advice of Non - acceptance/Non - payment with reasons.

当即期汇票提示后未付款，或当远期汇票提示后未承兑或到期不付款时，代收行必须检查托收指示以确定该票据是否要求作出拒绝证书。汇票拒绝证书是法庭可以接受的退票的法律依据，并由公证处公证生效。根据 URC522，托收指示中须明确指出是否作出拒绝证书。如果没有相关指示，银行没有义务为退票作拒绝证书。

通常在托收业务中，出口商自行签发一张商业汇票，汇票抬头作成凭托收行指示并由收款人背书。持有已背书的汇票的托收行成为给收款人（出口商）托收资金的代理人。在这种情况下，由于没有追索目标就不必准备一份追索拒绝证书。但是，如果出口商打算为退票起诉进口商，拒绝证书是一个好的法律依据。当然，由此发生的花费应由发出托收指示的当事人负担。

代收行应将情况通知托收行，并保留单据听候指示。一旦接到拒付通知，托收行必须在拒绝付款或拒绝承兑通知后 60 日内向代收行发出合适的业务指示，单据也可退还托收行。代收行不再负任何责任，但有些具有良好代理关系的银行将会帮助托收行进行催收。

第六节　SWIFT 在跟单托收中的使用①

托收结算主要有以下几种 SWIFT 电文格式。

代收行发至托收行		托收行发至代收行	
MT400	付款通知	MT420	查询
MT410	收单确认	MT430	修改托收指示
MT412	承兑通知	MT499	自由格式
MT416	拒绝付款或拒绝承兑通知		
MT422	通知单据情况		
MT456	拒付通知（光票托收）		
MT499	自由格式		

一、MT400 付款通知

MT400 付款通知（MT400 Advice of Payment）见表 5 - 3。

本报文是由代收行发给托收行，或由代收行的分行发给托收行或托收行的分行，也可以由代收行发给另一家代收行，用来通知托收款项下的付款或部分付款以及该托收款项的结算。除非报文中另有明确表述，发报行和收报行之间建有账户关系并将用于该业务的结算。

① 本科学生基本了解 MT400、MT410 以及 MT412 报文格式和应用。

表5－3　MT400付款通知的电文格式

M/O	Tag	Field Name		Content/Options
M	20	Sending Bank's TRN	代收行编号	16x
M	21	Related Reference	有关业务编号	16x
M	32a	Amount collected	代收金额	A,B or K
M	33A	Proceeds remitted	汇出金额	6n3a15number
O	52a	Ordering bank	代收行	A or D
O	53a	Sender's correspondent	发报行的代理行	A, B or D
O	54a	Receiver's correspondent	收报行的代理行	A, B or D
O	57a	Account with bank	账户行	A or D
O	58a	Beneficiary bank	收款行	A, B or D
O	71B	Details of charges (deductions)	从代收总额中扣除的费用	6*35x
O	72	Sender to receiver information	附言	6*35x
O	73	Details of amounts added	附加金额细目	6*35x

注：M＝Mandatory，O＝Optional，以下各表相同。

表5－3内有关参数的说明：

32a 代收金额，该项目内容包括托收委托书上列明的到期日及付款人已支付或应付的本币币别和金额，其表现形式有三种：当项目代号为“32A”时，表明到期日已经确定；当项目代号为“32B”时，表示还无法确定到期日；当项目代号为“32K”时，表示到期日在某一段时期后，如32K：D060ST USD 10 000，即见票后60天，语句中“ST”表示“见票后”。还可用下列代码表示“在……时间后”，如BE表示开出汇票后，CC表示在货物清关后，GA表示货物到达后，ID表示在发票日期后等。如D000ST表示即期付款；D180FP表示第一次提示后180天付款；FP表示第一次提示后；M001ID表示发票日期后1个月付款，D代表（多少）天，M代表（多少）月。

71B 从代收总额中扣除的费用，该项目只有在该费用货币与托收金额的货币一致时使用，可能出现的代码有：/AGENT/，代理商佣金；/TELECHAR/，电讯费用；/COMM/，我行费用；/CORCOM/，我代理行费用；/DISC/，商业折扣；/INSVR/，保险费；/POST/，邮费；/STAMP/，印花税；/WAREHOUS/，码头费及仓储费。

72 附言，该项目可能出现的代码有：/BNF/，下列附言给收费行；/REC/，下列附言给收报行；/TELEBEN/，请用快捷、有效的电讯方式通知收款行；/PHONBEN/，请用电话通知收款行；/ALCHAREF/，付款人拒付所有费用；/OVCHAREF/，付款人拒付我方费用；/UCHAREF/，付款人拒付你方费用。

73 附加金额细目，该项目内容是对加在代收本金上金额的解释，且该项目只有在该金额货币与多收金额的货币一致时使用。其可能出现的代码有：/INTEREST/，代收金额的利息；/RETCOMM/，代收行支付的手续费；/YOURCHAR/，托收行委托代收行收取的费用。

二、MT410 确认

MT410 确认（MT410 Acknowledgement）见表 5－4。

表5－4　MT410确认的电文格式				
M/O	Tag	Field Name		Content/Options
⋮	⋮	⋮	⋮	⋮
M	20	Sending Bank's TRN	代收行编号	16x
M	21	Related Reference	托收行的托收编号	16x
M	32a	Amount Acknowledged	确认的托收货币和金额	A,B or K
⋮	⋮	⋮	⋮	⋮
O	72	Sender to receiver information	附言	6*35x

本报文是由代收行发送给托收行，或由一家代收行发给另一家代收行，用来确认收到托收委托书的报文格式。除非另有表述，该报文表示代收行将按照委托书承办该业务。

表 5－4 内有关参数说明：

72 附言，该项目可能出现以下代码：/DRAWEE/，关于付款人的情况不详，请提供更详细情况；/FORWARD/，我行已将该托收业务转我……分行，请接洽该分行。

三、MT412 承兑通知

MT412 承兑通知（MT412 Advice of Acceptance）见表 5－5。

本报文是由代收行发送给托收行，或由代收行发送给另一家代收行，用来通知收报行某托收委托书项下的一笔或多笔汇款已承兑的报文格式。

表5－5　MT412承兑通知的电文格式				
M/O	Tag	Field Name		Content/Options
⋮	⋮	⋮	⋮	⋮
M	20	Sending Bank's TRN	代收行编号	16x
M	21	Related Reference	有关业务编号	16x
M	32A	Maturity Date, Currency Code, Amount Accepted	到期日、货币和金额(已承兑托收)	6n3a15number
⋮	⋮	⋮	⋮	⋮
O	72	Sender to Receiver Information	附言	6*35x

表5－5内有关参数说明：

32A，已承兑托收汇票的到期日、货币和金额。

72 附言，该项目可能出现下列代码：/REC/，下列附言给收报行；/ALCHAREF/，付款人拒付所有费用；/DOMICIL/，该托收业务已由……（银行）处理；/HOLDING/，已承兑汇票现由我们保管，到期将根据你行要求提示并要求付款；/OVERCHAREF/，付款人拒付我行费用；/SENDING/，承兑汇票已航邮你行；/UCHAREF/，付款人拒付你行费用。

四、MT416 拒绝付款或拒绝承兑通知

MT416 拒绝付款或拒绝承兑通知（Advice of Non－payment/Non－acceptance）见表5－6。

本报文是由代收行发给托收行，用来通知一笔跟单托收业务被付款人拒绝付款或拒绝承兑的报文格式，它可以由代收行直接或通过其他金融机构发送托收行。

表5－6　MT416拒绝付款或拒绝承兑通知的电文格式

M/O	Tag	Field Name		Content/Options
Mandatory Sequence A General Information			A 序列一般信息	
M	20	Sender's Reference	代收行编号	16x
M	21	Related Reference	有关业务编号	16x
O	23E	Advice Type	通知类型	4!c［/30x］
O	51A	Sending Institution	代收行	［/1!a］［/34x］ 4!a2!a2!c［3!c］
O	53a	Sender's Correspondent	代收行代理行	A or B
O	71F	Sender's Charges	代收行费用	3!a15d
O	77A	Reason for Non－Payment/Non－Acceptance	拒绝付款/拒绝承兑理由	20*35x
Mandatory Repetitive Sequence B Non－Payment/Non－Acceptance Details			序列 B 拒绝付款/拒绝承兑详细信息	
M	21A	Related Sequence Reference	有关业务编号	16x
O	23E	Advice Type	通知类型	4!c［/30x］
O	21C	Principal's Reference	托收委托方编号	35x
M	32a	Face Amount of Document(s)	托收金额	A, B or K
O	50D	Principal	托收委托方	［/1!a］［/34x］ 4*35x
O	59	Drawee	付款人	［/34x］4*35x
O	71F	Sender's Charges	代收行费用	3!a15d
O	77A	Reason for Non－Payment/Non－Acceptance	拒绝付款/拒绝承兑理由	20*35x

表5-6内有关参数说明：

23E，表明本报文是拒绝承兑还是拒绝付款，其可能出现的代码是：NACC表示拒绝承兑，NPAY表示拒绝付款，OTHR表示其他（增加描述）；序列A与序列B中该场次不可同时出现。

77A，该项目对代收行发送本报文的理由给予解释。其最可能出现的代码是：refer to drawee（付款人原因）；序列A与序列B中该场次不可同时出现。

五、MT420查询

MT420查询（MT420 Tracer）见表5-7。

本报文是由托收行发给代收行，或由代收行发给另一家代收行，用来查询托收项下寄出单据的报文格式。表5-7为MT420查询的电文格式。

表5-7　MT420查询的电文格式

M/O	Tag	Field Name		Content/Options
⋮	⋮	⋮	⋮	⋮
M	20	Sending Bank's TRN	发报行编号	16x
M	21	Related Reference	有关业务编号	16x
M	32a	Amount traced	查询金额	A,B or K
⋮	⋮	⋮	⋮	⋮
O	30	Date of Collection Instruction	托收委托书日期	6!n
O	59	Drawee	付款人	[/34x] 4*35x
O	72	Sender to Receiver Information	附言	6*35x

表5-7内有关参数说明：

30，该项目列明托收委托书的日期，如果托收委托书已被修改，该日期仍为原托收委托书的日期。

六、MT422通知单据情况并要求给予指示

MT422通知单据情况并要求给予指示（MT422 Advice of Fate and Request for Instructions）见表5-8。

本报文是由代收行发送给托收行，或由一家代收行发送给另一家代收行，用来通知收报行关于代收行收到的托收单据情况。

表5－8　MT422 通知单据情况并要求给予指示的电文格式

M/O	Tag	Field Name		Content/Options
⋮	⋮	⋮	⋮	⋮
M	20	Sending Bank's TRN	发报行编号	16x
M	21	Related Reference	有关业务编号	16x
O	32a	Amount of Collection	查询金额	A,B or K
⋮	⋮	⋮	⋮	⋮
O	72	Sender to Receiver Information	托收委托书日期	6*35x
O	75	Queries	查询	6*35x
O	76	Answers	答复	6*35x

表5－8内有关参数说明：

75 查询，该项目列明有关托收的查询。一些常见的查询可用下列代号表示：/1/ WE APPEAR NOT TO HAVE BEEN DEBITED SO FAR；/14/ WE CANNOT TRACE THIS TRANSACTION，PLEASE SEND DETAILS；/15/ MAY WE RELEASE THE DOCUMENTS TO THE DRAWEE FREE OF PAYMENT？/16/ WE HAVE NOT RECEIVED YOUR CONFIRMATION TO DATE。

76 答复，该项目用于答复与本托收业务有关的查询。一些常见的答复可用下列代号表示：/1/ WE HEREBY CONFIRM THAT WE CARRIED OUT YOURORDER ON...（日期）；/2/ WE HEREBY CONFIRM THAT THE TRANSACTION HAS BEEN EFFECTED AND ADVISED ON...（日期）；/10/ WE AUTHORISE YOU TO DEBIT OUR ACCOUNT。该项目还可能出现下列代码：/ARRIVCEP/，保证于货到后承兑；/ARRIVPAY/，保证于货到后付款；/DRAWEE/，付款人情况不详，请提供详情；/INFNOCEP/，付款人声明已将未承兑的原因告知出票人；/PROMIPAY/，承诺付款。

七、MT430 修改托收指示

MT430 修改托收指示（MT430 Amendment of Instruction）见表5－9。

本报文是由托收行发给代收行，或由一家代收行发送给另一家代收行，用来修改托收指示的报文格式。该报文分为两部分：第一部分，有关被修改的托收情况和对原托收委托书中的到期日、货币及金额的修改；第二部分，对付款人的修改及对托收指示其他部分的修改。

表5－9　MT430 修改托收指示的电文格式

M/O	Tag	Field Name		Content/Options
Mandatory Repetitive Sequence A				
M	20	Sending Bank's TRN	发报行编号	16x
M	21	Related Reference	有关业务编号	16x
O	32a	Existing Maturity Date, Currency Code, Amount	原到期日、货币和金额	A or K
O	33a	Amended Maturity Date, Currency Code, Amount	修改后的到期日、货币和金额	A or K
Optional Sequence B				
O	59	Drawee	付款人	[/34x] 4*35x
O	72	Sender to Receiver Information	附言	6*35x
O	74	Amendments	修改内容	6*35x

表 5－9 内有关参数说明：

74 修改内容：除到期日、货币、金额的修改，其他修改内容均列入此项目。在该项目中可能出现下列代码：/CLOSE/，请将该托收项下的单据退给我行，结束该笔业务；/FREE/，请将单据交给……不论对方是否付款；/HOLDCEP/，在付款人承兑后，请保留汇票，于到期日提示收款；/SENDCEP/，在付款人承兑后，请将该汇票航邮我行。

八、MT456 拒付通知（适用于光票托收业务）

MT456 拒付通知（MT456 Advice of Dishonor）见表 5－10。

本报文是由账户行发送给开户行，用来通知由于报文中所列明的原因，某托收进账单项下的某票据已被拒付，发报行已借记收报行的报文格式。在该通知中，还将列明发报行已将被拒付的票据退给托收进账单的寄发行，或者已向付款人重新提示要求付款。

表5－10　MT456拒付通知的电文格式

M/O	Tag	Field Name		Content/Options
O	25	Account Identification	账号	35x
O	52a	Sender of Cash Letter	托收进账单的寄发行	A, B or D
O	72	Sender to Receiver Information	附言	6*35x
M	20	Transaction Reference Number	发报行的编号	16x
M	21	Related Reference	有关业务的编号	16x
M	32a	Date and Face Amount of Financial Document	出票日期和票面金额	A or B
M	33D	Total Amount Debited	借记总金额	6!n3!a15d
O	71B	Fee	费用	6*35x
M	77A	Reason for Dishonour	拒付原因	20*35x
M	77D	Details of Dishonour Item	被拒付票据的详情	6*35x
O	72	Sender to Receiver Information	附言	6*35x

表 5－10 内有关参数说明：

32a 出票日期和票面金额，该项目列明被拒付票据的货币及票面金额。

33D 借记总金额，该项目列明借记的起息日、货币和总金额。

71B 费用，该项目对发报行就所拒付票据收取的费用给予解释。其可能出现的代码是：/AGENT/，代理商佣金；/TELECHAR/，电信费用；/COMM/，我行费用；/CORCOM/，我代理行费用；/DISC/，商业折扣；/INSUR/，保险费；/POST/，邮费；/STAMP/，印花税；/WAREHOUS/，码头费及仓储费。

下面结合银行往来的 SWIFT 报文试举一笔详细的出口托收业务实例。

九、出口托收业务实例

2020 年 3 月 6 日 ①出口商 SHANGHAI HEHE IMP & EXP CO. LTD. 委托中国民生银行上海分行（托收行）办理一笔出口跟单托收业务，方式为 D/A AT 60 DAYS SIGHT，公司发票号为 INV. 001，金额为 USD 10 000. 00。②共提交汇票 2 份，发票 3 份，装箱单 3 份，产地证 3 份，提单 3/3 份，保险单 2/2 份。进口商为 ABC（HONG KONG）CO. LTD.，代收行为 BANK OF AMERICA，HK BRANCH。

托收行验对客户提交的单据并审核托收指示后作成托收面函，3 月 7 日③托收行将出口商的全套单据与托收面函装订快邮至代收行 BANK OF AMERICA，HK BRANCH。3 月 9 日收到代收行发来的④SWIFT 报文 MT410，通知已收到托收指示及单据。同时，代收行将单据提示给进口商 ABC（HONG KONG）CO. LTD.，要求其承兑取单，但由于进、出口商之间的某种问题，⑤ABC 公司拒绝承兑。3 月 13 日代收行发送⑥SWIFT 报文 MT416，通知托收行进口商拒绝承兑。托收行收到 MT416 报文后立即通知了出口商。⑦出口商自行与进口商协商解决了问题，3 月 16 日⑧进口商到代收行承兑汇票，取走单据。同日，⑨代收行发送 SWIFT 报文 MT412 至托收行，通知进口商已承兑，付款到期日为 2020 年 5 月 15 日。

2020 年 5 月 18 日，付款日到期后 3 天，托收行仍未收到款项，⑩于是发送 MT420 至代收行查询催收，代收行催促 ABC（HONG KONG）公司付款后，发送 SWIFT 报文 MT400 至托收行，通知付款。2020 年 5 月 22 日，托收行收到款项并解付给出口商。至此，该笔出口托收业务结束。

本笔业务流程见图 5－14：

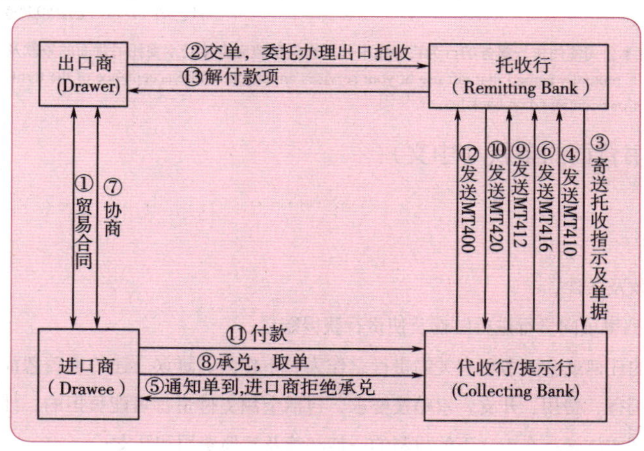

图 5－14　业务流程图

上例具体步骤的银行往来的 SWIFT 报文如下：

第一步：出口商到托收行提交单据及托收指示，委托办理出口托收业务。出口商提交的托收委托书见附式 5－11。

附式 5－11　出口托收委托书

中国民生银行
CHINA MINSHENG BANKING CORP., LTD.

出口托收委托书
COLLECTION ORDER

致：中国民生银行
To: China Minsheng Banking Corp. Ltd.
兹随附出口单据如下。请遵照我司下列指示办理。
We hereby enclosed the export documents as under for disposal in accordance with the following instructions and subject to the terms and conditions overleaf.

发票号码 Invoice No.	金额 Amount	核销单号码 V/C No.	联系人及电话 Contact Person & Tel No.
INV.001	USD10000.00	××××	MR LI　51234567

随附单据 Documents:

单据 Doc.	汇票 Draft	发票 Invoice	装箱单 P/L	产地证 C/O, Form A	提单 B/L	空运单 AWB	保险单 I/P	货物收据 C/R	检验证 I/C		
份数	2	3	3	3	3/3		2/2		1		

☒ 跟单托收 Documentary Collection:
☐ D/P　☒ D/A　☒ 期限 Tenor: AT 60 DAYS SIGHT
托收行 Collection bank: BANK OF AMERICA , HONG KONG BRANCH
地址 Address: 979 DEVON STREET, HONG KONG
付款人 Drawee: ABC (HONG KONG) CO. LTD.
以上均按国际商会跟单托收统一规则 URC522 办理。
All above terms are subject to URC522 (1995 Revision)

付款指示 Payment Instruction: 请将 ☒ 原币 / ☐ 人民币划入我司下列账上:
Please credit the proceeds in ☐ bill currency / ☐ RMB to our following account:
账号 Account No.: ××××××××××
开户行 Banker: CHINA MINSHENG BANKING CORP LTD.SHANGHAI BR.SHIXI SUB-BR.

We undertake to indemnify you against all discrepancies in the documents .

SHANGHAI HEHE IMP & EXP CO. LTD.

申请人印章（APPLICANT'S CHOP）
（请使用公司公章或已经获得授权的印章）
日　期 Date: 2020/03/06

双方同意本公司使用贵行服务的行为将导致本公司无保留地完全接受本委托书背面的条款及条件。It is mutually agreed that our use of your services entails our entire acceptance of the terms and conditions continued on back hereof.

出口托收委托书背面的条款（中文）：

条款及条件

本公司同意以下条款及条件：

1. 本公司承诺就下列事项向贵行进行赔偿及使贵行获得赔偿：

（a）因与本协议书的任何或全部事项有关的贵行之作为、不作为、延误、违约或疏忽而使贵行可能遭受的或承担的一切责任、损失、损害、费用、开支、索赔及要求，包括全额支付贵行可能负担的，涉及贵行与代收行或偿付行的交易以及实施或试图实施贵行在本文下的权利的一切法律及其他费用和开支；

（b）贵行遭受的任何损失，该损失作为下列事项之结果：（i）根据上述第 1（d）款而由贵行向任何代收行或偿付行以本公司应付款项的币种以外的币种支付任何款项，以及（ii）本公司应付款项被兑换为其他币种之日与本公司向贵行实行支付之日之间的汇率发生任何变化。

2. 本公司同意在此包含的承诺及协议应是额外的且不应对贵行现在或随后可能持有的任何其他担保构成损害，且不应受到信用证项下的任何中间付款或账户结算或结算的影响。贵行可在任何时候且无须征求本公司的意见，放弃、处置、变更、交换或避免履行或执行任何其他担保或该信用证以及免除任何有关当事人的义务，以及在贵行认为适当时实现上述担保或其中的任何部分。

3. 所有在贵行营业所不可支付的汇票及/或单据将被送至贵行以便在本公司独自承担风险的前提下进行传送，汇票及/或单据在传送过程中产生的任何损失或延误，贵行应没有责任，且尤其对任何代理行、代理人或分代理人的任何行为，疏忽、违约、失败或破产或对在传送过程中产生的任何损失或延误，贵行应没有责任。上述汇票及/或单据可以信函或任何其他方式被传送，或者通过贵行的任何分行、代理行、代理人或分代理人进行的直接或间接传送。而且它们可以被传送至收款人、出票人或付款代理人，以便进行现金支付、信用支付或承兑或证明。

4. 托收应遵循贵行现时有效的规则及规定，以及贵行的代理行、代理人、分代理人以及任何有关国家法律的规则及证明。

5. 尽管有本文中的任何规定，本公司在此放弃陈述、请求、抗辩及获得拒付汇票及/或单据通知的权利，贵行方面在实施任何有关上述承诺及协议的权利、权力、特权或救济过程中的任何延误或疏漏应不会损害权利、权力、特权或救济或被解释为对其的放弃，任何单独或部分地实施任何上述权利、权力、特权或救济也不会影响对上述权利、权力、特权或救济的进一步实施或实施其他任何权利、权力、特权或救济。本文规定的权利、权力、特权或救济应是具有累积性的，并不排除法律规定的任何权利、权力、特权及救济。

6. 贵行在选择贵行的代理时应采取适当的谨慎。但是，在本公司指定贵行自行选择以外的一家代理行情况下，在贵行明确知道本公司承担并确认本公司选择的该代理行的一切行为，而且同意使贵行不会因为由此产生的一切后果而受到损害时，贵行应遵循本公司的指令。

7. 本协议书及其条款和条件以中英文两种文字写成，两种文本如有不一致，以中文本为准。

出口托收委托书背面的条款（英文）

Terms & Conditions

We agree as follows:

1. We undertake to indemnify you and keep you indemnified against:

(a) all liabilities, losses, damages, costs, expenses, claims and demands which you may incur or sustain by reason of your acts, omissions, delays, defaults or negligence in respect of any or all of the matters herein, including all legal and other costs and expenses (on a full indemnity basis) which you may incur in connection with your dealings with any issuing or reimbursing bank under the LC and the enforcement, or attempted enforcement of your rights hereunder;

(b) any loss incurred by you as a result of (i) the payment of any amount by you to issuing or reimbursing bank under Clause 1 (d) above being in a currency other than that in which such amount is payable by us hereunder, and (ii) any variation having occurred in the rates of exchange between the date as at which the amount payable by us is converted into such other currency and the date of actual payment by us to you.

2. We agree that the undertakings and agreements contained herein are in addition and without prejudice, to any other security or securities which you may now or subsequently hold, and are not affected by any intermediate payment or settlement of account or settlement under the LC. You may at anytime and without reference to us give up, deal with, vary, exchange or abstain from performing or enforcing any other security or the LC at any time and discharge any party to it, and realize it or any of them as you think fit.

3. All draft and/or documents not payable at your office are sent to you for transmission at our risk alone and in particular without responsibility on your part for any act, neglect, default, failure or insolvency of any correspondent, agent or sub-agents or for any loss or delay arising in the course of transmission. They may be transmitted by mail or any other means, be routed directly or circuitously through any of your branches, correspondents, agents or sub-agents. Further they may be transmit-

ted to the drawee, maker or paying agent for payment in cash, credit or for acceptance or certification.

4. Collections are subject to your rules and regulations for the time being in force, and to those of your correspondents, agents, sub－agents and the laws of any country concerned.

5. Notwithstanding any provisions herein, we hereby waive presentment, demand, protest and notice of dishonor of the draft and/or documents, NO delay or omission on your part in exercising any right, power, privilege or remedy in respect of these undertakings and agreements shall impair such right, power, privilege or remedy or be construed as a waiver of it nor shall any single or partial exercise of any such right, power, privilege or remedy preclude any further exercise of it or the exercise of any other right, power, privilege or remedy. The rights, powers, privileges and remedies provided herein and indemnity are cumulative and not exclusive of any rights, powers, privileges or remedies provided by law.

6. You will exercise due diligence in the selection of your agents. However, in the event we designate a correspondent other than the one of your own selection you will follow our instructions upon the explicit understanding that we assume and confirm all the acts of such correspondent of our own choice and agree to hold you harmless from all consequences thereof.

7. This Collection Order and its Terms and Conditions are made both in English and Chinese languages, if there is any discrepancy between both versions, the Chinese version shall prevail.

第二步：托收行验对客户提交的单据并审核托收指示后作成托收面函，见附式5－12。

附式5－12　托收面函

COLLECTION INSTRUCTION ②

DATE:20200307

OFFICE: SHANGHAI BRANCH
ADDRESS: NO. RD. SHANGHAI CHINA P.C.200003
SWIFT: MSBCCNBJ A002
TELEX: 33053CMBCSCN
FAX: 8621-××××××××

WHEN CORRESPONDING PLEASE QUOTE OUR REF NO. → 0201OC07×××××

MAIL TO (COLLECTING BANK) ③
BANK OF AMERICA
HONGKONG BRANCH
979 DEVON STREET, HONG KONG

Dear Sirs,
We enclose the following draft(s)/documents as specified Hereunder which please collect in accordance with the Instructions indicated herein.

DRAWER
SHANGHAI HEHE IMP & EXP CO LTD.
No.40 WUNING ROAD, SHANGHAI 200060 CHINA

DRAWEE
ABC (HONG KONG) CO LTD.
HONG KONG

Deliver documents against **ACCEPTANCE**	Due date/Tenor **AT 60 DAYS SIGHT**
Drawer's Ref. No. **INV.001**	AMOUNT **USD10 000.00**

DOCUMENTS

Draft	Invoice	P/L	C/O, Form A	B/L	AWB	I/P	C/R	I/C
2	3	3	3	3/3		2/2		1

Special instructions:
[×] Please acknowledge receipt of this Collection Instruction.
[×] All your charges are to be borne by the drawees.
[×] In case of a time bill, please advise us of acceptance giving maturity date.
[×] In case of dishonour, please do not protest but advise us of non-payment/non-acceptance by telex/airmail, giving reasons.

Disposal of proceeds upon collection:
PLEASE PAY THE ABOVE TOTAL AMOUNT TO (_________________) FOR CREDIT OUR HEAD OFFICE (MSBCCNBJ××××) A/C No. ------------------------ IN FAVOUR OF CHINA MINSHENG BANKING CORPORATION LIMITED SHANGHAI BRANCH (MSBCCNBJA002) QUOTING OUR ABOVE REF.No.

REMARKS

Unless otherwise specified this Collection is subject to Uniform Rules for Collections(ICC Brochure No.522)

For CHINA MINSHENG BANKING CORP., LTD. SHANGHAI BR.

Authorized Signature(s)

第三步： 3 月 9 日代收行发送 SWIFT 报文 MT410，通知已收到托收指示及单据：

```
------------------------------ Message Header ---------------------------------
SWIFT Output   : FIN 410 Acknowledgement
Sender         : BOFAHKH×××
Receiver       : MSBCCNBJ002
--------------------------------- Message Text ---------------------------------
  20: Sending Bank's TRN
      BOA1234567
  21: Related Reference
      0201OC07×××××
32K: Amount Acknowledged
      D060ST（表示：at 60 days sight）
      Currency       : USD（US DOLLAR）
      Amount         : #10000#
```

第四步： 代收行将单据提示给进口商 ABC（HONG KONG）CO. LTD.，要求其承兑取单，但遭到 ABC 公司的拒绝，3 月 13 日代收行发送 SWIFT 报文 MT416 至托收行，通知拒付：

```
------------------------------ Message Header ---------------------------------
SWIFT Output : FIN 416 Advice of Non-payment/Non-acceptance
Sender       : BOFAHKH×××
Receiver     : MSBCCNBJ002
--------------------------------- Message Text ---------------------------------
  20: Sending Bank's TRN
      BOA1234567
  21: Related Reference
      0201OC07×××××
23E: Advice Type
      NACC（表示：Non-Acceptance，拒绝承兑）
77A: Reason for Non-payment/Non-acceptance
      REFER TO DRAWEE（表示：由于付款人原因）
32B: Face Amount of Document（s）
      Currency       : USD（US DOLLAR）
      Amount         : #10000#
```

第五步： 托收行将拒付通知出口商，出口商自行与进口商协商后，3 月 16 日进口商到代收行承兑汇票，取走单据。代收行发送 SWIFT 报文 MT412 至托收行，通知承兑，付款到期日为 2020 年 5 月 15 日：

```
------------------------------ Message Header ---------------------------------
SWIFT Output : FIN 412 Advice of Acceptance
Sender       : BOFAHKH×××
Receiver     : MSBCCNBJ002
--------------------------------- Message Text ---------------------------------
  20: Sending Bank's TRN
      BOA1234567
  21: Related Reference
      0201OC07×××××
32A: Mat Dt, Curr Code, Amt Accepted
      Date           : 15 May 2020
      Currency       : USD（US DOLLAR）
      Amount         : #10000#
```

第六步： 至 5 月 18 日托收行仍未收到款项，于是发送 SWIFT 报文 MT420 至代收行查询催收：

```
------------------------------ Message Header ---------------------------------
SWIFT Output   : FIN 420 Tracer
Sender         : MSBCCNBJ002
```

```
Receiver          : BOFAHKH×××
-------------------------------- Message Text --------------------------------
  20: Sending Bank's TRN
      0201OC07×××××
  21: Related Reference
      BOA1234567
 32K: Amount Traced
      D060ST
      Currency          : USD (US DOLLAR)
      Amount            : #10000#
  30: Date of Collection Instruction
      200302
  59: Drawee-Name & Address
      ABC (HONG KONG) CO. LTD.
  72: Sender to Receiver Information
      /REC/ PLS. CONFIRM PAYMENT BY SWIFT
      //QUOTING OUR REF. 0201OC07×××××
```

第七步：代收行催促 ABC（HONG KONG）公司付款后，发送 SWIFT 报文 MT400 至托收行，通知付款：

```
----------------------------- Message Header --------------------------------
FIN 400 Advice of Payment
Sender   : BOFAHKH×××
Receiver : MSBCCNBJ002
-------------------------------- Message Text --------------------------------
  20: Sending Bank's TRN
      BOA1234567
  21: Related Reference
      0201OC07×××××
 32B: Amount Collected
      Currency          : USD (US DOLLAR)
      Amount            : #10000#
 33A: Proceeds Remitted
      Date              : 21 May 2020
      Currency          : USD (US DOLLAR)
      Amount            : #9980#
 53A: Sender's Correspondent - BIC
      MRMDUS33
 54A: Receiver's Correspondent - BIC
      PNBPUS3NNYC
 71B: Details of Charges
      CLAIM USD 10 000, 00/CHRGS USD 20, 00
```

2020 年 5 月 22 日，托收行收到款项并解付给出口商。

下面结合银行往来的 SWIFT 报文试举一笔详细的进口代收业务实例。

2020 年 7 月 23 日，中国民生银行上海分行收到从大通纽约（CHASE BANK，NY）寄来的托收单据（托收面函见附式 5－13）。出票人（DRAWER）是 BASF SOUTH EAST ASIA LTD，付款人（DRAWEE）是 SHANGHAIMEILONGZHEN（GROUP）CO. LTD.。托收金额为 USD 19 500.00，托收方式为远期付款交单（D/P 60 DAYS AFTER SIGHT），托收行编号为 ICID－598613。随同托收面函一同寄来的还有汇票（见附式 5－14）、发票（见附式 5－15）、提单（见附式 5－16）、装箱单（见附式 5－17）和保险单（见附式 5－18）等。

附式 5－13　托收面函

JPMorganChase

JPMorgan Chase Bank, N.A.
Mail Code IL1-0236
300 S. Riverside
Chicago, IL 60670-0236

Telephone: (312) 954-1969
Fax: (312) 954-1963
Telex: ITT 420120 CMBUI
SWIFT: CHASUS33×××

DOCUMENTARY COLLECTION

We enclose the following for collection and remittance:

Date: 14/18/07

Collecting Bank China Minsheng Banking Corp. Ltd. Shanghai Branch 48 Weihai Road Shanghai, CHINA	Drawee Shanghai MeiLong Zhen (Group) Co.,LTD NO. 180, LANE 405, ZHEN NING ROAD, SHANGHAI, CHINA
Principal (Drawer) **BASF South East Asia Pte Ltd.** Reference: 320965	Our Reference: ICID-598613 Draft Amount: USD 19,500.00 Tenor: D/P 60 days after sight

	Commercial Invoice	Original Bill of Lading	Copy Bill of Lading	Air Way Bill	Certificate of Origin	Packing List	Consular Invoice	Insurance Policy/Cert.	Certificate of Analysis
ORIGINALS:	1	3 / 0		0	1	1	0	2	0
COPIES:	0		3	0	0	0	0	0	0

THE ENCLOSED DOCUMENTS HAVE BEEN SENT TO YOU FROM THE PRINCIPAL/DRAWER OR THEIR AGENT. PLEASE FOLLOW INSTRUCTIONS INDICATED BELOW AND COLLECT AND REMIT PAYMENT AND ANY RELATED COMMUNICATIONS DIRECTLY TO JPMORGAN CHASE BANK, N.A. ATTENTION: DOCUMENTARY COLLECTIONS DEPT. QUOTING OUR REFERENCE NUMBER ICID-598613

This collection is subject to the Uniform Rules for Collections published by the International Chamber of Commerce in effect on the date hereof.

PAYMENT INSTRUCTIONS

Send SWIFT MT400 authorizing JPMorgan Chase Bank, N.A. to debit your account OR remit payment to JPMorgan Chase Bank, N.A., New York, NY, via CHIPS ABA number 002, UID 053273 for the account of Global Trade Services, Or via FedWire to JPMor Chase Bank, N.A., New York, NY, ABA number 021000021 for credit Global Trade Services A/C No. 324331754 always quoting our Reference above.

COLLECTION INSTRUCTIONS:
Acknowledge Receipt
Advise Payment by Swift　　Advise Non-Payment by Swift
Protest Both Non-Payment and Non-Acceptance.
Our bank charges are for the account of the Drawer.
Collecting Bank charges and expenses are for the account of the Drawee.
Deliver Documents against Payment.

Date Format: MM/DD/YY

附式 5－14　汇票

Bill of Exchange　　20 July 2020

No.: 3927326950	Exchange for: USD 19 500.00 Pay this first Bill of Exchange (second being unpaid)
At: D/P 60 days after sight	
Pay to the order of: JPMorgan Chase Bank, N.A.	
The Sum of: ********** USD Nineteen Thousand Five Hundred Only **********	
Value: Received	
To: Shanghai MeiLong Zhen (Group) Co.,LTD NO. 180, LANE 405, ZHEN NING ROAD, SHANGHAI, CHINA	For and on behalf of: BASF South East Asia Pte Ltd 7 Temasek Boulevard. #35-01 Suntec Tower One. Singapore 038987 Authorised Signature(s) (and Company Stamp if Applicable)

Revision 1.4

附式 5－15 发票

The Chemical Company

INVOICE

BASF South East Asia Pte Ltd

Registration No. 197801536N
7 Temasek Boulevard. #35-01 Suntec Tower One. Singapore 038987
Telephone: (65) 6337 0330. Telefax: (65) 6334 0330

BILL TO : 622942
Shanghai MeiLong Zhen (Group) Co.,LTD
NO. 180, LANE 405,
ZHEN NING ROAD, SHANGHAI, CHINA
-

INVOICE NO. / DATE : 3927326950 / 06.07.2020
PAYMENT TERMS : D/P 60 days after sight
INCOTERMS : CIF - Shanghai, CHINA
CURRENCY : USD
PAGE : 1

PRODUCT	SBU	QUANTITY UM	UNIT PRICE	AMOUNT
53680824 Uvinul 3035 25kg Carton with PE-Bag	EVP	1,000.000 KG	19.50 USD/1 KG	19,500.00

Batch No.: 070431P050 1,000.000 KG Country of Origin: GERMANY

Sales Order No.: 1327312448/000010
Customer P.O. No.: 1418069517/000010
Ack No.: 3003881871/000010

LC Packaging Text:
GROSS WEIGHT OF EACH PACKAGE (WITH PALLET) : 27.51 KGS
GROSS WEIGHT OF EACH PACKAGE (WITHOUT PALLET) : 26.515 KGS
NET WEIGHT OF EACH PACKAGE : 25.00 KGS
QUANTITY OF EACH PACKAGE : 25.00 KGS

Items Total 19,500.00
Net Total 19,500.00

CONTRACT NO. 1418069517

Total Number of Packages: 40 CARDBOARD/PAPERBOARD BOX ON 2 PALLETS

Shipping Marks: As per B/L

Net Weight 1,000.000 KG
Gross Weight 1,100.400 KG

For BASF South East Asia Pte Ltd.

Revision 1.5 MDSGH057968

附式 5－16　提单

COMBINED TRANSPORT

BILL OF LADING　No. LEX BRE 707 858 0441

2001578760

AC CONTAINER LINE

NON VESSEL OPERATING COMMON CARRIER

ORIGINAL

Anker Chartering GmbH
Kap-Horn-Straße 18 · 28237 Bremen · Germany
E-Mail: info@ankerchart.de · Internet: www.anker-leschaco.com

Shipper:
Basf South East Asia Pte Ltd.
Singapore

Consignee: 7078580441 / 1001 / 273 / 3 / 6
to order

Notify address:
Shanghai MEILUN Zhen
(Group) Co., Ltd.
No. 180, Lane 405
Zhen Ning Road, Shanghai
China

Pre-carriage by:	Place of receipt: CFS Bremen
Ocean vessel Voy. No.: 0128E COSCO NINGBO	Port of loading: Hamburg
Port of discharge: Shanghai	Place of delivery: CFS Shanghai

Marks & Nos.	Number and kind of packages	description of goods	Grossweight
AS PER APPENDIX	SAID TO CONTAIN AS PER APPENDIX 2* Freight prepaid		GROSS WEIGHT KILOS 1,100,400*KG

SHIPPED ON BOARD　COSCO NINGBO
AT: Hamburg
ON: 17.07.2020
LEXZAU, SCHARBAU GMBH & CO.KG

loaded into consolidated container No. SESU6014224

Description of goods and gross weight kilos as per shipper's declaration

SHIPPED ON BOARD

In apparent good order and conditions (unless otherwise stated herein) the goods above mentioned from the place of receipt or the port of loading to the port of discharge or the place of delivery, whichever applicable in accordance with the above entries. The goods to be delivered at the above mentioned port of discharge or place of delivery, whichever applicable, on payment of outstanding freight and charges. All the foregoing shall always be subject to the exceptions, limitations, conditions and liberties set out on this page and overleaf, to which the merchant agrees by accepting this B/L.

In Witness whereof the original Combined Transport Bills of lading all of this tenor and date have been signed in the number stated below, one of which being accomplished the other(s) to be void.

Cubage: 2,880 cbm

DISBURSEMENT $

Freight amount	Freight payable at: Hamburg	Place and date of issue: Bremen 17.07.2020
For delivery apply to: Leschaco China Ltd. Rm 508, No. 800 Xi Kang Road, Ben Ben Mansion, Shanghai, 200040 Tel: 86-21-62889830#803 Fax: 86-21-62889832	Number of original BL's: 3 / Three	For the carrier: LEXZAU, SCHARBAU GMBH & CO.KG as agent for the carrier: AC CONTAINER LINE.

附式 5－17 装箱单

BASF

The Chemical Company

PACKING LIST

BASF South East Asia Pte Ltd

Registration No. 197801536N
7 Temasek Boulevard. #35-01 Suntec Tower One. Singapore 038987
Telephone: (65) 6337 0330. Telefax: (65) 6334 0330

BILL TO: 622942		
Shanghai MeiLong Zhen (Group) Co.,LTD NO. 180, LANE 405, ZHEN NING ROAD, SHANGHAI, CHINA -	INVOICE NO. / DATE	: 3927326950 / 06.07.2020
	PAYMENT TERMS	: D/P 60 days after sight.
	INCOTERMS	: CIF - Shanghai, CHINA
	CURRENCY	: USD
	PAGE	: 1

PRODUCT	SBU	QUANTITY UM
53680824 Uvinul 3035 25kg Carton with PE-Bag	EVP	1,000.000 KG

Batch No.: 070431P050 1,000.000 KG Country of Origin: GERMANY

Sales Order No.: 1327312448/000010
Customer P.O. No.: 1418069517/000010
Ack No.: 3003881871/000010

LC Packaging Text:

GROSS WEIGHT OF EACH PACKAGE (WITH PALLET) : 27.51 KGS
GROSS WEIGHT OF EACH PACKAGE (WITHOUT PALLET) : 26.515 KGS
NET WEIGHT OF EACH PACKAGE : 25.00 KGS
QUANTITY OF EACH PACKAGE : 25.00 KGS

CONTRACT NO. 1418069517

Total Number of Packages: 40 CARDBOARD/PAPERBOARD BOX ON 2 PALLETS

Shipping Marks: As per B/L

Net Weight 1,000.000 KG
Gross Weight 1,100.400 KG

For BASF South East Asia Pte Ltd

MDSGH057968

附式 5－18　保险单

Certificate (Policy) of Marine Insurance

ORIGINAL

Sum Insured	Place and Date of Issue	Issued in	Open Cover No./Certificate No.
USD 21450.00	Singapore 17JUL20	DUPLICATE	1.062.603/ SGHSBC0708626

This is to certify that insurance has been granted under the Open Cover to
BASF South East Asia Pte Ltd

Premium Paid

for account of whom it may concern, on the following goods:
CIF SHANGHAI, CHINA
Goods are as per Invoice no. 3927326950 dated 06JUL20

by and/or other vessel and/or conveyance for the following voyage:
Voyage: From BREMEN to HAMBURG to SHANGHAI by sea
by COSCO NINGBO V.0128E sailed on 17JUL20

from warehouse to warehouse in accordance with the "Transit Clause" -Clause 8 of the Institute Cargo Clauses (A)/Clause 5 of the Institute Cargo Clauses (Air)-, as printed overleaf.

Conditions

1. Institute Cargo Clauses – I.C.C. (A)/(Air) of 1.1.1982
2. Institute War Clauses (Cargo)/(Air Cargo) of 1.1.1982
3. Institute Strikes Clauses (Cargo)/(Air Cargo) of 1.1.1982
4. Institute Theft, Pilferage and Non-Delivery (Insured Value) Clause /(I.V.) Clause
5. Institute Radioactive Contamination Exclusion Clause of 1.10.1990
6. Institute Radioactive Contamination, Chemical, Biological, Bio-Chemical and Electromagnetic Weapons Exclusion Clause (CL 370)
7. Termination of Transit Clause (Terrorism)
8. Conditions in accordance with the Open Cover and further written conditions and/or insurance conditions according to the Letter of Credit:
   CLAIMS PAYABLE IN CHINA, IN CURRENCY OF THE DRAFT, COVERING
   ALL RISKS AND WAR RISKS

9. Claims payable to the bearer of this Policy (Certificate). Settlement under one issue shall render all others null and void.

See overleaf for Instructions to be followed in case of loss or damage.
In case of loss or damage exceeding US $ 500 immediately contact:

CLAIM-SETTLING AGENT IN CHINA:

SHANGHAI ORIENT INTERTEK TESTING SERVICES CO LTD
CENTURY AVENUE 1090, ROOM 206, CIMC TOWER, PUDONG NEW DISTRICT, CN

Tel: (021) 58549393
Fax: (021) 58356439

For and on behalf of all insurance companies participating:

Basler Securitas
Versicherungs-Aktiengesellschaft

Basler Securitas Versicherungs-Aktiengesellschaft Sitz der Gesellschaft: Bad Homburg v.d.H. Amtsgericht Bad Homburg v.d.H., HRB 9357
Vorstand: Dr. Frank Grund – Vorsitzender, Clemens Fuchs, Hubertus Ohrdorf, Dr. Christoph Wetzel Aufsichtsratsvorsitzender: Dr. Frank Schnewlin
Basler Straße 4, Postfach 1145, 61281 Bad Homburg v.d.H. Internet: www.basler-securitas.de E-Mail: info@basec.de

中国民生银行上海分行收到单据后制作代收行面函（编号为0209IC07000040），并向托收行大通纽约（CHASE BANK，NY）发出MT410确认报文，确认已经收到单据：

```
------------------------------ Message Header --------------------------------
SWIFT Output   : FIN 410 Acknowledgement
Sender         : MSBCCNBJ002
Receiver       : CHASUS33
-------------------------------- Message Text ---------------------------------
  20: Sending Bank's TRN
      0209IC07000040
  21: Related Reference
      ICID-598613
 32K: Amount Acknowledged
      Currency          : USD (US DOLLAR)
      Amount            : #19500#
```

同时中国民生银行上海分行将单据提示给付款人SHANGHAIMEILONGZHEN（GROUP）CO. LTD.，要求其承兑汇票并确认远期付款赎单日期。

2020年7月25日，付款人作出书面承诺，同意承兑汇票，到期赎单。代收行发送MT412报文给托收行，通知承兑，付款到期日为2020年9月23日：

```
------------------------------ Message Header --------------------------------
SWIFT Output   : FIN 412 Advice of Acceptance
Sender         : MSBCCNBJ002
Receiver       : CHASUS33
-------------------------------- Message Text ---------------------------------
  20: Sending Bank's TRN
      0209IC07000040
  21: Related Reference
      ICID-598613
 32A: Mat Dt, Curr Code, Amt Accepted
      Date              : 21 SEP 2020
      Currency          : USD (US DOLLAR)
      Amount            : 19500
  72: Send to receiver information
      /HOLD/（单据由银行暂为保管）
```

2020年9月21日，付款人付款赎单，代收行扣其账户后根据托收面函上的付款指示付款，同时发送MT400报文给托收行，通知付款。

需要说明的是，花旗银行为中国民生银行的美元账户行，中国民生银行在付款时直接将MT202付款报文发送给花旗银行纽约分行。

具体流程如图5－15、图5－16所示。

2020年9月21日，代收行根据托收指示付款交单。至此，该笔进口代收业务结束。

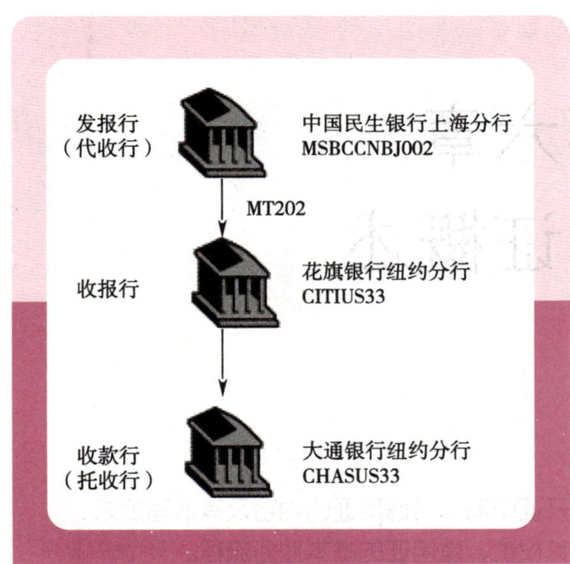

图 5－15　MT202：代收行收妥货款电汇汇入花旗银行纽约分行开立的托收行账户

表5－11　MT202

注　解	报文格式
发报行	MSBCCNBJ002
报文类型	202
收报行	CITIUS33
发报行编号	20：0209IC07000040
相关业务编号	21：ICID－598613
起息日、币种、金额	32A：200921 USD 19500
收款行	58A：CHASUS33
附言	72：/BNF/FOR FURTHER CREDIT TO YR GLOBAL TRADE SERVICES

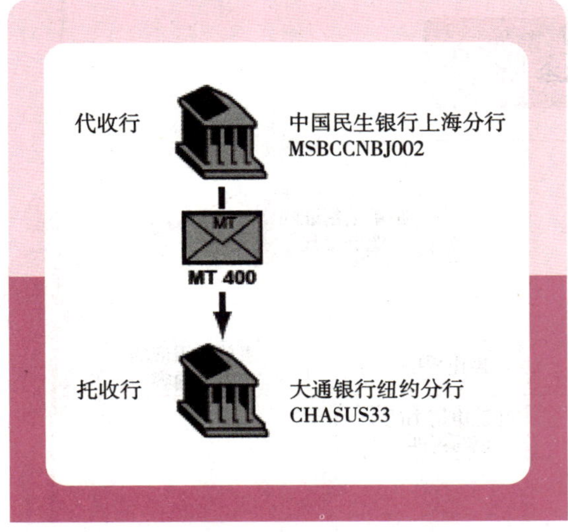

图 5－16　MT400：代收行电告托收行它已收妥和汇出款项

表5－12　MT400

注　解	报文格式
发报行	MSBCCNBJ002
报文类型	400
收报行	CHASUS33
发报行编号	20：0209IC07000040
相关业务编号	21：ICID-598613
代收金额	32A：USD 19500
汇出金额	33A：200921 USD 19500
发报行的代理行	53A：CITIUS33

第六章
信用证概述

本章学习要点

- 了解信用证的起源与演化；
- 熟悉信用证各业务主体间的关系、开证申请书与信用证的内容及其填写要求；
- 掌握信用证定义、信用证当事人及其权责、信用证的基本业务流程。

本章知识结构

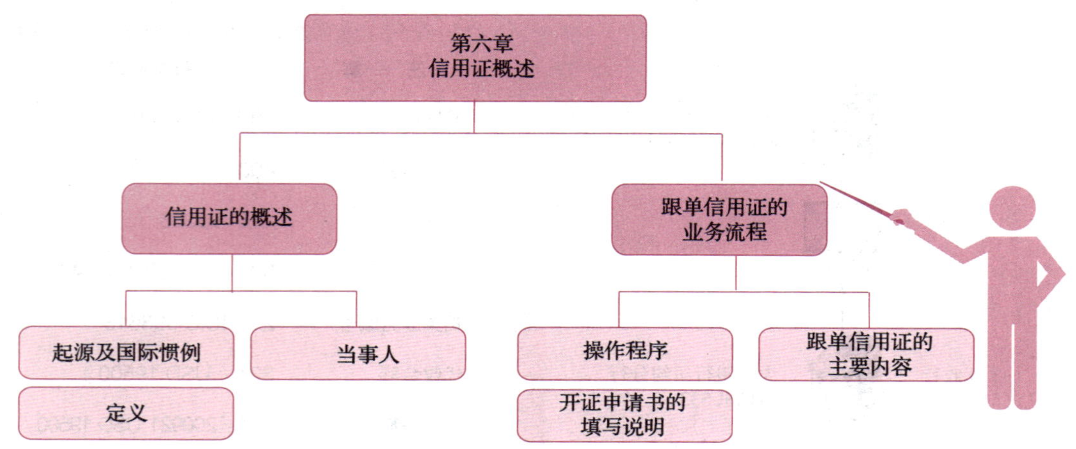

第一节　信用证的基本概念

一、信用证的定义、性质及其作用

（一）跟单信用证的起源

跟单信用证起源于旅行信用证。19 世纪初，支付票据化逐渐流行。旅行信用证是银行为了便利旅客到国外旅行时就地支取旅费、杂费所开立的信函式的信用证，旅行者既是信用证申请人，也是受益人。证内列有指定的国外代理行名单，受益人持证到各地指定代理行填写收据凭证取款，代理行垫付款项后，开立以开证行作为受票人、代理行作为收款人、金额为垫款金额的汇票，并加上手续费；开证行收到汇票后，偿付垫款。19世纪中叶，海上运输业的发展使用了提单，货物单据化。保险、公证、检验中介服务机构的发展，使用了保险单、检验证，履约证书化，形成了商业跟单信用证。

（二）信用证统一惯例的沿革

自19世纪以来，随着国际贸易的发展，跟单信用证逐渐成为国际结算的一种通用支付方式。《跟单信用证统一惯例》（*Uniform Customs and Practice for Documentary Credits*，UCP）是在长期的贸易实践中发展起来，由国际商会（International Chamber of Commerce，ICC）加以成文化，旨在确保在世界范围内将信用证作为可靠支付工具的一套国际惯例。虽然其不是国际公约，也不是信用证方面的成文法，但实际上已成为国际贸易中被世界各国广泛接受的一套实务规则。

1933年5月在维也纳举行的ICC第七次年会通过了关于采用《商业跟单信用证统一惯例》（*Uniform Customs and Practice for Commercial Documentary Credits*）的决定。该统一惯例作为UCP的最初版本，以ICC第82号出版物颁布施行。

2007年7月1日，UCP 600正式启用。相对于UCP 500，UCP 600更加方便贸易操作，也顺应了时代变迁以及科技发展方向。

UCP 600的条文编排参照了ISP98的格式，对UCP 500的49个条款进行了大幅度的调整及增删，变成现在的39条。第1～5条为总则部分，包括UCP的适用范围、定义条款、解释规则、信用证的独立性等；第6～13条明确了有关信用证的开立、修改、各当事人的关系与责任等问题；第14～16条是关于单据的审核标准、单证相符或不符的处理的规定；第17～28条属单据条款，包括商业发票、运输单据、保险单据等；第29～32条规定了有关款项支取的问题；第33条为交单时间；第34～37条属银行的免责条款；第38条是关于可转让信用证的规定；第39条是关于款项让渡的规定。

（三）信用证的定义

2013年出版的 *Guide to Documentary Credits* 对信用证的定义为：A documentary credit is an irrevocable undertaking issued by a bank whereby it undertakes to make payment to the named beneficiary provided the documents stipulated in the documentary credit are presented and all of its terms and conditions are complied with.

国际商会对信用证所下的一般定义为：跟单信用证是银行有条件的付款承诺；详细地说，信用证是开证银行根据申请人的要求和指示、向受益人开立的、在一定期限内凭规定的符合信用证条款的单据、即期或在一个可以确定的将来日期承付一定金额的书面承诺。

UCP 600关于信用证的定义为：信用证是指一项不可撤销的安排，无论其名称或描述如何，该项安排构成开证行对相符交单予以承付的确定承诺。

UCP 600将信用证定义为开证行的一项安排（Arrangement，即信用证开立于国际货物买卖合同订立之后，是根据国际货物买卖合同，为顺利完成货款的支付而作出的专门性付款安排），该项安排构成开证行的一种承诺（Undertaking）。从定义中可知，信用证是有条件的付款承诺，是由开证行发出的、不可撤销的、以提交与信用证条件相符的单据为条件的付款承诺。

根据这一定义，信用证具备以下三个要素：

（1）信用证应当是由开证行开出的确定承诺的文件。

（2）开证行的承付承诺不可撤销。

（3）开证行承付条件是相符交单。

其中涉及两个相关的含义：

（1）相符交单（Complying Presentation）：是指与信用证条款、UCP 600 的相关适用条款以及国际标准银行实务一致的交单。

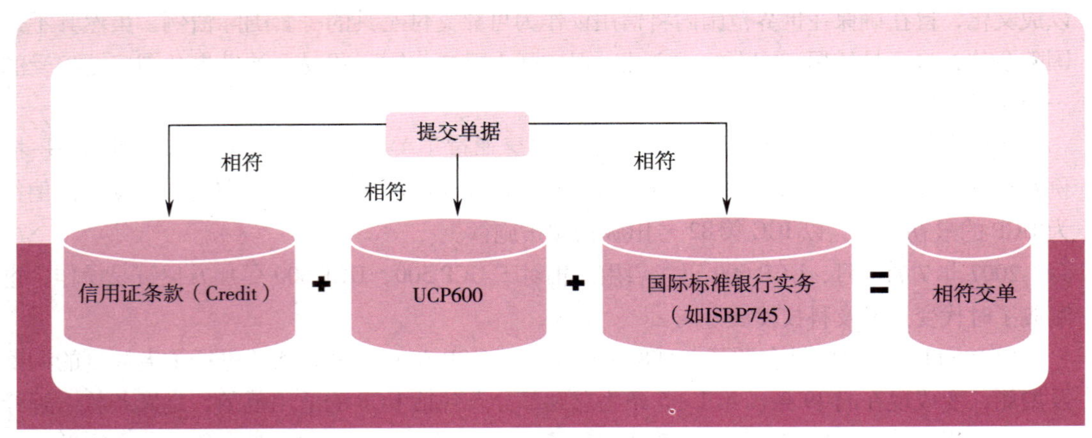

图 6－1

（2）承付（Honour）：是指如果信用证为即期付款信用证，则即期付款；如果信用证为延期付款信用证，则承诺延期付款并在承诺到期日付款；如果信用证为承兑信用证，则承兑受益人开出汇票并在汇票到期日付款。

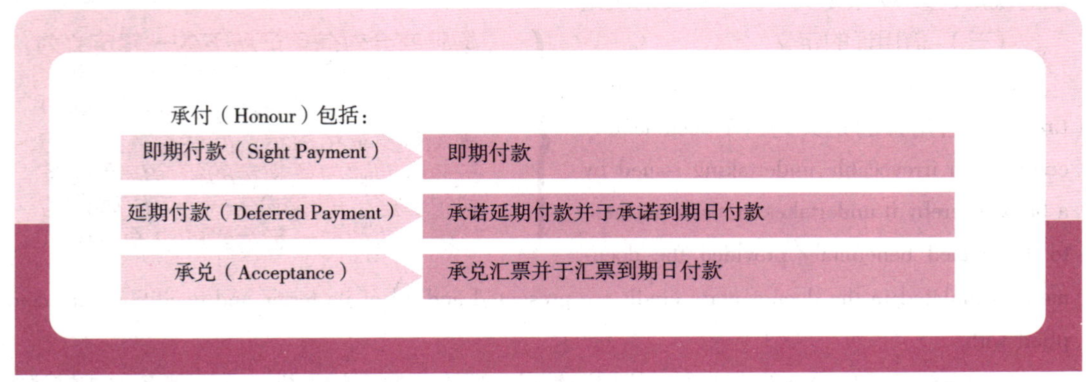

图 6－2

（四）信用证的特点

跟单信用证应贯彻独立和分离的原则（Independent and Abstraction Principle），即：

1. 信用证是一种银行信用。开证行承担第一性的付款责任（Primary Liabilities for Payments），但是是有条件的付款承诺。只要将规定的单据提交给开证行，并且构成相符交单，开证行就必须承付。根据 UCP 600 第 7 条，如果信用证为以下情形之一，开证行负第一性付款责任。

（1）信用证规定由开证行即期付款、延期付款或承兑；

（2）信用证规定由被指定银行即期付款但其未付款，

（3）信用证规定由被指定银行延期付款但其未承诺延期付款，或其虽承诺延期付款，但未在到期日付款；

（4）信用证规定由被指定银行承兑，但其未承兑以其为付款人的汇票，或虽承兑了汇票，但未在到期日付款；

（5）信用证规定由被指定银行议付但其未议付。

开证行自开立信用证之时即不可撤销地承担承付责任。只要受益人交单相符，开证行独立地履行其付款承诺，不受其他当事人的干扰。无论是被指定银行还是受益人向开证银行交单，开证行必须履行其付款承诺，而不管开证申请人是否有付款的意愿或者能力。信用证体现了银行信用。开证行以自己的信用作出付款保证，这种保证与一般担保业务不同。在一般的担保业务中，只有被担保人不履约时，担保人才承担付款义务；而信用证业务中的开证行承担第一性付款义务，只要交单相符，开证行必须付款，其付款不以进口商的付款为前提条件。

开证行的责任、义务见表6－1。

<table>
<tr><th colspan="4">表6－1　开证行的责任、义务</th></tr>
<tr><td>A. 由开证银行兑用者</td><td colspan="2">即期付款，延期付款，承兑</td><td rowspan="7">开证银行须对相符交单承付</td></tr>
<tr><td rowspan="6">B. 由被指定银行兑用者</td><td>即期付款</td><td>未付</td></tr>
<tr><td rowspan="2">延期付款</td><td>未承担延期付款义务</td></tr>
<tr><td>承担延期付款义务，到期未付</td></tr>
<tr><td rowspan="2">承兑</td><td>未承兑</td></tr>
<tr><td>已承兑到期未付</td></tr>
<tr><td>议付</td><td>未议付</td></tr>
</table>

2. 信用证是独立于合同之外的一种自足文件（Self－sufficient Document）。虽然信用证的开立是以买卖合同作为依据，但信用证一经开出，就成为独立于买卖合同的一份自足的契约，不受买卖合同的约束。开证行和参与信用证业务的其他银行只按信用证的规定办事。

信用证是与买卖合同相分离的独立文件。信用证项下的开证申请人应具备的一种基本技能是能将贸易合同的条款全部转化为开证申请书上的条款。

信用证的基础第一是买卖合同，第二是买方与开证行的开证申请书和担保协议，第三是开证行在这两个文件的基础上才向受益人开立信用证。但是，这些文件是相互独立的，每个文件只能约束相关当事人。

UCP 600 第4条a款规定：就其性质而言，信用证与可能作为其开立基础的销售合同或其他合同是相互独立的交易，即使信用证中含有对此类合同的任何援引，银行也与该合同无关，且不受其约束。

信用证的特点就是独立于合同，并不受合同的限制。虽然信用证条款中出现了合同号，但银行并不对合同负责。合同条款是否与信用证条款一致，所交单据是否符合合同要求等，银行一律不过问。如果在信用证货物描述条款中出现“goods as per contract No... dated...”等字样，银行只需确认在提交的有关单据上注明上述字样，而无须越过单据涉入基础合同、交易中去验证，这也就是本款中“即使信用证中含有对此类合同的任何援引”所要表达的意思。这里可引申出信用证中银行只管单据不管货物的交易原则，实际上是信用证独立性原则的具体化。

a 款继续规定：“因此，银行关于承付、议付或履行信用证项下其他义务的承诺，不受申请人基于其与开证行或与受益人之间的关系而产生的任何请求或抗辩的影响。受益人在任何情况下不得利用银行之间或申请人与开证行之间的合同关系。”例如，开证申请人不得基于受益人违反了基础合同而对开证行在信用证下的承付责任施加影响，要求开证行拖延付款、少付款或不付款；开证行也不得因为申请人宣称无法履行与其签订的委托偿付合同或申请人在委托偿付合同下的无力偿付（如因为破产）而影响开证行在信用证下的付款责任。

第 4 条 b 款规定：“开证行应劝阻申请人试图将基础合同、形式发票等文件作为信用证组成部分的做法。”本条款的目的是保持信用证的简洁、清晰和便于操作。银行应劝阻申请人把过多的细节列入信用证或修改。进口商将过多的合同内容列入信用证，实际上并不能起到保护进口商利益的作用。如果出口商蓄意欺诈，以次充好，进口商的利益仍得不到保障。因为信用证处理的是单证业务，银行只管单据，不管货物质量的好坏。

3. 信用证是纯粹的单据化业务（Pure Documentary Business）。银行处理的是单据，而不是货物。银行虽然有义务合理小心地审核一切单据，但是，这种审核只是用于确定表面上是否符合信用证条款。银行只根据表面上符合信用证条款的装运单据付款，至于出口商是否已发货，发出的货物是否与合同相符，银行概不负责。这充分体现了凭单付款的原则。

UCP 600 规定在信用证业务中，有关各方面处理的是单据，而不是与单据有关的货物、服务或其他行为。UCP 600 第 5 条规定：银行处理的是单据，而不是单据可能涉及的货物、服务或履约行为。如果进口商付款后发现货物有缺陷，可凭单据向有关责任方提出损害赔偿要求，而与银行无关。值得注意的是，银行虽有义务“合理小心地审核一切单据”，但这种审核只是用于确定单据表面上是否符合信用证条款，开证行只是根据表面上符合信用证条款的单据付款。银行对任何单据的形式、完整性、准确性、真实性以及伪造或法律效力上所发生的问题，或单据上规定的或附加的一般或特殊条件等方面概不负责。我国《最高人民法院关于审理信用证纠纷案件若干问题的规定》第五条规定：“开证行在作出付款、承兑或者履行信用证项下其他义务的承诺后，只要单据与信用证条款、单据与单据之间在表面上相符，开证行应当履行在信用证规定的期限内付款的义务。当事人以开证申请人与受益人之间的基础交易提出抗辩的，人民法院不予支持……”

（五）信用证的作用

1. 信用证解决了贸易双方互不信任的矛盾。信用证使用的前提是买卖双方缺乏相互满意的信任基础，需要借助银行信用实施国际贸易结算。采用信用证结算，由银行出面担保，只要卖方按合同规定交货就可拿到货款，而买方又无须在卖方履行合同规定的交货义务前支付货款。

2. 保证出口商安全收汇。对出口商来说，信用证可以保证出口商在履行交货后，按信用证条款的规定向银行交单取款，即使在进口国实施外汇管制的情况下，也可保证凭单收到外汇。

3. 保证进口商安全提货。对进口商来说，信用证可以保证进口商在支付货款时即可取得代表货物的单据，并可通过信用证条款来控制出口商按质、按量、按时交货。

4. 进、出口双方均可在信用证项下获得资金融通。对进口商来说，开证时只需缴纳部分押金，单据到达后才向银行赎单付清差额。如为远期信用证，进口商还可以凭信托收据向开证行借单先行提货出售，到期向开证行付款。对出口商来说，在信用证项下货物装运后即可凭信用证所需单据向出口地银行叙做押汇，取得全部货款。

二、信用证的当事人

信用证业务所涉及的基本当事人为三个：开证申请人、开证行和受益人。除此之外，还可能出现保兑行、通知行、被指定银行、转让行和偿付行等，见图6－3。

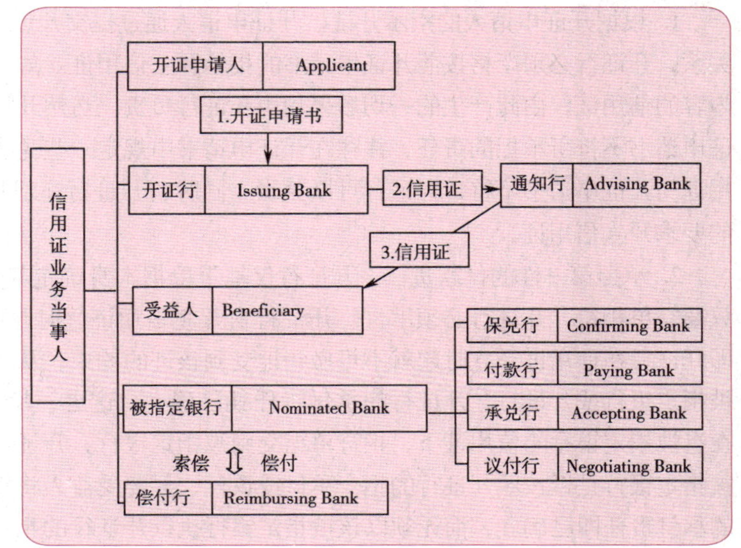

图6－3 信用证业务当事人

（一）开证申请人（Applicant）

在国际贸易中，开证申请人通常是进口商。开证申请人（买方）的权利和义务为：

1. 开立信用证的义务。作为开证申请人，必须根据合同内容，在合理的时间内开证。信用证的内容必须服从合同的内容。若信用证内容与合同不符，受益人提出修改，开证申请人有义务对信用证进行必要的修改。

2. 付款责任。开证申请人通过银行开立了信用证，并不意味着开证申请人付款责任的终结，当受益人通过银行提交了合格单据后，开证申请人应偿付开证行代付的款项。即使银行由于种种原因不能向受益人付款（如倒闭），开证申请人仍有偿付受益人货款的责任。

3. 得到合格单据的权利。在跟单信用证业务中，单据往往代表货权，买方订立合同和开立信用证的目的是得到代表货权的单据，并最终得到合格的货物。如果受益人提供的单据不符合信用证的规定，开证申请人有权通过开证行进行拒付。

4. 对于受益人利用信用证的欺诈行为，在不损及善意第三方利益和开证行未付款的前提下，只要开证申请人有确凿证据证明受益人的欺诈行为，即使受益人提供了符合信用证要求的全套单据，开证申请人也有权请求银行拒付（但银行一般不愿根据申请人的一面之词以欺诈理由拒付），或请求法院通过止付令强制银行停止对信用证的支付（此为通常的做法）。这就是信用证的欺诈例外原则（Fraud Exception Principle）。正是信用证的独立抽象性原则与欺诈例外原则相互依存，才使得信用证支付方式更加公正和完善。

（二）开证行（Issuing Bank）

开证行指应开证申请人要求，为其开立信用证的银行。开证行受三个法律关系的约束：（1）与开证申请人之间的开证及偿付合同；（2）与受益人之间的信用证；（3）与通知行或被指定银行或保兑行或偿付行之间的法律关系。开证行是信用证业务中最重要的一方，开证行的信誉、业务经验是其他当事人参与信用证业务与否的主要考虑依据。其主要权利和义务如下：

1. 根据开证申请人的指示开证。开证申请人通过提交开证申请书与开证行之间确立合同关系，开证行必须严格按照开证申请书的指示开立信用证。如开证行开立了背离开证申请书内容的信用证，由此产生的一切后果均由开证行负责。当然开证行为尽量减轻因信用证与开证申请书不符所承担的责任，往往在开证申请书中规定一些免责条款，由这些原因引起的信用证与开证申请书不符，开证行可以免责。同时，开证行还应按照《跟单信用证统一惯例》的要求开立信用证。

2. 承担第一性的付款责任。开证行仅基于单据本身确定其是否在表面上构成相符交单。只要交单相符，开证行必须承付。开证行自开立信用证之时起即不可撤销地承担承付责任，即开证行在信用证开立时起就不可撤销地受到该证的约束，从这一刻起，只要相符单据交到被指定银行或开证行，开证行的承付责任就已确立，这进一步体现了信用证的不可撤销性。在有被指定银行的信用证下，相符单据交到被指定银行，开证行就必须承付，意味着不管该被指定银行是否按照开证行的指令承付或议付，只要受益人将相符单据提交至该行，开证行的承付责任即已确立，而无须以该被指定银行执行开证行的指示为前提。由此可见，在有被指定银行的信用证中，开证行不得以没有收到单据为由拒绝承担承付责任。比如相符单据在由被指定银行邮寄给开证行的途中丢失，开证行虽然没有收到单据，但其承付或偿付责任已确立，必须付款。

3. 开证行在开立了信用证后，若对符合信用证规定的单据进行了付款，那么开证行有权从开证申请人处获得偿付。但若开证行所开立的信用证背离了开证申请书，或开证行错误地兑付了单证不符的单据，开证申请人有权拒绝偿付。

4. 开证行审核单据的义务。信用证通常规定受益人在请求银行履行付款、承兑或议付义务时，必须向银行提交信用证规定的单据，银行在付款、承兑或议付之前，要审核受益人所提交的单据是否符合信用证规定的条件。UCP 600 也有相应的规定，因此审核单据是开证行的一项重要义务。银行审单应遵循严格相符原则，要求单据在表面上应与信用证的条款严格一致。但同时 UCP 600 对银行审单的免责也进行了规定，即银行对任何单据的形式、完整性、准确性、真实性、虚假性或法律效力等不负责任。

5. 开证行保管单据的义务。受益人按信用证规定将全套单据提交给开证行，在开证行审核单据、兑付货款前的这段时间，开证行作为受益人的受托人有责任保管单据。因此，开证行必须对这期间单据的残缺、改动或损坏等负责。开证行在占有单据期间，不得擅自处置单据。如果开证行认为单据有不符点，就不应将单据正本寄交开证申请人，即使开证申请人宣称需要检验货物，开证行也不能擅自做主。否则，由此引起的后果由开证行承担。当然，在开证行认为单据没有不符点，或受益人通知开证行将正本单据寄交开证申请人的情况下，开证行可以不承担此责任。

（三）受益人（Beneficiary）

受益人一般是出口商或中间商，是接受信用证并享受其利益的一方。受益人受两个合同的约束：与开证申请人之间的贸易合同和与开证行之间的信用证。其权利和义务如下：

1. 受益人所提交的单据，必须做到单单一致、单证一致，必须符合 UCP 600 和 ISBP 的规定，受益人权利的兑现以提交相符单据为前提。受益人应在信用证规定的装运期限内装运货物；按信用证条款规定缮制各种单据；在信用证有效期内向被指定银行或开证行、保兑行（如有的话）交单。只要做到交单相符，就有取得货款的权利。当然，如要求收款后不被开证申请人追索，还需要做到单据和货物一致、单据和合同一致。受益人交单后，如遇开证行对相符单据拒付，有权向开证行提出质问并要求赔偿损失；如交单不符，可以在交单截止日到来前及时更改单据；如开证申请人和开证行一起倒闭，有权行使留置权、扣货并行使停运权。行使这些权利后，有权出售货物给他人，但必须通知开证申请人，如在合理时间内开证申请人未能付款或答复，才能售货给他人，但易腐品除外。如果开证行无支付的意愿或能力，受益人就可以向开证申请人直接交单要求付款，即使开证申请人已交押金，遭受了损失，也不影响受益人的权利；如果是保兑信用证，开证行倒闭可向保兑行要求付款，保兑行也倒闭了，可向开证申请人要求付款。

2. 受益人有要求改证的权利。受益人在收到信用证后，应仔细核对。如发现信用证与合同不符，有权要求修改。如修改后仍不符，且足以造成不能接受，有权拒绝受证，甚至单方撤销合同，并提出索赔。

（四）通知行（Advising Bank）

通知行是指应开证行或申请人在申请书中指定要求将信用证通知受益人的银行。一般通知行是开证行的海外分/联行、代理行或预先由受益人通知申请人指定某银行为通知行。无论任何原因，若通知行选择不将信用证通知受益人，必须将这一决定及时通知开证行。通知行的责任是要核实信用证表面的真实性但不需要承担信用证付款责任，具体包括：

1. 验明信用证的表面真实性。信用证及其任何修改可以经由通知行通知受益人。非保兑行的通知行通知信用证及修改时不承担承付或议付的责任。通知行通知信用证或修改的行为表示其已确信信用证或修改的表面真实性。

2. 通知行应确保信用证的完整性。根据 UCP 600 第 9 条的相关规定，通知行通知信用证或修改的行为，表示其通知已经准确地反映了其收到的信用证或修改的条款。如果通知行发现信用证或修改条款有缺失，应及时联系开证行进行澄清并告知受益人。

UCP 600 增加了第二通知行的概念。通知行可以通过另一银行（第二通知行）向受益人通知信用证及修改。第二通知行通知信用证或修改的行为表明其已确信收到的通知的表面真实性，并且其通知准确地反映了收到的信用证或修改的条款。经由通知行或第二通知行通知的信用证必须经由同一银行通知其后的任何修改。UCP 600 作出如此规定的目的是为了保证通知行信用证档案的完整性，避免银行业务操作的混乱。否则，如果信用证通过 A 银行通知，而随后的修改通过 B 银行通知，则两家银行手中的档案都不完整，被指定银行无法核实受益人所提交的信用证文件是否完整，当然也就无从确定受益人的交单是否构成相符交单了。

在实务中，电开方式项下，开证行一般会在 SWIFT MT700 报文中的第 57A 栏注明第二通知行的名称，但开证行有时会在 MT700 的第 78 栏位注明“PLS ADVISE THIS CREDIT THROUGH ABC BANK”，此时，ABC 银行就是第二通知行。第二通知行往往是受益人的真正往来银行。与通知行（第一通知行）一样，一旦第二通知行向受益人通知了信用证或者修改，即表明其确认了信用证或修改的表面真实性和完整性。如果受益人有证据表明其收到的信用证或者修改的表面真实性和完整性存在问题，则第二通知行应当负责。

如一银行被要求通知信用证或修改，但其决定不予通知，则应毫不延误地告知自其处收到信用证、修改或通知的银行。如一银行被要求通知信用证或修改而其不能确信信用证或修改的表面真实性，则应毫不延误地通知看似从其处收到指示的银行。如果通知行或第二通知行决定仍然通知信用证或修改，则应告知受益人或第二通知行其不能确信信用证、修改或通知的表面真实性。

这里需要注意两点：(1) 一家通知行最重要的责任有两个，除了确定信用证或修改的表面真实性和完整性以外，还必须及时将信用证或修改通知给受益人。因此，如果通知行不能确定信用证、修改或通知的表面真实性，就必须不延误地告知向其发出该指示的银行。(2) 即使通知行暂时不能确定信用证、修改或通知的表面真实性，仍然可以将此文件通知受益人。在实务处理中，即使出现了信用证、修改或通知中印鉴、密押不符的情况，绝大多数的文件经过核实后都是相符的。为了保证受益人有充足的时间执行信用证，通知行一般均会选择通知有关的信用证或修改，并在信用证或者修改的表面上盖章：“印鉴/密押不符，待收到核符通知书后再行出运。”

当然，作为通知银行，有权向开证行收取通知信用证或修改的手续费，但无义务对受益人进行议付或承付货款。如果通知行接受了担任议付或承付或保兑行的责任，它便承担了通知行、被指定银行或保兑行的职责，同时也产生了其职责所应承担的权利和义务。值得注意的是保兑行的议付是无追索权的，而被指定银行的议付将根据其与受益人之间的约定来决定是否有追索权，实务中一般约定为有追索权。

（五）被指定银行（Nominated Bank）

被指定银行是指除了开证行以外，信用证可在其处兑用的银行，如信用证可在任一银行兑用，则任一银行均为被指定银行。被指定银行可以接受开证行的委托和指示，对受益人提交的相符交单予以承付或议付。被指定银行可以是即期付款行、延期付款行、承兑行、保兑行，也可以是议付行。

1. 付款行（Paying Bank）是在信用证中被开证行指定为支付汇票或信用证款项的银行，一般是开证行的海外分/联行或代理行，开证行利用它们作为融资的渠道。

2. 提示行（Presenting Bank）是指向开证行、保兑行或被指定银行提交单据的银行。

3. 承兑行（Accepting Bank）是指在远期信用证中对受益人开出的汇票作承兑的银行，在到期日承兑行必须对其承兑了的汇票付款。

4. 保兑行（Confirming Bank）是指接受开证行的要求和授权在其开出的信用证上加上自身的保证付款承诺的银行。保兑行与开证行有相同的付款责任。保兑的需求是因开证行的资信较差或国家风险太大，不能被受益人接受，所以要求另一家非进口国家的银行或是受益人地国家银行加上保证付款的承诺。要保兑银行承担付款责任，单据必须向保兑行提交（除非在保兑时，保兑银行另有说明），否则保兑行有权不按承诺付款。保兑行付款后，只能向开证行索偿。若开证行无能力或无理拒付，则保兑行无权向受益人或者被指定银行追索。

保兑行的责任和义务如下：

（1）如果规定的单据被提交至保兑行或者任何其他被指定银行并构成相符交单，保兑行必须根据信用证的种类予以承付。开证行对受益人的承付责任与保兑行对受益人的保兑责任是相互独立的。保兑行的这种独立的保兑责任不是后备性、补偿性或从属性的，而是独立的、第一性的。需要注意的是，虽然保兑行与开证行一样，对于相符交单都承担确定的付款责任，但两者仍然是有区别的，开证行不能担任议付行，但保兑行却可以，因为保兑行也是被指定银行，也需要在承付或议付后将单据转送开证行。因此，如果信用证中规定由保兑行议付，则保兑行应无追索权地议付（negotiate without recourse）。

（2）自从为信用证加具保兑之时起，保兑行即不可撤销地受到承付或者议付责任的约束。实务中，保兑行加具保兑通常是通过在信用证正本上加盖“我行已加具保兑”印章的形式表明自己承担的保兑责任。

（3）保兑行保证向对于相符交单已经予以承付或者议付，并将单据寄往保兑行的另一家被指定银行进行偿付。无论另一家被指定银行是否于到期日前对相符交单予以预付或者购买，对于承兑或者延期付款信用证项下相符交单金额的偿付于到期日进行。保兑行偿付另一家银行的承诺独立于保兑行对于受益人的承诺。

（4）UCP 600 规定，被授权加具保兑的银行有权不予照办，但是必须毫不迟疑地通知开证行，并仍可通知此份未经加具保兑的信用证。为降低潜在风险，被授权加具保兑的银行一般对开证行的资信状况以及信用证的条款要加以严格的审查，然后才能决定是否加以保兑，除非两个银行之间的代理协议有硬性规定。应当说，在实务中通知行拒绝为信用证加保的情况还是比较多的。这是因为通知行为信用证加保的一个重要前提是该行为开证行建立了代理行授信额度，如果额度尚未设立或者额度不够使用，则通知行常会婉拒开证行的加保授权或者请求。此时，通知行必须做好两件事：一是不延误地告知开证行自己不准备为信用证加保；二是可以将此份未经加具保兑的信用证通知受益人，并在信用证正本上注明“我行仅作通知，未加保兑”（We advise this credit without adding our confirmation）。需要明确的是，即使通知行未对信用证加保，并不影响信用证自身的真实性、有效性和完整性。对于受益人而言，信用证仍然是可执行的，只是少了一家向自己承担付款责任的高资信银行，日后收款的风险较大而已。

UCP 600 中对保兑行的定义强调保兑行必须经开证行授权或要求而加具保兑，未经开证行授权或要求而对信用证加具保兑的银行，不是 UCP 定义的保兑行，不受 UCP 的保护。而在未经开证行授权或要求的情况下，一家银行与受益人达成协议（往往在受益人的要求下）对信用证加具保兑的行为，习惯上被称为沉默保兑（Silent Confirmation），其本质上是加具沉默保兑的银行向受益人作出的承担开证行履约风险的一种保证或约定，在开证行不履约或无法履约时，沉默保兑银行对受益人予以赔偿。因此，沉默保兑责任是一种担保或风险承担责任，完全不同于 UCP 中“真正”保兑的第一性付款责任。UCP 中的保兑是开证行的授权行为，而沉默保兑则完全是沉默保兑银行和受益人之间的约定，与开证行或其他人均无关。

沉默保兑行并不享有 UCP 中规定的保兑行的权利。如果加具沉默保兑的银行是信用证中的被指定银行，在按照开证行的指定承付或议付后，该行对开证行有索偿权；如果索偿未果，其对开证行拥有诉权。此时该行与通常被指定银行的不同在于该行的承付或议付行为对受益人没有追索权。此时沉默保兑行的法律地位和风险由于该行系被指定银行而可以得到较好的控制。如果加具沉默保兑的银行不是信用证的被指定银行，该行通常会与受益人签订信用证下的款项让渡协议，使自己处于信用证下款项受让人的地位以明确其法律地位，从而使自己获得在信用证下对开证行的索偿权和诉权。

如果信用证项下要求提交汇票，那么沉默保兑银行不论是否是被指定银行，只要成为持票人（Holder），在开证行承兑后，其有权根据票据法向作为票据付款人的开证行索偿。从这一点来看，信用证是否要求提交汇票，也将影响沉默保兑行的法律地位。此时该行向开证行索款的权利将完全来自票据法，从而应满足票据法下的所有要件。可以理解为信用证项下的款项让渡通过票据法下流通转让（Negotiation）的方式得以承载、完成。但考虑到涉及信用证业务的特殊性，比如信用证项下款项让渡必须及时通知开证行，作为票据的持有人，其提示付款的行为则不能完全按照票据法的规定，而必须在开证行向受益人付款前或在到期日前向开证行提示付款。

5. 议付行（Negotiating Bank）是指在自由议付信用证下，为受益人提交的相符单据做了议付的银行。一般情况下，议付行对受益人约定对其所付款项具有追索权的，除非是因为议付行的行为失误导致开证/保兑行不付款。

6. 转让行（Transferring Bank）是指在可转让信用证项下，被开证行要求和授权在第一受益人提出申请后将信用证部分或全部转让给第二受益人的银行。

（六）偿付行（Reimbursing Bank）

偿付行是指开证行在开出偿付信用证时指定某一银行为其偿付的银行。提示/议付行会将相符单据直接寄送给开证行，同时按信用证条款规定向偿付行发出偿付要求。偿付按跟单信用证项下银行间偿付统一规则处理。偿付行一般是信用证结算货币清算中心的联行或者代理行，主要是为了头寸调拨的便利。

（七）索偿行（Claiming Bank）

索偿行是指在偿付信用证项下向偿付行提交索偿要求的银行，可能是议付/提示行，但亦有可能是提供索偿服务的其他商业银行。

第二节　跟单信用证的业务流程

一、跟单信用证的操作程序

信用证操作程序如图 6－4 所示。

1. 申请人和受益人订立销售合同，订明采用商业跟单信用证的支付方式。信用证是依据销售合同开立的，但是信用证是独立文件，不受销售合同的约束。

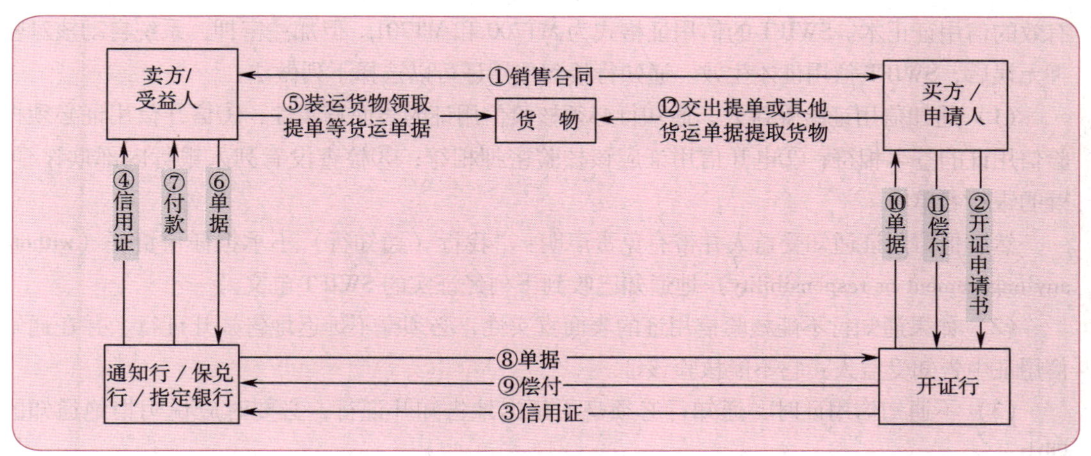

图 6－4 信用证操作程序

2. 申请人按照销售合同制作开证申请书，指示开证行按照开证申请书开立信用证。在国际贸易结算中，订立买卖双方之间的销售合同时，才有申请人。如果开证行自营进口贸易，开证行就可以自身名义开立信用证，该证就成为两个当事人的信用证（Two－party Credit），即开证行和受益人。

在申请开证以前，申请人与受益人对于如何开证，至少要在以下七个方面达成一致意见：(1) 信用证是否需要转让、是否需要保兑；(2) 信用证结算方式是即期付款、延期付款、承兑还是议付；(3) 信用证的货币是什么，金额是多少；(4) 信用证的有效期；(5) 最迟装运日期和交单期限；(6) 是否允许分批装运或支款，是否禁止转运；(7) 海运贸易条件 FOB、CFR、CIF 规定卖方必须在买卖约定期限内交货，申请人的开证时间必须早于这一期限。

买卖双方在合同中约定采用信用证结算时，通常由买方向其所在地的一家银行提出开证申请，填写并提交开证申请书。开证申请书是申请人和开证行之间的法律文件，也是开立信用证的依据，其内容的完整性、明确性非常重要。开证申请书一般包括两部分内容：

(1) 正面是信用证的内容。信用证内容应该完全按照贸易合同的内容进行填写，合同是信用证的基础，是申请人申请开证和受益人审证的依据。

(2) 背面是申请人对开证行的申明，是申请人和开证行之间的法律契约，用于明确申请人与开证行之间的权责。为了减少资金方面的风险，大多数开证行都要求申请人在申请开证时缴纳一部分开证押金。背面的主要内容有：①明确申请人应及时偿还开证行的义务；②明确表示同意开证行根据 UCP 600 的免责条款免除义务；③申请人承诺支付信用证项下的各项费用；④申请人明确遵循 UCP 600 的开证要求。

3. 开证行开立信用证和要求位于受益人所在国家的银行去通知或保兑信用证，开证行以信开或电开方式将信用证的内容发送给出口商所在地的联行或代理行（通知行），通过它们通知或转递信用证给受益人。由于现代通信科技的发展，全电开已成为主要的信用证传递方式，信开和简电开方式已很少使用。

全电开（FULL CABLE）是以电讯方式（TELEX 或 SWIFT）发出内容完整的信用证，是有效的信用证正本。SWIFT 的信用证格式为 MT700 和 MT701。但加注密押，系统自动核对密押无误后，SWIFT 信用证才生效。通知行接到信用证可以选择下列做法：

（1）通知信用证给受益人，通知行必须核验信用证的表面真实性：①信开信用证必须核验信用证的签字相符；②电开信用证应该核验密押相符；③检查没有列入银行内部欺诈/可疑的银行名单中。

然后把信用证通知受益人并带有免责声明："我行（通知行）不承担任何责任（without any engagement or responsibility）地通知已收到下列经证实的 SWIFT 电文。"

（2）如果通知行不能核验信用证的表面真实性，必须毫不延迟地告知开证行，并在通知信用证中告知受益人：它不能核验该证。

（3）不通知信用证时，通知行必须毫不延迟地告知开证行，必要时应说明拒绝通知的理由。

（4）如果信用证要求通知行加上保兑（We request you to advise the beneficiary adding your confirmation），通知行愿意加上保兑时就在信用证上注明："我行保兑此证（We hereby confirm the credit）"或另在通知书上注明加上保兑之意，并可限定该行保兑的范围。这时的通知行也是保兑行。

（5）如果通知行不愿保兑，必须毫不延迟地通知开证行。

（6）UCP 600 第 9 条规定通知信用证指示时，如遇指示不完整或不清楚时，通知行可以对受益人作出仅供参考的预先通知，不负任何责任。通知行应将此事告知开证行，并要求开证行提供必要的资料。通知行收到开证行提供的完整、明确的指示后，方可作成正式的通知。通知行要想知道哪些信用证指示不完整，或哪些不清楚，就必须仔细阅读信用证指示，审查信用证的条款和条件。该预先通知仅是通知行向受益人提供的参考而已，其不是第 9 条所说的通知行的责任，但应告知受益人其不能确定信用证的表面真实性。

（7）通知行可以被信用证规定为被指定银行。开证行为了便利受益人交单和融资，可以授权位于受益人所在地或其邻近地点的一家代理行（多数情况是通知行）作为被指定银行，它们是指定即期付款行、指定延期付款行、指定承兑行和指定议付行。如果是自由议付的信用证，被选择的议付行就是被指定银行。

（8）可转让、不可撤销信用证的被指定银行办理信用证转让给第二受益人的业务，这时的被指定银行成为转让行（Transferring Bank）。可转让、不可撤销、自由议付的信用证应在信用证中指定一家银行作为转让行，多数情况是指定通知行作为转让行。①

4. 通知行通知受益人。通知行收到信用证核对密押无误后，按自己的通知书格式照录全文，通知受益人。如信用证以受益人为收件人，寄给出口地银行后，银行核对印鉴无误后，将原证交给受益人，这时候银行成为转递行（Transmitting Bank）。

5. 受益人审证发货并制作单据。为了保证受益人（出口商）同时完成信用证以及贸易合同项下的义务，受益人在受证时，必须严格根据合同审证，消除信用证交单时的潜在风险。审核的项目一般包括如下方面：

---

① 可转让信用证的内容可参见 P226。

（1）信用证是否属通知行正式通知的有效信用证。

（2）审核信用证的种类。

（3）审核 L/C 是否加具保兑。审核信用证由哪一家银行保兑以及保兑费由谁承担是审核信用证的内容之一。一般来说，信用证由第三方银行加以保兑，其可靠程度比一般信用证高。但资信优良的开证行开出的信用证不需要保兑。

（4）审核开证申请人和受益人。由于开证申请人的名称或地址经常会与进口商在进出口合同上显示的名称或地址不一样，因此要仔细审核开证申请人的名称和地址，以防错发、错运货物。

（5）审核信用证的支付货币和金额。信用证的金额和支付的货币种类应与合同一致，总金额的大小写数字必须一致。如果合同订有溢短装条款，那么信用证金额还应包括溢短装部分的金额。来证采用的支付货币种类如果与合同规定的货币不一致，应按银行外汇牌价折算成合同货币，在不低于或相当于原合同货币总金额时才可接受。

（6）审核付款期限和有关货物的内容描述。审核付款期限是否与合同一致或者可接受。审核信用证有关货物的内容描述，如来证中的有关品名、质量、规格、数量、包装、单价、金额、装运港、卸货港、目的地、保险等是否与合同规定一致：有无附加特殊条款及保留条款；是否需要提供客户检验证明；商业发票是否要求证实或有进口国的领事签证等，这些条款必须仔细审核，视具体情况判断是否接受或提请修改。

（7）审核信用证的到期地点。信用证均需规定到期日、到期地点与交单地点。所谓到期日，是交单的最后期限。所谓到期地点，是在有效期内交单有效的地点。到期地点、到期时间与信用证的兑用银行，即交单有效银行所在地必须匹配。

UCP 600 规定：“THE PLACE OF THE BANK WITH WHICH THE CREDIT IS AVAILABLE IS THE PLACE FOR PRESENTATION（信用证兑用的银行地点就是交单地点）”。由于被指定银行被指定承付或议付单据，因此被指定银行所在地即为信用证规定的交单地。可在任何银行兑用（available with any bank）的信用证，任何银行所在地均为交单地点。不管信用证类型如何，是否有被指定银行，所有的信用证都可以在开证行兑用，即受益人可以直接交单到开证行。因此，在任何情况下，开证行所在地银行都是所有信用证规定的交单地点。银行在开立信用证时，要注意“place of expiry”栏位与“available with”栏位之间保持一致性，要把“available with”后面的银行所在地规定为交单地，如“place of expiry”栏显示为任何银行，同时“available with”栏也显示任何银行；“place of expiry”栏显示为被指定银行，同时“available with”栏也显示被指定银行。

按照 UCP 600，信用证最好不要规定限制在开证行兑用有效，如信用证限制在开证行兑用，则出口地就没有被指定银行，而受益人不得不向非被指定银行交单。在这种情况下，单据如果在寄单银行与开证行之间遗失，开证行或保兑行均没有付款责任。

（8）审核装运期、转船、分批装运条款和有效期。装运期是对货物装运时间的规定，原则上必须与合同一致。如果信用证到达太晚而不能按期装运，应及时电请国外进口商延期装运。一般情况下，进口商不愿意允许其进口的货物转船。审核有关条款时，应注意它是否与合同的规定一致。如果信用证规定允许转船，还应注意在允许转船的内容后面有无列特殊限制或要求，例如，指定转运地点、船名或船公司。对这些限制或要求应考虑是否有把握控制，如不能，则应及时通知对方改证。信用证中如规定分批、定期、定量装运，那么在审核来证时，应注意每期装运的时间是否留有合适的间隔。按照国际惯例，对于分期装运的信用证，若任何一期未按期装运，则信用证中的该期和以后各期均视作失败，所以审证时要认真对待。信用证的有效期限与装运期限应有一定的合理间隔，以便在货物装运后有足够的时间进行制单和办理结汇。

（9）审核信用证付款方式和提交的单据。银行的付款方式有四种：即期付款、延期付款、承兑或议付。所有的信用证都必须清楚地表明付款属于哪一类，同时，要仔细审核来证要求提供的单据种类、份数及填制要求等，如发现不适当的要求或规定，应酌情作出适当处理。

（10）审核信用证上印就的其他条款和特殊条款。信用证上有许多印就的内容，特别是对在信用证空白处、边缘处加注的字句和戳记应特别注意，这些内容往往是信用证内容的重要补充或修改，稍不注意就可能造成事故或损失。对于信用证上的特殊要求条款，如不能做到或认为不合理要及时提出修改。

6. 受益人将要求的单据提交被指定银行。受益人在审证无误后，可按期出运，签发跟单汇票（如需要），并备齐信用证所要求的全套单据，在信用证规定的交单截止日前，连同信用证一并送交保兑行、开证行或信用证指定的银行以获得付款。本环节应特别注意交单期限与单据质量。

受益人交单给被指定银行有四项优点：

（1）有效地点在被指定银行，受益人可以充分利用有效日期，即使在有效日期最后一天交单给被指定银行也不会过期。

（2）被指定银行寄单给开证行在路途中可能遗失，开证行仍应承担付款责任，不能让受益人承担单据遗失的风险。

（3）被指定银行审单发现不符点，受益人就近修改单据很方便。

（4）被指定银行审单，如单证相符，方便受益人办理各种融资，使受益人尽早得到资金融通便利。

受益人也可直接交单给开证行，这样存在三个缺点：

（1）开证行必须在有效期内收到单据，为了防止过期，受益人必须提早寄单。

（2）从受益人所在地寄单给开证行，单据在路途中可能丢失，风险要由受益人承担。

（3）开证行审单发现不符点，受益人要去修改单据，很不方便。

7. 被指定银行凭信用证按照《审核跟单信用证项下单据的国际标准银行实务》，合理小心地审单，在最多5个银行工作日内审核完毕，确定单据表面符合信用证的条款和条件，被指定银行就应按照授权办理即期付款，或承担延期付款责任，或承兑远期汇票，或议付即期/远期汇票。如按UCP 600规定，周一交单，从周二起算第五个工作日为下周一。

（1）银行审单、寄单。银行必须合理、小心地审核一切单据，以确定其表面是否符合信用证条款和条件的要求，确定L/C规定的单据表面上符合L/C条款要求的依据是ISBP或UCP 600。

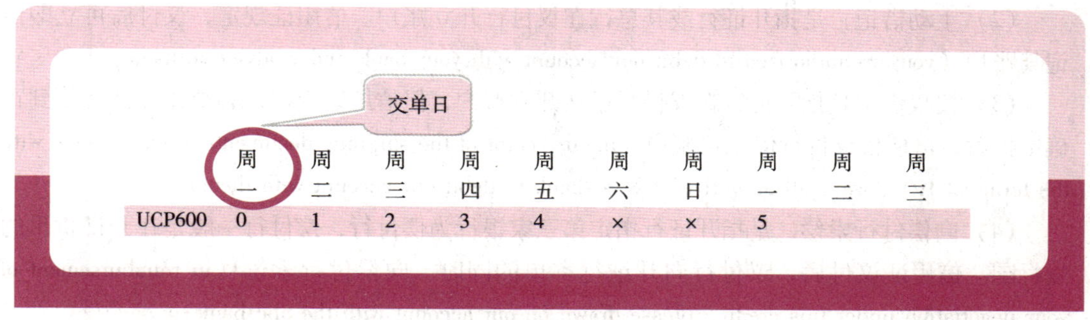

图 6－5

若单据存在不符点，银行可以要求受益人修改单据；无法修改的，银行应该电提或者表提不符点。所谓电提是指银行审单后，向开证行电告不符点，单据保留在银行，要求开证行接洽申请人，并回复申请人是否接受不符单据。若申请人接受不符点，则银行可履行议付并寄单和按 L/C 规定索偿。所谓表提不符点，是指银行寄单时在面函上申明不符点，要求开证行联系申请人，并回复是否接受不符点并付款赎单。若申请人接受不符点，则银行按面函上的付款指示付款或回复寄单行按信用证规定索偿。

寄单面函是银行寄单时应当缮制的寄单索汇面函，在上面说明单据份数、索偿金额、费用，以及指示开证行或偿付行如何付款。

（2）银行付款、议付或者承兑。信用证项下的支付可以是付款、议付或者承兑，对应的被指定银行可以是付款行、议付行或者承兑行。

①受益人如向指定的保兑行或者付款行交单，后者需要审单，单据相符后，对受益人付款。该银行付款后对受益人无追索权。

②受益人向议付行交单，无论是开证行指定的或是受益人自己指定的，受益人得到的只是议付或凭单据抵押的银行融资/垫款。议付行对受益人的议付或融资/垫款可以约定有追索权，比如约定开证行若拒付，议付行可以向受益人追索。

③受益人向指定的承兑银行交单。承兑行承兑后将已获承兑的汇票退回受益人。开证行一般会指定自己或者出口地某银行为承兑行。汇票到期，承兑行无追索权付款，但为了保证受益人利益，不管谁承兑，开证行都承担到期付款的责任。

8. 被指定银行寄单给开证行要求开证行偿付。当信用证使用货币不是开证行所在国货币时，开证行要指定信用证货币清算中心的一家代理行作为偿付行并在信用证内注明偿付行名称和“Reimbursement subject to URR725”字样。在此情况下，被指定银行即成为索偿行（Claiming Bank），应向偿付行提交索偿要求，同时要寄单给开证行。

开证行若指定偿付行，被指定银行应当一方面把单据寄交开证行，另一方面直接向偿付行索偿。若未指定偿付行，被指定银行可以将单据一次或分次寄开证行并同时向开证行索偿。

信用证规定的索偿方式一般分为四类：单到付款、主动借记、授权借记和向偿付行索偿。

（1）单到付款是指议付行向开证行寄单、索偿，开证行审单无误后付款（upon receipt of the documents in compliance with credit terms, we shall credit your account with us or we shall remit the proceeds to the bank named by you）。

（2）主动借记，是指开证行或其总行在议付行开立账户。信用证规定，议付后可立即借记其账户（you are authorized to debit our account with your bank under advice to us）。

（3）授权借记是指开证行在议付行虽然开立账户，但信用证规定，必须在开证行收到正确单据后，再授权议付行借记其账户（upon receipt of the shipping documents in compliance with the terms of L/C，we shall authorize ××× bank to debit our account with them）。

（4）向偿付行索偿，是指开证行指定第三家银行为偿付行，偿付行一般是在开证货币的发行国。信用证议付后，议付行向开证行寄单的同时，向偿付行索偿（in reimbursement of your negotiation under this credit，please drawn on our account with the abc bank）。

9. 开证行收到单据，在最多5个银行工作日内审单完毕，确定单证相符后，就向被指定银行偿付。如果信用证另有偿付行，开证行不办理偿付，而只接受单据。

开证行根据信用证条款全面审核保兑行或被指定银行寄来的单据后，根据本信用证适用的UCP 600判定是否交单相符。若交单相符，即可将款项偿付保兑行或被指定银行；若交单不符，在规定的期限内，开证行有权拒绝接受不符单据，拒绝对外支付信用证金额，如装运期超期的信用证。

审单必须合理谨慎。开证行经审单无误后应立即承付：如果信用证为即期付款信用证，则即期付款；如果信用证为延期付款信用证，则承诺延期付款并承诺在到期日付款；如果信用证为承兑信用证，则承兑受益人开出的汇票并在汇票到期日付款。

UCP 600第14条b款规定开证行有从交单次日起至多5个银行工作日内确定交单是否相符。

当开证行确定交单不符后，可以拒绝付款，也可以自行决定联系申请人放弃不符点。UCP 600第16条d款规定，相关银行需在不迟于自交单翌日起第5个银行工作日结束前发出拒付通知。当开证行决定拒绝付款时，必须给予交单人一份单独的拒付通知，该通知必须申明：

（1）开证银行拒绝承付。

（2）开证银行拒绝承付所依据的每一个不符点。

（3）银行留存单据听候交单人的进一步指示；或者开证行留存单据直到其从开证申请人处接到放弃不符点的通知并同意接受该放弃；或者同意接受对不符点的放弃前从交单人处收到其进一步指示；或者银行将退回单据；或者银行将按之前从交单人处获得的指示办理。

（4）拒付通知必须以电讯方式，如不可能，则以其他快捷方式，在不迟于自交单日起5个银行工作日结束前发出。

（5）开证行按照以上要求发出拒付通知后，可以在任何时候将单据退还给交单人。

（6）如开证行未能按照以上要求发出拒付通知，则无权宣称交单不符。

（7）开证银行拒绝承付，并按照以上要求发出拒付通知后，有权要求返还已偿付的款项及利息。

开证行拒付应一次性提出每个不符点，不可分期提出，不得以不正当的理由苛求交单人提交的单据。

10. 开证行接受单据后，按照它与开证申请人预先订立的偿付协议交单给开证申请人。

11. 申请人按照预先订立的协议，偿付单据款项给开证行。

开证行受单偿付后，应立即通知开证申请人付款赎单。开证申请人在接到开证行付款赎单的通知书后，应在付款前对单据予以审核，在确定单据无误后，应尽快向银行付清所有应付款项，以赎回全套单据，凭提单提货。若提出的货物与单据不符，则对开证行无要求赔偿的权利。如果审单有问题，开证申请人应向开证行说明拒付理由，但不得以货物的质量问题要求银行予以赔偿。开证申请人拒付后，开证行自己承担损失，对已偿付的款项，无追索的权利。

12. 开证申请人把运输单据提交当地承运人或其代理人，提取货物。

二、开证申请书的填写说明

开证申请人首先填写开证申请书（Application Form），其中每项内容必须符合 UCP 600 的要求。

国际商会早在第 516 号出版物中对跟单信用证的开立申请书就制定了标准化格式，之后又针对信用证开立使用的 MT700 报文格式出具了指导意见（*Guidance Notes for Documentary Credit Formats*）。现将开证申请书（见附式 6－1）中每项填写注意事项说明如下：

附式 6－1　开证申请书格式

	IRREVOCABLE DOCUMENTARY CREDIT APPLICATION
Applicant: (1)	Issuing Bank: (2)
Date of Application: (3)	Expiry Date and Place for Presentation of documents
(6)☐ Issued by (air) mail ☐ with brief advice by teletransmission (7)	Expiry Date: (4) Place for Presentation:
(see UCP 600 Article 11)	Beneficiary: (5)
(8)☐ Issued by teletransmission (see UCP 600 Article 11)	
(9)☐ Transferable Credit－As UCP 600 Article 38	
Confirmation of the Credit:	Amount in figures and words (Please see ISO Currency Codes)
☐ not request ☐ request ☐authorised if requested by Beneficiary (10)	(11)
Partial shipment ☐ allowed ☐ not allowed (13)	Credit available with Nominated Bank:
Transshipment ☐ allowed ☐ not allowed (14)	☐ by payment at sight
Please refer to UCP 600 transport Articles for exception to this condition	☐ by defer payment at:
☐ Insurance will be covered by us (15)	☐ by acceptance of drafts at:
Shipment as defined in UCP 600	☐ by negotiation (12)
Place of Taking in Charge/Dispatch from.../Place of Receipt:	Against the documents details herein:
Port of Loading/Airport of Departure: (16)	☐ and Beneficiary's draft(s) drawn on:
Port of Discharge/Airport of Destination:	
Place of Final Destination/For Transportation to.../Place of Delivery:	
Not later than:	
Goods (Brief description without excessive details)	Terms:
	☐ FAS ☐ CIF (18)
(17)	☐ FOB ☐ Other terms:
	☐ CFR ☐ as per INCOTERMS
Commercial invoice ☐signed original and ☐ copies	
Transport Documents:	

续表

□ Transport Document covering at least two different modes of transport	
□ Marine/Ocean Bill of Lading covering a port－to－port shipment	(19－23)
□ Non－Negotiable Sea Waybill covering a port－to－port shipment	
□ Air Waybill,original for the consignor	
□ to the order of	
□ endorsed in blank	
□ marked freight □ prepaid □ payable at destination	
□ notify	
Insurance Document:	
□ Policy □ Certificate □ Declaration under an open cover Covering the following risk	
Certificate:	
□ Origin	
□ Analysis	
□ Health	
□ Other	
Other Document:	
□ Packing List	
□ Wight List	
Documents to be presented with □ days after the date of shipment but within the validity of the credit. (24)	
Additional Instructions:	We request you to issue on behalf and for our account your Irrevocable Credit in accordance with the above instructions (marked (×) where appropriate).
(25)	This credit will be subject to the Uniform Customs and Practices for Documentary Credits (2007 Revision, Publication No.600 of the International Chamber of Commerce,Paris,France) insofar as they are applicable. (26)
	Name and signature of the applicant (27)

（1）申请人。申请人的细节应是完整正确的，包括街道或邮政信箱和邮政编码（如果使用邮政编码的话）。应避免添加联系方式，如电话号码或 E－mail 地址。

（2）开证行。为了方便申请人，开证行提供申请书格式时，可将开证行名称预先印上。

（3）申请书的日期。是指填写申请书的日期。

（4）交单的有效日期和地点。有效日期（或到期日）是指交单的最后一天。信用证的有效时期长短应视交易情况而定。如果太短，将会引起展期的麻烦；如果太长，将会产生额外的银行费用。

交单的地点是指使用信用证的被指定银行所在地的城市。自由议付信用证可写在某个城市名称或某个出口国家名称的任何银行（any bank at/in name of city or export country）。

UCP 600 第 29 条 a 款规定，当信用证的截止日或信用证的最迟交单日恰好是接单银行非因第 36 条（不可抗力）的原因而歇业，即截止日或最迟交单日正好是非银行的工作日，那么该日期可以顺延到之后的第一银行工作日。

b款进一步规定，当出现a款中的情况，受益人在顺延日交单时，被指定银行应在其致开证行或保兑行的面函中声明该顺延情况。这是因为开证行或保兑行可能并不知道信用证的截止日或最迟交单日那天正好是该被指定银行的非工作日，对此作出说明符合《审核跟单信用证项下单据的国际标准银行实务》。C款规定最迟发运日不能因为当天适逢非银行工作日而顺延至下一个工作日。

在此特别指出，UCP 600定义的银行工作日是指银行正常对外营业处理信用证业务的一天，即只要在某天银行正常地对外营业处理信用证业务，那么该天即为一个银行工作日，从当天0时到24时。

（5）受益人。受益人的全称、全称的街道地址和邮政编码（如果有邮政编码的话）。应避免添加联系方式，如电话号码或E－mail地址。

（6）航空邮寄开证。

（7）简电通知（按UCP 600第11条行事）。

（8）电讯传递开证（按UCP 600第11条行事）。以经证实的电讯方式发出的信用证或信用证修改即被视为有效的信用证或修改文据，任何后续的邮寄确认书应被不予理会。如电讯声明“详情后告”（或类似用语）或声明以邮寄确认书为有效信用证或修改，则该电讯不被视为有效信用证或修改。开证行必须随即不迟延地开立有效信用证或修改，其条款不得与该电讯矛盾。

目前银行普遍使用SWIFT系统来传送、接收信用证，其准确性、安全性和保密性比过去电传、电报方式高得多，因而再邮寄证实书已没有必要。

（9）可转让信用证。只有明确注明可转让的信用证方可转让。申请人在要求开证行将信用证注明为“可转让信用证”之前，应熟悉UCP 600第48条的规定。

（10）保兑。在“如受益人要求时它被授权加上它的保兑”前面小方格内加上标记，表明申请人想请开证行指示被指定银行通知信用证给受益人时，不要加上它们的保兑；但是如果受益人后来要求信用证予以保兑时，被指定银行才被授权加上本行的保兑。

（11）金额。信用证金额应分别以大小写表示。货币名称应使用国际标准化组织制定的货币代号表示，如USD（美元）、GBP（英镑）、JPY（日元）等。按UCP 600第30条a款规定，在金额前加上约（About）、大概（Approximately）或类似的词语时，金额即有10%的增减幅度。但要注意UCP 600第30条b款、c款的规定。

（12）使用信用证的被指定银行。

①哪家银行是被指定银行。因为申请人不知道哪家银行，可以留着空格不填，或加注“由你们选择的银行”（the bank of your choice）。

②结算条件（Settlement Conditions）。如结算条件系即期付款/延期付款/承兑/（限制）议付或自由议付，应在订立销售合同时就使用哪一种结算条件达成协议，即在四个小方格中任选一个加上标注。当使用（限制）议付或自由议付条件时，均在“by negotiation”前面小方格加上标注。如果要求汇票时，则在“and...”前面小方格加上标注。汇票付款人一般是开证行，如系保兑的信用证，可以以开证行或保兑行作为付款人。汇票期限可以是即期的或是远期的，应在汇票付款人后面写明是即期付款［...draft（s）drawn on Issuing Bank payable at sight］，或写明是见票后若干天远期付款［...draft（s）drawn on Issuing Bank payable at ××days sight］。

③根据国际商会出具的跟单信用证下汇票使用指引意见（*Guidance on the Use of Drafts Under Documentary Credits*），若非商业或法规需要，应尽量避免要求在即期信用证下提交汇票，而远期信用证则使用延期付款兑用方式替代承兑方式，以避免信用证下汇票的提交。

（13）分批装运。

①按 UCP 600 第 31 条 a 款，允许部分支款或分批装运。

②按 UCP 600 第 31 条 b 款，表明使用同一运输工具，并经由同次航程运输的数套运输单据在同一次提交时，只要显示相同目的地，将不视为分批装运，即使运输单据上表明的发运日期不同或装货港、接管地或发运地点不同。如果交单由数套运输单据构成，其中最晚的一个发运日将被视为发运日。也就是说，只要满足了“三个相同”条件，即同一运输工具（same means of conveyance）、同次航程运输（same journey）和相同的目的地（same destination）就不被视为分批装运。

例如，某班轮分别从天津（Port A）、上海（Port B）和秦皇岛（Port C）装运了三批货物，然后将货物运往美国芝加哥（Port D），因为满足了上述的三个相同条件，将不被视为分批装运（见图 6－6）。

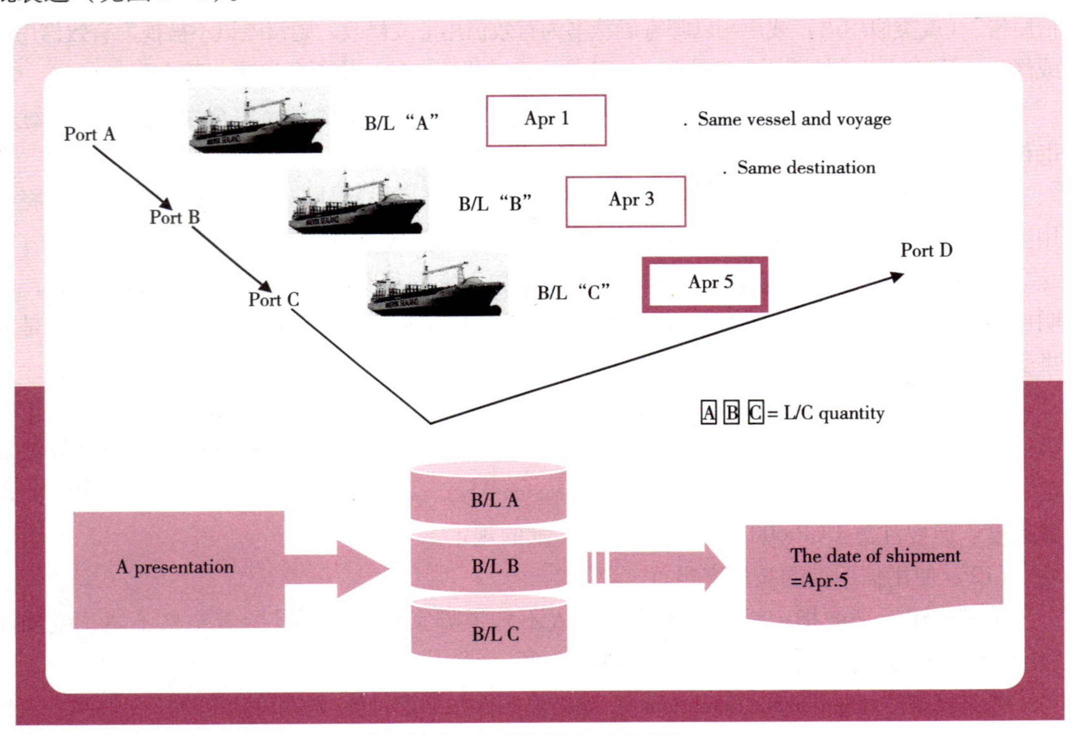

图 6－6 非分批装运（海运）

含有一套或数套运输单据的交单，如果表明在同一种运输方式下经由数件运输工具运输，即使运输工具在同一天出发运往同一目的地，仍将被视为分批装运（见图 6－7）。

③按 UCP 600 第 31 条 c 款，含有一份以上快递收据、邮政收据或投邮证明的交单，如果单据看似由同一快递或邮政机构在同一地点和日期加盖印戳或签字并且表明同一目的地，将不视为分批装运。也就是说，只要满足了四个相同：同一快递或邮政机构（same courier or

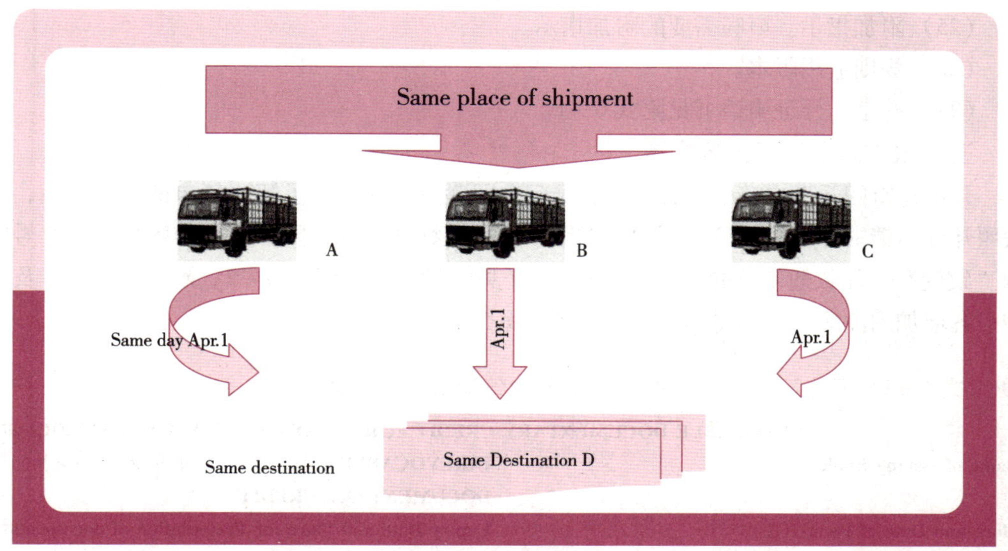

图 6－7　分批装运（陆运）

postal service）、同一地点（same place）、同一日期（same date）和同一目的地（same destination），将不视为分批发运。

（14）转运。申请人应注意转运的定义，以及在什么情况下允许或禁止转运。请参阅特定的运输条文即 UCP 600 第 19 条至第 25 条（第 22 条除外）中有关转运分条的规定。

（15）申请人投保。

（16）运输细节。

①运输单据的出单日期早于开证日期者可以接受。

②不要使用这些术语：prompt；immediate；as soon as possible。

③没有表示从哪一天起算时不要使用 within ×× days 这样的表述方法，如“shipment within 30 days from the date of issuance of the credit”，此类表述应予避免。

④在信用证内规定一个到达日期或估计到达日期是不正确的（It would not be correct to stipulate in the credit an arrival date or an estimated arrival date）。

（17）货物描述。货物描述应尽量简短，不应罗列过多细节，如果描述太烦琐，且不清楚，根据 UCP 600 将会延迟通知信用证。

（18）贸易术语。现在使用的贸易术语是《2020 年国际贸易术语解释通则》（国际商会出版物第 723E 号）。

（19）～（23）规定的单据。信用证应尽量要求仅提交最基本的单据（如发票、运输单据）来满足基础交易需求。须准确说明：

①单据名称，申请人要确定这些单据是受益人能够提供的。

②每种单据要多少份，是正本还是副本。

③出单人是谁，不要加列没有用的词语形容出单人，如“第一流”“著名的”等。

（24）交单时期。确保交单期与信用证效期的匹配，即最晚装运日期＋交单期＝信用证效期。

（25）附加指示。填写需要的附加指示。

（26）规则适用版本。

（27）签字。开证申请书见附式 6－1。

三、跟单信用证的主要内容

开证行审阅开证申请书内容，如有疑问立即联系申请人，了解清楚申请开证意图，然后按照开证申请书开立信用证。下面根据跟单信用证标准格式、国际商会出版物第 516 号所列的“致受益人和致通知行的信用证通知书”（见两种通知书附式 6－2、附式 6－3），及在通知书各项加列注解号码来说明信用证内容和每个项目。

附式 6－2　开立不可撤销的跟单信用证时致受益人的通知书

IRREVOCABLE DOCUMENTARY CREDIT FORM（ADVICE FOR THE BENEFICIARY）		
Name of Issuing Bank:	**IRREVOCABLE**	Number: （2）
	DOCUMENTARY CREDIT （1）	
Place and Date of Issue:（3）	**Expiry Date and Place for Presentation of documents**	
Applicant:	Expiry Date: （4）	
（5）	Place for Presentation:	
	Beneficiary:	
Advising Bank: Reference No.	（6）	
（7）	**Amount:**	
	（8）	
Partial shipment ☐ allowed ☐ not allowed （10）	**Credit available with Nominated Bank:**	
	☐ by payment at sight	
Transshipment ☐ allowed ☐ not allowed （11）	☐ by deferred payment at:	
	☐ by acceptance of drafts at:	
☐ Insurance covered by buyers （12）	☐ by negotiation	
Shipment as defined in UCP 600		（9）
Place of Taking in Charge/Dispatch from.../Place of Receipt:	Against the documents details herein:	
Port of Loading/Airport of Departure: （13）		
Port of Discharge/Airport of Destination:	☐ and Beneficiary's draft（s） drawn on:	
Place of Final Destination/For		
Transportation to.../Place of Delivery:		
Not later than		
（14）～（20）		
Documents to be presented within ☐ days after the date of shipment but within the validity of the credit.（21） We hereby issue the Irrevocable Documentary Credit in your favour. It is subject to the Uniform Customs and Practice for Documentary Credits（2007 Revision,International Chamber of Commerce,Paris,France, Publication No.600） and engages us in accordance with the terms thereof. The number and the date of the Credit and the name of our bank must be quoted on all drafts required. If the Credit is available by negotiation, each presentation must be noted on the reverse side of this advice by the bank where the Credit is available.		
（24）		
This document consists of ☐ signed page（s）	（25）Name and signature of the Issuing Bank	

✪ 附式 6－3　开立不可撤销的跟单信用证时致通知行的通知书

IRREVOCABLE DOCUMENTARY CREDIT FORM （ADVICE FOR THE ADVISING BANK）		
Applicant:	**IRREVOCABLE**	Number:
	DOCUMENTARY CREDIT	
Place and Date of Issue:	**Expiry Date and Place for Presentation of documents**	
Applicant:	Expiry Date:	
	Place for Presentation:	
	Beneficiary:	
Advising Bank: Reference No.		
	Amount:	
Partial shipment □ allowed □ not allowed	**Credit available with:**	
	□ by payment at sight	
Transshipment □ allowed □ not allowed	□ by deferred payment at:	
	□ by acceptance of drafts at:	
□ Insurance covered by buyers	□ by negotiation	
Shipment as defined in UCP 600		
Place of Taking in Charge/Dispatch from.../Place of Receipt:	Against the documents details herein:	
Port of Loading/Airport of Departure:		
Port of Discharge/Airport of Destination:	□ and Beneficiary's draft（s） drawn on:	
Place of Final Destination/For Transportation to.../Place of Delivery:		
Not later than		
Documents to be presented with □ days after the date of shipment but within the validity of the credit.		
We have issued the Irrevocable Documentary Credit as detailed above. It is subject to the Uniform Customs and Practice for Documentary Credits （2007 Revision,International Chamber of Commerce,Paris, France, Publication No.600）.We request you to advise the Beneficiary.		
□ without adding your confirmation □ adding your confirmation, if request by the beneficiary （22）		
Bank－to－Bank Instructions （23）		
This document consists of □ signed page（s）	Name and signature of the Issuing Bank	

（1）信用证类型。这是为开立不可撤销信用证而拟订的。

（2）信用证号码。开证行的信用证编号。

（3）开证地点和日期。

①开证地点是指开证行所在地。

②开证日期是指开证行邮寄信用证的日期。

（4）交单的有效日期和地点。如：20. 04. 06 at London，20. 12. 17 in China

有效地点应与被指定银行所在地一致。

信用证的有效期（Expiry Date）是指单据未能在该日期之前或当天提交至规定地点，信用证将失效，付款行的付款责任将自行解除。作为受益人，无论如何不能在此日期之后提交单据。该有效期不是最迟交单期。比如信用证会规定在装运日 15 天内提交单据，如未规定交单期，按照 UCP 600 第 14 条 c 款规定，如果单据中包含一份或多份受第十九条、第二十条、第二十一条、第二十二条、第二十三条、第二十四条或第二十五条规制的正本运输单据，则须由受益人或其代表在不迟于本惯例所指的发运日之后的 21 个日历日内交单。也就是说，确定信用证的最迟交单日要比较两个日期，一个是信用证的有效期，另一个是信用证规定的或默认的交单期（如果单据中包含正本运输单据），比较哪个日期靠前，即为最迟交单日。举例如下：信用证的有效期为 2020. 10. 01，又规定“documents must be presented within 15 days after the on board date of bill of lading”，提单上显示已装船日为 2020. 09. 10，信用证的最迟交单日应为 2020. 09. 25；如果已装船日为 2020. 09. 25，信用证的最迟交单日应为 2020. 10. 01。

（5）申请人。

（6）受益人。

（7）通知行。参考编号是供通知行使用的。

（8）金额。

①金额应用大写和小写表示。

②金额前加上 about、approximately 等词语时则允许有 10% 的增减幅度。

③使用国际标准化组织制定的货币代号如 USD、GBP 等来表示。

（9）被指定银行和信用证可用性。

①使用信用证的被指定银行。

i. 填写被指定银行名称和地点；

ii. 凡填写 any bank at（city） or in（country） 者，系自由兑用信用证；

iii. 如通知行是被指定银行，则将通知行名称写在此处，不要写 you or your bank，因其含义随格式不同而改变。

②使用方式在小方格内加注“×”表示使用下列一种方式：即期付款或延期付款或承兑汇票或议付。

③“和受益人的汇票”（and Beneficiary's drafts drawn on）这一栏：

采用承兑方式要求受益人出汇票者，在此小方格内标上“×”。

采用即期付款或议付方式时，可要求有汇票或不要求有汇票，如要时，在此小方格内标上“×”。

④以谁为付款人。填写汇票的 drawee。即期汇票议付或远期汇票议付方式应在 drawee 后面写明，即期付款或远期付款。

（10）分批装运。在“允许”或“不允许”的方格内标上“×”。

（11）转运。注意 UCP 600 有关转运的定义，仅在情况适合时方可在“允许”或“不允许”前的方格内标上“×”。

（12）买方投保。仅在信用证不要求提交保险单据，而且申请人表示他已经或将要为货物投保时，方可在此方格内标上“×”。

（13）UCP 600 第 3 条所述从（From）……用于确定发运日或到期日的不同确定方法。该条还规定了其他介词用法。

UCP 600 第 3 条规定，除非要求在单据中使用，否则诸如“迅速地”“立刻地”或“尽快地”等词语将被不予理会。“在或大概在（on or about）”或类似用语将被视为规定事件发生在指定日期的前后 5 个日历日之间，起讫日期计算在内。也就是说，当“在或大概在”用于规定信用证的相关日期的时候，有关事件发生的时间区间共包括 11 天。

例如：Which does “***on or about May10***” refer to?

(a) May 6 - 15　　(b) May 5 - 14

(c) May 6 - 14　　(d) May 5 - 15

正确选择为（d）。

“至（to）”、“直至（until、till）”、“从……开始（from）”及“在……之间（between）”等词用于确定发运日期时包含提及的日期，使用“在……之前（before）”及“在……之后（after）”时则不包含提及的日期。

举例 1：An LC says “***Shipment to be made before12/31/2020***”.

What is the latest shipment date?

Answer：12/30/2020

举例 2：An LC says “***Shipment to be made after12/1/2020***”.

What is the earliest shipment date?

Answer：12/2/2020

举例 3：An LC says “***Shipment to be made until12/31/2020***”.

What is the latest shipment date?

Answer：12/31/2020

举例 4：An LC says “ ***Shipment to be made from12/1/2020***”.

What is the earliest shipment date?

Answer：12/1/2020

举例 5：An LC says “***Shipment to be made between12/1/2020 and 12/31/2020***”.

What are the earliest and latest shipment dates?

Answer：12/1/2020 and 12/31/2020 respectively

举例 6：A draft is drawn at 30 days **from** BL date（BL date =12/1/2020）.

What is the maturity date?

Answer：12/31/2020

需要注意的是，“from”与“after”用于规定发运日期时，含义是不同的。举例如下：

说明：**From & After, Determine a period of shipment**

“从……开始（from）”及“在……之后（after）”等词用于确定到期日时不包含提及的日期。举例如下：

说明：**From & After, Determine a maturity date**

“前半月”及“后半月”分别指一个月的第 1 日到第 15 日及第 16 日到该月的最后 1 日，起讫日期计算在内。一个月的“开始（beginning）”、“中间（middle）”及“末尾（end）”分别指

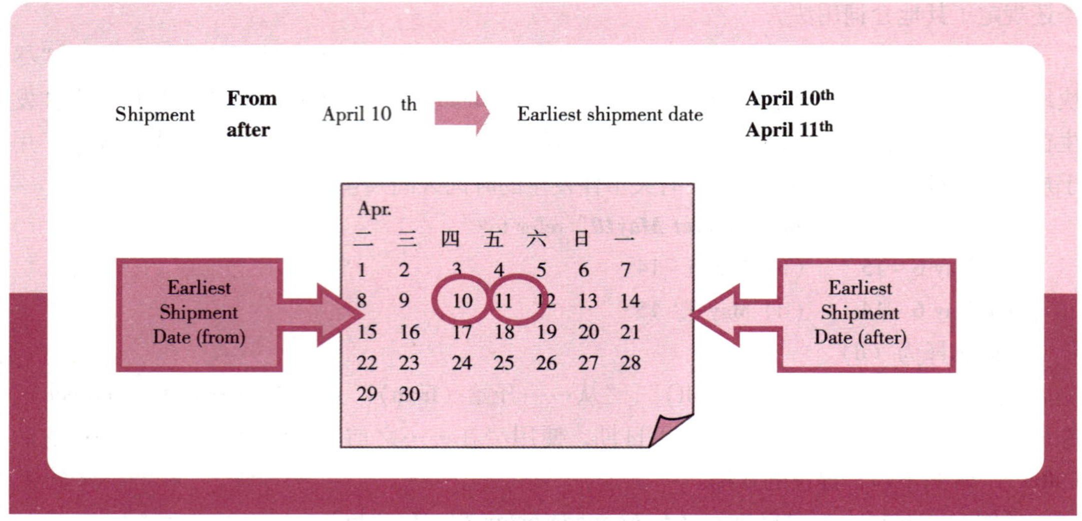

图 6－8

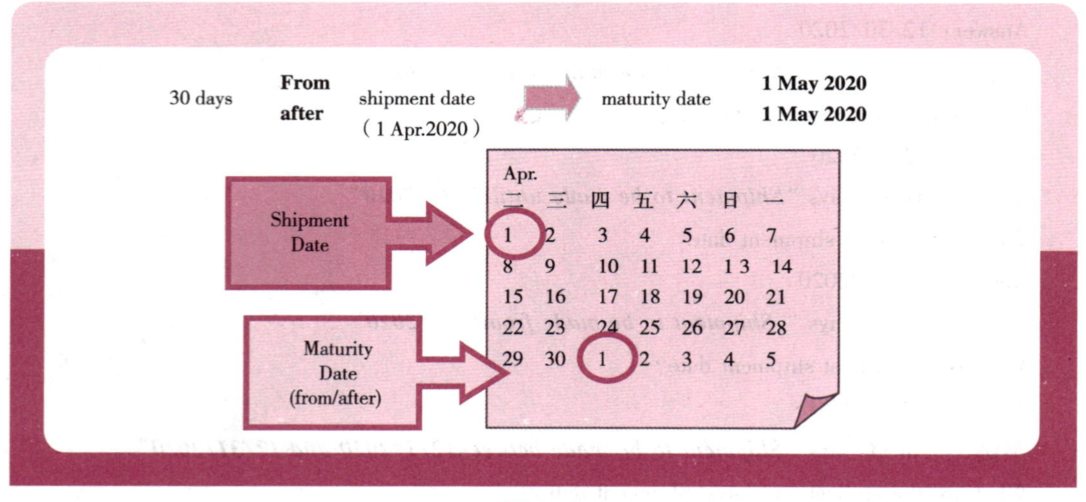

图 6－9

第 1 日到第 10 日、第 11 日到第 20 日及第 21 日到该月的最后 1 日，起讫日期计算在内。

①避免缩写。因为不是每个人都知道 P. R. C. 、U. K. 及类似缩写的国别的。

②避免模糊用语。松散笼统的词语诸如 Main Ports、West European Ports、Middle East Ports、Gulf of Mexico Ports 和类似用语不应使用。

③规定起运地或起运海港/空港和目的地或卸货海港/空港。

④信用证内规定一个到达日期是不正确的。

（14）货物描述。

①货物描述不要罗列过多细节，要简短通俗，多拟订常识性条款。

②货物数量前面有 about、approximately 或类似词语，则数量有 10% 的增减幅度。如以重量、长度、容积作为数量，则有 5% 的增减幅度。

③货物价格条件参照和使用 Incoterms 2020。

（15）规定的单据（普遍之点）。单据顺序是：商业发票；运输单据；保险单据；其他单据，如产地证明书、分析证明书、包装单、重量单等。要准确地表明单据名称，是正本还是副本。规定单据如是运输单据、保险单据、商业发票以外的单据时，信用证应表明出单人名称、单据措辞或资料内容。

（16）商业发票。

（17）运输单据（普遍的）。

①运输单据正面必须注明承运人、船长（租船合约提单或专递或邮政收据除外）。

②若指定国籍或国旗的船只装运，信用证应规定什么单据用来表示符合哪项要求，不应列有非单据条件（Non－documentary Condition）。

③避免规定：快船装运（Shipment by Fast Steamer），或按班轮条件装运（Shipment on Liner Terms）。

④银行不接受不清洁的运输单据。

（18）运输单据（特定的）。

①涵盖至少两种不同运输方式的运输单据。

②海运/远洋提单。

③非转让的海运单。

④租船合约提单。

⑤航空运输单据。

⑥公路、铁路或内陆水运单据。

⑦快递收据、邮政收据或投邮证明。

（19）保险单据。

（20）其他单据。

（21）交单期限。不应使用“过期单据可以接受（stale documents acceptable）”的词语。

（22）通知指示（仅用于“致通知行的通知书”）。通知行应注意通知信用证时是否加上了保兑。有三种情况：

①不加保兑。

②加保兑。

③如受益人要求时通知行加上保兑。

（23）银行致银行的指示（仅用于“致通知行的通知书”）。开证行在此处规定付款、承兑或议付的银行向何处、如何、何时获得偿付。例如：

请借记我行开设在你行账户；

我行将贷记你行开设在我行账户；

向×行索偿。

（24）页数。开证行必须注明信用证开出的页数。

（25）签字。开证行在“致通知行的通知书”和“致受益人的通知书”上都要签字。

eUCP 介绍

第七章 一般的跟单信用证

本章学习要点

- 掌握各类信用证的主要特点、表示方法、适用范围；
- 熟悉信用证项下不同付款方式的惯用格式及术语；
- 了解 UCP 600 对核心词汇的解读。

本章知识结构

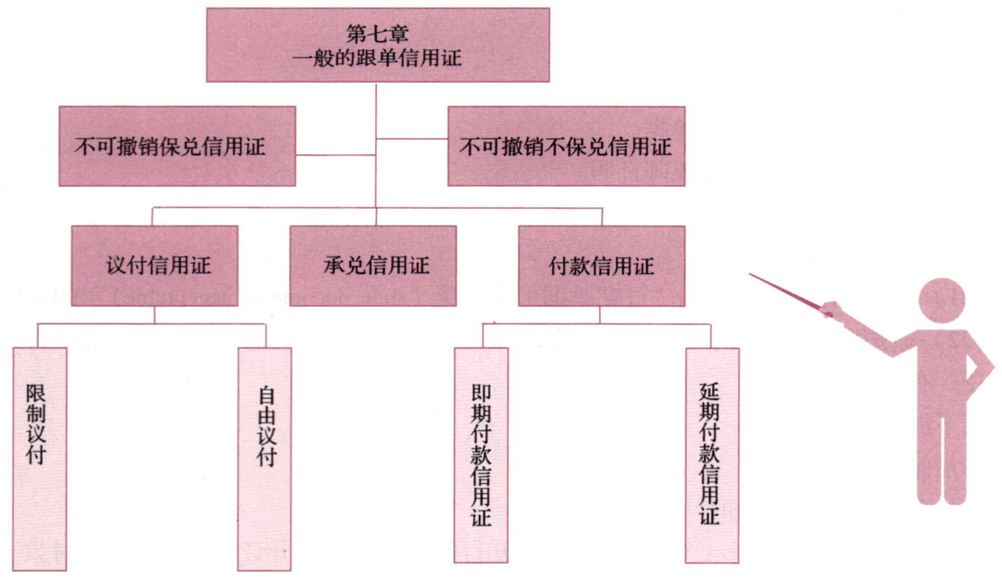

凡是开立跟单信用证必然要确定两件重大事项，即保兑的与不保兑的性质、信用证的使用方式。把这两件重大事项确定下来，即可便于开立一般的跟单信用证。

由于 UCP 600 取消了可撤销信用证的有关条款，因此依照 UCP 600 开立的信用证都应是不可撤销信用证。

第一节　不可撤销信用证

不可撤销信用证（Irrevocable Credit）的特点是开证行的确定付款承诺（Definite Undertaking of Payment）和信用证的不可撤销性（Irrevocability）。

一、定义和开证行责任

对于不可撤销跟单信用证而言，在其规定的单据全部提交给被指定银行或开证行，符合信用证条款和条件时，即构成开证行确定承诺的责任，必须承付。具体说来，信用证必须为以下情形之一：(1) 信用证规定由开证行即期付款、延期付款或承兑；(2) 信用证规定由被指定银行即期付款，但其未付款；(3) 信用证规定由被指定银行延期付款，但其未承诺延期付款，或虽已承诺延期付款，但未在到期日付款；(4) 信用证规定由被指定银行承兑，但其未承兑以其为付款人的汇票，或虽已承兑了汇票，但未在到期日付款；(5) 信用证规定由被指定银行议付，但其未议付。此时，开证行有付款责任。

此外，如第六章第二节中所述，受益人交单给被指定银行经审核单证相符后，由被指定银行寄单给开证行，在寄递途中可能丢失的风险应由开证行承担，亦即开证行仍有责任兑付它在信用证项下确定的付款承诺。

开证行的确定付款承诺表现在信用证最后的承诺条款（Undertaking Clause）中。在信用证电开方式下，该条款一般出现在 MT700 报文的第 78 栏位中。例如：

We (Issuing Bank) hereby undertake that draft(s) drawn and in compliance with the terms of the Credit shall be duly honoured on due presentation.

将承诺条款说得详细一些，例如：

We (Issuing Bank) hereby engage with drawers (beneficiaries) and/or bona fide holders (Nominated Bank) that drafts drawn and negotiated in conformity with the terms of this Credit will be duly honoured on presentation and that drafts accepted within the terms of this Credit will be duly honoured at maturity.

标准信用证格式的承诺条款是：

We (Issuing Bank) hereby issue the Irrevocable Documentary Credit in your favour. It is subject to the Uniform Customs and Practice for Documentary Credit (2006 Revision International Chamber of Commerce Publication No. 600) and engages us in accordance with the terms thereof, and especially in accordance with the terms of Article 7a thereof.

有关信用证中承诺条款的问题，国际商会曾多次出具相应意见。

在 R548 意见中，银行向国际商会做了以下咨询。一份议付信用证项下的 78 场次规定："Upon receipt of full set of documents in conformity with the L/C terms, we will effect payment as per your instruction"。在指定银行做了议付的情况下，上述条款是否改变了单据遗失风险转移的时点，即开证行是否只有在收到单据的情况下才承担风险？意见的结论认为，信用证中的承诺条款不会使得开证行对议付行的偿付（责任）受到其是否收到单据的约束，即开证行仍需承担单据在寄送途中遗失的风险。

又如，在2020年的TA901正式意见中，开证行开立了一份可在通知行议付兑用的信用证。开证行随后将78场次修改为“UPON RECEIPT OF CREDIT COMPLYING DOCUMENTS AT OUR ABOVE ADDRESS, WE WILL COVER YOU ACCORDING TO YOUR INSTRUCTIONS, VALUE 5 NEW YORK/GENEVA BANK BUSINESS DAYS”。开证行收单日期为2019年9月27日，之后其以MT756报文的方式告知议付行，付款日为2019年10月10日，即开证行确认单据相符之日（2019年10月3日）后的第五个纽约/日内瓦工作日。议付行表示不同意，认为付款到期日应为2019年10月4日。商会最终分析认为，开证行的做法符合信用证第78场次的规定。

由上述意见可以看出，虽然开证行可以根据其操作习惯或具体情况对承诺条款进行相应的变更，但为避免争议，最好还是规范表述。一旦遇到表述不清晰的承诺条款，应洽开证行澄清或做条款修改，以避免不必要的争议或损失。

ICC535案例1：不可撤销信用证的特别条件（a）表明，须在“再出口货款计划”项下货款收妥后，本信用证项下所开具的汇票方能支付。

Special conditions:（a）Payment of draft drawn hereunder will be made only after the relisation of the re – export proceeds program.

鉴于这是开证行的即期付款信用证，在开证行柜台到期，受益人把单据经通知行寄给开证行，后来开证行又经通知行告知受益人单据完全相符，但开证行不能付款，因为该行尚未收妥“再出口货款计划”项下所需的货款。虽然开证行开立的信用证是不可撤销的，但是因为包含特别条件，声明不可撤销是以收妥“再出口货款计划”项下货款为条件的，而该款尚未收妥，开证行无责任付款，建议受益人向申请人直接收回货款。

从此案例可以看到，开证行完全违背定义中所说的“只要单证相符，即构成开证行的确定付款承诺”。ICC 535指出此证仅是或有的不可撤销性（Contingent Irrevocability）。

二、信用证的不可撤销性

现代信用证法律实践和学术研究的主流意见认为，一旦信用证脱离开证行的控制，即为开立并生效，从而不可撤销地约束开证行，开证行不得单方面撤销或修改该证。

不可撤销信用证未经开证行、保兑行(如有保兑行的话)和受益人的明确同意，既不能修改，也不能撤销，这就是不可撤销信用证的本质，即信用证的不可撤销性。

UCP第10条a款规定不可撤销信用证如需修改或撤销必须获得开证行、保兑行（如有保兑行的话）和受益人的明确同意，修改书才能生效。当然这并不是说如果保兑行不同意接受一份信用证修改，则修改无效。其实当修改被受益人接受时，该修改就已在开证行和受益人之间生效，从而能约束开证行和受益人，无论保兑行是否接受该修改。对信用证的保兑行为可看成是由保兑行开给受益人的一份独立的平行于原证的另一信用证，如果保兑行不同意修改，只能影响到保兑行对受益人的承诺，而不能影响到与之独立的原证的修改。

如果保兑行不同意修改，可按照本条b款的规定，不将其保兑责任延伸到修改上。在实务中，如果保兑行对信用证加具了保兑，一般对随后的修改也会加保。但保兑行不愿对修改加具保兑，通常是因为改证可能导致保兑行承担更大责任或风险，如信用证有效期付款期限延长、信用证金额增加、偿付变更等。此时，保兑行可以选择仅仅通知修改而不对其加具保兑的做法，但它必须不延误地将此情况通知开证行和受益人。

现将修改书对三个当事人的生效时点分述如下：

对开证行而言，自其发出修改书时起修改书即行生效，即对开证行起着约束作用。

对保兑行而言，得将其保兑行为扩展至修改书上的内容，并应自其通知修改书时起修改书即行生效，即对保兑行起着约束作用。

对受益人而言，在他接到修改书后，应作出明确表示接受或拒绝接受修改，这种表示方法是：

1. 收到修改书后，受益人应提供接受或拒绝接受修改的通知。如表示接受，则修改书生效，对受益人起着约束作用，反之修改不生效。

2. 受益人也可不立即发出接受通知，直到交来单据符合尚待接受的修改书时，该修改书生效，即对受益人起着约束作用。

如果受益人未能提供是否接受修改的通知，那么银行就要从受益人提交的单据上判断其是否接受了修改：当单据与信用证以及尚未被表示接受的修改的要求一致时，则该事实即被视为受益人接受修改的通知，并且从此时起，该信用证已被修改，如图 7－1 所示。

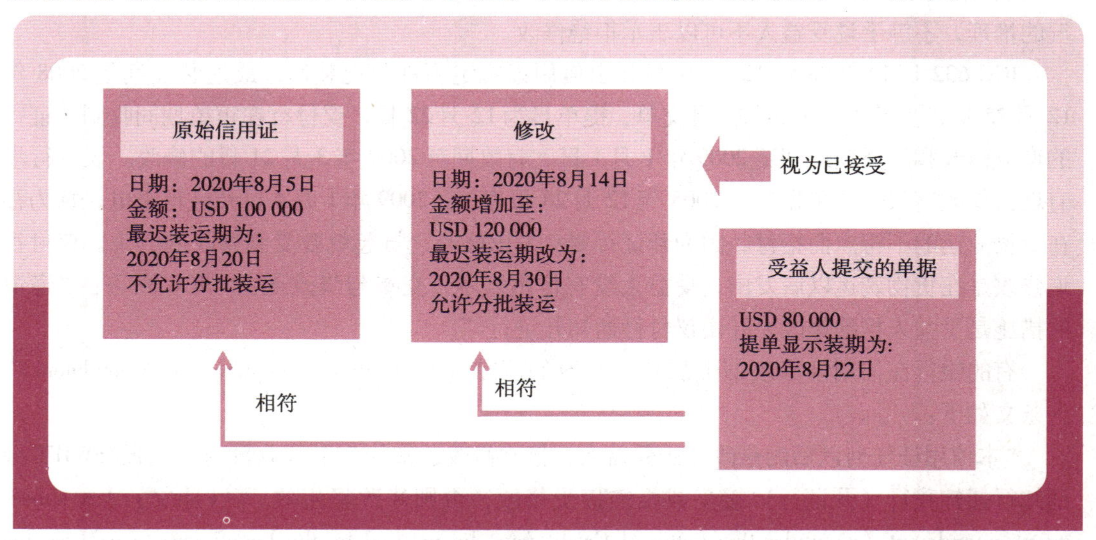

图 7－1

图 7－1 中，受益人提交了符合信用证修改的单据，因而可断定其接受了该次修改。

反过来，与原证相符但与修改不符的交单并不必然被视为对修改的拒绝。国际商会 TA820rev4 意见项下，交单信用证修改之后提交且与原信用证条款相符但与修改后的信用证条款不符。银行于是向国际商会咨询，在受益人没有明确是否拒绝或接受修改的情况下，该交单是否被视为对修改的拒绝？该意见结论认为，交单不应被视为是受益人拒绝信用证修改的通知；此时，该修改尚未被受益人接受或者拒绝，其有选择接受或拒绝修改的自由。

在实务中，有些开证行为了方便审单，避免在判断受益人是否接受修改时出现的麻烦，会在信用证 SWIFT MT700 报文 47A 场中作出如此规定：本信用证项下如有修改，受益人交单时必须提交接受或者拒绝该修改之证明（原文：IN CASE AMENDMENT（S）HAVE BEEN ISSUED UNDER THE L/C, A BENEFICIARY'S CERTIFICATE IS TO BE PRESENTED MENTIONING THIS L/C NUMBER, LISTING THE AMENDMENT（S）RECEIVED AND CONFIRMING ACCEPTANCE OR REJECTION OF THE AMENDMENT（S）IN A MANNER NOT INCONSISTENT WITH ANY PREVIOUS NOTIFICATION GIVEN BY THE BENEFICIARY BEFORE）。这一做法虽然不能提前获得受益人对于修改的表态，但却便于银行判断修改是否生效，有助于方便银行审单。

3. 对于同一修改通知中的修改内容，不允许部分接受，因此部分接受修改内容当属无效。

虽然上述第 10 条 c 款已明确受益人应提供接受或拒绝修改的通知，但是没有提到在交单时受益人仍不接受修改是否应该作出拒绝的表示，因而受益人常常忽略此事。

ICC 632 R315 开证行开立信用证通知受益人，以后又开出一份修改通知受益人，交单时受益人对修改没有表示拒绝，被指定银行收到受益人的单据与原信用证相符，银行询问 ICC："在这种情况下，我们可以认定受益人拒绝修改吗？" ICC 答称："是的。" 这只是 ICC 根据情况的推理，不等于说受益人不可以表示拒绝修改。

ICC 632 R314 2008 年 12 月 21 日开出信用证规定不许分批装运，最迟装运期是 2008 年 12 月 25 日，受益人于 12 月 24 日交单，提单日为 12 月 22 日，议付行在审单期间收到开证行的增额修改和延展装运期至 2009 年 1 月 1 日、有效期至 2009 年 3 月 21 日的修改。议付行没有理会修改就议付了单据并于 2008 年 12 月 28 日寄单。2009 年 1 月 4 日开证行来电，认为存在货物分运的不符点而拒付。因为开证行要从发出修改之日起就要受到修改的约束。议付行说修改是在货物装运以后发出，受益人没有作出表示，交单与修改无关。ICC 回答："谨慎的措施是受益人拒绝修改，并由议付行通知开证行。"

有的银行在信用证修改书上加列"修改的沉默接受（Silent Acceptance of Amendment）"的条文如下：

"本信用证任何以后的修改须由受益人在接到修改通知的 7 个营业日内用电报/SWIFT 经通知行通知我行（开证行）接受或拒绝接受修改，否则修改将生效。"（原文：Any subsequent amendment（s）under this Letter of Credit must be notified by the beneficiary to us（issuing bank）through the advising bank of acceptance or rejection of the amendment（s）via telex/SWIFT within 7 working days after date of amendment（s）otherwise the amendment（s）will come into force.）

ICC 认为上述做法改变了不可撤销信用证的不可撤销承诺性质。而且，将受益人的沉默视同接受修改是与各国法律相违背的。UCP 600 第 10 条 f 款明确否定了银行在其修改通知书中声称受益人某几天内不表示拒绝即为承认修改的做法，明确了"沉默不等于接受"，使信用证对于受益人的不可撤销性质更为突出。其实"沉默等于接受"条款是开证行或保兑行单方面决定，剥夺了受益人自行决定是否接受信用证修改的权利。此次 UCP 600 把“沉默不等于接受”的理念正式放入 UCP 条款中保护受益人的正当权利不受损害，见图 7－2。

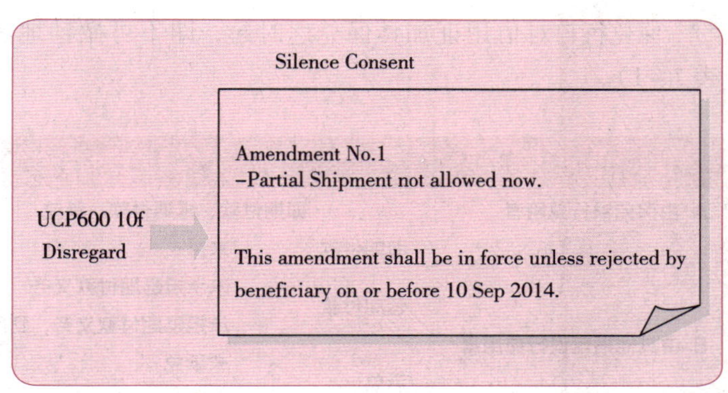

图 7－2

开证行接受不符单据、授权被指定银行付款等同于对不符点作了修改。当被指定银行将有不符点的单据寄交开证行要求其准许付款，或是电传开证行提出不符点，要求授权承付或议付的行动，均可当作请求修改信用证，并将认为信用证的有效期延长了一段合理时间，允许开证行有充足的时间修改并答复。

第二节　不可撤销保兑的信用证与不可撤销不保兑的信用证

一、不可撤销保兑的信用证

不可撤销保兑的信用证的特点是该信用证给予受益人双重的付款保证。因为受益人交单给开证行或被指定银行，且单证相符即构成开证行的确定付款承诺；此外相同单据交给保兑行或被指定银行，且单证相符还构成保兑行的确定付款承诺，这样受益人获得上述两家银行的付款保证。

保兑行根据开证行的授权或要求对信用证加具保兑，并自对信用证加具保兑之时起不可撤销地承担承付或议付的责任。

保兑信用证是指保兑行在开证行承诺之外作出承付或议付相符交单的确定承诺。否则，就是不保兑的信用证。

如果开证行授权或要求一银行对信用证加具保兑，其可不予照办，但其必须毫不延误地通知开证行，告知此信用证不加保兑。这样一来，该证即是不保兑的信用证。

保兑行可将其保兑扩展至修改，并自通知该修改之时即不可撤销地受其约束。但是，保兑行可以选择将修改通知受益人时不对修改加具保兑。若是如此，则其必须毫不延误地将此告知开证行，并在其给受益人的通知中告知受益人。

另外，UCP 600 规定在信用证转让时应反映原证的保兑情况。

（一） 定义和保兑行责任

根据开证行的授权或要求，另一家银行（保兑行）对不可撤销信用证加具保兑，只要信用证规定的单据在到期日当天或以前交至保兑行或被指定银行，并与信用证条款和条件相符，则构成保兑行在开证行以外的、确定的承诺，允诺付款、承兑并支付，或议付信用证项下交来的汇票及/或单据。

保兑行自对信用证加具保兑之时起，即不可撤销地承担承付或议付的责任如下（见表7－1）。

表7－1　保兑行的责任

A. 由保兑银行兑用者	即期付款、延期付款、承兑		保兑银行须对相符交单承付
B. 由其他指定银行兑用者	即期付款	未付	
	延期付款	未承担延期付款义务	
		承担延期付款义务，到期未付	
	承兑	未承兑	
		已承兑,到期未付	
	议付	未议付	
C. 由保兑银行兑用者	议付		无追索权议付

1. 承付，如果信用证为以下情形之一：（1）信用证规定由保兑行即期付款、延期付款或承兑；（2）信用证规定由另一被指定银行即期付款，但其未付款；（3）信用证规定由另一被指定银行延期付款，但其未承诺延期付款，或虽已承诺延期付款，但未在到期日付款；（4）信用证规定由另一被指定银行承兑，但其未承兑以其为付款人的汇票，或虽已承兑了汇票，但未在到期日付款；（5）信用证规定由被指定银行议付，但其未议付。

2. 无追索权地议付，如果信用证规定由保兑行议付。

此外，保兑行如与被指定银行是处于异地的两家银行，受益人交单给被指定银行经审单相符后，由被指定银行寄单给保兑行，在寄递途中可能丢失的风险应由保兑行承担，亦即保兑行仍有责任兑付本行在信用证项下确定的承诺。

（二）保兑的需要和做法

通常受益人会考虑到信用的分级和开证行的金融地位，如果开证行被认为是第一流的银行，就不存在信用证被另一家银行保兑的问题。然而，当一家较小的银行开证，或开证行所在国家有政治、经济风险时，受益人需要通过开证申请人请求开证行授权另一家位于进口国家以外的银行加以保兑。有时开证行知道自己资信不够，不等受益人提出要求就在信用证中主动授权通知行加具保兑。

保兑的做法是：

1. 通知行的通知书 Notification 上面注明通知行加上“保兑”当作面函附在信用证上面。当开证行在“致通知行信用证通知书”的☐adding your confirmation 前面小方格中加上“×”标记（☒）时，通知行在信用证上另加面函，即通知行的通知书上面印有通知或保兑的词句如下：

☐ This notification and the enclosed advice are sent to you without engagement on our part.

☒ As requested by the Issuing Bank, we hereby add our confirmation to this credit in accordance with the stipulations under UCP 600 Article 8.

通知行在第二个小方格中加上“×”标记，这就成为不可撤销保兑的信用证。详见不可撤销保兑信用证格式附式7－1和附式7－2。

另一银行被授权加具保兑，但该行无意照办时，应将此事毫不延迟地通知开证行。

附式 7－1　Irrevocable Confirmed Documentary Credit Advice

<table>
<tr><td>Name of Advising Bank:
The American Advising Bank
456 commerce Avenue
Tampa, Florida

Reference Number of Advising Bank: 2417
Place and Date of notification: Jan 14, 202×, Tampa</td><td>Notification of Irrevocable Documentary Credit</td></tr>
<tr><td>Issuing Bank:
The French Issuing Bank
38 rue Francois ler
Paris, France</td><td>Beneficiary:
The American Exporter Co., Inc
17 Main Street
Tampa, Florida</td></tr>
<tr><td>Reference Number of the Issuing Bank:
12345</td><td>AMOUNT:
USD 100 000.00 – One hundred thousand U. S. Dollars</td></tr>
<tr><td colspan="2">We have been informed by the above – mentioned Issuing Bank that the above – mentioned Documentary Credit has been issued in your favour. Please find enclosed the advice intended for you.

Check the Credit terms and conditions carefully. In the event you do not agree with the terms and conditions, or if you feel unable to comply with any of those terms and conditions, kindly arrange an amendment of the Credit through your contraction party (the Applicant).

Other information:

☐ This notification and the enclosed advice are sent to you without any engagement on our part.
☒ As requested by the Issuing Bank, we hereby add our confirmation to this Credit in accordance with the stipulations under UCP 600 Article 8.

The American Advising Bank</td></tr>
</table>

附式 7－2　不可撤销保兑信用证的 SWIFT 电文格式

SWIFT Output : FIN 700 Issue of a Documentary Credit
Sender : FIBKFR×××××
THE FRENCH ISSUING BANK
PARIS, FRANCE
Receiver : AABKUS×××××
THE AMERICAN ADVISING BANK
TAMPA, FLORIDA

-------------------------------- Message Text --------------------------------

27: Sequence of Total
1/1
40A: Form of Documentary Credit
IRREVOCABLE
20: Documentary Credit Number
12345
31C: Date of Issue
200714
40E: Applicable Rules
UCP LATEST VERSION

31D: Date and Place of Expiry
201130IN USA
50: Applicant
THE FRANCE IMPORTER CO. , LTD
100 MAIN STREET
PARIS, FRANCE
59: Beneficiary - Name & Address
THE AMERICAN EXPORTER CO. , INC
17 MAIN STREET
TAMPA, FLORIDA
32B: Currency Code, Amount
Currency: USD (US DOLLAR)
Amount: #100000#
39A: Percentage Credit Amt Tolerance
10/10
41D: Available With... By...
ANY BANK IN USA
BY NEGOTIATION
42C: Drafts at...
SIGHT
42A: Drawee - BIC
FIBKFR×××××
THE FRENCH ISSUING BANK
PARIS, FRANCE
43P: Partial Shipments
PARTIAL SHIPMENTS ARE PROHIBITED
43T: Transhipment
TRANSHIPMENTS ARE ALLOWED
44E: Port of Loading/Airport of Dep.
ANY PORT OF USA
44F: Port of Discharge/Airport of Dest
ANY PORT OF FRANCE
44C: Latest Date of Shipment
201109
45A: Description of Goods &/or Services
100 MT OF CAST COATED PAPER AT USD 1 000, 00/MT,
AS PER ORDER CONFIRMATION NO. : ABCDE07010001.
CIF FRANCE (10PCT MORE OR LESS IN QUANTITY SHIPPED ALLOWED)
46A: Documents Required
1) SIGNED COMMERCIAL INVOICE IN 1 ORIGINAL PLUS 2 COPIES
2) PACKING LIST IN 1 ORIGINAL PLUS 1 COPY
3) FULL SET CLEAN ON BOARD OCEAN BILLS OF LADING MADE OUT TO ORDER AND ENDORSED IN BLANK, MARKED “FREIGHT PREPAID” AND NOTIFY APPLICANT.
4) NEGOTIABLE MARINE INSURANCE POLICY OR CERTIFICATE, ENDORSED IN BLANK, FOR AT LEAST 10 PERCENT OVER THE CIF INVOICE VALUE COVERING INSTITUTE CARGO CLAUSES (A) INSTITUTE WAR CLAUSES (CARGO) INSTITUTE STRIKES CLAUSES (CARGO) AND SHOWING CLAIMS PAYABLE AT FRANCE IN THE CURRENCY OF THE DC.
5) BENEFICIARY'S CERTIFICATE CERTIFYING THAT COPY OF INVOICE, PACKING LIST AND B/L HAVE BEEN FAXED TO APPLICANT (FAX NO. 001111111) WITHIN 5 DAYS AFTER SHIPMENT EFFECTED.
47A: Additional Conditions
FREIGHT FORWARDER BILLS OF LADING ACCEPTABLE
THIRD PARTY DOCUMENT ACCEPTABLE
71B: Charges
ALL BANKING CHARGES AND COMMISSIONS
INCLUDING REIMBURSEMENT COMM.
OUTSIDE FRANCE ARE FOR A/C OF
BENEFICIARY.

48：Period for Presentation
DOCUMENTS TO BE PRESENTED WITHIN 15
DAYS AFTER THE DATE OF SHIPMENT BUT
WITHIN THE VALIDITY OF THE CREDIT.
49：Confirmation Instructions
CONFIRM
78：Instr to Payg/Accptg/Negotg Bank
ALL SHIPPING DOCS TO BE SENT DIRECT TO
US AT 38 RUE FRANCOIS LERPARIS, FRANCE.
ATTN：BILLS DEPT. BY COURIER/REGI AIRMAIL
IN ONE LOT
UPON RECEIPT OF THE REQUIRED DOCUMENTS WHICH
COMPLY WITH THE TERMS OF THIS CREDIT, WE WILL
REMIT COVER TO YOU IN ACCORDANCE WITH YOUR INSTRUCTIONS.
WE CHARGE USD 50, 00 FOR EACH DOCUMENT FOUND NOT IN COMPLIANCE WITH LC TERMS WHETHER OR NOT WE TAKE UP THE SAME AT OUR SOLE DISCREPTION. THE CHARGE WILL BE DEDUCTED FROM OUR REMITTANCE, DESPITE ANY OTHER TERMS HEREOF TO THE CONTRARY IF ANY.
-------------------------- Message Trailer--------------------------

注意，本例中 MT700 信用证第 49 场显示的 Confirmation Instructions 为 CONFIRM，即表示开证行在信用证中要求通知行对本证加具保兑。

2. 保兑行在信用证上面加列保兑条款和加盖保兑行名称的橡皮章表示它已保兑此证，常见的保兑条款如下：

（1） As requested by our correspondent, we hereby confirm the above – mentioned Credit.

（2） We confirm the Credit and thereby undertake that all drafts drawn and presented to us as above specified in compliance with the terms of this Credit will be duly honoured by us.

（3） At the request of our correspondent, we confirm this Credit and engage with you that all drafts drawn under and in compliance with the terms and conditions of this Credit will be duly honoured by us upon presentation.

（4） We confirm the Credit and thereby undertake to honour the drafts drawn in compliance with the terms and conditions of the Credit if presented at our counters on or before...

（5） We undertake to effect payment only if the documents we received are in compliance with the terms and conditions of the Credit.

（三）保兑行责任的开始

UCP 600 第 8 条 b 款规定，保兑行自对信用证加具保兑之时起即不可撤销地承担承付或议付的责任，即保兑行在对信用证加保兑时起就不可撤销地受到该证的约束，从这一刻起，只要相符单据交到保兑行或其他被指定银行，保兑行的承付或议付责任就已确立。这一款规定是 UCP 600 新增的，UCP 500 对此并没有明确的文字表述。

（四） 保兑行的议付

与开证行的责任相比较，保兑行承担承付责任的情形与开证行完全相同，但保兑行比开证行多了一条议付责任，即当保兑行同时为被指定议付行时，保兑行的责任为议付。要注意的是，保兑行的议付与其他被指定银行的议付有两点不同：（1） 作为保兑行，其必须对相符交单履行议付的义务，而其他被指定银行没有必须议付的义务，除非其事先与受益人达成协议；（2）保兑行对受益人的议付是没有追索权的，而其他被指定银行对受益人的议付须根据是否有汇票，以及该行与客户之间的协议而定。

如果信用证指定由其他银行议付，UCP 600 规定保兑行的责任是，当该被指定议付行没有议付时，保兑行予以承付。这一规定使得在此种情况下保兑行与开证行的责任相同。

（五）保兑行对于修改的处理

保兑行将修改通知受益人这一行为本身就被视为它已同意将保兑延展至修改的表示，并自那时起受该修改约束。保兑行还可以选择不把保兑延展至修改，但却不能不对该修改进行通知，在通知修改时应不延迟地告知开证行和受益人它的保兑并不延展至修改。

被指定银行发电传给开证行提出单据有不符点，请求开证行接受并授权议付，开证行复电接受不符点即表示信用证有效期自动延长一段合理时间，开证行将信用证作了修改，如果被指定银行就是保兑行，则保兑行仍将受到它所承担付款义务的约束；如果开证行接受不符点后，保兑行不拟承担它所应负的责任，它只需在寄送单据给开证行的同时声明：因为单据现在不符，保兑行认为自己已经解除付款义务，并将它的保兑视为无效，并将此声明通知开证行和受益人。

（六）单据绕过保兑行

信用证最好规定某被指定银行作为保兑行，如果保兑行不是被指定银行而是一家异地银行时，必须了解保兑行收到单据审核相符后才能够承担付款责任。受益人如果直接交单给开证行，绕过保兑行，等开证行无力付款时再请保兑行付款，此时若保兑行要求交单，可能出现等把单据交给保兑行审核时已过保兑有效期，保兑行拒付。如果受益人交单给被指定银行审核相符后再寄单，绕过保兑行，直接寄给开证行，等于是放弃使用保兑行的保证付款机会。正规的做法是被指定银行寄单给保兑行索偿，保兑行审单相符予以偿付后再寄单给开证行索偿，开证行审单相符，予以偿付再交单给开证申请人向其索偿。

（七）沉默保兑

UCP 600 第 2 条“保兑行的定义”中说道：保兑行是指根据开证行的授权或要求对信用证加具保兑的银行。也就是说，信用证予以保兑，只能是被开证行授权或要求时为之，未被授权不能加上保兑。该定义强调保兑行必须是经开证行授权或要求而加具保兑的银行，不是 UCP 定义的保兑行，不受 UCP 的保护。而在未经开证行授权或要求的情况下，一家银行与受益人达成协议（往往是在受益人的要求下）对信用证加具“保兑”的行为，习惯上被称为沉默保兑。

在受益人想要获得保兑行的担保并愿意支付保兑费，但不愿通过开证申请人要求开证行授权给另外银行保兑其信用证时则采用沉默保兑，沉默保兑代表了银行和受益人之间的协议，表示该银行加上了保兑，尽管它未被开证行授权保兑。其本质是加具沉默保兑的银行向受益人作出承担开证行履约风险的一种保证或约定，在开证行不履约或无法履约时，沉默保兑的银行对受益人予以赔偿。因此，沉默保兑责任是一种担保或风险承担责任，完全不同于 UCP 中真正保兑的第一性付款责任。应受益人要求加上保兑的保兑行仅是它与受益人之间的安排。该保兑行凭着相符单据，有责任办理贴现或垫款给受益人，但通常是没有追索权的。但是，这样的保兑行与 UCP 600 无关，也不能得到相同于开证行对信用证的权利。

二、不可撤销不保兑的信用证

（一）构成

开证行的不可撤销跟单信用证被一家通知行予以通知，此时，信用证项下的通知行作为开证行的代理人，除了合理谨慎地核验所通知信用证的表面真实性外，对受益人不承担任何责任。这种信用证就是不可撤销不保兑的信用证（Irrevocable Unconfirmed Credit），它与通常的不可撤销信用证内容完全相同。

（二）说明

开证行已在 without adding your confirmation 前面小方格中加上“×”标记，通知行则在信用证上另加面函，上面印有通知或保兑的词句如下：

☒ This notification and the enclosed advice are sent to you without any engagement on our part.

☐ As requested by the Issuing Bank, we hereby add our confirmation to this Credit in accordance with the stipulations under UCP 600 Article 8.

通知行在第一个小方格中加上“×”标记，这就成为不可撤销不保兑的信用证，详见不可撤销不保兑信用证格式附式 7－3、附式 7－4。

✪ 附式 7－3　Irrevocable Documentary Credit（Unconfirmed）Advice

Name of Advising Bank: The American Advising Bank 456 commerce Avenue Tampa, Florida **Reference Number of Advising Bank:** 2417 **Place and Date of notification:** Jan 14, 202×, Tampa	**Notification of Irrevocable Documentary Credit**
Issuing Bank: The French Issuing Bank 38 rue Francois ler Paris, France	**Beneficiary:** The American Exporter Co., Inc 17 Main Street Tampa, Florida
Reference Number of the Issuing Bank: 12345	AMOUNT: USD 100 000.00 – One hundred thousand U. S. Dollars
We have been informed by the above – mentioned Issuing Bank that the above – mentioned Documentary Credit has been issued in your favour. Please find enclosed the advice intended for you. Check the Credit terms and conditions carefully. In the event you do not agree with the terms and conditions, or if you feel unable to comply with any of those terms and conditions, kindly arrange an amendment of the Credit through your contraction party (the Applicant). Other information: ☒ This notification and the enclosed advice are sent to you without any engagement on our part. ☐ As requested by the Issuing Bank, we hereby add our confirmation to this Credit in accordance with the stipulations under UCP 600 Article 8. ------------------------------ The American Advising Bank	

附式 7-4　不可撤销不保兑信用证 SWIFT 电文格式

SWIFT Output　: FIN 700 Issue of a Documentary Credit
Sender　: FIBKFR × × × × ×
THE FRENCH ISSUING BANK
PARIS, FRANCE
Receiver　: AABKUS × × × × ×
THE AMERICAN ADVISING BANK
TAMPA, FLORIDA

--------------------------------- Message Text ---------------------------------

27: Sequence of Total
1/1
40A: Form of Documentary Credit
IRREVOCABLE
20: Documentary Credit Number
12345
31C: Date of Issue
200714
40E: Applicable Rules
UCP LATEST VERSION
31D: Date and Place of Expiry
201130IN USA
50: Applicant
THE FRANCE IMPORTER CO., LTD
100 MAIN STREET
PARIS, FRANCE
59: Beneficiary - Name & Address
THE AMERICAN EXPORTER CO., INC
17 MAIN STREET
TAMPA, FLORIDA
32B: Currency Code, Amount
Currency　: USD (US DOLLAR)
Amount　: #100000#
39A: Percentage Credit Amt Tolerance
10/10
41D: Available With... By... -
ANY BANK IN USA
BY NEGOTIATION
42C: Drafts at...
SIGHT
42A: Drawee - BIC
FIBKFR × × × × ×
THE FRENCH ISSUING BANK
PARIS, FRANCE
43P: Partial Shipments
NOT ALLOWED
43T: Transhipment
ALLOWED
44E: Port of Loading/Airport of Dep.
ANY PORT OF USA
44F: Port of Discharge/Airport of Dest
ANY PORT OF FRANCE
44C: Latest Date of Shipment
201109
45A: Description of Goods &/or Services
略
46A: Documents Required
略

47A: Additional Conditions
略
71B: Charges
略
48: Period for Presentation
略
49: Confirmation Instructions
WITHOUT
78: Instr to Payg/Accptg/Negotg Bank
略
-------------------------- Message Trailer--------------------------

国际商会
关于信用证
保兑的相关意见

注意：本例中MT700信用证第49场显示的Confirmation Instructions为WITHOUT，即表示开证行在信用证中不要求通知行对本证加具保兑。

第三节 付款、承兑、议付信用证

受益人交单给被指定银行办理结算，按照使用信用证金额的方式（又称结算条件，Settlement Conditions ICC 516 P. 21）分为四种信用证：即期付款信用证（sight payment credit or credit available by payment）、延期付款信用证（deferred payment credit or credit available by deferred payment）、承兑信用证（acceptance credit or credit available by acceptance）和议付信用证（negotiation credit or credit available by negotiation）。上述四种信用证都可以分为限制兑用和自由兑用信用证（Freely Available Credit）。任何一个信用证均须清楚地表明适用于哪一种方式。

为了分析各种信用证的使用方式，我们采用标准格式或书信体格式举例说明。

一、即期付款信用证

即期付款信用证是开证行或被指定银行收到相符交单后应立即付款的一种信用证。其条款一般为“本信用证可以在开证行（或被指定银行）即期付款兑用有效［THIS CREDIT IS AVAILABLE WITH ISSUING BANK（OR ×××）BY PAYMENT AT SIGHT］”。这种信用证可以要求汇票，也可以不要求汇票。如果要求汇票，由开证行即期付款的信用证中，汇票的付款人应是开证行；由被指定银行即期付款的信用证中，汇票的付款人应是被指定银行（如果此时汇票的付款人是开证行，则这就不是付款信用证了，而是议付信用证）。实务中，即期付款信用证通常不要求汇票。

（一）即期付款方式的常用套语

书信体格式的信用证中，即期付款方式的常用套语为：

This Credit is to expire on or before (date) at (1) place and is available with (2) issuing bank or advising bank/other bank (nominated bank) by (3)
☒ Sight payment
☐ Deferred payment at (on) ____________
☐ Acceptance at ____ days after ____________
☐ Negotiation
Against the documents detailed herein
☐ and (4) the beneficiary's draft (s) at (5) sight drawn on (6) nominated paying bank

上述常用套语表明要点如下：

1. 交单地点栏写城市名称，应是被指定银行所在的城市。

2. with 后面填写开证行自行付款或授权通知行/其他行作为被指定银行付款，这里有限制上述指定银行使用信用证的作用。

3. by 后面选择 sight payment，表明信用证使用方式。

4. 可要求汇票或不要求汇票，如要求汇票在 and 前面的□中加“×”标记。

5. 汇票期限是 at sight。

6. 付款人/受票人是指定付款行或开证行。

以 SWIFT 形式开具的信用证中，付款方式见于 MT700 的第 41 场 41D：Available With...（1）By...（2），其中：

1. 填具开证行或被指定的银行或任何银行（any bank）。

2. 填具 PAYMENT 或 DEF PAYMENT 或 NEGOTIATION 或 ACCEPTANCE。

在即期付款方式下，本场的文句为：

41D：Available With... By...
　　L/C ISSUING BANK/ × × × BANK
　　PAYMENT

即期付款信用证的承诺条款 Undertaking Clause 在信用证最后边，行文如下：

Undertaking Clause

We hereby engage that payment will be duly made against（sight draft and documents）/（documents）presented in conformity with the terms of this Credit.

（二）直接付款信用证

直接付款信用证（Straight Credit）是开证行作为即期付款行，要求受益人直接寄单给开证行，审单相符立即付款。这种信用证只有两个当事人，即开证行和受益人，没有被指定银行。

1. 定义。在不可撤销直接付款信用证项下，开证行的义务扩展至受益人，以支付汇票/单据。通常在开证行所在地到期，这种跟单信用证没有传送开证行的许诺和义务给除指定受益人以外的其他任何人。

2. 说明。银行和其他金融机构可以选择购买受益人的汇票/单据。然而，凭这样的信用证购买受益人的汇票/单据并没有得到向开证行索偿的权利，也没有被开证行传送其责任，以保护汇票/单据的购买人，直接付款跟单信用证项下开立汇票/单据的购买人只有权利代表受益人提交汇票/单据。

这种信用证的开证行的责任通常表示在信用证中：

Credit available by payment with the Issuing Bank and expiring for presentation of documents at the office of the Issuing Bank.

开证行的承诺条款可以很清楚地写明如下：

“我行同意受益人交来所有的汇票及/或单据，我行将正当付款，只要汇票及/或单据与信用证条款和条件相符并在到期日那天或以前交单于本行。”

We hereby agree with the beneficiary that all drafts drawn under and/or documents presented hereunder will be duly honoured by us provided the terms and conditions of the Credit are complied with and that presentation is made at this office on or before the expiry date.

直接付款信用证 SWIFT 格式见附式 7－5。

附式 7－5

SWIFT Output　: FIN 700 Issue of a Documentary Credit
Sender　: FIBKFR×××××
THE FRENCH ISSUING BANK
PARIS, FRANCE
Receiver　: AABKUS×××××
THE AMERICAN ADVISING BANK
TAMPA, FLORIDA

-------------------------------- Message Text --------------------------------

27: Sequence of Total
1/1
40A: Form of Documentary Credit
IRREVOCABLE
20: Documentary Credit Number
12345
31C: Date of Issue
200714
40E: Applicable Rules
UCP LATEST VERSION
31D: Date and Place of Expiry
201130 AT OUR COUNTER IN FRANCE
50: Applicant
THE FRANCE IMPORTER CO. , LTD
100 MAIN STREET
PARIS, FRANCE
59: Beneficiary - Name & Address
THE AMERICAN EXPORTER CO. , INC
17 MAIN STREET
TAMPA, FLORIDA
32B: Currency Code, Amount
Currency: USD (US DOLLAR)
Amount: #100000#
39A: Percentage Credit Amt Tolerance
10/10
41D: Available With... By...
THE FRENCH ISSUING BANK
BY PAYMENT
42C: Drafts at...
SIGHT
42A: Drawee - BIC
FIBKFR×××××
THE FRENCH ISSUING BANK
PARIS, FRANCE
43P: Partial Shipments
NOT ALLOWED
43T: Transhipment
ALLOWED
44E: Port of Loading/Airport of Dep.
ANY PORT OF USA
44F: Port of Discharge/Airport of Dest
ANY PORT OF FRANCE

44C：Latest Date of Shipment
201109
45A：Description of Goods &/or Services
略
46A：Documents Required
略
47A：Additional Conditions
略
71B：Charges
略
48：Period for Presentation
略
49：Confirmation Instructions
WITHOUT
78：Instr to Payg/Accptg/Negotg Bank
略
-------------------------- Message Trailer--------------------------

注意：本例中 MT700 第 41D 场为：

41D：Available With... By...
THE FRENCH ISSUING BANK
BY PAYMENT

即表示本证是一个由开证行本身作为指定付款行的即期付款信用证。

（三）指定付款行的即期付款信用证

指定付款行付给受益人票面上的金额，不能从中扣收利息，而指定付款行向开证行索偿时，要看开证行账户设立情况来确定能否立即偿付或索偿后数日再行偿付。

当开证行的账户设在指定付款行时，开证行将在信用证中规定如下："交来的单据与信用证条款相符时，为了偿还你行付款，请借记我行账户自行偿还，并通知我行。"（"In reimbursement of your payment please reimburse yourselves by the debit of our account with you under your advice to us when documents presented in compliance with the terms and conditions of the credit."）

在开证行不需要筹措资金时间的前提下，指定付款行可以借记开证行账户，贷记受益人账户，办妥立即付款。这种开证行账户设在被指定银行的情况是很少的。

开证行未在被指定银行设立账户的情况很多，此时，指定付款行的索偿路线有两种：

第一是采用电讯传递向偿付行即期索偿。按照 URR 725 规定，应给予偿付行 3 个银行工作日处理索偿和偿付，所以偿付行要在收到索偿要求翌日起算的第 3 个工作日偿付。

第二是向开证行即期索偿，允许指定付款行发电索偿，因为 URR 725 规定向偿付行索偿要给它 3 个工作日处理索偿和偿付，所以开证行的偿付也在信用证规定收到索偿电后 3 个工作日起息，详见指定付款行的即期付款信用证书信体格式附式 7－6。

指定付款行对于上述两种索偿路线采用在预计收到偿付的日期向受益人付款，也就是指定付款行向偿付行或开证行发电 3 天后向受益人付款。

附式 7－6

<u>Credit available by payment at sight with the nominated paying bank</u>

Name of Issuing Bank
Credit Lyonnais

Place and date of issue:
Paris, 25 Nov. 202×

To: ABC Company, Tianjin,
China.

This Credit is advised through:
Bank of Asia, Tianjin

Dear Sirs,

At the request and on the instructions of (name and address of the applicant), we hereby issue an Irrevocable Documentary Credit No. ING58510 for USD 43 272.93 (say US dollars forty three thousand two hundred and seventy two and 93/100 only) to expire on or before 20 Feb., 202× at Tianjin available with Bank of Asia, Tianjin by payment at sight.

against beneficiary's draft at ______ drawn on ______ and the documents detailed herein marked with "×"

☒ Commercial Invoice in septuplicate

☒ Full set 4/4 original clean on board marine bills of lading made out to order and endorsed in blank marked freight prepaid notifying (applicant)

☒ Certificate of Origin in duplicate

evidencing shipment of (description of goods)
from Chinese port to Calais not later than 5 Feb., 202×
Partial shipments allowed
Transhipment allowed

Documents to be presented within 15 days after the date of shipment of the transport document (s) but within the validity of the credit.

We hereby engage that payment will be duly made against documents presented in conformity with the terms and conditions of this credit.

Instructions to the advising bank:
Please advise the credit to the beneficiary without adding your confirmation. Reimbursement:
When utilized kindly advise us of your payment and charges by tested telex stating documents complied with and we will cover your account with us value 3 working days after receipt of your telex at our counter.

This Credit is subject to UCP 600.

Yours faithfully,
Credit Lyonnais,
Paris
signature (s)

二、延期付款信用证

开证行或被指定银行按信用证规定在收到相符单据若干天后再付款的信用证称为延期付款信用证。此类信用证不要求汇票，否则就是承兑或远期议付信用证了。在延期付款的信用证下，受益人交单，只要交单相符，被指定银行或开证行就必须承付。对受益人而言，若被指定银行是保兑行，则收款有直接的保证，到期不管被指定银行是否收到款项，都要保证向受益人付款。如是不保兑的信用证，被指定银行不构成确定的付款承诺，最终由开证行承担到期付款的责任。

（一）延期付款方式的常用套语

This Credit is to expire on or before (date) at <u>(1) place</u> and is available with <u>(2) issuing bank or advising bank/other bank (nominated bank)</u> by <u>(3)</u>

☐ Sight payment
☒ Deferred payment at (on) ____________________
☐ Acceptance at ____ days after ____________
☐ Negotiation

Against the documents detailed herein

☐ and (4) the beneficiary's draft (s) at <u>(5) sight</u> drawn on <u>(6)</u>

上述常用套语表明要点如下：

1. 交单地点栏写城市名称，应是被指定银行所在的城市。

2. with 后面填写开证行自行付款，或授权通知行/其他行作为被指定银行，这里有限制上述被指定银行使用信用证的作用。

3. by 后面填写确定的付款到期日，如 60 days after B/L date，使其成为完整的信用证使用方式。延期付款方式需要一并表示如何确定付款到期日，通常是：

（1）提单日或装运日后若干天延期付款（deferred payment at × × days after the date of B/L or shipment）。

（2）交单后若干天延期付款（deferred payment at × × days after presentation of documents）。

（3）固定在将来某日期延期付款［deferred payment on（a future date）fixed］。

4. 一律不要求汇票时，在 and 前面的□空着。根据 ICC 516 P. 22，如果客户坚持需要汇票，银行将要求在延期付款到期日提示即期汇票。不要汇票是为了避免政府征收汇票印花税，但也因此失去票据法律的保护。

5. 空着。

6. 空着。

以 SWIFT 形式开具的信用证中，延期付款方式于 MT700 的第 41 场表述的文句为：

41D：Available With... By...

× × × BANK/L/C ISSUING BANK

DEF PAYMENT

此处的 DEF PAYMENT 即 DEFERRED PAYMENT，是延期付款的意思。

延期付款信用证的承诺条款如下：

Undertaking Clause：

We hereby engage that payment will be duly made

at maturity i. e.

{ × × days after presentation of documents 或
× × days after the date of shipment 或
a fixed future date }

against the documents presented in conformity with the terms and conditions of this Credit.

承诺条款表明开证行承担到期日付款的责任，详见延期付款信用证书信体格式（附式 7 –7）。

附式 7 –7

Credit available by deferred payment

Name of issuing bank Banque Nationale de Paris	Place and date of issue Marseille, 28 Feb. , 202 ×
To: China Foodstuffs Imp. & Exp. Corp. Tianjin Branch, Tianjin	This credit is advised through Bank of Asia, Tianjin

Dear Sirs,

At the request and on the instructions of (name and address of the applicant), we hereby issue an Irrevocable Documentary Credit No. Cl6921 for about USD 24 500. 00 (say about US dollars twenty four thousand five hundred only) to expire on or before 15 Dec. , 202 × at Tianjin available with Bank of Asia, Tianjin by deferred payment at 60 days after date of presentation of documents.

against the documents detailed herein marked with " × "
☒ Commercial Invoice in quadruplicate referring to contract No. SDO66
☒ Full set 2/2 original clean on board marine bills of lading made out to order of BNP Marseille marked freight prepaid notifying (applicant)
☒ Packing list in quadruplicate
☒ Certificate of origin in GSP Form A in duplicate
☒ Insurance policy or certificate covering all risks and war risks at 110% of invoice value
☒ Inspection certificate of quality issued by Tianjin Imp. & Exp. Commodity Inspection Bureau evidencing shipment of (description of goods) from Chinese port to Marseille not later than 30 Nov., 202 ×
Partial shipments not allowed
Transhipment allowed
Documents to be presented within 15 days after the date of the transport document (s) but within the validity of the credit.
We hereby engage that if all the documents presented to this office strictly comply with the terms and conditions of this credit, payment will be made by us at maturity i. e. 60 days after date of presentation of documents to the advising bank.
Instructions to the advising bank:
Please advise the credit to the beneficiary without adding your confirmation. Reimbursement: At maturity as specified on your BP schedule, we shall credit your Head Office US dollars account with us under our telex advice to you.
This credit is subject to UCP 600.

Yours faithfully,
Banque Nationale de Paris,
Marseille
signature (s)

（二）延期付款可以贴现融资

延期、承兑、议付这三种使用方式都有远期付款情况，在 UCP 500 时代以延期付款信用证隐含欺诈风险为最大。受益人把交单后的延期收款视为信用证项下应得的款项，引用 UCP 500第 49 条让渡给被指定银行，以获取融资。

【例】 在 1999 年桑坦德银行诉讼巴黎巴银行（Banco Santander v Banque Paribas）的案件中，受益人出具延期付款信用证项下款项让渡书交给桑坦德银行（桑坦德银行既是指定延期付款行也是保兑行），并将让渡提单日后 180 天付款的单据（金额 2 030 万美元）给其请求贴现，桑坦德银行未经仔细考虑做了贴现提前付款，到期日以前发现受益人伪造单据欺诈，法庭发出禁付令。如果桑坦德银行没有贴现，可以拒付，开证行同样可以拒付，但桑坦德银行已经贴现，它以保兑行和被指定银行双重身份要求开证行偿付，开证行认为没有授权其贴现而拒绝偿付，得到法庭支持，桑坦德银行受欺诈，损失 2 030 万美元。①

由于 UCP 500 并没有明确开证行对被指定银行的授权包括允许被指定银行提前付款的授权，导致被指定银行要自行承担提前付款带来的风险。这样既没有充分考虑受益人的融资需求，也没有给被指定银行提供任何积极的保障，对信用证这样一个国际贸易结算工具而言，这无疑是一个缺陷。

为了适应国际贸易和银行实务发展的需要，ICC 在 UCP 600 中新增了对延期付款信用证的融资许可。UCP 600 除了在议付的定义中明确了其预付性质以外，还明确了开证行对于指定行进行承兑、作出延期付款承诺的授权，同时包含允许指定行进行提前买入的授权。这项规定旨在保护指定行在信用证下对受益人进行融资的行为。从各国法院对信用证项下被指定银行融资

① Case No: 1998 folio No. 794IN THE HIGH COURT OF JUSTICEQUEEN'S BENCH DIVISION COMMERCIAL COURT; appeal, Case No: QBCMF 1999/0673/A3IN THE SUPREME COURT OF JUDICATURECOURT OF APPEAL (CIVIL DIVISION).

并遭拒绝偿付的案件来看，因为没有现成的国际惯例可资遵循，故审理结果会有较大的意外。

国际商会修订 UCP 600 时期参考了包括上述经典案例在内的许多案例，制定了第 12 条 b 款的所谓“融资许可”条款，该条款明确规定：当开证行授权某银行作出延期付款承诺时，也即授权该被指定银行预付或购买其已作出的延期付款承诺。这就表明了开证行应该偿付被指定银行作出的融资，把它当作一个国际惯例提供给世界各国银行遵循和其他各界正确参考。另外，开证行有责任必须偿付被指定银行，这已在 UCP 600 第 7 条 c 款中作出明确规定：“开证行有偿付被指定银行的责任独立于开证行对受益人的责任。”同时，实务中需要特别注意延期付款方式项下受益人的融资申请。根据国际商会出具的 R722 意见的分析，被指定银行只有在向受益人书面通知（Written Communication）了其自身延期付款承诺的情况下，其预付行为才符合第 12 条 b 款的规定，这样才会受到规则的保护，即开证行需承担对指定银行的独立偿付义务。

三、承兑信用证

承兑信用证（Credit by Acceptance）是远期信用证的一种，受益人要开立汇票。开证行在开立承兑信用证时，可以规定由自己承兑汇票，也可以规定由被指定银行承兑汇票。开证行或被指定银行对受益人开立的远期汇票一经承兑，信用证项下的不可撤销的付款责任就上升到了票据上的无条件付款责任。承兑前，银行对受益人的权利和义务以信用证为准。承兑后，汇票和单据相分离，银行成为汇票的承兑人，即票据法规定的主债务人，对出票人、背书人、持票人承担保证付款的责任。即便出现了欺诈等纠纷，汇票的承兑人也不能拒付，因为该汇票的持票人作为善意的持票人或正当持票人可以得到票据法的保护。

承兑后的汇票可以退回出票人，但大部分由承兑行保管，承兑人向受益人发出承兑通知书。若承兑行不是开证行，则承兑行向开证行寄单索汇。受益人如需要资金融通，可以要求承兑行将承兑汇票寄回，以便其拿到票据市场上进行贴现，也可采用福费廷的方式无追索权地卖出该票据，取得扣除利息后的净额，支付的贴息就是融资的成本。

（一）承兑方式的常用套语

This Credit is to expire on or before (date) at <u>(1) place</u> and is available with <u>(2) issuing bank or advising bank/other bank (nominated bank)</u> by <u>(3)</u>

☐ Sight payment

☐ Deferred payment at (on) ____________________

☒ Acceptance at ____ days after ____________

☐ Negotiation

Against the documents detailed herein

☒ and (4) the beneficiary's draft (s) at <u>(5) sight</u> drawn on <u>(6) nominated paying bank</u>

上述常用套语表明要点如下：

1. 交单地点栏写城市名称，应是被指定银行所在城市。

2. with 后面填写开证行自行承兑和付款，或授权通知行/其他行作为被指定银行，这里有限制上述被指定银行使用信用证的作用。

3. by 后面填写 acceptance of draft (s) at ×× days after ×××，必须表明到期日的确定方法，也是表明汇票远期的期限，如 30 days sight，使其成为完整的信用证使用方式。

常见的到期日确定方法或远期期限（tenor）是：(1) ×× days sight 或 (2) 180 days after the date of shipment/bill of lading。

4. 承兑信用证必然要求远期汇票，应在 and 前面的□加 × 标记。

5. 与“3.”的承兑使用方式的期限相同。

6. 汇票受票人是指定承兑行。

承兑信用证的承诺条款如下：

Undertaking Clause

We hereby engage that drafts drawn in conformity with the terms and conditions of this Credit will be duly accepted on presentation to drawee bank and duly honoured at maturity.

以 SWIFT 形式开具的信用证中，承兑方式于 MT700 的第 41 场表述的文句为：

41D：Available With... By...

× × × BANK/L/C ISSUING BANK

ACCEPTANCE

承兑信用证书信体格式见附式 7－8。

附式 7－8

Credit available by acceptance

Name of issuing bank Dresdner Bank	Place and date of issue Hamburg, 15 April, 202 ×
To: DEF Company, Tianjin, China	This credit is advised through Bank of Asia, Tianjin

Dear Sirs,

At the request and on the instructions of (name and address of the applicant), we hereby issue an Irrevocable Documentary Credit No. HO6MO2000 for USD 15 730.00 (say US dollars fifteen thousand seven hundred and thirty only) to expire on or before 31 May, 202 × at Hamburg available with Dresdner Bank, Hamburg by acceptance.

☒ against beneficiary's draft (s) at 90 days sight drawn on us

☒ and the documents detailed herein marked with “ × ”

☒ Commercial Invoice in quintuplicate

☒ Full set 3/3 original clean on board marine bills of lading made out to order and endorsed in blank marked freight prepaid notifying (applicant)

☒ Packing list in triplicate

☒ Certificate of origin in duplicate

☒ Insurance Policy or Certificate covering all risks and war risks for CIF value plus 10%

evidencing shipment of (description of goods)

from Chinese port to Hamburg not later than 16 May 202 ×

Partial shipments not allowed

Transhipment not allowed

Documents to be presented within 15 days after the date of the transport document (s) but within the validity of the credit.

We hereby engage that drafts drawn in conformity with the terms and conditions of this credit will be duly accepted on presentation and duly honoured at maturity.

Instructions to the advising bank:

Please advise the credit to the beneficiary without adding your confirmation.

The number and the date of the credit and the name of our bank must be quoted on all drafts required.

Reimbursement:

We shall advise you of the date of acceptance and maturity and hold draft (s) for you till maturity. The proceeds will be credited to your Head Office US dollars account with us at maturity under our telex advice to you.

This Credit is subject to UCP 600.

Yours faithfully,
Dresdner Bank, Hamburg
signature (s)

（二）信用证项下汇票的承兑与贴现

信用证项下跟单汇票一经受票行承兑就构成承兑行在到期日无条件付款的承诺。受益人作为持票人，可以在承兑后要求承兑行或其他银行贴现立即得到净款融资，贴现行付出净款的对价，获得并持有已承兑汇票成为正当持票人，不受以后发现前手权利缺陷的影响，具有要求承兑人履行付款的权利。

指定承兑行如与受益人在同一城市，已承兑汇票交给受益人持有，俟到期日由受益人提示给承兑行要求付款。

承兑行如与受益人处于异地，例如开证行承兑汇票后，向出口地寄单行发出承兑通知电，通知汇票已承兑及到期日，并将汇票自行保留至到期日付款。现在出口地银行"凭电贴现"已成为普遍做法，个别银行也有主张凭有形承兑汇票贴现。1998 年中国银行香港分行（公司）"凭电贴现"一笔由香港某银行开立的已承兑信用证项下汇票 165 万美元，在到期日以前，申请人以收货数量不足为由，认为受益人欺诈，申请香港法院发出禁付令，开证行还认为中国银行香港分行（公司）"凭电贴现"不符合票据法，不能成为正当持票人。中国银行香港分行（公司）不服，立即上诉香港法院，法院判决中国银行香港分行（公司）胜诉，裁定撤销已发出的禁付令，承兑行发出承兑电讯与有形承兑汇票承担相同的到期日付款责任，认定中国银行香港分行（公司）的正当持票人地位。①

"凭电贴现"的做法在我国也得到了认可。在澳新银行信用证纠纷案②中，根据最高人民法院〔2013〕民申字第 1395 号民事裁定书，法院认为："本案中，开证行已经通过 SWIFT 系统向澳新银行上海分行明确表示承兑，尽管不符合我国《票据法》对于票据承兑应当在票据上明确'承兑'字样的要求，但我国司法实践中一直认可信用证交易中的国际习惯做法，即认为通过 SWIFT 电文表示的承兑构成信用证项下有效的付款承诺。"

［案例 7－1］
上海澳新银行
议付纠纷案

ICC596 R256 指出，发出承兑通知电/函的承兑行有责任在到期日付款，还指出如果出口方银行需要汇票被开证行承兑后退还给出口方银行，开证行应予照办。

现将"凭电贴现"与凭有形承兑汇票贴现比较如下：

表7－2　凭电贴现与凭有形承兑汇票贴现

凭电贴现	凭有形承兑汇票贴现
1. 开证行发出承兑电讯，次日收到即可贴现，迅速获得融资 2. 免去往返寄递费用和风险 3. 贴现行将承兑通知单拿到二级市场出售或再贴现比较困难	1. 开证行寄来已承兑汇票，多日后收到才能贴现，延缓融资 2. 需要往返寄递费用，又有路途中可能丢失的风险 3. 贴现行将有形承兑汇票拿到二级市场出售没有困难

UCP 600 第 12 条 b 款规定：开证行在信用证中指定一家银行承兑汇票，即为授权该被指定银行预付或购买其已承兑的汇票。这也是对受益人"融资许可"的新规定。

① 赵金海．远期信用证项下承兑汇票贴现方式的分析［J］．国际金融，2002（9）．

② 有关澳新银行信用证纠纷案，参考本章【案例 7－1】。

现将 SWIFT 形式的承兑电文举例如下：

```
------------------------------ Message Header --------------------------------
    SWIFT Output   : FIN 754 Adv of Paymt/Acceptance/Nego
    Sender         : FIBKFR×××××
        THE FRENCH ISSUING BANK
        PARIS, FRANCE
    Receiver       : AABKUS×××××
        THE AMERICAN ADVISING BANK
        TAMPA, FLORIDA
-------------------------------- Message Text ---------------------------------
      20: Sender's Reference
          12345
      21: Related Reference
          2020BP0000560
     32B: Principal Amt Paid/Accepted/Negd
          Currency        : USD (US DOLLAR)
          Amount          : #70760, 5#
     71B: Charges Deducted
          CABLE CHG USD 60, 00
     34A: Total Amount Claimed
          Date            : 31 August 2020
          Currency        : USD (US DOLLAR)
          Amount          : #70703, 5#
     53A: Reimbursing Bank - BIC
          PNBPUS3NNYC
          WACHOVIA BANK NA NEW YORK
     77A: Narrative
          YOU MAY REIMBURSE YOURSELVES FROM
          REIMBURSING BANK AT MATURITY DATE
          AS PER L/C TERMS.
---------------------------- Message Trailer--------------------------------
```

上例是开证行（THE FRENCH ISSUING BANK）发给提交单据的银行（THE AMERICAN ADVISING BANK TAMPA, FLORIDA）的承兑电文，为 SWIFT 标准格式 MT754。其中 34A 场里的日期（Date : 31 August 2020）即表示承兑到期日，金额（Amount : #70703. 5#）即表示承兑后的净额。

（三）假远期信用证

1. 假远期信用证的概念。假远期信用证（Usance Letter of Credit Payable at Sight）是指买卖双方在贸易合同中约定即期交易，货物价格也以进口商即期付款为基础，但进口商出于融资的需要，开出的信用证要求受益人（出口商）开立远期汇票（因此是 Usance Letter of Credit），而信用证中开证行承诺或授权一家被指定银行即期向受益人付款（因此是 Payable at Sight），待远期汇票到期时，进口商再向开证行支付款项。

2. 假远期信用证的作用。假远期信用证对于开证申请人（进口商）而言，具有远期信用证的效果，满足了进口商将即期交易转化为远期付款的需要，实质上是开证行为进口商提供了资金融通。虽然进口商须负担利息，但由于货物买卖合同是以即期付款价格为基础，通常低于以远期信用证结算的货物价格，总体来说进口商还是划算的。对受益人（出口商）而言，一旦交单即可立刻收汇，与即期信用证功效相同。

对于开证行而言，相当于为进口商开立一笔即期信用证（以满足出口商即期收款的要求），并为进口商办理了一笔进口押汇融资（以满足进口商延期付款的资金融通要求）。与正常的开立即期信用证并为进口商办理进口押汇不同的是，在假远期信用证业务中，开证行通常会指定一家银行作为代付行（Pay Through Bank），由这家银行先行即期付款，待远期汇票到期时，开证行再连本带息偿付该银行。这样做可以使开证行在自身资金紧张时，利用代付行的资金来满足进口商的融资需求。

3. 假远期信用证的业务流程。

第一步：开证行与一家合作银行签署协议，指定该行为假远期信用证业务中的代付行，确定融资利率和其他条件。

第二步：开证行开立假远期信用证，有关条件如下：

（1） Available with any bank by negotiation.

（2） Draft at ×× days after sight（or B/L date）.

（3） 在附加条款中规定：Payable by Pay Through Bank（××× Bank） at sight, financing interest and acceptance commission are for the account of the applicant.

（4） 在对交单行/议付行的指示中明确：Upon receipt of documents in compliance with the terms and conditions of the L/C, we shall authorize the Pay Through Bank（××× Bank） to effect payment at sight as per your instruction. All documents must be forwarded in one lot to the issuing bank.

第三步：出口商通过议付行/交单行向开证行交单并收款。

第四步：开证行在审单无误后指示代付行（Pay Through Bank）立刻向议付行/交单行支付信用证款项。

第五步：待远期汇票到期，开证行将汇票款项连同按约定利率计算出的利息偿付代付行，同时向开证申请人（进口商）索偿。

当然，开证行也可授权出口商所在地的议付行将信用证款项全额即期支付给受益人（出口商），待汇票到期时，开证行再连本带息偿付该议付行。相应地，信用证条款中可规定：授权议付行议付远期汇票，依汇票金额即期付款，利息由开证申请人承担（Negotiating Bank is authorized to negotiate the usance draft at sight for the face amount, interest is for the account of the applicant）。在此情况下，开证行必须事先与该议付行商定业务流程和融资利率。

假远期信用证与即期信用证比较，有相同点和不同点，如表7－3所示。

表7－3　假远期信用证与即期信用证的比较

项目	假远期 LC	即期 LC
相同点	对卖方即期支付票面金额	对卖方即期支付票面金额
不同点	(1)开出远期汇票 (2)须办理提示要求承兑、承兑和贴现的程序 (3)贴现后，净款＋买方支付的贴现息＝票面金额，支付给卖方 (4)贴现人即正当持票人对卖方已付款有追索权 (5)买方在远期汇票到期日付款	(1)开出即期汇票 (2)须办理提示要求付款、付款的程序 (3)受票行即期支付票面金额给卖方 (4)受票行对卖方已付款无追索权 (5)买方 D/P 即期付款赎单

假远期信用证必须规定：贴现息和承兑费由买方负担，可按即期方式议付汇票。常见的假远期条款是：

（1） Draft at 90 days sight on Issuing/Nominated Bank.

LC terms: a） Immediate reimbursement will be provided by us on receipt of the documents.

b) Discount and acceptance charges are for the buyer's account.

c) Draft drawn under this Credit should be negotiated at sight.

(2) Draft at 150 days sight on Issuing Bank, discount at current rate and charges are for buyer's account. Reimbursement: We authorize the Nominated Bank to debit our Sydney Office account with their Beijing Head Office at sight with the amount of drawing in terms of the Letter of Credit.

(3) 180 days draft drawn on Issuing Bank.

LC clause: We are authorized to pay the face amount of your drafts upon presentation, discount charges being for account of buyer, therefore such drafts must be left with us for discount.

(4) Drawee Bank's discount charge and acceptance commission are for the account of applicant and therefore the beneficiary is to receive value for the term drafts as if drawn at sight.

(5) Please pay beneficiary on a sight basis. Discount charge stamp (if any) and acceptance commission are for buyer's account in excess of the Credit amount.

(6) Usance drafts will be negotiated at sight basis.

假远期信用证 SWIFT 标准格式见附式 7 –9。

附式 7 –9

SWIFT Output : FIN 700 Issue of a Documentary Credit
Sender : FIBKFR × × × × ×
THE FRENCH ISSUING BANK
PARIS, FRANCE
Receiver : AABKUS × × × × ×
THE AMERICAN ADVISING BANK
TAMPA, FLORIDA

-------------------------------- Message Text --------------------------------

27: Sequence of Total
1/1
40A: Form of Documentary Credit
IRREVOCABLE
20: Documentary Credit Number
12345
31C: Date of Issue
200714
40E: Applicable Rules
UCP LATEST VERSION
31D: Date and Place of Expiry
201130 IN USA
50: Applicant
THE FRANCE IMPORTER CO., LTD
100 MAIN STREET
PARIS, FRANCE
59: Beneficiary - Name & Address
THE AMERICAN EXPORTER CO., INC
17 MAIN STREET
TAMPA, FLORIDA
32B: Currency Code, Amount
Currency : USD (US DOLLAR)
Amount : #100000#
39A: Percentage Credit Amt Tolerance
10/10

41D: Available With... By... -
ANY BANK IN USA
BY NEGOTIATION
42C: Drafts at...
90 DAYS SIGHT
42A: Drawee - BIC
FIBKUK×××××
THE FRENCH ISSUING BANK LONDON BRANCH
LONDON UK
43P: Partial Shipments
NOT ALLOWED
43T: Transhipment
ALLOWED
44E: Port of Loading/Airport of Dep.
ANY PORT OF USA
44F: Port of Discharge/Airport of Dest
ANY PORT OF FRANCE
44C: Latest Date of Shipment
201109
45A: Description of Goods &/or Services
略
46A: Documents Required
略
47A: Additional Conditions
略
71B: Charges
略
48: Period for Presentation
略
49: Confirmation Instructions
WITHOUT
53A: Reimbursing Bank - BIC
FIBKUK×××××
THE FRENCH ISSUING BANK LONDON BRANCH
LONDON UK
78: Instr to Payg/Accptg/Negotg Bank
TO PAY /ACC/NEG/ BK :
THE AMOUNT OF EACH DRAFT MUST BE ENDORSED
ON THE REVERSE OF THIS CREDIT
+ALL DOCUMENTS MUST BE FORWARDED TO US BY
COURIER SERVICE IN ONE LOT.
+REIMBURSE YOURSELVES ON THE REIMBURSING BANK AT SIGHT BASIS. ACCEPTANCE COMM AND
DISCOUNT CHGS ARE FOR ACCOUNT OF APPLICANT.

-------------------------- Message Trailer--------------------------

注意：上例MT700中的42C场Drafts at... 要求的是90 DAYS SIGHT的远期汇票，42A场Drawee指定的是THE FRENCH ISSUING BANK LONDON BRANCH LONDON UK（开证行的伦敦分行，即代付行），53A场Reimbursing Bank是THE FRENCH ISSUING BANK LONDON BRANCH LONDON UK，也是代付行。78场给议付行的指示中则清楚地表明了议付行将被即期偿付，利息由开证申请人承担（REIMBURSE YOURSELVES ON THE REIMBURSING BANK AT SIGHT BASIS. ACCEPTANCE COMM AND DISCOUNT CHGS ARE FOR ACCOUNT OF APPLICANT）。

（四）假远期信用证操作实例

进口商进口化工产品，并希望用远期信用证方式结算，而国外出口商处于谈判强势，坚持以即期信用证方式付款，根据进口商与开证行约定，采用假远期信用证方式解决买卖双方面临的期限矛盾。信用证金额为 USD500 万。开证行（BANK I）6 月 10 日开出信用证，6 月 20 日收到出口方银行（BANK P）提交的全套单据，审核单据后，银行授权代付行（BANK R）于 6 月 23 日付款给交单行。根据约定，进口商于融资到期日 10 月 20 日将融资本息归还开证行，同时，开证行根据与被授权代付行之间的约定，归还本息。

开证行开出信用证格式如下：

Sample Letter of Credit—— SWIFT Format

507 july 20 09:13 page: 2355 LP00

*** HARDCOPY msg id 0131-00010-00333 ***
FROM:　BANK I
SHANGHAI, P.R.CHINA

SEND TO:
BANK P
INTERNATIONAL DIVISION
SAN FRANCISCO, CA
MT700
date : 07 july 20　　time : 09.13　　issue of a documentary credit　　**urgent**

:27 /sequence of total	:1/1
:40A/form of documentary credit	:IRREVOCABLE
:20 /documentary credit number	:DOC.500
:31C/date of issue	:200610
:40E/applicable rules :ucp	:200810 USA
LATEST VERSION :31D/date and place of expiry	:IMPORTER'S COMPANY NAME IMPORTER'S
:50 /applicant	COMPANY ADDRESS CHINA :EXPORTER'S COMPANY NAME EXPORTER'S
:59 /beneficiary	COMPANY ADDRESS USA
:32B/currency code amount	: USD　US DOLLAR : #5,000,000.00#
:39B/maximum credit amount	:NOT EXCEEDING :ANY BANK
:41D/available with/by-name, address	BY NEGOTIATION
:42C/drafts at	:120 DAYS AFTER SIGHT①
:42D/drawee - name and address	:BANK I
:43P/partial shipments	:NOT ALLOWED
:43T/transshipment	:NOT ALLOWED
:44E/on board/disp/taking charge	:USA PORT
:44F/for transportation to	:CHINESE PORT
:44C/latest date of shipment	:200625
:45A/descr goods and/or services	:ABC PRODUCTS CIF CHINESE PORT
:46B/documents required	:+COMMERCIAL INVOICE AND THREE COPIES. +FULL SET CLEAN ON BOARD BILLS OF LADING. MARKET FREIGHT PREPAID CONSIGNED TO BUYER +INSURANCE CERTIFICATE. +CERTIFICATE OF ORIGIN. +USDA INSPECTION CERTIFICATE.
:47A/additional conditions	:+Usance draft to be negotiated at sight basis, interest is for Buyer's account.②
:48 /period for presentation in days:21	:DOCUMENTS ARE TO BE PRESENTED WITHIN 21 DAYS AFTER SHIPMENT BUT WITHIN L/C VALIDITY.
:49 /confirmation instructions	:WITHOUT
:78 /instructions to pay/acc/neg bk	:③ Upon receipt of documents in compliance with the terms and conditions of the L/C, we shall authorise pay through bank BANK R, to effect payment at sight as per your instruction.
:72 /sender to receiver information	:THIS CREDIT IS SUBJECT TO THE UNIFORM CUSTOMS AND PRACTICE FOR DOCUMENTARY CREDITS ICC PUBLICATION NO. 600, 2007 REVISION.

-AUT/**** Authentication Result
*END

①汇票付款期限显示远期见票后120天。

②假远期信用证特征条款，表明“远期汇票按即期议付”。

③指定代付行BANK R。

开证行开证前得到代付行报价单格式如下：

Offer Letter for Refinancing under Letter of Credit (Usance at Sight Basis)

TO: ATTENTION Bank I	DATE 10th Jun.2019	PHONE NO.
ADDRESS		FAXCOM NO.
FROM Bank R		PHONE NO.
BRANCH/DEPARTMENT TO: ATTENTION		FAXCOM NO.
ADDRESS		TRANSIT NO.
NUMBER OF PAGES INCLUDING THIS ONE 1	IF ALL PAGES ARE NOT RECEIVED, PLEASE CALL	PHONE NO.

NOTICE OF CONFIDENTIALITY

This message is intended only for the use of the individual or entity to which it is addressed and may contain information that is privileged, confidential and exempt from disclosure. If you are not the intended recipient or the employee responsible for delivering the message to the intended recipient, you are notified that any dissemination, distribution or copying of this communication is strictly prohibited. If you have received this communication in error, please notify us immediately by telephone (collect if required), and return the original message to us by mail or alternatively, immediately destroy this message.

Subject: Import Refinancing Offer

Ref. No: REF001
Amount: USD5, 000, 000.00
L/C Expiry Date: 190810
Tenor: 120 DAYS AFTER SIGHT
Description of Payment: ABC PRODUCTS

代付行报价

WE HEREBY AGREE TO FINANCE THE A/M CREDIT AT **LIBOR PLUS 50BP** PER ANNUM AFTER OUR RECEIPT OF YOUR AUTHENTICATED SWIFT ACCEPTANCE ADVICE (MT799) CONFIRMING THE MATURITY DATE AND DOCUMENTS ACCEPTANCE, NAME OF NEGOTIATING BANK, THEIR REFERENCE, BILL AMOUNT, PAYMENT INSTRUCTIONS AND ANY CHARGES TO BE DEDUCTED. WE SHALL SEND YOU A SEPATATE MT799 FOR THE FINANCING DETAILS AT THE TIME OF PAYMENT.

BEST REGARDS,

Authorised Signature(s)

开证行授权付款电文格式如下：

To:Bank R

From:Bank I

Re: our L/C No.DOC.500 DD190610 for USD5000000.00 tenor 120 sight advised through Bank P
Documents for amount of USD5 000 00.00 were accepted by us with maturity date of Oct.20,2019.

As per L/C instruction , we hereby authorize you to effect USD5,000,000.00 value DD190623 to Bank P (negotiation bank) with account of CITIBANK N.A. NEW YORK (A/C NO.12345678)

On maturity date of Oct.20,2019, we irrevocably undertake to pay to your account with principle amount plus usance fee and relative charges.
Please confirm us by return SWIFT upon your payment effected.

代付行按授权付款后给开证行的确认电文如下：

From: Bank R
To:Bank I

Re our ref.no.REF001, your L/C No. DOC.500

Bill amount for USD5000000.00

Presenting/Negotiating Bank:BANK P, their Ref. No.×××××

As per your MT799 dd 190620, we have refinanced this L/C and paid BANK P (the presenting/negotiating bank) valued on 190623.

We hereby advise you the discounting details as follows:

Our ref. REF001

Amount claimed USD5000000.00

Plus: 120 days discount interest at 5.80 pct p.a.(i.e.LIBOR(3M)5.30+50BP) USD96666.67 from 190623 to 191020

Total amount: USD5096666.67

At maturity (191020), pls T/T remit the total amount due to our a/c no. ×××××× with JP Morgan Chase bank, New York quoting our ref.

已知条件：

开证行与进口商约定的融资期限 120 天，利率 LIBOR + 150BPs，即 5.30% + 1.50% = 6.80%（P. A.）

进口商承担的利息：500 × 6.8% × 120/360 = 11.33（万美元）

到期支付银行本息和：500 + 11.33 = 511.33（万美元）

案例点评：通常，进口商满足出口商即期付款要求的情况下，进口商能够从出口商处获得一定比例的折让，该项目将作为进口商承担假远期信用证融资利息成本的减项，二者相抵之后，就是进口商融资所需承担的实际成本。当折让大于假远期信用证融资利息支出时，进口商不但能通过假远期信用证解决资金周转的困难，还能同时降低采购成本。

四、议付信用证

议付信用证是指开证行允许受益人向被指定银行或任何银行交单议付的信用证，按是否限定议付银行分为限制议付信用证和自由议付信用证两种。当信用证规定在某一家具体的被指定银行办理议付时称为限制议付信用证，当信用证允许某个国家或某个城市内的任何银行办理议付时称为自由议付。

（一）议付信用证定义

UCP600第2条对于议付的解释是，被指定银行在相符交单下，在它应获得偿付的那天或以前向受益人预付并购买汇票及/或单据的行为。

即期议付是指议付信用证规定受益人开立以开证行作为付款人的即期汇票，议付行审单无误后，垫付资金，扣去垫款利息。各行按照美元平均收汇日从 15 天至 16 天不等的垫款时间，按 LIBOR 利率算出贴息金额，从票面金额中扣减，将净款立即付给受益人。

远期议付是指议付信用证规定受益人开立以开证行作为付款人的（见票后）/（提单日期后）若干天付款的远期汇票，议付行将相符单据寄至开证行，在接到它电告承兑汇票时，即可垫付资金。按照远期汇票的票面金额，扣去平均收汇时期的 15 天加上汇票期限天数，按 LIBOR 利率算出贴息金额，从票面金额中扣减，将净款立即付给受益人。

议付信用证可以规定要求开立汇票，也可以规定不要汇票。如不要汇票，则买入的仅是单据；如要汇票，则被指定银行将同时买入汇票和单据。议付有追索权，除非议付银行同时是保兑行，或除非信用证规定由开证行办理，否则议付信用证应授权一家银行议付。

（二） 议付信用证的种类

1. 限制议付信用证。限制议付信用证一般是只准许被指定银行议付的信用证。限制议付信用证的有效地点一般规定在被指定银行所在地。受益人可以在交单截止日前选择向开证行或被指定银行交单。

This Credit is to expire on or before (date) at (1) place and is available with (2) advising bank/other bank (nominated bank) by (3) ☐ Sight payment ☐ Deferred payment at (on) ____________________ ☐ Acceptance at ____ days after ____________ ☒ Negotiation Against the documents detailed herein ☒ and (4) the beneficiary's draft (s) at (5)______ sight drawn on (6) issuing bank

上述常用套语表明要点如下：

（1） 交单地点栏写城市名称，应是被指定银行所在城市。

（2） with 后面填写授权通知行/其他行作为被指定银行，这里有限制上述被指定银行使用信用证的作用。开证行不能自行议付，只能授权其他行议付，开证行的责任是向提交汇票及/或单据的出票人及/或善意持票人履行无追索权的付款。

（3） by 后面填写 negotiation。

（4） 即期议付信用证要求汇票时在 and 前面的□加 × 标记，也可不要求汇票，则不在□中加 × 标记，即凭单据议付。远期议付信用证必须要求汇票，在 and 前面的□中加 × 标记。

（5） 在 at 后面，凡是即期议付信用证要求汇票时在 sight 前加虚线，如 at... sight；凡是远期议付信用证，填写 × × days，如 at 30 days sight。

（6） 汇票受票人是开证行。如果是不可撤销保兑的信用证，汇票受票人是开证行或保兑行，这时的保兑行必须是与指定议付行分离的两家银行。

以 SWIFT 形式开具的信用证中，限制议付方式于 MT700 的第 41 场表述的文句为：

41D：Available With... By...

× × × BANK (nominated bank)

NEGOTIATION

议付信用证的承诺条款如下：

Undertaking Clause：

We hereby agree with the drawers, endorsers, and bona fide holders of drafts/documents drawn under and in compliance with the terms and conditions of the Credit that such drafts/documents will be duly honoured on due presentation if negotiated or presented at this office on or before the expiry date.

议付信用证标准格式见附式 7 – 10，限制议付信用证 SWIFT 标准格式见附式 7 – 11。

附式 7 – 10

Irrevocable Negotiation Documentary Credit

Name of Issuing Bank: The French Issuing Bank 38 rue françois 1er 75008 Paris, France	**Irrevocable Documentary Credit** Number 12345
Place and Date of Issue: Paris, 1 January 202X	**Expiry Date and Place for Presentation of Documents** Expiry Date: May 29, 202X Place for Presentation: The American Advising Bank, Tampa
Applicant: The French Importer Co. 89 rue du Commerce Paris, France	**Beneficiary:** The American Exporter Co. Inc. 17 Main Street Tampa, Florida
Advising Bank: Reference No The American Advising Bank 456 Commerce Avenue Tampa, Florida	**Amount:** US$100 000 - one hundred thousand U.S.Dollars
Partial shipments ☒ allowed ☐ not allowed Transhipment ☒ allowed ☐ not allowed ☐ Insurance covered by buyers	**Credit available with Nominated Bank:** The American Advising Bank ☐ by payment at sight ☐ by deferred payment at ☐ by acceptance of drafts at ☒ by negotiation
Shipment as defined in UCP 600 Article 46 From Tampa, Florida For transportation to: Paris, France Not later than: May 15 202X	Against the documents detailed herein ☐ and Beneficiary's draft(s) drawn on The French Issuing Bank, Paris, France

Advice for the Beneficiary

Commercial Invoice, one original and 3 copies

Multimodal Transport Document issued to the order of the French Importer Co. marked freight prepaid and notify XYZ Custom House Broker Inc.

Insurance Certificate covering the Institute Cargo Clauses and the Institute War and Strike Clauses for 110% of the invoice value endorsed to The French Importer Co.

Certificate of Origin evidencing goods to be of U.S.A. Origin

Packing List

Covering: Machinery and spare parts as per pro-forma invoice number 657 dated December 17 202X - CIP INCOTERMS 202X

Documents to be presented within 14 days after the date of shipment but within the validity of the Credit

We hereby issue the Irrevocable Documentary Credit in your favour. It is subject to the Uniform Customs and Practice for Documentary Credits (2007 Revision, International Chamber of Commerce, Paris, France, Publication No. 600) and engages us in accordance with the terms thereof. The number and the date of the Credit and the name of our bank must be quoted on all drafts required. If the Credit is available by negotiation, each presentation must be noted on the reverse side of this advice by the bank where the Credit is available

This document consists of 1 signed page(s)　　The French Issuing Bank

附式 7 – 11

SWIFT Output : FIN 700 Issue of a Documentary Credit
Sender : FIBKFR × × × × ×
THE FRENCH ISSUING BANK
PARIS, FRANCE
Receiver : AABKUS × × × × ×
THE AMERICAN ADVISING BANK
TAMPA, FLORIDA

-------------------------------- Message Text --------------------------------

27: Sequence of Total
1/1
40A: Form of Documentary Credit
IRREVOCABLE
20: Documentary Credit Number
12345
31C: Date of Issue
200714
40E: Applicable Rules
UCP LATEST VERSION
31D: Date and Place of Expiry
201130 IN USA
50: Applicant
THE FRANCE IMPORTER CO. , LTD
100 MAIN STREET
PARIS, FRANCE
59: Beneficiary - Name & Address
THE AMERICAN EXPORTER CO. , INC
17 MAIN STREET
TAMPA, FLORIDA
32B: Currency Code, Amount
Currency : USD (US DOLLAR)
Amount : #100000#
39A: Percentage Credit Amt Tolerance
10/10
41D: Available With... By...
THE AMERICAN ADVISING BANK
BY NEGOTIATION
42C: Drafts at...
SIGHT
42A: Drawee - BIC
FIBKFR × × × × ×
THE FRENCH ISSUING BANK
PARIS, FRANCE
43P: Partial Shipments
NOT ALLOWED
43T: Transhipment
ALLOWED
44E: Port of Loading/Airport of Dep.
ANY PORT OF USA
44F: Port of Discharge/Airport of Dest
ANY PORT OF FRANCE
44C: Latest Date of Shipment
201109
45A: Description of Goods &/or Services
略
46A: Documents Required

略
47A：Additional Conditions
略
71B：Charges
略
48：Period for Presentation
略
49：Confirmation Instructions
WITHOUT
78：Instr to Payg/Accptg/Negotg Bank
略
-------------------------- Message Trailer--------------------------

注意：本例中 MT700 第 41D 场中指定 THE AMERICAN ADVISING BANK 为议付行，并表明了 BY NEGOTIATION，即表示本证限制在 THE AMERICAN ADVISING BANK 议付。

2. 自由议付信用证。自由议付信用证是指任何银行均可议付的信用证。任何银行均是被指定银行，受益人交单方便。

This Credit is to expire on or before (date) at (1) place and is available with (2) any bank by (3)
☐ Sight payment
☐ Deferred payment at (on) ____________________
☐ Acceptance at ____ days after ____________
☒ Negotiation
Against the documents detailed herein
☒ and (4) the beneficiary's draft (s) at (5) ______ sight drawn on (6) issuing bank

上述常用套语表明要点如下：

（1）交单地点栏填写在出口国家，如 in China，交单地点范围从城市扩大到国家。

（2）with 后面填写在出口国家的任何银行，如 any bank in China，表明该证不规定指定的议付行，任何银行都可以办理议付业务，它就是被指定银行。此种信用证没有限制议付作用，受益人可选择任何银行承做议付业务。

（3）by 后面选择 negotiation。

（4）与“限制议付方式常用套语”的（4）相同。

（5）与“限制议付方式常用套语”的（5）相同。

（6）汇票受票人是开证行。

以 SWIFT 形式开具的信用证中，自由议付方式于 MT700 的第 41 场表述的文句为：

41D：Available With... By...

ANY BANK

NEGOTIATION

自由议付信用证的承诺条款与限制议付方式常用套语的承诺条款相同。

自由议付信用证书信体格式见附式 7－12。

附式 7-12

Freely Negotiable Credit

Name of issuing bank
The Mitsui Bank Ltd.

Place and date of issue
Tokyo, 3 March, 202×

To: China National Animal By-Products
Imp. & Exp. Corp., Tianjin Branch,
Tianjin, China.

This Credit is advised through
Bank of Asia, Tianjin

Dear Sirs,

At the request and on the instructions of (name and address of the applicant), we hereby issue an Irrevocable Documentary Credit No. 901026 for USD 26 239.00 (say US. dollars twenty six thousand two hundred and thirty nine only) to expire on or before 30 June, 202× in China available with any bank in China by negotiation.

☒ against

beneficiary's draft (s) at ____ sight drawn on us

☒ and

the documents detailed herein marked with "×"

☒ Commercial Invoice in triplicate

☒ Full set 2/2 original clean on board marine bills of lading made out to order and blank endorsed marked freight prepaid notifying (applicant)

☒ Packing list in triplicate

☒ Insurance policy or certificate covering all risks and war risks for 110% of the invoice value

☒ Certificate of weight in triplicate

☒ Certificate of analysis in triplicate

evidencing shipment of (description of goods)

from Chinese port to Nagoya not later than 16 June, 202×

Partial shipments allowed

Transhipment not allowed

Documents to be presented within 15 days after the date of the transport document (s) but within the validity of the credit.

We hereby engage with drawers and/or bona fide holders that draft (s) drawn and negotiated in conformity with the terms and conditions of the credit will be duly honoured on presentation.

Instructions to the advising bank:

Please advise the credit to the beneficiary without adding your confirmation

Bank-to-Bank instructions: (regarding reimbursement)

The negotiating bank is authorized to claim reimbursement on The Mitsui Bank Ltd., New York by telex. All draft (s) and documents must be sent to us by airmail.

Reimbursements under this credit are subject to URR 525.

This Credit is subject to UCP 600.

Yours faithfully,
The Mitsui Bank Ltd., Tokyo
signature (s)

注意：上例书信体信用证正文第一段中的 available with any bank in China by negotiation 文句，即表明本证可由中国境内任何一家银行议付。

（三）议付信用证需注意的问题

1. 议付信用证与汇票。议付信用证可以要求提交汇票，也可以不要求提交汇票。

（1）要求提交汇票。要求提交汇票的议付信用证项下涉及两种关系：一种是议付行在信用证下与受益人、开证行之间的法律关系，另一种是议付行议付了受益人提交的以开证行为付款人的跟单汇票而产生的票据关系。通过对跟单汇票的提前付款（买入），被指定议付行不仅成为一家合格的议付行，同时还成为票据法上的正当持票人，取得票据法赋予持票人的两种权利——对开证行的付款请求权和对受益人的追索权。即使在开证行尚未承兑的情况下，汇票的主债务人不是开证行而是受益人，但由于信用证关系，提交相符单据时开证行承担绝对的向被指定议付行（正当持票人）付款的责任，使得票据关系和信用证关系并存。

（2）不要求提交汇票。如果议付信用证未要求提交汇票，那么被指定议付行议付的将是单据。这也是信用证法律中议付的独特性所在。被指定议付行是开证行在信用证中对其作出偿付允诺的受益人，依赖于开证行在信用证中的允诺，在开证行的授权/允许/邀请下向受益人善意地付出对价，将有权获得开证行的偿付，因为开证行偿付被指定银行的责任独立于开证行对受益人的责任。但因为没有汇票，被指定议付行将无法享有票据法对正当持票人赋予的向受益人追索的权利。

2. 何谓正当持票人。ICC515 在解释议付信用证时指出，该证项下开证行的承诺扩展至第三当事人即议付行，它议付或购买受益人交来的汇票/单据，确信任何议付行被授权议付的汇票/单据将被开证行正当付款，只要单证相符。一家银行有效地议付汇票/单据，从受益人那里购买以后，它就成为正当持票人（Holder in Due Course），它有权向开证行获得偿付，而不受事后发现受益人伪造单据缺陷的影响。根据英国《票据法》第29条规定，一个当事人，他是转让汇票的受让人，他不知道转让人的权利有何缺陷，支付对价，善意地取得汇票，就成为正当持票人。第38条规定正当持票人所持有的汇票不受前手当事人任何权利缺陷（如跟单汇票项下伪造单据事后发现）的影响。

非被指定银行可以议付单据吗?

从票据法的观点来看，当受益人是汇票收款人时，经它背书，收取议付行付给的对价，把汇票转让给议付行，议付行就成为正当持票人。也常见汇票收款人是交单行的情况，如是议付的汇票，则交单行就是议付行，它是持票人，而不是经过转让的受让人，是否能成为正当持票人呢？根据上述 ICC515 的解释，一家银行从受益人那里购买汇票/单据以后，它就成为正当持票人，不管汇票是否背书转让。此外美国《统一商法典》第三编商业票据 3－302（2）说到汇票收款人得为正当持票人。除了美国《统一商法典》之外，英国《票据法》中也有关于正当持票人的相关规定。比如，英国《票据法》规定，汇票的受款人不能成为正当持票人，理由是汇票的受款人不是因为流通（Negotiation）而是因为签发（Issuance）而成为持票人①。

五、五种信用证使用方式综合分析

我们先将前面已作单独阐述的五种信用证使用方式的常用套语整理成用中文表示的综合格式，仅供参考，见附式 7－13。

---

① 参考 Credit Agricole Indosuez v. Banque Nationale de Paris Court of Appeal, 2001－2 SLR 1［Singapore］，该案中法官也指出，参引 RE Jones Ltd. V. Waring and Gillow Ltd.（1926）AC 670 判例，汇票的受款人不能成为正当持票人。

附式 7－13　适用于付款/承兑/议付信用证的综合格式

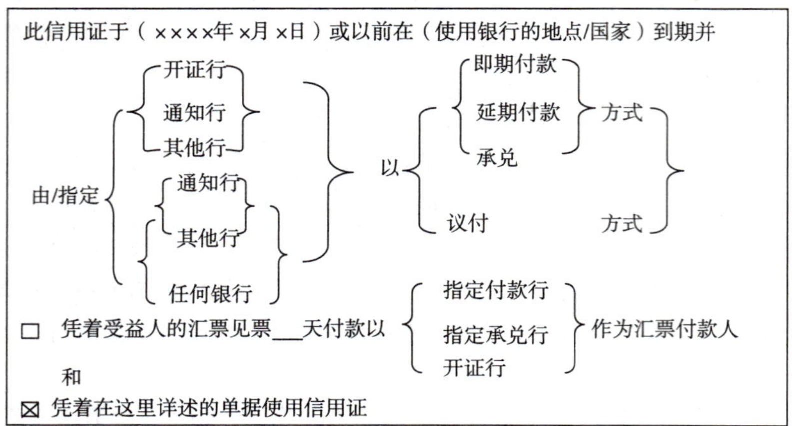
此信用证于（××××年×月×日）或以前在（使用银行的地点/国家）到期并
由/指定
开证行
通知行
其他行
通知行
其他行
任何银行
以
即期付款
延期付款
承兑
方式
议付
方式
□ 凭着受益人的汇票见票___天付款以
指定付款行
指定承兑行
开证行
作为汇票付款人
和
☒ 凭着在这里详述的单据使用信用证

再将五种信用证使用方式的常用套语整理成英文的综合格式（Synthetic Form）供开立信用证时参考，见附式 7－14。

附式 7－14

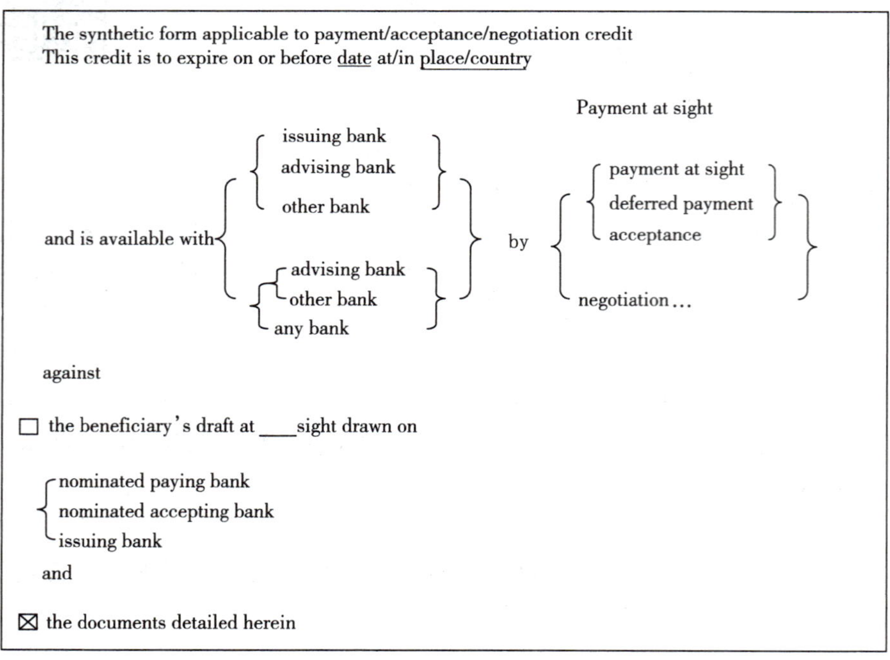
The synthetic form applicable to payment/acceptance/negotiation credit
This credit is to expire on or before date at/in place/country
Payment at sight
and is available with
issuing bank
advising bank
other bank
advising bank
other bank
any bank
by
payment at sight
deferred payment
acceptance
negotiation...
against
□ the beneficiary's draft at ___ sight drawn on
nominated paying bank
nominated accepting bank
issuing bank
and
☒ the documents detailed herein

五种信用证比较见表 7－4。

表7-4　五种信用证比较

条件 \ 种类	即期付款L/C	延期付款L/C	承兑L/C	限制议付L/C	自由议付L/C
汇票	需要或不需要	不需要	需要	即期的需要/不需要，远期的需要/不需要	即期的需要/不需要，远期的需要/不需要
汇票期限	即期		远期	即期或远期	即期或远期
受票人	指定付款行		指定承兑行	开证行	开证行
限制使用或自由使用	限制/自由	限制/自由	限制/自由	限制	自由
付款给受益人的时间	即期付款	延期付款	远期付款	即期支付净款扣减垫款利息	即期支付净款扣减垫款利息
起算日		装运日、交单日或其他	承兑日		
非保兑行的指定银行对受益人有无追索权	无	无	无	有	有
使用信用证的银行	开证行、通知行或其他行	开证行、通知行或其他行	开证行、通知行或其他行	开证行承付，通知行或其他行即/远期议付	开证行承付，任何银行即/远期议付

第八章
特殊的跟单信用证

本章学习要点

- 掌握可转让信用证与背对背信用证的业务流程与异同、其他特殊信用证的特点及表示方法；
- 熟悉 ICC 关于可转让信用证的条款解读、各类信用证的适用范围；
- 了解预支信用证的融资方法。

本章知识结构

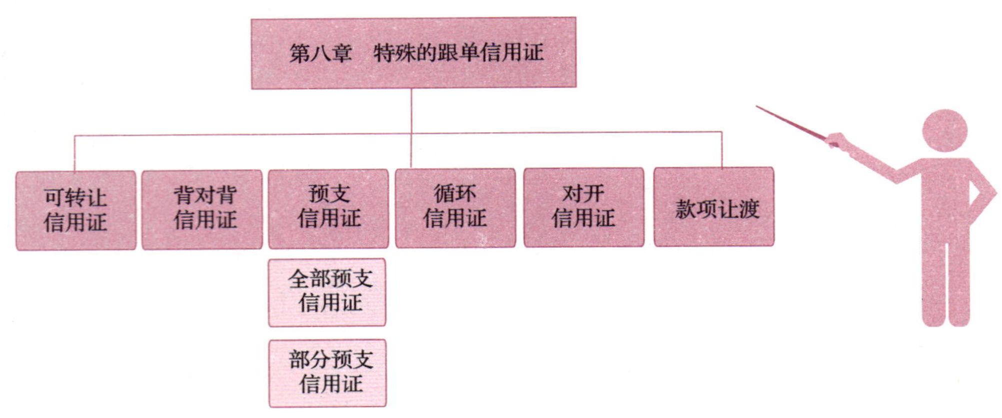

特殊的跟单信用证是指不可撤销信用证中带有特殊性能或者具有特殊用途的信用证，我们分节阐述。

第一节 可转让信用证

一、可转让信用证的产生

国际贸易中，中间商为防止买方与供货商直接订约成交，泄露商业机密，影响自己赚取差价，采取的方法之一就是开立背对背信用证。即买方开立一个信用证给中间商，中间商以这个信用证为蓝本另开立一个信用证给供货商。如此尽管能切断供求双方的联系，保守住商业机密，但对中间商来说，一是要向开证行提供开证担保，交纳保证金或占用信贷额度，二是要承担一个独立开证人的付款责任和一个独立受益人可能面对开证行拒付的风险。

所以，中间商可以采取另一个方法，即要求买方开立以中间商为第一受益人的可转让信用证，中间商将交单取款的权利转让给供货商。如此，买方开立的信用证称做 master L/C 或 original L/C，即原证，转让后的信用证称为 transferred L/C。

采用转让信用证方式，可免去中间商的开证程序，给供货商提供付款的保证，使供货商放心生产办理交货，为自己节省一笔开证费用及保证金。中间商还可通过改变信用证的单价及总值获取差价，它的独特之处就在于第一受益人通过替换汇票和商业发票赚取原证与已转让信用证之间的差额。同时通过换单隐去开证申请人的名称，切断供求双方的联系，保住商业机密。如此，中间商便是第一受益人（the First Beneficiary），供货方则为第二受益人（the Second Beneficiary）。

对中间商的另一好处是，转让信用证往往加列有待开证行付款后方向第二受益人付款的条件。如此，把开证行拒付的风险转嫁给供货商。从这个角度来看，向买方争取开立可转让信用证比开立背对背信用证对中间商要有利得多。

然而，买方开出可转让信用证，意味着其同意卖方的交货及/或交单可以由另外一方即第二受益人来执行，而第二受益人则同意承担转让信用证项下的风险。但信用证的转让不等于买卖合同也被卖方转让。在第二受益人不能交货、货不对路或单据有问题等情况下，第一受益人仍旧要负合同上卖方的责任。因此，对第一受益人来说，选择第二受益人应该谨慎行事。

二、可转让信用证的定义

可转让信用证（Transferable L/C）是指信用证的受益人（即第一受益人）可以请求授权付款、承担延期付款责任、承兑或议付的银行（即转让行，如果是自由议付信用证时，可以要求信用证特别授权的转让行），将信用证部分或全部转让给一个或数个受益人（即第二受益人）使用的信用证。很多时候，信用证的受益人只是一个中间商而不是实际供货商，因此，他必须将信用证转让给供货商才有货物卖给进口商，而他在中间只收取货物差价作为他的利润。所以，大部分的可转让信用证，第一受益人都要更换发票和汇票或甚至更改某些信用证条款。

三、可转让信用证的运作程序

1. 可转让信用证的转让流程。

（1）第一受益人向信用证中指定的转让行申请办理转让。银行无办理转让信用证的义务，除非第一受益人申请，且该银行明确同意其转让范围和转让方式后才能办理转让。

（2）转让行办理信用证转让并通知第二受益人的银行。转让行一般要开出新证并通知第二受益人。新证中的开证行应为原开证行。因此，可转让信用证的新证和原证实质上是同一个信用证，均由同一个开证行保证付款。转让行开出新证后，开证行对新证所负责任与原证相同。

（3）第二受益人按时发货给进口商。

（4）第二受益人发货后备齐单据，向转让行交单取款。第二受益人在货物装运后，应按新证条款规定开出汇票，制作单据，连同新证一起交指定的转让行收取货款。转让行审核单据无误后，对第二受益人付款或承兑或议付。

（5）转让行通知第一受益人替换发票、汇票。

UCP 600 规定，第一受益人有权以自己的发票和汇票（如有）替换第二受益人的发票和汇票（如有），其金额不得超过原信用证的金额。在如此办理单据替换时，第一受益人可在原信用证项下支取自己发票与第二受益人发票之间产生的差额。第一受益人收到转让行通知后，应立即按照原证开出发票和汇票，交转让行以替换第二受益人开出的发票和汇票。转让行审单无误后，将两张汇票的差额付给第一受益人，第一受益人由此获利。

（6）转让行寄单索偿。转让行审单付款后，就将第一受益人开具的发票、汇票和第二受益人提供的其他单据一并寄交开证行，向其索汇。开证行审单相符后，就将款项汇给转让行。

（7）开证行通知进口商付款赎单。

可转让信用证的转让流程如图 8－1 所示。

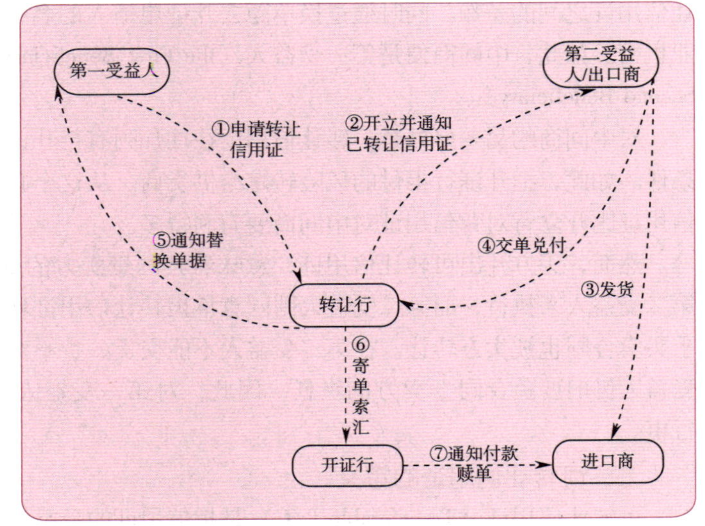

图 8－1　可转让信用证转让流程

2. 可转让信用证的转让规则。

（1）可转让信用证只能转让一次，第二受益人不得再行转让。UCP 600 第 38 条 d 款规定，可转让信用证如果允许部分支款或部分发运，则可以一次转让给多个第二受益人（部分转让），但第二受益人不可以再继续转让给下一个受益人，即多次转让（Multiple Transfer）。第二受益人如果将转让证再转让回第一受益人，不视为多次转让，是可以接受的。这是因为转让的环节越多，申请人和开证行就越难控制受益人的情况和出口货物的发运情况，从而会产生更多的欺诈风险及操作风险。

（2）转让信用证必须准确转载原证的条款及条件，包括保兑（如有），但下列项目除外：

①信用证金额：第一受益人就是赚取差额利润。

②规定的任何单价：一般单价减少才会导致总金额减少。

③截止日（有效期）：在部分转让的情况下，第一受益人要替换发票和汇票以赚取差价，将转让证的有效期缩短，可以使第一受益人有足够的时间替换发票和汇票。

④交单期限：缩短，理由同上。

⑤最迟发运日或发运期间：尽量使第二受益人不迟装，同时最迟交单期可以相应缩短。

以上任何一项或全部均可减少或缩短。

⑥保险金额百分比可以增加，以满足 UCP 600 规定的保险金额。

【例 1】 原始信用证金额 USD100 000，投保比例要求为 110%，转让信用证金额为 USD90 000，则

$$90\ 000X = 100\ 000 \times 110\%$$

$$X = 122.22\%$$

保险百分比增加到 122.22%，转让证项下的保险金额才能不低于原证项下的规定保险金额。

【例 2】 已开立信用证，原始信用证金额为 10 000 美元，要求保险单金额是发票金额的 110%。而后信用证被转让，转让信用证金额为 8 000 美元，并替换单据要求。

提问：转让信用证中要求的保险单金额应是发票金额的多少百分比？110%？

答案：应该是 10 000 美元/8 000 美元 × 110% = 137.50%。

⑦用第一受益人名称替代原始信用证申请人。

（3）除非转让时另有约定，所有因办理转让而产生的费用（诸如佣金、手续费、成本或开支）必须由第一受益人支付。

（4）由第二受益人或代表第二受益人提交的单据必须向转让银行提示。

（5）已转让信用证的独立性。UCP 600 第 38 条 f 款规定了在不同第二受益人手中的已转让信用证的独立性，即第二受益人 A 手中的已转让信用证被修改，并不影响第二受益人 B 手中的已转让信用证，他们之间是相互独立的。信用证如有数个第二受益人，每个第二受益人都有独立处理修改权，即一个或几个第二受益人拒绝接受信用证的修改，并不影响其他第二受益人接受修改，对拒绝接受修改的第二受益人而言，该信用证视作未被修改。这样，对于每个第二受益人交来的单据银行审单标准不一致，给银行添了麻烦。如果开证行不愿采用第二受益人独立处理修改权，它应在信用证内清楚说明修改用什么方式处理。

3. 可转让信用证的转让方式。

（1）根据信用证的转让金额，可分为全金额转让与部分金额转让。全金额转让（Total Transfer）是指第一受益人将信用证的全部金额转让给第二受益人。这主要适用于货源来自一家厂商，而且装运货物不准分批装运的情况。部分金额转让（Partial Transfer）是指只将信用证所列金额的一部分转让给第二受益人，这主要适用于原信用证允许分批装运的情况。此时，第一受益人可将信用证金额的一部分转让给第二受益人，并由受让人分别装运，分别依信用证规定办理议付、承兑或付款。

（2）依转让时是否替换商业发票，可分为不替换发票转让与替换发票转让。不替换发票转让是指信用证的第一受益人将信用证转让给第二受益人，由第二受益人装运货物并备妥所需单据，通过第一受益人或以其名义直接向转让行办理议付或付款。这种方式较为便捷，在国际贸易实务中使用较多。

替换发票转让是指第二受益人装运货物后，以自己的名义向银行提示单证办理议付或付款时，议付银行用第一受益人提供的商业发票来替换第二受益人提交的发票，然后在议付后将第一受益人所提交的发票及其他单据一并寄往开证银行索偿。在中间商作为第一受益人时，可以通过替换发票向第二受益人隐瞒买主的具体信息。同时，中间商也可利用两张发票金额的差额赚取中间利润。在转让信用证中不能表明申请人名称，可以加列“除发票以外的所有单据必须作成中间商名称”（All documents excluding invoice must be made in neutral name）。第二受益人提供除发票以外的所有单据不表示第二受益人名称，让申请人和第二受益人之间在单据上也看不到对方的真实名称，为中间商保守其生意机密。

（3）依转让时是否变更原信用证所列条件，可分为原条件转让信用证和变更条件转让信用证。原条件转让信用证是指依照原信用证所列条件予以转让。这种做法简便易行，风险较小。凡原条件转让信用证应载明以下文句：

This credit can be transferred only on the terms and conditions specified in the original credit（本信用证依原信用证所列条件转让）.

变更条件转让信用证是指信用证权利转让后，原信用证所列条件已作变更。根据UCP 600的规定，转让信用证时可以变更的项目是信用证金额、规定的任何单价、截止日、交单期限、最迟发运日或发运期间。除变更以上项目外，若需要变更其他条件应视情况而定。

四、ICC对可转让信用证的相关规定及释义*

（一）申请开证

1. 可转让信用证的正确名称是Irrevocable Transferable Documentary Credit。转让信用证可以部分转让，也可以是全部转让，这取决于第一受益人的态度，即第一受益人是否愿意部分保留执行信用证的权利。转让信用证只能转让一次。限制信用证转让的原因主要是，开证申请人之所以同意让开证行仅凭单据（很容易被伪造）对外付款，然后再偿付开证行，主要是出于对信用证中列明的受益人的信任。如果信用证被随意转让，这种对受益人的信任将不复存在，申请人会面临较大的风险。因此，只有在信用证自身明确注明“可转让（transferable）”字样时，即明确表示开证申请人及开证行愿意承担出现不确定的第二受益人的风险时，才可以被转让。

2. 并非任何银行都可以办理信用证的转让，转让银行必须是信用证中的被指定银行，或者在自由议付信用证下开证行特别授权的银行。对转让行进行限制，才能够避免由于转让造成对同一套单据进行多次议付，防止非被指定银行的议付或可能出现的通过非被指定银行的诈骗交单。

具体而言，只有信用证中被授权付款、承担延期付款责任、承兑或议付的被指定银行才能作为转让行，自由议付信用证要在信用证内特别授权一家银行（通常是通知行）作为转让行。由于自由议付信用证项下任何银行均是被指定银行，如果任何银行均可以作为转

* 本部分内容本科学生选学。

让行，第二受益人又可以到任何银行交单议付，作为等待更换单据的第一受益人将无法预测需要更换的单据来自哪家银行，势必会给其增添诸多困惑。UCP 600 第 38 条规定：可转让的自由支付信用证尚需特别授权一家银行作为转让行。言外之意是自由支付不等于可以自由转让。

UCP 600 在第 38 条中加了一句“开证行也可以担任转让行，但并无转让的义务”。开证行转让自身开立的可转让信用证可减少另一行转让的环节，第二受益人可以直接向开证行交单。这样，不仅加快业务进程——减少转让行向开证行寄单的过程，也减少第一受益人换单造成的不符及在涉及修改和多个第二受益人情况下交单的不可控性。此外，开证申请人与第一受益人在同一地区或二者的结算银行都是开证行时更具有便利性。

（二） 请求转让信用证

1. 转让行必须同意转让范围和转让方式，并应收取第一受益人交纳的转让费。UCP 600 第 38 条 c 款规定有关转让的所有费用须由第一受益人支付。如此一来，如果转让行在同意转让时，未将收取转让费作为其同意转让的条件，那么当受益人要求转让时，其就不能再以尚未收取转让费为由拒绝转让。

2. ICC 632 R375 案例 1 指出，转让行的责任是将原始信用证内容和第一受益人提供的转让申请书内容转换至转让信用证正文中。

转让申请书包括两个主要内容：是否变更信用证条款及是否保留修改权利。

（1）是否变更信用证条款。凡是不变更信用证条款的，有些是外贸进出口集团总公司将可转让信用证转让给口岸分公司执行出口任务，第一受益人不赚取差价。还有些是中间商有意退出一笔中间交易，让第二受益人直接与开证申请人做交易。

SWIFT 配合本条要求，不列申请人名称，在 MT720 Transfer of a Documentary Credit 格式中主动将申请人划去不表示出来，但是不调换发票时，如果第一受益人不愿介入交易，他可要求再把申请人名称列入。

改变申请人名称是转让证的“特色”，用第一受益人的名称来替换申请人的名称。但是，如果原证中特别要求申请人名称应在发票以外的任何单据中显示时，该转让证必须反映该项要求。比如原证要求申请人信息显示在提单的“被通知方（notify party）”栏，目的是为了货到港后可以及时通知申请人提货。在此种情况下，转让行在转让时就不能将被通知方改成第一受益人。

除上述七项可变动条款外，其余全部条款都是原始信用证的条款，按照 ICC 632 R487 的规定，转让行应审查可变动条款，如果超过上面七项，可以拒绝办理转让。如果接受改变超过七项条款的转让，则转让行要受到转让信用证条款的约束，那将可能导致申请人不予偿付。

此外 UCP 600 第 38 条 j 款规定第一受益人可要求转让行在转让证中规定，于原证到期日前（包括到期日），在已转让信用证的受让地点，即第二受益人当地的已转让信用证的通知行，由该通知行对第二受益人承付或议付。这样就使得原证下的信用证有效地转移到了已转让信用证的通知行所在地，方便了第二受益人交单以及确定开证行付款责任。

ICC 489 R287 指明，即使第二受益人在与原始信用证相同到期日最后一天交单，以后寄到转让行，第一受益人仍有权调换发票，有关单据将不过期。如果原始信用证规定只许在转让行的地方办理付款或议付，第二受益人在与原始信用证相同到期日最后一天交单，第一受益人在到期日以后换单，然后转让行寄单，按照 ICC 489 R287 推理，单据将不“过期”。但是，没有案例直接如此说明。为了谨慎起见，第一受益人最好将转让信用证的到期日和最迟交单日缩短几天（缩短换单需用的几天，如最多 5 天），以防开证行提出“过期”交单的不符点。例如，转让信用证到期日和最迟交单日是 6 月 30 日，换单据 3 天，第一受益人将信用证到期日改为 6 月 27 日，最迟交单日也改为 6 月 27 日。

（2）UCP 600 第 38 条 e 款规定，任何转让要求须说明是否允许及在何条件下允许将修改通知第二受益人，已转让信用证须明确说明该项条件。在第一受益人申请转让时，将它是否保留信用证修改通知受让人（第二受益人）的权利通知转让行并由转让行再通知受让人。关于修改通知受让人的权利有以下三种情形：

①保留修改权利（Retainment of Beneficiary's Rights on Amendments）。其通知词句如下：“The Beneficiary retains the rights to refuse to allow the Transferring Bank to advise amendments made under the original Credit to the Transferee（2nd Beneficiary）. Therefore the Transferring Bank must obtain approval of the Beneficiary before advising amendment to the Transferee.”

“受益人保留不允许转让行把原证修改直接通知受让人的权利，因此转让行必须先获得受益人的准许方可将修改通知给受让人。”

第一受益人需要调换发票赚取差价时就要采用第一种措辞，这对他十分有利。有时第一受益人可将特殊修改不通知第二受益人，如提高货物单价的修改，再如将 A 规格货物转让给第二受益人，B 规格货物保留给自己装运，若修改内容只涉及 B 规格货物，则没有必要将此修改通知第二受益人。第一受益人如果收到信用证减额的修改，将会影响第二受益人信用证金额时，在没有收到第二受益人的同意之前，第一受益人的同意不可执行。

②一部分放弃修改权利（Partial Waiver of Beneficiary's Rights on Amendments），另一部分保留修改权利。其通知词句如下：

“The Beneficiary waives his right（except as indicated below）to refuse to allow the Transferring Bank to advises amendments made under the original Credit to the Transferee.

The Beneficiary shall not give to the Transferring Bank rights in amendment relating to（1）increases and/or（2）extensions which are to be advised to the Transferee only with the consent of the Beneficiary. All other amendments are to be advised directly to the Transferee.”

“对于除去下列修改以外，受益人放弃不允许转让行把原证修改直接通知受让人的权利。对于增额及/或展期的修改，受益人不给予转让行直接通知修改的权利，必须在得到受益人同意后方可通知受让人。所有其他修改可以直接通知受让人。”

这是对于第一受益人和第二受益人均是部分有利的折中方式。

③放弃修改权利（Waiver of Beneficiary's Rights on Amendments）。其通知词句如下：

“The Beneficiary waives his right to refuse to allow the Transferring Bank to advise amendments made under the original Credit to the Transferee. Therefore, all amendments are to be advised directly to the Transferee.”

"受益人放弃不允许转让行把原证修改通知受让人的权利，因此所有修改可以直接通知受让人。"

第一受益人不要调换发票不赚取差价时，就可采用这种方式，这对于第二受益人十分有利。

当转让行和第二受益人得到关于保留或放弃修改权利的通知时，如果不同意，可以不接受转让信用证。

部分转让（Partial Transfer）和全部转让与信用证是否允许分批装运有关联。

所谓全部或部分，指的是信用证的金额。转让行往往在自己的转让面函中或信用证的特殊条款中加以说明，例如：

（1）WITHOUT ANY RESPONSIBILITY OR OBLIGATION ON OUR PART AND AT THE REQUEST OF THE FIRST BENEFICIARY, WE HEREBY WHOLLY/PARTIALLY TRANSFER THE CAPTIONED LETTER OF CREDIT TO ABC COMPANY（THE SECOND BENEFICIARY）.

（2）WITHOUT ANY RESPONSIBILITY ON OUR PART, WE HAVE RECEIVED INSTRUCTION FROM XZY CO. LTD TRANSFERRING TO YOU PART OF AAA BANK, LETTER OF CREDIT NUMBER 800/807 DATED AUG 2 2020.

（3）WE ARE INSTRUCTED BY THE A/M BENEFICIARY TO ADVISE YOU THAT THEY HAVE IRREVOCABLY TRANSFERRED TO YOU OUR CORRESPONDENT'S CREDIT NO. 1234 DATED 190123.

如是不改变条款转让，则可加列类似下列语句：

ALL TERMS AND CONDITIONS OF THIS TRANSFER ARE IDENTICAL TO THOSE OF THE ORIGINAL CREDIT WHICH IS ATTACHED HERETO.

如是部分转让且金额、效期、最晚装期发生了变化，则可加列下列语句：

TRANSFERRED WITH ALL TERMS AND CONDITIONS AS STIPULATED IN THE COPY OF THE ORIGINAL CREDIT INSTRUMENT ATTACHED HERE WITH EXCEPT：

（1）AMOUNT：USD 56 210.00 ONLY

（2）EXPIRY DATE：20AUG 06 AT OUR COUNTER

（3）LATEST SHIPMENT DATE：31 JUNE 20

（4）PERIOD PRESENTATION OF DOCUMENTS：14 DAYS

（三）换单、寄单、索款

第一受益人在替换单据的过程中可能会出现一些问题。比如，第一受益人在转让行的提示下迟迟未替换单据，或替换的发票产生与第二受益人单据中本没有的不符点。对此，UCP 600 第 38 条 i 款规定，如果第一受益人未在转让行要求其替换单据时照办，那么转让行有权将第二受益人的单据在未经替换的情况下，直接寄给开证行，并不再对第一受益人承担任何责任。

本条 i 款进一步规定，当第一受益人提交的替换单据导致了第二受益人的交单中本不存在的不符点（如第一受益人将发票中的货物描述打错，或第一受益人发票中显示的信息与其他单据相互冲突等），转让行应要求第一受益人进行相应的修改，如果第一受益人未能修正，则转让行有权将第二受益人的单据在未经替换的情况下，直接寄给开证行，并不再对第一受益人承担任何责任。UCP 600 明确赋予了转让行在未得到第一受益人及时回应修改不符发票的情况下，直接将第二受益人的单据寄往开证行的权利。作为第一受益人的公司应对此予以重视。公司应与转让行事先约定在替换发票存在不符点的情况下公司应有多长时间给予修改回应。

这里有一点值得注意，本款只强调第一受益人提交的发票出现问题时，转让行应如何处置，而对第一受益人提交的汇票出现问题时如何处置则没作规定。这是考虑到汇票作为金融单据的特殊性。此时转让行仍应告知第一受益人要求其修改，如果第一受益人没有回应，转让行应将不符的汇票连同其他单据一起寄往开证行。

另外需要明确的是，即使第一受益人提交不符单据或提交的单据与第二受益人的其他单据有矛盾而使整套单据构成不符单据，只要第二受益人在已转让信用证下的单据是相符的，开证行仍然要对第二受益人的支款金额承付，因为其对第二受益人的付款允诺是独立于原证的。而第一受益人因在原证项下提交的单据不符，而不能获得差额。

第一受益人替换发票与先前提交单据之间不完全相符，是否构成不符点？ICC 632 R489 指出，由于发票的替换，在其他单据上显示的信息可能与发票上的信息不一致，例如第一受益人的发票号码可能与产地证上表示的发票号码不一致，发票以外的单据上显示的金额与替换的发票金额不一致，而单据在其他方面与信用证条款相符，开证行仍须履行付款责任。所以 ICC 632 R489 的意见认为不符点是不存在的，转让行不需要提供第二受益人发票上的价值证明。

根据本款，如果第一受益人提交了不符的发票并未能及时改正，转让行有权将第二受益人提交的单据照交开证行。那么如何判断第一受益人提交的发票是否相符呢？当然只有经过转让行审核才能确定。在审核确定第一受益人提交的发票不符时，转让行要事先征求第二受益人的意见，以确定是否将第二受益人提交的单据照转开证行。第二受益人把单据提交转让行审核，符合转让信用证的条款和条件向第一受益人发出“首次要求”调换发票和汇票，第一受益人应立即以自己的发票和汇票替换第二受益人的发票和汇票，并索要两者之间应得的差额。

ICC 632 R297 提到，“首次要求”在许多国家允许第一受益人在 5 ~ 7 个工作日内替换单据，但这不是对“首次要求”的界定。当提出“首次要求”没有照办时，转让行有权将收到转让信用证项下第二受益人交来的单据交给开证行，并不再对第一受益人负责。

对于用原始信用证核对第二受益人交来单据至少会有以下不符点：

（1）单价和发票金额低于原信用证规定；

（2）发票抬头人和出具人不同于原始信用证规定；

（3）保险金额百分比不同于原始信用证规定。

当转让行说明引用 38i 分条寄单时，开证行必须将第二受益人交来单据视为信用证项下的有效单据予以接受。

第二受益人的单据由开证行转交申请人，将给申请人带来一些不便，因为发票不以申请人作为抬头人，申请人报关困难。在外汇实行监管情况下付汇也有困难，单价过低将会引起低价倾销的嫌疑。申请人应设法解释，维护自身权益。第一受益人应该知道不换发票带来的不良后果。

可转让信用证的转让行仅是寄单行，不对第二受益人交单垫款融资，也不对第一受益人调换发票立即支付差价，而是收到开证行的付款以后支付第二受益人的货款和第一受益人的差价利润。

有银行就转让行成为寄单行的问题咨询国际商会，国际商会出版物第489号R286案例答称：

不保兑的转让行没有责任付款或议付，因此它可以说明办理付款或议付只能在收到原始可转让信用证下面的头寸时。有时就在转让信用证上加注下列文句：

"Payment will be effected by the Transferring Bank only when documents are received in full compliance with the Credit terms and cover has been received under the original Transferable Credit."

［案例8－1］
电开转让信用证案例

但是保兑的转让行凭着相符单据必须付款或议付，它不能在信用证上加注上述词句。

第二节　背对背信用证

一、背对背信用证的定义

背对背信用证（Back－to－Back Credit）是适应中间商经营进出口业务的需要而产生的一种信用证。中间商开立背对背信用证，可以原证项下收到的货款来支付背对背信用证开证行垫付的资金，从而无须向实际供货商直接支付货款。

由于进口商开立的信用证是不可转让的，因此受益人以该证（母证，Original Credit or Master Credit）作保证，要求该证的通知行或其他银行在该证的基础上开立一张以本地的或第三国的实际供货商为受益人的新证（子证或第二信用证，Secondary Credit）。这张另开的新证就是背对背信用证。

新证开立后，原证仍有效，由新证开证行代原受益人（中间商）保管。原证开证行与原开证人同新证毫无关联，原因在于新证开证人是原证的受益人，而不是原证的开证人与开证行。因此，新证的开证行在对其受益人（供货人）付款后，便立即要求原证受益人（中间商）提供符合原证条款的商业发票与汇票，以便同新证受益人提供的商业发票与汇票进行调换，然后附上货运单据寄原证的开证行收汇。

二、背对背信用证的运作程序

背对背信用证运作程序见图8－2。

1. 进口商与中间商签订买卖合同。

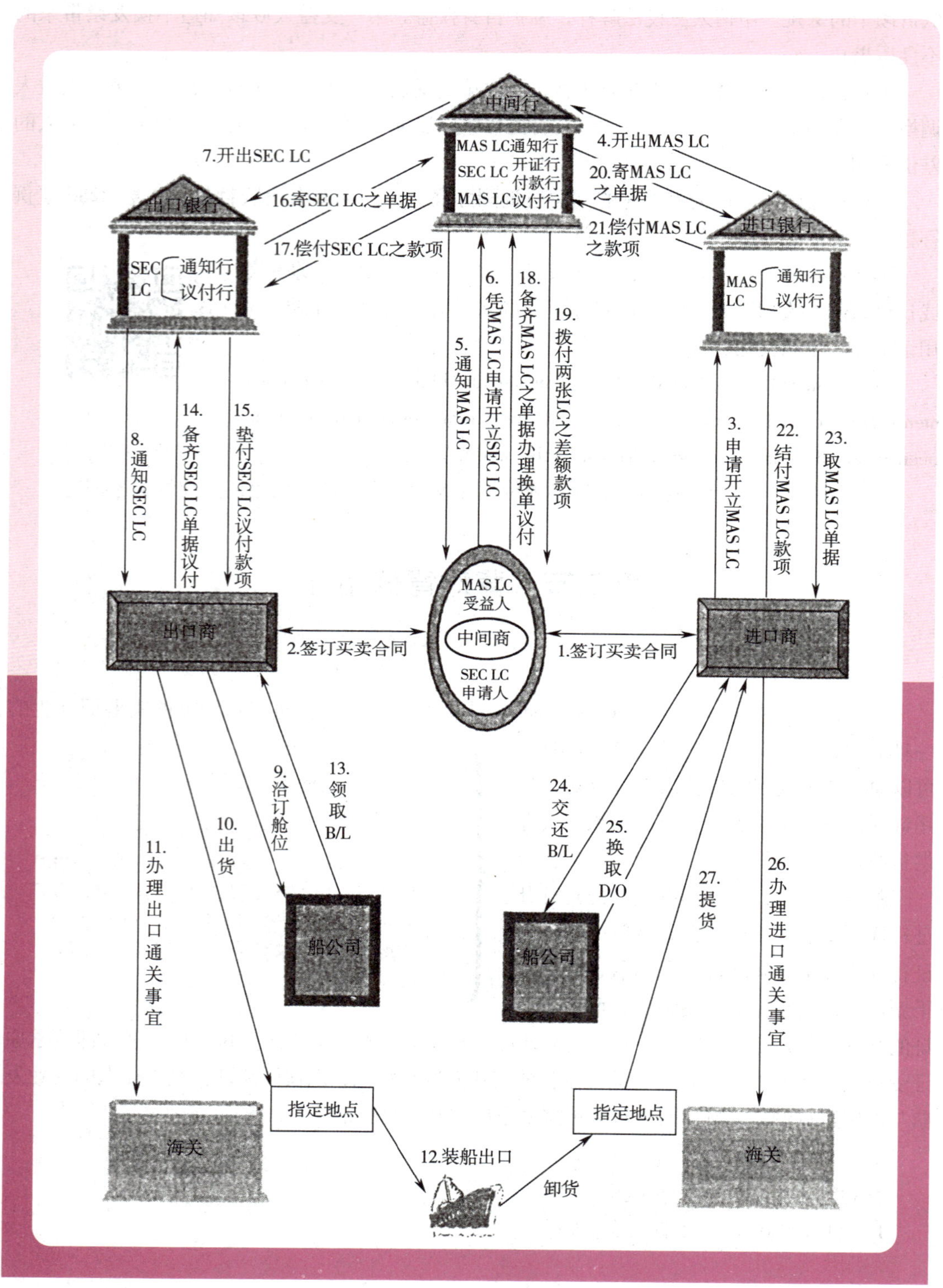

图 8－2　背对背信用证运作程序

2. 中间商与出口商也签订相应的买卖合同。

3. 进口商在进口银行开立以中间商为最初或原始受益人（ORIGINAL BENEFICIARY）的信用证（此证为 MASTER LC）。

4. 进口银行开出 MASTER LC 到中间行。

5. 中间行将此 MASTER LC 通知给中间商。

6. 中间商在中间行凭 MASTER LC 申请开立背对背信用证。

中间商可以用 MASTER LC 提供资金援助，他以这份信用证作为工具，请求自己的银行或通知行为自己开立单独信用证以供货人为受益人。新开立的证称为背对背信用证或第二信用证。中间商即第一受益人就成为背对背信用证的申请人，必须按照正规程序填写开证申请书，请求中间行开立背对背信用证。

背对背信用证条款与原证基本相同，但变动如下：（1）原始受益人为新证开证申请人；（2）以实际供货商为受益人；（3）开证行是原证的通知行或其他出口地银行；（4）信用证金额及单价比原证小，差额为中间商利润；（5）装期与效期提前，交单期缩短。

这里的注意要点是：

（1）两份信用证是完全独立的，每个开证行都承担本行作为开证行的责任。

（2）背对背信用证的可变动条款范围要比可转让信用证按 UCP 600 第 38 条 g 款规定的可变动范围大得多。

（3）背对背信用证项下的单据可以部分地用于原始信用证项下提交的单据。

（4）中间商有义务向背对背信用证的开证行付款，不管其是否从原始信用证那里获得付款。

（5）原始信用证没有向背对背信用证开证行提供该证作为担保品，原始信用证仅表明是付款工具，可用即将得到的资金满足背对背信用证的支付义务，故原始信用证提供的是资金援助而不是担保品。

（6）原始信用证的原始受益人成为背对背信用证的申请人，他应同意开证行收到相符单据后立即借记自己的账户向受益人付款；供货人是背对背信用证的受益人，能获得比款项让渡还要大的保护。

7. 中间行向出口银行开出背对背信用证（第二信用证，SEC LC）。

（1）背对背信用证的银行开证人员应该凭原始信用证仔细审核开证申请书要求的单据是否能够满足原始信用证的需要，然后凭以开立背对背信用证。要知道满足原始信用证需要的单据来自背对背信用证规定交来单据和来自申请人（中间商）自己交来单据。

（2）背对背信用证金额应略小于原始信用证金额，两者之差就是中间商的利润。

（3）应以背对背信用证申请人（中间商）作为提单发货人和保险单的被保险人。

（4）原始信用证禁止分批装运，背对背信用证也应禁止分批装运。

（5）原始信用证和背对背信用证都应规定在开证行到期，并由开证行付款，使开证行可以控制单据之替换，还可控制不符点。

8. 出口银行通知背对背信用证给出口商。

9. 出口商按背对背信用证的要求洽订舱位。

10. 出口商出货。
11. 出口商到海关办理出口通关事宜。
12. 出口商装船出口。
13. 出口商到船公司领取提单。
14. 出口商备齐 SEC LC 要求的单据向出口银行交单议付。
15. 出口银行向出口商垫付 SEC LC 议付款项。
16. 出口银行向中间行寄送 SEC LC 项下单据。
17. 中间行向出口银行偿付 SEC LC 款项。
18. 中间商备齐 MASTER LC 要求的单据向中间行换单议付。
19. 中间行拨付 MASTER LC 与 SEC LC 之间的差额款项给中间商。
20. 中间行向进口银行寄送 MASTER LC 项下单据。
21. 进口银行向中间行偿付 MASTER LC 款项。
22. 进口商到进口银行结付 MASTER LC 款项。
23. 进口商取得 MASTER LC 项下的单据。
24. 进口商到船公司送交提单。
25. 进口商从船公司处换取提货单（Delivery Order – D/O）。
26. 进口商到海关办理进口通关事宜。
27. 进口商到指定地点提取货物。

三、背对背信用证与可转让信用证的比较

现将背对背信用证与可转让信用证列表比较如下（见表 8－1）。

表8－1　背对背信用证与可转让信用证的比较

背对背信用证	可转让信用证
1. 背对背信用证的开立并非原始信用证申请人和开证行的意旨，而是受益人的意旨，申请人和开证行与背对背信用证无关	1. 可转让信用证的开立是申请人的意旨，开证行同意并在信用证上加列“transferable”字样，始可开出可转让信用证
2. 原始证和背对背证是两个完整、独立的信用证，连同两个完全独立的开证行付款承诺	2. 已转让信用证不仅其生成与收到的条款和条件(允许更改的除外)均来自原始可转让信用证，而且其使用也来自原始可转让信用证
3. 背对背信用证项下的受益人得不到原始信用证开证行的付款保证	3. 可转让信用证的第二受益人可以得到开证行的付款保证
4. 开立背对背信用证的银行就是该证的开证行	4. 转让行按照第一受益人的指示开立变更条款的新的可转让信用证，通知第二受益人，该转让行地位不变，仍是转让行

原始不可撤销信用证、开立背对背信用证申请书、背对背不可撤销信用证见附式8－1、附式 8－2、附式 8－3。

附式 8－1　原始不可撤销信用证

Original Irrevocable Credit

Name of Issuing Bank
Overseas Union Bank
To: Tai Hwa Textiles Co., 410
Chambers St. Hong Kong

Place and date of issue
Singapore, 29 April, 202×
This Credit is advised through
ABC Bank, Hong Kong

Dear Sirs,

We have established our Irrevocable Letter of Credit No. 8/3759 in your favour for account of Kim Hwa Textiles Co., 49 Arab St., Singapore for a sum of not exceeding HKD 94 500.00 (say Hong Kong dollars ninety four thousand five hundred only) available with us by payment at sight against beneficiary's draft (s) at sight drawn on us against beneficiary's draft (s) at sight drawn on us for 100% of the invoice value accompanied by the following documents in duplicate:

- signed invoices
- certificate of origin
- weight/packing lists
- insurance policy/certificate covering marine war risks for 110% of invoice value
- full set of clean on board bills of lading marked "Freight prepaid" made out to order blank endorsed.

All documents excluding invoice must be evidencing shipment of approximate 37 800 yards Dyed Cotton Piece-goods at HKD2.50 per yard CIF Singapore not later than 15 July, 202×.

Partial shipments are not allowed

Transhipment is allowed

This Credit expires on or before 30 July, 202× at our counter.

All drafts drawn under this Credit must contain the clause "Drawn under Overseas Union Bank, Singapore Credit No. 8/3759 dated 29 April, 202×".

We hereby undertake to honour all drafts drawn in compliance with the terms and conditions of this credit.

This credit is subject to UCP 600.

Yours faithfully,
Overseas Union Bank, Singapore
signature (s)

附式 8－2　开立背对背信用证的申请书

Back-To-Back Credit Application

The applicant, Tai Hwa Textiles Co., Hong Kong presented an Application accompanied by the Original Irrevocable Credit No. 8/3759 to request Bank of Asia, Hong Kong to issue a Back－To－Back Credit on their behalf and for their account. The applicant hereby expressed that the beneficiary of the Original Credit must supply funds to the Issuing Bank of the Back－To－Back Credit to meet its payment obligation on the Back－To－Back Credit. The instructions as contained in the Application are as follows:

* Beneficiary: (1) China Textiles Imp. & Exp. Corp., Shanghai
* Issuing date: (2) 5 May, 202×
* Credit No. (3) 02217
* Credit amount: (4) HKD82 782.00
* Advising Bank: (5) ABC Bank, Shanghai
* Applicant: (6) Tai Hwa Textiles Co., Hong Kong
* Amount in words: (7) Hong Kong dollars eighty two thousand seven hundred and eighty two only
* Draft (s): (8) at sight drawn on us
* Insurance Policy/Certificate (9) showing applicant as insured covering marine war risks for 125.6% of invoice value
* Bills of Lading (10) showing applicant as shipper marked freight prepaid made out to order blank endorsed
* All documents (11) excluding invoice, I/P, B/L, must be made in a neutral name in replacement of the name of beneficiary
* Evidencing shipment of (12) approximate 37 800 yards Dyed Cotton Piece-goods at HKD2.19 per yard CIF Singapore
* Shipment must be effected not later than (13) 30 June, 202×
* Expiry date: (14) 15 July, 202× at our counter
* Credit available with us by payment at sight (15)

For Tai Hwa Textiles Co.,
Hong Kong
signature

附式 8－3　背对背不可撤销信用证

Back-To-Back Irrevocable Credit

Name of Issuing Bank	Place and date of issue
Bank of Asia (2)	Hong Kong, 5 May, 202×
To: China Textiles Imp. & Exp. Corp.,	This Credit is advised through
Shanghai (1)	ABC Bank, Shanghai (5)

Dear Sirs,

We hereby open an Irrevocable Letter of Credit No. 02217 (3) in your favour for account of Tai Hwa Textiles Co., Hong Kong (6) up to an aggregate amount of (4) HKD82 782.00 (say (7) Hong Kong dollars eighty two thousand seven hundred and eighty two only) available with us by payment at sight (15) against beneficiary's draft (s) at sight drawn on us (8) for 100% of invoice value accompanied by the following documents in duplicate:

- signed invoices
- certificate of origin
- weight/packing lists
- insurance policy/certificate (9) showing applicant as insured covering marine and war risks for 125.6% of invoice value
- full set of clean shipped on board bills of lading (10) showing applicant as shipper marked "freight prepaid" made out to order blank endorsed

All documents (11) excluding Invoice, I/P, B/L, must be made in a neutral name in replacement of the name of beneficiary

evidencing shipment of (12) approximate 37 800 yards Dyed Cotton Piece-goods at HKD2.19 per yard CIF Singapore.

Shipment must be effected not later than (13) 30 June, 202×.

Partial shipments are not allowed

Transhipment is allowed

Expiry date: (14) 15 July, 202× at our counter

All drafts drawn hereunder must indicate the number, date, and name of issuing bank of the credit.

We hereby engage that payment will be duly made against Sight drafts and documents presented in conformity with the terms and conditions of this Credit.

The original credit No. 8/3759 (16) is the means of payment in which the issuing bank will obtain funds on the documents presented to meet the payment obligation on this back－to－back credit.

This Credit is subject to UCP 600.

Yours faithfully,
Bank of Asia, Hong Kong
signature (s)

［案例 8－2］
背对背信用证
以单据不符拒付

［案例 8－3］
荷兰合作银行香港分行
（Rabobank）与中国银行案

第三节　预支信用证

预支信用证一般是由申请人要求开证行在信用证上加列预支条款。开证行授权出口地银行（一般为通知行或保兑行）作议付，受益人提交单据前开立光票支取全部或部分货款。待受益人交单后，被指定银行从货款金额中扣除已预支的款项和利息，受益人获得款项的净额。银行预支后要求受益人将信用证正本交出，以控制受益人必须向该行交单。若受益人不装运货物或不向其交单，垫款的被指定银行可向开证行提出还款要求，开证行保证偿还其垫款，立即向申请人追索款项。预支信用证实际上是进口商利用开证行的信用对出口商进行融资。

预支信用证(Anticipatory Credit)是在信用证上列入特别条款，授权议付行或保兑行在交单前预先垫款付给受益人的一种信用证。

预支信用证可以分为全部预支信用证（Clean Payment Credit）及部分预支信用证（Partial Payment in Advance Credit）两种。

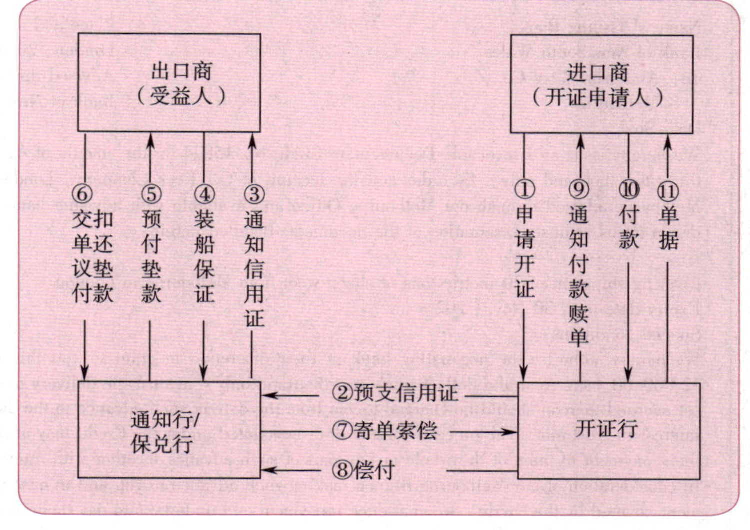

图 8－3　预支信用证处理基本程序

一、全部预支信用证

全部预支信用证的申请人意欲融资给受益人，在申请开证时就将全部预支款项足额交给开证行，开证行在信用证上加列预支条款，授权议付行凭受益人交来光票（或收据）以及承诺书（承诺在信用证有效期内装运货物、提交信用证要求的单据）予以议付购买，而将全部信用证金额扣减利息预先垫付给受益人，并收存受益人交来的信用证正本，在信用证背面注明议付金额，妥为保管，以备将来议付货运单据之用。预支垫款将从以后议付货运单据款项中扣还，然后按照正常办法向开证行寄单索偿。倘若受益人不装运、不交单，议付行向开证行索取预付垫款本息，开证行偿付后，再向申请人索还。

全部预支条款举例：Beneficiary may draw in advance under this Credit by his sight draft for amount up to 100% of the Credit amount accompanied by his undertaking to the effect of shipment within the validity of this Credit and to provide documents in terms of the Credit.

全部预支信用证现在很少使用，因为银行和申请人要为此承担较大的垫款风险。

二、部分预支信用证

应卖方要求，买方可能同意卖方利用购买价格的一部分，如一定百分比的金额用于装运前预付，并且还同意这项预支应在已开立信用证内予以规定，预支的金额将在交单时从付给卖方的金额中扣除。依据预支信用证其预付条件的不同，可分为红条款信用证（Red Clause Credit）和绿条款信用证（Green Clause Credit）。

（一）红条款信用证

开证行在信用证中列入一个条款，授权议付行向受益人预先支付信用证金额的一定百分比。从前，这一条款以粗体红字出现，为了引起有关方对于特殊预付办法的注意，因此这种信用证就被称为红条款信用证，常在东南亚和非洲的茶叶交易与澳大利亚及新西兰的羊毛交易中使用。红条款信用证见附式 8 - 4。

✪ 附式 8 - 4　红条款信用证

Red Clause Credit

Name of Issuing Bank
Bank of New South Wales
To: Anderson Wool Co. ,
Melbourne

Place and date of issue
London, 20 April, 202 ×
Advised through
Bank of New South Wales, Melbourne

Dear Sirs,

We hereby issue an Irrevocable Documentary Credit No. 15874 for the amount of AUD 32 000. 00 (say Australian dollars thirty two thousand only) by order and for account of O. Kees Company, London in favour of Anderson Wool Co. , Melbourne advised through our Melbourne Office and available with advising bank by negotiation of your draft at sight drawn on us against presentation of the documents detailed herein:

………………………………………………

covering shipment of 20 metric tons of sheep wool from Melbourne to London
Expiry date until 30 Nov. , 202 ×
Special conditions:

We hereby authorize the negotiating bank at their discretion to grant to you the advance (s) to the extent of AUD 32 000. 00 (say Australia dollars thirty two thousand only) against the delivery of undertaking of shipment. Any interest accrued thereon should be charged to you from the date of such advance to the date of repayment at the current rate of interest in Australia. The proceeds of any draft negotiated under the Credit may at their discretion be applied by them in the repayment to them of the whole or any part of such advance together with interest as aforesaid.

In consideration of our Melbourne Branch making such advance to you and in case you will eventually fail to effect shipment covered by the Credit, we guarantee repayment and undertake to pay them on demand any sum owing by you in respect of such advance (s) together with interest thereon.

We engage with drawers and bona - fide holders of draft drawn under and negotiated in compliance with the terms and conditions of the Credit that such drafts shall be duly honoured upon due presentation.

This Credit is subject to UCP 600.

For Bank of New South Wales,
London
signature

红条款信用证可以分为两种：一是开证行垫款预付，二是议付行垫款预付。

1. 开证行垫款预付。举例：“开证行授权议付行预先支付信用证金额的 60% 给受益人须凭受益人提交下列凭证：

（1）由受益人正当签字的预支收据；

（2）受益人利用该项资金购买和包装商品的承诺；

（3）受益人保证在信用证有效期内向议付行提交信用证中规定的全套单据的承诺。

预付款项付给受益人后，议付行凭收据和承诺向开证行索偿，开证行将立即偿付。受益人交单要求议付时，议付行将预付的 60% 信用证金额从整个议付金额中扣除作为受益人的还款，其余约发票金额的 40%，由议付行向开证行索偿。”

“The Issuing Bank authorises the Negotiating Bank to pay 60% of the amount of the Credit in advance to the beneficiary against the following presentations:

i. a receipt for the advance duly signed by the beneficiary;

ii. an undertaking from the beneficiary to utilize the funds to purchase and pack the goods;

iii. the undertaking of the beneficiary to present full set of documents as stipulated in the Credit to the Negotiating bank within the expiry of the credit.

After the advance payment has been made to the beneficiary, the Negotiating Bank may claim reimbursement to be supported by the receipt and undertaking on the Issuing Bank which will reimburse the negotiating bank immediately.

Upon negotiation of documents presented by the beneficiary, the advance payment for 60% of the credit amount will be deducted from the whole negotiating amount for beneficiary's refundment. The remaining approximate 40% of the invoice value will be claimed by the Negotiating bank on the Issuing Bank for its reimbursement."

开证行应保证：(1) 限制议付行办理议付；(2) 信用证是有效的文件，能够凭受益人提交规定的单据予以承付。

议付行应保证：(1) 信用证条款是生效的和可以运作的；(2) 信用证中没有议付行不适合的条款和条件；(3) 严格按照信用证预先付款；(4) 从受益人那里获得必要的单据凭以向开证行索偿；(5) 迅速作出预付的索偿。

对议付行来说，这种方式的优点是占用议付行垫付预付资金的时间最短，基本上是开证行垫付。

2. 议付行垫款预付。

【例】"我行（开证行）兹授权议付行在该行自行决断的情况下，凭你方交来即期汇票和发运货物的承诺给予你方预付款 AUD25 600.00，为信用证金额的 80%。从汇票预付日到还款日期间发生的利息按照澳大利亚现行利率计算应由你方支付，信用证项下议付汇票的金额用来归还预付款项本息。

考虑到议付行将预付款项给予你方，以及倘若你方最后没有装运发货，我行担保还款并承诺：当议付行提出要求时，立即付给议付行有关受益人所欠预付款项本息。"

"We (Issuing Bank) hereby authorize the Negotiating Bank at their discretion to grant to you an advance to the extent of AUD 25 600, being 80% of the Credit amount against the presentation of sight draft and undertaking of shipment. Any interest accrued thereon should be charged to you from the date of advanced draft to the date of repayment at the current rate of interest in Australia. The proceeds of any draft negotiated under the Credit may be at their discretion be applied by them in the repayment to them of the whole or any part of such advance together with interest as aforesaid.

In consideration of the Negotiating Bank making such advance (s) to you and in case you will eventually fail to effect shipment covered by the Credit, we guarantee repayment and undertake to pay them on demand any sum owing by you in respect of such advance (s) together with interest thereon."

这一方式在澳大利亚以前常用，与第一种方式比较，缺点是议付行垫付资金的时间很长，预付依据的保证仅有发运货物的承诺，似嫌较少。其后银行陆续增加担保凭证如下：(1) 运输代理行在特定船只上已订舱位的确认，起航日期要与信用证一致；(2) 货物已被或将被储存在独立仓库投保火险并出具仓库收据或证明；(3) 受益人应将正本信用证预先交存议付行保管。

（二）绿条款信用证

信用证规定受益人可在出口之前开具汇票和仓单作为担保，请求议付行预支垫款，即称为绿条款信用证。绿条款信用证较红条款信用证更为严格，要求出口商须将预支资金所采购的契约货物，于装运前以银行的名义存放仓库，将仓单交银行持有，以保证该预支金额依信用证规定使用，并受到控制以减少资金被挪用的风险。

实务中，若信用证中注明“Green Clause Credit”字样，则受益人须向银行提供担保（保证到时交仓单）或抵押方可获得预支款融资。

三、预支信用证的融资方法

预支信用证实质是进口商通过开证行对出口商提供的一种融资方式。其融资方法主要有以下两种。

（一）垫款法（Advance Method）

垫款法即出口商凭预支信用证向当地银行（通常是通知行）申请预支货款时，由当地垫款银行以本国货币垫付。而后，出口商于申办出口议付时，由垫款银行扣下原垫付的本息，余额支付给出口商。如出口商未申办出口议付，则由垫款行按所垫付本国货币金额折成外汇向开证行索偿。汇率风险由进口商承担。

（二）预兑法（Anticipatory Drawing Method）

出口商在装运出口货物之前，签发以开证行为付款人的光票，通过出口地银行兑取票款。当开证行接到经过垫款行转来的即期光票时，一面借记进口商账户，一面贷记垫款行账户。出口商装运出口货物后缮制商业发票时，金额需注明扣除原先已兑得的垫款，而其签发的汇票金额则为扣除垫款后的余额。

如果出口商到期未能将货物装运出口，也不会发生垫款行请求开证行代为偿还本息的问题。因为在预支款项的时候，开证行即贷记垫款行账户，所以偿还问题已于贷记时消失。

另外，开证行采取即期借记进口商账户的方式，不会发生汇率波动与否的问题。而且无论规定以进口地货币还是以出口地货币预支，都采取即期借记的形式。因此，在预兑法下，进口商就不必再承担汇率风险，对垫款行而言，也无汇率风险的问题。

第四节 循环信用证和信用证含有分期装运条款

一、循环信用证

信用证的部分或全部金额被使用后可以恢复到原金额再被利用的信用证称为循环信用证(Revolving Credit)。

进出口双方若签订长期的销售合约，需要均衡地分批装运货物，为了节省开证手续费和保证金，进口商可以申请开立循环信用证。循环信用证通常以时间或金额为循环基础。与一般信用证相比，它多一个循环系统，条款一般为“THE AMOUNT OF THIS LETTER OF CREDIT USD 100 000 IS REVOLVING ON A MONTHLY BASIS FOR THE FIRST TIME IN × ×, FOR THE LAST TIME IN × × MAXIMUM AMOUNT PAYABLE UNDER THIS CREDIT USD 500 000（此份10万美元信用证的金额，可以按月循环使用，第一次使用时间为× ×，最后一次使用时间为× ×，信用证最大金额可累计为50万美元）。”

不可撤销的循环信用证见附式8－5。

✪ 附式 8－5 不可撤销的循环信用证

Irrevocable Revolving Credit

Name of Issuing Bank
Kincheng Bank
To: China Garments Imp. & Exp. Corp.,
Shanghai Branch, Shanghai.

Place and date of issue
Hong Kong, 5 Jan., 202 ×
Advised through
Bank of Asia, Shanghai.

Dear Sirs,
We hereby issue our Irrevocable Revolving Credit No. 98667 in your favour for account of the Eastern Trading Co., 29 London Road, Hong Kong up to an aggregate amount of HKD 30 000.00 (say Hong Kong dollars thirty thousand only) to be valid at Shanghai until 31 July, 202 × available with advising bank by negotiation against your draft at sight drawn on us for 100% of the invoice value accompanied by the following documents:
(1) Signed Invoice in triplicate certifying that the goods are in accordance with Order Number 101 dated 30 Dec., 202 ×
(2) Packing List in triplicate
(3) Full set of clean on board Bills of Lading made out to order blank endorsed marked "Freight prepaid" notifying applicant evidencing shipment of ladies dresses CFR Hong Kong.
Shipment is from your port to Hong Kong not later than 16 July, 202 ×.
Partial shipments are allowed. Transhipment is not allowed.
Documents must be presented within 15 days from the date of shipment.
Other conditions:
This is a monthly revolving credit which is available for up to the amount of HKD 30 000.00 per month and the full credit amount will be automatically reinstated on the first day of each succeeding calendar month. Our maximum liability under this revolving credit does not exceed HKD 180 000.00 being the aggregate value of six months. The unused balance of each month is non－cumulative to the succeeding month.
Instructions to the Negotiating Bank:
The drafts and documents taken up under this credit are to be forwarded direct to us by you.
For reimbursement upon receipt of conforming documents, cover will be sent at your convenience.
This Credit is subject to UCP 600.

Yours faithfully,
Kincheng Bank, Hong Kong
signature

循环信用证分为两种，一种是按时间循环使用的信用证，另一种是按金额循环使用的信用证。不论是按时间循环或者是按金额循环，凡是上次未用完的信用证余额，可以移到下一次一并使用的称为积累循环信用证（Cumulative Revolving Credit）。举例如下：

This Credit is revolving at USD 100 000. covering shipment of ____ per calendar month cumulative operation from January 202× to June 202× inclusive up to a total of USD 600 000.

凡是上次未用完的信用证余额不能移到下一次一并使用的称为非积累循环信用证（Non－cumulative Revolving Credit）。举例如下：

(1) This Credit is revolving at USD 100 000. covering shipment of ____ per calendar month non－cumulative operation from January 202× to June 202× inclusive.

(2) Drawings under the Credit are limited to USD 100 000. in any calendar month from January 202× to June 202× inclusive.

信用证未表明是否可积累时，则是不可积累的。

按时间循环的信用证是指受益人在一定的时间内（如一个月）可议付信用证规定的一定金额，议付后，在以后一定时间内（如下一个月）又恢复至原金额仍可议付使用，在若干个月内循环使用，直至该证规定的总金额用完为止。这种按时间循环信用证的条款举例见附式 8－5。

This is a monthly revolving Credit which is available for up to the amount of USD 15 000. per month, and the full Credit amount will be automatically renewed on the 1st day of each succeeding calendar month. Our maximum liability under this Revolving Credit does not exceed USD 90 000. being the aggregate value of six months. The unused balance of each month is non－cumulative to the succeeding month.

按金额循环的信用证是指受益人按照该证规定的一定金额进行议付后，该证仍恢复到原金额，可供再行议付使用，直至该证规定的总金额用完为止。这种按金额循环信用证的条款举例如下：

This Credit is revolving for three shipments only. Each shipment should be effected at one month interval. The amount of each shipment is not exceeding USD 50 000. The total value of this revolving Credit does not exceed USD 150 000. The unused balance of each shipment is not cumulative to the following shipment.

当用完信用证规定的每期金额再恢复到原金额循环使用时，其具体的恢复方式有以下三种：

1. 自动恢复循环。每期金额用完不必等待开证行通知，即可自动恢复到原金额使用。例如：

（1） This Credit shall be renewable automatically twice for a period of one month each for an amount of USD 50 000 for each period making a total of USD 150 000.

（2） The amount paid under this Credit shall be again available to you automatically until the total of the payment reaches USD 200 000.

2. 非自动恢复循环。每期金额用完必须等待开证行通知到达后，信用证才能恢复到原金额使用。例如：

（1） The amount shall be renewed after each negotiation only upon receipt of Issuing Bank's notice stating that the Credit might be renewed.

（2） The amount of drawings paid under this Credit becomes available to you again upon your receipt from us of the advice to the effect.

3. 半自动恢复循环。每次议付后一定时期内开证行未提出停止循环使用的通知，则在下次时期开始起，就可自动恢复到原金额使用。例如：

（1） Should the Negotiating Bank not be advised of stopping renewal within a week, the unused balance of this Credit shall be increased to the original at the beginning of the next week after each negotiation.

（2） This Credit will be automatically restored to the face amount unless Advising Bank is advised to the contrary within two weeks after a drawing is presented for payment.

案例分析

案情简介：

海南某出口公司与英商按 CIF LONDON 成交一批热带作物，装运期为 7/8 月，总价 10 万美元。进口方由英国标准麦加利银行香港分行开来一张即期循环信用证，指定由某银行海南分行议付，金额为 5 万美元，即总数量一半的金额可循环使用一次。信用证规定，在第一批热带作物装船并取得海运提单后，可自动恢复原金额、原数量。出口公司在第一批货装船并取得海运提单、备好第一批的全套单据准备向指定银行交单议付时，该地区受强台风影响，银行停业 2 天。出口公司在银行开业后交单议付时已超过第一批规定的交单有效期，议付行在出口公司出具补偿保证书后，向开证行寄单，在面函上提出其不符点内容并附“凭担保议付”单。开证行随即复电：“第××××号信用证项下第××××号单据已收到。议付行面函所提出的不符点不能接受，建议改为信用证项下的托收，单据暂代保管，听候你方处理意见。”出口公司只得把第一批货物 10 万美元改成信用证项下托收处理。随后，卖方及时准备第二批货物、报验、托运和报关，做到如期出运、正点交单，但银行又提出拒付第二批货款或仍按照第一批一样作托收处理。货抵伦敦后，市价疲软，两批托收单据均被拒付，经出口公司多次交涉，最后以让价 20% 结案。

分析结果：

1. UCP 600 第 36 条规定：银行对由于天灾、暴动、骚乱、叛乱、战争、恐怖主义行为或任何罢工、停工或其无法控制的任何其他原因导致的营业中断的后果，概不负责。银行恢复营业时，对在营业中断期间已经逾期的信用证，不再进行承付或议付。

所以本案受益人尽管因银行关门停业导致逾期交单，但这属于银行的免责范围。对此，合理的做法应是援引买卖合同中的“不可抗力”条款，要求进口商通过银行修改信用证条款，延长交单期，在收到信用证修改书后再要求银行办理议付。

2. UCP 600 第 32 条规定：如果信用证规定在指定的时期内分期支款或分期装运，任何一期未按信用证所规定期限支款或装运时，信用证对该期及以后各期均告失效。

本案中的信用证明确规定分两批交货，实际业务中，两批货装运时间接近，结果因第一批不能按期交单，导致信用证项下的第二批交货也随之失效。第二批货物虽然如期出运、正点交单，但也无法在循环信用证项下议付。

3. 本案中，当出现严重单证不符——过期提单时，出口商不但未以“不可抗力”为由，要求进口方改证；反而匆忙接受开证行提出的信用证项下的托收，方法欠考虑。而且，尽管渣打银行海南分行仍以原信用证的开证行——英国标准麦加利银行香港分行作为代收行，请其代为收款，但是，其实际已将信用证结汇方式改为托收付款交单（D/P），银行信用已变成了商业信用，开证行已不再承担信用证项下的付款责任。

4. 本案卖方最后以损失 20% 结案，并非由于开证申请人利用信用证中的“软条款”进行欺诈所致。而是因为：

（1）受益人不应匆忙接受开证行提出的信用证项下的托收，轻易将依托银行信用的结汇方式改为依托商业信用的结汇方式，而最终遭受损失；

（2）受益人没有掌握银行因不可抗力事件享受免责范围的认定；

（3）受益人没有理解，第二批交货因第一批的延期交单（支款）而失效。

由此，可以看到，尽管循环信用证可以省去进口商重复开证及出口商再次审证的工作，但在实际业务中，出口商须严格按信用证的规定，控制好每批货物的装运时间及交单时间，指派专人抓紧办理，以免因某一批延期转运或支款影响以后各批，保证及时交单，安全收汇。

二、信用证含有分期装运条款

UCP 600 第 32 条“分期支款或分期装运”规定：如信用证规定在指定的时间段内分期支款或分期发运，任何一期未按信用证规定期限支取或发运时，信用证对该期及以后各期均告失效。

上述条文观察的情况与循环信用证完全无关，条文指的是信用证在规定的时期内买卖双方明确同意以分期装运来满足最终买方和使用者的需要，特别是在工业品贸易趋向于指令需要什么商品和什么时间需要，规定分期装运是十分重要的。

按照国际商会出版物第 613 号 R313，信用证含有“指定期限内分期装运”条款（shipments by instalments within given periods clause）的三种表示方法如下：

假如信用证下要求的总重量是 30 000 公斤。

【例 1】 装运时间表

10 000 公斤最迟于 2020 年 10 月 31 日（用 latest）

10 000 公斤最迟于 2020 年 11 月 30 日

10 000 公斤最迟于 2020 年 12 月 31 日

【例 2】 装运时间表

10 000 公斤从 2020 年 10 月 1 日至 2020 年 10 月 31 日（用 within an interval）

10 000 公斤从 2020 年 11 月 1 日至 2020 年 11 月 30 日

10 000 公斤从 2020 年 12 月 1 日至 2020 年 12 月 31 日

【例 3】 装运时间表

5 000 公斤最迟于 2020 年 9 月 30 日

5 000 公斤从 2020 年 10 月 1 日至 2020 年 10 月 31 日

10 000 公斤最迟于 2020 年 11 月 30 日

10 000 公斤从 2020 年 12 月 1 日至 2020 年 12 月 31 日

ICC 被问及在以上举例的装运时间表中哪些可以视为“在指定的时间段内”，即哪些应适用 UCP 关于分期支款和分期装运的条款。

ICC 答复：例 1 给予 3 个“最迟”装运日期，在此期间内可装运 30 000 公斤。实际上，30 000 公斤能于 10 月 31 日前装运，或于 10 月 31 日前装运 10 000 公斤，余下的 20 000 公斤可以于 11 月 30 日前一次装运，或分开装运于 11 月 30 日之前至少装运 10 000 公斤，虽然这不是第 32 条意指的被要求的措辞，但如果在 10 月 30 日之前没有装运至少 10 000 公斤，以后各期均告失效。同样，如果 10 月 31 日之前至少装运了 10 000 公斤，但 11 月 30 日之前整个未装满 20 000 公斤，剩余各期也告失效。

例 2 显示了 3 个明确期限，在每一期限内将装运 10 000 公斤。联合任何装运都不可能。这种类型的时间表受到第 32 条条文的约束。

例 3 是例 1 及例 2 的混合。第一期装运条件可包括与第三期装运条件有关的全部或部分货物。但是，在下述任何情况下，按照第 32 条，信用证将对进一步的支款无效：

1. 于 9 月 30 日前未装运至少 5 000 公斤，或

2. 于 9 月 30 日前至少装运了 5 000 公斤，但在 10 月 1 日到 10 月 31 日之间未装运另外至少 5 000 公斤，或

3. 于9月30日前至少装运了5 000公斤且在10月内至少装运了另外的5 000公斤，但于11月30日之前未装运总重为10 000公斤。

分期装运的指定期限，常见的是每月期限，上例看到（1）使用最迟（latest）于（日期）与不得迟于（not later than）（日期）相似，（2）使用“在一个时间的间隔”within an interval即between（日期）to（日期）。如将（1）与（2）比较，不同之点为：使用（1）的文字，后一期装运可以合并到前一期一起装运，使用（2）的文字不能两期合并装运；相同之点：都是前一期未能装运，后一期随期限失效，故指定期限可以灵活用字。从上例还可以看到信用证不是必须写上instalment shipment，不写也可。

分期装运问题和解答见附式8－6。

附式8－6　分期装运问题和解答

Questions and Answers on Instalments

Question 1 Shipment schedule

10 000 kgs latest on 31 Oct., 2020
10 000 kgs latest on 30 Nov., 2020
10 000 kgs latest on 31 Dec., 2020

a) Three shipments are to be made separately within given periods

☐ Yes
☐ No　　Answer to a) ☒ No

b) If at least 10 000 kgs is not shipped by 31 Oct. the credit would cease to be available for all further shipments

☐ Yes
☐ No　　Answer to b) ☒ No

Question 2 Shipment schedule

10 000 kgs between 1 Oct., 2020 to 31 Oct., 2020
10 000 kgs between 1 Nov., 2020 to 30 Nov., 2020
10 000 kgs between 1 Dec., 2020 to 31 Dec., 2020

a) Three shipments are to be made separately within given periods

☐ Yes
☐ No　　Answer to a) ☒ Yes

b) The first shipment of 10 000 kgs is not shipped by 31 Oct., the credit would cease to be available for all further shipments

☐ Yes
☐ No　　Answer to b) ☒ Yes

c) Shipments in this schedule are completely subject to the provision of Article 32

☐ Yes
☐ No　　Answer to c) ☒ Yes

Question 3 Shipment schedule

5 000 kgs latest 30 Sep., 2020
5 000 kgs between 1 Oct., 2020 to 31 Oct., 2020
10 000 kgs latest 30 Nov., 2020
10 000 kgs between 1 Dec., 2020 to 31 Dec., 2020

If 1) at least ______ kgs is not shipped by 30 Sep., or

2) at least 5 000 kgs is shipped by 30 Sep., but at least an additional ______ kgs is not shipped between 1 Oct. to 31 Oct. or

3) at least 5 000 kgs is shipped by 30 Sep., and at least an additional 5 000 kgs is shipped during Oct., but a total of ______ kgs is not shipped by 30 Nov., the credit would cease to be available for further shipment (s).

Answer to 1) 5 000
Answer to 2) 5 000
Answer to 3) 10 000

ISBP745第C15条ai款规定，如信用证规定在既定期间内分期支款或分期装运，且任何一期未在所允许的既定期间内支款或装运，则信用证对该期及后续任何各期均停止兑用。既定期间指确定每期开始日期和结束日期的日期或时间序列。C15 条 b 款规定，如信用证仅规定一些最迟日期而非既定期间对支款或装运的序时安排加以规定，那么这不属于 UCP 600 所规定的分期序时安排，将不适用 UCP 600 第 32 条。

分期装运与分批装运案例分析

信用证类型：不可撤销即期信用证

开证行：I 银行

申请人：A 公司

受益人：B 公司

通知行：AD 银行

2020 年 8 月 12 日，I 银行应 A 公司申请，开立以 B 公司为受益人、金额为 USD 250 000. 00 的不可撤销即期信用证。信用证中的分期装运条款规定了货物需分七批装运，并具体规定了每批的时间和数量。

AD 银行将该证通知 B 公司，B 公司认为分期和分批装运没有区别，遂接受，并向 AD 银行申请叙做打包放款。

AD 银行向 B 公司说明：根据 UCP 600 第 32 条规定，如信用证规定在指定的时间段内分期支款或分期发运，任何一期未按信用证规定期限支取或发运时，信用证对该期及以后各期均告失效。据此规定，分期装运需按期按量，如果一次未能如期装运，信用证即失效。因此，对含有此类条款的信用证 AD 银行不同意叙做打包放款。经 AD 银行解释，B 公司认识到分期装运和分批装运的区别，遂与 A 公司交涉，将信用证有关的装运时间和数量予以取消。

此后，在业务进行过程中，由于货源问题，B 公司未能按照原信用证条款规定的时间、数量分期装运，但因为信用证已被修改，因此未造成任何损失。

分期装运与分批装运，虽只一字之差，含义却相差甚远。通常意义上所说的分批装运，对货物分次装运的批数、每批的数量和时间没有限制；而分期装运则对分批装运货物的时间、数量加以限制，如任何一期未按时装运，信用证对该期及以后各期均为失效。

作为银行，在对信用证融资时，一定要了解相关贸易背景，以免因信用证中含受益人难以履行的条款而招致风险；作为出口商，应尽可能全面掌握相关的国际惯例，以免因认识不清而承担风险。

第五节 对开信用证

一、对开信用证的定义

在对等贸易中，交易双方互为买卖双方，双方各为自己的进口部分互为对方开立信用证，这两张互开的信用证便是对开信用证。

对开信用证(Reciprocal Credit)是指买卖双方各自开立的以对方为受益人的信用证。

对开信用证的特点是：第一张信用证的受益人就是第二张信用证的申请人；第

一张信用证的通知行就是第二张信用证的开证行，后开的证称为回证，与第一证金额大致相等，其条款一般表示为“THIS CREDIT IS RECIPROCAL CREDIT AGAINST × × BANK CREDIT No. × × FAVORING × × COVERING SHIPMENT OF × ×”；两证可以分别生效，即先开证先生效，也可以同时生效，即第一张信用证虽然先开立，但暂且不生效，须待对方开来回证时，两证才同时生效。一般对开信用证以使用后者占多数。这种信用证在易货贸易、补偿贸易、来料加工、来件装配业务中使用居多。

二、对开信用证的生效问题

对开信用证一般规定生效条款，主要有两种不同的生效方式。

1. 同时生效。第一证开立后暂不生效，待对方开来回证，经受益人同意后，再通知对方银行生效，即两证同时生效，条款一般为“THIS CREDIT SHALL NOT BE AVAILABLE UNLESS AND UNTIL THE RECIPROCAL CREDIT IS ESTABLISHED BY × × BANK IN FAVOUR OF × × FOR A SUM OF × × COVERING SHIPMENT FROM × × TO × ×. THE RECIPROCAL CREDIT IN EFFECT SHALL ADVISE BY TELES FROM × × BANK TO BENEFICIARY”。

2. 分别生效。各证开立后立即生效。第一证开立后不以回证的开立和接受为条件而立即生效，回证另开。或者第一证受益人在交单议付时，附一担保书，保证在若干时间内开立以第一申请人为受益人的回证。但在这种情况下，第一证的申请人存在风险。补偿贸易，来料加工，进口机器设备、原料等一般是远期付款方式，而出口成品一般即期付款。条款一般为“THIS CREDIT IS AVAILABLE BY DRAFT DRAWN ON US AT 180 DAYS AFTER BILL OF LADING DATE. PAYMENT WILL BE EFFECTED BY US ON MATURITY OF THE DRAFT AGAINST THE ABOVE - MENTIONED DOCUMENTS AND OUR RECEIPT OF THE CREDIT OPENER'S ADVICE STATING THAT A RECIPROCAL CREDIT IN FAVOUR OF APPLICANT ISSUED BY × × BANK FOR ACCOUNT OF BENEFICIARY AVAILABLE BY SIGHT DRAFT HAS BEEN RECEIVED BY AND FOUND ACCEPTABLE TO THEM”。

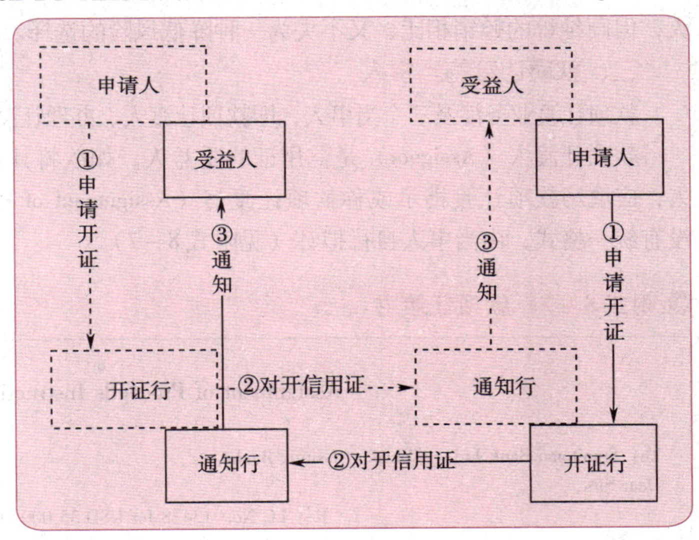

图 8－4　对开信用证基本程序

第六节　款项让渡

UCP 600 第 39 条规定：信用证未注明可转让，并不影响受益人根据所适用的法律规定，将该信用证项下其可能有权或可能将成为有权获得的款项让渡给他人的权利。本条只涉及款项的让渡，而不涉及在信用证项下进行履行行为的权利让渡。这条说明：不管信用证可否转让都可以办理款项让渡。

一、信用证款项让渡的主要用途

1. 作为融资的担保。银行（包括指定银行和非指定银行）在向受益人提供出口融资（包括装运前或装运后融资）时，可要求受益人将信用证下应从开证行处得到的款项让渡给本行，以获得一定的还款担保权益。

2. 作为开立背对背信用证的保障。银行在应客户要求开立背对背信用证时，通常要求客户将收到的出口信用证（主证）项下未来的收款权益让渡给本行，作为开立背对背信用证（子证）的一种保障。

3. 让渡给信用证下的实际供货商以降低风险。当作为中间商的信用证受益人无法从其买方获得可转让信用证，也无法开出背对背信用证时，可以通过款项让渡向实际供货商提供付款保障。当然这种保障要比可转让信用证及背对背信用证弱很多，对实际供货商而言风险较大，但同纯粹的赊销相比，又不失为一种降低风险的选择。

二、款项让渡的当事人

款项让渡业务涉及三个当事人，即款项让渡人、办理让渡行、接受让渡人，现在分述于下。

款项让渡人（Assignor）是信用证的受益人，如欲将其在信用证项下应得款项让渡给他人，应填写款项让渡指示或称款项让渡书（Assignment of Proceeds Instruction），款项让渡书没有统一格式，由当事人自行拟订（见附式 8－7）。

附式 8－7　款项让渡书

Assignment of Proceeds Instruction

To: Sumitomo Bank Ltd., Tokyo. (Issuing Bank)
Dear Sirs,

Re: LC No. 13478 for USD 35 000.00
Issued by: Sumitomo Bank Ltd., Tokyo

With reference to the captioned Credit in favour of us, China Carpets Export Company, Shanghai by order of Ginko Co. Ltd., Tokyo available by acceptance of draft for USD 35 000.00 at 180 days sight drawn on issuing bank to mature on 20 September 202×, we have irrevocably and unconditionally assigned to Citibank, Shanghai all proceeds in respect to the above mentioned credit, therefore please acknowledge directly to the Citibank, Shanghai (Attention Mr. ______) that you have taken notice of and agreed with our irrevocable and unconditional assignment and that payment on the maturity date will be effected directly to them.

In accordance with instructions that you will receive from draft for the full face value without any deductions whatsoever.

Yours very truly,
China Carpets Exp. Company,
Shanghai
signature

Name of Authenticating Bank
The Chartered Bank, Shanghai
signature

办理让渡行（Assigning Bank）是开证行，当其自行付款或承兑和付款时（有时是指定银行，当其付款或垫款时），接到受益人的款项让渡指示，如果同意办理，应通知受益人接受，还要填写款项让渡确认书（Acknowledgement of Assignment of Proceeds）。该确认书也没有统一格式，由当事人自行拟订，发给接受让渡人。

接受让渡人（Assignee）或称被让渡人一般是银行，它不是该信用证的有关当事人。当受益人凭已承兑汇票要求其他银行贴现时，可用款项让渡办法向贴现行作为融资担保。当受益人要求开立背对背信用证时也可用款项让渡办法向背对背信用证的开证行作成付款担保，接受让渡人按照款项让渡确认书写明的付款到期日持汇票向让渡行提示要求付款。

注意事项：

1. 提交受益人的款项让渡书（或指示），表明是让渡信用证的全部金额还是一部分金额给被让渡人。

2. 受益人在让渡书上签字及其指示/授权须经受益人的银行验核证实。

3. 受益人的指示/授权一直有效并未撤销。

4. 特殊性质信用证，如循环信用证、红条款信用证、可转让信用证审核让渡款项确是受益人在信用证项下应得的款项。

5. 检查代理费用是否要从支款中扣付。

6. 要求申请人及时偿付或在开证行设立账户存有足够资金便利开证行付款，经检查没有问题，开证行/指定银行发出让渡确认书给被让渡人有限地承认受益人获得信用证项下提款，立即支付此款给被让渡人。

致接受让渡人的款项让渡确认书、背对背信用证项下款项让渡指示见附式8－8、附式8－9。

附式8－8 致接受让渡人的款项让渡确认书

Acknowledgement of Assignment of Proceeds
under LC No. 13478 to the Assignee

To: Citibank, Shanghai
Dear Sirs,

Re: LC No. 13478 for USD 35 000.00 in favour of
China Carpets Exp. Company, Shanghai

We have acknowledged receipt of an Assignment of Proceeds Instruction dated ______ from China Carpets Exp. Company instructing us to pay to you the proceeds arising under the above reference LC to you in accordance with the instructions set out there – in provided that at the time of payment: 20 September 202×

a. those instructions remain operative;

b. there is no legal impediment to such payment.

We also acknowledge that proceeds under the LC will arise only following presentation by the beneficiary of conforming documents and proper drawing under the LC.

We trust that the foregoing will be satisfactory for your purpose.

Yours truly,
Sumitomo Bank Ltd.,
Tokyo
signature

✪ 附式 8-9 背对背信用证项下款项让渡指示

Assignment of Proceeds Instruction
under Back - To - Back Credit

To: Overseas Union Bank, Singapore

Dear Sirs,

Re Credit No. 8/3759 issued by Overseas Union Bank, Singapore in favour of Tai Hwa Textiles Co., Hong Kong, please note that we have irrevocably assigned HKD82 782.00 in respect of above mentioned credit to the assignee, Bank of Asia, Hong Kong as payment guarantee, should we not pay such amount upon receipt by us of the conforming documents delivered by Bank of Asia, Hong Kong under Back - To - Back Credit No. 02217. We request you to acknowledge directly to Bank of Asia, Hong Kong that you agree with our irrevocable assignment and will only effect payment in case of non - payment arisen under the above mentioned Credit.

Yours very truly,
Tai Hwa Textiles Co., Hong Kong
signature
Name of Authenticating Bank
XYZ Bank, Hong Kong
signature

三、信用证款项让渡实务中的关注点

1. 单据必须由受益人提交，或由款项受让人代表受益人提交，受让人不能以自己的名义提交单据。这是由款项让渡的法律属性决定的，因为受益人转让的只是得到款项的权利，而不包括交单支款的权利。

2. 依各国法律不同，受益人让渡款项时必须向开证行和指定银行发出通知，甚或得到确认/同意（acknowledgement/consent）时方能生效。

根据美国法律，如果没有得到开证行或指定银行的确认或同意，款项让渡能否形成有效担保权益是不能得到保证的。如债务人对该款项行使抵消权就会影响到款项让渡的金额及有效性，因为即使是信用证下的款项，也会受到开证行或中间行对受益人行使抵消权的影响。

在 HSBC Corp v. Kloeckner&CO（1990）一案中，备用信用证项下的受益人曾向开证行出具了一份付款承诺书，却未能付款，于是开证行在备用信用证项下用该债务抵消了受益人在备用信用证项下应得的款项。法院认为，在一般情况下，由于信用证的独立性原则，申请人与受益人之间的其他债务不能用来抵消信用证下的付款，但该案情况很少见，是用受益人对开证行的债务来抵消信用证下的付款。法官认为，任何对抵消权的限制都不应该超过汇票票据交易中对抵消权的限制，那么既然汇票交易中允许付款人使用金额确定的抵消权，信用证交易中应同样能适用。如果开证行可以抵消应付受益人的信用证项下款项，那么作为受让人不可能获得比受益人更优越的权利来豁免开证行的抵消权。

四、信用证款项让渡的风险

尽管款项的让渡给没有客户的生产商的产品提供了销路，使无出口权者实现了产品的出口，或从某种程度上使其他债权人得到了银行将要付款的保障，然而，让渡款项的给付是建立在信用证交易之上的。因此，对受让人来说，可能会形成信用证项下及款项让渡本身的双重风险。

1. 拒付风险。信用证项下的付款、议付是以单证相符为前提的，受益人能否按信用证规定提供相符单据，是受让人能否得到让渡款项的决定因素。因此，接受款项的让渡，尤其是以提供信用证项下货物为交换的让渡，必须选择有履约能力、有信用证项下单据制作经验的受益人，确保相符交单。

2. 欺诈风险。一是受益人存心欺诈，不通过让渡行寄单，而是自寄单据或通过另一银行寄单收款，或是到另一银行进行重复让渡。这就需要采取将正本信用证保存于让渡银行等有效措施加以防范。二是受益人与申请人相互勾结，合谋欺骗接受让渡人。比如，在信用证中加列 1/3 提单由受益人径寄申请人条款，使申请人凭以提货，然后申请人寻找借口要求开证行拒付，使受益人钱货两空。因此，接受让渡人应事先审核信用证，确保无不利条款，以杜绝隐患。

3. 让渡书的撤销风险。受益人可以在银行议付或付款前出具款项让渡书，但也可以在银行议付或付款前将该款项让渡书撤销。接受让渡人为保障自身利益，应要求受益人开具不可撤销的款项让渡书，必要时可要求信誉卓著的银行或公司提供担保。

4. 法律风险。信用证项下的款项让渡不受统一惯例约束。让渡人、接受让渡人、担保人以及被授权执行让渡的银行之间如就让渡交易发生权利、责任纠纷，只能由适用法律解决。因此，接受让渡人首先要保证该款项让渡的合法性才能使让渡交易得以进行。

第九章
运输单据

本章学习要点

- 掌握海运提单的当事人、种类、基本内容及相关国际惯例和规则，多式运输单据的当事人及运作；
- 熟悉不可流通转让的海运单、租船合约提单、空运单的主要内容和特点；
- 了解各种运输单据的审核注意事项。

本章知识结构

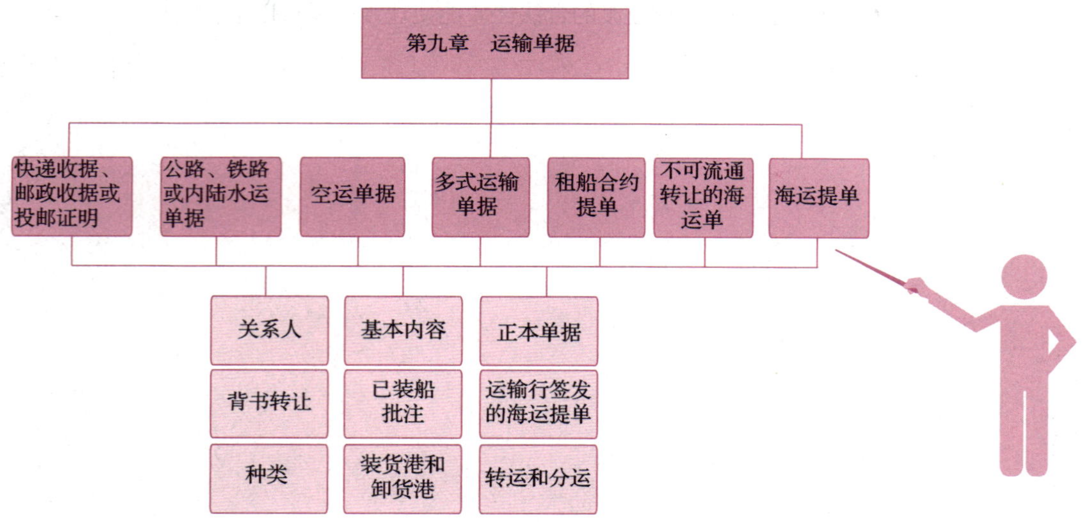

运输单据（Transport Document）是出口商按规定装运货物后，承运人或其他代理人签发的一种收货凭证。UCP 称运输单据是表明已装船或发运或接受监管的单据。它不仅是货物运输中最为重要的证件，也是结汇中最重要的单据，表明国际贸易项下的进出口货物是以何种运输方式从出口国运至进口国的。运输单据包括：海运提单，租船合约提单，多式运输单据，航空运输单据，公路、铁路或内河运输单据，邮政收据或邮递证明书，专递或快递机构单据。

本章开始讲述跟单信用证项下要求的各种单据，对每种单据先作一般介绍，然后介绍审核。审核的标准是：

1. 信用证的条款和条件。
2. UCP 600 的全部条文。
3. ISBP 的全部段落。

（1）预先考虑的事项。

（2）总则（A1－A41）。

（3）明确地连接着一项指名单据类型：

①汇票（B1－B18）；

②发票（C1－C15）；

③运输单据（D1－J20）；

④保险单据（K1－K23）；

⑤产地证、重量单、装箱单、收益人证明书和其他证明书（L1－Q11）。

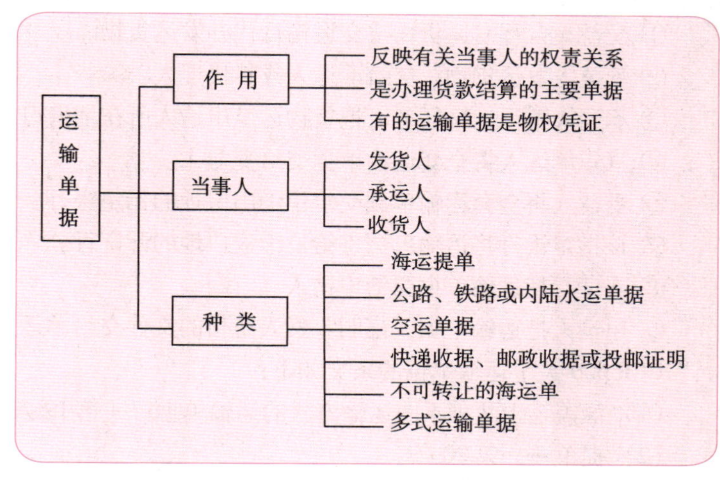

图 9－1　运输单据框架图

4. 其他有关审单上说到的《审核跟单信用证项下单据国际标准银行实务》和其他的国际商会出版物。
5. 运输单据流程如图 9－2 所示，具体说明如下。

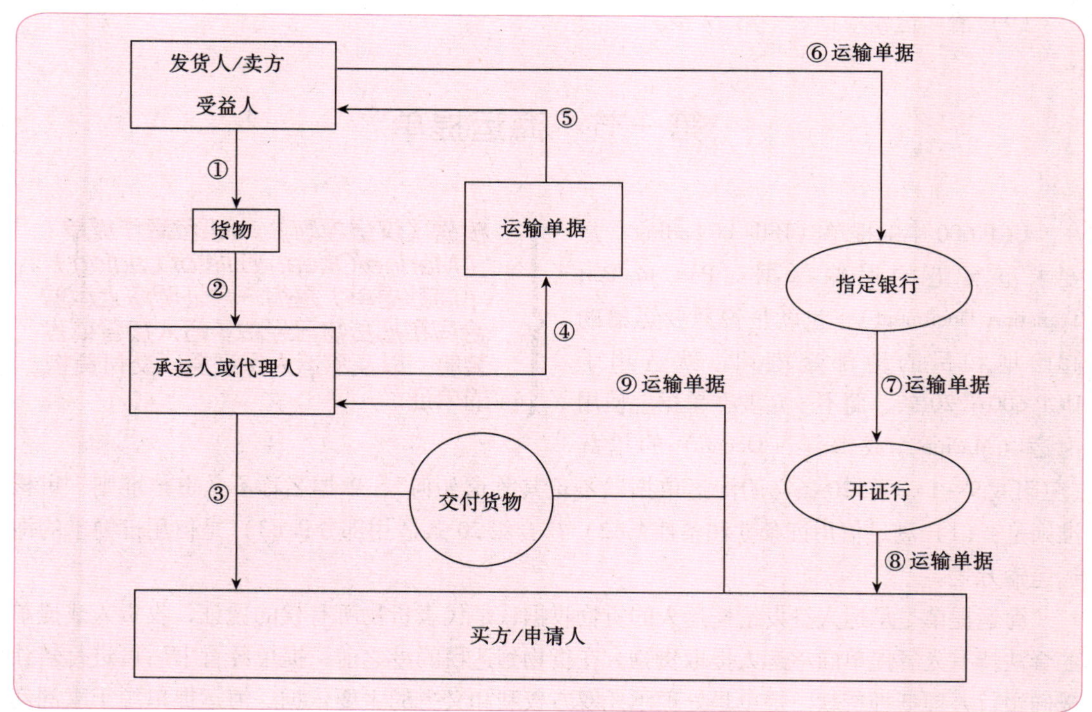

图 9－2　运输单据流程

① 受益人自行发运货物或交运输行代办发运货物。

② 受益人发运货物，交给承运人或其代理人。

③ 承运人履行运输任务，把货物运至申请人所在地港口。

④、⑤ 承运人将全套运输单据交给受益人。

⑥ 受益人将全套运输单据交给位于出口地的指定银行。

⑦ 该指定银行将运输单据寄给位于进口地的开证行。

⑧ 开证行把运输单据交给申请人。

⑨ 申请人把运输单据或证明收货人身份的文件交给承运人或其代理人以便提货。

UCP 600 关于运输单据的条文如下：

（1）涵盖至少两种不同运输方式的运输单据——第 19 条。

（2）提单——第 20 条。

（3）不可转让的海运单——第 21 条。

（4）租船合同提单——第 22 条。

（5）空运单据——第 23 条。

（6）公路、铁路或内陆水运单据——第 24 条。

（7）快递收据、邮政收据或投邮证明——第 25 条。

UCP 还有一些条文与所有运输单据有关的具体事项的规定：

（8）“货装舱面”“托运人装载和计数”“内容据托运人报称”及运费之外的费用——第 26 条。

（9）清洁运输单据——第 27 条。

第一节　海运提单

根据《汉堡规则》，海运/海洋提单（Marine/Ocean Bills of Lading）（简称提单）是指一种证明海上运输合同和把货物已经由承运人接管或者装船，以及承运人保证据以交付货物的单证。

UCP 600 中的提单（Bills of Lading）是要求港至港的运输单据（Port to Port Transport Document），也就是说只要运输的起始地和目的地都是港口，就适用于 UCP 600第 20 条，而不一定要在单据上使用海运（Marine）或海洋（Ocean）的措辞（见附式 9－1）。第 20 条写明海运单据“不论其称谓如何”，单据名称不是审核准则，审核准则是：（1）满足信用证条款和条件；（2）符合第 20 条适用部分；（3）是信用证要求的海运运输方式。

海运提单是承运人签发给托运人的货物收据，是代表货物所有权的凭证，收货人或提单的合法持有人凭提单向承运人提取货物。在货物到达目的港之前，提单经背书后可进行转让或向银行办理抵押贷款。提单是处理承托双方权利和义务的主要依据。海运提单源于欧洲商人的“发明”，经过几百年的实践与改良，已成为国际贸易与航运的基石。在跟单信用证实务中，提单无疑是最为重要的单据之一，因为其“物权凭证”（Document of Title）的属性，银行往往对其设置担保权益。

一、海运提单的功能

第一，海运提单是承运人出具的已装船的货物收据（Receipt for Goods Shipped）。提单是承运人签发给托运人的收据，确认已按提单上所记载的有关商品的标志、数量以及商品的表面状况收到商品，从而承运人就有责任在正常情况下按提单上所列明的情况向收货人交付货物。

第二，海运提单是承运人和托运人之间订立运输合约的证据（Evidence of the Contract of Carriage）。托运人向承运人办妥订舱或租船手续时即表明双方运输合约关系的建立。依照双方的约定，托运人按时向承运人提交货物，承运人向托运人出具海运提单，这份提单就成为双方运输合约的证据。提单背面印就的条款即视为双方共同接受的运输合约条款，承运人和托运人分别对此承担合约规定的各自责任。承运人保证船只处于适航状态，以及在托运人履约和未出现不可抗力的情况下，将货物运抵目的港，并完好地交付收货人；托运人则保证货物的内在状态完好，以及包装符合规定的运输条件。

第三，海运提单是物权凭证。海运提单代表了货物，提单的转移也就是货物的转移。提单的合法持有者有权要求承运人交货，承运人若把货物交给了非提单持有人，就要承担被提单持有人追索及赔偿的风险。若承运人对提单持有人的收货人身份有所怀疑，可以要求对方提供银行担保。承运人对凭提单交货所产生的错交不负责任。

第四，海运提单是索赔依据之一。若运输货物在途中受到损失，海运提单是货主向船公司或保险公司提出索赔的依据之一。

上述四种基本功能产生的积极作用是：

1. 海运提单可当作可流通单据（Negotiable Documents），经过背书和交付可以转让他人。

提单的转让属交付转让型，票据的转让属流通转让型，两者有些差别。前者是受让人继承前手权利，但要受到前手权利缺陷的影响；后者是受让人的权利优于前手权利，不受转让人权利缺陷的影响。例如，提单未经托运人的授权而转让，如提单被偷，窃贼伪造托运人背书把它卖给善意受让人，这时托运人可以通知承运人将提单所代表的货物恢复归真正所有人（失主）即托运人所有，而善意受让人不得以其提单对托运人主张物权。故受让人应事先查明转让提单的来源是否正当，有无权利上的争执。

另外，提单仅在货物在途之时才能转让，当货物运到目的港，承运人开始交货时，提单就不能转让了，所以它的可转让时间较短。

2. 海运提单能够控制货物，承运人或其代理人只能凭申请人交来一张正本提单方可把货物交给申请人。

3. 海运提单可供买主采用转让提单给一位新的买主的方法来出售在途货物。

海运/海洋提单见附式 9－1。

附式 9－1　海运/海洋提单

Marine/Ocean Port to Port Bill of Lading
Freight Forwarders Transport Document/ ③
Bill of Lading for Combined Transport Shipment/or
Port to Port Shipment

①

Shipper:

B/L No:
Bkg Reference:
Shipper's Ref:
F/Agent's Ref:

Consignee:

CIB SHIPPING CORPORATION LTD⑤

Notify Address:

Place of Acceptance:

Pre-Carriage by:

Place of Receipt by Pre-Carrier: KOWLOON

Vessel: "MV CIB"

① Port of Loading: HONG KONG

① Port of Discharge: SOUTHAMPTON

Place of Delivery by on Carrier: MANCHESTER

Marks and Nos: Container No. | Number and Kind of Packages. Description of Goods: | Gross Weight | Measurement

注释：

1. 信用证要求。①
2. 除非信用证另有规定，注意信用证不改变或排除第 20 条的任何规定。
3. “不论其称谓如何”——信用证不禁止运输行出具的运输单据。
4. “在它表面上”——是在单据的表面上。 ③
5. “签字或以其他方式证实”——承运人的代理人 Brian Moore, Brian&Philip Ltd. ⑤
6. 已装船——预先印上的文字。⑥
7. 签发日期——2020年 7 月 27 日。⑦

Freight/Charges: ⑥

Shipped on board in apparent good order and condition except as Otherwise noted the total number of containers or other packages or units enumerated below for transportation from the place of receipt to the place of delivery subject to the terms hereof.

In accepting this Bill of Lading the Owners of the goods or the holder of this Bill of Lading expressly accept and agree to all its stipulations and conditions whether written, typed, stamped or printed or otherwise incorporated on the front or back hereof as if signed by such person.

In witness whereof the number of original Bills of Lading stated above all of same date, and [illegible] have been signed if not otherwise stated below one of which being accomplished, the others stand void.

Status:

Freight Payable at:

Place and Date of Issue: CANTERBURY 27 JULY 2020 ⑦

Number of Original B's/L:

Signature: ⑤

Brian Moore

Rate of Exchange:

Brian and Philip Ltd, as Agents
for the Carrier, CIB Shipping Corporation Ltd. ⑤

二、海运提单的关系人

承运人（Carrier）和托运人（Consignor or Shipper）是运输合约的两个当事人，也是提单的基本关系人。

承运人是负责运输货物的当事人，有时被称为船方。在不同的情况下，它可能是船舶所有人即船公司，也可能是租船人，租船人租用船只自己经营运输业务。即使是通过代理人办理承运手续，提单上所体现的承运人也不应是代理人，而是实际运输货物的人，它与托运人订立运输合约，承担履行运输合约的责任。信用证要求的运输单据包括提单，必须是具名的承运人或其代理人签发的。例如，中国远洋运输公司经营世界港口间的海运，它要去世界许多港口承揽海运货物，但不可能在所到的每个港口都设有自己的分公司，在没有自己分公司的港口，只能通过代理人办理承运手续，签发中国远洋运输公司的格式提单，实际运输货物的人即承运人仍是中国远洋运输公司，提单上是“承运人中远公司的代理人 ABC 公司”的签字。

托运人也称为货方，它与承运人订立运输合约。按交易情况不同，它可能是发货人（Shipper）或卖方，也可能是收货人（Consignee）即买方。信用证项下提单上的 Shipper 一般是信用证的受益人。

除了基本关系人外，在提单上出现的还有收货人（Consignee）和被通知人（Notify Party）。

收货人通常被称为提单的抬头人，一般是信用证的申请人，也可以是第三人。第三人通过提单的背书转让，有权在目的港凭提单向承运人提取货物。实际收货人则是提单的受让人（Transferee）或持单人（Holder）。

被通知人不是提单的当事人，只是收货人的代理人，是被承运人通知之人。之所以在提单上填写被通知人，是因为空白抬头的提单无收货人的名称和地址，故须有被通知人的记载，以便货到目的港后，承运人可以通知被通知人，由它转告实际收货人及时办理提货、报关手续，这是承运人给予货主的一种便利。

三、海运提单的背书转让

提单是货物的权利凭证，具有可流通转让的性能，因此 Document of Title 与 Negotiability 这两个词语是相连接的，如 Negotiable Bill of Lading。反之，有些运输单据如海运单不是物权凭证，它就不能流通转让。试想把海运单转让给一个受让人，他受让的海运单不能凭以提取货物，他接受了也没有用处。因此非物权单据与不可流通转让是连接在一起的，如 Non - negotiable Sea Waybill。

海运提单按其收货人的表示可分为不可流通形式和可流通形式。

（一）不可流通形式提单

不可流通形式提单多指不可流通的记名抬头人提单（Non - negotiable Named Consignee B/L），又称直交提单（Straight B/L）。在收货人格内载明运交一个特定的收货人（consigned to a specified person，或 unto a specified person），只能由特定的收货人提货，不得转让流通，该收货人经证明身份，即可提取货物。收货人名称前面不得加上“order”之词。

（二）可流通形式提单

可流通形式提单可分为三种：

1. 可流通的来人抬头提单。其收货人格内填写“to bearer”。这种提单无须背书，仅凭交付即可以转让他人，如果遗失不易补救。现在极少采用。

2. 可流通的指示抬头提单。其抬头人名称须列有“order”字样，不得遗漏。该提单经过背书可以转让他人。这里有三种抬头人的表示方法：

（1）以开证行或其指示方为抬头人（Unto Order of Issuing Bank）。此种提单经开证行背书后转让给申请人，凭以向船公司提货。

（2）以申请人或其指示方为抬头人（Unto Order of Applicant）。此种提单经申请人背书才能提货，银行因不能掌握物权，所以不愿接受这种提单。

（3）以托运人或其指示方为抬头人（Unto Order of Shipper 或 to Order）。此种提单经托运人背书转让给银行。这里还可分为两种：① Unto shipper's order and endorsed by shipper；② Unto order and blank endorsed。前者须托运人背书，后者须托运人作成空白背书。

提单必须经过背书交付，才能完成转让行为。信用证规定下列文句在“and”前面一句是谁作为提单收货人，在“and”后面一句是怎样在提单上作成背书。

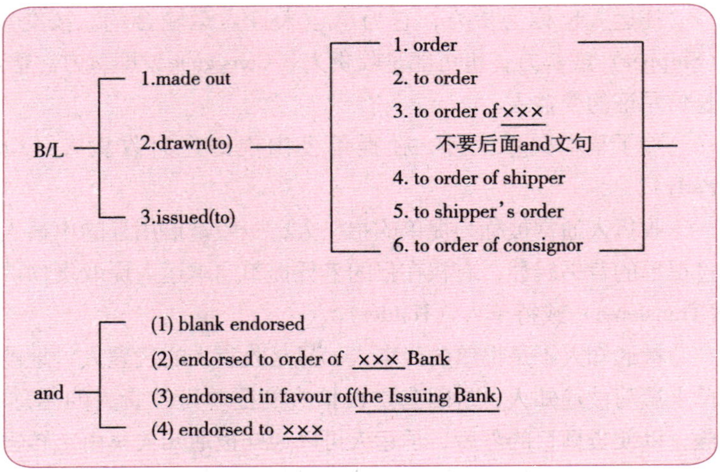

B/L
1.made out
2.drawn(to)
3.issued(to)
1. order
2. to order
3. to order of ×××
不要后面and文句
4. to order of shipper
5. to shipper's order
6. to order of consignor

and
(1) blank endorsed
(2) endorsed to order of ××× Bank
(3) endorsed in favour of(the Issuing Bank)
(4) endorsed to ×××

图 9－3

常见的提单背书形式如下：

（1）出口商（XYZ Co.）以 shipper 身份作成空白背书。

XYZ Co.
signature

持单人是收货人。

（2）信用证规定提单收货人是议付行的指示方（To the Order of Negotiating Bank）时，议付行在寄单之前须对提单进行背书。

Deliver to the order of
Name of Issuing Bank
Name of Negotiating Bank
signature

被背书人是收货人。

（3）进口商付款赎单时，若提单抬头人或被背书人是开证行，则由开证行背书给进口商。

ABC Import Company：
Upon payment of freight and all charges
Please deliver to the order of
ABC Import Company
Name of Issuing Bank
signature

四、海运提单的种类

（一）按货物装船与否划分

1. 已装船提单（Shipped on Board B/L）。已装船提单是船公司将货物装上指定船舶后签发的提单。可由提单上印就的“shipped on board”或在提单上加注“shipped on board”字样来表示，以提单上注明货物装船日期的批注来证实，除非信用证另有规定，批注人无须签字。在此情况下，装船批注日期即可视为装运日期。一般情况下，信用证都会要求已装船提单。

2. 收妥备运提单（Received for Shipment B/L）。系指承运人应托运人的要求，在收到货物等待装船期间先行签发的一种提单，其特点是先签单后发运。由于它没有确定的装运日期，货物能否出运没有保障，实际上只是一张收据，并不是运输契约，所以出口商一般不会同意接受备运提单。

收妥备运提单通常带有预先印就的已装船“shipped on board”栏位，用于后期打印批注装运日期和船名（如需），但此种预先印就的已装船字样并不能更改收妥备运提单的性质。这一点通过国际商会 R349 案例意见可以看出，此处预先印就的“已装船”文字并非 UCP 600第 20 条 a 款 ii 项所提到的已装船，而只是海运公司作出上述 ii 项第二段规定的已装船批注的一种形式。

（二）按提单有无不良批注划分

1. 清洁提单（Clean B/L），即未载有明确宣称货物及/或包装状况有缺陷的条文或批注的提单。一般提单都印有“在提单内所列表面状况良好的货物已装船”之类词句，清洁提单上未加其他批注。

2. 不清洁提单（Unclean B/L），是指承运人在提单上加注货物或包装状况不良或存在缺陷等批注的提单。由于不清洁提单内加注有损坏货物的说明和条款，买方根据合约有理由不接受此种情况的货物。在跟单信用证项下，银行一般拒绝接受不清洁提单。

（三）按运输途中是否转船划分

1. 直运提单（Direct B/L），即货物运输途中不转船，直接运达目的港的提单。提单上仅可显示 from... to...，即装运港和目的港的港名，不得显示转船字样。

2. 转运提单（Transshipment B/L），是货物需要在途中港口换船才能运往目的港的提单，一般注有在“××港转船”的字样。具体而言，转运意指在信用证上规定的装货港到卸货港之间的海运过程中，将货物由一艘船上卸下再装上另一艘船的运输，有的甚至不止一次换船，在这种情况下签发的提单称转运提单，通常由第一程船的承运人签发，一般在提单上都有声明：承运人仅承担货物在第一程内所发生的损失责任。

（四）按提单收货人的抬头划分

1. 记名提单（Straight B/L）。提单收货人名字、地址确定，且不可背书转让，只能由收货人本人提货，多用于贵重物品或捐赠品的运输。在某些国家，允许记名提单的收货人可不凭提单提货，只需其出具公司或个人的担保即可提货，记名提单因此失去物权凭证的作用，故国际贸易中较少采用。

2. 不记名提单（Open B/L）。提单收货人未指明，任何提单持有者都可向承运人提取货物。不记名提单收货人栏可留空不填，也可作成“来人抬头（to the bearer）”。这种提单不用背书即可转让，风险很大，在国际贸易中极少采用，有的国家甚至明令禁止。

3. 指示提单（Order B/L），是在记载收货人姓名时，记载为“凭指示（to order）”或“凭××指示（to the order of...）”。该提单在一定条件下可以背书后转让，由受让人持提单向轮船公司提货，但在背书转让前，物权仍归托运人，充分体现了提单的物权凭证作用，故在国际贸易中使用最为普遍。

（五）按提单内容的繁简划分

1. 全式提单（Long Form B/L）。即正反面均有详细条款，全面记载承运人和托运人权利和义务的提单。目前一般用全式提单。

2. 简式提单又称背面空白的提单（Short Form /Blank Back B/L）。按照国际商会的定义，是指船运公司或其代理人所签发的提单，背面未印有承运条款细则，仅注明某些或全部装运条款系参照提单以外的来源或文件。银行一般不审核承运条款或条件。

（六）按使用船只的不同划分

1. 班轮提单（Liner B/L）。由班轮承运人或其代理人签发的提单。

2. 租船提单（Charter Party B/L）。大宗货物通常包租不定期船整船运输，当货方租船运输时，由船长、船东、租船人或他们的代理人签发的以租船合约为依据的提单就叫租船提单。

除非信用证另有规定，银行对于租船提单不予接受，但对班轮提单乐意接受。

（七）按承运人身份的不同划分

1. 承运人提单（Carrier B/L）。由承运人、船长或他们的代理人签发的提单。

2. 运输行提单（Freight Forwarder B/L）。由运输行以自己名义签发的提单，由运输行以承运人名义或以承运人的代理人身份签发的提单均称为运输行提单。

（八）按在装运港是否付运费划分

1. 运费到付提单（Freight Collect）。提单上注明运费到付。

2. 运费已付提单（Freight Prepaid）。提单上注明运费已预付。

运费是到付还是预付是和价格条款相一致的。在 CIF 和 CFR 价格条件下，提单必须是运费已付提单；而在 FOB 价格条件下，则是运费到付提单。

五、海运提单的基本内容

提单的内容如何，直接影响到出口商能否顺利收款，因而进口商很关心承运人或其代表、船长或其代表出具的提单的内容。银行只审核提单表面记载，进口商根据提单决定是否付款。

不同船公司设计的提单格式和内容不尽相同。由于海运提单是物权凭证，直接涉及各关系人的责任和权益，要求内容尽可能详尽、明确，以避免或减少纠纷。完整的提单包括正面关于商品装运情况的记载和背面印就的运输条款。

（一）提单正面的内容

以下基本内容参照提单样本附式 9－2。

1）托运人/出口商的名称和地址。通常只缮打托运人名称。

2）收货人名称和地址。收货人是指有权提取货物的人，提单的收货人又称提单的抬头，提单的抬头可以有以下三种（参见本节“四、海运提单的种类”）：（1）记名抬头，这一栏填明特定的收货人名称；（2）来人抬头，此栏不写明具体收货人的名称，只写明“to the bearer（货交提单持有人）”；（3）指示抬头，此栏填写“to order（凭指示）”或“to the order of ××××（凭某某某指示）”。

3）被通知人的名称和地址。此栏填写到货被通知人，即为了便于收货人提货，承运人在货物到港后通知的对象。被通知人一般是收货人的代理，受其委托负责代为报关、提货等。通常信用证有以下四种情况。

① Notify Party：××××××。只需将“××××××”照样缮打在通知方栏即可。

［案例 9-1］
提单上申请人地址必须和信用证上显示的申请人地址镜像般一致吗？

附式 9-2　山东省烟台国际海运公司

SHANDONG PROVINCE YANTAI INTERNATIONAL MARINE SHIPPING CO.

SHIPPER (COMPLETE NAME. ADDRESS AND PHONE)
1）

BILL OF LADING No.　8）

Port-to-Port or Combine Transport

BILL OF LADING

RECEIVED by the carrier as specified below in external apparent good order and condition unless otherwise stated. The total number of packages or units stuffed in the container, the description of the goods and the weights shown in this Bill of Lading are furnished by the merchants, and which the carrier has no reasonable means of checking and is not a part of this Bill of Lading contract. The goods shall be transported to such place as agreed, authorized or permitted herein and subject to all the terms and conditions whether written, typed, stamped, printed or incorporated on the front and reverse side hereof which the Merchant agree to be bound by accepting this Bill of Lading, any local privileges and customs notwithstanding In WITNESS whereof one(1) original Bill of Lading has been signed if not otherwise stated below, the same being accomplished the other(s), if any, to be void, if required by the carrier one(1) original Bill of Lading must be surrendered duly endorsed in exchange for the goods or delivery order.

original

CONSIGNEE (COMPLETE NAME. ADDRESS AND PHONE)
2）

NOTIFY PARTY (COMPLETE NAME. ADDRESS AND PHONE) (It is agreed that no responsibilities shall be attached to the carrier or his agents for failure notify)
3）

PRE-CARRIAGE BY*	PLACE OF RECEIPT* 5a）	
VESSEL/VOYAGE 4）	PORT OF LOADING 5）	
PORT OF DISCHARGE 6）	PLACE OF DELIVERY* 7）	No. of Original Bills of Lading 16）

PARTICULARS DECLARED BY SHIPPER BUT NOT ACKNOWLEDGED BY THE CARRIER

CONTAINER NO./SEAL NO. MARKS & NUMBERS	QUANTITY (FOR CUSTOMERS DECLARATION ONLY)	DESCRPITION OF GOODS (SAID TO CONTAIN)	GROSS WEIGHT (KILOS)	MEASUREMENT (CU METRES)
9） 10）	11）	12）	13）	14）

TOTAL NUMBER OF CONTAINERS OR PACKAGE(IN WORD)　15）

FREIGHT & CHARGES	RATE	UNIT	PREPAID	COLLECT

EXCESS VALUE DECLARATION　　PREPAID AT　　PAYABLE AT

TEMPERATURE CONTROL INSTRUCTION

PLACE OF ISSUE

DATE OF ISSUE　17）

SIGNED BY /ON BEHALF OF THE CARRIER
18）
SHANDONG PROVINCE YANTAI INTERNATIONAL MARINE SHIPPING CO.

LADEN ON BOARD OR VESSEL　19）
DATE　BY　20）
SYMS STANDARD FORM 02

(Terms continued on the back hereof, please read carefully)

02-SHA

② Notify Party：Applicant。需将开证申请人的名址缮打在通知方栏内。

③ Notify Party：Applicant and us。这种情况除缮打开证申请人的名址外，还要加打开证行名称。

④ 当信用证未对 Notify Party 作明确规定时，通常此栏可缮打实际收货人名称和地址（一般情况下即为 Applicant），当然也可将此栏空白。但为通知收货人提货，副本提单的此栏一定要缮打收货人名称和地址。

4）船名、航次号。

5）起运地，即装货港，指货物实际装船起运的港口，是承运人义务的起点。

5a）监管地。如果监管地与起运地不一致，则应在提单上注明“on Board 日期，船名”。

6）卸货港。如果信用证规定了具体的卸货港，此栏应按信用证规定注明。如信用证规定的目的港是欧洲港口，提单可显示卸货港为鹿特丹。

7）交货地，也称最终目的地。海运提单此栏通常填写与卸货港相同的港口，或是空白。

8）提单号。

9）集装箱号。

10）铅封号、唛头。如果信用证规定了唛头，提单此栏应照样填写，位置和形状最好都不要改变。如果没有唛头，则填写“No Mark 或 N/M”或空白。

11）外包装数量。如×××件、×××箱等。

12）货物描述。此栏填写装运的货物，名称可用统称，但不得与信用证或其他单据矛盾。通常运费支付方式也会缮打在这一栏里，如 Freight Collect 或 Freight Prepaid。

13）毛重。

14）尺码。

15）外包装数量大写。

16）正本提单份数。当信用证要求开立全套正本提单时，可以是仅有一份正本提单或者是一份以上正本提单。通常出具三份正本提单。此栏为必填项目。

［案例 9－2］
提单必须显示货物描述吗？

17）签单地和签单日期。提单的签单地点是承运人营业场所所在地，不一定是货物的装船港。提单的签单日期根据提单的种类不同而有所不同，如果是印就的“已装船”提单，此日期应当是货物实际装船完毕的日期；如果使用“收妥备运”提单格式，签单日应是货物接受监管的日期。

在出口贸易中，有关的合同和信用证一般都对货物的装船日期有严格的限制，如果出口方货物的装船日期超过了这种限制，就会导致银行拒绝付款或进口方要求出口方赔偿损失等严重后果。一般而言，货物装船日期以提单签发日期为准，在装运散装货物时，只要装船开始，就可按开装日期签发提单，而无须以货物全部装船完毕日期为提单签发日期。

在实际业务中，有时会遇到倒签提单问题，即出口方在没有按规定期限装船时，要求承运人在签发提单时将签发日期提前若干天，以便向银行结汇，逃避违约责任。对此，应当慎重行事，如果承运人同意倒签提单，则由此发生的后果要由承运人承担。倒签提单是一种欺骗提单持有人的行为。提单持有人一旦发现有倒签提单现象，有权拒绝收货，并可就造成的损失向承运人索赔。

18）船公司或其代理人签章。提单必须经过签署才能产生效力。提单的签署详见本节“六、海运提单正面和海运提单签字人的要求”。

19）已装船日期批注。当提单为“收妥备运”格式时，此栏需注明已装船日期。

另外，无论提单上是否有已印就的“shipped on board”字样，只要当在第4栏中出现“预期船”或类似字样，该批注必须还包括装船日期、实际装货港以及实际装货的船名。

20）此栏本应为承运人或其代理人对已装船批注的证实的签字或简签，除非信用证特别要求，一般无须在此栏加签。

（二）提单背面内容

提单背面印就的运输条款规定了承运人的义务、权利和责任的豁免，是承运人与托运人双方处理争议时的依据。根据UCP的规定，银行不审核这些条款。

六、海运提单正面和海运提单签字人的要求

包括海运在内的多式运输方式广泛采用后，过去单一的海运或海洋提单表明港至港运输已不能满足多式运输要求。20世纪80年代运输单据广泛使用两用格式代替，正面提单名称是：

Bill of Lading

for combined transport shipment or

port to port shipment

六个运输项目：

Pre－carriage by 前段运输

Place of Receipt/ Place of Taking in Charge 收货地或接受监管地

Vessel 船只

Port of Loading 装货港

Port of Discharge 卸货港

Place of Delivery/ Place of Final Destination 交货地或最终目的地

这是既可适用联合运输，也可适用港至港运输的提单，见附式9－3。

UCP 600第20条第i款规定，表明承运人的名称，并由下列人员签署：承运人或其具名代理人，或者船长或其具名代理人。承运人、船长或代理人的任何签字必须标明其承运人、船长或代理人的身份，代理人任何签字必须标明其系代理或代表承运人，还是代理或代表船长签字。

第i款表明对于提单的两个要求，即提单正面必须注明承运人名称，对提单签字人的要求。现在分别说明如下：

（一）提单正面要求注明承运人名称

见附式9－1⑤。

（二）对于提单签字人的要求

1. 若提单正面已有用来识别当事人为承运人的“carrier”一词，如：

Carrier

CHINA OCEAN SHIPPING（GROUP）CO.

承运人自己签字，提单签字格内可以不再写上“Carrier”，如：

CHINA OCEAN SHIPPING（GROUP）CO.

signature（见附式 9－4）

2. 若提单正面没有用来识别当事人为承运人的“carrier”一词，如：

CHINA OCEAN SHIPPING（GROUP）CO.

承运人自己签字，提单签字格内的承运人名称后面必须写明其为承运人，如：

附式 9－3　海运或海洋提单联合运输单据（或港到港运输）

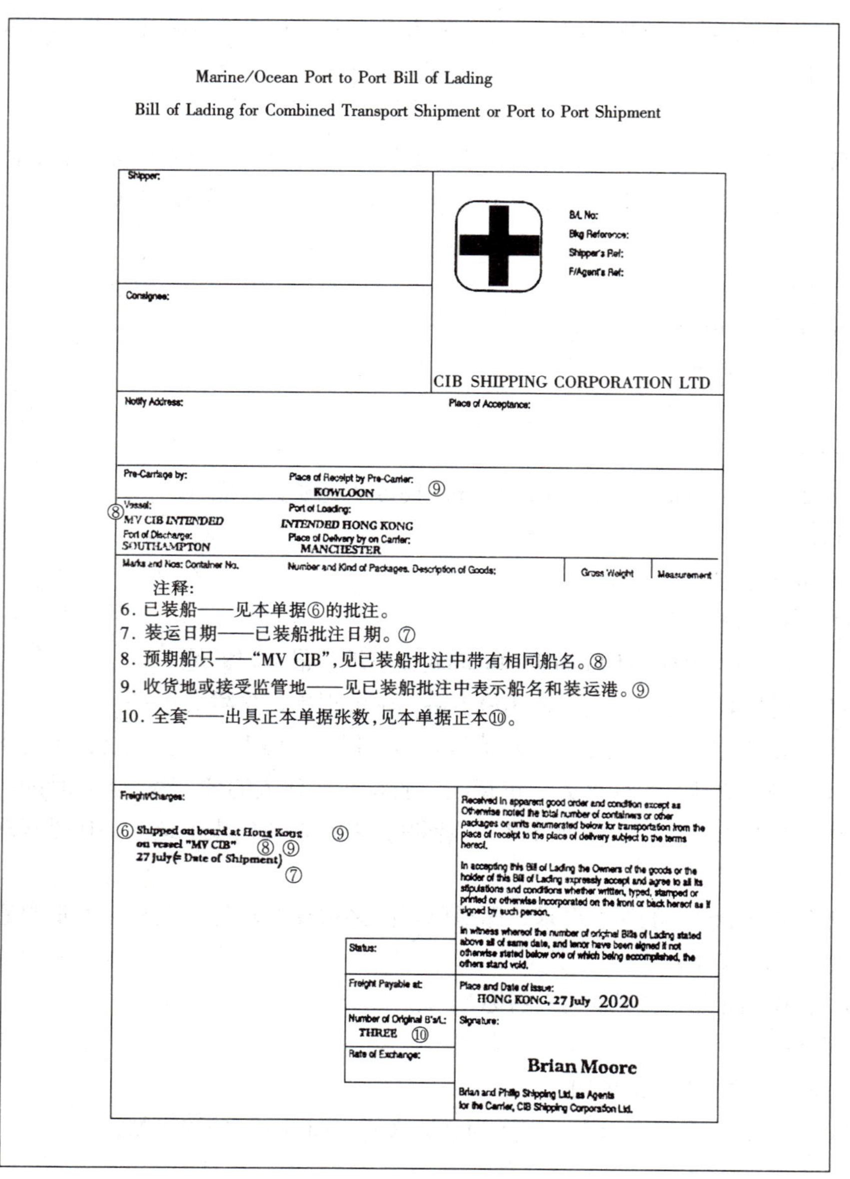

Marine/Ocean Port to Port Bill of Lading

Bill of Lading for Combined Transport Shipment or Port to Port Shipment

Shipper:

B/L No:

Bkg Reference:

Shipper's Ref:

F/Agent's Ref:

Consignee:

CIB SHIPPING CORPORATION LTD

Notify Address:

Place of Acceptance:

Pre-Carriage by:

Place of Receipt by Pre-Carrier: KOWLOON ⑨

Vessel: ⑧ MV CIB INTENDED

Port of Loading: INTENDED HONG KONG

Port of Discharge: SOUTHAMPTON

Place of Delivery by on Carrier: MANCHESTER

Marks and Nos: Container No. | Number and Kind of Packages. Description of Goods: | Gross Weight | Measurement

注释：

6. 已装船——见本单据⑥的批注。

7. 装运日期——已装船批注日期。⑦

8. 预期船只——“MV CIB”，见已装船批注中带有相同船名。⑧

9. 收货地或接受监管地——见已装船批注中表示船名和装运港。⑨

10. 全套——出具正本单据张数，见本单据正本⑩。

Freight/Charges:

⑥ Shipped on board at Hong Kong ⑨
on vessel "MV CIB" ⑧ ⑨
27 July (= Date of Shipment)
⑦

Received in apparent good order and condition except as Otherwise noted the total number of containers or other packages or units enumerated below for transportation from the place of receipt to the place of delivery subject to the terms hereof.

In accepting this Bill of Lading the Owners of the goods or the holder of this Bill of Lading expressly accept and agree to all its stipulations and conditions whether written, typed, stamped or printed or otherwise incorporated on the front or back hereof as if signed by such person.

In witness whereof the number of original Bills of Lading stated above all of same date, and tenor have been signed if not otherwise stated below one of which being accomplished, the others stand void.

Status:

Freight Payable at:

Place and Date of Issue: HONG KONG, 27 July 2020

Number of Original B's/L: THREE ⑩

Signature:

Rate of Exchange:

Brian Moore

Brian and Philip Shipping Ltd, as Agents for the Carrier, CIB Shipping Corporation Ltd.

✪ 附式 9－4

Shipper

AA BB CC CO.

B/L No.

COSCO

中國遠洋運輸(集團)總公司

CHINA OCEAN SHIPPING (GROUP) CO.,

CARRIER.

Consignee

TO ORDER

Notify Party

ORIGINAL.

Combined Transport BILL OF LADING

RECEIVED in apparent good order and condition except as otherwise noted the total number of containers or other packages or units enumerated below for transportation from the place of receipt to the place of delivery subject to the terms and conditions hereof. One of the Bills of Lading must be surrendered duly endorsed in exchange for the goods or delivery order. On presentation of this document duly endorsed to the Carrier by or on behalf of the Holder of the Bill of Lading, the rights and liabilities arising in accordance with the terms and conditions hereof shall, without prejudice to any rule of common law or statute rendering them binding on the Merchant, become binding in all respects between the Carrier and the Holder of the Bill of Lading as though the contract evidenced hereby had been made between them. IN WITNESS whereof the number of original Bills of Lading stated under have been signed, all of this tenor and date, one of which being accomplished, the other(s) to be void.

Pre-carriage by	Place of Receipt YOKOHAMA, JAPAN CY
Ocean Vessel　Voy. No. PRECIOUS RIVER　082W	Port of Loading YOKOHAMA
Port of Discharge HUANGPU, CHINA	Place of Delivery HUANGPU CY

• Final Destination See Article 7, paragraph (2)

Particulars Furnished by Merchants

Container No.	Seal No. Marks & Nos.	No. of containers or P'kgs.	Kind of Packages; Description of Goods	Gross Weight	Measurement
			• Final Destination (of the goods - not the ship)		
			SHIPPER'S LOAD & COUNT 'SAID TO CONTAIN'	KGS	M3
		4	CONTAINERS		
		1,280	DRUMS	70,016	124.600
			64 MTS (4 FCL)		
	NO MARK				
			"FREIGHT PREPAID"		

ORIGINAL

200

TOTAL NUMBER OF CONTAINERS OR PACKAGES (IN WORDS)　FOUR (4) CONTAINERS ONLY

FREIGHT PREPAID

FREIGHT & CHARGES	Revenue Tons	Rate	Per	Prepaid	Collect
	"FREIGHT AS ARRANGED"				

Ex. Rate:	Prepaid at TOKYO	Payable at	Place and date of Issue TOKYO　JUN 2 1 2020
	Total Prepaid	No. of Original B(s)/L THREE (3)	

LADEN ON BOARD THE VESSEL

Date

JUN 2 1 2020

By..........

CHINA OCEAN SHIPPING (GROUP) CO.

(COSCO STANDARD FORM 11)　　(TERMS CONTINUED ON BACK HEREOF)

CHINA OCEAN SHIPPING (GROUP) CO.,

Carrier

signature（见附式 9－5）

附式 9－5

COSD 412-06-1537 (0377)

Shipper

AA BB CC CO.

B/L No. 2

中國遠洋運輸（集團）總公司
CHINA OCEAN SHIPPING (GROUP) CO.
CABLE: COSCO BEIJING
TLX: 210740 CPC CN

ORIGINAL

Consignee
TO ORDER

Notify Party

Combined Transport BILL OF LADING

RECEIVED in apparent good order and condition except as otherwise noted the total number of containers or other packages or units enumerated below for transportation from the place of receipt to the place of delivery subject to the terms and conditions hereof. One of the Bills of Lading must be surrendered duly endorsed in exchange for the goods or delivery order. On presentation of this document duly endorsed to the Carrier by or on behalf of the Holder of the Bill of Lading, the rights and liabilities arising in accordance with the terms and conditions hereof shall, without prejudice to any rule of common law or statute rendering them binding on the Merchant, become binding in all respects between the Carrier and the Holder of the Bill of Lading as though the contract evidenced hereby had been made between them. IN WITNESS whereof the number of original Bills of Lading stated under have been signed, all of this tenor and date, one of which being accomplished, the other(s) to be void.

Pre-carriage by	Place of Receipt YOKOHAMA, JAPAN CY
Ocean Vessel Voy. No. PRECIOUS RIVER 002W	Port of Loading YOKOHAMA
Port of Discharge HUANGPU, CHINA	Place of Delivery HUANGPU CY

* Final Destination See Article 7, paragraph (2)

Container No.	Seal No. Marks & Nos.	No. of containers or P'kgs.	Kind of Packages; Description of Goods	Gross Weight	Measurement
			* Final Destination (of the goods - not the ship)		ORIGINAL
			"SHIPPER'S LOAD & COUNT" "SAID TO CONTAIN"	KGS	M3
		1,280 DRUMS	4 CONTAINERS	70,016	124.600
			64 MTS (4 FCL)		200
	NO MARK				
			"FREIGHT PREPAID"		

Particulars Furnished by Merchants

TOTAL NUMBER OF CONTAINERS OR PACKAGES (IN WORDS) FOUR (4) CONTAINERS ONLY

FREIGHT PREPAID

FREIGHT & CHARGES	Revenue Tons	Rate	Per	Prepaid	Collect
	"FREIGHT AS ARRANGED"				

Ex. Rate:	Prepaid at TOKYO	Payable at	Place and date of issue TOKYO JUN 21 2020
	Total Prepaid	No. of Original B(s)/L THREE (3)	CHINA OCEAN SHIPPING (GROUP) CO., CARRIER

LADEN ON BOARD THE VESSEL

Date JUN 21 2020 By

(COSCO STANDARD FORM 11) (TERMS CONTINUED ON BACK HEREOF)

3. 代理人代理（或代表）承运人签字，若提单正面已经印明谁为承运人：

（1）提单签字格采用第一种式样：

ABC CO. LTD.
as agent for （or "on behalf of"）
China Ocean Shipping （Group） Co. ,
Carrier

signature

（2）提单签字格或者采用第二种式样：

ABC CO. LTD.
as agent for（or“on behalf of”）
China Ocean Shipping（Group）Co.,
signature

（3）提单签字格或者采用第三种式样：

ABC CO. LTD.
as agent for（or“on behalf of”）
the carrier
signature

若提单正面没有印明谁为承运人，提单签字格式必须采用第一种。

图9－4

4. 船长自己签字。船长自己签字时，没有必要引述船长自己的名字，签字上面不需要写出承运人名称（ICC 565 R222/3），注意 master、captain 两词同是船长之意。

5. 代理人代理（或代表）船长签字时，则不必标明船长的姓名，如图9－5所示。

上述多种签字式样完全按照 ICC 阐明见解书 No. 4 的规定。

图9－5

七、已装船批注问题

UCP 600 第20条 a（ii）规定，通过以下方式表明货物已在信用证规定的装货港装上具名船只：预先印就的文字，或已装船批注注明货物的装运日期。提单的出具日期将被视为装运日期，除非提单载有表明装运日期的已装船批注，此时已装船批注中显示的日期将被视为装运日期。ISBP745 第 E6 a 段还补充说明，不论该批注日期是早于还是迟于提单的出具日期。

1. 提单如何加列已装船批注。

（1）Shipped B/L 即已装运提单，是预先印上“货物已装运在指名船上（goods have been loaded or shipped on board a named vessel）”。这种提单较少，无须加上已装船批注，它的发出日期视为装运日期。见附式9－1⑥。

（2）Received B/L 即已收妥提单，没有印上“货已装船”，需要加上“已装船批注和日期”。这种提单很多，提单上的已装船批注日期视为装运日期，表明卖方已将货物装上船只交出货物。见附式9－3⑥、⑦。

装船批注的用语可参见 ISBP745 E7 说明：“已装运且表面状况良好（Shipped in apparent good order）”、“已装载船上（Laden on board）”、“清洁已装船（Clean on board）”或其他包含“已装运（shipped）”或“已装船（on board）”之类字样的用语，与“已装船发运（Shipped on board)” 具有同样效力。

2. 提单上面的“船只”运输项目填写有特殊表示时，要求已装船批注作出特定的批注。例如按照 UCP 600 第 20 条 a（ii）第三段的规定，提单上载有“预期船只（intended vessel)”或类似的关于船名的限定语，则需以已装船批注明确发运日期以及实际船名，提单航运项目是：

Pre – carriage by	Place of receipt
Ocean vessel	Port of loading
Swan intended	Dalian
Port of discharge	Place of delivery
London	

On board notation as follows:
On board
25 Aug. , 202 ×
per ocean vessel
Swan

也可参见附式 9 – 3⑧。

3. 提单的“前段运输”项目填写 Vessel V，“远洋船只运输”项目填写 Vessel C，这样全部运输项目出现两只远洋船名，为了表明货物是在装运港装载哪只船上，已装船批注需要加上第一程船名，如下：

提单航运项目是

Pre – carriage	by Place of receipt
Vessel V（from Izmir to Gioia Tauro)	
Ocean vessel	Port of loading
Vessel	CIzmir/Turkey
Port of discharge	Place of delivery
Huangpu/China via Gioia Tauro	

On board notation as follows:
On board
14 July, 202 ×
per ocean vessel
Vessel V

按此理推论，需要转运的海运提单如果列有两只远洋船名，已装船批注应该加列第一程船名。

4. 能否接受批注船名不同于提单船名。按照 Insight Spring 1997 登载的银行委员会对于询问的答复，信用证要求远洋提单从曼谷运至鹿特丹，允许转运，提单航运项目是：

Pre – carriage by	Place of receipt
Ocean vessel	Port of loading
Vessel Y	Bangkok
Port of discharge	Place of delivery
Rotterdam via Singapore	

On board notation as follows:
Loaded on board
Vessel X at Bangkok
Dated 15 Sept. , 202 ×

从以上可以看到，已装船批注的船名 X 与提单上的船名 Y 不同，国际商会认为提单写明 “via Singapore” 相似于 “with transshipment at Singapore”，表明这是转运提单。但船名栏仅列出了第二程船只 Y 船，这是货物在新加坡转运的附加资料，漏列了 X 船。为了说明 X 船是第一程船，装船批注中加上了 “at Bangkok”，那么第一程船名不同于提单上列出的第二程船名，这样的已装船批注可以接受。

八、装货港和卸货港

UCP 600 第 20 条 a（iii）规定，表明货物从信用证规定的装运港发运至卸货港。如果提单没有表明信用证规定的装货港为装货港，或者其载有“预期的”或类似的关于装货港的限定语，则需以已装船批注表明信用证规定的装货港、装运日期以及实际船名。即使提单以事先印就的文字表明了货物已装在或装运于具名船只，本规定仍适用。

1. 提单航运项目列有预期装运港时，已装船批注需要加列信用证规定的装运港，如有预期卸货港情况相似。

Pre – carriage by	Place of receipt
Ocean vessel	Port of loading
Yangtse River	Intended Shanghai
Port of discharge	Place of delivery
Intended Sydney	

On board notation as follows:
On board
date
at Shanghai
to Sydney
per ocean vessel
Yangtse River

2. 信用证要求海运提单从都柏林装运至香港，允许转运。交来收妥待运提单（Received for shipment B/L）表示如下：

前段运输：M 船
收货地：都柏林
海运船名：P 船
装货港：南安普敦
卸货港：香港
已装船批注：On board（specified date）per ocean vessel M from Dublin

从都柏林到南安普敦的运输是由 M 船完成的，提单的已装船批注表示“从都柏林装于 M 船”，在提单印就“装货港”栏目注明“南安普敦”。这样已装船批注中表明了信用证规定的装货港和船名，此提单是可以接受的，尽管提单印就“装货港”栏目表示了南安普敦。

3. 信用证要求的指名装货港一般应显示在提单的装货港栏位。如果单据很清楚地表明货物是由船只从收货地运输，且有已装船批注表明货物在“收货地”或类似栏位显示的港口装上该船只，则也可显示在“收货地”或类似栏位。（ISBP745 第 E6 段 e 条）

实例：

An LC says：

BL consigned to. . .

Shipment from Bangkok to Los Angeles

以上提单可接受，因为 on board notation 显示“已装上 A 船，装运港为 Bangkok”。装船批注不仅包括了船名，还包括了信用证规定的装运港，因此提单是可以接受的，尽管在提单预先印就的栏目“装运港”中显示的是“Singapore”。如果提单特别提到“在新加坡转运，B 船”，这只是强调了货物的运输路线，并不影响本提单满足信用证要求。

Bill of Lading

Pre-carriage by Vessel A	Place of Receipt Bangkok
Ocean Vessel Vessel B	Port of Lading Singapore
Port of Discharge Los Angeles	Place of Delivery New York

On board notation
Vessel A in Bangkok
March 1,2020

4. 信用证要求的指名卸货港一般应显示在提单的卸货港栏位。但如果单据清楚地表明货物将由船只运送到该最终目的地，且有批注表明卸货港就是“最终目的地”或类似栏位显示的港口，则也可显示在“最终目的地”或类似栏位。（ISBP745 第 E8 段）

实例：

An LC says：

BL consigned to. . .

Shipment from Singapore to New York

以上提单可接受，因为尽管在提单预先印就的栏目“卸货港”中显示的是“Los Angeles”，但装船批注中显示“Port of Discharge”为“New York”，符合信用证的要求。

Bill of Lading

Pre-carriage by	Place of Receipt
Ocean Vessel Vessel B	Port of Lading Singapore
Port of Discharge Los Angeles	Place of Delivery New York

On board notation
Port of discharge:
New York

5. 如果信用证规定了装货港及/或卸货港的地理区域或范围（如“任一欧洲港口”），则提单必须表明实际的装货港及/或卸货港，而且该港口必须位于信用证规定的地理区域或范围之内。（ISBP745 第 E11 段）

九、全套正本

1. 海运提单必须注明所出具的正本的份数。注明“第一正本”、“第二正本”、“第三正本”、“正本”、“第二联”、“第三联”等字样的运输单据均为正本。提单不一定要注明“正本”字样方为正本。

2. 1/3 正本提单直接寄给申请人。信用证规定 2/3 正本提单交给议付行，受益人提交证明信证明 1/3 提单已经寄给申请人（Beneficiary's certificate certifying that the 1/3 original B/L has been forwarded to the applicant directly）。议付行收到交来全套单据中包含 2/3 提单，由于 1/3 提单早已寄给申请人用于提货，2/3 的两张提单实际已经无效，议付行丧失对货物的控制权，不能议付单据，开证行收到单据也无法控制申请人偿付。如果申请人作风不良，可能会从单据上故意挑剔，要求开证行提出不符点，拒付退单。倘若演变到退单的地步，开证行只能退回 2/3 的正本提单，受益人将遭受货被申请人提取而未收到贷款的风险，故受益人没有把握交来正确单据，不能接受一张正本提单直接寄给申请人的条件。（ICC 596 R252）

3. 提单包括全部承运条件或部分承运条件须参阅提单以外的某一出处或文件（简式/背面空白提单）者，银行对此类承运条件的内容不予审核。

4. 提单上的更正和更改必须经过证实。证实必须看似由承运人或船长所为，或者由其任一具名代理人所为（该代理人可以与出具或签署提单的代理人不同），但要注明其作为承运人或船长的代理人身份。（ISBP745 第 E24 段）

对于正本提单可能做过的任何更正或更改，其不可转让的副本无须加具任何签字或证实。（ISBP745 第 E25 段）

十、运输行签发海运提单的问题

运输行（Freight Forwarder）又称国际货运代理人，简称货代。随着国际海运业务的发展，运输行/货代经营业务日益广泛，发展出多种不反映运输合同的单据，例如小提单、货代收据、货代发运证明、货代运输证明、货代货物收据等。随着集装箱运输的发展，运输行提供打包、报关、仓储、拼装货物、内陆运输等一系列服务。例如运输行接受出口商托运的零星货物而签发的货运单据是分提单（House B/L），它只是起着货物收据作用。又如运输行将托运的零星货物合并成一整批交给船公司运输，船公司签发主提单（Master B/L），又称成组货物提单（Groupage B/L），交给运输行。主提单的签发人是承运人，托运人是运输行，它要将主提单发给受益人，转交银行。因主提单包含多于一笔信用证的货物，受益人或银行也不会接受。近 20 年来，不少的运输行自营或代营海洋运输业务，自己作为承运人或承运人的代理人，签发可流通的海运提单，UCP 600 认为只要运输行/货代出具的运输行单据符合 UCP 关于各种运输的条文规定就可以接受，无须对运输行/货代出具的单据作出专门规定。

信用证规定“要求海运提单和运输行提单可以接受”时，银行可以接受由受益人交来的以下三种运输行签发的运输单据中的任何一种：

（1）以运输行的名称和身份出具并以运输行的身份签字的提单。

（2）以运输行作为承运人身份而出具和签字的提单。

（3）以承运人名称出具并以运输行作为代理人，代理或代表承运人签字的提单。

如果信用证规定“仅要求海运提单”时，银行可以接受由受益人交来的上述（2）、（3）两种中的任何一种。现在介绍三种运输行签发的运输单据。

1. 以运输行的名称和身份出具并以运输行身份签字的提单。ISBP745 第 E3 段说明：如果信用证规定货运代理人提单可接受（Freight Forwarder's Bill of Lading is acceptable）或运输行提单可接受（House Bill of Lading is acceptable）或使用类似用语，提单可以由出具人签署，且不必注明其签署身份或承运人名称。

提单上端：REGIONAL FREIGHT FORWARDERS BILL OF LADING

提单签字线：REGIONAL FREIGHT FORWARDERS
SIGNATURE

在附式 9－6 中，将与运输行名称相连的“AS CARRIER”删去就是这里所述的提单。

2. 注明作为承运人的运输行的名称，并由作为承运人的运输行签字，见附式 9－6。

提单上端：AS CARRIER
REGIONAL FREIGHT FORWARDERS

提单签字线：REGIONAL FREIGHT FORWARDERS
AS CARRIER
SIGNATURE

3. 注明承运人的名称，并由作为承运人的具名代理或代表的运输行签字。

举例：

提单上端：CIB Shipping Corporation Ltd.

提单签字线：Smith Forwarders
as Agent for (or "on behalf of")
CIB Shipping Corporation Ltd., the carrier
Signature

附式 9－6 运输行作为承运人出具和签字的提单

Specimen of a transport document issued by a freight forwarder

AS CARRIER
REGIONAL FREIGHT FORWARDERS　　BILL OF LADING

SHIPPER/EXPORTER	DOCUMENT No.
	EXPORT REFERENCES
CONSIGNEE	FORWARDING AGENT—REFERENCES
NOTIFY PARTY	Norwich and Head Office: Regional House, Norwich Airport, Norwich NR6 6JA. Telephone: (0603) 414125 Fax: (0603) 402542 Bristol 0934 863300　Heathrow 081 844 2203　Birmingham 021.782 3699　Stansted 0279 681580　Gt.Yarmouth 0493 331000

PLACE OF RECEIPT	CONTAINER No.	FOR PARTICULARS OF DELIVERY PLEASE APPLY WITH THIS B/L TO:
OCEAN VESSEL (Exporting Carrier)	PORT OF LOADING	
PORT OF DISCHARGE	FINAL DESTINATION	

PARTICULARS FURNISHED BY SHIPPER

MARKS AND NUMBERS	No. OF PKGS.	DESCRIPTION OF PACKAGES AND GOODS	GROSS WEIGHT	MEASUREMENT

CHARGED ON	ITEM	RATE	PER	PREPAID	COLLECT
TERMINALS					
CURRENCY ADJUSTMENT					
BUNKER SURCHARGE					
ADVANCE CHARGES COLLECT					
FREIGHT PAYABLE AT:	TOTAL CHARGES				

IN ACCEPTING THIS BILL OF LADING, the Shipper, Consignee, Holder hereof, and Owner of the goods, agree to be bound by all of its stipulations, exceptions and conditions, whether written, printed or stamped on the front or back hereof, as well as the provisions of the above Carrier's published Tariff Rules and Regulations, as fully as if they were all signed by such Shipper, Consignee, Holder or Owner, and it is further agreed that Containers may be stowed on Deck.

IN WITNESS WHEREOF, the Carrier or its Agent has affirmed to all of this tenor and date, ONE of which being accomplished, the others to stand void.

FOR AND ON BEHALF OF

REGIONAL FREIGHT FORWARDERS
AS CARRIER
SIGNATURE

PLACE:　　DATE OF ISSUE:
No. OF ORIGINAL BILL OF LADING.

Terms of Bill of Landing continued on reverse side

十一、转运和分运

1. 集装箱运输有时需要使用支线船只运输，把整个运输分为两段航程，第一段运输是支线船只将货物从最初起点港口运至中心港口卸下，再装上干线船只去完成第二段运输，将货物从中心港口（装货港）运至目的港（ICC 613 R352）。

ISBP745 第 E17 段说明：转运是指在信用证规定的装货港到卸货港之间的运输过程中，将货物从一艘船卸下再装上另一艘船的行为。如果卸货和再装船不是发生在装货港和卸货港之间，则不视为转运。

2. 和多式联运单据下的转运不同的是，港至港运输下的转运并不像在多式联运下那样是必然发生的。UCP 600 第 20 条 c 款规定了在信用证禁止转运时仍然能够接受显示将要或可能发生装运的提单的前提条件，即提单必须表明货装在集装箱、拖车或子母船中运输，包括提单注明：

Goods will be transshipped
Transshipment will take place
via（place）
w/t（with transshipment）at（place）

这就表明 UCP 600 第 20 条 c 款超过信用证规定禁止转运而有效。如果信用证排除第 20 条 c 款，则信用证规定的禁止转运有效。现在信用证上极少见到排除第 20 条 c 款的规定出现，因为集装箱货物必然会有货物从支线船只卸下再装上干线船只，所以对于集装箱货物提单，银行可以不理会信用证上仅是禁止转运的规定。只有散装货物运输，才有可能发生转运的不符点。

可以通过以下方法从提单表面判断是否是集装箱运输：

（1）看有没有“CY（container yard，集装箱堆场）”、“CFS（container freight station，集装箱货运站）”字样，如 CFS/CFS、CFS/CY、CY/CY、CY/CFS 等。如有，即为集装箱运输。

（2）看有无集装箱号码。如有，即为集装箱运输。

（3）看有无对集装箱尺寸的描述，比如显示“20′或 40′或 40′HQ（High cube container）”。如有，表明为集装箱运输。

拖车运输是指一种装载拖车的滚装船运输（roll on/roll off vessel），即该船在船的首尾或者船侧设有开口，从此处可跨过登船斜道（从该船渡向码头的装卸用桥），装满货物的拖车可方便地驶进驶出该船。这种运输方式多用于欧洲贸易航线中，也用于美国—中美洲、欧洲—西非的贸易航线中，适于短程海运，货物的装卸时间较短。

LASH barge 运输一般称为子母船运输，LASH（Lighter Aboard Ship）为母船，又称载驳船；barge（lighter）为子船，是一种本身不具动力的小型驳船，每条驳船可装载 400 公吨到 1 000 公吨的货物。母船可以装载子船，而子船又可以装载集装箱、一般包装货物或散装货物。从内河起运地运往海港时，先将货物装于驳船（子船）上，再将该驳船用拖船（Towboat）拖引到海港，再将整个驳船通过母船上装置的巨型吊杆（Gantry Crane）装上母船，在母船无法驶入目的地内河水道的情况下，装载其上的子船即可被移拖到内河或运河中由拖船拖引继续航行。整个对子船的装卸时间较短，一般每只子船的装卸只需 15 分钟。由此，子船又被称为“浮动的集装箱”。此类运输方式适用于短程海运，特别是航程中涵盖内河运输的情况，在欧洲比较常见。

货物在运输过程中之所以不允许转运，主要是担心转运会延误运输时间，造成货损，以及增加额外的费用。集装箱、滚装船运输、子母船运输方式可以有效地避免上述问题的发生。UCP 对此予以接受是一种反映实务的做法。

3. ISBP745 第 E18 和 E19 段规定：如果信用证禁止分批装运，而提交的正本提单不止一套，装运港为一个或一个以上的港口（信用证特别允许或在信用证规定的特定地理范围内）时，只要单据表明运输的货物是用同一艘船，并经同一航程，目的地为同一卸货港者，则此种单据可以接受。如果提交了一套以上的提单，而提单表明不同的装运日期，则最迟的装运日期将被用来计算交单期限，且该日期必须在信用证规定的最迟装运日或之前。货装多艘船即构成分批装运，即使这些船在同日出发并驶向同一目的地。

上段说明：两套以上提单；“三同”，即同一船只、同一航程、同一卸货港。即使提单装运港不同、装运日期不同，也应视为整批装运，因为收货人在卸货港是一批收取货物。提单装运日期以最迟的装运日期来计算交单期限的起算日。

UCP 600 第 31 条 a 款规定：允许部分支款或部分发运。

十二、海运提单其他审核注意事项*

1. 第三方单据可接受是指信用证或 UCP 600 未规定的出具人的所有单据，除汇票外，可以由受益人之外的具名个人或实体出具。如果开证行意在表示运输单据可显示受益人之外的一方为发货人，则 UCP 600 第 14 条 K 款已经对此予以认可（ISBP745 第 A19 段 c 条）。

2. 提单正面有运费情况的注明，如“运费已付”或“运费待收”符合信用证的规定。船方如以戳记或其他方式提及运费以外的附加费用，如有关装卸费用，应由受益人表明是否以班轮运输方式，如是，则装卸费（Loading and Unloading Costs）包含在运费中。如 CIF、CFR 价，托运人支付的运费中已包含装卸费在内，船方在目的港卸货时，不应再向收货人收取卸货费用，这种费用列入提单是不合理的。船方负担装卸费条款称为 Liner terms or Berth terms，即班轮条款。尽管定期班轮运输采用班轮条款，但少数班轮有时也采用船方不负担装船费 FI 或卸货费 FO 的装运术语，但船方一般都要事先声明，货方托运前应了解清楚实际情况。

ISBP745 第 E27 段说明：如果信用证规定运费之外的额外费用不可接受，则提单不得表示运费之外的其他费用已产生或将要产生。此类表示可以通过明确提及额外费用或使用与货物装卸费用相关的贸易术语的方式，诸如但不限于如“船方不管装货（Free In－FI）”，“船方不管卸货（Free Out－FO）”，“船方不管装卸货（Free In and Out－FIO）”，“船方不管装卸货及积载（Free In and Out Stowed－FIOS）”。运输单据上提到由于卸货延误或卸货后的延误可能加收的费用，如迟还集装箱的费用，不属于此处所指的额外费用。

3. 提单上的货物描述可以使用与信用证规定不矛盾的货物统称。（ISBP745 第 E22 段）

4. 被通知人名称和地址应与信用证规定一致。

5. 海运提单不得注明受到租船合约的约束，也不得注明承运船只仅以风帆为动力者。

6. 提单应典型地在付款时或以前转移物权。因此如果信用证对此沉默，单据应被寄送出去并已作成背书，致使物权可以在付款之时或以前转移，例如提单运交给发货人或其指示方和没

* 为选学内容。

有背书是不允许的（SBPED 海运提单 12 段）。可以看出，提单是物权单据，在寄给开证行以前要作成适当的背书，致使物权单据在开证行付款以前已经作成转移。

7. 银行不接受以运输行身份出具的海运提单，应从运输行与承运人的区别去了解。

承运人承担运送货物的责任，如果货物在运输途中损坏或丢失，要对发货人或收货人负责。

运输行只负责从不同发货人那里收货，合并起来，交给承运人负责运输货物。运输行代表客户处理运输事宜，并尽力获得优惠运费，运输行对运输途中的货物不承担责任，如果出现丢失或损坏，托运人只能找承运人要求赔偿。

纯运输行只接受和发运货物，不负责将货物从受益人处运输到申请人处，或只负责发运货物或将货物从卸货空港运到交货地。银行不接受以运输行身份签发的提单，因为它不承担运输货物的责任，只接受以承运人或其代理人身份签发的提单。

8. 海运提单未注明货物已装或将装于舱面（Marine bill of lading does not indicate that the goods are or will be loaded on deck），然而海运提单内注有“货物可能装于舱面（Goods may be carried on deck）”的规定，但未特别注明货物已装舱面或将装舱面，银行对该海运提单予以接受。（UCP 600 第 26a 条）

实务案例：

LC requirement：

“Full set of clean on board marine bills of lading to the order of shipper, blank endorsed, marked freight prepaid showing notify Complete Energy Services Inc.”

客户提供的 B/L 如图 9 – 6 所示。

开证行提示不符点：提单表面有“货装甲板”的条款。

“B/L ON ITS FACE INDICATES（ON DECK CARGO CLAUSE）GENERAL CARGO AND/OR CONTAINER CARGO IS CARRIED ON DECK ON A GENERAL CARGO VESSEL AT SHIPPER’S RISK AND LIABILITY FOR LOSS OR DAMAGE WHATSEVER CAUSED. THIS CLAUSE SHALL BE WITHOUT PREJUDICE TO THE CLAUSE PARAMOUNT.”

交单行反驳说，此条款是预先印就在提单上的且无其他批注，不能表明货物确实装载于甲板。

开证行再次拒付，理由是根据 UCP 600 第 26a 条，银行不能接受声明货装甲板的提单，而本例中的提单表面的文句构成了货装甲板的声明。

“PRE – PRINTED WORDING DOES APPEAR ON THE FACE OF THE TRANSPORT B/L WITHOUT ANY SEPARATE NOTATION OTHERWISE STATED TO OVER RIDE THE PRE – PRINTED WORDING. THE B/L DOES NOT CONTAIN STATEMENT FOR CARRIER USE ONLY.”

专家意见：不符点成立，此类提单是 ON DECK CLAUSE B/L。

9. 货物涉及一套以上提单。如果一份提单说明某一集装箱内的货物由该提单和另外一套或多套提单一起代表，且该提单声明所有提单均须提交，或有类似表述，则意味着与该集装箱有关的所有提单必须一并提交后才能领取该集装箱内的货物。此类提单不可接受，除非同一信用证项下的所有这类提单在同一次交单时一并提交。（ISBP745 第 E28 段）

10. 提单的某些条款银行是否应该审核，尚存在争议，宜谨慎对待。如以下案例：

客户提供的 B/L 如图 9 – 7 所示。

HYUNDAI MERCHANT MARINE CO., LTD.

BILL OF LADING

Shipper / Exporter (complete name and address)

SHANGHAI CO., LTD.
NO. DISTRICT,
SHANGHAI CHINA

B/L No.
HDMU

IN ACCEPTING THIS BILL OF LADING, the shipper, owner and consignee of the goods, and the holder of this Bill of Lading expressly accept and agree to all its stipulations, exceptions and conditions, whether written, stamped or printed, as fully as if signed by such shipper, owner, consignee and/or holder. No agent is authorized to waive any of the provisions of the within clauses.

Consignee (complete name and address)

TO THE ORDER OF SHIPPER

RECEIVED FROM THE SHIPPER HEREIN NAMED THE GOODS OR PACKAGES IN APPARENT GOOD ORDER AND CONDITION UNLESS OTHERWISE INDICATED IN THIS BILL OF LADING.
THE TERM "APPARENT GOOD ORDER AND CONDITION" WHEN USED IN THIS BILL OF LADING WITH REFERENCE TO IRON, STEEL, METAL PRODUCTS OR WOOD PRODUCTS DOES NOT MEAN THAT THE GOODS, WHEN RECEIVED, WERE FREE OF VISIBLE RUST, MOISTURE, STAINING, CHAFFING OR BREAKAGE. IF THE SHIPPER SO REQUESTS, A SUBSTITUTE BILL OF LADING WILL BE ISSUED OMITTING THE ABOVE DEFINITION AND SETTING FORTH ANY NOTATIONS AS TO RUST, MOISTURE, STAINING, CHAFFING OR BREAKAGE WHICH MAY APPEAR ON THE MATE'S RECEIPTS OR TALLY CLERKS' RECEIPTS.

Notify Party (complete name and address)

HOUSTON, TX 77032

IN WITNESS WHEREOF, the Master or agent of the said ship has signed the number of original Bill(s) of Lading stated below, all of this tenor and date, ONE of which being accomplished, the others to stand void.

Local Vessel | From

Ocean Vessel: PAIGE | Voyage No. | Flag | Final Destination (for the shipper's reference only)

Port of Loading: SHANGHAI, CHINA | Port of Discharge: HOUSTON, TX, USA | For Transshipment to

PARTICULARS FURNISHED BY SHIPPER

Marks and Numbers	No. & Kind of packages	Description of Goods	Gross Weight	Measurement
N/M	896 PIECES	OILFIELD CASING PIPES L/C NO.: THIS SHIPMENT DOES NOT CONTAIN WOOD PACKING MATERIAL	595.978MT	

COPY

FREIGHT PREPAID

CLEAN ON BOARD

SAY EIGHT HUNDRED AND NINETY SIX PIECES ONLY.

Total Number of Packages or Units in words

Declared Value (Optional): US$

Freight & Charges | Revenue Tons | Rate | Per | Prepaid | Collect

Freight Prepaid at

Freight Payable at

Place of Issue: SHANGHAI

No. of Original B(s)/L: THREE

[ON DECK CARGO CLAUSE] General cargo and/or container cargo is carried on deck on a general cargo vessel at shipper's risk and liability for loss or damage whatsoever caused. This clause shall be without prejudice to the clause paramount.

LADEN ON BOARD in apparent good order and condition unless otherwise stated.

Date

Dated at
HYUNDAI MERCHANT MARINE CO.,LTD.,AS CARRIER

BY:

图 9－6　客户提供的 B/L

请注意提单中的条款：“IF REQUIRED BY THE CARRIER, THIS BILL OF LADING DULY ENDORSED MUST BE SURRENDERED IN EXCHANGE FOR THE GOODS OR DELIVERY ORDER.”

开证行认为上述文句表明，承运人可凭正本提单或不凭正本提单放货，全套正本提单失去物权凭证的作用，提单持有人的权益不能保证，故而拒付。开证行拒付理由原文：+CARRIER AUTHORIZED BY THE B/L TO RELEASE GOODS WITH OR WITHOUT SURRENDERED OF ORIGINAL B/L MAKING:

Ⅰ. FULL SET ORIGINAL NEGOTIABLE B/L NO LONGER REPRESENT TITLE TO THE GOODS.

BILL OF LADING

Shipper E LTD.		Country of Origin P. R. CHINA	Bill of Lading No.
		F/Agent Name and Ref. FRACHT LTD BASEL, SHANGHAI OFFICE HLCUSHA041162726 (E0421729)	Shipper's Ref.
Consignee (If<To Order>so indicate) TO ORDER		CARRIER HELVETIA CONTAINER LINE A DIVISION OF PEACE LINE (SHIPPING) GMBH HAMBURG, GERMANY	
Notify Party (No claim shall attach for failure to notify) C GMBH D-47906 KEMPEN			
Place of Receipt	Port of Loading SHANGHAI	No. Of Bills of Lading 3/3	
Vessel BANGKOK EXPRESS V.07W49	Port of Discharge ROTTERDAM	Port of Transhipment	Final Destination

Marks and Numbers	No. Of Pkgs or Shipping Units	Description of Goods and Pkgs.	Gross Weight	Measurement
CTC CLATRONIC MODEL: KM 2894 ARTICLE-NO.: 262917 KEMPEN VIA ROTTERDAM CARTON		TOTAL: 2X40' FCL SAID TO CONTAIN: 1176 CARTONS PO 32216: 1,164 PCS. + 12 PCS. SPARE UNITS FREE OF CHARGE CLATRONIC MODEL-NO.: KM 2894 SUPPLIER'S MODEL NO.: TSK 9536 ARTICLE-DESCRIPTION: FOOD PROCESSOR / BLENDER COLOUR: GREY ART. NO.: 262917 BAR-CODE: 4006160629170 PACKING: 1 PC. PER EXPORTPACK EAN-EXPORTCARTON: 4006160025910 CY TO CY ; SHIPPER'S LOAD, COUNT & SEAL TOTAL: TWO (2) 40' CONTAINERS ONLY SAID TO CONTAIN: ONE THOUSAND ONE HUNDRED SEVENTY SIX CARTONS ONLY	12936.00 KGS CONTAINER NO. & SEAL NO. 0 / 40' / 32399 9 / 40' / 32400	118.180 CBM

For Delivery please apply to: FRACHT FWO AG HARLESS STR. 1 A POSTFACH 10 24 07 40239 DUSSELDORF, GERMANY	Excess Value Declaration: Refer to Clause 6(4) (B) + (C) on reverse side ** NO VALUE DECLARED **
Freight details: FREIGHT COLLECT DESTINATION CHARGES INCLUDING DELIVERY ORDER FEE, ISPS AND ELECTRONIC RELEASE FEE PAYABLE BY CONSIGNEE	Shipped on board by the Carrier the Goods as specified above, in apparent good order and condition unless otherwise stated, to be transported to such place as agreed, authorised or permitted herein and subject to all the terms and conditions appearing on the front and reverse of this Bill of Lading to which the Merchant agrees by accepting this Bill of Lading, any local privileges and customs notwithstanding. The particulars given above as stated by the shipper and the weight, measure, quantity, condition, contents and value of the Goods are unknown to the Carrier. In WITNESS whereof one (1) original Bill of Lading has been signed if not otherwise stated above, the same being accomplished the other(s), if any, to be void. If required by the Carrier one (1) original Bill of Lading must be surrendered duly endorsed in exchange for the Goods or delivery order. SHANGHAI DEC.7TH.2020 Place and date of issue Signed on behalf of the Carrier: by

图 9-7 客户提供的 B/L

全套正本可流通提单不再代表物权单据。

Ⅱ. HOLDER OF THE B/L IS UNABLE TO TAKE DELIVERY OF THE GOODS. 持单人不能（凭提单）提取货物。

专家意见：

（1）美联银行专家认为这构成不符点（I think it's a discrepancy）。

（2）国际商会银行委员会技术顾问、UCP 600 修订小组主席 Gary Collyer 先生的意见：同样的问题国际商会的专家们曾讨论过，很多船公司也因此删除了提单上的类似条

［案例 9-3］

海运提单上的“SMALL PRINT”银行是否有审核的义务

款。但对于银行是否可因此拒付，专家们仍在争论。因为这不仅涉及提单的权利转移问题，也涉及银行是否要审核提单以小字印就的条款问题。Gary Collyer 先生认为这样的提单在实务中的确可能引起银行拒付，应慎重对待。

第二节　不可流通转让的海运单

不可流通转让的海运单（Non – negotiable Sea Waybill）是承运人签发给发货人的将货物运往指定地点、交给指定人的运输合同证明，有时简称海运单。

在海洋运输中，提单作为一种运输单据之所以占据主要地位，就在于其作为物权凭证可通过流通转让使货物的推定占有权得以转移，便利了贸易的发展。而提单的最大缺点是只有出具正本方能提货。随着航运技术的不断发展，特别是集装箱运输的迅猛发展，在实务中常常会出现货到而单不到的现象，这样会影响进口商及时提取货物。海运单的出现弥补了海运提单的这一不足。

不可流通转让的海运单于 1997 年开始被北大西洋之间的部分运输采用，它是运输高速化的产物。由于现代船舶行驶速度提高，货物很快就可运到目的港，而进口商必须等到提单寄到始可提货，这样船公司和进口商均感不便。故仿照空运单据，人们开始使用不可流通转让的海运单，它是承运人收到托运人交来货物而签发的收据。不可流通转让的海运单的记名收货人是唯一的收货人，承运人负责把货物交给该收货人，无须收回该项单据，即海运单下进口商作为记名收货人可以不凭海运单而直接提货。目前不可流通转让的海运单在欧洲和远东之间、欧洲内部以及欧洲与中东或北美之间的贸易中被广泛使用。

一、不可流通转让的海运单的基本功能

1. 不可流通转让的海运单是承运人收到由其照管的货物收据。
2. 不可流通转让的海运单是运输合约的证明。
3. 解决经济纠纷时，不可流通转让的海运单可作为货物担保的基础。

此外，海运单不是物权单据，它是不可流通转让的运输单据，只要证明身份后，船公司即可交货给指名收货人，无须交出海运单。

二、不可流通转让的海运单与海运提单的异同点

（一）不可流通转让的海运单与海运提单的区别

1. 海运单与提单的最大区别便是其不能流通转让（Non – negotiable），货物只能交给海运单上注明的收货人。海运单不是物权凭证，承运人在卸货港可以无单放货，只需辨明收货人身份。这是该运输单据与提单相比具有的唯一优势。

不可流通转让的海运单不能背书转让，收货人格子栏内必须写上明确的收货人，一般是直交进口商（Straight Consigned to Importer），不能作成“to order”或“to order of importer”。提单则是物权凭证，可以背书转让，在途货物可以出售，故收货人可以作成“to order”或“to order of Issuing Bank”。

2. 不可流通转让的海运单除单据上写明的收货人外，他人不能提货，但可以征得开证行同意，以开证行作为收货人协助受益人控制交货。而提单可以转让给任何一个受让人凭以提货。

3. 不可流通转让的海运单的收货人无须提示该单据，即可领取货物，这样可以避免货物先于提单到达目的港，造成收货人提货困难的问题。而提单则必须交给承运人或其代理人换取货物。

4. 不可流通转让的海运单项下银行不能取得货物控制权，因此不可流通转让的海运单对银行的债权没有保障，而提单对银行的债权是有保障的。

（二） 不可流通转让的海运单与海运提单的相同点

1. UCP 600 第 20 条关于提单的具体规定与 UCP 600 第 21 条关于不可流通转让的海运单的具体规定相同。

2. 银行都是根据信用证的规定，决定是否接受提单或不可流通转让的海运单。例如，信用证没有要求不可流通转让的海运单时，银行不接受交来该单据。

3. 提单与海运单均系货物收据和运输合约。

不可流通转让的海运单式样见附式 9－7。

✪ 附式 9－7　不可流通转让的海运单

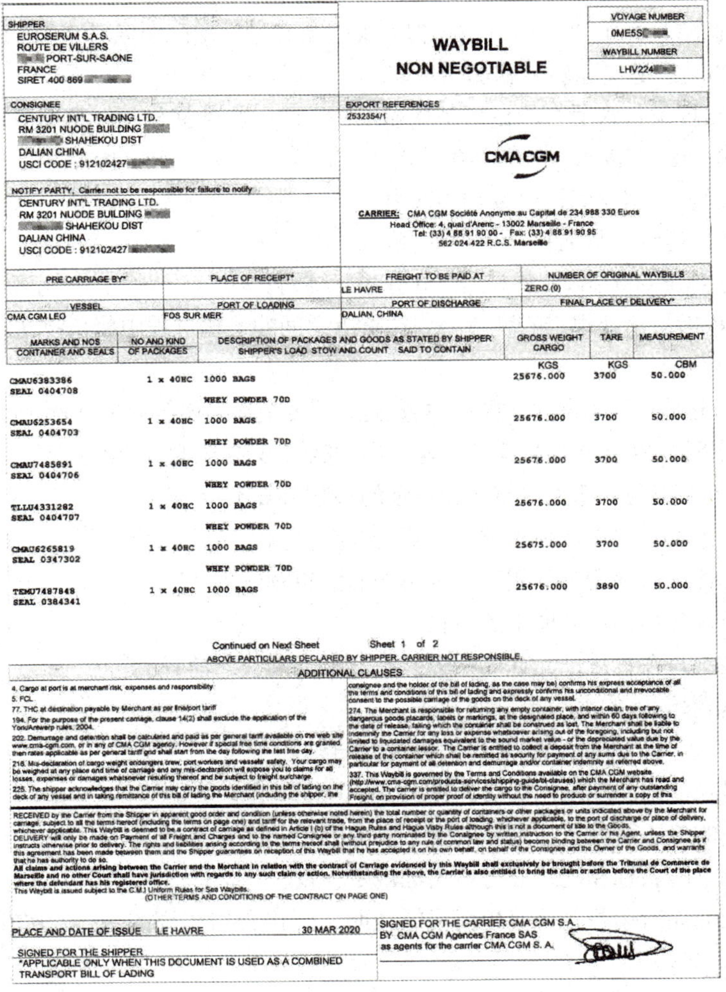

SHIPPER
EUROSERUM S.A.S.
ROUTE DE VILLERS
PORT-SUR-SAONE
FRANCE
SIRET 400 869

WAYBILL
NON NEGOTIABLE

VOYAGE NUMBER: 0ME5S
WAYBILL NUMBER: LHV224

CONSIGNEE
CENTURY INT'L TRADING LTD.
RM 3201 NUODE BUILDING
SHAHEKOU DIST
DALIAN CHINA
USCI CODE : 912102427

EXPORT REFERENCES
2532354/1

CMA CGM

NOTIFY PARTY, Carrier not to be responsible for failure to notify
CENTURY INT'L TRADING LTD.
RM 3201 NUODE BUILDING
SHAHEKOU DIST
DALIAN CHINA
USCI CODE : 912102427

CARRIER: CMA CGM Société Anonyme au Capital de 234 988 330 Euros
Head Office: 4, quai d'Arenc - 13002 Marseille - France
Tel: (33) 4 88 91 90 00 - Fax: (33) 4 88 91 90 95
562 024 422 R.C.S. Marseille

PRE CARRIAGE BY*	PLACE OF RECEIPT*	FREIGHT TO BE PAID AT	NUMBER OF ORIGINAL WAYBILLS
		LE HAVRE	ZERO (0)
VESSEL	**PORT OF LOADING**	**PORT OF DISCHARGE**	**FINAL PLACE OF DELIVERY***
CMA CGM LEO	FOS SUR MER	DALIAN, CHINA	

MARKS AND NOS CONTAINER AND SEALS	NO AND KIND OF PACKAGES	DESCRIPTION OF PACKAGES AND GOODS AS STATED BY SHIPPER SHIPPER'S LOAD STOW AND COUNT SAID TO CONTAIN	GROSS WEIGHT CARGO	TARE	MEASUREMENT
			KGS	KGS	CBM
CMAU6383386 SEAL 0404708	1 x 40HC	1000 BAGS WHEY POWDER 70D	25676.000	3700	50.000
CMAU6253654 SEAL 0404703	1 x 40HC	1000 BAGS WHEY POWDER 70D	25676.000	3700	50.000
CMAU7485891 SEAL 0404706	1 x 40HC	1000 BAGS WHEY POWDER 70D	25676.000	3700	50.000
TLLU4331282 SEAL 0404707	1 x 40HC	1000 BAGS WHEY POWDER 70D	25676.000	3700	50.000
CMAU6265819 SEAL 0347302	1 x 40HC	1000 BAGS WHEY POWDER 70D	25675.000	3700	50.000
TEMU7487848 SEAL 0384341	1 x 40HC	1000 BAGS	25676.000	3890	50.000

Continued on Next Sheet　　Sheet 1 of 2

ABOVE PARTICULARS DECLARED BY SHIPPER. CARRIER NOT RESPONSIBLE.

ADDITIONAL CLAUSES

4. Cargo at port is at merchant risk, expenses and responsibility

5. FCL

77. THC at destination payable by Merchant as per line/port tariff

194. For the purpose of the present carriage, clause 14(2) shall exclude the application of the York/Antwerp rules, 2004.

202. Demurrage and detention shall be calculated and paid as per general tariff available on the web site www.cma-cgm.com, or in any of CMA CGM agency. However if special free time conditions are granted then rates applicable as per general tariff grid shall start from the day following the last free day.

216. Mis-declaration of cargo weight endangers crew, port workers and vessels' safety. Your cargo may be weighed at any place and time of carriage and any mis-declaration will expose you to claims for all losses, expenses or damages whatsoever resulting thereof and be subject to freight surcharge.

225. The shipper acknowledges that the Carrier may carry the goods identified in this bill of lading on the deck of any vessel and in taking remittance of this bill of lading the Merchant (including the shipper, the consignee and the holder of the bill of lading, as the case may be) confirms his express acceptance of all the terms and conditions of this bill of lading and expressly confirms his unconditional and irrevocable consent to the possible carriage of the goods on the deck of any vessel.

274. The Merchant is responsible for returning any empty container, with interior clean, free of any dangerous goods placards, labels or markings, at the designated place, and within 60 days following to the date of release, failing which the container shall be construed as lost. The Merchant shall be liable to indemnify the Carrier for any loss or expense whatsoever arising out of the foregoing, including but not limited to liquidated damages equivalent to the sound market value - or the depreciated value due by the Carrier to a container lessor. The Carrier is entitled to collect a deposit from the Merchant at the time of release of the container which shall be remitted as security for payment of any sums due to the Carrier, in particular for payment of all detention and demurrage and/or container indemnity as referred above.

337. This Waybill is governed by the Terms and Conditions available on the CMA CGM website (http://www.cma-cgm.com/products-services/shipping-guide/bl-clauses) which the Merchant has read and accepted. The carrier is entitled to deliver the cargo to the Consignee, after payment of any outstanding Freight, on provision of proper proof of identity without the need to produce or surrender a copy of this

RECEIVED by the Carrier from the Shipper in apparent good order and condition (unless otherwise noted herein) the total number or quantity of containers or other packages or units indicated above by the Merchant for carriage, subject to all the terms hereof (including the terms on page one) and tariff for the relevant trade, from the place of receipt or the port of loading, whichever applicable, to the port of discharge or place of delivery, whichever applicable. This Waybill is deemed to be a contract of carriage as defined in Article I (b) of the Hague Rules and Hague Visby Rules although this is not a document of title to the Goods. DELIVERY will only be made on Payment of all Freight and Charges and to the named Consignee or any third party nominated by the Consignee by written instruction to the Carrier or his Agent, unless the Shipper instructs otherwise prior to delivery. The rights and liabilities arising according to the terms hereof shall (without prejudice to any rule of common law and status) become binding between the Carrier and Consignee as if this agreement has been made between them and the Shipper guarantees on reception of this Waybill that he has accepted it on his own behalf, on behalf of the Consignee and the Owner of the Goods, and warrants that he has authority to do so.
All claims and actions arising between the Carrier and the Merchant in relation with the contract of Carriage evidenced by this Waybill shall exclusively be brought before the Tribunal de Commerce de Marseille and no other Court shall have jurisdiction with regards to any such claim or action. Notwithstanding the above, the Carrier is also entitled to bring the claim or action before the Court of the place where the defendant has his registered office.
This Waybill is issued subject to the C.M.I Uniform Rules for Sea Waybills.
(OTHER TERMS AND CONDITIONS OF THE CONTRACT ON PAGE ONE)

PLACE AND DATE OF ISSUE　LE HAVRE　30 MAR 2020

SIGNED FOR THE SHIPPER

*APPLICABLE ONLY WHEN THIS DOCUMENT IS USED AS A COMBINED TRANSPORT BILL OF LADING

SIGNED FOR THE CARRIER CMA CGM S.A.
BY CMA CGM Agences France SAS
as agents for the carrier CMA CGM S. A.

三、审核海运单注意事项*

美国国际金融服务协会编著的《审核跟单信用证项下单据国际标准银行实务》列有审核海运单的注意事项：

1. 已提交全套正本海运单，或按照信用证条款另有说明。

2. 海运单正面出现承运人名称，认定其为承运人。

3. 签字线上读出“承运人”“船长”或指名“代理人代理”或指名“代理人代表”“承运人”或“船长”。上述四种人签字式样与海运单相同。

4. 海运单注明货物已装上船，或装上指名船只采用以下的一种表示：

（1）海运单预先印上已装船的文字；

（2）已装船批注加列日期的方法。

5. 如果海运单包含注明“预期船只”或类似限定词语时，则载货船名应在“已装船”批注中表明，即使实际船只名称与预期船只名称相同。

6. 海运单注明信用证规定的装运港和卸货港。

7. 如果海运单包含了“预期”或类似有关限定装运港实际船名时，“已装船”批注应包括信用证规定的装运港实际船名和加注日期。

8. 海运单出现了包含所有的运输条款和条件，或一些条款和条件参照海运单以外的来源或文件。银行将不会审核承运条款和条件的内容。

9. 海运单没有表明受到租船合约的约束。

10. 海运单托运给收货人符合信用证规定。

11. 转运见 UCP 600 第 21 条 b、c、d 分条，核对：

（1）转运系指信用证规定的装货港到卸货港之间的运输过程中将货物从一船卸下并装上另一船的行为。

（2）可在海运单上注明货物将要或可能转运，只要全程运输包括在同一海运单。即使信用证禁止转运，注明货物将要或可能转运的海运单仍可接收，只要表明货装集装箱等。

（3）海运单中声明承运人保留转让权利的条款将被不予理会。

12. 海运单上没有出现任何条款宣称货物及/或包装的缺陷状况。

13. 货物描述可以使用与信用证规定不矛盾的货物统称。

14. 海运单仅包括信用证要求的货物。

15. 下列情况是在信用证允许的最迟装运日期当天或之前：

（1）已装船海运单的海运单日期；或

（2）收妥待运海运单的“已装船”批注的日期。

16. 单据是在要求的期限内提交，见 UCP 600 第 2 条。

17. 海运单的修正和变更与提单的修正和变更相同。

18. 被通知人的名称和地址应与信用证规定一致。

19. 提单正面如有运费之外费用情况的注明，应符合信用证的规定。如果信用证没有规

---

* 为选学内容。

定，见 UCP 600 第26条c分条。

20. 发货人名称应是信用证规定者，如果信用证没有规定，受益人以外的当事人可以表示为发货人。

第三节 租船合约（合同）提单

租船提单是船方根据货方与之订立的租船合同而出具的提单。由于该类提单受租船合约的制约，所以它被称为租船合约提单——Charter Party Bill of Lading。

租船合约（合同）提单（Charter Party Bill of Lading）是利用租船方式进行海上运输时签发的并受租船合同约束的提单。

在国际航运实务中，按营运的方式可分为班轮运输和不定期船运输。所谓班轮运输，是指船公司所经营的有固定航期、固定停靠港口，并且定期公布运价表（Tarrif）、公开招揽货运业务的运输方式。该运输方式适合于运载小宗的一般贸易商品。不定期船运输也叫租船运输，通常是指租船人向船东租赁整条船进行货物运输，因而船舶自然没有固定的班期，没有固定的航线，也没有固定停靠港口，而是以一次的租船合同（租约）为依据。该运输方式适合于承运一些大宗货物，如钢铁、矿石、粮食、石油及工业原料等。

［案例9－4］
租船提单
在融资领域的风险防范

由于租船提单大多涉及大宗商品，与之匹配的融资在国际贸易领域也较为常见，有效防范租船提单的风险能极大地促进租船提单在融资领域的运用。

一、按照信用证规定而提交单据

如图9－8所示提交的单据符合信用证的规定。如果信用证要求提交租船合约提单（见附式9－8），而提交的是注明受到租船合约约束（含有以租船合约为准的声明）的海洋运输单据（A marine transport document presented containing an indication that it is subject to a charter party）（见附式9－9③），则该单据符合 UCP 600 第22条租船合同提单的要求。（ISBP745 第G1段）

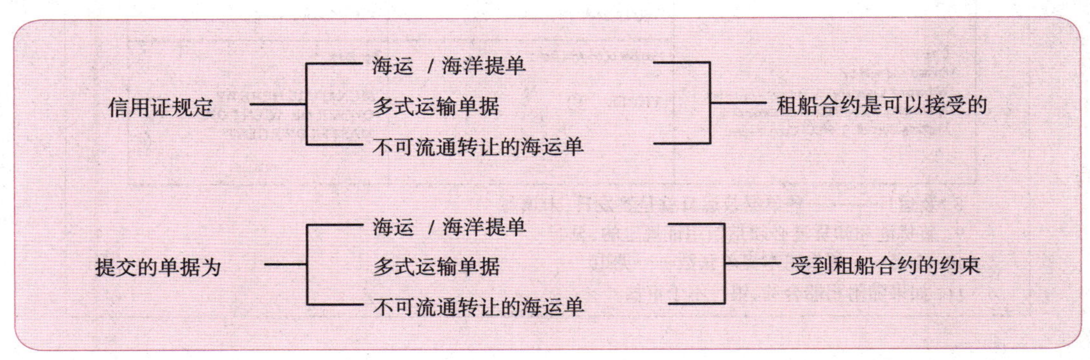

图9－8

✪ 附式 9－8 租船合约提单

Charter Party Bill of Lading

Shipper:

BILL OF LADING ① TO BE USED WITH CHARTER PARTIES

B/L No:

Reference No.

Consignee:

Notify address:

Vessel:

Port of loading: HONG KONG ⑩

Port of discharge: SOUTHAMPTON ⑩

Shipper's description of goods:

Gross weight:

注释：

1. 要求或允许——信用证要求提交租船合约提单时，才能提交此项单据 ①
2. 除非另有规定——注意——信用证没有改变或排除第 25 条的规定
3. 不论其称谓如何——单据名称可以是海运/海洋、多式运输单据，在其表面要注明单据受到租船合约的约束
4. 任何表示——在此单据的①和④表示出来
5. 在其表面——就是单据正面
6. 签字或其他方式证实——见此单据⑥
7. 已装船——预先印有已装船的文字见⑧

(of which on deck at Shipper's risk; the Carrier not being responsible for loss or damage howsoever arising)

Freight payable as per CHARTER PARTY dated ……………… ④&⑫

FREIGHT ADVANCE
Received on account of freight

………………

Time used for loading ………… days ………… hours.

⑧ SHIPPED at the port of loading in apparent good order and condition on board the Vessel for carriage to the Port of Discharge or so near thereto as she may safely get the goods specified above.
Weight, measure, quality, quantity, condition, contents and value unknown.
IN WITNESS whereof the Master or Agent of the said Vessel has signed the number of Bills of lading indicated below all of this tenor and date any one of which being accomplished the others shall be void.
FOR CONDITIONS OF CARRIAGE SEE OVERLEAF

	Freight payable at:	Place and date of issue:
C.15 Printed and sold by Witherby & Company 32/36 Aylesbury Street, by authority of The Baltic and International Maritime Council, (BIMCO) Copenhagen.	Number of original Bs/L: THREE ⑪	Signature: SIGNATURE HERE BY OWNER OR AGENT OR MASTER OR AGENT ⑥

8. 装运日——一些单据装运日就是签发日，未填写
9. 装货港和卸货港必须是信用证规定的，见⑩
10. 全套——签发正本提单张数——见 ⑪
11. 如果随附租船合约，银行不予审核

✪ 附式 9－9　注明受到租船合约约束的提单

Bill of Lading

CODE NAME: 'CONGENBILL' EDITION 1994

Shipper:

BILL OF LADING ①　　B/L No:
TO BE USED WITH CHARTER PARTIES ③
④ Reference number

Consignee:

Notify address:

Vessel:　　Port of loading:

Port of discharge:

Shipper's description of goods:　　Gross weight:

(of which　　on deck at Shipper's risk: the Carrier not being responsible for loss or damage howsoever arising)

Freight payable as per ③
CHARTER PARTY dated ....

FREIGHT ADVANCE
Received on account of freight:

....

Time used for loading ....days.................hours.

SHIPPED at the port of loading in apparent good order and condition on board the Vessel for carriage to the Port of Discharge or so near thereto as she may safely get the goods specified above.
Weight, measure, quality, quantity, condition, contents and value unknown.
IN WITNESS whereof the Master or Agent of the said Vessel has signed the number of Bills of lading indicated below all of this tenor and date any one of which being accomplished the others shall be void.

FOR CONDITIONS OF CARRIAGE SEE OVERLEAF

C.15
Printed and sold by
Witherby & Company 32/36 Aylesbury Street,
by authority of The Baltic and International
Maritime Council, (BIMCO) Copenhagen.

Freight payable at:

Number of original Bs/L:

Place and date of issue:

Signature:

一些租船提单使用的是专门设计的格式，另一些则使用本公司一般海运提单格式签发租船提单。所以，租船提单的名称也不同。根据 UCP 600 第 22 条，只要表明其受租船合同约束，而无论该提单如何命名。

“表明受租船合同约束”的常见表达有下列几种：

1. Subject to the charter party
2. Subject to the charter party no... dated... between... and...
3. All terms conditions and exceptions as per charter party dated...
4. All terms, conditions, rights and exceptions of charter party are incorporated herewith.
5. This B/L is issued pursuant to the terms of charter party dated...

有时在提单的名称中或关于运费的语句中声明该提单受租船合同约束，比如：

1. Freight and all other conditions and expenses as per charter party dated...

2. Freight payable as per charter party dated...

3. Issued pursuant to charter party dated... and freight payable in accordance therewith.

总之，不管提单如何命名，不管其用什么格式，只要有上述文句，都是租船合同提单。

运输单据载有通常与租船提单相关的代码名称或格式名称，例如，“康金提单（CONGENBILL）”或者“油轮提单（TANKER BILL OF LADING）”，而未进一步显示或援引合同，无论名称如何，这本身并不表示该运输单据显示或援引租船合同。（ISBP745 G3）

附式 9－10 为 TANKER BILL OF LADING 样本：

✪ 附式 9－10　油轮提单

TANKER BILL OF LADING B/L No.DN27FC-03B

Shipped in apparent good order and condition by SHANGHAI ABC Co.,LTD. ,WAIGAOQIAO,FREE TRADING ZONE,SHANGHAI,CHINA of ______ at JIANGYIN, CHINA onboard the KOREA FLAG motortanker FINE CHEMI bound for INCHON PORT,KOREA (with liberty to call at any ports in any order, to tranship, lighten and/or lighter the cargo unless transhipment, lightening and/or lightering is expressly prohibited under the governing Charter Party/Contract of Affreightment, hereinafter referred to as CP/CoA, to sail without pilots and to tow and assist vessels in distress, and to deviate for the purpose of saving life or property), a quantity said by shippers to be:

COMMODITY: BUTYL ACETATE (IN BULK)
QUANTITY: 355.188M/T
TERMS OF PRICE: FOB
CREDIT NUMBER:
CONTRACT NO.

FREIGHT COLLECT
CLEAN ON BOARD

The quantity, measurement, weight, gauge, quality, nature, value and condition of the cargo unknown to the vessel and to the Master. The cargo to be delivered at the said Port of INCHON PORT, KOREA or so near thereto as the vessel can safely get, always afloat, unto TO THE ORDER OF WOORI BANK or ______ Assigns he or they paying freight for the same as per governing CP/CoA between AS PER CHARTER PARTY and AS PER CHARTER PARTY dated AS PER CHARTER PARTY at AS PER CHARTER PARTY all the terms, conditions, liberties and exceptions contained in which CP/CoA are herewith incorporated, including the arbitration clause and any dispute under this Bill of Lading or between the holder thereof and the carrier shall be referred to Arbitration in accordance with the provisions of the arbitration clause in the above mentioned CP/CoA. The name of the place for arbitration is available upon request from the carrier or any agents of the carrier.

In witness whereof the Master or Agent of the said ship has signed THREE(3) Original Bills of Lading and THERE(3) NON-NEGOTIABLE copies besides Maser-copies all of this tenor and date, drawn as one set and consecutively numbered, any one of which being accomplished, the others to be void.

The shipment of ______ Metric tonnes was loaded on board the vessel as part of one original lot of ______ Metric tonnes stowed in ______ with no segregation as to parcels. For the whole shipment ______ set of Bill of lading have been issued for which the vessel is relieved from all responsibilities to the extent it would be if one set only would have been issued. The vessel undertakes to deliver only that portion of cargo actually loaded, which is represented by the percentage that the total amount specified in the Bill(s) Lading bears to the total of the commingling shipment delivered at destination. Neither the vessel nor the owner assumes any responsibility for the consequences of such commingling nor for the separation thereof at the time of delivery.

This Bill of Lading further incorporates the Paramount, New Jason, Both-to-Blame Collision, General Average, Demise and Freight Payment Clause, as printed on the reverse side.

CONSIGNEE: TO THE ORDER OF WOORI BANK
NOTIFY : *** CO LTD.

SEOUL,KOREA

江阴港联国际船务代理有限公司
JIANGYIN GANGLIAN INTL SHIPPING AGENCY

______ (Agent's signature)　JIANGYIN, CHINA　17 JAN 2014 (Place　date/year)　______ (Master's signature)

JIANGYIN GANGLIAN INTL SHIPPING AGENCY CO LTD as agents for the Master. Capt. JUNG DU JO

朱小

根据 UCP 600 第 22 条的规定，除非信用证要求或允许租船合约提单，否则银行是不接受这一运输单据的。第 20 条提单与第 21 条不可流通转让的海运单也规定不得注明受租船合同约束。究其原因，大致因为租船合约提单通常为简式提单，只记载货名、数量、船名、装货港、目的港等，其余从略，其他一切条件依照租船合约办理。可见，租船合约提单须受租船合约的约束，并非完整的独立性文件。当提单条款与合约相抵触时，以租船合约为准，提单条款将失去效力。

另外租船合约提单不像海运单的条款那样直观，银行和第三者无法从提单上了解提单或租船合约的内容，容易遭受不测损失。例如，在 Charter party 中往往有留置条款（Lien Clause），规定如承租人未缴纳船费及其他费用时，出租人保留拒绝交货的权利（比如在出租部分船舱的情况下），甚至可以拍卖货物予以抵偿。银行的开证、议付等，有时要以货物作抵押，如果任凭出租人拍卖而银行不得知，其权益显然没有保障。

再就是租船人有时是租船船东，由其承运货物。在此种情况下，一笔业务就有可能受到双重租船合约的影响。加之提单可能被转让第三者，这就可能构成多重当事人，如船东与租船船东、船东（包括租船船东）与发货人、受让人及提单持有人之间较为复杂的多边关系及不同的责任，一旦出现纠纷，不仅是银行，而且货方有时也难以处理。

再一个原因是，租船合约提单所涉及的货物数量、金额都比较大，加之租船营运的业务性质，故在租船运输形式中发生海事欺诈的比率要比一般班轮运输大得多。例如，有时发生为骗取保险金而沉船、纵火焚烧船舶，买卖双方为骗取银行贷款而致船舶驶向他处。

再如，在期租情况下，船主自租船船东处收取部分预付运费后装船驶往目的港。此时租船船东却从货主处取得全部运费后逃遁，船主便无法完成航程。此时若船主与货主达不成协议，船主则可能试图出售货物以抵补他的费用损失。如此，买方向银行交纳保证金后开证，得到表面相符的单据后付款，或受让人付款购得提单后，由于租船合约提单上述所固有的缺点可能得不到货物，或一直担负着得不到货物或货物受损失的风险。

不言而喻，租船合约提单与海运提单相比，具有一定的风险。但不能因噎废食，是否接受租船合约提单，应视不同情况区别对待。在国际货物大宗交易中，租船运输也是经常被选择的运输方式。

二、租船合约提单的签字

正本租船合约提单必须以 UCP 600 第 22 条 a（i）规定的方式签字。

UCP 600 第 22 条实际承认了租船人及其具名代理人也可出具承租人自己的并经船长签字的提单。这种提单不一定是指该条款所规定的租船合同关系下的提单，当然也不是向自己签发，而是向相对托运人签发，即租船人实际为二船东。

1. 如果由船长、租船人或船东签署租船合约提单，则签字处必须注明船长（Master/Captain）、船东（Owner）或租船人（Charterer）身份。

2. 如果由代理人代表船长、租船人或船东签字，则签字处必须注明其作为船长、租船人或船东的代理人身份。在此情况下，无须注明船长姓名，但必须显示租船人或船东的名称。（1、2 根据 ISBP745 第 G4 段）

举例：

（1）在租船合约提单正面如果船东另行认定其身份是 owner。

当船东签字时，在签字线上不须写出“owner”。例如船东名称是 ABC Line，则如下签字式样是可以接受的：

①ABC Line	②The owner	③ABC Line，the owner
signature	signature	signature

如果租船合约提单正面未认定其身份是 owner，则 “the owner” 需写在签字格里，即③式样。

（2）当船长签字时，船长的名字不须引述在签字格中。

The Master
signature

（3）在租船合约提单正面如果租船人另行认定其身份是 charterer。

当租船人签字时，在签字线上不须写出 “charterer”。例如租船人名称是 ABC Line，则如下签字式样是可以接受的：

①ABC Line　　②The charterer　　③ABC Line，charterer
signature　　signature　　signature

如果租船合约提单正面未认定其身份是 charterer，则 “the charterer” 需写在签字格里，即③式样。

（4）当船东的代理人签字时，签字线上读出 “代理人代理” 或 “代理人代表” 船东，则签字线上必须还要表示代理人名称、身份和委托人名称、身份。以下举例说明（假定代理人名称是 Smith Forwarders）：

Smith Forwarders
as agent for
ABC Line，the owner
signature

（5）当船长的代理人签字时，代理人的身份需显示，船长的名字无须显示。

XYZ Co. Ltd.
as agent for
Frank Smith，the master
signature

（6）当租船人的代理人签字时，签字线上读出 “代理人代理” 或 “代理人代表” 租船人，则签字线上必须还要表示代理人名称、身份和委托人名称、身份。以下举例说明（假定代理人名称是 Smith Forwarders）：

Smith Forwarders
as agent for
ABC Line，the charterer
signature

签字栏目见附式 9－8⑥。

［案例 9－5］
租船提单签署是否与
UCP 600 相关规定一致

三、租船合约提单的功能

（一）租船合约提单的基本功能

1. 租船合约提单是货物收据。

2. 船东与租船人双方的运输合约就是租船合约，而租船合约提单上印就的运输合约条款和条件要与租船合约合并使用，凡与租船合约不一致或抵触者都是无效的，所以该单据是否为运输合约要受到租船合约的约束。

3. 租船合约提单是否为物权单据要受到租船合约的约束。它的物权作用表现为凭一张正本单据即可提取货物，但是租船合约有 “留置条款” 规定，如果租船人未缴纳船费及其他费用时，出租的船东保留拒绝交货的权利。

4. 租船合约提单是否为可流通转让的单据要受到租船合约的约束。多数租船合约允许在货主（租船人）与银行之间的转让，很少允许转让给货主以外的其他人，因为租船合约条款复杂，租船运输形式中发生海事欺诈的风险要比班轮运输大得多，许多人不愿接受转让而获得租船合约提单。

（二）单据正面可以不注明承运人名称

承运人是班轮运输的责任人。货物的接收、运送、交付及风险均由他负责，只有注明了这一责任人，货方才可凭提单向其主张权利。租船合约提单的责任主要依据租船合约规定，船东往往以承运人身份与货主签订该合约。只要该提单由船东或担当着船东代理角色的船长或其代理签发并标明自己及其所代表的船长或船东的身份使包括托运人、受让人、收货人在内的货方能够凭提单向其主张权利，该提单是否注明承运人的名称也就无大意义了。因此，租船合约提单在多数情况下是不注明承运人名称的。什么情况下注明承运人名称呢？《跟单信用证全面指南》P. 6/28 指出，当信用证规定：表示承运人名称的租船合约提单可以接受（Charter party bills of lading indicating the name of carrier would be acceptable），在此情况下，提单注明承运人名称并由船长或其代理人签发。除此之外，均可不注明承运人名称。ICC 434 R119 的银行委员会的决定中指出：在多数情况下租船提单可以不注明承运人名称。如果信用证明确规定租船合约提单可以接受，则应同时规定这种租船合约提单是否应载明承运人名称；如没有这一规定，应该推定该单据如不载明承运人名称也可接受。

四、定程租船运输

租船合约中的 Party 是条约、合约的意思。船舶所有人即船东以收取租金（Charterage）或运费（Freight）为条件，将船舶在一定的期限内，全部或部分提供给租船人装载和运输货物的合约有三种：光船租船合约（Bare Boat Charter）、定期租船合约（Time Charter）和定程租船合约（Voyage Charter）。

我们仅讲述贸易上常用的定程租船合约，又称航次租船合约。在约定的航程（单程、来回程、连续单航次）将船舶的全部舱位或部分舱位租给租船人（或承租人）运输货物，从装运港运至卸货港，支付约定运费，订立定程租船合约，其中包含的合约条款有：责任条款、运费条款、装卸费用条款、装卸时间条款、滞期费用和速遣费用条款、留置权条款等。

定程租船合约的两个主要当事人是船东和租船人，简称船方和货方，其中货方可以是卖方也可以是买方。现在分析运费、装卸费、滞期费和速遣费。

（一）运费

表9－1

卖方负担运费，负责订立运输合约（或租船合约）	买方负担运费，负责订立运输合约（或租船合约）
CFR 成本加运费付至（……指定目的港） CIF 成本，保险加运费付至（……指定目的港） DAP 目的地交货（……指定目的地） DDP 完税后交货（……指定目的地）	FOB 船上交货（……指定装运港） FAS 船边交货（……指定装运港）

（二）装卸费

定程租船运输多为大宗散装货，装卸费用是从码头边将货物装入船舱内和从船舱内将货物卸到码头边的费用，通常装卸费由船方或货方分别负担，并有装运术语（Shipment Terms）如下：

1. 船方不负担装货费即装货费船方免责（Free In，FI－i. e. Free from taking in the cargos）。

2. 船方不负担卸货费即卸货费船方免责（Free Out，FO－i. e. Free from taking out cargos）。

3. 船方不负担装卸费即装卸费船方免责（Free In and Out，FIO－i. e. Free from taking in and out）。

4. 船方不负担装、卸、理舱费用（指货物装入舱底需要垫隔、整理费用）或装卸货及理舱船方免责（Free In and Out Stowed，FIOS）。

5. 船方不负担装卸、理舱、平舱费用（指货物需要平整、调动费用）即装卸货、理舱、平舱船方免责（Free In and Out Stowed and Trimmed，FIOST）。

贸易条件为CFR、CIF、DAP、DAT时，由卖方负责租船，装货费多由卖方负担。卸货费如租船合约订明FO，则由买方负担卸货费；如未订明，则由卖方与船方议定，与买方无关。

贸易条件为FOB、FAS时，由买方负责租船，卸货费多由买方负担。在贸易条件为FOB时，卖方负责装船，如租船合约订明为FI，则装船费由卖方负担。在贸易条件为FAS时，装货费由谁负担由买方与船方议定，与卖方无关。

贸易条件与装运术语可以连接表述，如FOB Free Out or FOBFO表示船方不负责卸货港的卸货费，此费用由买方负担。CIFFI表示装货费由卖方负担，卸货费由船方负担；CIFFO表示卸货费由买方负担；CIFFIO表示卖方负担装货费，买方负担卸货费。

ISBP745第G25段说明：如果信用证规定运费之外的额外费用不可接受，则租船合约提单不得表示运费之外的其他费用已产生或将要产生。此类表示可以通过明确提及额外费用或使用提及货物装卸费用的装运术语表达，例如FI、FO、FIO、FIOS。运输单据上提到由于卸货延误或卸货后的延误可能加收的费用，不属于此处所指的额外费用。

（三）滞期费和速遣费

在定程租船的情况下，如货方不能在约定期间内完成装卸工作，而使船舶继续停泊时，对于超过的停泊期间，货方必须向船方交付罚金，以补偿船方因船舶延期停泊所遭受的损失，此种罚金称为滞期费（Demurrage）。如果货方提前完成装卸工作，缩短船舶停泊时间，船方对此缩短的时间付给货方奖金作为报酬，此种奖金称为速遣费（Despatch），速遣费通常是滞期费的半数（despatch half of demurrage）。

五、租船合约提单主要内容和有关项目

（一）租船合约提单的卸货港

参照ICC 596 R281信用证规定：全套正本清洁已装船海洋提单。租船合约提单可以接受，货物运至“华南港口（for transportation to South China port）”。交来提单卸货港是“一个华南港口（one South China port）”，询问国际商会可否接受？

国际商会回答：租船合约可能是在货物装运至某地区而不是明确的港口的基础上签订的，当时买方与卖方未决定实际港口，船只将在“等候命令”的基础上运输货物，即船长或船东必须被通知交货的港口。考虑到租船合约的特殊性质，在“一个华南港口”卸货的租船合约提单可以接受。

UCP 600新增了第22条a（iii）的内容，允许租船合约提单上的卸货港不是一个具体的

港口，而是显示为信用证规定的港口范围或地理区域。

ISBP745 G5 段及 G9 段也明确规定：如果信用证规定了装货港及/或卸货港的地理区域或范围（如“任一欧洲港口”或“汉堡、鹿特丹、安特卫普港”），租船合约提单必须注明实际的装货港或卸货港，且该港口必须位于规定的地理区域或范围内。但可用地理区域或港口范围表示卸货港。

这一规定符合定程租船的实务。有时，买卖合同可能只对装货港或卸货港确定一个广泛的区域，在定程租船合约中也就不会明确具体的港口，而是供租船人自行选择，即使选择的是一个比较昂贵或偏远的港口，只要不违反租约，船东也只得依从。当装完货物，卸货港已然确定时，即使信用证上显示的卸货港是某一地理区域，签发的租船合约提单上仍必须显示具体的港口。但如果签发提单时卸货港仍未确定，则需要租船人在这之后作出进一步指示，这时所签发的提单上卸货港只能显示为信用证上规定的港口范围或地理区域了。

（二）分批装运

ISBP745 第 G17 段说明：如果信用证禁止部分装运，且提交了一套以上正本租船合同提单，涵盖从一个或多个装货港（信用证特别允许或在给定的地理区域或港口范围内）的发运，只要每套租船提单都须显示其涵盖的货物运输是由同一船只经同一航程前往同一卸货港、同一地理区域或港口范围，则单据可以接受。如果提交了多套租船合同提单，而包含不同的发运日期，或者一套正本租船提单注明不同的装运日期，则以最迟者计算任何交单期，且该日期不得晚于信用证规定的最迟发运日期。由一艘以上的船只进行的运输是部分转运，即使这些船只在同一天出发并前往同一目的地。

（三）清洁租船合约提单

ISBP745 第 G18 段说明：载有明确声明货物或包装状况有缺陷的条款或批注的租船合约提单不可接受，其余部分与 ISBP745 第 F18 段相似。

（四）装船批注

如果提交的是预先印就“已装运在船上（Shipped on board the Vessel）”字样的租船合约提单，提单的出具日期（date of issue）即视为装运日期（date of shipment），见附式 9－8⑧。除非提单上另有装船批注，此时装船批注日期即视为装运日期，而不论该日期是在提单签发日期之前还是之后。依据 ISBP745 第 G6 段，“已装运表面状况良好（Shipped in apparent good order）”“已载于船（Laden on board）”“清洁已装船（clean on board）”或其他包含“已装运（shipped）”或“已装在船上（on board）”之类用语的措辞与“已装运在船上（Shipped on board）”具有同样效力。

（五）收货人、指示方、托运人（或发货人）和背书、被通知人

如果信用证要求租船提单表明以具名实体为收货人（consigned to a named entity），如运交×银行（consigned to Bank ×），即直接运交（Straight consignment）收货人，而不是运交指示方（to order）或运交×银行或其指示方（to order of Bank ×）等，则租船合约提单不得在指名人的名称前面包含“to order”或“to order of”字样，不论该字样是打印上的，还是预先印就的。同样，如果信用证要求租船合约提单是运交指示方（consigned to order）或运交指名人或其指示方（consigned to the order of a named entity），则该提单不得作成直接运交指名

人（consigned straight to the named entity）。（ISBP745 第 G11 段）

如果租船合约提单作成运交指示方（to order）或作成运交发货人或其指示方（to order of shipper），则该单据必须经发货人背书。代理人代理或代表发货人作的背书是可以接受的。（ISBP745 第 G12 段）

如果信用证未规定被通知人，则租船合约提单上的相关栏目可以空白，或以任何方式填写。（ISBP745 第 G13 段 b 条）

（六）货物描述

租船合约提单仅包括信用证要求的货物，提单的货物描述可以使用与信用证规定不矛盾的货物统称。

六、租船合约提单其他审核注意事项

（一）更正和更改

租船合约提单上的更正和更改必须经过证实。必须证实看似由船东、租船人或船长所为，或其任一代理人所为（该代理人可能与出具或签署租船合同提单的代理人不同），表明其作为船东、租船人或船长的代理人身份。（ISBP745 第 G22 段）

对于正本租船合同提单上可能已做的任何更正或更改，其不可转让的副本租船合同提单无须加具任何签字或证实。（ISBP745 第 G23 段）

（二）租船合约（合同）

UCP 600 第 20 条 b 款规定，银行将不审核租船合约，即使信用证要求提交租船合约。这是因为一方面银行不具备审核租船合约的专业能力，毕竟租船合约中涉及繁杂的承运条款；另一方面，信用证的高效性、快捷性以及确定性也不允许银行审单员像法官或律师那样对租约条款进行仔细研究、解读。但如果受益人按信用证要求提交了租船合约，银行要将它不承担任何责任地传递出去。

注意，某些美国商品信用公司（United States Commodity Credit Corp.，CCC）承担义务，需要检查租船合约。

第四节　多式运输单据

涵盖至少两种不同运输方式的运输单据即多式运输单据，是指证明涵盖至少两种不同运输方式合同以及证明多种运输方式经营人接管货物并负责按照合约条款交付货物的单据。

一、多式运输的形成

20 世纪 60 年代以来，在国际贸易中广泛使用将货物成组化（Unitization）运输，主要是利用集装箱（Container）和托盘（Pallet）实现门至门多式运输（见图 9－9）。集装箱装满货物，可以放在汽车、火车、轮船、飞机上运输，这就形成了多种方式运输的联合，把港至港（Port to Port）运输扩大到门至门（Door to Door）运输，见图 9－9。

集装箱是指用于装运货物的一种容器，香港称之为货箱，台湾称之为货柜。国际标准集装箱共有 3 个系列、13 种规格。一般用于海上运输的集装箱宽度与高度均为 8 英尺，而长度

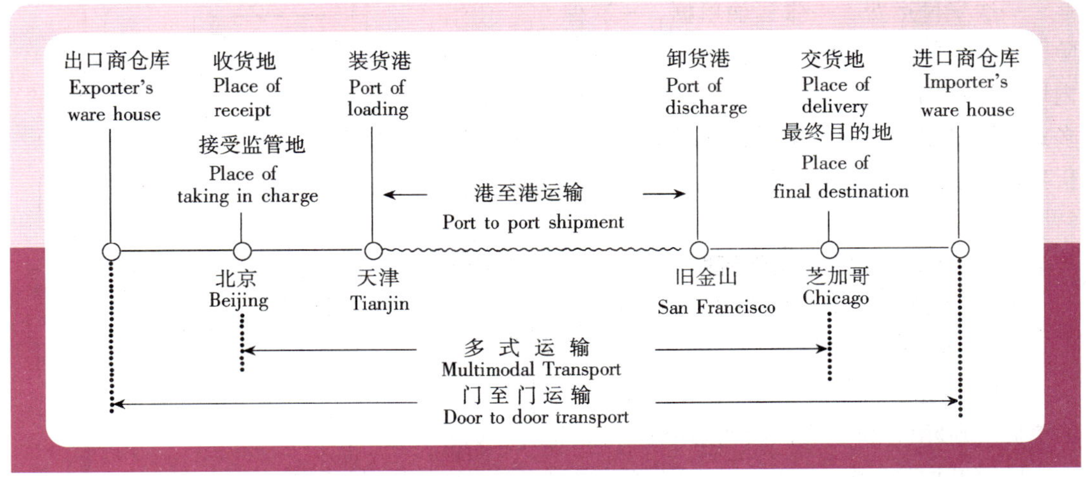

图 9－9 门至门多式运输

则有 10 英尺、20 英尺不等。其中，以 20 英尺和 40 英尺的最为普及，分别称为 TEU（Twenty－foot Equivalent Unit，即 20 英尺等量单位）与 FEU（Forty－foot Equivalent Unit，即 40 英尺等量单位）。在国际贸易中，以长度为 20 英尺或 40 英尺的集装箱为国际计量单位，也称国际标准箱单位，通常用来表示船舶装载集装箱的能力，也是集装箱和港口吞吐量的重要统计、换算单位。另有高度为 9 英尺 6 英寸的集装箱，称为 High Cubic，也就是俗称的高柜，目前使用量正在日渐增加。根据装运货物的不同，还有特殊用途的集装箱，如冷冻集装箱（Reefer）、开顶集装箱（Open Top Container）、液体集装箱（Tank Container）等。

同一货主运往同一目的地的货物，能装满一个集装箱的，即由货主自行将货装箱，称为整箱货（Full Container Load，FCL），并运往集装箱堆场（Container Yard，CY）与承运人进行交接。

货主的货物不足一个集装箱，需与其他货主的货物共拼成一箱的，由货主将货运至集装箱货运站（Container Freight Station，CFS），拼装成整箱，这样的货物称为拼箱货（Less Container Load，LCL），装满箱后再运往集装箱堆场待运。

内陆地区进出口商离货运港口较远，而货物的进出口仅仅依靠海运或空运，或内陆运输中任何单一的运输方式都很难完成。如果对有关的几种运输方式逐一办理运输手续，将给托运人增加许多烦琐工作，且各式运输承运人各负其责，一旦发生风险也不易理赔，因此，迫切需要以一种运输单据涵盖几种（至少两种）运输方式，减少中间环节，简化托运手续，又能明确货方与多式运输经营人的责任，有利于保障货物安全迅速抵达目的地。于是，集装箱货运迅速发展成一个运输单据项下包含至少两种运输方式的联合运输，UCP 400 适用时代称为 Combined Transport，美国称为 Intermodel Transport，UCP 500 适用时代称为多式运输（Multimodal Transport）。

多式运输单据对出口商更为有利。内陆货物若经海运出口，不仅需要雇用车辆将集装箱货物运往港口，还要等待海运公司签发装船提单，带回内地后才能交单给银行要求议付，延长了出口方审单议付时间，延迟取得货款不利于出口商的资金周转。国际货物多式联运以多式联运合同为根据，将不同的运输方式组合成为综合性的一体化运输，由多式运输经营人负责将货物从一国境内的货物接管地运至另一国境内指定交付货物的地点，这样通过一次托运、一次交付运费、一张运输单据、一次保险即可完成整个运输过程。多式运输单据在内地监管货物时签发，出口商可以提早获得多式运输单据以向银行提示，并可提早获得货款，加速出口商的资金周转。

二、多式运输单据的运作及其关系人

（一）多式运输单据运作流程

多式运输单据运作流程如图9－10所示。

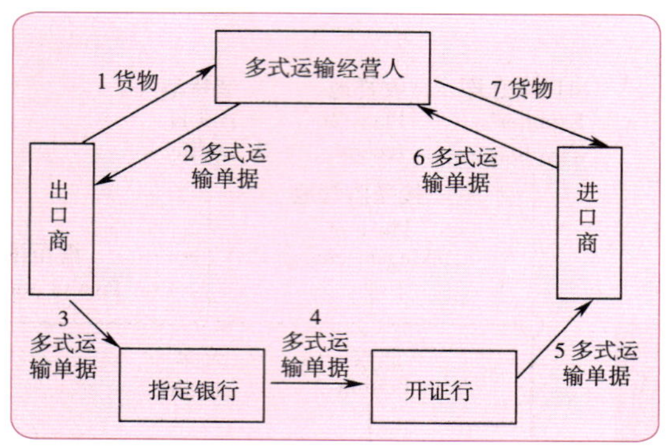

图9－10 多式运输单据运作流程

（二）相关名词解释

按照《联合国贸发会/国际商会多式运输单据规则》（国际商会出版物第481号），相关名词解释如下：

1. 多式运输合约意指单一的、采用至少两种不同运输方式运输货物的合约，见附式9－11①。

附式9－11 Multimodal Transport Document or ③

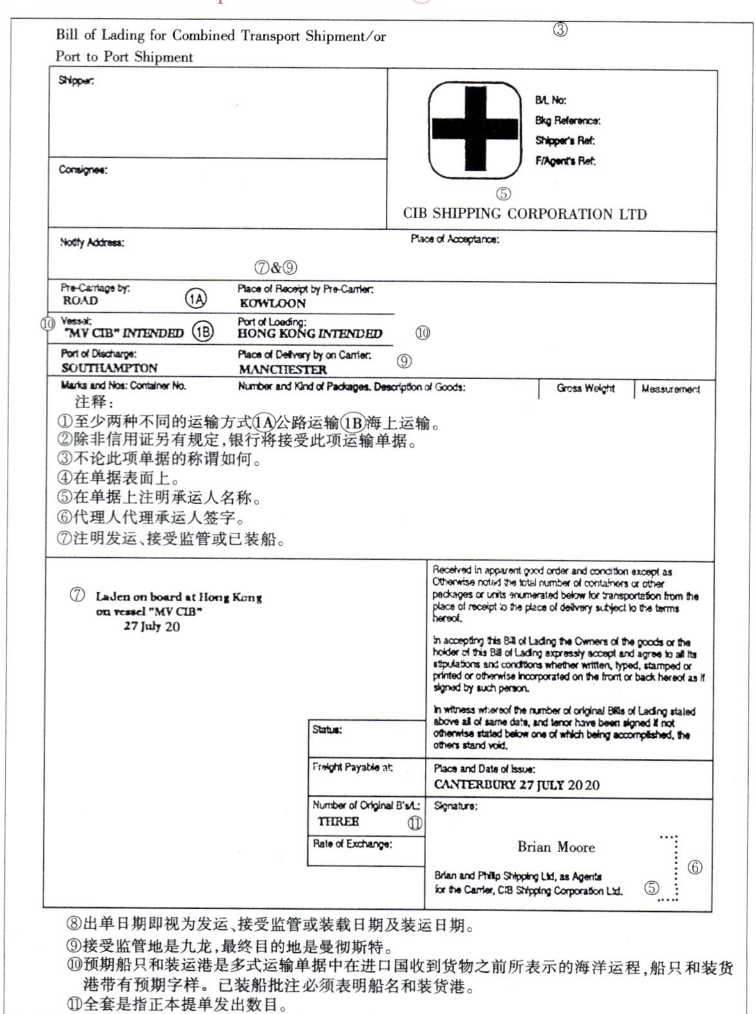

Bill of Lading for Combined Transport Shipment/or Port to Port Shipment ③

Shipper:	B/L No: Bkg Reference: Shipper's Ref: F/Agent's Ref: ⑤ CIB SHIPPING CORPORATION LTD
Consignee:	
Notify Address: ⑦&⑨	Place of Acceptance:
Pre-Carriage by: ROAD ⑴A	Place of Receipt by Pre-Carrier: KOWLOON
⑩ Vessel: "MV CIB" INTENDED ⑴B	Port of Loading: HONG KONG INTENDED ⑩
Port of Discharge: SOUTHAMPTON	Place of Delivery by on Carrier: MANCHESTER ⑨

Marks and Nos: Container No. | Number and Kind of Packages. Description of Goods: | Gross Weight | Measurement

注释：

①至少两种不同的运输方式⑴A公路运输⑴B海上运输。
②除非信用证另有规定，银行将接受此项运输单据。
③不论此项单据的称谓如何。
④在单据表面上。
⑤在单据上注明承运人名称。
⑥代理人代理承运人签字。
⑦注明发运、接受监管或已装船。

⑦ Laden on board at Hong Kong on vessel "MV CIB" 27 July 20

Received in apparent good order and condition except as Otherwise noted the total number of containers or other packages or units enumerated below for transportation from the place of receipt to the place of delivery subject to the terms hereof.

In accepting this Bill of Lading the Owners of the goods or the holder of this Bill of Lading expressly accept and agree to all its stipulations and conditions whether written, typed, stamped or printed or otherwise incorporated on the front or back hereof as if signed by such person.

In witness whereof the number of original Bills of Lading stated above all of same date, and tenor have been signed if not otherwise stated below one of which being accomplished, the others stand void.

Status:	
Freight Payable at:	Place and Date of Issue: CANTERBURY 27 JULY 2020
Number of Original B's/L: THREE ⑪	Signature:
Rate of Exchange:	Brian Moore Brian and Philip Shipping Ltd, as Agents for the Carrier, CIB Shipping Corporation Ltd. ⑤ ⑥

⑧出单日期即视为发运、接受监管或装载日期及装运日期。
⑨接受监管地是九龙，最终目的地是曼彻斯特。
⑩预期船只和装运港是多式运输单据中在进口国收到货物之前所表示的海洋运程，船只和装货港带有预期字样。已装船批注必须表明船名和装货港。
⑪全套是指正本提单发出数目。

2. 多式运输单据（Multimodal Transport Document，MTD）意指证明多式运输合约的一份单据，并且在适用法律允许时可被电子数据交换信息代替。

（1）以可流通形式发出，特点是这种多式运输单据是物权凭证。最初持单人是受益人，背书转让给开证行，开证行再背书转让给申请人，申请人在尚未提交承运人用来提货之前，可将手持运输单据，出售路货，收取对价，背书转让给新的买主，新的买主还可以再转让，该运输单据就在市场流通，故称为可流通的（或可转让的）运输单据。多式运输凭一张正本单据交货。

（2）以不可流通形式发出，注明指名收货人，特点是不提交正本单据，交货给证明身份的收货人，不能背书转让。

多式运输中运输方式的联合及其单据性质：

（1）多式运输单据涵盖陆、海、空运输方式，经过路线如下：

内陆接受监管地$\xrightarrow{\text{陆运}}$装货港/起飞机场/装运地$\xrightarrow{\text{海、空、陆运}}$卸货港/目的地机场/目的地$\xrightarrow{\text{陆运}}$最终目的地

（2）比较常见的包括陆海两种运输方式联合的运输单据，是以可流通形式发出的。

①前段陆运、后段海运的图示见图9－11。

②前段陆运、后段海运包括内陆的图示见图9－12。

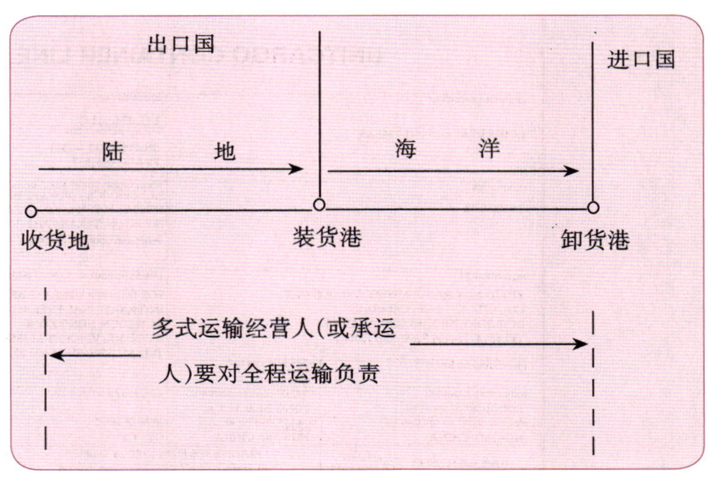

图9－11 前段陆运、后段海运

下面用一张实际的多式运输单据说明，要形成可流通的运输单据，需要在单据的明显位置加列带有船名和装运港的已装船批注，因为这种多式运输单据表明前段运输是陆运，后段运输是海运。货物装火车运输完毕，再装上海轮时，应在单据的明显位置加列带有船名和装运港的已装船批注，这才称为可流通的多式运输单据，也可称为可流通的海运提单。

A Multimodal Transport Document contains the routing boxes as follows:

Pre－carriage by	Place of taking in charge
Rail at Houston	Houston
Ocean vessel	Port of loading
Edinburg V20130	Long Beach，CA
Port of discharge	Place of final destination
Ningbo，China	Ningbo，China

On board notation as follows:

ON BOARD DATED JULY 12，202× PER OCEAN VESSEL EDINBURGH V20130 AT LONG BEACH CA

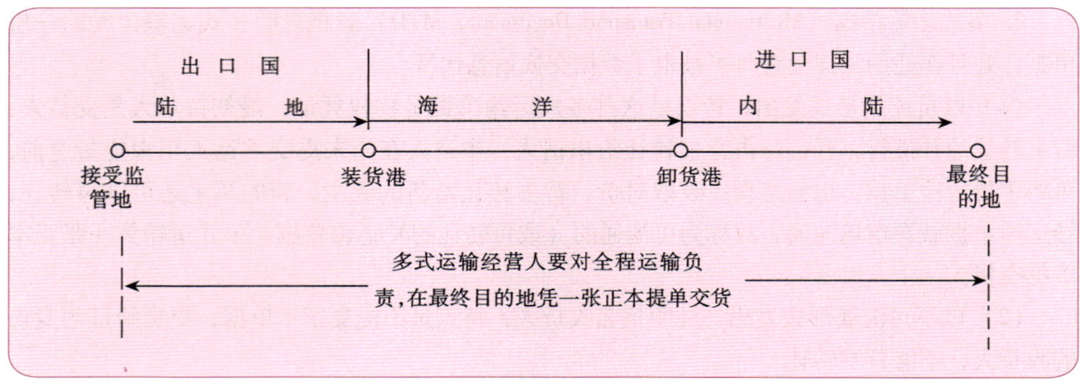

图 9－12　前段陆运、后段海运包括内陆

参见附式 9－12。

附式 9－12

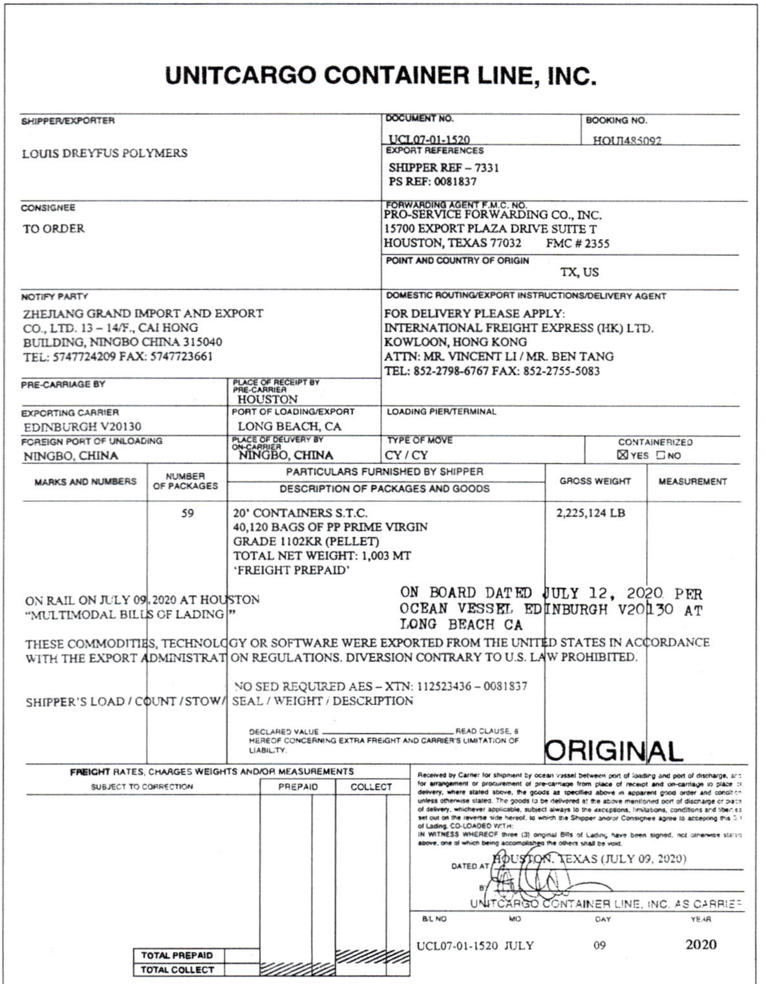

UNITCARGO CONTAINER LINE, INC.

SHIPPER/EXPORTER LOUIS DREYFUS POLYMERS	DOCUMENT NO. UCL07-01-1520 / BOOKING NO. HOU1485092 EXPORT REFERENCES SHIPPER REF – 7331 PS REF: 0081837
CONSIGNEE TO ORDER	FORWARDING AGENT F.M.C. NO. PRO-SERVICE FORWARDING CO., INC. 15700 EXPORT PLAZA DRIVE SUITE T HOUSTON, TEXAS 77032　FMC # 2355 POINT AND COUNTRY OF ORIGIN TX, US
NOTIFY PARTY ZHEJIANG GRAND IMPORT AND EXPORT CO., LTD. 13 – 14/F., CAI HONG BUILDING, NINGBO CHINA 315040 TEL: 5747724209 FAX: 5747723661	DOMESTIC ROUTING/EXPORT INSTRUCTIONS/DELIVERY AGENT FOR DELIVERY PLEASE APPLY: INTERNATIONAL FREIGHT EXPRESS (HK) LTD. KOWLOON, HONG KONG ATTN: MR. VINCENT LI / MR. BEN TANG TEL: 852-2798-6767 FAX: 852-2755-5083

PRE-CARRIAGE BY	PLACE OF RECEIPT BY PRE-CARRIER HOUSTON	
EXPORTING CARRIER EDINBURGH V20130	PORT OF LOADING/EXPORT LONG BEACH, CA	LOADING PIER/TERMINAL
FOREIGN PORT OF UNLOADING NINGBO, CHINA	PLACE OF DELIVERY BY ON-CARRIER NINGBO, CHINA	TYPE OF MOVE CY / CY　CONTAINERIZED ☒ YES ☐ NO

PARTICULARS FURNISHED BY SHIPPER

MARKS AND NUMBERS	NUMBER OF PACKAGES	DESCRIPTION OF PACKAGES AND GOODS	GROSS WEIGHT	MEASUREMENT
	59	20' CONTAINERS S.T.C. 40,120 BAGS OF PP PRIME VIRGIN GRADE 1102KR (PELLET) TOTAL NET WEIGHT: 1,003 MT 'FREIGHT PREPAID'	2,225,124 LB	

ON RAIL ON JULY 09, 2020 AT HOUSTON
"MULTIMODAL BILLS OF LADING"

ON BOARD DATED JULY 12, 2020 PER OCEAN VESSEL EDINBURGH V20130 AT LONG BEACH CA

THESE COMMODITIES, TECHNOLOGY OR SOFTWARE WERE EXPORTED FROM THE UNITED STATES IN ACCORDANCE WITH THE EXPORT ADMINISTRATION REGULATIONS. DIVERSION CONTRARY TO U.S. LAW PROHIBITED.

NO SED REQUIRED AES – XTN: 112523436 – 0081837

SHIPPER'S LOAD / COUNT / STOW / SEAL / WEIGHT / DESCRIPTION

DECLARED VALUE ________ READ CLAUSE, 6 HEREOF CONCERNING EXTRA FREIGHT AND CARRIER'S LIMITATION OF LIABILITY.

ORIGINAL

FREIGHT RATES, CHARGES WEIGHTS AND/OR MEASUREMENTS SUBJECT TO CORRECTION	PREPAID	COLLECT
TOTAL PREPAID		
TOTAL COLLECT		

Received by Carrier for shipment by ocean vessel between port of loading and port of discharge, and for arrangement or procurement of pre-carriage from place of receipt and on-carriage to place of delivery, where stated above, the goods as specified above in apparent good order and condition unless otherwise stated. The goods to be delivered at the above mentioned port of discharge or place of delivery, whichever applicable, subject always to the exceptions, limitations, conditions and liberties set out on the reverse side hereof, to which the Shipper and/or Consignee agree to accepting this Bill of Lading. CO-LOADED WITH:
IN WITNESS WHEREOF three (3) original Bills of Lading have been signed, not otherwise stated above, one of which being accomplished the others shall be void.

DATED AT HOUSTON, TEXAS (JULY 09, 2020)

BY ________
UNITCARGO CONTAINER LINE, INC. AS CARRIER

B/L NO	MO	DAY	YEAR
UCL07-01-1520	JULY	09	2020

《跟单信用证全面指南》P. 6/33 指出，上述 A、B 中的多式运输单据是以能够转让物权的提单形式发出的，也就是以可流通形式发出的。该提单的收货人必须作成符合下文［“7. 交货给收货人”中（1）、(2)、(3)］三种运交收货人的形式。

（3）较少见到的包括陆、海、空三种运输方式联合的运输单据，是以不可流通形式发出的，不是以能够转让物权的提单形式发出的。

第一段陆运、第二段海运、第三段空运、第四段陆运的图示见图 9 – 13。

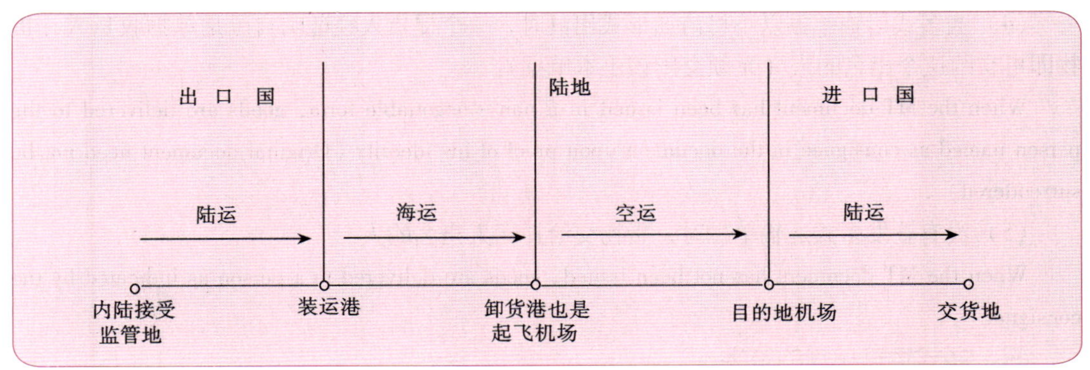

图 9 – 13　第一段陆运、第二段海运、第三段空运、第四段陆运

如果信用证要求提交包括至少两种运输方式的运输单据，并且运输单据明确表明其覆盖自信用证规定的货物接管地及/或港口、机场或装运地至最终目的地的运输，则适用 UCP 600 第 19 条的规定，在此情况下，多式联运单据不能表明运输仅由一种运输方式完成，但就采用何种运输方式可不予说明。(ISBP745 第 D1 段）

本书中所指多式联运单据还包括联合运输单据，单据不一定使用“Multimodal Transport Document”或“Combined Transport Document”的名称才符合 UCP 600 第 19 条的要求，即使信用证使用了上述名称。(ISBP745 第 D2 段，见附式 9 – 11③）

3. 承运人（Carrier）是一家公司，其在多式运输的一段或多段运输中负责实际运输货物。

4. 托运人（Consignor)，意指与多式运输经营人订立多式运输合约的人。

5. 收货人（Consignee)，意指有权从多式运输经营人那里收取货物的人。

6. 接受监管（Taken in Charge)，意指货物已经交给多式运输经营人和被其接受待运。

7. 交货给收货人（Delivery of the goods to the consignee)：

（1）当多式运输单据以可流通形式出具，作成货物运交来人时，则该货物交给提交一张正本单据的人，该单据无须背书。

When the MT document has been issued in a negotiable form made out to bearer, goods are delivered to the person surrendering one original of the document, which need not be endorsed.

（2）当多式运输单据是以可流通形式出具，作成货物运交指示方（或称空白抬头人）时，则货物交给提交一张正本单据带有作成背书的人。

When the MT document has been issued in a negotiable form made out to order, goods are delivered to the person surrendering one original of the document duly endorsed.

（3）当多式运输单据以可流通形式出具，作成货物运交指名人或其指示方时，则货物交给证明其身份和交出一张正本单据的那个指名人，或如果单据已被那个指名人作成空白背书并被他转让给一个指示方时，则货物交给提交一张正本单据带有作成适当背书的指示方。

When the MT document has been issued in a negotiable form made out to the order of a named person, goods are delivered to that person upon proof of his identity and surrendering one original document, or if such document has been endorsed in blank by that person and transferred to order, goods are delivered to the person surrendering one original of the document duly endorsed.

（4）当多式运输单据以不可流通形式出具时，一个提货人经证明自己是单据收货人，货物即可交给这个指名的人（无须交出该正本单据）。

When the MT document has been issued in a non – negotiable form, goods are delivered to the person named as consignee in the document upon proof of his identity (Original document need not be surrendered) .

（5）没有签发多式运输单据时，货物交给托运人指名的人。

When the MT document has not been issued, goods are delivered to a person as indicated by the consignor.

三、多式运输单据的签字

1. 应提交全套正本多式运输单据，或按照信用证条款另有说明。

2. 多式运输单据正面出现承运人名称，认定其为承运人。

3. 签字线读出“承运人”“船长”或指名“代理人代理”或指名“代理人代表”“承运人”或“船长”：

（1）如果在提单正面承运人另行认定其身份是承运人（Carrier），那么当承运人签字时，在签字线上不须写“Carrier”。如果承运人的名称是“ABC Line”，则如下签字式样是可以接受的：

①ABC Line　　②The carrier　　③ABC Line, the carrier
signature　　signature　　signature

如果承运人身份没有事先认定在单据正面，则签字格子内必须写上“Carrier”。

（2）当船长签字时，只需表明自己的身份，无须写明自己的姓名（船长只是公司的雇员，并非一家公司，签字时无须写明自己的姓名。但如果写明了自己的姓名，也是可以的）。

（3）当承运人的代理人签字时，签字线上必须表示代理人名称、身份和委托人名称、身份（见附式 9－11⑥）。以下举例说明。

Smith Forwarders
as agent for
ABC Line, the carrier
signature

如果多式运输单据正面认定其身份是 Carrier，则签字格中不须写上“the Carrier”。

（4）当船长的代理人签字时，签字处必须注明其代理人身份，而不必注明船长的姓名。

早在 20 世纪 80 年代，欧洲的少数运输行已经从事联合运输，发出联合运输提单 FBL (FIATA Combined Transport B/L 的缩写。FIATA 是法文 Federation Internationale des Associations de Transitaires et Assimiles 的缩写，英文是 International Federation of Forwarding Agent's Association，中文是运输行协会国际联合会）。FBL 在正面写明“参照《联合国贸发会/国际商会多式运输单据规则》”，或“受到《联合国贸发会/国际商会多式运输单据规则》，国际商会出版物第 481 号的约束”（见附式 9－13）。

“By reference to the UNCTAD/ICC Rules for Multimodal Transport Document” or “Subject to UNCTAD/ICC Rules for Multimodal Transport Document, ICC Publication No. 481.”

现在用 FBL 代表运输行提单（Freight Forwarder's Bill of Lading），由于运输行多式运输单据（Freight Forwarder's MTD）逐渐增多，ISBP745 第 D3 段说明：如果信用证规定“运输行多式运输单据可接受”或使用了类似用语，则多式运输单据由出具人签署，而不必注明其签署身份或承运人名称。

附式 9－13　联合运输提单 FBL

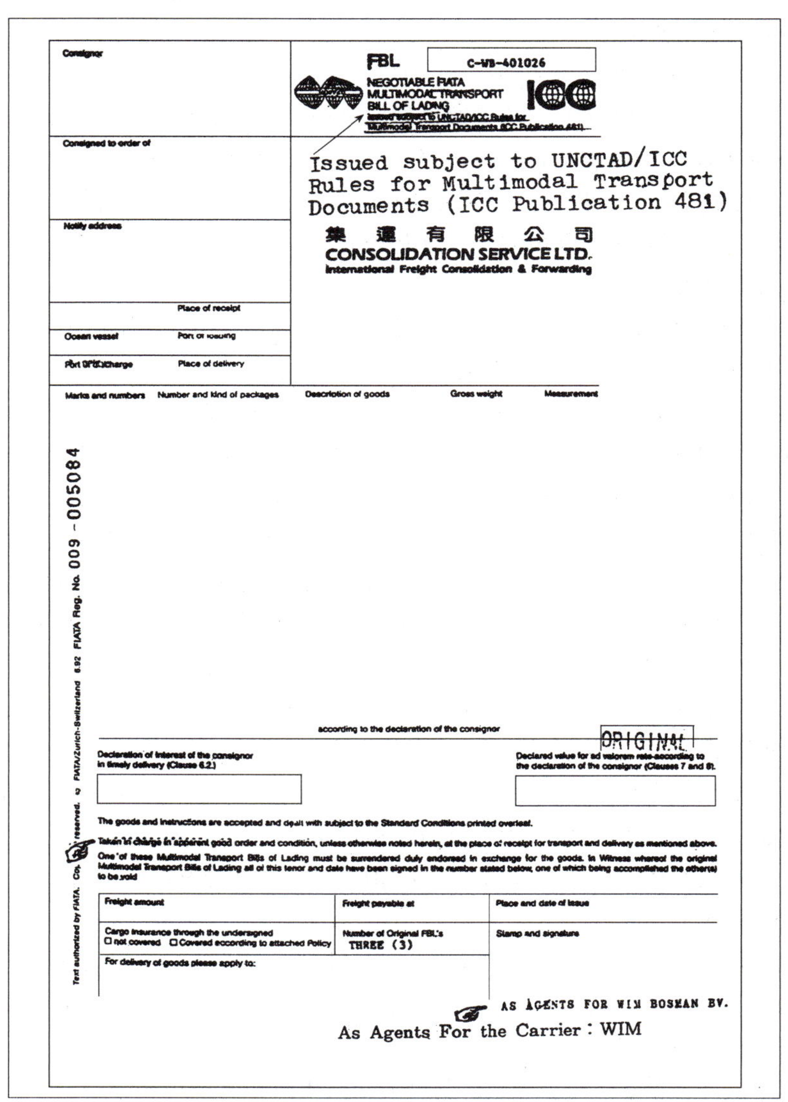

Consignor

FBL　C-WB-401026

NEGOTIABLE FIATA MULTIMODAL TRANSPORT BILL OF LADING

Issued subject to UNCTAD/ICC Rules for Multimodal Transport Documents (ICC Publication 481)

Consigned to order of

Issued subject to UNCTAD/ICC Rules for Multimodal Transport Documents (ICC Publication 481)

Notify address

集運有限公司
CONSOLIDATION SERVICE LTD.
International Freight Consolidation & Forwarding

	Place of receipt
Ocean vessel	Port of loading
Port of discharge	Place of delivery

Marks and numbers	Number and kind of packages	Description of goods	Gross weight	Measurement

according to the declaration of the consignor

ORIGINAL

Declaration of interest of the consignor in timely delivery (Clause 6.2.)

Declared value for ad valorem rate according to the declaration of the consignor (Clauses 7 and 8).

The goods and instructions are accepted and dealt with subject to the Standard Conditions printed overleaf.

Taken in charge in apparent good order and condition, unless otherwise noted herein, at the place of receipt for transport and delivery as mentioned above.

One of these Multimodal Transport Bills of Lading must be surrendered duly endorsed in exchange for the goods. In Witness whereof the original Multimodal Transport Bills of Lading all of this tenor and date have been signed in the number stated below, one of which being accomplished the other(s) to be void

Freight amount	Freight payable at	Place and date of issue
Cargo Insurance through the undersigned ☐ not covered　☐ Covered according to attached Policy	Number of Original FBL's THREE (3)	Stamp and signature
For delivery of goods please apply to:		

AS AGENTS FOR WIM BOSMAN BV.

As Agents For the Carrier: WIM

Text authorized by FIATA. Copyright reserved. © FIATA/Zurich-Switzerland 6.92 FIATA Reg. No. 009 - 005084

如果 FBL 被当作海运提单而接受时，它应符合 UCP 600 第 19 条，对于"受到 UNCTAD/ICC 规则约束"应予删除。

四、多式运输单据其他审核注意事项

（一）装船批注

多式运输单据的出具日期应视为发运、接受监管或装船的日期，除非单据上另有单独的注明日期的批注表明货物已在信用证规定的地点发运、接管或装船，在此情况下，该批注日期即被视为装运日期，而不论该日期早于或迟于单据出具日期。（ISBP745 第 D6 段）

如果信用证要求"已装船"多式运输单据而没有进一步的规定，银行可接受任何"已装船"批注；如果信用证要求"已装船"多式运输单据，并表明"已装上远洋船只"，则"已装船"批注必须表明船名、日期和装运港。If the Credit requires an "on board" multimodal transport document evidencing "on board" the ocean vessel, the "on board" notation must indicate the vessel name, date, and port of loading.（SBPED MTD 一节）

（二）接管地、发运地、装货地和目的地

如果信用证已经给了接管地、发运地、装货地和目的地（Place of taking in charge, dispatch, loading on board, and destination）的地理区域（如"任一欧洲港口"或汉堡、鹿特丹、安特卫普港），则多式联运单据必须注明实际的接管地、装运港或出发机场，且该地点必须在规定的地理区域或范围内。（ISBP745 第 D10 段）

（三）转运和分运

UCP 600 第 19 条 b 款对多式联运中的转运给予了定义。该定义明确了在不同运输工具之间的货物转移即构成转运，而不论是否发生在相同的运输方式下。

在多式运输方式下，将会发生转运，即自信用证规定的收货、发送或接管地、装运港、或出发机场至最终目的地之间的运输过程中，将货物从一种运输工具上卸下，再装上另一种运输工具（无论是否为不同的运输方式）。（ISBP745 第 D21 段）

如果信用证禁止分批装运，而提交了多套正本多式运输单据，涵盖从一个或多个始发地点（信用证特别允许的地点或在给定的地理区域内）的发运、发送或接管，只要单据涵盖的货物运输系由同一运输工具经同一运程前往同一目的地的运输，则单据可以接受。如果提交了多套单据，而单据包含不同的发运、发送或接管日期，则以其最迟者计算交单期，但该日期不得晚于信用证规定的最迟发运、发送或接管的日期。（ISBP745 第 D23 段）

（四）必要背书

多式运输单据应典型地在付款时或付款以前转移物权。因此，如果信用证对此沉默，单据应被寄送出去并作成背书，致使物权可以在付款之时或付款以前转移。例如提单是交给发货人或其指示方和没有背书是不允许的。（SBPED 多式运输单据 9）

（五）更正和更改

多式运输单据上的更正与更改必须经过证实，证实必须看似由承运人或船长所为或其任一代理人所为（该代理人可以与出具或签署单据的代理人不同），但要注明其作为承运人或船长的代理人身份。（ISBP745 第 D28 段）

对于正本多式运输单据上可能做过的任何更正或更改，其不可转让的副本无须加具任何

签字或证实。(ISBP745 第 D29 段)

(六) 涉及一套以上的多式运输单据

如果多式运输单据说明某一集装箱内的货物由该运输单据和另外一套或数套多式联运单据一起所代表，并声明所有多式运输单据均须提交，或有类似表述，则意味着与该集装箱有关的所有多式运输单据必须一并提交后才能交付该集装箱的货物。此种多式运输单据不可接受，除非同一信用证项下的所有这类多式运输单据在同一次交单时一并提交。

(七) 含有 "预期 (intended)" 字样

在收货地发出多式运输单据时，往往不能确定以后海运阶段的船名和装卸港名称，时常在船名或港名的前后加上“预期 (intended)”字样，这是多式联运的性质决定的，因此，多式运输单据可以显示“预期”的船只、装运港或卸货港，而无须另加批注。但是信用证如果要求运输单据注明“on board”批注时，则批注中必须加注实际载货船名和信用证规定的装货港或卸货港。(见附式 9－11⑩)

(八) 如何判断信用证所要求的是多式运输单据

在什么情况下，银行应根据 UCP 600 第 19 条“涵盖至少两种不同运输方式的运输单据”来审核被提交的运输单据呢？根据通过 SWIFT 开立的标准格式的信用证较容易判断，SWIFT 系统对起运地和目的地作了具体的区分。MT700 中 44A 场为“Place of Taking in Charge/Dispatch from.../Place of Receipt”，44B 场为“Place of Final Destination/For transportation to.../Place of delivery”，44E 场为“Port of Loading /Airport of Departure”，44F 场为“Port of Discharge /Airport of Destination”。如果在 44A 场规定的是一个具体的内陆地点，那么不管目的地是否为港口，只要提交的是提单，那么都将涉及不止一种运输方式。如果 44B 场规定的是一个具体的内陆地点，那么不管起运地是否为港口，只要提交的是提单，也都将涉及不止一种运输方式。如果是港至港运输或航空运输，那么就应填写 44E 和 44F；如果填写的是 44A 和 44B，那么将有可能涉及多式联运。如此具体的区分，目的就是为了能清楚地区分究竟是涉及多式联运还是港至港运输，使得开证行对关于运输方式的规定更加明确。

如 MT700 中这样规定：

44E：Port of Loading/Airport of Dep.
ANYPORT OF CHINA
44F：Port of Discharge/Airport of Dest
LE HAVRE PORT

即可判断，此信用证要求的是起运港为任一中国港口，卸货港为法国 LE HAVRE 的港至港海运提单。如果上面的“Port”都改为“Airport”，信用证则应要求空运单。

如 MT700 中这样规定：

44A：Pl of Tking in Chrg/of Receipt
CHANGSHA，CHINA
44B：Pl of Final Dest/of Delivery
MANCHESTER，UK

则可判断，此信用证要求的是涵盖至少两种不同运输方式的运输单据，因为虽然最终目的地 MANCHESTER 是一个港口，但货物的接受监管地 CHANGSHA 却是一个内陆城市。

第五节　空运单据

空运单据是在航空运输方式下，由作为承运人的航空公司或其代理人接受托运人的委托，以飞机装载货物进行运输而签发的货运单据。

一、空运单据名称

航空运单（Air Waybill，AWB），又称空运提单，是托运人与承运人之间的飞机运输合同和货物收据，但不是物权凭证，不能背书转让。在很多情况下，空运提单并不是提货的必要条件，收货人要凭到货通知办理提货。空运提单可作为收货人的运费账单，也可作为承运人的记账凭证。

信用证要求提交航空运单或航空托运单（Air Consignment Note，ACN）等类似单据，则适用 UCP 600 第 23 条。只要空运单据覆盖了机场到机场的运输，并非一定要使用上述或类似用语才符合第 23 条要求。（ISBP745 第 H1 段、第 H2 段）

当运输行作为航空运输合约承运人时，该运输行有时从不同的发货人那里汇集收到货物，然后交给航空承运人，并从后者那里获得一张包括全部装载物的航空运单，这份单据常被称为航空主运单（Master Air Waybill，MAWB），它是以运输行为受益人的，而不是以许多单个发货人为受益人的。

运输行自己签发多张航空运单给那些单个的发货人，这种运输行单据常被称为航空分运单（House Air Waybill，HAWB）。为了识别，运输行可在签发的航空运单上表示“HAWB No.”的航空分运单编号。为了内部管理的目的，运单上还可表示航空承运人提供的航空主运单编号（MAWB 编号）。

航空分运单不影响其可接受性，条件是签发这种分运单的运输行在单据表面注明该行是承运人，单据的签字按 UCP 600 第 23 条规定的方式进行（见附式 10 – 15⑤）。因此，除非信用证不允许接受航空分运单，否则银行不会因带有航空分运单编号和/或航空主运单编号而拒受有关单据。

在实务中，航空运输主要包括以下两类承运人：

1. 航空运输公司。航空运输公司是航空货物运输业务中的实际承运人，它们负责办理货物从起运机场至到达机场的运输业务，并对全程运输负责。

2. 航空货运代理公司。航空货运代理公司在实际办理航空运输业务的过程中表现为双重身份：它们可以是货主的代理，负责办理航空运输货物的订舱，始发机场与到达机场的交接货以及进出口报关等事宜；也可以是航空公司的代理，办理接货过程，并以航空承运人的身份签发航空运单，对运输过程负责。当然，它们也可以身兼双任。

正是由于两类承运人的存在，航空运单依其签发人的不同可以分为主运单和分运单。主运单即是由航空公司签发的航空运单；分运单即是由航空货运代理公司签发的航空运单。主运单和分运单的内容基本相同，法律效力相当，对于收货人和发货人而言，只是承担货物运输的当事人不同。

二、空运单据份数

世界各国航空公司发出航空运单正副本的份数均按统一规定。国际航空运输协会（International Air Transport Association，IATA）是由世界上100多家民航公司组成的机构，由它制定和发出的航空运单一式正本3张，副本9张：

第1张正本（发给发出承运人）Original 1（For Issuing Carrier）；

第2张正本（发给收货人）Original 2（For Consignee）；

第3张正本（发给发货人）Original 3（For Shipper）；

（只有第3张正本才是发给托运人的，托运人把它当作信用证要求的航空运单交给银行）

第4张副本（交货收据）Copy 4（Delivery Receipt）；

第5张副本（发给目的地航空港）Copy 5（For Airport of Destination）；

第6张副本（发给第三承运人）Copy 6（For Third Carrier）；

第7张副本（发给第二承运人）Copy 7（For Second Carrier）；

第8张副本（发给第一承运人）Copy 8（For First Carrier）；

第9张副本（发给销售代理人）Copy 9（For Sales Agent）；

第10张副本（额外的副本）Copy 10（Extra Copy）；

第11张副本（发票）Copy 11（Invoice）；

第12张副本（发运地航空港）Copy 12（For Airport of Departure）。

三、空运单据内容

航空运单的内容十分具体繁杂，下面参照航空运单的样本，介绍一下航空运单上的项目，并对常用项目的使用略作说明。

航空运单样本见附式9－14。

① 航空公司的三位数识别代码。

② 运单的序列号，用于区分每一票业务。

①/②项合为空运单的号码，一般有主运单号及分运单号，均是航空公司业务编号。

③ 发货人（托运人）名称、地址，一般为信用证受益人。

④ 发货人银行账号。

⑤ 收货人名称、地址，应根据信用证规定填制，要列明详细地址。一般采用记名式。

⑥ 收货人银行账号。

⑦ 航空公司名称、标识和简要资料。

⑧ 签单代理及所在城市。

⑨ 代理人IATA编号，是代理人的一种等级和资格的认证标志。

⑩ 代理人在航空公司的账号，即代理人与航空公司的运费结算代号。

⑪起运港，指飞机起航地。此栏应按实际情况填写，且要与信用证一致。

⑫运费结算说明或注意事项等（Accounting Information），一般填托运人账号及运费支付情况。若来证无规定，可不填。

⑬直达货物的到达港代码或中转货物的第一中转港代码。

⑭第一承运人名称。

附式 9－14　航空运单样本

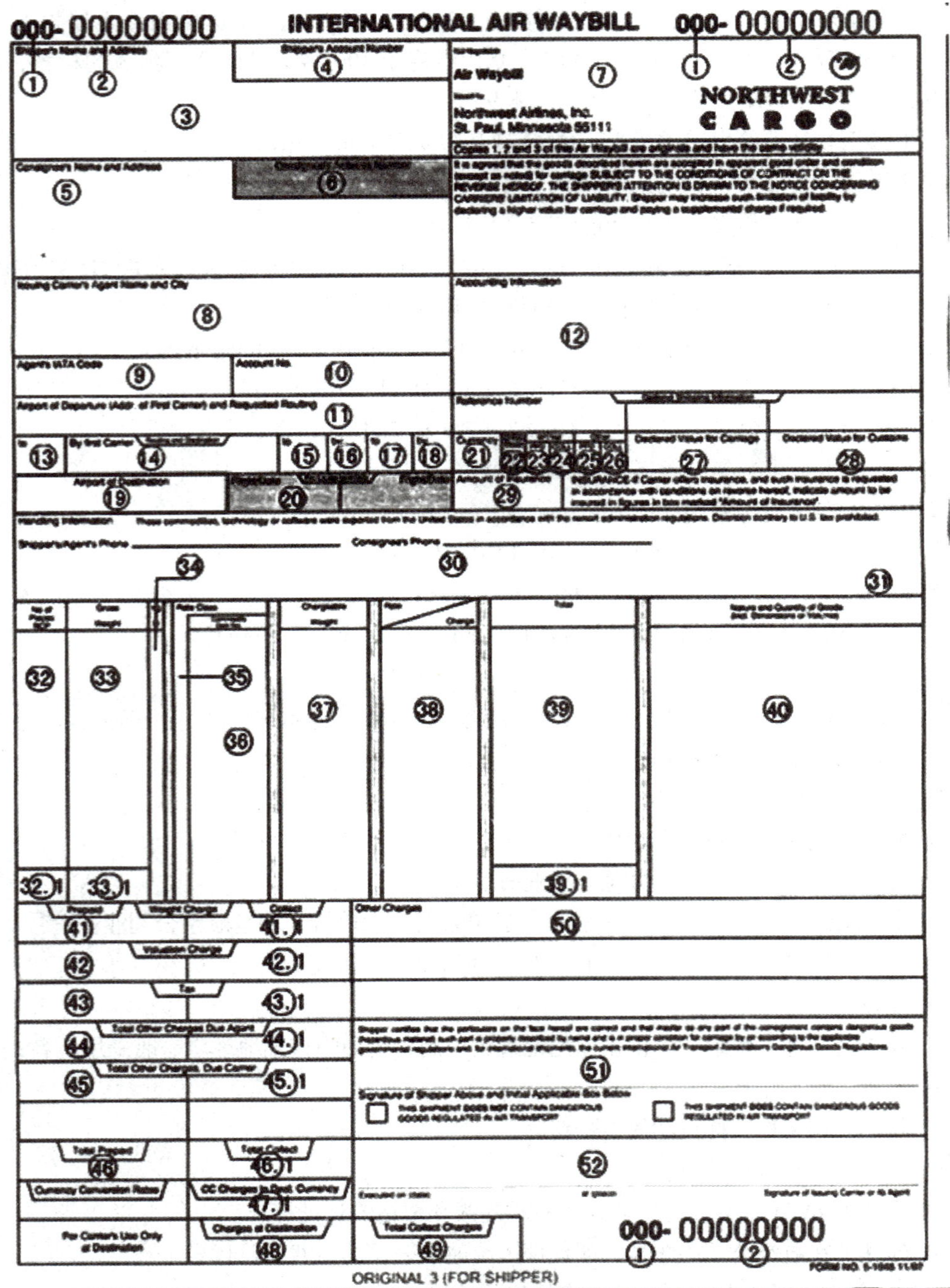

000- 00000000 INTERNATIONAL AIR WAYBILL 000- 00000000

Shipper's Name and Address ① ② ③

Shipper's Account Number ④

Not Negotiable Air Waybill ⑦ Issued by Northwest Airlines, Inc. St. Paul, Minnesota 55111

NORTHWEST CARGO

Copies 1, 2 and 3 of this Air Waybill are originals and have the same validity

Consignee's Name and Address ⑤

Consignee's Account Number ⑥

It is agreed that the goods described herein are accepted in apparent good order and condition (except as noted) for carriage SUBJECT TO THE CONDITIONS OF CONTRACT ON THE REVERSE HEREOF. THE SHIPPER'S ATTENTION IS DRAWN TO THE NOTICE CONCERNING CARRIERS' LIMITATION OF LIABILITY. Shipper may increase such limitation of liability by declaring a higher value for carriage and paying a supplemental charge if required.

Issuing Carrier's Agent Name and City ⑧

Accounting Information ⑫

Agent's IATA Code ⑨ Account No. ⑩

Airport of Departure (Addr. of First Carrier) and Requested Routing ⑪

Reference Number

Optional Shipping Information

To ⑬ By first Carrier ⑭ Routing and Destination to ⑮ by ⑯ to ⑰ by ⑱ Currency ㉑ ㉒ ㉓ ㉔ ㉕ ㉖ Declared Value for Carriage ㉗ Declared Value for Customs ㉘

Airport of Destination ⑲ Flight/Date ⑳ For Carrier Use Only Flight/Date Amount of Insurance ㉙

INSURANCE-If Carrier offers insurance, and such insurance is requested in accordance with conditions on reverse hereof, indicate amount to be insured in figures in box marked "Amount of Insurance".

Handling Information These commodities, technology or software were exported from the United States in accordance with the export administration regulations. Diversion contrary to U.S. law prohibited.

Shipper's/Agent's Phone ㉞ Consignee's Phone ㉚ ㉛

No of Pieces RCP	Gross Weight	kg lb	Rate Class Commodity Item No.	Chargeable Weight	Rate / Charge	Total	Nature and Quantity of Goods (incl. Dimensions or Volume)
㉜	㉝		㉟ ㊱	㊲	㊳	㊴	㊵
㉜.1	㉝.1					㊴.1	

Prepaid	Weight Charge	Collect	Other Charges
㊶		㊶.1	㊿
㊷	Valuation Charge	㊷.1	
㊸	Tax	㊸.1	
㊹	Total Other Charges Due Agent	㊹.1	
㊺	Total Other Charges Due Carrier	㊺.1	
Total Prepaid ㊻		Total Collect ㊻.1	
Currency Conversion Rates		CC Charges in Dest. Currency ㊼.1	
For Carrier's Use Only at Destination		Charges at Destination ㊽	Total Collect Charges ㊾

Shipper certifies that the particulars on the face hereof are correct and that insofar as any part of the consignment contains dangerous goods, such part is properly described by name and is in proper condition for carriage by air according to the applicable governmental regulations and for international shipments, the current International Air Transport Association's Dangerous Goods Regulations. ⑤①

Signature of Shipper Above and Initial Applicable Box Below

□ THIS SHIPMENT DOES NOT CONTAIN DANGEROUS GOODS REGULATED IN AIR TRANSPORT

□ THIS SHIPMENT DOES CONTAIN DANGEROUS GOODS REGULATED IN AIR TRANSPORT

⑤②

Executed on (date) at (place) Signature of Issuing Carrier or its Agent

000- 00000000 ① ②

ORIGINAL 3 (FOR SHIPPER)

⑮～⑱项为第二、第三承运人和第二、第三中转港代码。

⑲目的地（Airport of Destination），指货物运往地点名称，应按信用证要求填写。

⑳航班号及飞行日期（Flight/Date），注意飞行日期不得迟于信用证的最后装期及有

效期。若来证未规定要注明飞行日期，最好不填；若信用证有特殊要求，则应照办。

㉑计算运费的币种。

㉒付费方式代码。

㉓/㉔项为运费预付/到付。

㉑~㉔项表示运费货币及支付方法。运费货币用货币代号填，如USD、HKD、RMB等，这些栏目中“PPD”代表“Prepaid（预付）”、“COLL”代表“Collect（到付）”。

㉕/㉖项为运单上显示的除运费以外的其他费用预付/到付。

㉗货物的运输声明价值。

㉘货物的申报价值（Declared Value of Carriage），一般列发票金额。如不愿列明，可填“N. V. D（No Value Declared）”，表示无申报价值。

㉙货物的投保金额。

㉚货物的操作信息和注意事项等处理情况（Handling Information），包括唛头、件号及包装情况等特别指示，一般可不填。

㉛欧洲等地的海关特殊要求，极少被使用。

㉜/㉜.1项为货物包装数量/运单所辖货物的总件数（No. of Pieces），指货物的装运件数，应与发票、箱单一致。

㉝/㉝.1项为货物毛重/运单所辖货物的总重量（Gross Weight），应与装箱单一致。

㉞货物的重量计量单位。

㉟运价类别。

㊱适用的运价等级代码（Rate Class），一般填代号，如填“Q（Quantity Over 45 Kgs Rate）”代表45公斤以上普通货物运价；“N（Normal Under 45 Kgs Rate）”代表45公斤以下普通货物运价；“M（Minimum Charge）”表示起码运费；“C（Special Commodity Rate）”代表特种商品运价；“R（Reduced Class Rate Less Than Normal Rate）”表示折扣运价；“S（Surcharged Class Rate，More Than Normal Rate）”表示加价运价。

㊲计费重量（Chargeable Weight），即托运人支付运费的重量标准，一般按毛重计算。

㊳单价，每公斤货物应付运费的标准。

㊴/㊴.1项为运费额/运单所辖货物的运费总额。

㊵货物品名、数量（体积），按信用证要求填写，且应与其他单据相等。唛头也可填在此栏。

㊶/㊶.1项为预付/到付运费总额。

㊷/㊷.1项为预付/到付声明价值附加费总额。声明价值费高低，对运输过程中遭遇意外损失情况下承运人对受损失的托运人的赔偿金额高低有直接影响。

㊸/㊸.1项为预付/到付税金。

㊹/㊹.1项为预付/到付给代理人的费用总额。

㊺/㊺.1项为预付/到付给承运人的除运费外的其他费用的总额。

㊻/㊻.1项为预付/到付费用总额，即从㊶/㊶.1项到㊺/㊺.1项的总额。

㊼.1项为到付运费折合为目的地货币后的金额。

㊽.1 项为到付，在目的港产生的费用。

㊾到付总金额，即从㊶.1 项到㊽.1 项的费用总额。

㊿其他收费，除运费外的其他操作费用，如制单费、危险品附加费、燃油附加费等的名目和金额，即㊹/㊹.1 项金额的来源。

51托运人关于所装货物非危险品的保证，此栏由托运人及其代理人盖章、签名。

52航空运单签单代理人签名及签发日期、地点（Executed on ×××，Date ×××），签单日期应与飞行日期同天或接近，否则会有弄虚作假之嫌。若航空运单上未列明日期，则签发日期不得迟于信用证装期。根据 UCP 和 ISBP 规定，航空运单的出具（签发）日期将被视为发运日期，除非航空运单另有关于航班日期的单独批注，此时航班日期将被视为发运日期。航空运单上显示的任何其他有关航班号和日期的信息将不被用以确定发运日期。

四、空运单据的特点

1. 提交银行一张正本单据。信用证不应要求提交银行的正本航空运单多于一张。

2. 航空运单是不可流通的单据。航空运单不是物权单据，仅是货物收据和运输合约，不能背书转让，信用证不应要求：AWB to be issued “to order” and/or “to be endorsed”。ISBP745 第 H13 段指出：即使信用证要求 AWB made out “to order” or “to order of” a named entity，如提交的 AWB 表明收货人是该指名人，则即使没有“to order” or “to order of” 也可接受。

3. 航空运单不能控制买方付款。在 D/P 托收项下航空运单不能控制买方付款，信用证项下航空运单不能作为提供给银行的抵押品。

4. 必须作成记名收货人。航空运单直接运交记名收货人（Straight consigned to a named consignee）。当货物到达目的地机场，经证明收货人身份时，即可交货给收货人。当申请人作为航空运单收货人时，银行无权干预交货，不易控制申请人偿付，可以征得开证行同意，以开证行作为航空运单收货人，便于控制。申请人偿付后，开证行才能交货给申请人。

五、正本空运单据

UCP 600 第 23 条 a（v）要求提交的空运单据为开给发货人或托运人的正本（见附式 9－15⑩），即使信用证要求提交全套正本单据，只要提交一份表明是开给发货人或托运人的正本即满足要求。ISBP745 第 H12 段也有如是说明。

要求受益人提交开给发货人或托运人的正本，是为了防止发货人或托运人凭该正本向承运人要求行使对货物的中途停运权以及改变交货指示的权利，例如托运人可以要求将货物交付给空运单上具名收货人以外的第三方。而如果托运人不能向承运人提示标明开给托运人的那份正本空运单，托运人将无权对承运人作出更改货物处置办法的指示。假如承运人在没有收回开给托运人的正本空运单的情况下，根据托运人上述指示行事，将对因此而受到损害的当事方承担赔偿责任。

六、空运单据正面表示及其签字要求

UCP 600 第 23 条 A 分条第 i 款规定，空运单据需表明承运人名称并由下列人员签署：承运人或承运人的具名代理或代表。

承运人或其代理人的任何签字必须表明其承运人或代理人的身份。代理人签字必须表明其系代表承运人签字。

(一) 承运人即航空公司名称必须在空运单据正面出现

银行将拒绝接受未能在单据正面注明承运人名称的空运单据，即使在单据背面注明了承运人身份也不行。

(二) 当承运人在空运单据上签字时

1. 单据正面没有写上“承运人”字样，则签字格应写“承运人”字样：

单据正面　　XYZ Air

签字格　　XYZ Air，Carrier

signature

2. 单据正面已写“承运人”字样以识别该当事人是“承运人”时，则签字格可以不写“承运人”。

单据正面　　XYZ Air，Carrier

签字格　　XYZ Air

signature

(三) 当代理人代理（或代表）承运人签字时

代理人必须写上自己的名称、身份，并必须表示所代理（或代表）的委托人名称、身份，如：

ABC Co. Ltd.，
as Agent for (or on behalf of)
XYZ Air，Carrier
signature

1. 当“承运人”一词没有写在单据正面时，签字人名称写法同上，即

ABC Co. Ltd.，
as Agent for (or on behalf of)
XYZ Air，Carrier
signature

2. 当“承运人”一词已经写在单据正面以识别该当事人是承运人时，下列签字人名称的三种表示方法中的任何一种均可适用。

(1) ABC Co. Ltd.，
as Agent for (or on behalf of)
XYZ Air，Carrier
signature

(2) ABC Co. Ltd.，
as Agent for (or on behalf of)
XYZ Air
signature

(3) ABC Co. Ltd.，
as Agent for (or on behalf of)

the Carrier
signature

如果信用证规定“航空分运单可接受”或“运输行/货代航空运单可接受”或有类似用语，则空运单据可由运输行以运输行的身份签字，而无须表明其为承运人或具名承运人的代理，无须显示承运人名称。（ISBP745 H3）

七、出具日期和发运日期

［案例9－6］
细说空运单据上的承运人

“表明出具日期”和“确定发运日期”两项在UCP 600第23条有着明确规定：

1. 表明出具日期。UCP 600第23条明确要求空运单据必须表示“出具日期（date of issuance）”。

2. 确定发运日期。UCP 600第23条规定空运单据的出具日期将被视为装运日期。如果空运单据载有表明实际起飞/发运日期（actual flight date/date of dispatch）的专门批注，则该批注中的日期将被视为发运日期，而不再以该单据的出具日期为准。根据UCP 600的这一规定，空运单据发运日期的确定方式与UCP 600提及的其他运输单据发运日期的确定方式就变得一致了。专门批注“起飞航班号BA123，日期8月23日（Flight BA 123 on 23 August），”则起飞/发运日期8月23日即被视为装运日。

此外，UCP 600第23条规定：空运单据中的任何其他与航班号和航班日期相关的信息将不被用来确定发运日期。这条规定的意思是，必须是对实际起飞/发运日期的专门批注上的日期才会被视为发运日期，空运单中其他任何地方显示的实际起飞/发运日期（例如空运单据上“仅供承运人使用for carrier use only”或类似栏内有关航班号和起飞/发运日期）并不能用来确定发运日期。要注意正确区分空运单据中“对实际起飞/发运日期的专门批注”和“任何其他与航班号和航班日期相关的信息”。

八、空运单据其他审核注意事项*

（一）注明货物收妥待运（accepted for carriage）

UCP 600第23条a（ii）要求空运单据表明货物已被收妥待运，这与关于提单条款的规定有所不同，不是表明货物“on board”。这是因为空运单据是航空公司或其代理人在接管货物后即签发，而不像海运单据那样在装船后签发。在空运实务中，承运人的运输责任从接收货物即告开始。根据《统一国际航空运输某些规则的公约》（《华沙公约》）的规定，空运承运人应对在空运期间所发生的货物灭失、损害或延误交货承担责任。而所谓的空运期间是指货物交由承运人掌管的整个期间，不论货物是在机场或是装上飞机，或是在机场外降落的任何地点。在机场外为了装卸、交货、转运而引起的货物灭失、损害，除了有相反的证据外，仍视为在空运期间发生的损害，承运人应承担责任。另外，由于海运从收妥货物到装上船舶的时间较长，因此要求批注已装船和日期，但航空运输从货物收妥待运到装上飞机，再到目的地机场，时间很短，时常货物先到，单据后到，因为提货不凭银行寄送的那份航空运单，所以在空运单据上只需注明收妥待运（accepted for carriage）就够了，其详细文句是：It is

* 为选学内容。

agreed that goods described herein are accepted in apparent good order and condition for carriage。有时拼装公司（Consolidator）的运输行签发的航空分运单没有注明“accepted for carriage”，银行不能接受这样的空运单据。

（二）起飞机场、目的地机场和 AWB 签发地

空运单据必须标明信用证要求的起飞机场和目的地机场，用 IATA 代码而非机场全称（例如，用 LHR 来代替伦敦希思罗机场 London Heathrow）表明机场名称不是不符点。（ISBP745 H10）

航空运单的起飞机场（airport of departure）与收货地（place of receipt）常是相同地点，然而航空运单的签发地点（place of issue）可以不同于起飞机场，UCP 600 对此两地不同并未加以禁止。ICC 459 案例 77 指出，如果信用证给出了起飞机场及/或目的地机场的地理区域或范围（例如任一欧洲机场），则空运单据必须表明实际的起飞机场及/或目的地机场，而且该机场必须位于信用证规定的地理区域或范围之内。（ISBP745 第 H11 段）

（三）转运和分运

转运是指在信用证规定的出发地机场到目的地机场之间的运输过程中，将货物从一架飞机上卸下，再装到另一架飞机上的行为。如果卸货和再装不是发生在起飞机场和目的地机场之间，则不视为转运。（ISBP745 第 H17 段）

UCP 600 第 23 条 c（ii）指出，即使信用证禁止转运，注明将要或可能发生转运的空运单据仍可接受。因为从起飞机场至目的地机场不可能经常都有直航，实际上转运是必需的。

如果信用证禁止分批装运，而提交了多份空运单据，涵盖从一个或多个出发机场（经信用证特别允许或在信用证给定的地理区域或机场范围内）的发送，只要单据涵盖的货物运输是用同一架飞机，经同一航程，前往同一目的地机场，则该单据可以接受。如果提交多份的空运单据而包含不同的装运日期，则以最晚的装运日期来计算交单期限，且该日期不得晚于信用证规定的最迟发运日期。（ISBP745 第 H19 段）

货装多架飞机进行的运输系部分发运，即使飞机在同日出发并飞往同一目的地也是分批装运。（ISBP745 第 H19 段）

（四）更正和更改

空运单据上的更正和更改必须经过证实。该证实须表面上看来是由承运人或其代理人所为（该代理人可以与出具或签署空运单据的代理人不同），只要注明其作为承运人的代理人身份即可。（ISBP745 第 H23 段）

（五）运费和额外费用

如果信用证要求空运单据注明运费已付（“预付”）或到目的地支付（“待收”），则空运单据必须有相应标注（ISBP745 第 H25 段）。申请人和开证行应明确要求单据是注明运费已付还是到付（ISBP745 第 H26 段）。如果信用证规定运费之外的额外费用不可接受，则空运单据不得表示运费之外的其他费用已产生或将要产生。此类表示可以通过明确提及额外费用或使用与货物装卸费有关的装运术语表达。运输单据上提到由于延迟卸货或货物卸载之后的延迟可能加收的费用，不属于此处所说的额外费用（ISBP745 第 H27 段）。

空运单据常常有单独的栏位，通过印就的标题分别标明“预付”运费和“到付”运

费。如果信用证要求空运单据表明运费已预付，则在标明“预付”运费或类似标题的栏位内填具运输费用金额即满足信用证要求。如果信用证要求空运单据表明运费到付，则在标明“待收运费”或类似标题的栏位内填具运输费用金额即满足信用证要求。（ISBP745 第 H26 段）

第六节　公路、铁路或内陆水运单据*

《国际公路货物运输合同公约》（*Convention on the Contract for the International Carriage of Goods by Road*，CMR）中对公路运单下的定义是：运输合同，是承运人收到货物的初步证据和交货凭证。公路运输单据有三种：CMR 国际内陆运输协会运单、公路运单（Road waybill）和汽车运输公司提单（Truck Company's Bill of Lading）。

铁路运输单据有《关于铁路货物运输的国际公约》（以下简称《国际货约》）的国际货运协运单和《国际铁路货物联运协定》（CIM，以下简称《国际货协》）的国际铁路货物联运单。我国是《国际货协》的成员国，我国的国际铁路运输业务采用《国际货协》的统一铁路运单。

根据《布达佩斯内河运输公约》，内陆水运单据是指一种以出具提单、运单或任何其他内陆水运贸易中使用的单据的形式，证明内陆水运合同和货物已经由承运人接管或装船的运输单据。

一、UCP 600 第 24 条适用

信用证要求提交公路、铁路或内陆水运单据者，则应符合信用证条款和满足 UCP 600 第24条要求，除非信用证具体条款排除第 24 条的任何规定，那时则应符合信用证条款，符合第 24 条被排除部分除外。

二、对于公路、铁路、内河水运单据表面审核要求

（一）把交来的单据当作正本接受

如果信用证要求铁路或内河运输单据，则不论提交的运输单据是否注明正本单据，都将作为正本单据接受。单据没有注明发出份数的，交来的单据当作全套发出。［UCP 600 第 24 条 b（iii）、第 24 条 c］

公路运输单据应该表明是发给托运人或发货人（Document is the copy for the shipper or consignor）的正本（见附式 9－15①），或者没有任何标记表明单据开给何人。［UCP 600 第 24 条 b（ii）］

对铁路运单而言（见附式 9－16），许多铁路运输公司的做法是仅向托运人或发货人提供加盖铁路公司印章的第二联（常常是拓印联 carbon copy），此联将作为正本接受。（ISBP745 第 J7 段）

实务中有时公路运输单据并没有指明哪一联是开给谁的，为便于操作，UCP 600 规定，

---

* 为选学内容。

在这种情况下也可以提交没有表明开给任何人的公路运输单据。但无论如何，提交的单据不应是显示开给承运人、收货人或其他人的那一联。

（二）运输单据的承运人与签字

1. 如果认定其为承运人，运输单据正面出现承运人名称（见附式 9 - 15④）。

2. UCP 600 第 24 条规定：如果铁路运输单据没有指明承运人，可以接受铁路运输公司的任何签字或印戳作为承运人签署单据的证据。在实务中，铁路运输公司出具的铁路运单往往只有签字或盖章，并不在运单上特别标注该铁路运输公司即为承运人。而作为铁路运输公司出具这种运输单据，不言自明该公司即为承运人。UCP 如果坚持规定铁路运输单据上必须标注承运人，反而是不符合实务操作的做法，会增添单据中出现不符点的机会。因此，UCP 600 增加了这一顺应实务的规定。

3. 单据的签字线及/或接收印章（Reception Stamp）或其他注明读为："承运人"或指名"代理人代理"或指名"代理人代表""承运人"。

（1）在运输单据正面如果承运人认定其身份是 Carrier，则承运人签字时，在单据的签字线上及/或接收印章或其他注明的承运人名称后面可以不是 Carrier。假定承运人名称是 ABC Line，以下举例是可以接受的：

①ABC Line　　②The carrier　　③ABC Line，the carrier
signature　　signature　　signature

如果运输单据正面没有认定其身份是 Carrier，则上述①要写 Carrier，②要写 ABC Line。

（2）承运人的代理人签字时，单据的签字线上或接收印章或其他注明必须表示代理人名称、身份和委托人名称、身份。举例如下：

Smith Forwarders
as agent for
ABC Line，the carrier
signature

运输单据正面如果承运人另行认定其身份是 Carrier，则上述签字中"the Carrier"可以不写。

如果运输单据表面已经以其他方式表明承运人的承运身份，则签字处无须加注"承运人"字样，但要看似由承运人或其代理人签署即可。《审核跟单信用证项下单据的国际标准银行实务》接受带有铁路公司或发运站日期章，但未显示承运人名称或代表承运人签署的代理人名称的铁路运单。(ISBP745 第 J4 段)

（三）单据注明收妥待运、发运、承运

单据上应注明货物已收妥待装运、发运或承运（Goods have been received for shipment，dispatch，or carriage)，或使用其他词表示相同意思（见附式 9 - 15⑦）。但是《国际公路货物运输合同公约》、载重汽车运单（Truck Consignment Note）和《国际铁路货物联运协定》、铁路运单（Railway Consignment Note）上面未注明上述词语。根据国际商会出版物第 511 号的规定，因为全部的权利、义务清楚地写在 CIM 和 CMR 公约上面，故此种运输单据虽表面没有注明上述词语，仍允许银行接受 CMR 或 CIM 单据。

附式 9-15 公路运输单据之一

TRUCK WAYBILL/BILL OF LADING　　　　不论其称谓如何

LETTRE DE VOITURE INTERNATIONALE (CMR) INTERNATIONAL CONSIGNMENT NOTE ②

Sender's Name, Address, Country – Expéditeur, nom, adresse, pays 1	Customs Reference Status – Référence/désignation pour mise en douane 2 Senders/Agents Reference Référence de l'expéditeur/de l'agent 3
Consignee's Name, Address, Country – Destinataire, nom, adresse, pays 4	Carrier (Name, Address, Country) Transporteur (nom, adresse, pays) 5 ④承运人名称
Place and date of taking over the goods (place, country, date) Lieu et date de la prise en charge des marchandises (lieu, pays, date) 6 收妥待运 ⑦	Successive Carriers (name, address, country) Transporteurs successifs (nom, adresse, pays) 7
Place designated for delivery of goods (place, country) Lieu prévu pour la livraison des marchandises (lieu, pays) 8 装运地与目的地 ⑨	This carriage is subject, notwithstanding any clause to the contrary to the Convention on the Contract for the International Carriage of Goods by Road (CMR) Ce transport est soumis nonobstant toute clause contraire à la Convention Relative au Contrat de Transport International de Marchandises par Route (CMR)

COPY 1 SENDER
COPY 2 CONSIGNEE
COPY 3 CARRIER
①

"NB FOR DANGEROUS GOODS INDICATE
1. CORRECT TECHNICAL NAME (PROPER SHIPPING NAME)
2. HAZARD CLASS
3. U.N. NUMBER
4. FLASH-POINT (IF ANY) IN C.

Marks and Nos; No. and Kind of Packages; Description of Goods* Marques et nos, et nature des colis, Désignation des marchandises* 9 ③在其表面＝这就是单据表面	Gross weight (kg) 10 Poids Brut (kg)	Volume (m3) 11 Cubage (m3)

Carriage Charges – Prix de transport 12	Sender's Instructions for Customs, etc. Instructions de L'Expéditeur (optional) 13
Reservations Réserves 14	Documents attached – Documents Annexés (optional) 15 Special agreements – Conventions particulières (optional) 16

Goods Received/Marchandises Recues 17	Signature of Carrier Signature du transporteur 18 Signed or otherwise authenticated ⑤ ⑥签字或证实	Company completing this note Société émettrice 19 Place and Date, Signature Lieu et date, Signature 20 ⑧装运日

没有注明发出份数，因此当做全套发出

✪ 附式 9－16 铁路运输单据（Specimen of a rail transport document）

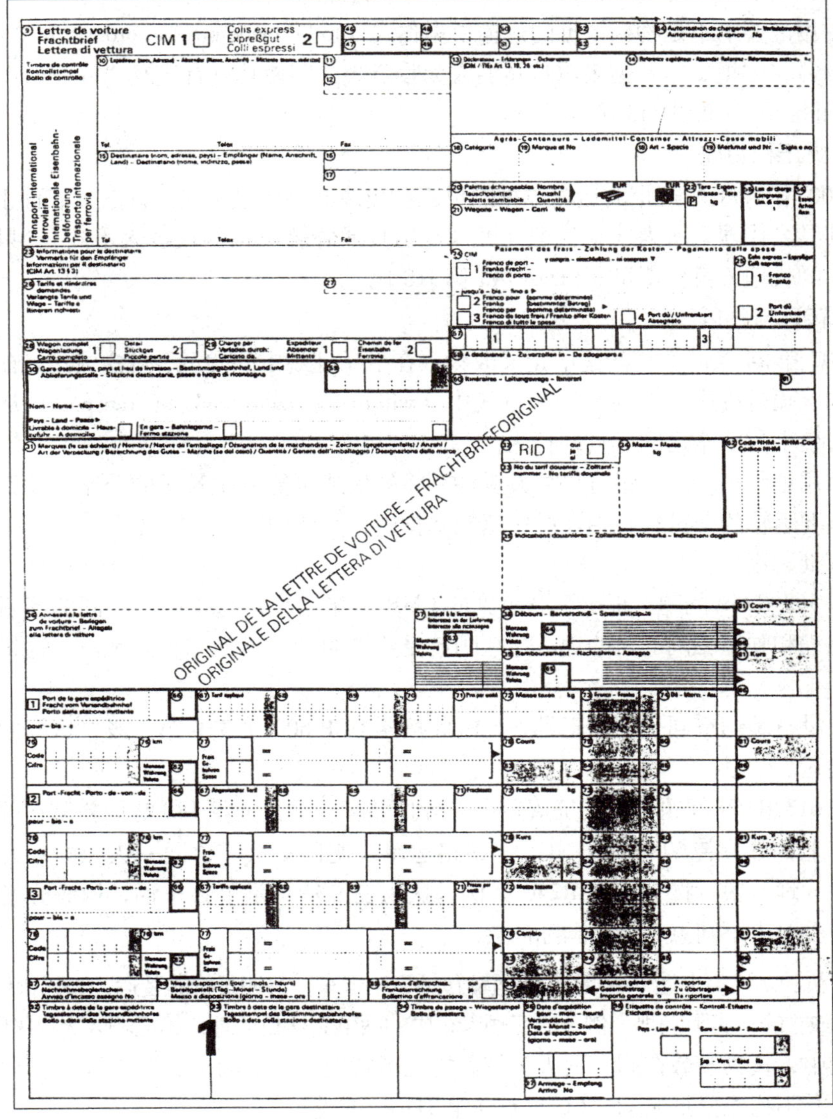

Lettre de voiture
Frachtbrief
Lettera di vettura
CIM 1
Colis express
Expreßgut
Colli espressi 2
Timbre de contrôle
Kontrollstempel
Bollo di controllo
Transport international ferroviaire
Internationale Eisenbahnbeförderung
Trasporto internazionale per ferrovia
Tel
Telex
Fax
Destinataire (nom, adresse, pays) – Empfänger (Name, Anschrift, Land) – Destinatario (nome, indirizzo, paese)
Agrès-Conteneurs – Lademittel-Container – Attrezzi-Casse mobili
Catégorie
Marque et No
Art – Specie
Merkmal und Nr – Sigla e no
Palettes échangeables
Tauschpaletten
Palette scambiabili
Nombre
Anzahl
Quantità
EUR
Wagons – Wagen – Carri No
Paiement des frais – Zahlung der Kosten – Pagamento delle spese
Franco de port –
Franko Fracht –
Franco di porto –
Port dû / Unfrankiert
Assegnato
RID
ORIGINAL DE LA LETTRE DE VOITURE – FRACHTBRIEFORIGINAL
ORIGINALE DELLA LETTERA DI VETTURA
1

（四）发运日期（date of shipment）

参照 UCP 600 第 24 条 a（ii）的规定：运输单据的出具日期将被视为发运日期（见附式 9－15⑧），除非运输单据上盖有带日期的收货印戳，或注明了收货日期或发运日期。

（五）发运地与目的地（place of shipment and destination）

运输单据上必须表示信用证规定的发运地和目的地（见附式 9－15⑨）。

（六）必须作成记名收货人

公路运单、铁路运单不是物权单据，仅是货物收据和运输合约，不能背书转让。在公路和铁路运输方式下，把货物直接运交记名收货人。当货物到达目的地，经证明身份即可交货给收货人。通常以申请人作为记名收货人，有时公路运单经开证行同意，以开证行作为公路运单收货人，便于银行控制申请人，偿付后开证行才能交货给申请人。

即使信用证要求不是物权单据的运输单据作成（to be made out “to order” or “to order of” a namedentity），如提交的单据表明该具名人为收货人，即使其没有述及 “to order” or “to order of” 也可接受。（ISBP745 第 J8 段）

（七）更正和更改

UCP 600 第 24 条所规定的运输单据的更正和更改必须经过证实。证实须表面上看来似由承运人或其具名代理人所为（该代理人可以与出具或签署单据的代理人不同），只要表明其作为承运人的代理人身份即可。（ISBP745 第 J18 段）

（八）转运与分运

UCP 600 第 24 条 d 款将转运的定义改为：在信用证规定的发运、发送或运送的地点到目的地之间的运输过程中，在同一运输方式中（within the same mode of transport）从一个运输工具卸下再装上另一个运输工具的行为。

即使信用证禁止转运，银行仍可接受注明将转运或可能发生转运的公路、铁路或内河运输单据，只要运输的全过程包括在同一运输单据内，并使用同一运输方式。

关于分批装运：

1. ICC 565 R240 问题：提交三张单独的 CMR 卡车运单，每张注明不同的载货卡车，但是相同的路程和驶至相同的目的地，还注明接受监管的相同日期和相同地点，这样是否成为分批装运？

结论：没有装运在同一运输工具上，因此按照 UCP 600 第 31b 第 2 段，这样的装运被认为是分批装运。

2. ICC 613 R369 问题：信用证规定不许分批装运，受益人将 180 吨面粉装在同一列火车的三节货车上，每节装 60 吨，发出三份铁路运单表明同一火车、同一天、同一方向、同一发运地和目的地。银行援引上述 R240 案例，认为三节货车是单独车辆，构成分批装运，是个不符点，受益人不同意，询问国际商会。

分析和结论：上述 R240 案例的运输包括三辆卡车，每辆货物的装运、实际行程和到达情况都是相互独立的，实际上那个例子的三辆卡车中的两辆到达目的地，第三辆因火灾被毁坏了。

此案例中，货物装载在同一列火车带着的三节货车，属于同一火车、同一行程、同一目的地交货，并不构成分批装运。（UCP 600 第 31b 第 1 段）

联系以上两个案例，ISBP745 第 J13 段说明：由多运输工具（多辆卡车、多列火车、多艘轮船等）进行的运输即为分批装运，即使这些运输工具同日出发并驶往同一目的地。

第七节　快递收据、邮政收据或投邮证明*

快递收据是由空运公司或快递公司签发给托运人，表明收到货物并将按约定向指定的收

* 为选学内容。

货人交付货物的运输单据。

邮政收据或投邮证明是盖有邮戳的、由邮政当局在收受对外邮寄发送的货物后签发给寄件人的单据。

一、快递收据

快递运输机构与包裹运输的一家邮局机构不同，由几家机构发出的快邮或专递收据的名称不同，有的是 Shipment Air Waybill，也有的是 DHL Forwarder Airbill（见附式 9－17），还有

附式 9－17

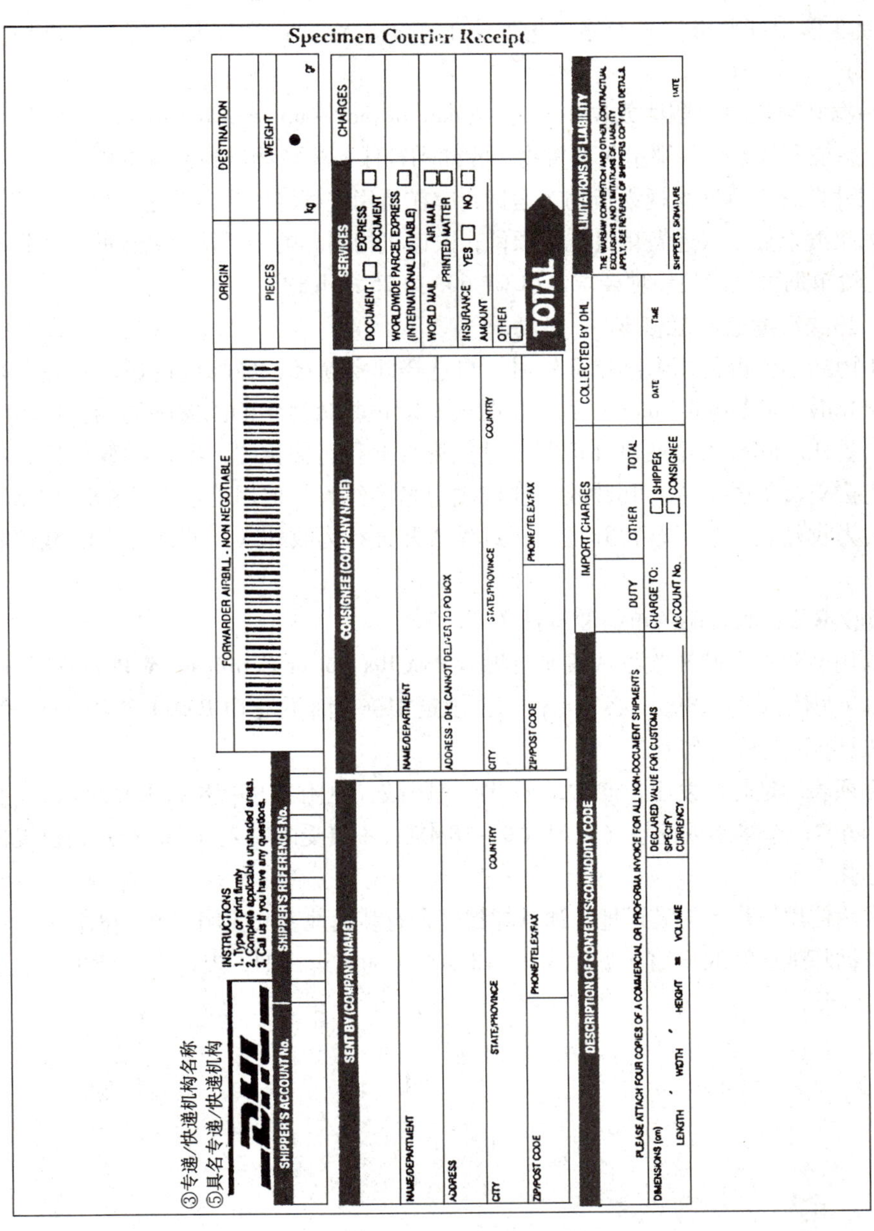

Specimen Courier Receipt

③专递/快递机构名称
⑤具名专递/快递机构

DHL
INSTRUCTIONS
1. Type or print firmly
2. Complete applicable unshaded areas.
3. Call us if you have any questions.

SHIPPER'S ACCOUNT No. | SHIPPER'S REFERENCE No.

FORWARDER AIRBILL - NON NEGOTIABLE

ORIGIN | DESTINATION
PIECES | WEIGHT kg g

SENT BY (COMPANY NAME)
NAME/DEPARTMENT
ADDRESS
CITY | STATE/PROVINCE | COUNTRY
ZIP/POST CODE | PHONE/TELEX/FAX

CONSIGNEE (COMPANY NAME)
NAME/DEPARTMENT
ADDRESS - DHL CANNOT DELIVER TO PO BOX
CITY | STATE/PROVINCE | COUNTRY
ZIP/POST CODE | PHONE/TELEX/FAX

SERVICES | CHARGES
DOCUMENT: ☐ EXPRESS DOCUMENT ☐
WORLDWIDE PARCEL EXPRESS (INTERNATIONAL DUTIABLE) ☐
WORLD MAIL AIR MAIL ☐ PRINTED MATTER ☐
INSURANCE YES ☐ NO ☐
AMOUNT
OTHER ☐
TOTAL

DESCRIPTION OF CONTENTS/COMMODITY CODE
PLEASE ATTACH FOUR COPIES OF A COMMERCIAL OR PROFORMA INVOICE FOR ALL NON-DOCUMENT SHIPMENTS
DIMENSIONS (cm) LENGTH , WIDTH , HEIGHT = VOLUME
DECLARED VALUE FOR CUSTOMS SPECIFY CURRENCY

IMPORT CHARGES
DUTY | OTHER | TOTAL
CHARGE TO: ☐ SHIPPER ☐ CONSIGNEE
ACCOUNT No.

COLLECTED BY DHL
DATE | TIME

LIMITATIONS OF LIABILITY
THE WARSAW CONVENTION AND OTHER CONTRACTUAL EXCLUSIONS AND LIMITATIONS OF LIABILITY APPLY. SEE REVERSE OF SHIPPER'S COPY FOR DETAILS.
SHIPPER'S SIGNATURE | DATE

Express Mail Service－EMS。快递收据不是物权单据，不可流通转让，货物直接交给收件人。

快递收据的审核要点：

1. 快递收据不论其称谓如何，不必使用名称“专递收据/单据（courier receipt /document）”。

2. 单据上必须表示专递机构名称（name of courier/service），以便知道是谁在运送货物。

信用证如果要求指名专递公司发运，该机构名称必须在单据上表明。

3. 单据表面必须表示具名专递机构的印章或签字或用其他方式证实。

4. 除非信用证要求指名专递机构发出的单据，否则银行接受任何专递机构发出的单据。

5. 单据必须表示“取件或收件日期”（date of pick－up or of receipt），或使用类似词语。取件指专递公司从寄件人那里收取货物，收件指寄件人将货物送到专递机构。

6. 取件或收件日期被视为货物装运日，应在信用证规定的最迟装运日以前或当天。

7. 如果要求显示快递费用付讫或预付，快递机构出具的表明快递费由收货人以外的一方支付的运输单据可以满足该项要求。（UCP 600 第 25 条 b 款）

二、邮政收据或投邮证明

小件物品不值得使用海陆空运输时，可选择邮寄途径，经邮局运送。凡是参加万国邮政联盟（Universal Postal Union）的成员国或有双边邮政协定的国家邮局均受理国际包裹邮寄业务的委托。邮政收据或投邮证明仅是货物收据和运输合约，不是物权单据，不可流通转让，直接交货给收货人。邮政收据要作成记名收件人，信用证项下的邮政收据，既可作成申请人为收件人，也可征得开证行同意作成开证行为收件人，使开证行能够控制申请人的偿付。

邮政收据或投邮证明的审核要点：

1. 信用证要求“邮政收据或投邮证明（Post Receipt or Certificate of Posting）”所提交的单据名称（见附式 9－18②）必须与信用证规定相符，而不是 UCP 600 第 19 条至第 24 条关于运输单据不论其称谓如何。

2. 必须表示是邮局发出，通常是邮局加盖印戳（见附式 9－18 右上角邮戳），有时在单据底部跟随着一个签字或简签（见附式 9－18④），不接受邮寄人（Sender）自己发出或证实的投邮证明。

3. 表示信用证规定的装运地，通常邮戳也含有装运地名（见附式 9－18④⑤）。

4. 单据邮戳注明的日期（见附式 9－18⑥）视为装运日期，应在信用证规定最迟装运日期以前或当天。

✪ 附式 9－18 邮政收据或邮寄证明（Poreel post receipt of Certificate of Posting）

单据名称 ⑤信用证规定装运地

A post receipt or ② certificate of posting

HONG KONG 29.10.20 ④ 装运地戳记

LIST OF PARCELS

Posted by Beneficiary Ltd. Hong Kong ⑤信用证规定装运地

Date 装运日期 ⑥

Time

⑥ 邮戳表示的装运日期

	Serial No.	FULL NAME AND ADDRESS AS SHOWN ON PARCEL	Postage Paid
1			
2			
3		③在其表面＝这就是单据表面	
4	Hong Kong		
5			
6			
7	HongKong		
8			
9			
0	Hong Kong		
1			
2			
3	Hong Kong		
4			
5			
6	Hong Kong	Marked:-	
7		IET	
8		⑤信用证规定装运地	
9	Hong Kong		
0		Made In Hong Kong	
1			
2			

List checked at the Post Office

印章或其他方式证实 ④

Signature of Checking Officer.

Note for Checking Officer - Any unused spaces on the form must be cancelled.

第八节　运输单据综述

一、主要运输单据的特点

表9－2　主要运输单据的特点

名　称	特　点
涵盖至少两种不同运输方式（多式）的运输单据 适用 UCP 600第19条	单据包括两种或两种以上运输方式 陆海联运后段是海运(包括或不包括海运的后段是内陆)——可流通的，物权——有 后段不是海运——不可流通的，物权——无 如果是可流通的，凭一张正本提单交货 如果是不可流通的，货交指名收货人
海运/海洋提单 适用 UCP 600第20条	可流通的运输单据，包括港至港海运运程 凭一张正本可流通提单交货 物权——有
不可流通转让海运单 适用 UCP 600第21条	不可流通的运输单据，包括港至港海运运程 货交指名收货人 物权——无
租船合约提单 适用 UCP 600第22条	可流通性受到租船合约的约束 按照租船合约要求交货 物权取决于租船合约
空运单据 适用 UCP 600第23条	仅有一种运输方式的不可流通的运输单据 货交指名收货人 物权——无
公路、铁路或内河水运单据 适用 UCP 600第24条	仅有一种运输方式的不可流通的运输单据 货交指名收货人 物权——无
快递收据、邮政收据或投邮证明 适用 UCP 600第25条	包括邮局或专递公司发货的不可流通单据 货交指名收货人 物权——无

表9－3　各种运输单据性质比较

比较项目 \ 单据名称		海运提单	公路、铁路或内陆水运单据	空运单据	快递收据、邮政收据或投邮证明	多式运输单据
作用	物权	是	不是	不是	不是	是
	收据	是	是	是	是	是
	合同	是	是	是	是	是
抬头做法		都可以	记名	记名	记名	都可以
注明的接管方式		装船	收货/发运	收货/发运	收货/发运	收货/发运/装船
签发人		承运人或其代表；船长或其代表	公路、铁路或内陆水运公司	承运人或其代表	快递运输机构或邮政当局	承运人或其代表；船长或其代表
签发方式		签章及其他允许的方式	日戳	签字	日戳	签章及其他允许的方式

二、运输单据的清洁问题

在所有的结算单据中，运输单据有其独特的重要性。有的运输单据如海运指示提单（order B/L）和空白提单（open B/L）等都代表货物所有权，能转让流通；有的运输单据如航空运单及邮政收据等，虽不能提取货物，但也可以作为结算货款的重要依据。因此，是否是清洁运输单据，就显得特别重要。

什么是清洁运输单据？UCP 600 第 27 条说明：清洁运输单据系指未载有明确宣称货物及/或包装状况有缺陷的条文或批注的运输单据。

承运人/代理对货物承担的责任是从货物收妥、接受监管或装船后才开始的，对于之前发生的货损不负责任。所以，为了保护自己，承运人/代理收受货物时都要将货物及其包装的缺陷状况标注在运输单据上。

换言之，运输单据没有缺陷状况批注者，表明承运人交出的货物或包装表面状况良好，收货人才能接受。故 UCP 600 第 27 条强调，银行只接受清洁运输单据（A bank will only accept a clean transport document）。

国际商会出版物第 473 号"清洁运输单据（Clean Transport Document）"指出，常见的条文或批注将使运输单据不清洁（见附式 9 - 17），例如：

货物内容渗漏（Contents leaking）

货物内容弄污包装（Packaging soiled by contents）

包装破碎/穿孔/撕破/损坏（Packaging broken/holed/torn/damaged）

包装被玷污（Packaging contaminated）

货物被损坏/被刮擦（Goods damaged/scratched）

货物受摩擦/被撕坏/变形（Goods chafed/torn/deformed）

包装严重凹进（Packaging badly dented）

包装损坏——货物内容外露（Packaging damaged—contents exposed）

包装不足（Insufficient packaging）

若干箱短装（× cases short shipped）

以下批注不会造成运输单据不清洁，如：

未加保护（Unprotected）

未装箱（Unboxed）

部分有保护（Partly protected）

使用旧的包装材料（Old packaging materials used）

钢铁货物可能生锈（Iron and steel shipments may be caused rusty）

以上情况本身并没有使运输单据不清洁，但是容易产生麻烦，应在信用证中表示可否接受，比如钢铁货物批注"生锈（rusty）"，这要看生锈程度如何，如果严重生锈必然引起拒付，故应在信用证中表示可否接受。

如果海运提单开头文句写明：

收到货物或包装物表面状况良好（除非这里另有批注）

Received the goods or packages in apparent good order and condition (unless otherwise noted herein)

或者已装上船的、表面状况良好的（除非这里另有说明）货物或包装物

Shipped on board the vessel in apparent good order and condition (unless otherwise stated herein) the goods or packages

这里说明货物表面状况良好，能使收货人认为承运人已对货物进行了合理检查，从中未发现缺陷，该提单被视为清洁的。可是对于上述文句中的“（除非这里另有批注）”，如果真在提单上批注货物及/或包装的缺陷状况（如本节所述文句），则该提单将被视为不清洁（见附式9－19）。例如，提单上批注“20 辆汽车中有 7 辆严重刮擦（7 out of 20 cars badly scratched）”，这就成为不清洁的提单了。

附式 9－19　不清洁运输单据

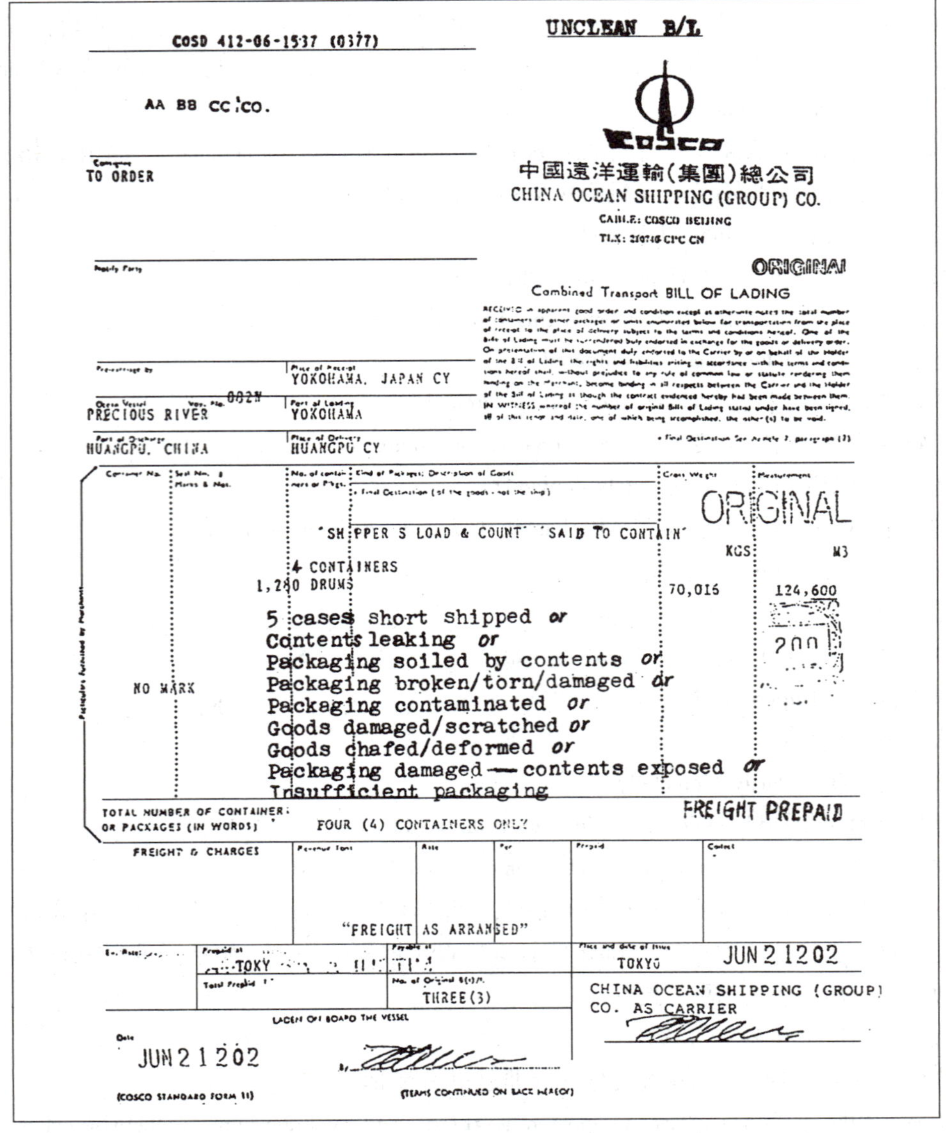

UNCLEAN B/L

COSD 412-06-1537 (0377)

AA BB CC CO.

Consignee
TO ORDER

Notify Party

COSCO
中國遠洋運輸(集團)總公司
CHINA OCEAN SHIPPING (GROUP) CO.
CABLE: COSCO BEIJING
TLX: 210740 CPC CN

ORIGINAL

Combined Transport BILL OF LADING

RECEIVED in apparent good order and condition except as otherwise noted the total number of containers or other packages or units enumerated below for transportation from the place of receipt to the place of delivery subject to the terms and conditions hereof. One of the Bills of Lading must be surrendered duly endorsed in exchange for the goods or delivery order. On presentation of this document duly endorsed to the Carrier by or on behalf of the Holder of the Bill of Lading, the rights and liabilities arising in accordance with the terms and conditions hereof shall, without prejudice to any rule of common law or statute rendering them binding on the Merchant, become binding in all respects between the Carrier and the Holder of the Bill of Lading as though the contract evidenced hereby had been made between them. IN WITNESS whereof the number of original Bills of Lading stated under have been signed, all of this tenor and date, one of which being accomplished, the other(s) to be void.

* Final Destination See Article 7, paragraph (2)

Pre-carriage by | Place of Receipt: YOKOHAMA, JAPAN CY
Ocean Vessel: PRECIOUS RIVER | Voy. No. 002N | Port of Loading: YOKOHAMA
Port of Discharge: HUANGPU, CHINA | Place of Delivery: HUANGPU CY

Container No. | Seal No. & Marks & Nos. | No. of containers or P'kgs. | Kind of Packages; Description of Goods | Gross Weight | Measurement

Final Destination (of the goods - not the ship)

ORIGINAL

"SHIPPER'S LOAD & COUNT" "SAID TO CONTAIN"

KGS | M3

4 CONTAINERS
1,280 DRUMS | 70,016 | 124,600

NO MARK

5 cases short shipped or
Contents leaking or
Packaging soiled by contents or
Packaging broken/torn/damaged or
Packaging contaminated or
Goods damaged/scratched or
Goods chafed/deformed or
Packaging damaged — contents exposed or
Insufficient packaging

Particulars furnished by Merchants

TOTAL NUMBER OF CONTAINERS OR PACKAGES (IN WORDS): FOUR (4) CONTAINERS ONLY

FREIGHT PREPAID

FREIGHT & CHARGES | Revenue Tons | Rate | Per | Prepaid | Collect

"FREIGHT AS ARRANGED"

Ex. Rate | Prepaid at: TOKYO | Payable at | Place and date of issue: TOKYO JUN 2 1202
Total Prepaid | No. of Original B(s)/L: THREE (3)

CHINA OCEAN SHIPPING (GROUP) CO. AS CARRIER

LADEN ON BOARD THE VESSEL

Date: JUN 2 1 202

By

(COSCO STANDARD FORM 11)

(TERMS CONTINUED ON BACK HEREOF)

承运人可将未明确提及的货物及/或包装状况的条款加列在提单上，包括关于付款、交货、提交单证、承运人免责等声明，这些声明均不会使提单不清洁。

“包装状况可能无法满足海运航程（Packaging may not be sufficient for the sea journey）”的声明不构成不符点；但是，如果“包装状况无法满足海运航程（Packaging is not sufficient for the sea journey）”的声明则是不能接受的。

信用证要求清洁已装船提单无须出现“清洁”字样。如果出现“清洁”字样又被删除者，并不视为有了不清洁的批注。

由于不清洁运输单据对货款的回收影响甚大，所以托运人（供货方）要对出现不清洁运输单据严加防范。在货物装运前，必须切实检查货物的质量和包装，而无论货物是集装箱装运或采用单件运输包装。一旦发现货物本身或包装有破损、“跑冒滴漏”现象时，要立即采取紧急措施，加以补救，杜绝承运人签发不清洁运输单据。

三、与运输单据有关的注意事项

（一）UCP 600 运输条款不适用的单据

与货物运输有关的一些常见单据，例如：

1. 交货单（Delivery Order）；
2. 运输行收货证明（Forwarder's Certificate of Receipt）；
3. 运输行装运证明（Forwarder's Certificate of Shipment）；
4. 运输行运输证明（Forwarder's Certificate of Transport）；
5. 运输行承运货物收据（Forwarder's Cargo Receipt）；
6. 大副收据（Mate's Receipt）。

以上都不是运输合同关于从装运日起算的最迟交单日期的规定的反映，不是 UCP 600 第 19 条到第 25 条规定的运输单据。因此，UCP 600 第 14 条 C 不适用于这些单据，应以审核 UCP 600 没有特别规定的其他单据相同的方式审核这些单据，即适用 UCP 600 第 14 条。在任何情况下，单据必须在信用证有效期内提交。

UCP 600 第 14 条“单据审核标准”中 L 款规定：运输单据可以由任何人出具，无须为承运人、船东、船长或租船人，只要其符合第 19、第 20、第 21、第 22、第 23 或第 24 条的要求。

（二）运输单据副本

运输单据的副本并不是 UCP 600 第 19 条到第 25 条所指的运输单据。UCP 600 关于运输单据的条款仅适用于有正本运输单据提交时，如果信用证允许提交副本而不是正本单据，则信用证必须明确规定应当显示哪些细节。当提交副本（不可流通的）单据时，无须显示签字、日期等。（ISBP745 第 A6 段）

［案例 9－7］
副本提单的两种提交方式探析

（三）单据预留签字空格

单据上有专供签字的方框或空格并不必然意味着这一方框或空格必须有签字。例如，在运输单据如航空运单或铁路运输单据中，经常会有一处标明“发货人或其代理人签字

(Signature of shipper or their agent)”或类似用语，但银行并不要求在该处有签字。如果单据表面要求签字才能生效，如有“单据无效除非签字（This document is not valid unless signed)”或类似规定，则必须签字。(ISBP745 第 A37 段)

（四）UCP 600 未定义的用语 （ISBP745 第 A19 段）

“装运单据”“过期单据可接受”“第三方单据可接受”“第三方单据不可接受”“出口国”“船公司”以及“所交单据可接受”这些用语不应在信用证中使用，因为 UCP 600 对此未做定义，然而，如果信用证中仍然使用了这些用语且没有解释其含义，那么根据国际标准银行实务，其含义如下：

1. 装运单据，指信用证要求的所有单据，但不包括汇票、电讯传递报告以及证实寄送单据的快递收据，邮政收据或邮寄证明。

2. 过期单据可接受，指单据可以晚于装运日后 21 个日历日提交，只要其不晚于信用证的失效日期。这在信用证明确规定的交单期限和“过期单据可接受”这一条件时也适用。

3. 第三方单据可接受，指信用证或 UCP 600 未规定出具人的所有单据，除汇票外，可以由受益人之外的具名的个人或实体出具。

4. 第三方单据不可接受，这种规定没有意义并将不予理会。

5. 出口国，指下述的国家之一：受益人居住地国、货物原产地国、承运人货物接受地国、货物装运地或发送地国。

6. 船公司，指用于与运输单据有关的证明书、证明或申明中的出具人时，指以下的任何一方：承运人；船长；或如系提交租船提单，则为租船提单的船长、船东或租船人；或表明作为上述任何一方的代理人身份的任何实体，不管其是否出具或签署了所提交的运输单据。

所交单据可接受，指交单可以包括一种或多种所规定的单据，只要其在信用证的有效日期之内提交，且支款金额在信用证的可兑用范围之内。单据将不另行根据信用证或者 UCP 600审核其相符性，包括是否提交所要求的正本或副本份数。

第十章
其他单据

本章学习要点

- 掌握信用证项下汇票、商业发票、保险单据、原产地证明书的基本概念和主要内容；
- 熟悉信用证项下各单据的主要作用；
- 了解信用项下各单据的审核要点。

本章知识结构

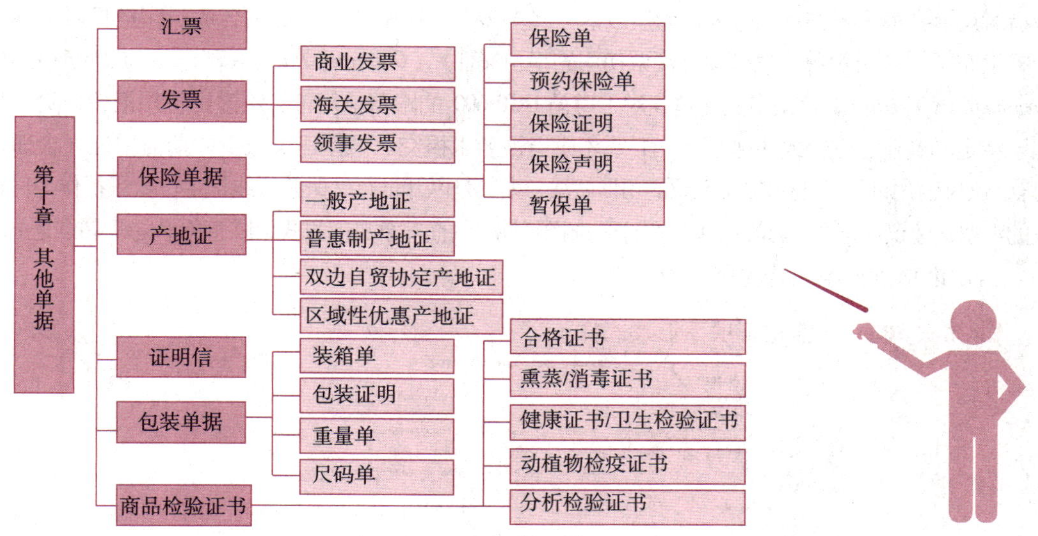

在国际贸易结算中，单据占有非常重要的地位。尽管国际贸易是货物的买卖，但在结算与贸易融资中体现的却是单据的流通与买卖。在信用证结算方式下，单据的作用表现得更为突出，各方处理的都是单据，而不是货物。

除了本书第九章详述的运输单据外，贸易实务中涉及的单据种类还有很多，本章将一一细述。

第一节　信用证项下的汇票

信用证项下的汇票作为卖方索要款项的票据，是重要的索款和融资凭证。

一、信用证项下的汇票简述

商业信用证项下的汇票是由出口商开给银行（该行代表进口商）的书面的无条件支付命

令，即经发出命令的出口商签名，要求接受命令的银行立即或定期或在可以确定的将来时间把一定金额的货币支付给出口商自己或其指定之人。

A bill of exchange under commercial letter of credit is an unconditional order in writing addressed by the exporters to the bankers (on behalf of the importers) signed by the exporters giving it, requiring the bankers to whom it is addressed to pay on demand or at a fixed or determinable future time a sum certain in money to, or to the order of, exporters themselves.

汇票作为支取信用证金额的凭证，附在汇票下面的是全套单据，故也称为跟单汇票。汇票是票据的一种，不同于一般意义上的商业单据，但是在信用证交易时，受益人为支取货款而出具的汇票，像信用证要求的单据一样，必须符合信用证的有关规定。银行在审核信用证项下的单据时也需要审核汇票，就像审核其他单据一样。

汇票通常一式两联，但债务只有一笔，实务中为了避免重复付款，在汇票的第一联中常有“Second of Exchange Being Unpaid”字样，而在第二联中则相应地有“First of Exchange Being Unpaid”字样，俗称“付一不付二，付二不付一”。

与以往相比，实务中凭借汇票在信用证下索款的意义已没有那么重要，而信用证下提交的汇票有时反而会成为不符点的原因。为适应这一实务变化，国际商会在征询各成员国意见后于2019年初发布了《关于跟单信用证项下汇票使用的指引文件》(*Guidance Paper – The Use of Drafts Under Documentary Credit*)。该指引文件建议对于遵循UCP 600的跟单信用证，不鼓励使用汇票，除非是出于特定的商业、监管或法律原因，汇票才应当被要求提交。具体建议减少即期信用证（含即期付款/议付信用证）下要求提交汇票的习惯做法，尤其是以开证行、保兑行或指定付款银行作为付款人的汇票；建议银行开立远期跟单信用证时选择延期付款而非承兑的方式，以避免承兑汇票的提交。

信用证项下汇票式样见附式10－1。

附式10－1　信用证项下汇票式样

BILL OF EXCHANGE

No. BD2020-1

For US$22,292.00　　　　Shanghai Sep.15,2020
(amount in figure)　　　　(place and date of issue)

At ****************** sight of this FIRST Bill of exchange (SECOND being unpaid)

pay to the Order of Bank of China, Shanghai Branch

the Sum of Say US Dollars Twenty Two Thousand Two Hundred and Ninety Two Only
(amount in words)

Value received for 2008 PIECES of MAIL BOX
(quantity)　(name of commodity)

Drawn under Bank of Tokyo-Mitsubishi Ufj, Ltd., Tokyo, Japan

L/C No. 41-5864118-234　Dated Jul.18,2020

To: Bank of Tokyo-Mitsubishi Ufj, Ltd.,
Tokyo, Japan

For and on behalf of
Shanghai United Import & Export Co.,Ltd
钱　程
(Authorized Signature)

BILL OF EXCHANGE

No. BD2020-1

For US$22,292.00　　　　Shanghai Sep.15,2020
(amount in figure)　　　　(place and date of issue)

At ****************** sight of this SECOND Bill of exchange (FIRST being unpaid)

pay to the Order of Bank of China, Shanghai Branch

the Sum of Say US Dollars Twenty Two Thousand Two Hundred and Ninety Two Only
(amount in words)

Value received for 2008 PIECES of MAIL BOX
(quantity)　(name of commodity)

Drawn under Bank of Tokyo-Mitsubishi Ufj, Ltd., Tokyo, Japan

L/C No. 41-5864118-234　Dated Jul.18,2020

To: Bank of Tokyo-Mitsubishi Ufj, Ltd.,
Tokyo, Japan

For and on behalf of
Shanghai United Import & Export Co.,Ltd
钱　程
(Authorized Signature)

二、信用证项下汇票的审核要点

跟单信用证汇票必须要式齐全，并需特别注意以下项目。

（一）出票地点

出票地点（Place of Issue）对国际汇票具有重要意义，因为票据是否成立是以出票地的法律来衡量的。汇票的出票地点应是出票人所在的地点，因此出票地点应与出票人地址的城市名称一致。但是票据不注明出票地也成立，此时出票人的地址就视为出票地点。

（二）出票日期

出票日期（Date of Draft）有三个重要作用：一是决定票据的有效期。《日内瓦统一法》规定，即期汇票的一年有效期是从出票日起算的。二是决定票据的到期日。计算出票后远期汇票的到期日必须知道出票日期。三是决定出票人的行为能力。若出票时法人已宣告破产或清理，已丧失行为能力，则票据不成立。

信用证项下汇票的出票日期不得超过信用证的有效日期和最迟交单期。

（三）汇票期限

汇票期限（Tenor of Draft）就是汇票的付款时间（Time of Payment），应符合信用证规定。根据汇票期限的不同，汇票可以分为：

1. 即期汇票（Sight Bills of Exchange/Demand Draft），是指付款人在审单相符日立即付款的汇票。填写方法：在期限空格内用“***”或“———”表示，或直接打上“At Sight”。

2. 远期汇票（Usance/Term/Time Bills of Exchange），又叫定期付款的汇票。远期汇票的期限分为四种：（1）见票或承兑后定期付款（a fixed period after sight or acceptance），如“At 30 days after sight/acceptance”。（2）出票日后定期付款（a fixed period after date ×××），如“At 30 days after date ×××”。（3）提单日后或装运日后定期或交单定期（a fixed period after shipment/presentation date），如“At 30 days after B/L date SEP. 16, 2020”或“At 30 days after date of presentation of documents”。（4）固定日期（a fixed date），如“Payable on NOV. 21, 2020”。

3. 计算到期日。如果汇票不是见票即期付款或见票后远期付款，则必须能够从汇票自身内容确定到期日。（ISBP745 第 B2 段 b 条）

汇票到期日的一般计算方法是“算尾不算头”，本书第二章已经详述。

UCP 600 第 3 条关于日期计算是这样解释的：

“在或大概在（on or about）”或类似用语将被视为规定事件发生在指定日期的前后五个日历日之间，起讫日期计算在内。

“至（to）”“直至（until，to）”“从……开始（from）”及“在……之间（between）”等词用于确定发运日期时包含提及的日期，使用“在……之前（before）”及“在……之后（after）”时则不包含提及的日期。

“从……开始（from）”及“在……之后（after）”等词用于确定到期日时不包含提及的日期。

“前半月”及“后半月”分别指一个月的第一日到第十五日及第十六日到该月的最后一日，起讫日期计算在内。

一个月的“开始（beginning）”“中间（middle）”及“末尾（end）”分别指第一日到第十日、第十一日到第二十日及第二十一日到该月的最后一日，起讫日期计算在内。

特殊情况的计算方法，如下所述。

如果信用证要求汇票票期为，例如，提单日之后60日或从提单日开始60日，而提单上有多个已装船批注，且所有已装船批注均显示货物从信用证允许的地理区域或地区内的港口发运，则将使用最早的装船日计算汇票到期日。例如，信用证要求从欧洲港口发运，提单显示货物于8月16日在都柏林装上A船，于8月18日在鹿特丹装上B船，则汇票到期日应是在欧洲港口的最早装船日，也就是8月16日起的60天。（ISBP745 第B2段e条）

如果信用证要求汇票票期为，例如，“提单日之后60日”或“从提单日开始60日（at 60 days after or from bill of lading date）”（“之后”或“从”均按次日起算其到期日），而一张汇票项下提交了多套提单，则最晚的提单日将被用来计算汇票的到期日。（ISBP745 第B2段e条）

由此可见，信用证项下汇票的到期日计算方法与光票还是有所不同的。

如果汇票使用实际日期表示到期日，则该日期必须为按信用证要求计算而得。（ISBP745 第B4段）

如果汇票是“见票后×××日”，则到期日应按如下方法确定：

（1）对于相符的单据，或虽不相符但付款银行未曾发出拒付通知的单据，到期日为付款银行收到单据后的第×××日。（ISBP745 第B5段a条）

（2）对于付款银行已发过拒付通知但随后又同意接受的不符单据，到期日最迟为付款银行承兑汇票日后的第×××日。该汇票的承兑日不得晚于开证行接受申请人对不符点的放弃的日期。（ISBP745 第B5段b条）

在所有情况下付款银行均须向交单人通知汇票到期日。上述票期和到期日的计算也适用于延期付款信用证，即也适用于不要求受益人提交汇票的情形。（ISBP745 第B6段）

只要到期日是付款地的银行工作日，款项应于到期日在汇票或单据的付款地以立即能被使用的资金支付。如果到期日不是银行工作日，则付款日为到期日后的第一个银行工作日。付款迟延，如宽限期（Grace Days）、汇款过程所需时间等不得附加于汇票或单据所载明或约定的到期日之外。（ISBP745 第B7段）

（四）收款人

汇票上收款人的记载通常称为抬头，主要有以下三种：

1. 限制性抬头（restrictive order）。如果汇票对收款人进行限制，限制转让或含有汇票不可转让的意图，则汇票不能流通，如 Pay to John Smith only 或 Pay John Smith not transferable。

2. 指示性抬头（instructive order）。出票人在汇票的抬头中指明汇票可以由收款人或其指定人收款，或者指明某一特定的人作为收款人，但不包含禁止转让的意图，如 Pay to the order of John Smith，或 Pay to John Smith or order，或 Pay to John Smith。

在信用证实务中，汇票的收款人（Payee）往往是信用证的受益人或交单银行。

（1）当收款人是受益人时，如“Pay to the order of Shanghai United Imp. & Exp. Co., Ltd.”，受益人向议付行交单并请求议付时，必须在汇票背面作空白背书或记名背书给议付行，以便议付行向开证行或偿付行索汇。

空白背书，背书人仅在汇票背面署名签字，并注明背书的日期，但不记载被背书人名称。

例如：

Shanghai United Imp. & Exp. Co., Ltd. ——背书人名称

钱程 ——背书人签字

Sep. 15, 2020 ——背书的日期

记名背书或特别背书，背书人先作被背书人的记载，然后署名签字，并注明背书的日期。

例如：

Pay to Bank of China Shanghai Branch ——被背书人名称

Shanghai United Imp. & Exp. Co., Ltd. ——背书人名称

钱程 ——背书人签字

Sep. 15, 2020 ——背书的日期

（2）当收款人是交单银行或指定银行时，如“Pay to the order of Bank of China Shanghai Branch”，则由该交单行或指定银行进行空白背书。

例如：Bank of China Shanghai Branch——背书人名称

王浩——背书人签字

Sep. 15, 2020——背书的日期

注意，如果必要，汇票必须背书（ISBP745 第 B15 段），但不得作成限制性背书（Restrictive Endorsement）。

3. 来人抬头（payable to bearer）。来人抬头是指汇票的抬头中不指明某人或其指定人收款，而只注明“pay bearer”或“pay ×××or bearer”。

（五）汇票号码和金额

一般而言，汇票的号码通常和发票号码一致，汇票的金额也应与发票金额一致，除非信用证特别规定汇票金额为发票金额的百分之几十（如 Draft for 90% of invoice value）或出现 UCP 600 第 18 条 b 款规定的情况。

除非信用证另有规定，汇票金额同时还不可超过信用证的可用余额。

如果汇票同时有大写和小写金额，则大写必须准确反映小写表示的金额，同时显示信用证规定的币种（ISBP745 第 B14 段）。也就是说，汇票上的金额可以只用大写或小写表示，但如果两个金额同时出现，则必须一致。

汇票金额大写方法为：例如，USD 5 000.00 可以填写为“THE SUM OF SAY US DOLLARS FIVE THOUSAND ONLY”，USD 55 500.55 可填写为“THE SUM OF SAY US DOLLARS FIFTY FIVE THOUSAND FIVE HUNDRED AND 55/100 ONLY”或“THE SUM OF SAY US DOLLARS FIFTY FIVE THOUSAND FIVE HUNDRED AND CENTS FIFTY FIVE ONLY”。

（六）汇票中的对价条款

汇票中的对价条款（Value received for ××× of ×××）通常填写交易货物的件数及品名，如附式 11－1 中的“Value received for 2008 PIECES of MAIL BOX”。

（七）出票条款

出票条款（Drawn Clause）是信用证项下汇票应出现的条款。该条款应表示“依据×开证银行第××号信用证而开立这张汇票（Drawn under L/C NO. ××× Dated ××× Issued by ×××）”。信用证若规定了出票条款，则汇票应按信用证规定列出。信用证若没有规定出票条款，建议

汇票加列出票条款。出票条款应包括开证行名称、信用证号码、开证日期，这三项应与信用证相符。

信用证项下加列了出票条款，使受票人不仅要求提交“形式要件”齐全的汇票，而且要求提交与信用证条款相符的跟随单据方予付款。当信用证要求所有单据显示某些信息时（如ALL DOCUMENTS TO SHOW CONTRACT NO. AND DATE），是否包括了汇票呢？根据国际商会TA. 853rev案例的意见，答案是否定的。所有单据并不包括汇票，汇票只是一种书面无条件支付指令，而非单据。

（八） 付款人

付款人，严格地讲是受票人，即接受命令的当事人，应在汇票“TO”后面详细列明其名称及地址。汇票受票人通常会在信用证条款的“Drawee”一词后面出现或在汇票条件中列明，例如，信用证的汇票条件规定“DRAWN ON US”或“VALUED ON OURSELVES”，那么受票人为开证行。又如，信用证的汇票条款规定“DRAWN ON ××× BANK”或“VALUED ON××× BANK”，那么，受款人为该指定银行。

在即期付款信用证项下，如果要求汇票，则汇票付款人是指定的付款行；在承兑信用证项下，汇票付款人是指定的承兑行；在议付信用证项下，如果要求汇票，则汇票付款人是开证行或除议付行外的其他行，如有时可以保兑行作为付款人。

除非付款人是开证行或保兑行，其他被指定银行被信用证要求作为付款人时，可以不承担付款责任。

信用证不得开成凭以申请人为付款人的汇票兑用。（UCP 600 第6条c款）

（九） 出票人

在UCP 600 第2条对承付的定义C中提到“Draft drawn by the beneficiary”，由此可见，信用证项下的汇票是受益人出具的要求付款的工具，所以，其出票人应该是信用证的受益人，其名称应与信用证上所记载的完全相符。

受益人必须在汇票上签字，才能使汇票有效。

（十） 更正和更改

汇票如有更正和更改，必须看似经出票人证实。（ISBP745 第B16段）

有些国家（如墨西哥）不接受带有更正或更改的汇票，即使有出票人的证实。此类国家的开证行应在信用证中声明汇票中不得出现更正或更改。

第二节　商业发票

商业发票可以全面反映合同的内容，虽然其本身并不代表货物所有权，但在贸易中必不可少。

一、商业发票的一般概念和定义

（一） 一般概念

对于出口商来说，商业发票是出货的记账单据，也是凭以向进口商索取提供货物及/或服务价款的单据（A commercial invoice is the accounting document by which the seller claims payment from the buyer for the value of the goods and/or service being supplied）。

对于进口商来说，商业发票是进货的记账凭证，也是凭以办理进口报关、纳税手续的重要文件。

商业发票是全套单据的中心，其他单据如运输单据、保险单据、包装单等都是为支持商业发票的货物而开立的。商业发票必须带有详细货物描述的价目清单，而其他单据如运输单据、保险单据等，只需显示笼统的货物名称，以示发票作为中心依据。汇票仍以商业发票的金额作为计算基础。

（二）发票的定义

商业发票是出口商向进口商开出的发货价目清单，即载有货物名称、数量、价格等内容的清单，也是卖方向买方计收货款、清算账目的单据。在实务中，商业发票通常被简称为发票。

信用证要求发票而未作进一步界定，则提交任何形式的发票均可，如商业发票（Commercial Invoice）、海关发票（Customs Invoice）、税务发票（Tax Invoice）、最终发票（Final Invoice）、领事发票（Consular Invoice）等，但是临时发票（Provisional Invoice）、预开发票（Pro－forma Invoice）或类似的发票则不可接受。当信用证要求提交商业发票时，标为“发票”的单据是可以接受的。（ISBP745 第 C1 段）

证明发票（Certified Invoice）是例外，它是单独的另外一种类型的发票。其出具人为信用证的受益人。其内容为：按照信用证的要求，由受益人提供的证明。例如，信用证可要求受益人证明单据内容正确无误并按照预开发票出具（A beneficiary may be required by the credit to certify that the contents are correct and in terms of the pro－forma invoice）。

二、商业发票的基本填制要素

商业发票票样见附式 10－2。

附式 10－2 商业发票票样

COMMERCIAL INVOICE

1) SELLER Shanghai United Import & Export Co.,Ltd Room 705E, 668, Beijing(E) Road, Shanghai, China	3) INVOICE NO. BD2020-1	4) INVOICE DATE Sep.15,2020
	5) L/C NO.	6) DATE
	7) ISSUED BY	
2) BUYER HOME PRODUCT CENTER PCL P.O.BOX 18, THAILAND	8) CONTRACT NO.	9) DATE
	10) FROM Shanghai	11) TO Thailand
	12) SHIPPED BY Dingyuan V.380	13)PRICE TERM FOB SHANGHAI

14)MARKS	15)DESCRIPTION OF GOODS	16)QTY.	17)UNIT PRICE	18)AMOUNT
	MAIL BOX AS PER PORFORMA INVOICE NO.SH070822 DD AUG.01,2020			
N/M	WMB-03 WHITE	252PCS	USD15.60	USD3 931.20
	WMB-04 BROWN	252PCS	USD14.30	USD3 603.60
	SMB-01 RED	752PCS	USD7.80	USD5 865.60
	SMB-06B BLACK	752PCS	USD9.60	USD7 219.20
			TOTAL:	USD20 619.60

SAY US DOLLARS TWENTY THOUSAND SIX HUNDRED NINETEEN AND 60/100 ONLY.

ISSUED BY:

SHANGHAI UNITED IMPORT & EXPORT CO.,LTD

SIGNATURE: 钱 程

下面以附式 10－2 为例，介绍商业发票的基本填制要素。

1. SELLER。卖方Shanghai United Import & Export Co. , Ltd. 。一般为信用证的受益人。

2. BUYER。买方HOME PRODUCT CENTER PCL，也称发票的抬头。UCP 600 第 18 条 a（ii）规定，发票必须出具成以申请人为抬头，但如果信用证规定发票抬头是开证申请人以外的另一方，则应照办。需要注意的是，发票抬头和提单抬头之间没有必然的一致性，不应对照填写。

至于受益人和申请人地址的争论，在 UCP 600 第 14 条 j 款里是这样明确表示的：

当受益人和申请人的地址出现在任何规定的单据中时，无须与信用证或其他规定单据中所载的相同，但必须与信用证中规定的相应地址同在一国。联络细节（传真、电话、电子邮件及类似细节）作为受益人和申请人地址的一部分时将被不予理会。然而，如果申请人的地址和联络细节为第 19、第 20、第 21、第 22、第 23、第 24 或 25 条规定的运输单据上的收货人或通知方细节的一部分时，应与信用证规定的相同。

3. INVOICE NO. AND DATE。发票号码BD2014－1，是出票企业按顺序自行编排的号码。

发票日期Sep. 15，2020，该日期通常被理解为发票签发的日期。根据 UCP 600 第 14 条 i 款规定，如无相反规定，银行可以接受出单日早于信用证开证日期的单据。

4. FROM。起运地Shanghai，即信用证规定的货物的装货港、收货港或接受监管地。

5. TO。目的地Thailand，即信用证规定的货物的卸货港、交货地或最终目的地。

6. SHIPPED BY。运输工具名称，如采用海运，则填写相应的承运船名及航次Dingyuan V. 380。

7. MARKS & NOS. 。运输标志 N/M，是在货物的运输包装上所标注的识别标志。

8. DESCRIPTION OF GOODS

货物描述，原则上要符合信用证 45A 中的内容要求。

MAIL BOX
AS PER PORFORMA INVOICE NO.SH070822 DD AUG.01,2020

WMB-03 WHITE	252PCS	USD15.60	USD3 931.20
WMB-04 BROWN	252PCS	USD14.30	USD3 603.60
SMB-01 RED	752PCS	USD7.80	USD5 865.60
SMB-06B BLACK	752PCS	USD9.60	USD7 219.20
		TOTAL:	USD20 619.60

9. ISSUED BY。签发人SHANGHAI UNITED IMPORT & EXPORT CO. , LTD. ，UCP 600 第18 条 a（i）规定：发票必须看似由受益人出具（第 38 条规定的情形除外）。由此可见，发票必须表面看来系由信用证中具名的受益人出具，且名称完全一致，以表明二者是同一实体。

10. SIGNATURE。签署钱程。除非信用证要求提供经过签字的发票（如 signed invoice），否则发票无须签字。（ISBP745 第 C10 段）

三、商业发票的审核要点*

（一）货物描述及其相关事项

货物描述是发票的中心内容，主要包括品名、数量、单价与总金额、贸易术语等内容。审核掌握的原则是：

---

* 选学内容。

（1）商业发票上的货物描述应该与信用证中的描述一致。（UCP 600 第 18 条 c 款）

（2）发票中的货物描述必须与信用证中的一致，但并不要求如镜像般一致。例如，货物细节可以在发票中的若干处显示，合并一起时与信用证中的一致即可。（ISBP745 第 C3 段）

例如，信用证的货物描述中包含“Origin Country T”，但受益人提交的发票货物描述栏目下没有写明“Origin Country T”，而是在装运唛头栏目下注明了“Country T”，甚至没有“Origin”一词。国际商会认为，从提供的信息看，商业发票包括了信用证中的全部细节，与信用证是相符的，尽管这些信息并没有与信用证显示的货物描述格式或布局完全一样。

1. 品名。国际商会并不强求发票的品名仅限于信用证所规定的内容，发票除注明与信用证描述相符者外，允许添加其他一些描述。国际商会出版物第 511 号 100 页指出：这些增加的内容并不认为破坏或不符合信用证的要求，因此是可以接受的（This additional information may not be considered detrimental or inconsistent with the requirements in the credit and therefore it is acceptable）。

信用证不准许时，银行不接受发票上对货物是“用过的”（used）、“旧的”（second-hand）、“重新改造的”（rebuilt）或“修整的”（reconditioned）批注，因为那些词语有损于货物的质量。

例如，信用证的货物描述是“Products of consumer electronic，electronic components”，发票上的货物描述为“Products of consumer electronic，electronic components：radio，TV”。国际商会认为，提交的商业发票进一步提到了所供货物的类型，符合信用证要求。再如，信用证规定的货物描述是“Single core copper conductor PVC insulated cable 450/750 volts to BS6004. 1975”，而发票的货物描述显示为“Single core copper conductor PVC insulated cable 450/750 volts to BS 6004. 1975 – Eurocab Brand on reels each 85 yards”。国际商会认为，对于货物加以额外限定，并不改变货物的性质，该发票也符合信用证要求。

ICC489 案例 265：商业发票在出口机械产品的货物描述后添加了货物修复如新（Goods are reconditioned as new）的词句，这一添加词句显然对货物构成了明显的损害，因而被认为是不可接受的。

预开发票与货物品名描述。预开发票（Proforma Invoice）是指贸易成交时货物出运前由出口商开给进口商的一种非正式参考性发票，列有所出售货物的名称、规格、单价等，供进口商向本国贸易或外汇管理当局申请进口许可证或外汇额度之用，同时也便于自己掌握所购买的货物细节。预开发票所列的内容仅是出口商所作的估算，仅供下一步出口的明细表示参考，对双方无最终约束力，正式成交时还要另外重新缮制商业发票。

有时因为品名描述过于繁杂，会在信用证中作简要规定，注明“货物细节依照随附预开发票（Details of the goods as per attached Proforma Invoice No. ××× dated ×××）”。按照 ICC459 案例 133、ICC489 案例 266，信用证附有预开发票时，银行应依照预开发票审核商业发票。如果信用证仅规定 Details as per Proforma Invoice No. ×××，没有写明“随附（attached）”，也没附预开发票，银行审核商业发票，只要注明 Details as per proforma Invoice No. ×××即可接受。

发票不得表明信用证未要求的货物（包括样品、广告材料等），即使注明免费也不行。（ISBP745 第 C12 段 b 条）

2. 数量。发票中的货物数量必须反映实际发运情况。例如，信用证的货物描述显示两种货物，10 辆卡车和 5 辆拖拉机，只反映发运了 4 辆卡车的发票可以接受，只要信用证不禁止部分发运。列明信用证规定的全部货物描述，然后注明实际发运的货物的发票也可接受。（ISBP745 第 C4 段）

【例】 ICC632 R472

信用证规定 5 000MT（5% more or less），不禁止分批装运，交来的发票列明信用证规定的全部货物描述，即为 5 000MT（5% more or less）。在“Quantity”一词后有“4 787. 650MT”的数字，且该数量与提单表示完全一致。开证行收到单据后指出，发票写明5 000公吨的数量，与提单上的数量不同，是一个不符点。就此事询问国际商会得到回答：发票列明信用证规定的全部货物描述，然后注明实际装运数量 4 787. 650 公吨，与提单上的数量相符，这样的发票不构成不符点。

UCP 600 第 30 条对信用证项下出运货物数量的增减幅度分别做了明确的规定，具体内容如下：

（1）“约”或“大约”用于信用证规定的数量时，应解释为允许有关数量有不超过 10% 的增减幅度。比如信用证规定“about100M/T”，所出货物可以在 90 吨至 110 吨。

（2）在信用证未以包装单位件数或货物自身件数的方式规定货物数量时，货物数量允许有 5% 的增减幅度，只要总支取金额不超过信用证金额。

所谓“包装单位”，包括箱（carton）、盒（box）、桶（drum）之类的包装；“个体”指的是件，如 piece、dozen 等。比如信用证规定出运货物“100M/T”，在满足其他条件时，可出运数量为 95 吨至 105 吨；当信用证规定出运货物“100Pcs”或“100cartons”时，此伸缩幅度则不能适用。

换言之，当货物数量以包装单位或个数计算，且信用证不允许分批装运时，装运数量不得有 5% 的溢短装。

（3）如果信用证规定了货物数量，而该数量已全部发运及如果信用证规定了单价，而该单价又未降低，或当 UCP 600 第 30 条 b 款不适用时，则即使不允许部分装运，也允许支取的金额有 5% 的减幅。若信用证规定有特定的增减幅度或使用 UCP 600 第 30 条 a 款提到的用语限定数量，则该减幅不适用。

在禁止分运情况下，发票金额小于信用证金额，比较容易理解的原因有：第一是合同订明 FOB 单价、运费及保险费列入货物成本。在成交时运费、保险费估计略高，装运时实际运费、保险费降低而使发票总金额稍有减少。第二是信用证金额尾数提高一点，稍微多开一点，使其金额成为一个整数，致使实际发票总金额减少一些。

归纳起来，关于数量的审核需要注意以下几点：

（1）信用证规定的货物数量前有“约”“大约”等类似用语时，允许数量有不超过 10% 的增减幅度。需要注意的是，在国际商会 TA. 872 案例结论中，当信用证规定货量增减幅度的描述仅用于修饰货物总量时（10% more or less on total quantity and amount allowed），这一增减幅度将不适用于单项货物数量。

（2）在信用证未以包装单位件数或货物自身件数的方式规定货物数量时，货物数量允许有5%的增减幅度，只要总支取金额不超过信用证金额。也就是说，货物数量以包装单位或个体件数计算时，没有5%幅度的增减。

（3）信用证如果规定货物数量不得超额或减少时，没有±5%的幅度，包括数量前使用“not exceeding”“up to”“maximum”“to the extent of”“not less than”等用语。

（4）如果信用证未规定货物数量，且禁止部分装运，发票视为涵盖全部货物数量（ISBP745第C14段）。也就是说，未规定货物数量的信用证下，支取金额减幅在5%以内的，不视为短装。

3. 单价与总金额。发票必须表明发运货物的价值。发票中显示的单价（如有的话）必须与信用证中的一致（ISBP745第C6段b条）。也就是说，如果信用证对货物单价有规定，则发票必须显示单价，且该单价必须与信用证相一致，否则即为不符。如国际商会R308案例结论所述，若信用证规定了单价且明确要求一份单据显示该单价，那么仅注明货物总价和总量是无法满足该要求的，即使总价除以总量能得到信用证中所规定的单价。

发票必须显示信用证要求的折扣或扣减。发票还可显示信用证未规定的预付款或折扣等的扣减额。（ISBP745第C6段d条和C7段）

【例】　按照ICC623 R292，受益人提交发票包含金额相关的三个项目：货价总计USD ×××××，减去30%信用证以外的预付款USD ××××，发票总计USD ×××××。

收到的信用证没有表示受益人和申请人之间的预付款协议。贸易条件是DDU——在指定目的地未完税交货价。

指定银行接受单据，注明单证相符后提交保兑行要求偿付。保兑行认为单据不符，提出拒付理由：鉴于信用证未规定扣减预付款，发票货价总计金额与信用证不同，除非受益人修改信用证，证实信用证之外还有预付款应予扣除。

此事询问国际商会得到回答：认为指定银行有权接受超额发票，只要支款金额没有超过信用证金额，指定银行这项决定对各有关方面均具有约束力，应该接受信用证未规定的扣减预付款的发票。

从国际商会的答复中不难看出，只要受益人“发货加量不加价”，获取信用证所允许的支取金额还是有保障的。

在实务中，造成发票金额超过信用证金额的原因有时并非由受益人的过失而引起。例如，信用证规定货物数量可以有增幅，而信用证的金额未规定相应的增幅，从而导致了超支。实务中对发票超支有几种处理方法，举例说明如下。

【例】　信用证包含有10%货物溢短装条款，但信用证金额未包含浮动部分；

信用证金额为USD 100 000.00；

实际发票金额为USD 110 000.00（超支1万美元）。

解决方案1：发票显示正常支取的信用证金额，同时注明“The collection amount of USD 10 000.00 will be settled by beneficiary and applicant separately by T/T”。

解决方案2：发票显示正常支取的信用证金额，同时注明“The outstanding balance of

USD 10 000.00 will be settled on collection basis”。

解决方案3：发票显示正常支取的信用证金额，同时按照以下方式出具两套汇票：其一，USD 100 000.00 for 100% amount of invoice value drawn under L/C；其二，USD 10 000.00 for collection。

即使信用证禁止部分发运，当货物数量全部发运，单价（如信用证有规定的话）也未降低时，支取金额有5%的减幅可以接受。（ISBP745 第C14段）

如果信用证禁止部分发运，发票金额又不是全部信用证金额，则发票金额就应是整批装运货物的金额，或应在5%的减幅以内。

4. 贸易术语。关于贸易术语，国际商会认为，贸易术语是合同的重要部分，贸易双方均受其约束。贸易术语常被写进信用证的货物描述，被视作货物描述的一部分。无论它在信用证内被写进货物描述还是显示在别处，它必须被写进商业发票内。如果商业发票未列明信用证规定的贸易术语，便构成不符，银行有权拒绝接受单据。

由此可见，如果某贸易术语是信用证中货物描述的一部分，或与货物金额联系在一起表示，则发票必须显示信用证指明的贸易术语，而且如果货物描述提供了贸易术语的出处，则发票必须表明该出处。如信用证条款规定“CIF Singapore Incoterms2010”，那么“CIF Singapore Incoterms”即未满足信用证的要求。费用和成本必须包括在信用证和发票中标明的贸易术语所显示的金额内，不允许任何超出该金额的费用或成本。（ISBP745 第C9段）

【例】

An LC says：LC amount USD 10 000
Shipment of VCD
Incoterms：CFR HK

INVOICE #101

• 100 VCD @USD90 00	USD9 000
PLUS FREIGHT CHARGES	USD800
LICENSE CHARGE	USD200

CFR HK	USD10 000

INVOICE #102

• 100 VCD @USD90.00	USD9 000
PLUS: FREIGHT CHARGES	USD800

CFR HK	USD9 800
PLUS: HANDLING CHARGES	USD200

TOTAL INVOICE VALUE	USD10 000

以上两张发票，#101可接受，#102不可接受。

（二）唛头

唛头（Mark）又称运输标志，是指为了使货物在装卸、运输和保管的过程中便于承运人和收货人识别，而在货物的运输包装上所标注的识别标志。货物外包装一经刷上运输标志，即确立了它与合同的关系，因此，作为交易总说明的商业发票，也必须正确显示这一标志。

唛头通常包括主标志、目的港标志和件号标注，有时也会加注原产地标志，如Made in China。在审核发票唛头时，需要注意：

1. 使用唛头的目的在于对箱、袋或包装提供标识。如果信用证规定了唛头细节，则载有唛头的单据必须显示这些细节，但额外信息可以接受，只要其与信用证的条款不相矛盾。（ISBP745 第 A32 段、第 A33 段和第 A34 段）

ICC434 R88 中提到，一银行询问银行委员会关于唛头的看法：信用证仅规定唛头为“XYZLA CEIBA VIA PUERTO CORTES HORDURAS CA”，如果发票上显示的唛头另加了合同号、大西洋海岸、尺寸，而这些项目与信用证上的其他项目或其他单据的有关项目并无矛盾，是否可以接受。银行委员会认为，单据上的唛头与所补充的其他内容是可以接受的，除非该信用证明确规定唛头仅限于规定的内容，否则银行将接受载有规定的唛头外还包含其他任何内容的单据。

但如果信用证对唛头的规定表述如下：“Shipping Marks：C. H. F. （only such marking acceptable）”，“Shipping Marks restricted to：C. H. F. ” 或 “Package only marked：C. H. F. ”，则唛头不能有任何附加内容。

按照国际商会的意见，信用证在规定唛头时，必须清楚地表明是否只有该唛头才可接受，如无限制性词语，银行将接受在规定唛头以外的其他任何附加唛头的单据。

2. 某些单据中唛头所包含的信息常常超出通常意义上的唛头所包含的内容，可能包括诸如货物种类、易碎货物的警告、货物净重及/或毛重等。如果一些单据里显示了此类额外信息而其他单据没有显示，不构成不符点。（ISBP745 第 A33 段）

3. 集装箱货物的运输单据有时在“唛头”栏中仅仅显示集装箱号，其他单据则显示详细的唛头，如此并不视为矛盾。（ISBP745 第 A34 段）

4. 信用证如要求“Markings as triangle”，则唛头是三角形，即△；又如“Shipping Marks：K in diamond”，意指菱形符号中有 K 字，即K⃟；有时为了便于计算机制单，在单据唛头栏不用符号表示，而是照写“K in diamond”，实务上可予接受。

（三） 证明和声明

有的信用证上要求在发票上加注各类声明文句，如出口到澳大利亚的商品，发票上经常要求受益人宣称商品来自发展中国家，以便海关给予优惠税率。如“I declare that the final process of manufacture of the goods for which special rates are claimed has been performed in China and that not less than one – half of the factory or work cost of the goods is represented by the value of labor and materials of China”。

像上述这样作出了证明（Certification）的发票在审核上还需注意：如果信用证要求的是签字的发票，则证明不需要单独签字。证明、声明（Declarations）之类既可以是单独的单据，也可以在信用证要求的其他单据中载明，如果证明或声明载于另一份有签字和日期的单据里，只要该证明或声明看似由出具和签署该单据的同一人作出，则该证明或声明无须另行签字或加注日期。（ISBP745 第 A5 段）

（四） 正本和副本

UCP 600 第 17 条“正本单据及副本”规定如下：

a. 信用证规定的每一种单据须至少提交一份正本。

b. 银行应将任何带有看似出单人的原始签名、标记、印戳或标签的单据视为正本单据，除非单据本身表明其非正本。

c. 除非单据本身另有说明，在以下情况下，银行也将其视为正本单据：

i. 单据看似由出单人手写、打字、穿孔或盖章；或者

ii. 单据看似使用出单人的原始信纸出具；或者

iii. 单据声明其为正本单据，除非该声明看似不适用于提交的单据。

d. 如果信用证要求提交单据的副本，提交正本或副本均可。

e. 如果信用证使用诸如“一式两份”（in duplicate）、“两份”（in two fold）、“两套”（in two copies）等用语要求提交多份单据，则提交至少一份正本，其余使用副本即可满足要求，除非单据本身另有说明。

ISBP745 中关于正副本的描述有：

单据的多份正本可标注为“正本”（original）、“第二联”（duplicate）、“第三联”（triplicate）、“第一正本”（first original）、“第二正本”（second original）等。上述任一标注均不使其丧失正本地位。（ISBP745 第 A28 段）

提交单据的正本数量必须至少为信用证或 UCP 600 要求的数量，或当单据自身表明了已出具的正本数量时，至少为该单据表明的数量。（ISBP745 第 A29 段）

有时从信用证的用语难以确定信用证要求提交正本单据还是副本单据，以及确定该要求是以正本还是副本予以满足。

例如，当信用证要求：

a. “发票”“一份发票”（one invoice）或“发票一份”（invoice in 1 copy）时，将被理解为要求一份正本发票。

b. “发票四份”（invoice in 4 copies），则提交至少一份正本发票，其余用副本发票即满足要求。

c. “一份发票副本”（one copy of invoice），则提交一份副本发票即符合要求。（ISBP745 第 A29 段）

当不接受正本代替副本时，信用证必须规定禁止提交正本，例如，应标明“发票的复印件——不接受用正本代替复印件”，或类似措辞。（e. g. “photocopy of invoice—original document not acceptable in lieu of photocopy”, or the like.）（ISBP745 第 A30 段）

在正、副本的辨识问题上，可以参考以下几点：

1. 手签的单据（manually signed documents）。银行将任何看来是出单人手签的单据作为正本处理。例如，手签的汇票或商业发票被当作正本单据处理，不论单据构成的一些部分或所有其他部分是预印的、复写的或影印的、自动或电脑处理的。

2. 签样印制签字的单据（facsimile signed documents）。银行将签样签字等同于手签，相应地，看来带有出单人的签样签字的单据，也被当作正本处理。

3. 复印件（photocopies）。银行对于看来是另外单据的复印件的任何单据当作非正本处理。然而，如果复印件看来是被出单人手工完成，标注了复印件，则被当作正本单据处理，除非单据本身另有说明。如果单据看来是用复印件把原文印在正本信纸上面制作出来而不是在空白纸上面，它被当作正本单据处理，除非单据本身另有说明。

4. 电传传真交单。银行将任何银行电传传真机制作的单据当作非正本处理。允许以电传传真交单的信用证放弃以电传传真方式提交正本单据的任何要求。

5. 表明正本的陈述。盖有“正本（original）”印章的单据被当作正本单据处理。单据中“第二张正本（duplicate original）”或“（全套）三张（正本）的第三张（third of three）”的语句也表明单据是正本。正本也可由单据中的陈述“如果同样内容和日期的另一份单据已被使用时，该单据则无效（It is void if another document of the same tenor and date is used）”的语句来表明。

6. 表明非正本的陈述。如果单据中陈述“它是另一份单据的真实副本或另一份单据是唯一的正本（It is a true copy of another document or that another document is the sole original）”，则该单据不是正本。如果单据中陈述它是“客户的一份或发货人的一份（It is the customer copy or shipper copy）”，则既不否认也不确认该单据是正本。

（五） 更正和更改

对未经履行法定手续、签证或证明的由受益人自己出具的单据（汇票除外）的更正和更改无须证实。（ISBP745 第 A7 段）

因此，发票更正和更改无须证实。

（六） 拼写错误及/或打印错误

如果拼写或打字错误并不影响单词或其所在句子的含义，则不导致单据不符。例如，在货物描述中用“mashine”表示“machine（机器）”，用“fountan pen”表示“fountain pen（钢笔）”，或用“modle”表示“model（型号）”，都不导致单据不符。但是，将“model 321（型号 321）”写成“model 123（型号 123）”将不被视为打字错误，而构成不符点。（ISBP745 第 A23 段）

（七） 信用证的特殊要求

信用证要求需签字（sign）、公证（notarize）、认证（legalize）、证实（certify）等，应予照办。

第三节　保险单据

在国际贸易中，货物需要经过长途运输、装卸、存储等多个环节，难免会遭受自然灾害和意外事故而造成损失。采用进出口货物运输保险可将货物运输过程中的风险转嫁给保险人，一旦被保险货物遭到保险责任范围内的损失，可以得到经济补偿，保险人负责对该损失按保险金额及损失程度赔偿保险单据的持有人。

一、保险单据的定义

保险单据是保险人与投保人之间订立的保险合同的证明文件，它是保险人对投保人的承保证明，也是反映双方权利、义务关系的契约。在被保险货物发生保险责任范围内的损失时，保险单据是保险索赔和理赔的主要依据。因此，在货物出险后，只有在掌握了提单和保险单据的情况下，才真正地掌握了货权。

二、保险单据的出单人

保险单据必须由保险公司或承保人或其代理人或代表出具并签署。代理人或代表的签字必须表明其系代表保险公司或承保人签字。（UCP 600 第 28 条 a 款）

保险人（Insurer）或称承保商（Underwriter），也称保险方，是指保险合同中经营保险业务的一方当事人。英国保险法允许劳合社（Lloyd's Institute）的成员以个人名义经营保险业务。

保险代理人（Insurance Agent）又称保险代理商，是根据代理合同向保险人收取代理手续费，并以保险人的名义为保险人代办保险业务的人。保险代理人的权限依代理合同而定，可以包括检验货物、签发保单、批改保单、收取保费、查勘理赔等。

三、保险单据的内容

保险单应具备法定记载要件，除应有印定的说明保险人与被保险人（投保人）的保险合同关系的文句，即出具保险单的依据外，一般还应有下列内容：

1. 被保险人（Insured）。被保险人也称保单的抬头，一般为国际货物运输保险的投保人。在信用证交易项下，被保险人一般应填信用证受益人的名称。如信用证对此有特别规定，则必须照办。

2. 标记（Marks & No.）。一般情况下，此栏只填 As per invoice No. ×××即可。如果信用证明确规定“All documents must show the shipping mark”，则保险单也必须显示完整的唛头。

3. 包装及数量（Quantity）。包装及数量应根据发票内容填制。如为散装货，应填定重量；如有两种以上的不同包装，应分别注明。

4. 保险标的物（Subject Matter）。此栏应填写承保货物的名称。

保险单上的标的物可以使用货物统称，即货物笼统名称。贸易实务中，往往是照抄信用证货物的总称或概称，舍弃总称后面详细的规格、成分、花色等的描述。

5. 保险金额（Amount Insured）及货币（Currency Insured）。保险金额是发生保险事故时计算赔偿金的依据。保单上通常有大小写两种表示，要务必保证两者的一致性。

根据 UCP 600 第 28 条 f 款：

i. 保险单据必须表明投保金额并以与信用证相同的货币表示。

ii. 信用证对于投保金额为货物价值、发票金额或类似金额的某一比例的要求，将被视为对最低保额的要求。

如果信用证对投保金额未作规定，投保金额须至少为货物的 CIF 或 CIP 价格的 110%。

需要注意的是，保险金额一般采用“进一取整”的填法。例如，信用证的金额为 USD 35 867.40，规定按发票金额加成 10% 投保，则保险金额为：USD35 867.40 ×（1 + 10%）= USD 39 454.14，进一取整为 USD 39 455。

如果从单据中不能确定 CIF 或者 CIP 价格，投保金额必须基于要求承付或议付的金额，或者基于发票上显示的货物总值来计算，两者之中取金额较高者。

6. 保费和费率（Premium and Rate）。一般情况下，此栏不写明具体的保险费和费率，填写“As arranged”即可，但如果信用证特别要求列明具体保费金额或要求注明“Premium pre-

paid”时，则应照办。

7. 运输工具（Per Conveyance S. S.）。此栏包括装载运输工具（per conveyance S. S.）、开航日期（sailing on or about）、航线起讫地点（from... to...）。除开航日期习惯上注明 as per B/L 外，其他各项记载都应与运输单据一致，以反映货物运输的实际情况。

8. 承保险别（Conditions）。指的是保险人的责任范围，应按信用证规定的承保险别、保险条件的内容填写。

对于承保险别，UCP 600 第 28 条有这样的规定：

g. 信用证应规定所需投保的险别及附加险（如有的话）。如果信用证使用诸如“通常风险”或“惯常风险”等含义不确切的用语，则无论是否有漏保之风险，保险单据将被照样接受。

h. 当信用证规定投保“一切险”时，如保险单据载有任何“一切险”批注或条款，无论是否有“一切险”标题，均将被接受，即使其声明任何风险除外。

i. 保险单据可以援引任何除外条款。

j. 保险单据可以注明受免赔率或免赔额（减除额）约束。

9. 保险人的查勘代理人（Surveying Agent）。查勘代理人一般为保险公司在目的地的检验代理人，以便在货物受损、被保险人索赔时，能及时就近查勘，分析出险原因及受损程度，确定赔偿责任。虽然在绝大多数情况下，信用证对保险人的查勘代理人均不加以规定，但这是保险单据一项很重要的内容，不可漏填。

10. 赔款地点（Claim Payable at...）。此栏应按信用证规定填写，如信用证没有特别规定，应以货物运抵目的地或其邻近地点为赔付地点。有时，信用证要求发生货损时，赔付给某一特定人，则在保险单的赔款地点后面加注“Pay to ×××”。

11. 赔款币别（Claim Currency）。信用证的保单条款通常要求注明 claim payable at ××× in the currency of draft，那么，就要在赔款地点后面加注赔款的具体币别。

12. 出单日期和出单地点（Date and Place of Issue）。保险单据日期不得晚于发运日期，除非保险单据表明保险责任不迟于发运日生效。（UCP 600 第 28 条 e 款）

出单地点即出单公司地址，一般在受益人所在地。

13. 保险人签章（Authorized Signature）。为表明保险单的效力，保险单必须签字。如信用证规定保险单要手签，则必须照办。

四、保险单据的种类

保险单据的种类很多，常见的保险单据有保险单、预约保险单、保险证明、保险声明和暂保单等。

（一）保险单

保险单（Insurance Policy）用于承保一个指定航程内某一批货物发生的损失。凡是指明航程、指明一批货物者，均可出具这种保险单。保险单除在正面载明前面讲述的各项基本内容外，背面还列有保险人的责任范围以及保险人和被保险人的各自权利、义务等方面的保险契约的详细条款（见附式 10－3）。它是保险人和投保人订立的正式保险合同的书面凭证，是一种完整独立的保险文件，因此又称为正式保险单，俗称大保单。

附式 10－3　货物运输保险单

北京2008年奥运会保险合作伙伴

货 物 运 输 保 险 单
CARGO TRANSPORTATION INSURANCE POLICY

总公司设于北京 Head Office Beijing　　一九四九年创立 Established in 1949

发票号 (INVOICE NO.)　BD2020-123
合同号 (CONTRACT NO.)
信用证号（L/C NO.）
被保险人
INSURED　SHANGHAI UNITED IMPORT & EXPORT CO.,LTD

保单号次
POLICY NO. IPGOEN0435

中国人民财产保险股份有限公司（以下简称本公司）根据被保险人的要求，由被保险人向本公司缴付约定的保险费，按照本保单承保险别和背面所载条款与下列特款承保下述货物运输保险，特立本保险单。

THIS POLICY OF INSURANCE WITNESSES THAT PICC PROPERTY AND CASUALTY COMPANY LIMITED (HEREINAFTER CALLED "THE COMPANY") AT THE REQUEST OF THE INSURED AND IN CONSIDERATION OF THE AGREED PREMIUM PAID TO THE COMPANY BY THE INSURED, UNDERTAKES TO INSURE THE UNDERMENTIONED GOODS IN TRANSPORTATION SUBJECT TO THE CONDITIONS OF THIS POLICY AS PER THE CLAUSES PRINTED OVERLEAF AND OTHER SPECIAL CLAUSES ATTACHED HEREON.

标　记 MARKS & NOS	包装及数量 QUANTITY	保险货物项目 DESCRIPTION OF GOODS	保险金额 AMOUNT INSURED
AS PER INVOICE NO. BD2020-123	350 CARTONS	4 ITEMS OF SPORTS MUG	USD 24284.00
	AS PER DOUMENTARY CREDIT NO. 1320/742 ISSUED BY ISTITUTO BANCARIO SAN PAOLO DI TORINO S.P.A., PALERMO		

ORIGINAL

总保险金额：
TOTAL AMOUNT INSURED　SAY U.S. DOLLARS TWENTY FOUR THOUSAND TWO HUNDRED AND EIGHTY FOUR ONLY

保费：
PREMIUM　AS ARRANGED　启运日期：DATE OF COMMENCEMENT　AS PER B/L　装载运输工具：PER CONVEYANCE　TUO HE V.25

自 FROM　SHANGHAI, CHINA　经 VIA ______　至 TO PALERMO, ITALY

承保险别：
CONDITIONS

COVERING INSTITUTE CARGO CLAUSES (A)

所保货物，如发生保险单项下可能引起索赔的损失或损坏，应立即通知本公司下述代理人查勘。如有索赔，应向本公司提交保单正本（本保单共有　叁　份正本）及有关文件。如一份正本已用于索赔，其余正本自动失效。

IN THE EVENT OF LOSS OR DAMAGE WHICH MAY RESULT IN A CLAIM UNDER THIS POLICY, IMMEDIATE NOTICE MUST BE GIVEN TO THE COMPANY'S AGENT AS MENTIONED HEREUNDER. CLAIMS, IF ANY, ONE OF THE ORGINAL POLICY WHICH HAS BEEN ISSUED IN　3　ORIGINAL(S) TOGETHER WITH THE RELEVENT DOCUMENTS SHALL BE SURRENDERED TO THE COMPANY. IF ONE OF THE ORIGINAL POLICY HAS BEEN ACCOMPLISHED, THE OTHERS TO BE VOID.

AIG EUROPE, S.A., ITALY BRANCH
VIA DELLA CHIUSA 2
20123 ITALY
TEL: 39 02 36901

中国人民财产保险股份有限公司 上海市分公司
PICC Property and Casualty Company Limited, Shanghai Branch

赔款偿付地点
CLAIM PAYABLE AT/IN　PALERMO IN USD

李玉泉

出单日期
ISSUING DATE　OCT.27,2020

GENERAL MANAGER

地址：中国上海中山南路700号
ADD: 700 ZHONGSHAN ROAD (S) SHANGHAI CHINA
邮编（POST CODE）：200010

经办：冯可　复核：林晓平

Settling & Customer Service Centre:
(理赔/客户服务中心) 86 21 63674274

保单顺序号 PICC　0190123

保险单如同指示性的海运提单一样，可以由被保险人背书后随物权的转移而转让。保险单的转让无须征得保险人的同意，也无须通知保险人。即使在保险标的发生损失之后，保险单仍可以有效转让。

可以接受保险单代替预约保险项下的保险证明书或声明书（UCP 600 第 28 条 d 款），所以，当信用证要求提交保险证明或声明时，可以提交保险单代替。

（二）预约保险单

预约保险（Open Cover）是进出口贸易商进行长期或多次运输时，为了避免多次投保的繁杂手续，而与保险人订立的一种保险约定。

预约保险单（Open Policy）是在预约保险或约定保险项下的一种保险合同，是投保人与保险人之间订立的一种长期性的货物运输保险合同。严格地说，它是一种没有总保险金额限制的预约保险合同，是保险人对被保险人将要装运的属于约定范围内的一切货物自动承保的总合同。合同中定有被保险货物种类、总保险限额、航程区域、运输工具、保险条件、保险费率、保险期限和双方责任与义务等内容。

预约保险单签订后，被保险人只需在每次保险标的物发运前填制“发运通知”给保险人，由保险人签发“保险证明”给被保险人，表示货物已经投保，以后根据签发的“保险证明”结算保险费。如果被保险人延迟或遗漏通知时，需要补办“起运通知”，即使补办时标的物已经受损，保险人也必须负责。如果货物已安全抵达目的地，被保险人也必须缴纳保险费，预约保险的保费采取定期事后结算，而且可以享受优惠费率，所以贸易商乐于采用。

预约保险单可以是定期的，也可以是永久性的，往往都注有“Cancellation Clause”（注销条款）。永久性预约保单的缔约一方如要终止合同，应按注销条款的规定向对方提前发出注销通知。定期性预约保险单的缔约一方如要提前终止合同，也要按规定提前通知对方。

（三）保险证明

保险证明（Insurance Certificate）俗称小保单，是在预约保险单项下签订的一种保险单据，是保险人发给被保险人的用于证明保险合同业已生效的文件（见附式 11 –4）。保险证明表示：承保货物按照正式预约保险单所载协议条款为准，保险证明具有与保险单同等的作用和法律效力，即可以持其向保险公司办理索赔。

货物出运之前，投保人填制“发运通知”，列明这次出运的货物、价值、包装数量、起运港/地、运输工具名称、起运日期等细节通知保险人后，保险人就在预约保险单项下据以签发一份保险证明。

贸易条件是 CIF 的出口货物需要提交保险证明时，投保人可以通知出运细节，要求保险人签发保险证明；贸易条件是 FOB 的进口货物，进口方自己或要求出口方将出运细节和预先告知的预约保险单号码通知保险人，进口方便可得到保险证明。

保险证明同样也可以经被保险人背书后随物权的转移而转让。它同正式保险单的区别在于，背面通常不载明保险人与被保险人双方的权利和义务等全部保险条款，只列明注意事项和索赔指南。

如保险单据或信用证条款要求，所有正本必须看似已被副签（ISBP745 第 K5 段）。因此，当保险证明要求有投保人的副签（Counter - sign）方才有效时，投保人应该签字。

附式 10 - 4　保险证明

Certificate of Insurance
Versicherungs - Zertifikat

GERLING
ALLGEMEINE VERSICHERUNG
AG DIREKTION FÜR ÖSTERR
Hietzinger Hauptstraße 41, A-1131 Wien
Tel.: +43 1 87883-0
Fax: +43 1 87883-62600
E-Mail: industrie.versicherung@gerling.com
Internet: www.gerling.at

Insurance cover is granted to: / Versicherungsschutz besteht gegenüber
TO ORDER
for account of whom it may concern / für Rechnung, wen es angeht

Cover No. / Vertrags-Nr
64/.

Certificate No. / Zertifikat Nr.
V

Number of originals / Anzahl der Originale

Sum insured / Versicherungssumme
USD – 11
USDOLLARS –
Onehundredthirteenthousandninehundredthirtyone 77/10

In case of loss or damage immediately contact: / Im Schadenfall sofort benachrichtigen: (claim-settling agent)
HUATAI INSURANCE AGENCY &
CONSULTANT SERVICE LTD.
16-I, World Plaza, No.855 Pudong South Road
Shanghai 200120 (People's Republic of China)
Tel. +86 21 58369706/7/8
Fax +86 21 58369709
E-mail shanghai@huatai-serv.com
www.huatai-serv.com

Place of commencement of Insurance / Ort des Beginns der Versicherung
Lenzing / Austria

Means of transport / Transportmittel
truck/seafreight

oversea vessel / Seeschiff
CMA CGM NORMA

Port of loading / Verladehafen
EUROPEAN PORT - Hamburg

Port of destination / Bestimmungshafen
Shanghai, China

Place of termination of insurance / Ort des Endes der Versicherung
Shanghai, China

Insured Goods (marks and no's; number and kind of package) Versicherte Güter (Markierung und Nr. Anzahl und Art der Packstücke)

122 Bales, gross/netweight: 39.231,800/39.085, 00

LENZING MODAL CLASSIC bright rawwhite
1,3 dtex / 39 mm

as per P/L no 1153065822 and 65823 dd 11.10.2020
Insurance Commences: October 11th, 2020

Conditions (to be followd overleaf) / Bedingungen (Fortsetzung umseitig)
1. Austrian General Rules of Marine Insurance / Allgemeine Österreichische Transportversicherungs-Bedingungen (AÖTB 2001)
2. Types of cover, conditions (as printed overleaf) / Deckungsformen, Bedingungen oder Klauseln (wie umseitig) 20, 16,11,10
3. claims are payable in China in currency of US Dollars

Gerling-Konzern
Allgemeine Versicherungs-Aktiengesellschaft
Direktion für Österreich
Beste
(Dr. Beste)

4. Premium paid / Prämie bezahlt:

Date of issue / Ausfertigungsdatum
11.09.2020 – Fum

（四）保险声明

保险声明（Insurance Declaration）也是预约保险项下的一种保险单据，是投保人在确定了货物详情、装运日期、运输工具等细节后，将这些资料填写在印有保险人预先签字（Pre - signature）并注明预约保险单号的声明格式上，向保险人作出的单向申报，其内容与装运通知书类似，实际上是投保人在货物发运后向保险人发出的投保通知书。由于保险声明是预约保险项下依据预约保险单而进行申报的货物保险，因此，它与保险证明一样具有保险效力。

注意，保险声明上的预先签字可以不是原始手签，而是预先印就。

在 FOB 或 CFR 贸易条件下买方负责保险，买方常在信用证中规定受益人在装运后立即向与进口商订有预约保险的保险公司通知装运细节，该通知常被认为是保险声明，其实不是。因为真正的保险声明是在预约保险项下由保险人预先签字发出的，信用证不会要求由受益人发出上述那样的保险单据。

（五）暂保单

保险实务中，除了保险人和投保人外，还存在保险经纪人。所谓保险经纪人，亦称保险掮客，是指基于投保人的利益，为保险人承揽业务，代投保人向保险人洽订保险合同、办理有关保险事宜，并向保险人收取佣金的人。保险经纪人只相当于一个中介代理，既不向投保人承担保险人的赔付责任，也不对保险人承担义务。

暂保单（Cover Note）就是由保险经纪人接受投保人的委托后，向投保人签发的保险单据。此暂保单只是代投保人办理保险的约定，并不证明保险人已与投保人签订了保险合同，不起保险单的作用，不能凭以向保险人索赔，保险人对保险经纪人签发给投保人的暂保单也不负法律责任。

通常，暂保单是基于不明确的货物运载工具以及起运日等情况，先办理投保而经保险公司同意后签发的。一旦得知确切的运载工具和起运日期等详细资料后，须将暂保单交给保险人换取正式保险单，因此，银行不接受保险经纪人出具的暂保单。（UCP 600 第 28 条 c 款）

有一种情况例外，在保险经纪人的文件上出具的保险单据可以接受，但须经保险公司或其代理人或代表，或由承保人或其代理人或代表签署。保险经纪人可以以具名保险公司或具名承保人的代理人身份签署。（ISBP745 第 K3 段）

保险单、保险证明/声明、暂保单的可接受程度如下：

信用证要求的保单	其他保单可以接受	其他保单不可接受
保险单	没有	暂保单
保险证明	保险单	暂保单
保险声明	保险单	暂保单

五、保险险别概况

（一）损失原因

1. 自然灾害（Natural Calamity），指不以人的意志为转移的自然界破坏力量所引起的灾害，如恶劣天气、雷电、海啸、地震、洪水等。

2. 意外事故（Fortuitous Accidents），指由于偶然的、难以预料的原因造成的事故，如搁浅、触礁、沉没、碰撞、失火、爆炸等。

3. 一般外来原因（General Extraneous Risks），如偷窃、短装、钩损、雨淋、串味等。

4. 特殊外来原因（Special Extraneous Risks），指战争、罢工、拒收、交货不到等。

（二）损失程度

1. 全部损失（Total Loss）

（1）实际全损（Actual Total Loss），指货物全部灭失，如焚毁、沉入海底、失去原有使用价值等。

（2）推定全损（Constructive Total Loss），指货物受损后实际全损已不可避免，或恢复、修复受损货物并将其运送到原定目的地的费用将超过该货物的价值。

2. 部分损失（Partial Loss）

（1）共同海损（General Average）。海运途中遇到自然灾害或意外事故危及整个船舶、货物安全时，船方将部分货物抛入海里牺牲，或支付特殊费用以维护船舶和其余大部分货物的安全，这种牺牲或费用由船舶、货物、运输三方按比例分摊，这称为共同海损。

（2）单独海损（Particular Average），指某货主的货物受到部分海损。

（三）保险类别及保险条款

国际贸易中，货物运输保险根据运输方式的不同可以分为：海洋运输保险（Ocean Transportation Risks），适用于海上运输；陆上运输保险（Overland Transportation Risks），适用于火车、汽车等陆上运输；航空运输保险（Air Transportation Risks），适用于航空运输；邮政包裹保险（Parcel Post Risks），适用于邮包运输。

实务中最常用的是海洋运输保险。目前国内使用较为广泛的海洋运输保险条款有伦敦协会货物保险条款和中国海洋运输货物保险条款。

1. 伦敦协会货物保险条款。长期以来，在保险业中，英国所制定的保险法、保险条款等对世界各国有很大的影响。1981 年修订完毕，经联合国贸易发展会议讨论，于 1982 年 1 月 1 日起正式使用的伦敦保险业协会的《协会货物条款》（*Institute Cargo Clauses*，ICC）得到了世界保险界和贸易界的广泛接受。

（1）险别分类。《协会货物条款》将海洋货物运输保险条款分为两大类，即主险和附加险。

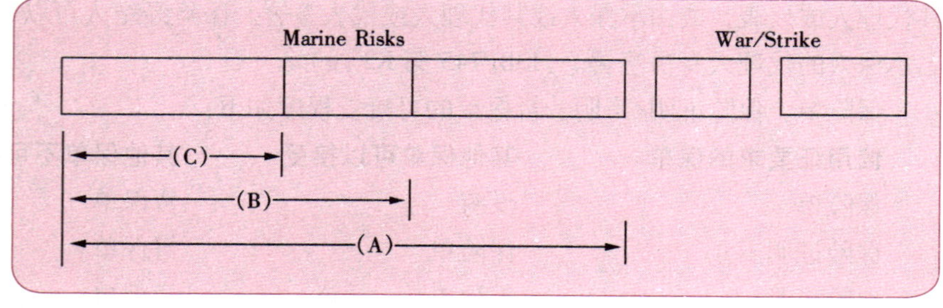

图 10－1

①主险。主险有协会货物（A）险条款（Institute Cargo Clauses A）、协会货物（B）险条款（Institute Cargo Clauses B）和协会货物（C）险条款（Institute Cargo Clauses C），均不包括附加险。可用图 10－1 表示。

（A）险条款采用综合承保方式，承保除条款中所记载的一般除外责任以外的一切风险所造成的保险标的的损失，同时，对保险责任范围内的共同海损分摊和救助费用，以及根据运输契约订有“船舶互撞规则”条款规定，按被保险人应负的比例责任，由保险人负责赔偿。

（B）险条款采用列举方式，承保范围是：火灾或爆炸；船舶或驳船遭受搁浅、触礁、沉没或倾覆；陆上运输工具的倾覆或出轨；船舶、驳船或运输工具同除水以外的任何外界物体碰撞；在避难港卸货；地震、火山爆发或雷电；共同海损的牺牲；抛货或浪击落海；海水、潮水、河水进入船舶、驳船、船舱、运输工具、集装箱、储存处所；货物在船舶或驳船装卸时落海或跌落造成任何整件的全损。

（C）险条款亦采用列举方式，承保范围是：火灾或爆炸；船舶或驳船遭受搁浅、触礁、沉没或倾覆；陆上运输工具的倾覆或出轨；船舶、驳船或运输工具同除水以外的任何外界物体碰撞；在避难港卸货；共同海损的牺牲；抛货。

（B）险条款与（C）险条款承保范围因为采用了列举方式，所以未列明者即不在承保范围。

②附加险。附加险有协会战争险条款（货物）［Institute War Clauses（Cargo）］、协会罢工险条款（货物）［Institute Strikes Clauses（Cargo）］两种。

附加险不能单独投保。

（2）协会货物条款的新旧条款对比。现将新旧保险条款对比如下，其中“≂”是相似符号。

表10－1　伦敦协会新旧条款对比

新条款(1982年1月1日生效)名称		旧条款(1963年1月1日生效)名称
基本险		基本险
(1)Institute Cargo Clauses(A) 协会货物保险条款(A)	≂	(1)Institute Cargo Clauses(All Risks) 协会货物保险(一切险)条款
(2)Institute Cargo Clauses(B) 协会货物保险条款(B)	≂	(2)Institute Cargo Clauses(WA) 协会货物保险(水渍险)条款
(3)Institute Cargo Clauses(C) 协会货物保险条款(C)	≂	(3)Institute Cargo Clauses(FPA) 协会货物保险(平安险)条款
(4)Institute Cargo Clauses(Air) (excluding sending by post) 协会货物保险航空险条款	≂	(4)Institute Air Cargo Clauses(Air Risks) 协会航空货物保险(一切险)条款
附加险		附加险
(5)Institute War Clauses(Cargo) 协会战争险条款(货物)	≂	(5)Institute War Clauses 协会战争险条款
(6)Institute Strike Clauses(Cargo) 协会罢工险条款(货物)	≂	(6)Institute Strikes,Riots & Civil Commotions Clauses 协会罢工、暴动及民变险条款

2. 中国《海洋运输货物保险条款》。中国人民保险公司1981年1月1日修订的《海洋运输货物保险条款》（*Ocean Marine Cargo Clauses*，OMCC）分为基本险和附加险两类。基本险可以单独投保，而附加险不能单独投保，只有在投保某一基本险的基础上才能加保。

（1）基本险。基本险分为平安险（Free From Particular Average，F. P. A.）、水渍险（With Particular Average，W. P. A. or With Average，W. A.）和一切险（All Risks，A. R.）三种。

①平安险，是海运基本险中保险范围最小的一种，其承保责任范围是：

被保险货物在运输途中由于恶劣气候、雷电、海啸、地震、洪水等自然灾害造成整批货物的全部损失或推定全损，当被保险人要求赔付推定全损时，须将受损货物及其权利委付给保险公司；

由于运输工具遭受搁浅、触礁、沉没、互撞、与流冰或其他物体碰撞及失火、爆炸等意外事故造成货物的全部或部分损失；

在运输工具已经发生搁浅、触礁、沉没、焚毁意外事故的情况下，货物在此前后又在海上遭受恶劣气候、雷电、海啸等自然灾害所造成的部分损失；

在装卸或转运时由于一件或数件整件货物落海造成的全部或部分损失；

被保险人对遭受承保责任内危险的货物采取抢救、防止或减少货损的措施而支付的合理费用，但以不超过该批被救货物的保险金额为限；

运输工具遭遇海难后，在避难港由于卸货引起的损失，以及在中途港、避难港由于卸货、存仓以及运送货物所产生的特别费用；

共同海损的牺牲、分摊和救助费用；

运输契约定有“船舶互撞责任”条款，根据该条款规定应由货方偿还船方的损失。

②水渍险。水渍险的承保责任范围，除包括上述平安险的各项责任外，还负责被保险货物由于恶劣气候、雷电、海啸、地震、洪水自然灾害所造成的部分损失。

③一切险。一切险，除包括平安险、水渍险的各项责任外，还负责被保险货物在运输途中由于一般外来风险所造成的全部或部分损失。所以，一切险承担了一般附加险包括的责任，但不包含特殊附加险，如欲投保，必须在一切险之外另加，如常见的 Insurance Policy covering All Risks and War Risks。

（2）附加险。附加险有一般附加险（General Additional Risk）和特别/特殊附加险（Special and Specific Additional Risk）之分。

①一般附加险。一般附加险所承保的是由于一般外来风险所造成的全部或部分损失，其险别共有下列 11 种：

- 偷窃、提货不着险（Theft, Pilferage and Non – Delivery, TPND）。承保被保险货物因偷窃行为所致的损失和整件提货不着等方面的损失。
- 淡水雨淋险（Fresh Water and/or Rain Damage, FWRD）。承保被保险货物因直接遭受淡水或雨淋，以及由于冰雪融化所遭受的损失。
- 短量险（Risk of Shortage）。承保被保险货物在运输途中因外包装破裂或散装货物发生数量散失以及实际重量短缺的损失，但不包括正常的途耗。
- 混杂、玷污险（Inter – Mixture and Contamination Risk）。承保被保险货物在运输过程中因混进杂质或被玷污所造成的损失。
- 渗漏险（Leakage Risk）。承保被保险货物在运输过程中因容器损坏而引起的渗漏损失，或用液体储藏的货物因液体的渗漏而引起的货物腐败等损失。
- 碰损破碎险（Clash and Breakage Risk）。承保被保险货物在运输过程中因震动、碰撞、受压所造成的破碎和碰撞损失。
- 串味险（Taint of Odour Risk）。承保被保险的食用物品、中药材、化妆品原料等货物在运输过程中因受其他物品的影响而引起的串味损失。
- 受潮受热险（Sweating and Heating Risk）。承保被保险货物在运输过程中因气温突变或因船上通风设备失灵致使船舱内水汽凝结、发潮或发热所造成的损失。
- 钩损险（Hook Damage Risk）。承保被保险货物在装卸过程中因被钩损而引起的损失，并对包装进行修补或调换所支付的费用负责赔偿。

• 包装破碎险（Breakage of Packing Risk）。承保被保险货物在运输途中因装运或装卸不慎，致使包装破裂所造成的短少、玷污等损失。此外，对在运输过程中，为继续运输安全需要而产生的修补包装或调换包装所支付的费用也均负责赔偿。

• 锈损险（Risk of Rusting）。对被保险的金属或金属制品一类货物在运输过程中发生的锈损负责赔偿。

②特别/特殊附加险。特别/特殊附加险承保由于特殊外来风险所造成的全部或部分损失，共有下列八种：

• 战争险（War Risks）又称兵险，可以作为独立承保的险别。负责赔偿直接由于战争、类似战争行为和敌对行为、武装冲突或海盗行为所致的损失，以及由此而引起的捕获、拘留、扣留、禁止、扣押所造成的损失。还负责各种常规武器（包括水雷、鱼雷、炸弹）所致的损失以及由于上述责任范围而引起的共同海损的牺牲、分摊和救助费用。但对使用原子或热核武器所造成的损失和费用不负赔偿责任。

• 罢工、暴动及民变险（Risks of Strike，Riots and Civil Commotion，SRCC），简称罢工险，可以作为独立承保的险别。承保被保险货物由于罢工、工人被迫停工或参加工潮、暴动等因人员的行动或任何人的恶意行为所造成的直接损失，并对上述行动或行为引起的共同海损的牺牲、分摊和救助费用负责赔偿。但对在罢工期间由于劳动力短缺或不能使用劳动力所造成的被保险货物的损失，包括因罢工而引起的动力或燃料缺乏使冷藏机停止工作所致的冷藏货物的损失，以及无劳动力搬运货物，使货物堆积在码头淋湿受损，不负赔偿责任。

• 交货不到险（Failure to Deliver Risk）。对不论由于任何原因，从被保险货物装上船舶时开始，不能在预定抵达目的地的日期起 6 个月内交货的，负责按全损赔偿。

• 拒收险（Rejection Risk）。对被保险货物在进口港被进口国的政府或有关当局拒绝进口或没收，按货物的保险价值负责赔偿。

• 黄曲霉素险（Aflatoxin Risk）。对被保险货物因所含黄曲霉素超过进口国的限制标准，被拒绝进口、没收或强制改变用途而遭受的损失负责赔偿。

• 舱面险（On Deck Risk）。对被保险货物存放舱面时，除按保险单所载明的条款负责外，还包括被抛弃或被风浪冲击落水在内的损失负责赔偿。

• 进口关税险（Import Duty Risk）。为当被保险货物遭受保险责任范围以内的损失，而被保险人仍须按完好货物价值完税时，保险公司对损失部分货物的进口关税负责赔偿。

• 货物出口到香港（包括九龙）或澳门存仓火险责任扩展条款（Fire risk extension clause – for storage of cargo at destination Hong Kong，including Kowloon or Macao，FREC）。被保险货物运抵目的地香港（包括九龙在内）或澳门卸离运输工具后，如直接存放于保单载明的过户银行所指定的仓库，本保险对存仓火险的责任至银行收回押款解除货物的权益为止，或运输险责任终止时起满 30 天为止。

3. 保险单除载有上述保险条款外，有时还会加注免赔率和仓至仓条款，这两个条款并不是独立的险别，而是某些险别的附加说明。

（1）免赔率。根据 UCP 600 第 28 条 j 款，保险单据可以注明受免赔率或免赔额（减除额）约束。

免赔率是指货物遭受损失的程度超过规定的百分比，保险人才给予赔偿，这个规定的百分比就是免赔率。免赔率又有相对免赔率（Franchise or Non－deductible franchise）和绝对免赔率（Excess or Deductible franchise）之分。

通常把受到免赔率的约束称为相对免赔率，受到超过额赔偿（免赔额扣减）的约束称为绝对免赔率。现在举例说明。

相对免赔率：如果 100 英镑损失的相对免赔率是 5%，这就意味着低于 5 英镑的损失由被保险人支付，5 英镑及其以上的损失，假如是 100 英镑，应由保险公司全部支付 100 英镑，被保险人不负责。

绝对免赔率：如果 100 英镑损失的绝对免赔率是 5%，这就意味着 5 英镑的损失由被保险人支付（即可扣减的免赔额为 5 英镑），由保险公司支付 95 英镑的损失。

如果信用证要求保险责任不计比例（Irrespective of Percentage，IOP），则保险单据不得含有表明保险责任受免赔率或免赔额约束的条款（ISBP745 第 K14 段）。所谓不计比例，即不计免赔率，通常系指对承保货物的短量或破碎损失，保险人不论损失程度，均予赔付。银行在审核保险单时要特别注意：如果信用证规定保险单上要加注 IOP，而实际保单上没有，那就是不符点；相应地，如果加注了 IOP，则保单上不能含有“受到免赔率约束”的语句，因为这两者是矛盾的。

（2）仓至仓条款。根据 UCP 600 第 28 条 f（iii），保险单据须表明承保的风险区间至少涵盖从信用证规定的货物接管地或发运地开始到卸货地或最终目的地。仓至仓条款（Warehouse to Warehouse Clause）就是对保险责任的起讫规定，指的是被保货物自起运地仓库开始运输起，直至到达目的地收货人最后仓库或储存处所止的整个运输过程，保险公司均负责任。

伦敦协会货物保险条款和中国海洋运输货物保险条款有关险别的责任范围基本都是仓至仓，但是申请人欲将保险责任扩展至申请人所在场地的，必须在信用证上有此规定，而且在保单上要有此特别批注。

六、保险单据的背书转让

保险单据的背书转让在贸易条件是 CIF 和 CIP 的销售中显得尤为重要。因为在 CIF 贸易条件下，卖方承担货物装上船为止的一切风险，买方承担货物自装运港装上船后的一切风险。在 CIP 贸易条件下，货物在发货地由卖方交给承运人时，即实现了风险的转移。因此，保险单据就应在放单之前作成背书，在放单之后才能将索赔权利转让给买方。

ISBP745 第 K21 段对保险单据的背书转让有这样的说明：如果信用证对被保险人未作规定，则表明凭托运人或受益人指示赔付的保险单据不可接受，除非经过背书。保险单据应出具或背书使保险单据项下的索赔权利在放单之时或之前得以转让。

SBPED 保险单据 8 段也有类似说明：保险单据格式按照信用证的要求以及在需要时将被收取损失赔付的人（指发货人）在单据上背书。

在信用证的单据付款之时或以前，收取损失赔付的权利应该转移，因此，如果信用证对此沉默，保险单据应被开出和背书，以使权利在信用证单据的付款之时或以前，经过背书而转移。

保险单据的背书有空白背书和记名背书两种，采用何种方式，取决于信用证的规定。

（一） 空白背书

信用证规定：Insurance policy endorsed in blank/in negotiable form 或 A blank endorsed insurance policy

被保险人：出口方 XYZ Co.，

它在保单背面作成空白背书：XYZ Co.，Place
signature

持单人是被保险人。

ICC613 R322 说明：保单上作成空白背书后转让给一个新的被保险人，它是持单人，与保单来人（Bearer）作为被保险人的持单人具有相同的权利和效果，所以将后者代替前者可以接受，反之也可接受。此外，为避免出现争议，当信用证要求保单须空白背书时，不应使用“TO ORDER”作为被保险人（TA688rev）。

（二） 记名背书

1. 信用证规定：Insurance policy endorsed to the order of ABC Bank，place

被保险人：出口方 XYZ Co.，

它在保单背面应作成记名背书：Claim payable to the order of ABC Bank，place
XYZ Co.，place
signature

被背书人 ABC Bank 是新的被保险人。

2. 信用证规定：Insurance policy endorsed to the order and benefit of our Bank（Issuing Bank，place）

被保险人：出口方 XYZ Co.，

它在保单背面应作成记名背书给开证行：Claim payable to the order and benefit of（Issuing Bank，place）
XYZ Co.，place
signature

被背书人 Issuing Bank 是新的被保险人。

3. 进口商付款赎单时，若被背书人或被保险人是开证行，则由开证行在保单背面作成记名背书给进口商 ABC Import Co.：Claim payable to the order of
ABC Import Co.，place
Issuing Bank，place
signature

七、审核保险单据的注意事项

（一） 日期

1. 保险单据日期不得晚于发运日期，除非保险单据表明保险责任不迟于发运日生效。（UCP 600 第 28 条 e 款）

通常情况下，保险单据的签发日期就是保险责任的生效日期。如果这一日期晚于运输单据上货物装船、发运或接受监管的日期，即货物已经装船、发运或接受监管，保险还未生效，那么在此期间发生的货物的损害或灭失将不在保险时段之内，被保险人将无法获得赔偿。

ICC632 R290 介绍了一个案例：保险单注明船只起运日期为 2014 年 4 月 4 日，与提单装运日一致，并在信用证规定最迟装运日期之内。保险单据注明签发日期为 2014 年 4 月 23 日，并未以文字形式表述该保险单最迟于装船那天生效，这样的保险单是否可以接受？经询问国际商会，答复是包含保险所涉及的航程细节是保险单据的一个常见做法，保险单所包含的“起运日期”并不足以证明该保单从那天起开始生效，因此，鉴于保险单签发日期 2014 年 4 月 23 日晚于提单装运日期，该保险单应该被拒绝接受。

2. 保险单据不得表明在其项下提出索赔的失效日期；保险单据不得显示保险失效日期晚于装运日期；如保险单据显示出具日期晚于（UCP 600 第 19 – 25 条所定义的）装运日期，则该单据须以附注或批注的方式清楚地表明保函生效日期不晚于装运日期；保险单据显示保险基于“仓至仓”或类似条款已经生效，且出具日期晚于装运日期，这并不表示保险生效日期不晚于装运日期；在保险单据没有注明其他任何日期为出具日期和保险生效日期的情形下，副签日期将被视为保险生效日期的证明。（ISBP745 第 K9 K10 K11）

（二）货币和金额

1. 保险单据必须以信用证的币种，至少按信用证要求的金额出具。UCP 600 并未规定任何投保的最高比例。（ISBP745 第 K12 段）

2. 信用证对于投保金额为货物价值、发票金额或类似金额的某一比例的要求，将被视为对最低保额的要求。如果信用证对投保金额未作规定，投保金额须至少为货物 CIF 或 CIP 价格的 110%。如果从单据中不能确定 CIF 或者 CIP 价格，投保金额必须基于要求承付或议付的金额，或者基于发票上显示的货物总值来计算，两者之中取金额较高者。[UCP 600 第 28 条 f（ii）]

3. 如果从信用证或单据可以得知最后的发票金额仅仅是货物总价值的一部分（如由于折扣、预付或类似情况，或由于货物的部分价款将晚些支付），必须以货物的总价值为基础来计算应保金额。（ISBP745 第 K15 段）

（三）货物描述

按照 UCP 600 第 14 条 e 款规定：除商业发票外，其他单据中的货物、服务或履约行为的描述，如果有的话，可使用与信用证中的描述不矛盾的概括性用语。

所谓概括性用语，即统称，也就是笼统名称，如家具是桌椅的笼统名称。现用英文举例说明：

General terms	Actual goods
Furniture	desks, chairs
Vehicles	cars, trucks
Vegetables	tomatoes, onions
Textiles	blankets, towels
Stationery	pens, pencils

实际业务中，像保险单这样的单据所用统称，往往是照抄信用证货物的总称或概称，舍弃总称后面详细的规格、成分、花色等的描述。

案例分析

开证申请人：A 公司
开证行：　　I 银行
交单行：　　P 银行
收益人：　　B 公司

B 公司收到信用证后，出货制单，并通过 P 银行将单据提交给开证行 I 银行要求付款，但 I 银行以单据存在不符点为由提出拒付，所提不符点是：保险单上的货物描述为 AL – CYLINDER，而发票及其他单据上的货物描述是 ALUMINUM MEDICAL CYLINDERS（信用证对货物名称的描述是：ALUMINUM MEDICAL CYLINDERS，没有其他特别规定），后再经两家银行交涉，开证行 I 银行进一步确认，I 银行并不是认为 AL 和 ALUMINUM 之间不符，而是“MEDICAL CYLINDER”和“CYLINDER”之间存在明显的不同。

后来，P 银行将此争议提交 ICC CHINA。经专家研究后，ICC CHINA 根据“除发票以外的其他单据上可以使用与 LC 不矛盾的总称”这一规定，作出了开证行提出的不符点不成立的判断。之后，受益人在上海起诉了开证行，开证行拖延半年之后支付了款项。

（四）投保风险

1. 信用证应规定所需投保的险别及附加险（如有的话）。

如果信用证使用诸如“通常风险”或“惯常风险”等含义不确切的用语，则无论是否有漏保之风险，保险单据将被照样接受。（UCP 600 第 28 条 g 款）

如果信用证未规定投保险别，则保单至少应该投保一项基本险。

2. 当信用证规定投保“一切险”时，如保险单据载有任何“一切险”批注或条款，无论是否有“一切险”标题，均将被接受，即使其声明任何风险除外。（UCP 600 第 28 条 h 款）

保险单据可以援引任何除外条款。（UCP 600 第 28 条 i 款）

至此，国际商会在 UCP 600 中明确了一直以来困扰保险单的“一切险”和除外条款问题。而在 ISBP 相应条款中也有明确的意思转变：保险单据必须涵盖信用证规定的风险。即使信用证明确列明应投保的风险，保险单据中也可以援引除外条款。如果信用证要求投保“一切险”，提交载有“一切险”条款或批注的保险单据即满足要求，即使该单据声明某些风险除外。如果保险单据标明投保（伦敦保险）《协会货物条款》（A），或者空运项下表明其承保“伦敦保险协会货物运输保险条款（空运）”，也符合信用证关于“一切险”条款或批注的要求。（ISBP745 第 K18 段）

3. 同一运输的同一风险的保险必须由同一保险单据涵盖，除非第一份涵盖部分保险的保险单据以百分比或其他方式明确反映每一保险人负责的保险金额，并且每一保险人将各自分别承担自己的责任份额，不受其他保险人可能已承保的该次运输的保险责任的影响。（ISBP745 第 K16 段）

（五）单据修改

如果单据记载带有任何修改，要确保这些修改被适当地证实。这里要注意两点：

1. 同一份单据内使用多种字体、字号或手写，其本身并不意味着必然为更正或更改。（ISBP745 第 A7 段）

2. 当一份单据包含不止一处更正或更改时，必须对每一处更正作出单独证实，或者以适当的方式使一项证实与所有更正相关联。例如，如果一份单据显示出有标为 1、2、3 的三处更正，则使用类似“上述编号为 1、2、3 的更正经 × × × 授权”和声明即满足证实的要求。（ISBP745 第 A8 段）

（六）正本提交份数

UCP 600 第 28 条 b 款称，如果保险单据表明其以多份正本出具，所有正本均须提交。结合国际商会 TA784rev 案例的意见回复，对保险单据的正本份数应按以下原则掌握：当信用证要求全套保险单据（Full Set Insurance Policy），①保险单据表明了所出具的正本份数，则应按所示份数提交全套保险单据；②保险单据未表明所出具的正本份数，则提交任意份数的保险单据被视为全套正本。当信用证未要求全套保险单据，但规定了正本提交份数（Insurance Policy in 2 Originals），①保险单据表明了所出具的正本份数，则此显示份数应不少于规定份数且应按所示份数提交全套保险单据；②保险单据未表明所出具的正本份数，则应提交不少于信用证规定的正本份数的保险单据。当信用证未要求全套保险单据，且未规定正本提交份数（Insurance Certificate for 110 Percent of CIF Value），①保险单据表明了所出具的正本份数，则应按所示份数提交全套保险单据；②保险单据未表明所出具的正本份数，则可提交任意份数的保险单据。

［案例 10－1］
保费支付条款是否构成银行审单责任和义务

（七）保险费用

保险单据作为反映保险合同双方当事人权利、义务关系的契约，也成为国际贸易中的重要单据。常见的保险单内容往往包含保险人和被保险人名称、保险标的、币种与金额、保险费用、保险期限、赔偿或给付的责任范围等主要事项。实务中，保险单表面常会注明保险费用，同时辅之以条款约定，这些加注的条款需要引起审单人员足够重视，有些条款甚至会影响保单生效。

第四节　出口货物原产地证明书

在国际贸易中，世界各国根据各自的对外贸易政策，普遍实行进口贸易管制，对进口商品实行差别关税和限额管理，因此，进口国要求出口国提供证明货物原产地或制造地的文件，即出口货物原产地证明书，已成为一种国际惯例。

出口货物原产地证明书通常称为原产地证明书（Certificate of Origin），简称原产地证或产地证，是证明出口货物的生产来源地，以便供进口国海关采取不同的国别政策和关税待遇的书面证明文件，在国际贸易中具有独特的法律效力，在证明原产地方面具有不可替代的作用，是进行国际贸易的一项重要证明文件。

一、原产地证明书的作用

1. 原产地证明书是各国海关据以征收关税和实施差别待遇的有效凭证。当进口国与出口国政府之间有关税协定，用条约形式规定了协定税率（Agreed Customs Rate），或两国之间条约上规定了最惠国条款（Most Favored Nation Clause），买方往往要求卖方提供有效的原产地证来证明进口货物的原产地确系缔约的对方国，据此获得相应的税率待遇。而进口国政府也为了对协定国与非协定国的商品课征不同的进口税率，要求商品在输入时提供原产地证，以防止非协定国生产的货物享受优惠待遇。

2. 原产地证明书是货物进口国实行有差别的数量控制，进行贸易管理的有效工具。世界各国根据其贸易政策，为保护本国民族工业和区域贸易，保持其国际竞争力的需要，往往对某些货物的进口实行限制，制定一些数量控制措施，例如，进口配额，许可证制度，反倾销、反补贴制度。为实行这些控制制定，首先需确定进口的货物是来自哪个国家，然后确定这批货物是否受到进口数量限制，是否需持有进口许可证，是否要冲销配额及征收反倾销、反补贴税等，原产地证也就成为实施这些制度的重要工具。

3. 原产地证明书起到保障进口商品合乎卫生条件的作用。对于进口动植物、医药用品等对卫生情况有严格要求的产品，如果知道哪些国家的产品不合乎卫生或检疫条件，可凭原产地证禁止进口，如1996年英国发现疯牛病，西欧各国禁止英国产地的牛肉进口。

4. 原产地证明书起到证明商品内在品质、提高商品竞争力的作用。当交易双方商定以产地作为商品品质标准时，原产地证就是货物品质的证明，如在国际市场上持有中国原产地证的丝绸比持有其他不产丝绸国家产地证的丝绸更具竞争力，更能卖出好价。

5. 原产地证明书是海关借以对进口物进行统计的重要依据。海关通过对原产地证的监督使用，确定商品的原产国别，以确保进出口贸易的平衡发展，同时根据原产地证所列内容进行贸易统计。

二、原产地证明书的分类

根据不同的分类标准，出口物原产地证明书可以有多种分类方式，但目前国际上主要是按原产地证明书的不同用途和适用范围来进行分类。按此标准，出口货物原产地证明书通常包括以下几种：一般原产地证、普惠制产地证、双边自贸协定原产地证、区域性优惠原产地证等。

（一）一般原产地证

一般原产地证（Certificate of Origin），是用以证明有关出口货物和制造地的一种证明文件，是货物在国际贸易行为中的“原籍”证书。在多数情况下，一般原产地证是在实施优惠关税的双边协定国家之间享受最惠国待遇的一种凭证。

下面以附式10－5为例，说明原产地证的填制。

1. Exporter，出口人，Shanghai United Import & Export Co.，Ltd。填写信用证受益人详细的名称、地址。

2. Consignee，收货人，Kamlar Trading Stores。填写开证申请人详细的名称、地址及国别。

3. Means of transport and route，运输方式和路线。填写装货港From Shanghai、到货港To Dubai及运输方式By Sea，如有转运，必须注明转运港口。

4. For certifying authority use only，签证机构用栏。此栏为签证机构在签发后补发证书或加注其他声明时使用。

5. Marks and Numbers，运输标志。应完整、规范地填写运输标志，并与商业发票等其他单据相一致，不能简单填写“As per Invoice No. ×××”。

6. Number and kind of packages; description of goods，包装件数及种类；货物描述。填写包装件数，并且同时注明包装件数的大写660Cartons（Say Six Hundred and Sixty Cartons Only）of ×××。货物描述应填写具体的商品名称“ARYA” BRAND VACUUM FLASKS，描述结束后在紧接的下一行输入“**********”符号，以防添加内容。

7. H. S. Code，H. S. 编码96170010。填写商品在《商品名称和编码协调制度》（*Harmonized Commodity Description & Coding System*）中的编码。

8. Declaration by the exporter，出口商申明。由出口商署上公司名称（加盖公章）、手签，并注明签署地点及日期，该日期一般不早于发票日期。

✪ 附式 10－5　原产地证

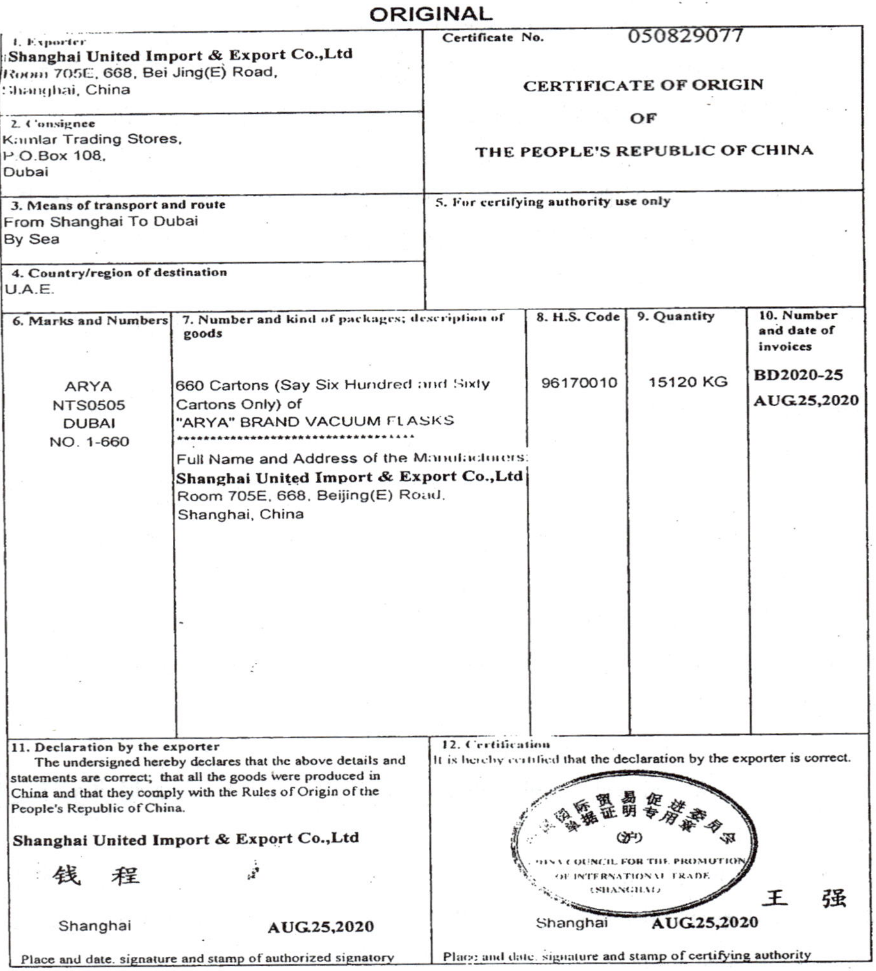

ORIGINAL

1. Exporter Shanghai United Import & Export Co.,Ltd Room 705E, 668, Bei Jing(E) Road, Shanghai, China	Certificate No. 050829077 CERTIFICATE OF ORIGIN OF THE PEOPLE'S REPUBLIC OF CHINA
2. Consignee Kamlar Trading Stores, P.O.Box 108, Dubai	
3. Means of transport and route From Shanghai To Dubai By Sea	5. For certifying authority use only
4. Country/region of destination U.A.E.	

6. Marks and Numbers	7. Number and kind of packages; description of goods	8. H.S. Code	9. Quantity	10. Number and date of invoices
ARYA NTS0505 DUBAI NO. 1-660	660 Cartons (Say Six Hundred and Sixty Cartons Only) of "ARYA" BRAND VACUUM FLASKS ********************************** Full Name and Address of the Manufacturers: Shanghai United Import & Export Co.,Ltd Room 705E, 668, Beijing(E) Road, Shanghai, China	96170010	15120 KG	BD2020-25 AUG.25,2020

11. Declaration by the exporter The undersigned hereby declares that the above details and statements are correct; that all the goods were produced in China and that they comply with the Rules of Origin of the People's Republic of China. Shanghai United Import & Export Co.,Ltd 钱　程 Shanghai　AUG.25,2020 Place and date, signature and stamp of authorized signatory	12. Certification It is hereby certified that the declaration by the exporter is correct. 中国国际贸易促进委员会 单据证明专用章 CHINA COUNCIL FOR THE PROMOTION OF INTERNATIONAL TRADE (SHANGHAI) 王　强 Shanghai　AUG.25,2020 Place and date, signature and stamp of certifying authority

9. Certification，证实栏。由签证机关手签、加盖公章。签署地点和日期通常由申请人（出口商）事先填写。要注意，签署日期不得早于出口商申明日期。

10. 信用证对原产地证的特别要求。有时信用证会要求提交的原产地证上注明特定的证明文句，如Full Name and Address of the Manufacturers，则原产地证必须进行详细加注，加注的证明文句通常出现在原产地证中间部分的空白处。

（二）普惠制产地证

普惠制产地证（Generalized System of Preferences），是发达国家对发展中国家向其出口的制成品和半制成品（包括某些初级产品）给予的一种普遍的、非歧视性的、非互惠的关税减免优惠制度。由于给惠国实行减免关税产生的差额，使受惠国出口商品的价格具有更大的竞争能力，吸引进口商购买更多的受惠产品，从而扩大受惠国制成品和半制成品的出口，增加外汇收入，促进工业化。

普惠制产地证格式见附式 10－6。

附式 10－6　普惠制产地证

ORIGINAL

1. Goods consigned from (Exporter's business name, address, country) SHANGHAI ZHEN YUAN IMP. AND EXP. CO. LTD RM 302-350, 700 JIAN GUO DONG RD. SHANGHAI, CHINA	Reference No. GSPWIZJ0894 GENERALIZED SYSTEM OF PREFERENCES CERTIFICATE OF ORIGIN (Combined declaration and certificate) FORM A Issued in THE PEOPLE'S REPUBLIC OF CHINA (country) See Notes overleaf
2. Goods consigned to (Consignee's name, address, country) TO ORDER	
3. Means of transport and route (as far as known) FROM SHANGHAI, CHINA TO PALERMO, ITALY BY SEA	4. For official use

5. Item number	6. Marks and numbers of packages	7. Number and Kind of packages; description of goods	8. Origin criterion (see Notes overleaf)	9. Gross weight or other quantity	10. Number and date of invoices
1	SEMPREVIVO 53 307 03199 PALERMO C/NO. 1-350	SPORTS MUG THREE HUNDRED AND FIFTY (305) CARTONS ONLY ** DOCUMENTARY CREDIT NO. 1320/742 NAME OF ISSUING BANK: ISTITUTO BANCARIO SAN PAOLO DI TORINO S.P.A., PALERMO	"P"	4875KGS	INVOICE NO. ZYIE0502 DATED 20-Aug-20

11. Certification It is hereby certified, on the basis of control carried out, that the declaration by the exporter is correct. 刘影萍 SHANGHAI 28-AUG-2020 Place and date, signature and stamp of certifying authority	12. Declaration by the exporter The undersigned hereby declares that the above details and statements are correct; that all the goods were produced in CHINA (country) and that they comply with the origin requirements specified for those goods in the Generalized System of Preferences for goods exported to ITALY (importing country) SHANGHAI 27-AUG-2020 沈力 Place and date, signature and stamp of authorized signatory

普惠制产地证的填写与一般原产地证大致相同，这里只列举不同项的填法。

1. Item Number，项目号，即商品名称的序号。附式 10－6 中只涉及一类商品，所以只填写 1。如果交易涉及三类商品，则依次填写 01、02、03，分别与货物描述栏内的商品名称相对应。

2. Origin Criterion（see Notes overleaf），原产地标准。必须按产地证背面有关条款填入"P""W""F"等字母。其具体规定如下：

（1）完全为中国原产产品，不含任何进口成分，出口到所有给惠国均填"P"。

（2）含有进口成分的产品（须符合原产地标准）：

• 产品出口到欧盟 27 国，瑞士、挪威、土耳其、列支敦士登、日本等国，填写"W"加商品的 H. S. 四位数编码。例如，"W" 95. 03。

• 产品出口到加拿大，只填"F"，不填 HS 编码。

• 产品出口到澳大利亚、新西兰，此栏可留空或填"W"加商品的 H. S. 四位数编码。

• 产品出口到俄罗斯、白俄罗斯、乌克兰、哈萨克斯坦、乌兹别克斯坦等前苏联国家，其进口成分不得超过离岸价的 50%，填写"Y"字样，并在字母后面打上进口价值占出厂价的百分比。例如，"Y" 45%。

（三）双边自贸协定原产地证

双边自贸协定原产地证指两国间签订的双边自由贸易协议项下的产地证。包括中国—巴基斯坦自由贸易区原产地证（Form P）、中国—智利自由贸易区优惠原产地证（Form F）等。

［案例 10－2］关于中澳自贸协定产地证的案例

（四）区域性优惠原产地证

区域性优惠原产地证，是指一定区域内的国家享受互惠的减免关税待遇的货物原产地证明文件，如北美自由贸易区产地证、英联邦特惠税产地证。

三、审核原产地证明书的注意事项

（一）基本要求

如信用证要求提交原产地证明书，则提交的单据看似与所开发票的货物相关，证实货物原产地，并经签署，即可满足要求；如信用证要求提交特定格式的原产地证书，诸如普惠制原产地证书 A（GSP FORM A），则只能提交该特定格式的单据。（ISBP745 第 L1 段和 L2 段）

（二）原产地证明书的出具人

原产地证明书必须由信用证规定的人出具。

如果信用证要求原产地证明书由某一机构出具，但出口国无此机构，也可由另一方进行签发，只要在单据上表明为同一机构或代其签发即可。（ICC632 R405）

如果信用证要求原产地证明书由受益人、出口商或制造商出具，则由商会出具的单据可以接受，只要该单据根据不同情形相应地注明受益人、出口商或制造商。（ISBP745 第 L3 段）

如果信用证没有规定由何人出具原产地证明书则由任何人包括受益人出具的单据均可接受。(ISBP745 L3 段)

（三）原产地证明书的内容

1. 原产地证明书可以显示信用证受益人或运输单据上的托运人之外的另外一人为发货人或出口方（consignor or exporter）。(ISBP745 第 L6 段)

2. ICC 596 R276 提到，澳洲的某开证行以原产地证明书上的收货人 consignee 是申请人，与提单上面的收货人 consignee 不一致而拒付。指定银行认为这是不符合实际情况的故意挑剔，询问国际商会，得到的答复是：产地证要求在单据正文中加列收货人。当信用证要求提单开立的是“运交指示方和空白背书（to order and blank endorsed）”，希望收货人是信用证的申请人，或信用证表明为货物最终接收人的任何名字，这是合理的。当信用证要求提单开立的是“运交开证行或其指示方（to order of the issuing bank）”，希望原产地证明书表明货物最终接收人为收货人（Certificate of Origin to show the ultimate receiver of the goods as the consignee），这将是合理的。除非信用证另有规定，上述情况出具的原产地证明书是可接受的。

因此，ISBP745 第 L5 段对产地证收货人信息作出了如下规定：产地证如果显示有收货人信息，则不得与运输单据中的收货人信息相矛盾。但是，如果信用证要求运输单据出具成空白指示（to order）、凭托运人指示（to order of shipper）、凭开证行指示（to order of the issuing bank）或以开证行为收货人（consigned to the issuing bank），则原产地证明书可以显示信用证的申请人或信用证中指名的另外一人作为收货人。如果信用证已经转让，以第一受益人作为收货人也可接受。

3. 原产地证明书必须看似与发票所指货物相关联。原产地证明书中的货物描述可以使用与信用证所载不相矛盾的统称，或通过其他援引表明其与要求的单据中的货物相关联。(ISBP745 第 L4 段)

［案例 10－3］
探讨星展银行
信用证拒付案

4. 根据功能性要求，原产地证明书必须清晰地表明货物的原产地，而不能要求银行根据货物描述等内容加以判断。

（四）原产地证明书的签发日期

作为信用证项下提交的一种单据，原产地证明书的签发日期应该在信用证规定的交单期和有效期之内，除非信用证另有规定，也可以早于信用证的开证日期。对于产地证的签发日期迟于货物出运日期可否接受的问题，国际商会的立场是，产地证的签发日期对于货物的装运，或价值，或货物原产地的声明不会造成损害。可见，除非信用证另有规定，签发日期迟于货物的装运日期的产地证是可以接受的。但需要注意的是，在提交普惠制产地证的情况下，除非是后发证书（Issued Retrospectively）或信用证允许，签发日期不可迟于货物的出运日期，否则影响货物的通关。此外，产地证上出口方申报的日期既不得早于发票日期，也不应该晚于签证机关的签发日期，否则明显与情理不符。

（五）原产地证明书应单独出具

原产地证明书不要与其他单据联合起来。应确保其已被签字，如信用证有要求，还应确保它已被公证人证实、合法化、签证等。

第五节　常见的其他单据

除上述介绍的几种单据外，包装单据、商品检验证书、证明信等单据也都在其他单据之列。由于世界各国法律体系和贸易习惯不同，各国银行开出的信用证对其他单据的要求也不尽相同，以下简要介绍常见的几种其他单据。

一、包装单据

在国际货物买卖中，除少数散装货（Bulk Cargo）和裸装货（Nude Cargo），如谷物、矿砂、煤炭等，可以直接装入运输工具进行运输外，绝大部分商品都要在运输前进行适当的包装以保护货物在运输途中的安全。

包装单据（Packing Documents）虽然是商业发票的补充性单据，但却是国际贸易中非常重要的单据。它对货物各包装件号内商品的详细说明，不仅便于买方对货物的规格、等级、型号、重量等进行了解和掌握，也是货物到达目的港时进口国海关验货、公证机关验货以及进口商验收货物的主要依据。

（一）包装单据种类

对于不同特性的货物，进口商可能对某一或某几方面（例如包装方式、重量、体积、尺码）比较关注，因此希望对方重点提供某一方面的单据，因而包装单据种类众多，不同的包装单据要求的侧重点不同，常见的有：

1. 装箱单（Packing List or Packing Slip）。用于概述货物的装箱情况，通常要注明货物的品名、数量、唛头、毛重和净重等方面的内容。

装箱单格式见附式 10－7。

附式 10－7　装箱单

PACKING LIST

1) SELLER	3) INVOICE NO.	4) INVOICE DATE
Shanghai United Import & Export Co.,Ltd Room 705E, 668, Beijing(E) Road, Shanghai, China	BD2020-1	Sep.15,2020
	5) FROM Shanghai	6) TO Thailand
	7) TOTAL PACKAGES(IN WORDS) Say two thousand and eight cartons only	
2) BUYER HOME PRODUCT CENTER PCL P.O.BOX 18, THAILAND	8) MARKS & NOS. N/M	

9) C/NOS.	10) NOS. & KINDS OF PKGS.	11) ITEM	12)QTY.	13) G.W.	14) N.W.	15) MEAS.
	MAIL BOX					
	AS PER PORFORMA INVOICE NO.SH070822 DD AUG.01,2020					
1-252	252Cartons	WMB-03 WHITE	252PCS	3600 kgs	3300 kgs	22.968m³
253-504	252Cartons	WMB-04 BROWN	252PCS	2500 kgs	2300 kgs	11.232m³
505-1256	752Cartons	SMB-01 RED	752PCS	5060 kgs	4600 kgs	19.430m³
1257-2008	752Cartons	SMB-06B BLACK	752PCS	3960 kgs	3600 kgs	31.150m³
TOTAL:	2008Cartons		2008PCS	15120 kgs	13800 kgs	84.780m³

ISSUED BY:
SHANGHAI UNITED IMPORT & EXPORT CO.,LTD
SIGNATURE: 钱　程

（1）TOTAL PACKAGES IN WORDS，货物总包装件数（大写）。

（2）C/NOS，件号。在附式 10－7 中，商品有 4 个货号共 2 008 件，第一个货号 252 件，第二个货号 252 件，第三个货号 752 件，第四个货号 752 件，所以，填写件号时，第一个货号填“1－252”，第二个货号填“253－504”，第三个货号填“505－1256”，第四个货号填“1257－2008”。

（3）NOS. & KINDS OF PKGS，包装件数及种类。如附式 10－7 中的2 008 Cartons。应按货号分别填写相应的包装件数及种类，并应注明该批货物的总包装件数及种类。若存在不同的包装种类，则用“×××packages”（×××件）来表示总包装件数及种类。

（4）QTY（Quantity），数量。如附式 10－7 中的2 008PCS。应列明不同货号的数量，如各货号的数量单位相同，还需注明该批货物的总数量。

（5）G. W.（Gross Weight），毛重。如附式 10－7 中的15 120kgs。应列明各货号的毛重及该批货物的总毛重，切勿遗漏重量单位，如“kg”。

（6）N. W.（Net Weight）。净重。如附式 10－7 中的13 800kgs。应列明各货号的净重及该批货物的总净重，切勿遗漏重量单位，如“kg”。

（7）MEAS.（Measurement）。尺码。如附式 10－7 中的84. 78m^3。应列明各货号的尺码及该批货物的总尺码，数值通常需要保留三位小数，切勿遗漏尺码单位，如“m^3”。

2. 包装说明（Packing Specification）或包装提要（Packing Summary）。是对货物包装情况的说明，侧重于表述货物的包装材料、包装方式、包装规格等内容。

3. 重量单（Weight List/Weight Note）或磅码单（Weight Memo）。在装箱单的基础上，详细描述货物的毛重、净重、皮重等方面的情况。

4. 尺码单（Measurement List）。强调每件货物的尺码、总尺码等，通常用“m^3”表示货物的体积。

5. 花色搭配单（Assortment List）。用以说明货物的花色规格等内容。

（二）审核包装单据应注意的事项

1. 包装单据有关内容要与发票的内容一致，特别要体现其功能性。

2. 单据可以使用信用证要求的名称或相似名称，或无名称。例如，信用证要求“装箱单”，名为“装箱记录”“装箱和重量单”或者无名称的载有装箱细节的单据也可满足该要求。单据内容必须看似符合所要求单据的功能。（ISBP745 第 M1 段）

尽管 ISBP 对于单据的名称作出了较为宽松的规定，但实务中还是以严谨为宜，尽可能确保单据名称与信用证要求的名称完全一致，因为包装单据的内容既包括包装的商品内容，也包括包装的种类和数量，以及每件的毛、净重和毛、净总重量，每件尺码和总尺码，名目繁多，稍有不慎，便可能造成单证不符。例如，不能用磅码单来代替重量证。

3. 如果信用证条款只要求提供装箱单，而无任何特殊规定，那么只要提供一般装箱单，将货物的包装情况作一般简要说明就可以了。但如果信用证条款要求提供“详细装箱单（Detailed Packing List）”，那么就必须提供详细的装箱内容，如描述每件包装的具体细节，包括商品的货号、色号、尺寸搭配、毛重、净重及尺码等。

4. 装箱单一般不注明货物的单价和总价，并且当来证要求用中性装箱单（Neutral Packing List）时，装箱单内不要注明卖方名称，也不能签章，这是因为进口商在将这些单据转交给最终买家时往往不愿意透露其购买成本和原始出口方名称。

5. 包装单据只是商业发票的补充单据，因此其出具的日期应与发票日期相同或略迟于发票日期，但不得早于发票日期。但有时受益人是根据生产商包装单据上的货物数量来缮制发票的，在这种情况下，包装单据的日期也可早于发票日期，但此时包装单据上不应记载发票编号，否则不合常理。

6. 信用证列明的单据应作为单独单据提交。如果信用证要求装箱单和重量单（Packing List and Weight List），可以提交两份单独的单据，也可提交两份合并的装箱和重量单正本，只要该单据同时表明装箱和重量两项细节。（ISBP745 第 A40 段）

7. 通常无须签字。大多数来证要求的是 List/Memo/Note 之类非要式单据，可以不签，但如果来证要求出具 Weight Certificate，根据 ISBP745 第 A35 段“证明就其性质而言应有签字”，作为证明类的要式单据，无论信用证是否规定 Signed，该单据都必须签字。

8. 银行不负责核对装箱单据中的数学计算细节，而只负责将总量与信用证及其他要求的单据相核对。（ISBP745 第 A22 段）

二、商品检验证书

商品检验证书（Inspection Certificate）是由有权检验部门对出口商品进行检验后所出具的公证鉴定，用于证明货物已经经过查验，说明品质、数量及其他检测内容情况的证明文件。

（一） 商品检验证书的主要作用

1. 商品检验证书是出口商证明其履行合同中有关商品的质量、数量、重量、包装及卫生等条款的依据；进口商可以在一定程度上确定出口商装运的货物是否与合同规定相符，以保护自己的利益。

2. 商品检验证书是出口商已按信用证规定履行义务的证据之一，也是出口商凭以交单结汇和银行凭以押汇或付款的一种依据。如证书所列内容与信用证条款不符，银行可以拒绝付款或议付。

3. 有的进口国海关规定某些货物出口必须进行法定检验，此时商品检验证书便成为进出口的必要单据之一。

4. 由于商品检验证书往往是由有权检验部门出具的权威证明，所以它能够证明出口货物在有关方面是否达到相应的标准，从而分清出口商交货后和进口商收货时的责任，减少或避免因双方在货物的品质和数量方面存在分歧而引起的纠纷。

（二） 商品检验证书的种类

商品检验证书可以由政府机关、认可的实验室、检验机构或出口商自行签发，实务中常见的检验证书如表 10 - 2 所示。

表10－2　常见的检验证书

名　　称	说　　明
合格证书 Certificate of Conformity	用于证明产品已经过检查和核实，确认符合进口国规定的技术标准，并与预先订明的定义一致 由认可的标准鉴定机构签发
品质/数量证书 Certificate of Quality / Quantity	用于证明商品的质量、规格、等级/数量等情况，证明货品的品质/数量均符合出口销售合约的规定 由出口商或受聘的检验机构签发
熏蒸/消毒证书 Fumigation/Disinfection Certificate	用于证明出口的动植物制品或装运用实木包装材料已经过熏蒸灭虫/消毒检疫处理 由出入境检验检疫局/商检部门签发
健康证书/卫生检验证书 Health Certificate /Sanitary Inspection Certificate	证明含有动物、蛋类产品、添加剂、可容许除害剂残渣等成分的食品在装运时状况良好，适宜食用 由出入境检验检疫局签发
动植物检疫证书 Animal and Phytosanitary Certificate	证明出运的动植物如牛肉、水果、蔬菜、园艺/木制产品等已经过查验，确证没有沾染害虫或动植物疾病 由动植物检疫所/出入境检验检疫局签发
重量证书 Weight Certificate	是对商品毛重、净重、皮重的鉴定，证明货品与提单/发票/保险单上注明的重量一致，散装货物时通常要随附此证书 由出口商或受聘的检验机构签发
产地证明书 Certificate of Origin	是对商品原产地的证明 由中国国际贸易促进委员会/出入境检验检疫局签发
分析检验证书 Inspection Certificate of Analysis	用于证明商品成分的分析结果 由出口商或受聘的检验机构签发
包装检验证书 Inspection Certificate of Packing	用于证明进出口商品包装及标志情况的证书 通常由出口商自行签发

（三）商品检验证书审核中需要注意的要点

1. 商品检验证书应由信用证规定的检验机构出具并签发，在信用证未规定出具人时，可以由任何人包括信用证的受益人出具。

常见的商品检验证书的签发机构为政府设立的检验机构或国际性的民间公证机构或同业公会等，如我国的出入境检验检疫局（Entry－Exit Inspection and Quarantine of the People's Republic of China）、瑞士通用公证行（Societe Generale de Surveillance S. A.，SGS）、日本海外货物检验株式会社（Overseas Merchandise Inspection Corporation）、美国食品药物管理局（Food and Drug Administration，FDA）、英国劳合社公证行（Lloyd's Surveyor）、法国维里他斯船级社（Bureau Veritas，BV）、日本海事鉴定协会（Nippon Kaiji Kyokai，其英文译名为 Japan Marine Surveyors & Sworn Measurer's Association）等。

2. 一般情况下，商品检验证书的发货人（Consignor）应是受益人，但是当信用证受益人不是实际发货人而是第三者时，这一栏应与提单发货人（Shipper）名称相同，以保持单单一致。

3. 收货人（Consignee）应该和提单上的收货人名称相同，也可以空白不填写，或写申请人名称。如果提单上的收货人是银行、空白抬头（to order）或凭开证行指示（to order of the issuing

bank）时，按照通行的商业习惯，检验证书的收货人可作成中性抬头："to whom it may concern"。

4. 日期。任何单据，包括分析证明书、检验证书和发运前检验证明的日期都可以晚于装运日期。但是，如果信用证要求一份单据（例如发运前检验证明）证明发运前发生的事件，则该单据必须通过标题或内容来表明该事件（例如检验）发生在发运日之前或发运日当天。要求提交"检验证明书"并不表明要求证明一件发运前发生的事件。任何单据都不得显示晚于交单日的出具日期。（ISBP745 第 A12 段）

为避免不必要的纠纷，商品检验证书的签发日期最好不迟于运输单据的日期，但是，这并不等于日期越早越好。检验单位对各类商品都规定了不同的有效期限，证书有效期一般为两个月。如果证书日期太早，超过了有效期限才装船交货，将会遭到收货人的异议，甚至要求重新检验。对于较容易变质的农副产品或供人食用的各种商品，检验证书的日期要求尤其严格，如鲜活商品的检验证书有效期仅为两个星期。因此，检验证书日期最好略早于运输单据的日期。

任何单据都不得表示其在交单日之后出具。

5. 商品检验证书内容必须与发票或其他单据的记载保持一致，并符合信用证的规定。

6. 受益人应将信用证的要求告诉出入境检验检疫局，出入境检验检疫局根据信用证要求缮制各种检验证书，不要加注信用证不要求提供的内容或证明文句，以免节外生枝。检验结果只要符合信用证的要求就算合格。如果信用证的要求出入境检验检疫局办不到，则应修改信用证。

7. 除非信用证准许，要确保商品检验证书中没有包含关于货物、规格、品质、包装等内容的不利陈述。

8. 由 ISBP745 第 A3 段和第 A35 段可知，商品检验证书必须要签字。签字可以是手签，也可用仿真签字、穿孔签字、盖章、符号表示或其他任何机械或电子证实的方法处理。但如果信用证对签署方式有规定，则必须照办。

三、装船通知

在国际贸易中，根据贸易惯例，卖方在发运货物后，有义务及时通知买方，以便买方提前做好相关准备，办理有关手续。在 FOB 或 CFR 价格条件下，卖方更要在货物装运后，及时将货物装运的详细情况通知信用证指定的保险人，以便其办理投保手续。信用证中一般会规定受益人应在货物出运后某个期限内，通过传真或电讯方式将装船情况通知开证申请人/指定保险人，装船通知的副本则作为履约证明与其他信用证规定单据一起提交银行收汇。装船通知条款通常如下："Beneficiary's certified copy of fax dispatched to the applicant（Fax No. ×××）within 3 working days after shipment advising L/C No.，name of vessel，date of shipment，name，quantity，and weight and value of goods，and ETA"。

四、证明信

证明信是信用证结算方式下经常要求提供的单据之一，指的是根据信用证的要求，由信用证中规定的一方出具的、证明其已履行了买卖合同项下的义务或满足了信用证中的某项要求的一种证明文件。

（一）证明信种类

进出口贸易实务中涉及的证明信种类繁多，常见的有以下几种：

1. 受益人证明。以寄单证明或寄样证明最为多见，是受益人根据信用证的规定出具的、证明其在出口货物前或后的一定期限内，将规定的单据或样品寄送给信用证中指定人的一种证明。如，We certify that one full set of non－negotiable documents have been sent to applicant by DHL service after shipment。

2. 抵制以色列证明。阿拉伯国家为了抵制以色列，通常要求出口商出具证明信，表明其出口货物不含以色列原料，船舶不挂靠以色列港口、不悬挂以色列旗，出口商与以色列无任何关系。如，We hereby certify that the goods are neither of Israeli origin nor do they contain any Israeli materials nor are they being imported from Israel。

3. 非木质包装证明。对美国、加拿大、澳大利亚、新西兰等国出口货物时，如果使用了木质包装，均要求对木材进行熏蒸处理，否则货物将不允许入关，而且发货人还要承担可能产生的一切损失。在此情况下，需要由出口方提供熏蒸证明。但如果实际包装未用任何木质材料，则进口方往往要求出口方出具非木质包装证明，以保证货物顺利通关。一般证明语句如下：We, the beneficiary, certify that no solid wood material used in the packing。

4. 有关运输的船证明。

（1）船籍证明（Certificate of Registry）。证明载货船舶的国籍、船籍港及船舶所有权的一种证明。这往往和政治因素有关，有时船籍证明中还会规定船舶不得悬挂某国国旗。船籍证明在一般商品贸易中不常使用，多用于船舶贸易中。

（2）船龄证明（Certificate of Vessel's Age）。船龄证明是由船公司或船公司代理出具的证明所载船舶的船龄的文件。提供船龄证明是确认载货船舶是处于正常服役年限，而不是超龄或报废船，这是从航运安全、货运安全和防止沉船诈骗等方面考虑的。一般要求船龄不超过15年，条款如下：

A signed certificate from the shipping company or its agent stating that the carrying vessel at the date of loading is no more than 15 operating years, otherwise, the overage premium, if any, to be paid by the beneficiary.

之所以要提供此种船龄证明，一是因为15年以上的老船，设备差、装卸效率不高，有的港口在泊位紧张时把它排在最后卸货；二是因为有的保险公司在承保货物运输险时对超过15年的船舶增收保费。

（3）船级证明（Certificate of Classification）。船级证明是船级社通过对船舶的技术状况进行评审、检验后出具的说明船舶船级标准和技术规范的一种文件。船级证明可根据信用证列明的语句缮打，也可以使用船级社提供的规范文本。

如信用证要求提供由英国劳合社签发的船级证明：

Certificate issued by Lloyds' Register of Shipping, London, certifying that the carrying vessel is classified as 100 AI（注：100AI是船级最高的船）。

（4）航程航线证明（Certificate of Itinerary）。即证明载货船舶在航行途中所经过的港口和停靠的港口，这是进口商因为考虑货物运输的安全问题（如某一海域正发生战乱）而要求船公司证明船舶不能经过某特定地区或不能在某特定港口停靠。

（5）船长收据（Master's Receipt）。在船舶航程较短的情况下，进口商往往要求出口商装运货物后，把单据之正本或副本交一份给船长，以便货物抵港后方便进口商报关、验收和提货。

（6）班轮工会船只证明（Certificate of Conference Line Vessel）。系指由船公司或船公司代理出具的证明所载船只属于班轮工会船只的一种证明文件。

（7）清仓证明（Cleanliness Certificate）。在运送大宗货物时，为保证货物在运输途中的安全和质量，进口商要求货物装运前需对运输船的船舱进行清理，并由船公司或第三方检验机构出具清理货舱证明。

Cleanliness certificate issued by an independent surveyor certifying that cargo tanks have been cleaned according to the requirement suitable for liquid ethylene glycol transportation.

（二）证明信的审核

1. 基本要求：证明信内容要符合信用证的要求。这里所说的符合信用证的要求，还包括应当符合情理的含义，并不是说照搬信用证的条款原文即为与信用证相符。如信用证规定“One set of non - negotiable shipping documents must be sent to the applicant and beneficiary's certificate to this effect should be presented”，则证明语句应该相应为“We certify that one set of non - negotiable shipping documents have been sent to the applicant”。

2. 要表明是信用证项下的单据，并且与其他单据相关联。

一般来说，信用证对证明信的规定往往是极其简单的，只要求证明已办理了某事，不会具体要求加注信用证号、发票号等。但不可就这样错误地认为，单据上除了证明的内容外，什么信息都可以不注。正确的做法是，证明信应通过某种方式（如加注发票号/货物描述/货物型号等）建立起与其他单据的关联，使得能够被判断为某信用证项下的单据。此外，船证明上最好还要注明提单号码和船名以满足其功能性。

3. 如信用证要求证明书（Certificate）、证明信（Certification）、申明（Declaration）或声明（Statement），该单据须经签署。（ISBP745 第 A3 段）

证明书、证明信、申明或声明的类型，其所要求的措辞和单据中显示的措辞。例如，如信用证要求提交由承运人或其代理人出具的证明书，标明船龄不超过 25 年，该证明书可注明下述内容以表明相符：a. 船舶建造的日期或年份，且该日期或年份在装运日期或装运所发生年份之前未超过 25 年，在该种情况下，不需要显示出具日期，或者 b. 信用证规定的措辞，在此情况下，需显示出具日期，由此证实到该出具日期为止，船龄未超过 25 年。（ISBP745 第 A4 段）

如证明、声明或申明须显示在经签署并注明日期的单据中，只要该证明、声明或申明看似由出具并签署该单据的同一实体作出，该单据不需要另行签字或注明日期。（ISBP745 第 A5 段）

4. 由信用证指定出具人签字。如信用证规定 Issued by the shipping company or its agent，则船公司及其代理均可签发。如信用证只规定 Issued by ABC company，则只能由 ABC 签发，XYZ 作为 ABC 的代理就不能签发证明信。

五、海关发票

海关发票作为一种进口国海关需要的官方文件，使用与否与该国海关的征税办法和关税估价制度有关。美国、加拿大、新西兰、尼日利亚、赞比亚等十多个国家，对进口货物按净值（即按 FOB 价）估价征税，所以发票不能作为估价的标准，需要另外提供海关发票。

各国海关对海关发票有不同的命名，一般有以下几种：Customs Invoice，Combined Certificate of Value and Origin, Certified Invoice in accordance with ××× Customs Regulations, Appropriate Certified Customs Invoice。虽然名称有所不同，但都是为了证明所申报的进口货物的原产地，以及货物的详细价格构成。

加拿大海关发票格式见附式 10－8。

附式 10－8　加拿大海关发票

Canada Customs and Revenue Agency　Agence des douanes et du revenu du Canada

CANADA CUSTOMS INVOICE
FACTURE DES DOUANES CANADIENNES

Page ___ of ___ de ___

1. Vendor (name and address) - Vendeur (nom et adresse)	2. Date of direct shipment to Canada - Date d'expédition directe vers le Canada
CHINA TEXTILE IMPORT & EXPORT COMPANY JIANGSU BRANCH NO.28 SHANGHAI ROAD NANJING CHINA	30 APRIL 2020 3. Other references (include purchaser's order No.) Autres références (inclure le n° de commande de l'acheteur) 541CAU2158
4. Consignee (name and address) - Destinataire (nom et adresse) B.N.W.INDUSTRIES LIMITED 95000 MEILLEUR, SUITE 700 MONTREAL, QUE., CANADA H2N 247	5. Purchaser's name and address (if other than consignee) Nom et adresse de l'acheteur (S'il diffère du destinataire) SAME AS CONSIGNEE 6. Country of transhipment - Pays de transbordement FROM SHANGHAI TO MONTREAL W/T AT H.K. 7. Country of origin of goods Pays d'origine des marchandises CHINA IF SHIPMENT INCLUDES GOODS OF DIFFERENT ORIGINS ENTER ORIGINS AGAINST ITEMS IN 12. SI L'EXPÉDITION COMPREND DES MARCHANDISES D'ORIGINES DIFFÉRENTES, PRÉCISEZ LEUR PROVENANCE EN 12.
8. Transportation: Give mode and place of direct shipment to Canada Transport : Précisez mode et point d'expédition directe vers le Canada FROM SHANGHAI TO MONTREAL BY VESSEL	9. Conditions of sale and terms of payment (i.e. sale, consignment shipment, leased goods, etc.) Conditions de vente et modalités de paiement (p. ex. vente, expédition en consignation, location de marchandises, etc.) CIF MONTREAL BY L/C AT SIGHT 10. Currency of settlement - Devises du paiement CAD

11. Number of packages Nombre de colis	12. Specification of commodities (kind of packages, marks and numbers, general description and characteristics, i.e. grade, quality) Désignation des articles (nature des colis, marques et numéros, description générale et caractéristiques, p. ex. classe, qualité)	13. Quantity (state unit) Quantité (précisez l'unité)	Selling Price - Prix de vente 14. Unit price Prix unitaire	15. Total
34	B.N.W.I.L. MONTREAL NO.1–34 ART.89025MF PRINTED FLANNELETTE, BOTH-SIDE RAISED (MELLOW FINISH) 20X10 40X42 112/114 CM X 54.864 MTS(70%) X 27.432 MTS(30%) WOVEN:@4.77OZ/YD2 TOTAL 34 CARTONS	20400 MTS (SPRAY FLORAL)	@CAD5.6/M	CAD114240.00

18. If any of fields 1 to 17 are included on an attached commercial invoice, check this box Si tout renseignement relativement aux zones 1 à 17 figure sur une ou des factures commerciales ci-attachées, cochez cette case ☐ Commercial invoice No. - N° de la facture commerciale ~~37430~~	16. Total weight - Poids total Net: 3808KGS Gross - Brut: 4216KGD	17. Invoice total Total de la facture CAD114240.00

19. Exporter's name and address (if other than vendor) Nom et adresse de l'exportateur (s'il diffère du vendeur) SAME AS VENDOR	20. Originator (name and address) - Expéditeur d'origine (nom et adresse) CHINA TEXTILE IMPORT & EXPORT COMPANY JIANGSU BRANCH FAN XIN HUA　范新华
21. Departmental Ruling (if applicable) - Décision du Ministère (s'il y a lieu) N/A	22. If fields 23 to 25 are not applicable, check this box Si les zones 23 à 25 sont sans objet, cochez cette case ☑

23. If included in field 17 indicate amount: Si compris dans le total à la zone 17, précisez :	24. If not included in field 17 indicate amount: Si non compris dans le total à la zone 17, précisez :	25. Check (if applicable): Cocher (s'il y a lieu) :
(i) Transportation charges, expenses and insurance from the place of direct shipment to Canada Les frais de transport, dépenses et assurances à partir du point d'expédition directe vers le Canada N/A	(i) Transportation charges, expenses and insurance to the place of direct shipment to Canada Les frais de transport, dépenses et assurances jusqu'au point d'expédition directe vers le Canada N/A	(i) Royalty payments or subsequent proceeds are paid or payable by the purchaser Des redevances ou produits ont été ou seront versés par l'acheteur ☒
(ii) Costs for construction, erection and assembly incurred after importation into Canada Les coûts de construction, d'érection et d'assemblage après importation au Canada N/A	(ii) Amounts for commissions other than buying commissions Les commissions autres que celles versées pour l'achat N/A	(ii) The purchaser has supplied goods or services for use in the production of these goods L'acheteur a fourni des marchandises ou des services pour la production de ces marchandises ☒
(iii) Export packing Le coût de l'emballage d'exportation N/A	(iii) Export packing Le coût de l'emballage d'exportation N/A	

Dans ce formulaire, toutes les expressions désignant des personnes visent à la fois les hommes et les femmes.

CI1 (00) Printed in Canada / Imprimé au Canada

对于海关发票的审核，值得注意的有以下几点：

1. 格式不可错用或混用。需提供海关发票的国家和地区，除马耳他、毛里求斯等国不需要专门的格式外，其他国家都有各自专用、固定的格式，使用时应按信用证要求，不得错用或混用，否则将影响货物清关。

2. 内容应与商业发票保持一致。各项内容必须根据固定格式完整准确地逐项填写，并与商业发票在同一项内容上保持一致，如果某一项没有发生，则应填“NIL”。

3. 详细说明价格构成。海关发票除列明发票单价外，还应列明构成价格的各项费用，如运费、保费、包装费、国内运费、佣金等其他费用，逐项填写。如信用证要求填写“Fair market value（公平市场价格）”，即国内市场价格，应注意以出口国货币填写，即将外币折成本币，并注明汇价；公平市场价格不得高于 FOB 价，以免被进口国怀疑为低价倾销。

4. 必须注明货物的原产地。由于海关发票的作用之一是为了证明所申报的进口货物的原产地，所以在“产地”一栏必须填上“China”字样。

5. 应由出口商以个人名义手签。海关发票应该由出口商以个人名义手签，不能用橡皮图章代替。海关发票内容如有修改，不可盖校对章，而应由制单人在修改处用钢笔加注小签。

六、领事发票

领事发票（Consular Invoice）有时以领事签证发票（Consular Legalized Invoice）形式出现。某些国家规定，外国向这些国家出口商品时，必须取得并提供进口国在出口国或其邻近地区的领事签证的发票，作为货运单据的一部分，交进口商凭以办理报关等手续，即由领事在普通的商业发票上加以签证（Consular Attestation）。

一些国家专门制作了固定格式的领事发票。在缮制固定格式的领事发票时应注意：（1）领事发票内容应与商业发票内容相同；（2）必须注明所装运的货物是某国制造的或出产的；（3）领事发票日期不应迟于汇票和提单日期。

（一）领事发票的主要作用

1. 拉丁美洲一些国家及菲律宾等国，以领事发票代替产地证，用来核定产品的原产地，据以针对不同来源地的商品实行差别关税待遇。

2. 某些国家还以领事发票代替进口许可证，对于没有领事发票的进口货物课以最高税率，或完全禁止进口。

3. 通过领事发票查核该商品出口价格，防止进口商品倾销。

但对于出口商来说，要取得领事发票，不仅费时，而且增加费用，它的使用将会妨碍自由贸易的发展。我国除在北京的出口商可以接受外，其他各地出口商不宜接受领事发票，如果要求领事签证发票，可请删除或修改为由中国国际贸易促进委员会或出入境检验检疫局签证代替。

（二）在审核领事发票时应注意

1. 所有的正本按信用证规定已签字、加注日期和注明此单据名称。

2. 它是与发票货物有关的单据。

3. 明显的改变、更改及/或改正应带有领事馆的印章。

4. 它是信用证规定的当事人出具的或被领事馆签字或证实的。

除上述单据外，还有有关装运费用的证明单据，包括船代理运费账单、费用清单、借记通知单（Debit Note）。

第十一章
信用证业务实务案例

本章学习要点

- 熟悉信用证业务的 SWIFT 电文格式；
- 了解信用证相关电文的运用以及信用证业务的实务操作。

本章知识结构

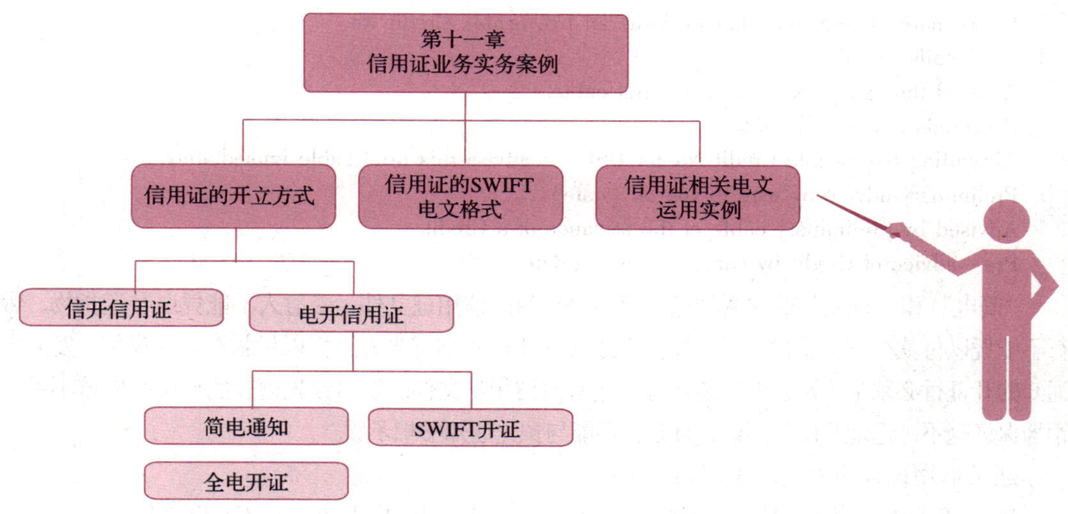

第一节　开立信用证的方式

按照通知受益人的方式来分类，信用证可以分为信开信用证（Credit Opened by Mail）和电开信用证（Credit Opened by Teletransmission）。

一、信开信用证

信开信用证也可称为以邮寄方式开立的信用证（Mail Credit），开证行按照申请书缮制信用证格式，然后将完整的正本信用证邮寄给通知行，请该行通知受益人。通知行应负责验核信用证的真实性，并对信用证的不完整、不清楚之处，向开证行查询。如果开证行将信用证直接寄给受益人，则受益人应找当地银行验核该证的真实性。装运日期较长或金额较小的信用证通常以信开或邮寄方式开出。

开证行与通知行之间事先应建立代理行关系，互换签字样本和密押，使通知行可凭签字样本核对信开证上的开证行签字。谨慎的通知行在信用证签字旁加盖“签字验核（Signature Verified）”的戳记，但不是每个通知行都必须如此做。

二、电开信用证

电开信用证也可称为以电讯方式开立的信用证（Teletransmission Credit），包括用电传（by telex），或用海缆电报（by cable），或用普通电报（by telegram），或用 SWIFT 发至通知行，经通知行核押相符，将电开信用证通知受益人。谨慎的通知行还要加盖“Test Authenticated”戳记，一般情况下通知行未表示不符，就是核押相符。

电开信用证可以分为简电通知、全电开证和 SWIFT 开证三种。

（一）简电通知

简电通知（Brief Cable Advice）包括预先通知（Preliminary Advice），开立信用证常见的电文用语举例如下：

Please notify beneficiary that we issue an Irrevocable Credit No.
. . . Details to follow.
Advised through × × × Bank by brief cable.
Essentials advised by cable.
Airmailing Irrevocable Credit No. for USD . . . advise this brief cable immediately.
Preliminary advice by wire to you on (date) .
Advised by preliminary cable of the issuance of a Credit.
Pre – advice of Credit by cable to you of (date) .

“简电”和“预先”的这两种通知都不是有效的信用证文件，受益人不能凭以装运货物，银行不能凭以付款/承兑/议付，必须等待有效文件即证实书寄来方可凭以付款/承兑/议付。发简电通知的开证行必须毫不延迟地向通知行寄送有效信用证文件。发出预先通知的开证行应该不可撤销地保证毫不延迟地开出信用证，且条款不能与预先通知书相矛盾。

通常信用证证实书上的常用语如下：

In confirmation of our brief cable of today, we enclose in duplicate our Credit Advice. . .
This is to confirm our today’s brief cable informing you of issuance of the LC.
This Credit is operative instrument with preliminary brief cable advice under today’s date.
Mail confirmation is to be the operative Credit instrument.

开证行之所以发出预先通知，与申请人的保证金未到位或外汇额度未批准但又要使受益人的备货有所依据有关。受益人考虑到该预先通知系由银行开立并传递一般无问题，从而放心大胆地组织货物，准备装运。但是，如果最终不见开证行的有效信用证文件，受益人将遭受重大的经济损失。为保护受益人，UCP 600 第 11b 款规定，已发出该预先通知的开证行将不可撤销地保证不延迟地开立或修改信用证，并且条款不得与预先通知书相矛盾。另外，使开证行不可撤销地承担这一责任，有助于防止预先通知与有效信用证文件由多个银行开出的可能性，使信用证业务更安全可信，防止了可能给通知行带来的混乱。而开立的信用证不得与预先通知书有矛盾，可以避免受益人根据预先通知准备 A 规格产品，而开证行却按 B 规格产品开立信用证或类似的风险。

ICC 459 CASE 39 中，银行委员会专家曾认为“预先通知后没有责任必须传递有效信用证文件”，因为这仅仅是对开证行无效力且不具约束性的预先通知，总有诸如申请人倒闭或政府对该进口产品的限制等可能，使得开证行不能够在预先通知后开出或立即开出有效的信用证文件或修改。UCP 600 在本条中明确规定开证行开出预先通知后就有必须之后开出有效信用证的责任，且该责任是不可撤销的。但是，如果当开证行认为有不能开立或不能立即开立的可能性的时候，应在预先通知中以类似下列语句加以说明，以使受益人有所准备：

This advice is not operative and only for beneficiary's information. We, the issuing bank are not committed to issue (or amend) the credit, in terms not inconsistent with the pre – advice, without delay as according to the stipulation in art11b of UCP 600.

（二）全电开证

全电开证（Credit opened by full cable/telex）的电报全文就是整个信用证内容，因此电报本身就是一个完整的、生效的信用证，无须另寄证实书。有时电文注明：

This cable is the operative Credit instrument and no mail confirmation will follow.

如果开证行仍然寄来证实书，则视该证实书无效。

（三）SWIFT 开证

国际上各银行开具的信用证没有统一的格式，但无论是以什么方式开具的信用证，其遵循的基本原则和基本内容都是一致的。在出现了 SWIFT 组织以后，信用证的形式和条款渐趋规范，在实务中为大多数国家的银行所遵循。

SWIFT 信用证是指凡通过 SWIFT 系统开立或予以通知的信用证。在国际贸易结算中，SWIFT 信用证是正式的、合法的、被信用证各当事人所接受的、国际通用的信用证。采用 SWIFT 信用证必须遵守 SWIFT 的规定，也必须使用 SWIFT 手册规定的代号（Tag），而且信用证必须遵循国际商会 2007 年修订的《跟单信用证统一惯例》各项条款的规定。在 SWIFT 信用证中可省去开证行的承诺条款（Undertaking Clause），但不因此免除银行所应承担的义务。SWIFT 信用证的特点是快速、准确、简明、可靠。

SWIFT 报文（Text）由一些项目（Field）组成，每一种报文格式（Message Type，MT）规定由哪些项目组成，每一个项目又严格规定由多少字母、多少数字或多少字符组成。这些规定的表示方法及含义如下：n 只表示数字；a 只表示字母；Q 表示数字或字母；x 表示 SWIFT 电讯中允许出现的任何一个字符集（包括 0 ~ 9 十个数字、26 个大小写字母、有关标点符号、空格键、回车键和跳行键）；z 字符集（多于 x 字符集，包括 0 ~ 9 十个数字、26 个大小写字母、空格键、回车键、跳行键以及符号 . ，– （ ） / = ' + ：？！" % & * < > ；{@ # _ ）；* 表示行数。

例如，2n 表示最多填入 2 位数字；3a 表示最多填入 3 个字母；4 * 35x 表示所填入的内容最多 4 行，每行最多 35 个字符。

在一份 SWIFT 报文中，有些规定项目是必不可少的，称为必选项目（Mandatory Field，M）；有些规定项目可以由操作员根据业务需要确定是否选用，这些项目称为可选项目（Optional Field，O）。

项目代号（Tag）由2位数字或2位数字加一个小写字母后缀组成，该小写字母后缀在某一份报文中必须由某一个规定的大写字母替换。带上不同的大写字母后缀，其含义和用法也就不一样了。

第二节　信用证的 SWIFT 电文格式①

随着电讯技术的发展，全电开证得到了普遍的应用。银行在应用 SWIFT 做全电开证时，有以下几种电文格式。

一、MT700/701 开立跟单信用证

MT700/701 开立跟单信用证（MT700/701 Issue of Documentary Credit）见表 11－1、表11－2。这是由开证行发送给通知行，用来列明发报行（开证行）开立的跟单信用证条款的报文格式。

表11－1　MT700开立跟单信用证的电文格式

M/O	Tag	Field Name		Content/Options
M	27	Sequence of Total	报文页次	1!n/1!n
M	40A	Form of Credit	跟单信用证形式	24x
M	20	Documentary Credit Number	跟单信用证号码	16x
O	23	Reference to Pre－advice	预先通知编码	16x
M	31C	Date of Issue	开证日期	6!n
M	40E	Applicable Rules	适用规则	30x［/35x］
M	31D	Date and Place of Expiry	最迟交单日期和交单地点	6!n29x
O	51a	Applicant Bank	开证申请人的银行	A or D
M	50	Applicant	开证申请人	4*35x
M	59	Beneficiary	受益人	［/34x］ 4*35x
M	32B	Currency Code,Amount	货币和金额	3!a15d
O	39A	Percentage Credit Amount Toierance	信用证金额上下浮动最大允许范围	2n/2n
O	39C	Additional Amounts Covered	信用证涉及的附加金额	4*35x
M	41a	Available with...by...	兑用银行及信用证兑用方式	A or D
O	42C	Drafts at...	汇票付款期限	3*35x
O	42a	Drawee	汇票付款人	A or D
O	42M	Mixed Payment Details	混合付款细节	4*35x

① 熟练掌握 SWIFT 开证，对实务工作人员非常重要，对本科学生只要求掌握 MT700/MT701 电文格式，其余电文格式教师可以根据教学实际情况，酌情选择讲授。

续表

M/O	Tag	Field Name		Content/Options
O	42P	Negotiation/Deferred Payment Details	议付/迟期付款细节	4*35x
O	43P	Partial Shipments	部分装运条款	11x
O	43T	Transshipment	转运条款	11x
O	44A	Place of Taking in Charge/Dispatch from.../Place of Receipt	接管地/发运地/收货地	1*65x
O	44E	Port of Loading/Airport of Departure	装货港口/起飞航空港	1*65x
O	44F	Port of Discharge/Airport of Destination	卸货港/目的地航空港	1*65x
O	44B	Place of Final Destination/For Transportation to.../Place of Delivery	货物发运最终目的地/转运至……/交货地	1*65x
O	44C	Latest Date of Shipment	最迟装运期	6!n
O	44D	Shipment Period	装运期	6*65x
O	45A	Description of Goods and/or Services	货物/劳务描述	100*65z
O	46A	Documents Required	单据要求	100*65z
O	47A	Additional Conditions	附加条款	100*65z
O	49G	Special Payment Conditions for Beneficiary	对受益人专用支付条款	100*65z
O	49H	Special Payment Conditions for Receiving Bank	对收报行专用支付条款	100*65z
O	71D	Charges	费用负担	6*35x
O	48	Period for Presentation Days	交单期限	3n [/35x]
M	49	Confirmation Instructions	保兑指示	7!x
O	58a	Requested Confirmation Party	保兑行	A or D
O	53a	Reimbursement Bank	偿付行	A or D
O	78	Instruction to the Paying/Accepting/Negotiating Bank	给付款行,承兑行或议付行的指示	12*65x
O	57a	"Advise Through" Bank	第二通知行	A,B or D
O	72Z	Sender to Receiver Information	附言	6*35z

表 11－1 内有关参数说明：

27：报文页次。

如果该跟单信用证条款能够全部容纳在该 MT700 报文中，那么该项目内就填入“1/1”。如果该证由一份 MT700 报文和一份 MT701 报文组成，那么在 MT700 报文的项目“27”中填入“1/2”，在 MT701 报文的项目“27”中填入“2/2”，依此类推。

40A：跟单信用证形式。该项目内容总共有三种填法：IRREVOCABLE 为不可撤销跟单信用证；IRREVOCABLE TRANSFERABLE 为不可撤销可转让跟单信用证；IRREVOCABLE STANDBY 为不可撤销备用信用证。

20：跟单信用证号码。

23：预先通知编码。

如果采用此格式开立的信用证已被预先通知，此项目内应填入“PREADV/”，后跟预先通知的编号或日期。

31C：开证日期。

该项目列明开证行开立跟单信用证的日期。

40E：适用规则。

定义：该栏位列明信用证遵循的适用规则。

信用证遵循的适用规则代码选项（必须选用以下代码之一）：

UCP LATEST VERSION 跟单信用证遵循现时有效的巴黎国际商会制定的《跟单信用证统一惯例》，并于开证日生效。

EUCP LATEST VERSION 跟单信用证遵循现时有效的巴黎国际商会制定的《跟单信用证统一惯例电子交单规则》，并于开证日生效。

UCPURR LATEST VERSION 跟单信用证遵循现时有效的巴黎国际商会制定的《跟单信用证统一惯例》和《银行间偿付统一规则》，并于开证日生效。

EUCPURR LATEST VERSION 跟单信用证遵循现时有效的巴黎国际商会制定的《跟单信用证统一惯例电子交单规则》和《银行间偿付统一规则》，并于开证日生效。

ISP LATEST VERSION 备用信用证遵循现时有效的巴黎国际商会制定的《国际备用证惯例》，并于开证日生效。

OTHER 信用证遵循其他条款。

网络监察规则：只有使用代码字 OTHER 时，才可以后跟附加信息。

31D：到期日及到期地点。

该项目列明跟单信用证最迟交单日期和交单地点。

51a：开证申请人的银行。

如果开证行和开证申请人的银行不是同一家银行，则使用该项目列明开证申请人的银行。

50：开证申请人。

59：受益人。

32B：跟单信用证的货币及金额。

39A：信用证金额浮动允许范围。

该项目列明信用证金额上下浮动的最大允许范围，用百分比表示，如用“10/10”来表示允许上、下浮动各不超过10%。

39C：附加金额。

该项目列明信用证所涉及的附加金额，诸如保险费、运费、利息等。

41a：有关银行及信用证兑付方式。该项目列明被授权对该证付款、承兑或议付的银行及该信用证的兑付方式。其具体内容是：

（1）银行表示方法：当项目代号为“41A”时，银行用 SWIFT 名址码表示；当项目代号

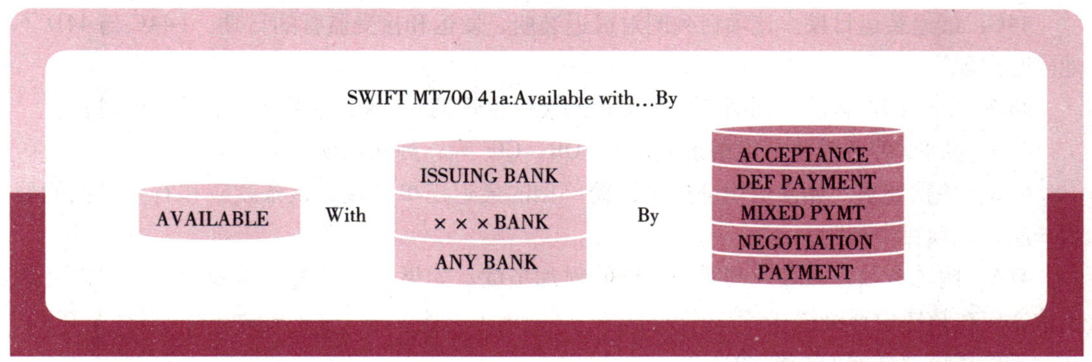

图 11－1

为“41D”时，银行用行名地址表示；如果信用证为自由议付信用证时，该项目代号应为“41D”，银行用“ANY BANK IN...（地名/国名）”表示；如果该信用证为自由议付信用证，而且对议付地点也无限制时，该项目代号应为“41D”，银行用“ANY BANK”表示。

（2）兑付方式表示方法：BY PAYMENT，即期付款；BY ACCEPTANCE，远期承兑；BY NEGOTIATION，议付；BY DEF PAYMENT，延期付款；BY MIXED PAYMENT，混合付款。

42C：汇票付款期限。该项目列明跟单信用证项下汇票的付款期限。

42a：汇票付款人。该项目列明跟单信用证项下汇票的付款人，必须与42C同时出现。该项目内不能出现账号。

42M：混合付款条款。该项目列明混合付款跟单信用证项下的付款日期及其确定的方式。

42P：议付/延期付款细节。该项目列明议付或延期付款信用证下付款期限或其他细节。

43P：分批装运条款。该项目列明跟单信用证项下分批装运是否允许。

43T：转运条款。该项目列明跟单信用证项下货物转运是否允许。

44A：接管地、发运地、接收地。该项目列明货物接管地点（在使用多种方式联运单据的情况下），接收地（公路、铁路、内陆水运单据、信件、快递服务单据），标注在货运单据上的发运地。

44E：装货港口/始发航空港。该项目描述了货运单据中列明的装货港口或始发航空港的名称。

44F：卸货港口/航空港目的地。该项目描述了货运单据中列明的卸货港口或航空港目的地的名称。

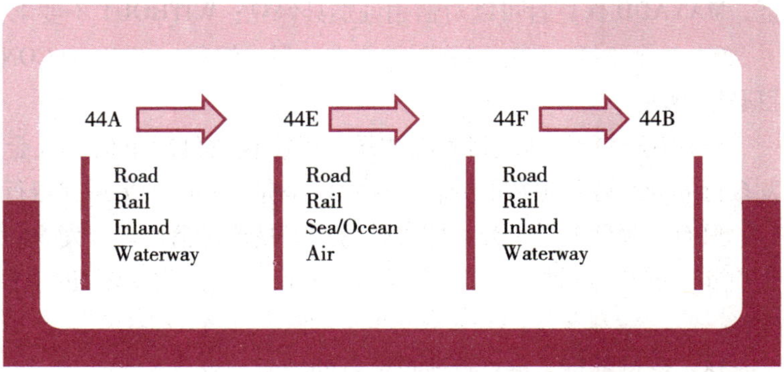

图 11－2

44B：最终目的地/运往……/交货地点。该项目描述了货运单据中列明的最终目的地或交货地点名称。

44C：最迟装运日期。该项目列明对最迟装船、发运和接受监管的日期。（44C 与 44D 不能同时出现）

44D：装运期。该项目列明装船、发运和接受监管期。（44C 与 44D 不能同时出现）

45A：货物/劳务描述。价格条款，如 FOB、CIF 等，列在该项目中。

46A：单据要求。如果信用证规定运输单据的最迟出单日期，该条款应和有关单据的要求一起在该项目中列明。

47A：附加条款。该项目列明信用证的附加条款。如果信用证遵循 40E 栏位代码以外的条款，应在该栏位详细描述。

当信用证遵循 eUCP 条款时：

如果同时允许使用电子单据和纸质单据，该栏位必须指明提交电子单据的地址和纸质单据的地址。

如果只允许提交电子单据，那么该栏位必须指明提交电子单据的地址。

如果已不是原始信用证的一部分，通知行（报文的接收方）必须向受益人或其他通知行提供开证行的电子地址。而且，通知行必须向受益人或其他通知行提供通知行将提交的电子地址。

描述每一个条款应另开始一行，并由 + 开始。

49G：对受益人专用支付条款。该项目列明适用于受益人的专用付款条款，例如：装运后融资要求/条款。

49H：对收报行专用支付条款。该项目列明适用于收报行的专用付款条款，不必展示给受益人，例如：仅对收报行有效的装运后融资条款。

71D：费用负担。该项目的出现只表示费用由受益人负担。若报文无此项目，则表示除议付费、转让费外，其他费用均由开证申请人负担。

48：交单期限。该项目列明在实际装运日后多少天内交单。使用格式为“天数/起算日”。若报文未使用该项目，则默认表示在实际装运日后 21 天内交单。

49：保兑指示。该项目内容可能出现下列某一代码：CONFIRM 要求保兑行保兑该信用证；MAYADD 保兑行可以对信用证加具保兑；WITHOUT 不要求保兑该信用证。

58a：保兑行。该项目列明被要求加保的银行，当 49 为 CONFIRM 或 MAY ADD 时，该项目必须出现。

53a：偿付行。该项目列明被开证行授权偿付跟单信用证金额的银行。该偿付行可以是发报行的分行或收报行的分行，也可以是完全不同的另一家银行。

只有下列情况是例外，即当该信用证是议付信用证，发报行与收报行之间开有单向直接账户（该账户币别与信用证币别相同）时，如果报文不使用该项目，则表示将此账户用来偿付。

78：给付款行、承兑行或议付行的指示。

57a：第二通知行。如果该信用证需通过收报行以外的另一家银行转递、通知或加具保兑后交给受益人，该项目内填写该银行。

72Z：附言。该项目可能出现的代码：/PHONBEN/，请用电话通知受益人；/TELE-

BEN/，请用快捷有效的电信方式通知受益人，包括SWIFT、传真、电报、电传。

表11－2　MT701开立跟单信用证的电文格式

M/O	Tag	Field Name		Content/Options
M	27	Sequence of Total	报文页次	1!n/1!n
M	20	Documentary Credit Number	跟单信用证号码	16x
O	45A	Description of Goods and/or Services	货物/劳务描述	100*65z
O	46A	Documents Required	单据要求	100*65z
O	47A	Additional Conditions	附加条款	100*65z
O	49G	Special Payment Conditions for Beneficiary	对受益人专用支付条款	100*65z
O	49H	Special Payment Conditions for Receiving Bank	对收报行专用支付条款	100*65z

表11－2内有关参数说明：

27：报文页次。

20：跟单信用证号码。

45A：货物/劳务描述。

46A：单据要求。

47A：附加条款。

49G：对受益人专用支付条款。

49H：对收报行专用支付条款。

发送MT700/701报文时应注意下列几点：

1. 除非另有规定，所开立的跟单信用证将遵循现时有效的巴黎国际商会制定的《跟单信用证统一惯例》。如果该信用证遵循这一惯例，通知行（该报文的收报行）必须将此通知受益人或另一家银行。

2. 当跟单信用证内容超过MT700报文格式的容量时，可以使用一个或几个（最多7个）MT701报文格式传送有关跟单信用证条款。

3. 除非另有规定，根据该报文通知给受益人或另一家通知行的跟单信用证是已生效的信用证。

4. 对自由议付跟单信用证，如果收报行不再用另一份MT710报文格式转通知，那么该银行必须在信用证上加注：

（1）每次议付时必须提交通知受益人的信用证正本。

（2）议付行必须在所通知的信用证正本上注明每一次议付情况。

5. 为避免可能产生的误解，银行应尽可能使用SWIFT代码表示，而不要使用诸如“我们”“你们”等代词。

6. 通知行必须用清楚、明确的方式将跟单信用证的所有详细内容通知受益人。

7. 如果要求注销跟单信用证，必须发送MT707，而不能发送MT792。

二、MT707/708 跟单信用证的修改

MT705 跟单信用证的预先通知

MT707/708 跟单信用证的修改（MT707/708 Amendment to a Documentary Credit）见表 11－3、表 11－4。本报文可以由开证行发送给一家通知行，也可以由另一家通知行或由转让行发送给一家通知行，用来通知收报行有关由发报行或第三家银行开立的跟单信用证条款修改内容的报文格式。

发送 MT707/708 报文时，应注意以下几点：

当跟单信用证修改中的内容超过 MT707 报文格式的容量时，可以使用一个或几个（最多 7 个）MT708 报文格式传送有关跟单信用证修改的条款。

该修改中未提及的条款保持不变。

MT707 报文中的信息不得与 MT708 报文中相关信息重复，也不得矛盾。

跟单信用证的撤销必须使用该修改格式，即 MT707 报文格式。

MT707 报文必须在项目“22A”中显示此次修改的目的，“22A”之前的项目用于指明修改的原信用证信息，“22A”之后的项目用于显示修改内容。仅需要修改的项目可以显示。

如果 MT707 报文列明了实际和完整的修改，该修改即为有效的修改。

如果 MT707 报文只列明简要的内容（未生效的修改），该报文项目“72Z”中必须含有“DETAILS TO FOLLOW”字样。

表11－3　MT707跟单信用证的修改的电文格式

M/O	Tag	Field Name		Content/Options
M	27	Sequence of Total	报文页次	1!n/1!n
M	20	Sender's Reference	发报行参考号	16x
M	21	Receiver's Reference	收报行参考号	16x
M	23	Issuing Bank's Reference	开证行参考号	16x
O	52a	Issuing bank	开证行	A or D
O	50B	Non-Bank Issuer	非银行开证人	4*35x
M	31C	Date of Issue	信用证开证日期	6!n
M	26E	Number of Amendment	修改次数	3n
M	30	Date of Amendment	修改日期	6!n
M	22A	Purpose of Message	修改目的	4!c
O	23S	Cancellation Request	信用证撤销请求	6!a
O	40A	Form of Documentary Credit	信用证类型	24x
O	40E	Applicable Rules	适用惯例	30x(/35x)
O	31D	Date and Place of Expiry	变更后信用证效期、有效兑用地	6!n29x
O	50	Changed Applicant Details	变更后的申请人细节	4*35x
O	59	Beneficiary	变更后的受益人	[/34x] 4*35x
O	32B	Increase of Documentary Credit Amount	信用证增额	3!a15d
O	33B	Decrease of Documentary Credit Amount	信用证减额	3!a15d
O	39A	Percentage Credit Amount Tolerance	变更后的信用证溢短装	2n/2n
O	39C	Additional Amounts Covered	变更后的信用证特别金额	4*35x

续表

M/O	Tag	Field Name		Content/Options
O	41a	Available With...By...	变更后的信用证兑用方式	A or D
O	42C	Drafts at...	变更后的信用证汇票期限	3*35x
O	42a	Drawee	变更后的信用证汇票付款人	A or D
O	42M	Mixed Payment Details	变更后的混合付款细节	4*35x
O	42P	Negotiation Deferred Payment Details	变更后的议付、延期付款细节	4*35x
O	43P	Partial Shipments	变更后的分批装运信息	11x
O	43T	Transhipment	变更后的转运信息	11x
O	44A	Place of Taking in Charge/Dispatch from.../Place of Receipt	变更后的接管地/发运地/收货地	65x
O	44E	Port of Loading/Airport of Departure	变更后的装货港/起运航空港	65x
O	44F	Port of Discharge/Airport of Destination	变更后的卸货港/目的地航空港	65x
O	44B	Place of Final Destination/For Transportation to.../Place of Delivery	变更后的最终目的地/装运目的地/交货地	65x
O	44C	Latest Date of Shipment	变更后的最迟装运日	6!n
O	44D	Shipment Period	变更后的装运期	6*35x
O	45B	Description of Goods and/or Services	变更后的货物描述	100*65z
O	46B	Documents Required	变更后的单据要求	100*65z
O	47B	Additional Conditions	变更后的附加条款	100*65z
O	49M	Special Payment Conditions for Beneficiary	变更后的对受益人专用支付条款	100*65z
O	49N	Special Payment Conditions for Receiving Bank	变更后的对收报行专用支付条款	100*65z
O	71D	Charges	修改后的原信用证相关费用信息	6*35z
O	71N	Amendment Charge Payable By	本次修改费用承担方	4!c(6*35z)
O	48	Period for Presentation in Days	变更后的交单期	3n(/35x)
O	49	Confirmation Instructions	变更后的保兑指示	7!x
O	58a	Requested Confirmation Party	变更后的被指定加保银行	A or D
O	53a	Reimbursement Bank	变更后的偿付行	A or D
O	78	Instruction to the Paying / Accepting/Negotiating Bank	变更后的指定行指示	12*65x
O	57a	“Advise Through” Bank	通知此次修改的第二通知行	A,B or D
O	72Z	Sender to Receiver Information	附言	6*35z

表 11－3 的参数说明：

27：报文页次。如果该跟单信用证修改的条款能够全部容纳在该 MT707 报文中，那么该项目就填入“1/1”。如果该修改由一份 MT707 报文和一份 MT708 报文组成，那么在 MT707 报文的项目 27 中填入“1/2”，在 MT708 报文的项目 27 中填入“2/2”，依此类推。

20：发报行参考号。

21：收报行参考号。如果发报行不知道收报行的参考号，可在该项目内填入“NON-REF”。

23：开证行参考号。如果该 MT707 报文系开证行以外的银行（通知行）发送，报文使用该项目列明开证行的信用证编号。

52a：开证行。

50B：非银行开证人。开证人为非银行机构，填入此项目。52a 开证行与 50B 非银行开证人两个项目必须二选一填入。

31C：信用证开证日期。该项目列明原信用证开立的日期，为必填项。

26E：修改次数。该项目列明该修改的次数，为必填项。

30：修改日期。该项目列明该修改的日期，为必填项。

22A：修改目的。该项目用于表明此次修改的用途，根据不同情况选择三种代码之一录入。三种代码为 ISSU（开出修改）、ADVI（通知修改）、ACNF（通知并对该修改加保）。MT707 报文中该项目后至少要出现一个项目。

23S：信用证撤销请求。该项目用于发出申请撤销信用证，仅可使用代码“CANCEL”。

40A：信用证类型。该项目用于修改原信用证的类型。

40E：适用惯例。该项目用于修改原信用证的适用惯例。

31D：变更后信用证效期、有效兑用地。该项目用于修改原信用证的有效期或有效兑用地。即使只修改其中一项，MT707 报文也必须同时显示两项内容。

50：变更后的申请人细节。该项目用于修改原信用证的申请人及其细节。

59：变更后的受益人。该项目用于修改原信用证的申请人及其细节。

32B：信用证增额。该项目用于显示修改增加的金额。

33B：信用证减额。该项目用于显示修改减少的金额。

39A：变更后的信用证溢短装。该项目用于修改原信用证的溢短装条款。

39C：变更后的信用证特别金额。该项目列明对信用证所涉及的附加金额如保险费、运费、利息等的修改。

41a：变更后的信用证兑用方式。该项目用于修改原信用证的兑用银行或兑用方式，修改后两项必须同时出现。

42C：变更后的信用证汇票期限。

42a：变更后的信用证汇票付款人。

42M：变更后的混合付款细节。

42P：变更后的议付、延期付款细节。

43P：变更后的分批装运信息。

43T：变更后的转运信息。

44A：变更后的接管地/发运地/收货地。

44E：变更后的装货港/起运航空港。

44F：变更后的卸货港/目的地航空港。

44B：变更后的最终目的地/装运目的地/交货地。

44C：变更后的最迟装运日。

44D：变更后的装运期。

45B：变更后的货物描述。该项目用于修改原信用证的货物描述，使用三种代码配合修改的内容完成，即“ADD + 增加内容”“DELETE + 删除内容”“REPALL（删除该项目全部内容） + 新内容”。

46B：变更后的单据要求。该项目用于修改原信用证的单据要求，使用方法同45B。

47B：变更后的附加条款。该项目用于修改原信用证的附加条款，使用方法同45B。

49M：变更后的对受益人专用支付条款。该项目用于修改原信用证的对受益人专用支付条款，使用方法同45B。

49N：变更后的对收报行专用支付条款。该项目用于修改原信用证的对收报行专用支付条款，使用方法同45B。

71D：修改后的原信用证相关费用信息。该项目用于对原信用证关于费用承担方内容的修改。

71N：本次修改费用承担方。该项目用于显示本次修改费用的承担方，可选择三种代码填入，即APP（申请人）、BENE（受益人）、OTHR（其他）。只有当选择OTHR时，可以在后面具体说明承担方。

48：变更后的交单期。该项目用于显示变更后的交单期。

49：变更后的保兑指示。该项目用于修改原信用证的保兑指示。

58a：变更后的被指定加保银行。该项目用于修改原信用证的被指定加保银行。

53a：变更后的偿付行。

78：变更后的指定行指示。

57a：通知此次修改的第二通知行。如果原信用证由收报行以外另一家银行转通知给受益人，那么该修改中的57a仍要显示原信用证的转通知行。

72Z：附言。该项目用于显示与本次修改相关的附言。

表11－4　MT708跟单信用证的修改的电文格式

M/O	Tag	Field Name		Content/Options
M	27	Sequence of Total	报文页次	1!n/1!n
M	20	Sender's Reference	发报行参考号	16x
M	23	Issuing Bank's Reference	开证行参考号	16x
M	26E	Number of Amendment	修改次数	3n
M	30	Date of Amendment	修改日期	6!n
O	45B	Description of Goods and/or Services	变更后的货物描述	100*65z
O	46B	Documents Required	变更后的单据要求	100*65z
O	47B	Additional Conditions	变更后的附加条款	100*65z
O	49M	Special Payment Conditions for Beneficiary	变更后的对受益人专用支付条款	100*65z
O	49N	Special Payment Conditions for Receiving Bank	变更后的对收报行专用支付条款	100*65z

表 11－4 的参数说明：

27：报文页次。

20：发报行参考号。

23：开证行参考号。

26E：修改次数。

30：修改日期。

45B：变更后的货物描述。

46B：变更后的单据要求。

47B：变更后的附加条款。

49M：变更后的对受益人专用支付条款。

49N：变更后的对收报行专用支付条款。

【例 1】 开立信用证

Solvia AB. PO Box 123, Upsala, Sweden, imports computer and electrical parts from Proquinal S. A. , 48 rue de la Bourse, Brussels, under a documentary credit, issued on 10 DEC, 2018.

The documentary credit is in US dollars.

Solvia AB banks with Skandinaviska Enskilda Banken, Stockholm.

Proquinal S. A. banks with Generale Bank, Brussels.

The following information comprises the documentary credit:

Type of Credit:	IRREVOCABLE
Documentary credit Number:	DC. IMP 3410/3444
Expiry Date:	30 MAY, 2019
Place of Expiry:	Brussels
Amount:	US Dollars 31500
Available With:	Advising Bank by acceptance of Beneficiary's draft drawn at 30 days after bill of lading date on Generale Bank
Shipment of:	
1	2209 b－4, cpu 16k memory 6i/o slots 177－2200－74
1	2219 b－gr, 12″ crt (64×16) u/l keyboard with single minidiskette with controller
1	ap 101 additional minidiskette drive
2	2291 w－2 gr, 120 char. sec. printer, 12 pitch 132 char per line
1	2209 b－4 cpu 16k memory 6i/o slots
1	2229 b－cr 12″ crt (64×16) u/l keyboard console with contr.
1	2291 w－2－gr. line printer
1	2269d 1/2, 2, 5 mb－p+2, 5 mb－r disk drive
1 memory rom	210－6298
1 power regulator	210－0341
1 rom t－loading	210－6705
1 power supply regulator	210－6756
1 coss interface	210－7068
1 ribbon assy	279－0181
2 hub lamp assy	726－1021
1 air filter	726－0414
cif Stockholm	

Documents Required/Special Conditions:

- Signed Commercial Invoice in Sevenfold
- 2/3 clean on board ocean bills of lading marked "freight prepaid" consigned to the order of beneficiaries and endorsed in blank, marked notify applicant with full name and address, dated not later than 20 MAY, 2019

- copy certificate of origin showing goods of Belgian origin
- copy consular invoice mentioning import registration number 123
- 1/2 insurance policy for 110 percent of invoice value, covering all risks and war risks and srcc as per institute cargo clauses, including warehouse to warehouse clause
- packing list in 4 copies
- copy of airmail letter addressed to the applicant showing that one original of all documents have been sent directly to them within three days after bill of lading date
- all documents have been sent directly to them within three days after bill of lading date
- the certificate of origin may also indicate that goods are of EEC origin instead of Belgian origin
- drafts are to be marked as drawn under this documentary credit documents must be presented within 10 days after bill of lading date
- please advise beneficiaries adding your confirmation
- all documents must be forwarded to us in one lot
- all charges are for account of the beneficiary except commission related to the acceptance of the draft

Shipment is from Antwerp to Stockholm.
At maturity of the draft, reimbursement is to be claimed at Manufacturers Hanover Trust Company, New York.
Transshipment and partial shipments are not allowed.
The credit is subject to ICC UCP 600.
Skandinaviska Enskilda Banken issues the documentary credit, sending an MT700/701 to Generale Bank, Brussels, the advising bank.

信息流动如图 11 -3 所示。

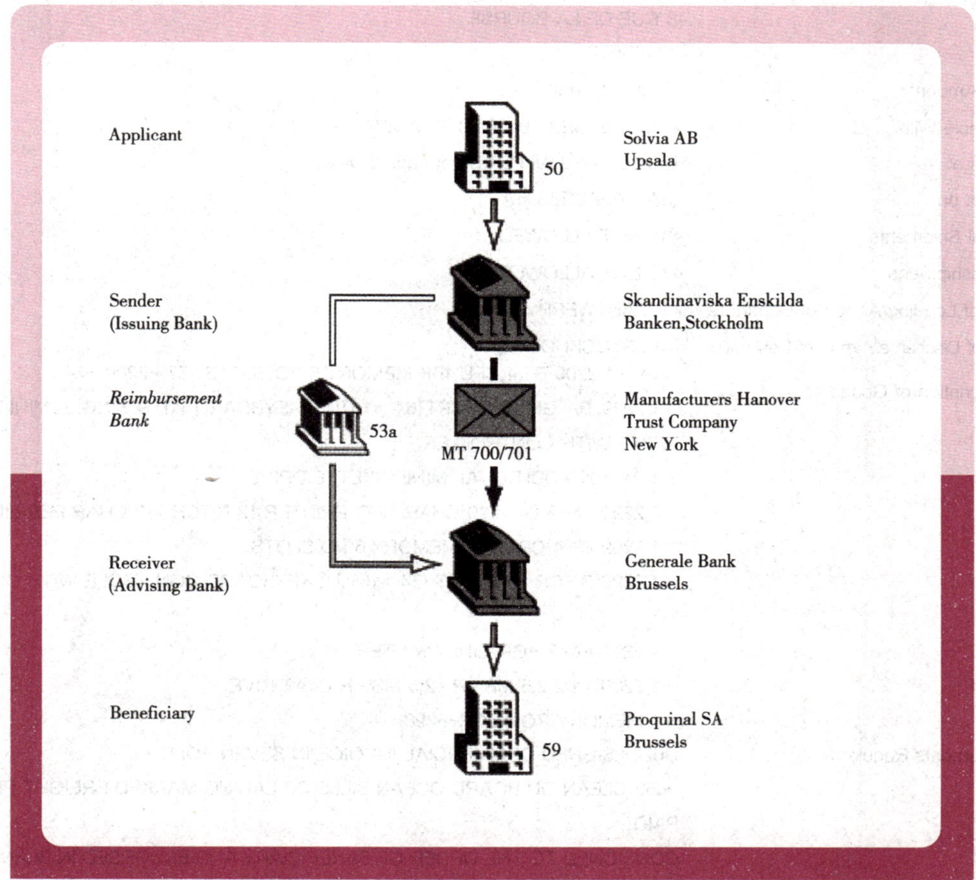

图 11 -3　MT700/701 报文

表11－5 报文A MT700

Explanation	Format
Sender	ESSESESS
Message Type	700
Receiver	GEBABEBB
Message Text	
Seq. of Total	:27:1/2
Form of D/C	:40A:IRREVOCABLE
D/C Number	:20:DC. IMP 3410/3444
Date of Issue	:31C:181210
Applicable Rules	:40E UCP LATEST VERSION
Expiry Date	:31D:190530BRUSSELS
Applicant	:50:SOIVIA AB PO BOX 123 BOURSE BRUSSELS
Beneficiary	:59:PROQUINAL S. A. 48 RUE DE LA BOURSE BRUSSELS
Curr/Amount	:32B:USD 31500
Available With... By...	:41A:GEBABEBB BY ACCEPTANCE
Drafts at	:42C:30 DAYS AFTER Bill of Lading Date
Drawn on	:42A:GEBABEBB36A
Partial Shipments	:43P:NOT ALLOWED
Transshipment	:43T:NOT ALLOWED
Port of Loading/Airport of Departure	:44E: ANTWERP
Port of Discharge/Airport of Destination	:44F: STOCKHOLM
Description of Goods	:45A: +1 2209 B－4,CPU 16K MEMORY 6 I/O SLOTS 177－2200－74 +1 2219 B－GR,12 IN CRT(64 ×16)U/L KEYBOARD WITH SINGLE MINIDIS-KETTE WITH CONTROLLER +1 AP 101 ADDITIONAL MINIDISKETTE DRIVE +2 2291 W－2 GR, 120 CHAR. SEC. PRINTER,12 PITCH 132 CHAR PER LINE +1 2209 B－4 CPU 16K MEMORY 6 I/O SLOTS +1 2229 B－CR 12 IN CRT (64 ×16)U/L KEYBOARD CON－SOLE WITH CON-TR +1 2291 W－2－GR. LINE PRINTER +1 2269D 1/2,2,5 MB－P +2;5 MB－R DISKDRIVE +1 MEMORY ROM 210－6298
Documents Required	:46B: +SIGNED COMMERCIAL INVOICE IN SEVEN FOLD +2/3 CLEAN ON BOARD OCEAN BILLS OF LADING MARKED FREIGHT PRE-PAID CONSIGNED TO THE ORDER OF BENEFICIARY AND ENDORSED IN BLANK, MARKED NOTIFY APPLICANT WITH FULL NAME AND ADDRESS, DATED NOT LATER THAN 20 AUG 2019

续表

Documents Required	+COPY CERTIFICATE OF ORIGIN SHOWING GOODS OF BELGIAN ORIGIN +COPY CONSULAR INVOICE MENTIONING IMPORT REGISTRATION NUMBER 123 +1/2 INSURANCE POLICY FOR 110 PERCENT OF INVOICE VALUE, COVERING ALL RISKS AND WAR RISKS AND SRCC AS PER INSTITUTE CARGO CLAUSES,INCLUDING WAREHOUSE TO WAREHOUSE CLAUSE +PACKING LIST IN 4 COPIES +COPY OF AIRMAIL LETTER ADDRESSED TO THE APPLICANT SHOWING THAT ONE ORIGINAL OF ALL DOCUMENTS HAVE BEEN SENT DIRECTLY TO THEM WITHIN THREE DAYS AFTER BILL OF LADING DATE
Additional Conditions	:47A:THE CERTIFICATE OF ORIGIN MAY ALSO INDICATE THAT GOODS ARE OF EEC ORIGIN INSTEAD OF BELGIAN ORIGIN DRAFTS ARE TO BE MARKED AS DRAWN UNDER THIS DOCUMENTARY CREDIT
Charges	:71D:ALL CHARGES FOR THE BENEFICIARY'S ACCOUNT EXCEPT COMMISSION RELATED TO THE ACCEPTANCE OF THE DRAFT
Period for Presentation	:48:10
Confirm Instructions	:49:CONFIRM
Requested Confirmation Party	58A:GEBABEBB
Reimbursement	:53A:MAHAUS33
Instructions	:78:ALL DOCUMENTS MUST BE FORWARDED TO US IN ONE LOT
End of Message Text/Trailer	

表11－6　报文B　MT701

Explanation	Format
Sender	ESSESESS
Message Type	701
Receiver	GEBABEBB
Message Text	
Seq. of Total	:27:2/2
D/C Number	:20:DC. IMP 3410/3444
Description of Goods	:45A: +1 POWER REGULATOR 210－0341 +1 ROM T－LOADING 210－6705 +1 POWER SUPPLY REGULATOR 210－6756 +1 COSS INTERFACE 210－7068 +1 RIBBON ASSY 279－0181 +2 HUB LAMP ASSY 726－1021 +1 AIR FILTER 726－0414 +CIF STOCKHOLM
End of Message Text/Trailer	

修改信用证

信用证 SWIFI 电文格式的其他说明

第三节　信用证相关电文运用实例

（一）案例背景

信用证类型：自由付款信用证

适用：UCP 600

开证行：BANCO BILBAO VIZCAYA ARGENTARIA S. A. ， MADRID ES（SWIFT：BBVAESMM×××）

通知行：DEUTSCHE BANK，SHANGHAI BRANCH（SWIFT：DEUTCNSH×××）

交单行：DEUTSCHE BANK，SHANGHAI BRANCH（SWIFT：DEUTCNSH×××）

申请人：HIPOPOTAMOS. A.

受益人：SHANGHAI ABC FURNITURE CO. ，LTD.

有效地：CHINA

（二）案情

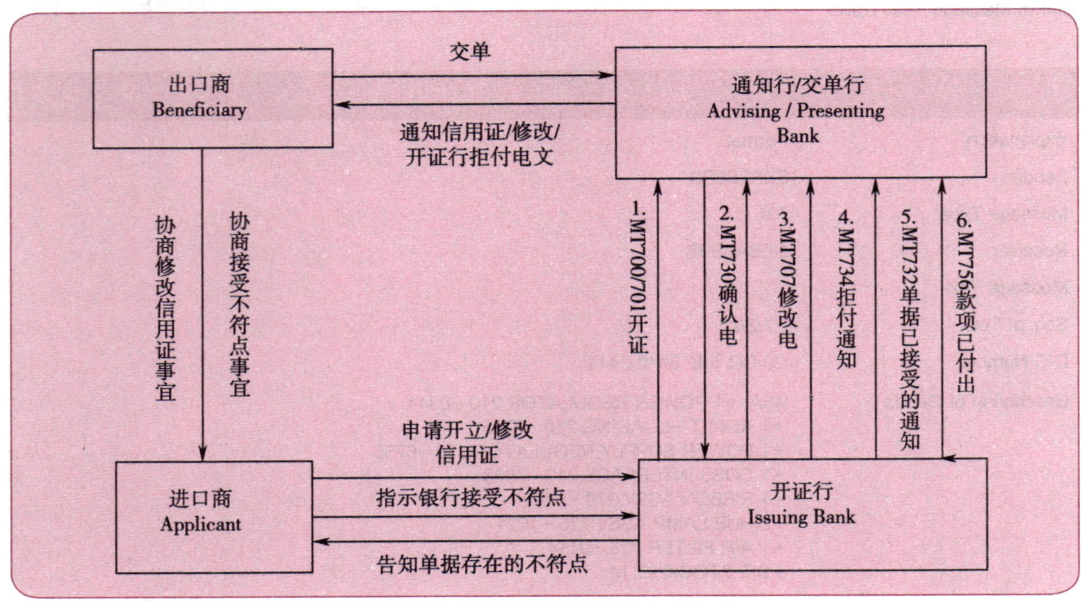

图 11－4　当事人及报文关系图

1. 开立信用证电。2019 年 1 月 3 日 BANCO BILBAO VIZCAYA ARGENTARIA S. A. （西班牙马德里）向德意志银行上海分行开出信用证，该证由 MT700 与 MT701 两部分组成。

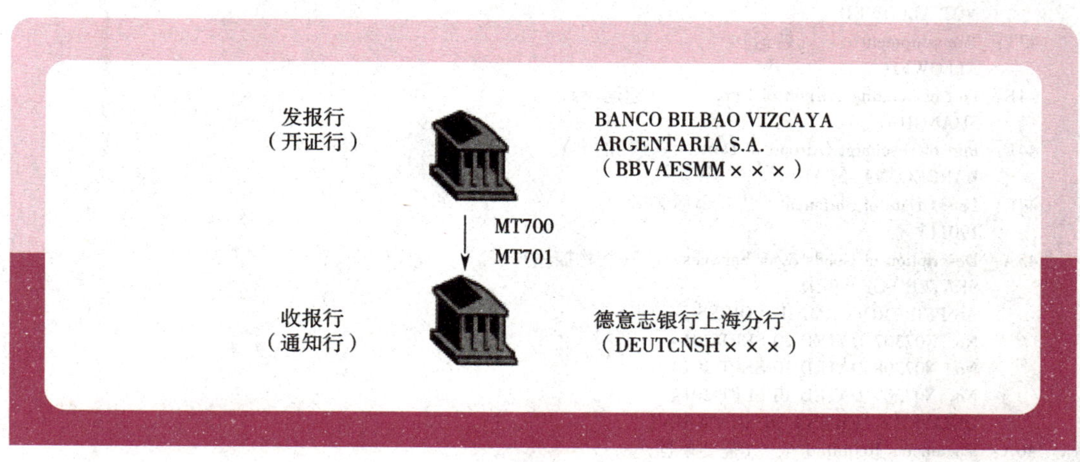

图 11－5

```
------------------------------ Message Header --------------------------------
SWIFT Output   : FIN 700 Issue of a Documentary Credit
Sender         : BBVAESMM×××
   BANCO BILBAO VIZCAYA ARGENTARIA S. A.
   (FOR ALL REMAINING UNLISTED BRANCHES)
   MADRID ES
Receiver       : DEUTCNSH×××
   DEUTSCHE BANK
   (SHANGHAI BRANCH)
   SHANGHAI CN
MUR            : 0182269162882865
-------------------------------- Message Text ---------------------------------
  27: Sequence of Total      (总页数)
      1/2
40A: Form of Documentary Credit      (信用证类型)
      IRREVOCABLE
  20: Documentary Credit Number      (信用证号)
      2691010100029383
31C: Date of Issue      (开证日)
      190103
40E: Applicable Rules      (适用惯例)
      UCPURR LATEST VERSION
31D: Date and Place of Expiry      (到期日和到期地点)
      190128 IN YOUR COUNTRY
  50: Applicant      (申请人)
      HIPOPOTAMO S. A.
      AV.  VALLES 3
      08228 TERRASSA
  59: Beneficiary - Name & Address      (受益人名址)
      SHANGHAI ABC FURNITURE CO. , LTD.
      SHANGHAI, CHINA
32B: Currency Code, Amount      (币种和金额)
      USD22255
41D: Available With... By... - Name & Addr      (生效行及方式)
```

ANY BANK IN CHINA
BY PAYMENT
43P：Partial Shipments （部分装运）
NOT ALLOWED
43T：Transshipment （转运）
ALLOWED
44E：Port of Loading/Airport of Dep. （起运港）
SHANGHAI
44F：Port of Discharge/Airport of Dest （目的港）
BARCELONA -SPAIN
44C：Latest Date of Shipment （最后装运日）
190113
45A：Description of Goods &/or Services （货物描述）
SEATER SOFA BED
AS PER PROFORMA INVOICES
No. N07307 DATED 20 SEPT 2014
No. N07308 DATED 10 SEPT 2014
No. N07309 DATED 10 SEPT 2014
DELIVERY TERMS FOB SHANGHAI
46A：Documents Required （需要单据）
+）SIGNED COMMERCIAL INVOICE IN FOUR FOLDS
+）PACKING/WEIGHT LIST
+）FULL SET OF CLEAN ON BOARD BILL OF LADING PLUS FOUR NON NEGOTIABLE COPIES. MARKED：FREIGHT COLLECT. NOTIFY TO：APPLICANTS CONSIGNED TO：THE ORDER IN BLANK ENDORSED
+）COPY OF FAX（NO. 93. 786. 04. 58）BENEFICIARIES' SHIPMENT ADVICE TO APPLICANTS，ISSUED AT SHIPMENT TIME，FOR INSURANCE PURPOSES
+）CERTIFICATE OF ORIGIN GSP FORM -A-.
71D：Charges （费用）
ALL BANK CHARGES OUTSIDE SPAIN，
AND REIMBURSEMENT CHARGES ARE
FOR BENEFICIARIES' ACCOUNT.
48：Period for Presentation （交单期）
15
49：Confirmation Instructions （保兑）
WITHOUT
78：Instr to Payg/Accptg/Negotg Bank （对付款/承兑/议付行指示）
UPON RECEPTION OF ALL DOCUMENTS IN ORDER，WE SHALL
REIMBURSE YOU AS PER YOUR INSTRUCTIONS.
72Z：Sender to Receiver Information （发报方对收报方附言）
PLEASE SEND DOCUMENTS TO BANCO
BILBAO VIZCAYA ARGENTARIA-BBVA，DEX
BARCELONA，ALMOGAVERS，183，08018
BARCELONA BY COURIER SYSTEM IN ONLY
ONE LOT，AT BENEFICIARIES' EXPENSES.

Message Header ---------------------------------
SWIFT Output ：FIN 701 Issue of a Documentary Credit
Sender ：BBVAESMM×××
BANCO BILBAO VIZCAYA ARGENTARIA S. A.
（FOR ALL REMAINING UNLISTED BRANCHES）
MADRID ES
Receiver ：DEUTCNSH×××
DEUTSCHE BANK
（SHANGHAI BRANCH）
SHANGHAI CN
MUR ：0182269162882866
-------------------------------- Message Text ---------------------------------

27：Sequence of Total　　（总页数）
2/2
20：Documentary Credit Number　　（信用证号）
2691010100029383
47A：Additional Conditions　　（附加条件）
+）IF DOCUMENTS ARE PRESENTED WITH DISCREPANCIES，WE WILL DEDUCT USD 100.- FROM REIMBURSEMENT.
+）IF DISCREPANT DOCUMENTS ARE PRESENTED TO US，WE WILL GIVE NOTICE OF REFUSAL AND HOLD DOCUMENTS AT PRESENTER'S DISPOSAL.
HOWEVER，UNLESS ANY PRIOR INSTRUCTIONS TO THE CONTRARY ARE RECEIVED，IF WE OBTAIN A WAIVER OF DISCREPANCIES，DOCUMENTS MAY BE RELEASED TO THE APPLICANT. IN SUCH EVENT WE WILL HAVE NO LIABILITY TO THE PRESENTER IN RESPECT OF SUCH RELEASE.
+）SHIPMENT THROUGH
GLOBAL GOODWILL LOGISTICS FORMOSA
CALL-03 7 FLOOR BLACK，C/SENILING REAL
NO. 469 WU SONG，SHANGHAI
PHONE 8621-93568969

2. 收到信用证确认电。2019 年 1 月 4 日德意志银行上海分行向开证行发送 MT730 报文，证明该信用证已收妥。

图 11－6

Message Header ---------------------------------
SWIFT Output　：FIN 730 Acknowledgement
Sender　　　：DEUTCNSH×××
DEUTSCHE BANK
（SHANGHAI BRANCH）
SHANGHAI CN
Receiver　　：BBVAESMM×××
BANCO BILBAO VIZCAYA ARGENTARIA S. A.
（FOR ALL REMAINING UNLISTED BRANCHES）
MADRID ES
MUR　　　　：061227G233559295
-------------------------------- Message Text --------------------------------
20：Sender's Reference　　（发报行编号）
0201EX07000023
21：Receiver's Reference　　（收报行编号）
2691010100029383
30：Date of Msg Being Acknowledged　　（确认收到日期）
190103

3. 要求修改电。受益人 SHANGHAI ABC FURNITURE CO.，LTD. 收到该信用证后，向申请人要求修改信用证有效日和最后装运日。2019 年 1 月 10 日开证行按申请人指示向通知行发出信用证修改 MT707 报文。

图 11－7

```
------------------------------ Message Header --------------------------------
SWIFT Output   : FIN 707 Amendment to a Doc Credit
Sender         : BBVAESMM×××
  BANCO BILBAO VIZCAYA ARGENTARIA S. A.
  (FOR ALL REMAINING UNLISTED BRANCHES)
  MADRID ES
Receiver       : DEUTCNSH×××
  DEUTSCHE BANK
  (SHANGHAI BRANCH)
  SHANGHAI CN
MUR            : 0182269163314239
-------------------------------- Message Text --------------------------------
  27: Sequence of Total
      1/1
  20: Sender's Reference
      2691010100029383
  21: Receiver's Reference
      0201EX07000023
 52A: Issuing Bank
      BBVAESMM
 31C: Date of Issue          （开证日）
      190103
 26E: Number of Amendment        （修改序号）
      01
  30: Date of Amendment
      190110
 22A: Purpose of Message
      ISSU
 31D: Date and Place of Expiry      （新到期日、到期地点）
      190218 IN YOUR COUNTRY
 44C: Latest Date of Shipment       （最迟装运日）
      190202
```

4. 拒付通知电。2019 年 1 月 23 日受益人 SHANGHAI ABC FURNITURE CO.，LTD. 将缮制完毕的单据交给德意志银行上海分行。德意志银行发现单据中存在不符点，并告知了受益人。受益人决定不修改单据，指示德意志银行向开证行寄单。

2019 年 1 月 28 日，开证行收到来单，审核后发现不符点，当天立即向德意志银行发送 MT734 报文，提示不符点。

图 11-8

SWIFT Output ：FIN 734 Advice of Refusal
Sender ：BBVAESMM×××
BANCO BILBAO VIZCAYA ARGENTARIA S. A.
(FOR ALL REMAINING UNLISTED BRANCHES)
MADRID ES
Receiver ：DEUTCNSH×××
DEUTSCHE BANK
(SHANGHAI BRANCH)
SHANGHAI CN
MUR ：072900080115
-------------------------------- Message Text ---------------------------------
20：Sender's TRN （开证行编号）
2691010100029383
21：Presenting Bank's Reference （交单行编号）
0201BP07000263
32A：Date and Amount of Utilisation （交单行面函日期和金额）
190123 USD22255
72Z：Sender to Receiver Information
WE ADVISE OUR REFUSAL TO HONOR
YOUR PRESENTATION OF DOCUMENTS.
77J：Discrepancies （不符点）
1. INVOICE SHOWING CNF MADRID
INSTEAD OF FOB SHANGHAI.
2. AIR WAYBILL INSTEAD OF B/L
PRESENTED
77B：Disposal of Documents （单据处置）
/NOTIFY/

5. 单据不符点已被接受电。德意志银行收到开证行拒付电后，立即通知了受益人，并建议受益人与开证申请人取得联系。经过一番协商，申请人同意接受单据，2019 年 1 月 30 日开证行向德意志银行发送 MT732 报文，告知不符点已被接受。

SWIFT Output ：FIN 732 Advice of Discharge
Sender ：BBVAESMM×××

图 11－9

BANCO BILBAO VIZCAYA ARGENTARIA S. A.
(FOR ALL REMAINING UNLISTED BRANCHES)
MADRID ES
Receiver　　：DEUTCNSH×××
DEUTSCHE BANK
(SHANGHAI BRANCH)
SHANGHAI CN
MUR　　：00004
-------------------------------- Message Text --------------------------------
20：Sender's TRN
269101010002938 3
21：Presenting Bank's Reference
0201BP07000263
30：Date Advice of Paymt/Accpt/Negtn　　（交单行面函日期）
190123
32B：Amount of Utilisation
USD22255
72Z：Sender to Receiver Information
PLEASE BE INFORMED THAT
DISCREPANCIES HAVE BEEN TAKEN UP　　（不符点已被接受）

6. 款项已付出电。2019 年 1 月 31 日，开证行发送 MT756 电文给德意志银行，通知该信用证项下款项已付出。

图 11－10

```
------------------------------ Message Header ---------------------------------
SWIFT Output   : FIN 756 Adv of Reimbursement or Payment
Sender         : BBVAESMM × × ×
  BANCO BILBAO VIZCAYA ARGENTARIA S. A.
  (FOR ALL REMAINING UNLISTED BRANCHES)
  MADRID ES
Receiver       : DEUTCNSH × × ×
  DEUTSCHE BANK
  (SHANGHAI BRANCH)
  SHANGHAI CN
-------------------------------- Message Text ---------------------------------
 20: Sender's Reference
     2691010100029383
 21: Presenting Bank's Reference
     0201BP07000263
32B: Total Amount Claimed
     USD 22255
33A: Amount Reimbursed or Paid        (实际支付日期和金额)
     190131 USD22155
53A: Sender's Correspondent - BIC      (开证行的账户行)
     IRVTUS33 × × ×
     BANK OF NEW YORK,
     (NEW YORK BRANCH)
     NEW YORK, NY US
54A: Receiver's Correspondent - BIC    (交单行的账户行)
     DEUTUS33 × × ×
     DEUTSCHE BANK
     (NEW YORK BRANCH)
     NEW YORK, NY US
72Z: Sender to Receiver Information
     /BNF/DISC FEE USD 100, 00 DEDUCTED(开证行扣了不符点费 USD 100)
```

第四节　银行信用证业务案例详解

一、流程大纲

1. 进、出口双方签订销售合同
2. 进口商向进口地银行（开证行）申请开立信用证
3. 进口地银行（开证行）将信用证开抵出口地银行（通知行）
4. 出口地银行（通知行）向出口商通知信用证
5. 出口商审核信用证
6. 出口商准备信用证项下单据，提交出口地银行（交单行）
7. 出口地银行（交单行）缮制交单面函，将单据寄交进口地银行（开证行），请求付款
8. 进口地银行（开证行）审核单据无误后，向出口地银行（交单行）付款
9. 进口商向进口地银行（开证行）付款，取得单据

二、信用证业务案例

（一）案例背景

信用证类型：远期承兑信用证

适用：UCP 600

开证行：Bank of America，Shanghai Branch（SWIFT：BOFACNSH）

通知行：Sumitomo Mitsui Banking Corp.，Japan（SWIFT：SMBCJPJTOSA）

交单行：Sumitomo Mitsui Banking Corp.，Japan（SWIFT：SMBCJPJTOSA）

申请人：Shanghai ABC Electronic Material Ltd.

受益人：DENKI SHOJI CO.，LTD.

有效地：Japan

（二）案情简介

DENKI SHOJI 公司于 2019 年 6 月售与上海 ABC 电子材料公司一批货物。合同签订后，上海 ABC 电子材料公司经开证行如期开来一份不可撤销远期承兑信用证，金额为 135 000.00 美元。开证行是 Bank of America，Shanghai Branch，通知行是 Sumitomo Mitsui Banking Corp.，Japan。

DENKI SHOJI 公司收到信用证后于装运期 8 月 20 日前（8 月 9 日）备货出运。运输方式是海运，即从日本横滨港运往中国上海港。

8 月 10 日 DENKI SHOJI 公司备齐全套出口单据寄交 Sumitomo Mitsui Banking Corp.，Japan 审核。Sumitomo Mitsui Banking Corp.，Japan 审单后认为单据无不符点，遂向开证行寄单索汇。

8 月 16 日，开证行收到交单行寄来的单据后，依据信用证审核单据，认为该交单为相符交单，并向开证申请人提示单据。

开证申请人接受单据，向开证行递交付款或承兑委托书，要求开证行对外承兑，并取得单据。

8 月 23 日，开证行向交单行发送 MT799 报文，承诺于 2019 年 9 月 10 日支付款项。

9 月 10 日，开证行按照交单行面函上的付款指示，将该笔信用证业务项下的货款划入交单行账户。

（三）流程详解

1. 进出口双方签订销售合同。

销售合同：

CONTRACT

KPL－070326
Jun. 26. 2019

BUYER：SHANGHAI ABC ELECTRONIC MATERIAL LTD.
44 Nanjing Road，Shanghai，P. R. China
TEL：021－58887138　　FAX：021－58884622

SELLER：DENKI SHOJI CO.，LTD
4－1－3 Nishi－Temma，Kita－Ku，Osaka 530，Japan.
TEL：(06) －6363－0012　　FAX：(06) 6365－1585

This contract is made by and between the Buyer and Seller，whereby it is agreed that the Buyer purchase and the Seller supply the under mentioned goods and services according to the following terms and condition.

续

COMMODITY & SPECIFICATION 商品名称	QUANTITY 数量	UNIT PRICE 单价	AMOUNT 总额
"NANIWA" Brand Steel Mould for Lamination NTK - 630 (SUS - 630) 2.0mm × 966mm × 1 270mm	600SHTS	USD 225.00/SHT	CIF SHANGHAI Made in JAPAN USD 135 000.00
TOTAL AMOUNT: U.S. Dollar One Hundred and Thirty Five Thousand Only			

1. Remarks:
Hardness: above 470HV
Tolerances: Length & Width +2/ -0mm
Thickness: +0.1mm/ -0.1mm
Flamess: 4mm max (Warp only allowed in one direction and twist not allowed)
Parallelism: 0.03mm max
Diagonal Line: 2mm max
Surface finish No. 6 (#320)
Ra = 0.12nm max Rz = 1.0μm max
Packing: Standard export packing.
PARTIAL SHIPMENTS AND TRANSHIPMENT ALLOWED.
THIRD PARTY AS SHIPPER IS NOT ACCEPTABLE. SHORT FORM/BLANK BACK B/L IS NOT ACCEPTABLE.
DOCUMENTS MUST BE PRESENTED WITHIN 21 DAYS AFTER THE DATE OF ISSUANCE OF THE TRANSPORT DOCUMENTS BUT WITHIN THE VALIDITY OF THIS CREDIT.
CREDIT IS AVAILABLE WITH ANY BANK BY NEGOTIATION.
2. Shipping mark: N/M.
3. Port of loading: Japan seaport.
4. Port of Destination: Shanghai China.
5. Payment term: By irrevocable L/C at 30 days of B/L. L/C should be open before Jul 15, 2019.
6. Delivery time: On or before Aug 20, 2019.
7. Insurance: To be covered by the Seller.
8. An original certificate of heat treatment of wooden case or wooden skid or a Beneficiary's original declaration of using plywood packing material.
9. Claims: Any claim by the Buyer concerning the goods shipped here under shall be filed within 60 days after the arrival of the goods the destination port.
10. Force majeure: In case of non - delivery or delay in delivery of the goods hereunder by reason of natural disasters, war or other causes of force majeure, the Seller shall notify the Buyer as soon as possible mail by DHL to the Buyer a certificate issued by the government authorities.
11. Arbitration: All disputes relating contract shall telegram to International Trade Arbitration Commission for arbitration in accordance with its arbitral rules. The arbitral award binding upon both parties.
12. Seller's Bank Information:
Advising Bank: Sumitomo Mitsui Banking Corporation, Dojima Branch.
1 - 6 - 20 Dojima Kita - Ku, Osaka (SWIFT: SMBCJPJTOSA)

This contract is on duplicate the Buyer and the Seller possess one respectively. It is available when each party signed.

BUYER:	SELLER:
SHANGHAI ABC ELECTRONIC MATERIAL LTD.	DENKI SHOJI CO., LTD.
WANG LIPING (Authorized Signature)	Denki Shoji (Authorized Signature)

2. 进口商向进口地银行（开证行）申请开立信用证。进口商根据进口合同填制开证申请书。在以信用证为付款方式的交易中，信用证的申请开立是进口商非常重要的业务环节，申请开立信用证的过程，是进口商将交易双方达成的协议确定在通过银行开立的信用证中，

以确保进口合同的顺利履行。进口开证申请的依据有：（1）进口交易所达成的协议（合同、备忘录、成交记录、谈判纪要等）；（2）进口商对于进口开证的一些规定和要求；（3）银行开证申请书的文本格式。

本例即为一个根据进口合同申请开证的操作。

首先，看例中提供的进口合同。应当说这是一份简要的进口合同，尽管如此，它还是包含了以下三方面的内容：

（1）进口合同本身的相关信息，包括当事人、合同名称、编号和日期。

（2）进口交易条件，包括品名规格、数量、包装、价格、付款及交货。

（3）合同备注。在本例中涉及与开证申请相关的一些内容，包括不允许分批装运和转运、不接受第三方单据、交单期限的规定、限制信用证议付银行以及指定通知银行等。

进口商对申请开证的要求在本例中表述得十分清晰，其中包括开证银行、开证方式和具体要求，以及其他要求（装运港、目的港、运输标志）。

然后，分析开证申请书的内容。进口开证申请操作的基本内容是填制开证申请书。在实际业务中，各银行都有自己的开证申请书格式，但其内容大同小异，主要包括以下几个方面：

（1）信用证本身的内容，包括各有关当事人的具体信息、信用证金额、信用证的到期日和到期地点、交单期限的规定，以及信用证项下付款方式和有关汇票的规定等；

（2）信用证项下货物的描述，可能涉及的信息有货物的名称、货号、规格、包装、单价、数量、交易术语与条件，运输标志、合同编号和日期等；

（3）关于装运的规定，如信用证项下货物的起运地和目的地、货物装运的时间以及对于分批装运和转运的具体规定等；

（4）关于受益人应向银行提交单据的规定，其中包括单据的种类、份数及具体规定和要求等；

（5）其他的特殊要求和规定。

在各银行提供的开证申请书中，许多条款，特别是单据条款，均有其固定的格式，填制时应当明确其是否与开证要求相符，是否需要进行必要的修改。如果固定格式条款无法满足开证要求，则可在其他条款或特殊条款中作特别的规定。

现就本例中的开证申请书作分解评析。

（1）关于信用证本身。

IRREVOCABLE DOCUMENTARY CREDIT APPLICATION

TO: BANK OF AMERICA, SHANGHAI BR. **DATE:** Jul 2 2019

公司联系人：LI HONG 联系电话：021－58887138	合同号：KPL－070326 DATE AND PLACE OF EXPIRY：SEP 10，2019 JAPAN
APPLICATION NAME AND ADDRESS SHANGHAI ABC ELECTRONIC MATERIAL LTD. 44 Nanjing Road，Shanghai，P. R. China	**BENEFICIARY'S NAME AND ADDRESS** DENKI SHOJI CO.，LTD 4－1－3 Nishi－Temma，Kita－Ku，Osaka 530，Japan. TEL：(06) －6363－0012 FAX：(06) 6365－1585

续

<table>
<tr><td>ADIVISING BANK：
Sumitomo Mitsui Banking Corporation，Dojima Branch.
1 – 6 – 20 Dojima Kita – Ku，Osaka
SWIFT CODE：SMBCJPJTOSA</td><td>AMOUNT：
USD 135 000. 00
SAY US DOLLARS ONE HUNDRED THIRTY FIVE THOUSAND ONLY.
PRICE TERM：CIF SHANGHAI</td></tr>
<tr><td colspan="2">CREDIT AVAILABLE WITH ANY BANK IN JAPAN　　BY NEGOTIATION
AGAINST THE DOCUMENTS DETILED HEREIN
AND BENE'S DRAFT FOR <u>100%</u> OF INVOICE VALUE
AT：30 DAYS AFTER B /L DATE　　DRAWN ON ISSUING BANK</td></tr>
<tr><td colspan="2">PERIOD FOR DOCUMENTS PRESENTATION：
DOCUMENTS MUST BE PRESENTED WITHIN <u>21</u> DAYS AFTER THE DATE OF ISSUANCE OF THE TRANSPORT
DOCUMENTS BUT WITHIN THE VALIDITY OF THIS CREDIT</td></tr>
</table>

根据进口合同或开证背景中提供的当事人信息填写开证申请人和受益人栏目时，注意不要将公司名称、地址填错或是错将申请人和受益人颠倒。

对通知银行如果没有特别要求可以留空不填写，在此情况下，开证银行则会自行选择合适的出口地银行作为通知银行。当然，本例中规定了通知银行。

填写信用证的开立金额时，要注意其与合同金额的一致性。如果合同中规定了涉及货物数量金额的溢短装条款，开证时就应当注意与合同规定呼应，在申请书中同样加上金额的浮动条款，或按合同溢装时最高数量对应的金额填写。此外，金额大小写之间应保持一致并规范填写，如大写金额前的“SAY”和结束时的“ONLY”均是不能遗漏的。

填写价格条件（PRICE TERM）时，要特别注意不同的价格条件后面指明的是不同的地点，如 FOB 条件下是装运港，CFR 和 CIF 条件下是目的港。

在填写信用证到期日时，要注意与合同装运期之间的对应关系。如合同或开证要求中未明确规定交单期限，则应将信用证的到期日规定在最后装运日后的 10 ~ 15 天，并且规定到期地点为受益人（出口商）所在国家。

信用证本身的内容中通常还包括关于付款方式及汇票的规定，其表述方式为：Credit available with... by... by 后面指定的是信用证的付款方式，即议付（negotiation）、付款（payment）及承兑（acceptance）。如果没有特别要求，一般会填写议付。相应地，限制议付行时应在 with 后填写规定的议付银行名称，如为自由议付，则可写 with any bank。信用证项下汇票条款涉及对出票人、汇票金额以及汇票付款人的规定。汇票的出票人一般都是信用证的受益人，所以在开证申请书中一般都事先印制了 beneficiary's draft（s），而汇票的金额往往会在申请书中留空给申请人填写，一般情况下填“100% / FULL INVOICE VALUE”（发票全额）。在实务操作中，信用证项下的汇票一般以开证银行为付款人，所以在 DRAWN ON 后应将信用证的开证银行填写清楚。

信用证项下交单期限的规定也是信用证本身内容的一个重要方面，在背景条件中未涉及的情况下，一般均填 10 ~ 15 天，因为过短的交单期限规定会影响受益人及时向银行提交单据。

（2）关于货物和运输。

PARTIAL SHIPMENTS：ALLOWED **TRANSHIPMENT**：ALLOWED **SHIPMENT FROM**：JAPAN SEAPORT **TO**：SHANGHAI，CHINA **LATEST DATE OF SHIPMENT**：AUG 20 2019
COVERING（**DESCRIPTION OF GOODS**）： CIF SHANGHAI "NANIWA" BRAND STEEL MOULD FOR LAMINATION NTK－630（SUS－630） SPECIFICATION　　QUANTITY　　UNIT PRICE 2. 0mm×966mm×1 270mm　　600SHTS　　USD 225. 00/SHT PACKING：STANDARD EXPORT PACKING

（3）关于单据。关于单据的规定主要涉及单据的份数和内容要求。如果在申请书的印制格式中未能包括某种要求受益人提交的单据，则可在特别条款中加列。填写单据要求时比较容易出错或混淆的地方是关于运输单据和保险单据的要求。

①运输单据。海运提单有正本和副本之分，正本提单通常是进口人提货的凭证。常见的"全套提单"（Full Set）的概念是指将船公司签发的所有正本悉数提交给银行。时常也有"3/3"或"2/2"的写法。其中，分子部分是指向银行提交的正本份数，分母部分是指船公司总共签发的正本份数，所以"3/3"即指要求受益人将船公司签发的三份正本提单全部提交给银行。而如果仅要求受益人提交三份正本提单中的两份给银行，则可写为"2/3"。

提单要求中还会对提单的收货人（Consignee），即提单的抬头人作出具体规定。如果指定具体的收货人，则应填写 Consigned / Deliver / Made out to ABC Company，此类提单被称为"记名提单"。如果收货人由托运人指示，则应填写 Consigned / Deliver / Made out to order of shipper，或仅填写 Consigned / Deliver / Made out to order，俗称"空白抬头提单"。如果收货人由开证银行指示，则应填写 Consigned /Deliver / Made out to order of Issuing Bank，此类提单被称为"指示提单"。有的开证要求中规定"海运提单作成凭开证银行指示抬头"，因此应填写 Bill of lading made out to order of Issuing Bank。请注意，不要误写成 made out to Issuing Bank，这样就变成以开证银行为收货人的记名提单了。

需要特别说明的是，在空运或陆运方式下，由于航空运单和承运收据不是货物所有权的凭证，所以这类运输单据不会作成指示式，而只能作成记名式，即 Consigned to 开证银行或开证申请人。

与提单收货人相关联的是提单的背书（Endorsement）。在收货人由托运人指示的情况下，开证申请人应对托运人作背书的形式加以规定，即作空白背书（Blank Endorsed /Endorsed in Blank）还是记名背书（如 Endorsed to the order of Issuing Bank）。

除了对份数、抬头、背书的规定外，提单条款中还有对运费支付情况的表述以及提单中被通知人的规定。采用 FOB 条件达成的交易中，提单应表明“运费到付”（Freight Collect），而采用 CFR 或 CIF 达成的交易中，提单应注明“运费已付”（Freight Prepaid）。一般情况下，提单的被通知人为进口商（开证申请人）。

②保险单据。开证申请中对保险单据的规定除了提交份数以外，还包括对保险单据的种类、保险金额、投保险别、理赔地点、赔偿币种以及背书的规定。

保险单据通常有保险单（Insurance Policy）和保险凭证（Insurance Certificate）两种。保险单是保险公司在承保后签发的保险合同的正式书面文件，上面载有当事人的名称、保险标的、保险金额、保险期限、保险费率等事项，并印有规定当事人双方权利、义务的保险条款，俗称“大保单”。保险凭证是保险公司签发给投保人的、证明保险合同已经订立的书面文件，一般只载明大保单正面的内容，不记载保险条款，实质上是一种简化的保险单，俗称“小保单”。

保险金额通常为发票金额加 10%，即发票金额的 110%（除非开证要求或合同中有更高的加成规定）；投保险别按双方商定的具体险别填入；理赔地点通常在目的地或申请人所在国（In the Country of Applicant）；赔偿货币种类通常为信用证或汇票所用货币（in Currency of the Draft）。

在 CIF 或 CIP 价格条件下，被保险人为出口商（即信用证的受益人），但是实际发生货损时，索赔的权责在进口商。因此，以受益人为被保险人的保险单在提交银行或进口商时，应在保险单的背面进行背书，以示保险权益的转让。所以在开证时，申请人会在开证申请书上要求保险单据作空白背书，有时也作记名背书。

DOCUMENTS REQUIRED:

■ SIGNED COMMERCIAL INVOICE IN 3 FOLD.

■ 2/3 ORIGINALS OF CLEAN ON BOARD OCEAN BILLS OF LADING MADE OUT TO ORDER AND BLANK ENDORSED, MARKED “FREIGHT PREPAID”, NOTIFY SHANGHAI SFECO INTERNATIONAL CUSTOMS BROKERS CO., LTD. MR. CHEN YUN TEL: 0086 - 21 - 67721234 AND APPLICANT.

■ FULL SET OF INSURANCE POLICY/CERTIFICATE, FOR 110PCT OF THE INVOICE VALUE SHOWING CLAIMS PAYABLE IN CHINA SHANGHAI UP TO SONGJIANG WAREHOUSE, IN CURRENCY OF THE DRAFT BLANK ENDORSED, COVERING ALL RISKS AND WAR RISKS.

■ WEIGHT MEMO/PACKING LIST IN 3 FOLD ISSUED BY BENEFICIARY INDICATING QUANTITY GROSS AND NET WEIGHTS OF EACH PACKAGE.

■ CERTIFICATE OF ORIGIN IN 2 FOLD.

■ BENEFICIARY'S STATEMENT ATTESTING THAT 1/3 ORIGINAL OF B/L TOGETHER WITH ONE ORIGINAL INVOICE, ONE ORIGINAL PACKING LIST HAVE BEEN SENT TO MR CHEN BY DHL WITHIN 5 DAYS AFTER SHIPMENT.

ADDITIONAL INSTRUCTIONS:

THIRD PARTY AS SHIPPER IS NOT ACCEPTABLE. SHORT FORM/BLANK BACK B/L IS NOT ACCEPTABLE.

填制完整的开证申请书：

IRREVOCABLE DOCUMENTARY CREDIT APPLICATION

TO：BANK OF AMERICA，SHANGHAI BR. **DATE：** Jul 2 2019

<table>
<tr><td>公司联系人：LI HONG 联系电话：021 －58887138</td><td>合同号：KPL －070326
DATE AND PLACE OF EXPIRY：SEP 10，2019 JAPAN</td></tr>
<tr><td>APPLICATION NAME AND ADDRESS
SHANGHAI ABC ELECTRONIC MATERIAL LTD.
44 Nanjing Road，Shanghai，P. R. China</td><td>BENEFICIARY’S NAME AND ADDRESS
DENKI SHOJI CO.，LTD
4 －1 ～3 Nishi －Temma，Kita －Ku，Osaka 530，Japan.
TEL：（06）－6363 －0012 FAX：（06）6365 －1585</td></tr>
<tr><td>ADIVISING BANK：
Sumitomo Mitsui Banking Corporation，Dojima Branch.
1 －6 －20 Dojima Kita －Ku，Osaka
SWIFT CODE：SMBCJPJTOSA</td><td>AMOUNT：
USD 135 000. 00
SAY US DOLLARS ONE HUNDRED THIRTY FIVE THOUSAND ONLY.
PRICE TERM：CIF SHANGHAI</td></tr>
<tr><td>PARTIAL SHIPMENTS：ALLOWED
TRANSHIPMENT：ALLOWED
SHIPMENT FROM：JAPAN SEAPORT
TO：SHANGHAI，CHINA
LATEST DATE OF SHIPMENT：AUG 20 2019</td><td>CREDIT AVAILABLE WITH ANY BANK IN JAPAN
BY NEGOTIATION
AGAINST THE DOCUMENTS DETAILED HEREIN
AND BENE’S DRAFT FOR <u>100%</u> OF INVOICE VALUE
AT：30 DAYS AFTER B/L DATE
DRAWN ON ISSUING BANK</td></tr>
<tr><td colspan="2">DOCUMENTS REQUIRED：
■ SIGNED COMMERCIAL INVOICE IN 3 FOLD.
■ 2/3 ORIGINALS OF CLEAN ON BOARD OCEAN BILLS OF LADING MADE OUT TO ORDER AND BLANK ENDORSED，MARKED “FREIGHT PREPAID”，NOTIFY SHANGHAI SFECO INTERNATIONAL CUSTOMS BROKERS CO.，LTD MR. CHEN YUN TEL：0086 －21 －67721234 AND APPLICANT.
■ FULL SET OF INSURANCE POLICY/CERTIFICATE，FOR 110PCT OF THE INVOICE VALUE SHOWING CLAIMS PAYABLE IN CHINA SHANGHAI UP TO SONGJIANG WAREHOUSE，IN CURRENCY OF THE DRAFT BLANK ENDORSED，COVERING ALL RISKS AND WAR RISKS.
■ WEIGHT MEMO/PACKING LIST IN 3 FOLD ISSUED BY BENEFICIARY INDICATING QUANTITY GROSS AND NET WEIGHTS OF EACH PACKAGE.
■ CERTIFICATE OF ORIGIN IN 2 FOLD.
■ BENEFICIARY’S STATEMENT ATTESTING THAT 1/3 ORIGINAL OF B/L TOGETHER WITH ONE ORIGINAL INVOICE，ONE ORIGINAL PACKING LIST HAVE BEEN SENT TO MR CHEN BY DHL WITHIN 5 DAYS AFTER SHIPMENT.</td></tr>
<tr><td colspan="2">COVERING（DESCRIPTION OF GOODS）：
CIF SHANGHAI
“NANIWA” BRAND STEEL MOULD FOR LAMINATION NTK －630（SUS －630）
SPECIFICATION QUANTITY UNIT PRICE
2. 0mm ×966mm ×1 270mm 600SHTS USD 225. 00/SHT
PACKING：STANDARD EXPORT PACKING</td></tr>
<tr><td colspan="2">BANKING CHARGE：
ALL BANKING CHARGES OUTSIDE THE ISSUING BANK ARE FOR BENEFICIARY’S ACCOUNT.</td></tr>
<tr><td colspan="2">PERIOD FOR DOCUMENTS PRESENTATION：
DOCUMENTS MUST BE PRESENTED WITHIN 21 DAYS AFTER THE DATE OF ISSUANCE OF THE TRANSPORT DOCUMENTS BUT WITHIN THE VALIDITY OF THIS CREDIT.</td></tr>
<tr><td colspan="2">ADDITIONAL INSTRUCTIONS：
THIRD PARTY AS SHIPPER IS NOT ACCEPTABLE. SHORT FORM/BLANK BACK B/L IS NOT ACCEPTABLE.</td></tr>
</table>

SHANGHAI ABC ELECTRONIC MATERIAL LTD.

<u>WANG LIPING</u>

（Applicant：name，signature of authorized person）

开证申请人承诺书

美国银行上海分行：

我公司已办妥一切进口手续，现请贵行按我公司开证申请书内容（见背面英文）开出不可撤销跟单信用证，为此我公司愿不可撤销地承担有关责任如下：

一、我公司同意贵行依照国际商会第600号出版物《跟单信用证统一惯例》办理该信用证项下一切事宜，并承担由此产生的一切责任。

二、我公司保证按时向贵行支付该证项下的货款、手续费、利息及一切费用等（包括国外受益人拒绝承担的有关银行费用）所需的外汇和人民币资金。

三、我公司保证在贵行单到通知书中规定的期限之内通知贵行办理对外付款/承兑，否则贵行可认为我公司已接受单据，同意付款/承兑。

四、我公司保证在单证表面相符的条件下办理有关付款/承兑手续。如因单证有不符之处而拒绝付款/承兑，我公司保证在贵行单到通知书中规定的日期之前将全套单据如数退还贵行并附书面拒付理由，由贵行按国际惯例确定能否对外拒付。如贵行确定我公司所提拒付理由不成立，或虽然拒付理由成立，但我公司未能退回全套单据，或拒付的单据退到贵行已超过单到通知书中规定的期限，贵行有权主动办理对外付款/承兑，并从我公司账户中扣款。

五、该信用证及其项下业务往来函电及单据如因邮、电或其他方式传递过程中发生遗失、延误、错漏，贵行概不负责。

六、该信用证如需修改，由我公司向贵行提出书面申请，由贵行根据具体情况确定能否办理修改。我公司确认所有修改当由信用证受益人接受时才能生效。

七、我公司在收到贵行开出的信用证、修改书副本后，保证及时与原申请书核对，如有不符之处，保证在接到副本之日起，两个工作日内通知贵行。如未通知，当视为正确无误。

八、如因申请书字迹不清或词义含混而引起的一切后果由我公司负责。

SHANGHAI ABC ELECTRONIC MATERIAL LTD.

WANG LIPING

（Applicant：name，signature of authorized person）

Jul 2 2019

3. 进口地银行（开证行）将信用证开抵出口地银行（通知行）。

* FIN/Session/ISN　：F01　. SS.　. SEQ. .
* Own Address　：BOFACNSH × × ×
* Input Message Type　：700　Issue of a Documentary Credit
* Sent to　：SMBCJPJTXOSA

Priority/Obsol. Period : Normal/100 Minutes

---

27 /Sequence of Total
1/1
40A/ + Form of Documentary Credit
IRREVOCABLE
20 / + Documentary Credit Number
0227LC07000016
31C/ + Date of Issue
190702
40E/Applicable Rules
UCP LATEST VERSION
31D/ + Date and Place of Expiry
190910JAPAN
50 / + Applicant
SHANGHAI ABC ELECTRONIC MATERIAL LTD.
No. 44, NANJING ROAD
SHANGHAI P. R. CHINA
59 / + Beneficiary
DENKI SHOJI CO. , LTD.
4 – 1 – 3 NISHI – TEMMA, KITA – KU, OSAKA
530, JAPAN
32B/ + Currency Code, Amount
USD 135 000,
41D/ + Available With . . . By . . .
ANY BANK IN JAPAN
BY NEGOTIATION
42C/ + Draft at . . .
30 DAYS AFTER SHIPMENT FOR 100PCT
OF INVOICE VALUE SHOWING THIS L/C
No. AND DATE OF ISSUE
42A/ + Drawee
BANK OF AMERICA, SHANGHAI BRANCH
43P/ + Partial Shipments
ALLOWED
43T/ + Transshipment
ALLOWED
44E/Port of loading
JAPAN SEAPORT
44F/Port of discharge
SHANGHAI, CHINA
44C/ + Latest Date of Shipment
190820
45A/Description of Goods and/or Services
"NANIWA" BRAND STEEL MOULD FOR LAMINATION NTK – 630
(SUS – 630)
SPECIFICATION QUANTITY UNIT PRICE
2. 0mm × 966mm × 1 270mm 600SHTS USD 225. 00/SHT
TOTAL AMOUNT: USD 135 000. 00 CIF SHANGHAI
PACKING: STANDARD EXPORT PACKING
46A/Documents Required
+SIGNED COMMERCIAL INVOICE IN 3 FOLD.
+2/3 ORIGINALS OF CLEAN ON BOARD OCEAN BILLS OF LADING
MADE OUT TO ORDER AND BLANK ENDORSED,

MARKED "FREIGHT PREPAID",
NOTIFY SHANGHAI SFECO INTERNATIONAL CUSTOMS BROKERS CO., LTD. MR. CHEN YUN TEL: 0086 - 21 - 67721234 AND APPLICANT.
+FULL SET OF INSURANCE POLICY/CERTIFICATE
FOR 110PCT OF THE INVOICE VALUE
SHOWING CLAIMS PAYABLE IN CHINA SHANGHAI UP TO SONGJIANG WAREHOUSE, IN CURRENCY OF THE DRAFT BLANK ENDORSED, COVERING ALL RISKS AND WAR RISKS.
+WEIGHT MEMO/PACKING LIST IN
3 FOLD ISSUED BY BENEFICIARY INDICATING QUANTITY GROSS
AND NET WEIGHTS OF EACH PACKAGE.
+CERTIFICATE OF ORIGIN IN 2 FOLD.
+BENEFICIARY'S STATEMENT ATTESTING THAT 1/3 ORIGINAL OF B/L TOGETHER WITH ONE ORIGINAL INVOICE, ONE ORIGINAL PACKING LIST HAVE BEEN SENT TO MR. CHEN BY DHL WITHIN 5 DAYS AFTER SHIPMENT.
47A/Additional Conditions
+THIRD PARTY AS SHIPPER IS NOT ACCEPTABLE.
SHORT FORM/BLANK BACK B/L IS NOT ACCEPTABLE.
+ALL DOCUMENTS MUST INDICATE THIS LC No.
+THE NEGOTIATION BANK / PRESENTING BANK MUST INDICATE THE EXACT DATE OF DOCS PRESENTATION ON THEIR COVERING SCHEDULE. IF SUCH A DATE WAS NOT MENTIONED WITHIN THE COVERING SCHEDULE, THE DATE OF THE COVERING SCHEDULE WILL BE DEEMED TO BE THE DATE OF DOCS PRESENTATION.
71D/Charges
ALL BANKING CHARGES OUTSIDE THE
ISSUING BANK ARE FOR BENEFICIARY'S ACCOUNT.
48 / + Period for Presentation
21/TRANSPORT DOCUMENTS ISSUANCE DATE
49 / + Confirmation Instructions
WITHOUT
78 /Instructions to the Paying/Accepting/Negotiating Bank
+UPON RECEIPT OF THE DOCUMENTS AND THE DRAFTS
IN COMPLIANCE WITH THE TERMS AND CONDITIONS
OF THIS CREDIT, THE REIMBURSEMENT WILL BE EFFECTED
AS PER THE NEGOTIATING BANK'S INSTRUCTION.
+THE AMOUNT OF EACH DRAFT MUST BE ENDORSED
ON THE REVERSE OF THIS CREDIT BY THE NEGOTIATING BANK.
+A CHARGE OF USD50. - OR EQUIVALENT
IN THE CREDIT CURRENCY WILL BE DEDUCTED
FROM THE PROCEEDS FOR EACH PRESENTATION
BEARING DISCREPANCIES.
+ALL DOCUMENTS MUST BE SENT IN ONE LOT TO ISSUING BANK:
RM2216, No. 345 PUDONG AVE, SHANGHAI, 200120 CHINA

4. 出口地银行（通知行）向出口商通知信用证。信用证通知书如下所示。

5. 出口商审核信用证，填写信用证分析单。信用证分析单是出口商收到信用证后为了准确理解国外来证的要求和规定而填制的，信用证分析单的格式不尽相同，但内容差异不大。

SUMITOMO MITSUI BANKING CORPORATION
INTERNATIONAL BUSINESS OPERATION DEPT.
7-7,UTSUBOHONMACHI 1-CHOME,NISHI-KU.
OSAKA,530 JAPAN

SWIFT ADDRESS : SMBCJPJTOSA
CABLE ADDRESS : SMBC OSAKA
TELEX No. : J63266

TO: **DENKI SHOJI CO., LTD** **4-1~3 Nishi-Temma, Kita-Ku,** **Osaka 530, Japan.**	when corresponding please quote our ref. No. →	**Date: 20190703** **518PLS-70742270**
Issuing Bank: **BANK OF AMERICA,** **SHANGHAI BRANCH**	**TRANSMITTED TO US THROUGH**	
L/C NO. 0227LC07000016 **DATED: 20190702**	**AMOUNT:** **USD135 000.00**	

DEAR SIRS,

We have pleasure in advising you that we have received from the a/m bank a(n)

[×]	Telex/SWIFT issuing	[ ]	Uneffective
[ ]	Pre-advising of	[ ]	Mail confirmation of
[×]	Original	[ ]	Duplicate

Documentary credit,contents of which are as per attached sheet(s).

This advice and the attached sheet(s) must accompany the relative documents when presented for negotiation.

[×] Please note that this advice does not constitute our confirmation of the above L/C nor does it convey any engagement or obligation on our part.

[ ] Please note that we have added our confirmation to the above L/C . Negotiation is restricted to ourselves only.

[ ] Please note that negotiation of the L/C is restricted to ourselves.

Remarks:

THIS L/C CONSISTS OF 2 SHEET(S)，INCLUDING THE COVERING LETTER AND ATTACHMENT(S)

If you find any terms and conditions in the L/C which you are unable to comply with and/or any error(s)，it is suggested that you contact applicant directly for necessary amendment(s) so as to avoid any difficulties which may arise when documents are presented.

AUTHORIZED SIGNATURE IS NOT REQUIRE

Authorized Signature

LC ANALYSIS SHEET

1) Format　[×] SWIFT issuing　[　] Pre-advising of　[　] Mail confirmation
2) LC NO.　0227LC07000016
3) Advising Bank's Ref. :　518PLS－70742270
4) Issuing Date:　190702
5) Date of Expiry:　190910
6) Place of Expiry:　JAPAN
7) Type:　[　] By Payment　[　] By Acceptance　[×] By Negotiation
8) Currency Code:　USD
9) Amount:　135 000. 00
10) Max Amount:　USD 135 000. 00
11) Tolerance: ______
12) Period for Presentation:　21 DAYS AFTER TRANSPORT DOCUMENTS ISSUANCE DATE
13) Applicant:　SHANGHAI ABC ELECTRONIC MATERIAL LTD
14) Beneficiary:　DENKI SHOJI CO. , LTD
15) Issuing Bank:　BANK OF AMERICA SHANGHAI BR
16) Advising Bank:　SUMITOMO MITSUI BANKING CORP
17) Negotiation Bank:　ANY BANK IN JAPAN
18) Drawee Bank:　BANK OF AMERICA SHANGHAI BR
19) Description of Goods:　"NANIWA" BRAND STEEL MOULD FOR LAMINATION NTK－630 (SUS－630)
20) Contract No. :　KPL－070326
21) Contract Date:　Jun. 26, 2019
22) Price Term:　CIF
23) Latest Date of Shipment:　190820
24) Port of loading:　JAPAN SEAPORT
25) Port of discharge:　SHANGHAI, CHINA
26) Partial Shipments:　[×] ALLOWED　[　] NOT ALLOWED
27) Transshipment:　[×] ALLOWED　[　] NOT ALLOWED
28) Shipping Marks: ______
29) Shipment By: [×] By Sea　[　] By Air　[　] By Land
30) Documents Required:

Doc.	DRAFT	INV	P/L	C/O, Form A	B/L	AWB	I/P	C/R	CERT.
No.	2	3	3	2	2/3		Full set		1
Doc.	INSP CERT	ANALY CERT	E/L	N/N B/L	QUAL CERT	QUAN/WT CERT	FAX COPY	S S CO CERT	Others
No.									

译文：

信用证分析单

1）信用证文本格式 [×] SWIFT 开立 [ ] 预通知 [ ] 信开
2）信用证号码 0227LC07000016
3）通知银行编号 518PLS－70742270
4）开证日 190702
5）到期日 190910
6）到期地点 JAPAN
7）付款方式 [ ] 付款 [ ] 承兑 [×] 议付
8）货币 USD
9）金额（具体数额） 135 000．00
10）最高限额规定（具体数额） USD 135 000．00
11）金额允许增减幅度
12）交单期 运输单据出具日后 21 天内，且不超过信用证有效期
13）开证申请人（名称） SHANGHAI ABC ELECTRONIC MATERIAL LTD
14）受益人（名称） DENKI SHOJI CO.，LTD
15）开证银行（名称） BANK OF AMERICA SHANGHAI BR
16）通知银行（名称） SUMITOMO MITSUI BANKING CORP
17）议付银行（名称） 日本任何银行
18）付款/偿付银行（名称） BANK OF AMERICA SHANGHAI BR
19）货物名称 "NANIWA" BRAND STEEL MOULD FOR LAMINATION NTK－630（SUS－630）
20）合同/订单/形式发票号码 KPL－070326
21）合同/订单/形式发票日期 Jun. 26，2019
22）价格/交货/贸易术语 CIF
23）最迟装运日 190820
24）装运港 日本海港
25）目的港 中国上海
26）分批装运 [×] 允许 [ ] 不允许
27）转运 [×] 允许 [ ] 不允许
28）运输标志 ______
29）运输方式 [×] 海运 [ ] 空运 [ ] 陆运
30）向银行提交单据列表（用阿拉伯数字表示）

名称	汇票	发票	装箱单	产地证	提单	空运单	保险单	货物收据	证明信
份数	2	3	3	2	2/3		全套		1
名称	检验证	分析证	出口许可证	不可议付提单	质量证	重量证	传真件	船公司证明	其他单据
份数									

6. 出口商准备信用证项下单据，提交出口地银行（议付行）。

单据如下：

（1）汇票。

No. AW7997

For US$135,000.00 **BILL OF EXCHANGE** Osaka, AUG. 10. 2019
PLACE DATE

AUG. -8. 2019

At 30 DAYS AFTER SHIPMENT sight of this **FIRST of EXCHANGE** (Second of the same tenor and date being unpaid) Pay to SUMITOMO MITSUI BANKING CORPORATION or order the sum of

SAY U.S. DOLLARS ONE HUNDRED THIRTY-FIVE THOUSAND ONLY.-

Value received and charge the same to account of. SHANGHAI ABC ELECTRONIC MATERIAL LTD

Drawn under Bank of America, Shanghai Branch Lc No. 0227LC07000016 dated Jul 2 2019

TO: BANK OF AMERICAN, SHANGHAI BRANCH

DENKI SHOJI CO. LTD.

Manager. Accounting Dept.

外1507/B－110 1507 1 17.2. 中

（2）发票。

DENKI SHOJI CO. , LTD.
INVOICE

OSAKA HEAD OFFICE
4－1－3, NISHITEMMA, KITA－KU,
OSAKA, JAPAN

OUR REF. No. : AW7997E11－00 Date: Aug 8 2019

MESSRS SHANGHAI ABC ELECTRONIC MATERIAL LTD
No. 44, NANJING ROAD
SHANGHAI P. R. CHINA

L/C No. : 0227LC07000016 DATED Jul 2, 2019
ISSUED BY BANK OF AMERICA, SHANGHAI BRANCH
VESSEL : LINGE TRADER ON/ABOUT AUG. 08, 2019
FROM YOKOHAMA TO SHANGHAI, CHINA

MARKS & NOS.
AW7997E11
NET WEIGHT: KG
GROSS WEIGHT: KG
No. 1 －8

DESCRIPTION	QUANTITY	UNIT	UNIT PRICE	AMOUNT
CONTRACT No. KPL－070326			CIF SHANGHAI	
PACKING: STANDARD EXPORT PACKING			US $	
“NANIWA” BRAND	600	SHTS	225. 00	135 000. 00

STEEL MOULD FOR LAMINATION
NTK－630 (SUg－630)
2. 0mm×9. 66mm×1 270mm
HARDNESS: ABOVE 470HV
TOLERANCES: LENGTH & WIDTH: ＋2mm/－0mm
THICKNESS: ＋0. 1mm/－0. 1mm
FLATNESS: 4mm MAX (WARP ONLY ALLOWED IN ON DIRECTIONS AND TWIST NOT ALLOWED)
PARALLELISM: 0. 03mm MAX
DIAGONAL LINE: 2mm MAX
SURFACE FINISH No. 6 (#320)
RA＝0. 12UM MAX, RZ＝1. 0UM MAX

GRAND TOTAL: 600 SHTS US $ 135 000. 00

DENKI SHOJI CO. , LTD
Denki Shoji
(Authorized Signature)

（3）装箱单。

DENKI SHOJI CO., LTD.

PACKING LIST

OSAKA HEAD OFFICE
4－1－3, NISHITEMMA, KITA－KU,
OSAKA, JAPAN
OUR REF. No. : AW7997E11－00 Date: Aug 8 2019

MESSRS SHANGHAI ABC ELECTRONIC MATERIAL LTD
No. 44, NANJING ROAD
SHANGHAI P. R. CHINA
L/C No. : 0227LC07000016 DATED Jul 2, 2019
ISSUED BY BANK OF AMERICA, SHANGHAI BRANCH
VESSEL : LINGE TRADER ON/ABOUT AUG. 08, 2019
FROM YOKOHAMA TO SHANGHAI, CHINA

MARKS & NOS.
AW7997E11
NET WEIGHT: KG
GROSS WEIGHT: KG
No. 1 －8

DESCRIPTION	QUANTITY	UNIT	N. W. (KG)	G. W. (KG)	M' MENT (M3)
CONTRACT No. KPL－070326					
PACKING: STANDARD EXPORT	@80		@1531. 0	@1600. 0	
"NANIWA" BRAND	560	SHTS	10717. 0	11200. 0	
STEEL MOULD FOR LAMINATION					
NTK－630 (SUg－630)					
2. 0mm×9. 66mm×1 270mm					
HARDNESS: ABOVE 470HV					
TOLERANCES: LENGTH & WIDTH: ＋2mm/－0mm					
THICKNESS: ＋0. 1mm/－0. 1mm					
FLATNESS: 4mm MAX (WARP ONLY ALLOWED IN ON DIRECTIONS AND TWIST NOT ALLOWED)					
PARALLELISM: 0. 03mm MAX					
DIAGONAL LINE: 2mm MAX					
SURFACE FINISH No. 6 (#320)					
RA＝0. 12UM MAX, RZ＝1. 0UM MAX					
--------DO---------	40	SHTS	766. 0	820. 0	
GRAND TOTAL: 8 CASES	600	SHTS	11483. 0	12020. 00	5. 574M3

（4）产地证。

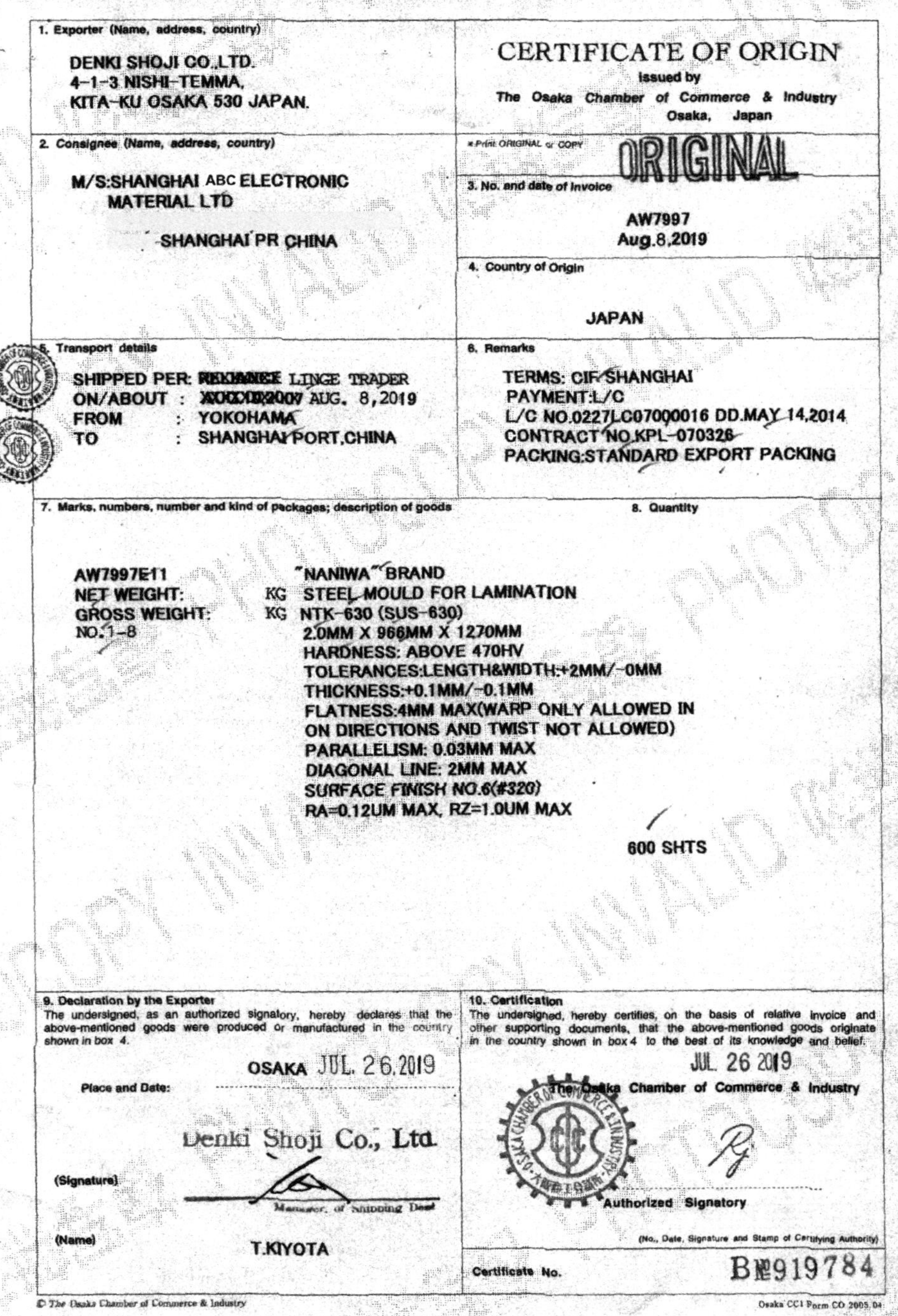

1. Exporter (Name, address, country)
DENKI SHOJI CO.,LTD.
4-1-3 NISHI-TEMMA,
KITA-KU OSAKA 530 JAPAN.

CERTIFICATE OF ORIGIN
issued by
The Osaka Chamber of Commerce & Industry
Osaka, Japan

2. Consignee (Name, address, country)
M/S:SHANGHAI ABC ELECTRONIC
MATERIAL LTD
SHANGHAI PR CHINA

* Print ORIGINAL or COPY
ORIGINAL

3. No. and date of Invoice
AW7997
Aug.8,2019

4. Country of Origin
JAPAN

5. Transport details
SHIPPED PER: LINGE TRADER
ON/ABOUT : AUG. 8,2019
FROM : YOKOHAMA
TO : SHANGHAI PORT,CHINA

6. Remarks
TERMS: CIF SHANGHAI
PAYMENT:L/C
L/C NO.0227LC07000016 DD.MAY 14,2014
CONTRACT NO.KPL-070326
PACKING:STANDARD EXPORT PACKING

7. Marks, numbers, number and kind of packages; description of goods
AW7997E11
NET WEIGHT: KG
GROSS WEIGHT: KG
NO.1-8
"NANIWA" BRAND
STEEL MOULD FOR LAMINATION
NTK-630 (SUS-630)
2.0MM X 966MM X 1270MM
HARDNESS: ABOVE 470HV
TOLERANCES:LENGTH&WIDTH:+2MM/-0MM
THICKNESS:+0.1MM/-0.1MM
FLATNESS:4MM MAX(WARP ONLY ALLOWED IN ON DIRECTIONS AND TWIST NOT ALLOWED)
PARALLELISM: 0.03MM MAX
DIAGONAL LINE: 2MM MAX
SURFACE FINISH NO.6(#320)
RA=0.12UM MAX, RZ=1.0UM MAX

8. Quantity
600 SHTS

9. Declaration by the Exporter
The undersigned, as an authorized signatory, hereby declares that the above-mentioned goods were produced or manufactured in the country shown in box 4.
Place and Date: OSAKA JUL. 26,2019
Denki Shoji Co., Ltd.
(Signature)
Manager, of Shipping Dept
(Name) T.KIYOTA

10. Certification
The undersigned, hereby certifies, on the basis of relative invoice and other supporting documents, that the above-mentioned goods originate in the country shown in box 4 to the best of its knowledge and belief.
JUL. 26 2019
The Osaka Chamber of Commerce & Industry
Authorized Signatory
(No., Date, Signature and Stamp of Certifying Authority)

Certificate No. B№919784

© The Osaka Chamber of Commerce & Industry
Osaka CCI Form CO 2009.04

（5）保险单。

NISSAY DOWA

Nissay Dowa General Insurance Co.,Ltd.

HEAD OFFICE 8-1, AKASHI-CHO, CHUO-KU, TOKYO, JAPAN

ORIGINAL

印紙税申告納付につき京橋税務署承認済

Assured(s), etc.

Messrs. DENKI SHOJI CO., LTD.

Code	1686N	00

Policy No. 0307-0179695

Invoice No. AW7997

Amount insured U.S.$148,600.00

Claim, if any, payable at / in CHINA SHANGHAI IN CURRENCY OF THE DRAFT

by REMITTANCE FROM THIS COMPANY'S HEAD OFFICE IN TOKYO, JAPAN
SUBJECT TO SURVEY REPORT ISSUED BY
TIANJIN HUA HE MARINE SURVEYORS & SWORN MEASURERS CO., LTD.,
SHANGHAI OFFICE ROOM NO.3710,
NO.1515 ZHONG SHAN BEI ER ROAD,
SHANGHAI, 200437 CHINA
TEL (86)21-6555-1300/3744
F. (86)21-6555-6172

Conditions: (Risks Covered) ALL RISKS
UP TO SONGJIANG WAREHOUSE

Local Vessel or Conveyance

From (interior port or place of loading)

Ship or Vessel called the LINGE TRADER

at and from YOKOHAMA

Sailing on or about AUG. 08. 2019

arrived at/transhipped at SHANGHAI, CHINA

thence to INTERIOR POINT IN CHINA

Goods and Merchandises

8 CASES OF "NANIWA" BRAND STEEL MOULD FOR LAMINATION
NTK-630 (SUS-630)

CONTRACT NO.KPL-070326

PACKING:STANDARD EXPORT PACKING

L/C NO.:0227LC07000016

Including risks of War, Strikes, Riots and Civil Commotions.

Abbreviations in the above "Risks Covered" shall be fully read as follows:

All Risks ... All Risks of loss or damage irrespective of percentage.
W.A. ... With Average, irrespective of percentage.
F.P.A. ... Free from Particular Average.
T.P.N.D. ... Including the risks of Theft, Pilferage & Non-Delivery.

Subject to the following clauses printed on the back of this policy:

Institute Cargo Clauses, Institute War Clauses (Cargo)
Institute War Clauses For the insurance of sendings by Post
Institute Strikes Riots & Civil Commotions Clauses
Institute Replacement Clause (Applying to Machinery)
Institute Theft, Pilferage & Non-Delivery (Insured Value) Clause (Applicable when specifically stated to cover or when All Risks covered)
Label Clause (Applying to Labelled Goods)
Parcel Post Clause (Applying to Parcel Post or other Mail only)
Duty Clause (Applicable when Duty is separately insured under the Policy)
Cargo ISM Endorsement
Termination of Transit Clause (Terrorism)
Institute Radioactive Contamination, Chemical, Biological, Bio-Chemical and Electromagnetic Weapons Exclusion Clause

In case of the interest hereby insured being packed into container(s) (except open top &/or flat rack container and the like), shipped under deck &/or on deck.

Marks and Numbers as per Invoice No. specified above

Valued at the same as Amount insured.

place and Date signed in OSAKA AUG. 03. 2019

No. of Policies issued TWO

CD.	99	0	0808	1	125	699		3288	Y02274	

1. Warranted free of capture, seizure, arrest, restraint or detainment, and the consequences thereof or of any attempt thereat; also from the consequences of hostilities or warlike operations, whether there be a declaration of war or not; but this warranty shall not exclude collision, contact with any fixed or floating object (other than a mine or torpedo), stranding, heavy weather or fire unless caused directly (and independently of the nature of the voyage or service which the vessel concerned or, in the case of a collision, any other vessel involved therein, is performing) by a hostile act by or against a belligerent power; and for the purpose of this warranty "power" includes any authority maintaining naval, military or air forces in association with a power.

Further warranted free from the consequences of civil war, revolution, rebellion, insurrection, or civil strife arising therefrom, or piracy.

2. Warranted free of loss or damage

(a) caused by strikers, locked-out workmen, or persons taking part in labour disturbances, riots or civil commotions;

(b) resulting from strikes, lock-outs, labour disturbances, riots or civil commotions.

Grounding or stranding in the Suez, Panama or other canals, harbours or tidal rivers not to be deemed a stranding under the terms of the policy, but to pay any damage or loss which may be proved to have directly resulted therefrom.

This Insurance does not cover any loss or damage to the property which at the time of the happening of such loss or damage is insured by or would but for the existence of this Policy be insured by any fire or other insurance policy or policies except in respect of any excess beyond the amount which would have been payable under the fire or other insurance policy or policies had this insurance not been effected.

☞ In the event of loss or damage which may involve a claim under this insurance, no claim shall be paid unless immediate notice of such loss or damage has been given to and a Survey Report obtained from this Company's Office or Agents specified in this Policy.

In case of loss or damage, please refer to the "IMPORTANT" clause printed on the back hereof and act accordingly.

The descriptions to be inserted in the following clauses are shown as above.

Be it known, That

As well in his or their own Name, as for and in the Name and Names of all and every other Person or Persons to whom the same doth, may, or shall appertain, in part or in all, doth make Insurance, and hereby cause himself or themselves and them and every of them, to be *Insured*, lost or not lost, at and from the port of upon Goods and Merchandises, or Treasure, of and in the good Ship or Vessel called the whereof is Master for this present Voyage or whosoever else shall go for Master in the said Vessel, or by whatsoever other Name or Names the said Vessel, or the Master thereof, is or shall be named or called. BEGINNING the Adventure upon the said Goods and Merchandises from the loading thereof on board the said Ship, and so to continue and endure, until the said Goods and Merchandises shall have arrived at And until the same be there discharged and safely landed. And it shall be lawful for the said Vessel, in this Voyage to proceed and sail to and touch and stay at any Ports or Places whatsoever, (within the limits of the above Voyage) for necessary Provisions, Assistance or Repairs, without prejudice to this *Insurance*. the said Goods and Merchandises laden thereon for so much as concerns the *Assured*, are and shall be

Touching the Adventures and Perils which the said Nissay Dowa General Insurance Co.,Ltd., themselves are content to bear, and do take upon them in this Voyage: they are of the Seas, Men-of-War, Fire, Enemies, Pirates, Rovers, Thieves, Jettisons, Letters of Mart and Counter-Mart, Surprisals, Takings at Sea, Arrests, Restraints and Detainments of all Kings, Princes, and People, of what Nation, Condition, or Quality soever, Barratry of the Master and Mariners, and of all other Perils, Losses, and Misfortunes that have or shall come to the Hurt, Detriment, or Damage of the said Goods and Merchandises, or any part thereof; and in case of any Loss or Misfortune, it shall be lawful for the *Assured*, his or their Factors, Servants, or Assigns, to sue, labour, and travel for, in and about the Defence, Safeguard and Recovery of the said Goods and Merchandises, or any part thereof, without prejudice to this *Insurance*; to the Charges whereof the said *Company* will contribute. It is expressly declared and agreed that no acts of the *Insurer* or *Insured* in recovering, saving, or preserving the property insured, shall be considered as a waiver or acceptance of abandonment. AND it is agreed that this Writing or Policy of *Insurance* shall be of as much Force and Virtue as the surest Writing or Policy of *Insurance* made in LONDON. And so the said Nissay Dowa General Insurance Co.,Ltd., are contented, and do hereby promise and bind themselves to the *Assured*, his or their Executors, Administrators, or Assigns, for the true Performance of the Premises; confessing themselves paid the Consideration due unto them for this *Insurance*, at and after the rate of *as arranged* *Per Cent.*

∵Corn, Fish, Salt, Fruit, Flour and Seed are warranted free from Average, unless General, or the Ship be stranded, sunk or burnt; Sugar, Tobacco, Hemp, Flax, Hides and Skins are warranted free from Average under *Five per cent.*, and all other *Goods* are warranted free from Average under *Three per cent.*, unless General, or the Ship be stranded, sunk or burnt.

This insurance is understood and agreed to be subject to English law and usage as to liability for and settlement of any and all claims.

In Witness whereof, I the Undersigned of Nissay Dowa General Insurance Co.,Ltd., on behalf of the said *Company*, have subscribed my name in to Policies of the same tenor and date, one of which being accomplished, the others to be void, *as of the date specified as above.*

For Nissay Dowa General Insurance Co.,Ltd.

Y. Takeda

AUTHORIZED SIGNATORY

（6）海运提单。

TAIHEIYO UNYU K. K.

B/L No. SNL07YMSH02206

SINOTRANS

中外运集装箱运输有限公司

SINOTRANS CONTAINER LINES CO., LTD.

BILL OF LADING

For Combined Transport Shipment or Port to Port Shipment

1.Shipper
DENKI SHOJI CO., LTD.
OSAKA, JAPAN

2.Consignee(Non-negotiable Unless Consigned to Order)
TO ORDER/

3.Notify party(Carrier not to be Responsible for Failure to Notify)
SHANGHAI SFECO INTERNATIONAL
CUSTOMS BROKERS CO., LTD
MR. CHEN YUN TEL:0086-21-67721234 AND
SHANGHAI ABC ELECTRONIC MATERIAL LTD
NO. 44, NANJING ROAD, SHANGHAI PR

RECEIVED by the Carrier from the Shipper in apparent good order and condition unless otherwise indicated herein, the Goods, or the container(s) or package(s) said to contain the cargo herein mentioned, to be carried subject to all the terms and conditions provided for on the face and back of this Bill of Lading by the Vessel named herein or any substitute at the Carrier's option and/or other means of transport, from the place of receipt or the port of loading to the port of discharge or the place of delivery shown herein and there to be delivered to Consignee or on-carrier on payment of all charges due.

In accepting this Bill of Lading the Merchant hereby expressly accept and agree to all printed, written or stamped provisions, exceptions and conditions of this Bill of Lading, including those on the back hereof. SJ03797K

IN WITNESS whereof the number of original Bills of Lading stated below have been signed, one of which being accomplished, the other(s) to be void.

4.Pre-carriage By*	5.Place of Receipt* YOKOHAMA CY
6.Vessel & Voyage No. "LINGE TRADER" 0731W	7.Port of Loading YOKOHAMA, JAPAN
8.Port of Discharge SHANGHAI, CHINA	9.Place of Delivery* SHANGHAI, CHINA CY
10.Point and Country of Origin	Forwarding Agent References

Service Contract No.	Document No.	Export References

11.Marks & Nos. Container/Seal No.	No.of Packages or Containers	Description of Goods	Gross Weight(Kgs)	Measurement(Cbm)
		"SHIPPER'S LOAD & COUNT" "SAID TO CONTAIN"		
AW7997E11 NET WEIGHT: KG GROSS WEIGHT: KG NO. 1-8	20' x 1 CONTAINER (8 CASES)	****************** "NANIWA" BRAND STEEL MOULD FOR LAMINATION NTK-630 (SUS-630) CONTRACT NO. KPL-070326 PACKINGS: STANDARD EXPORT PACKING L/C NO. 0227LC07000016 "FREIGHT PREPAID" AS ARRANGED	12,020 KGS	5.574 M3
CY/CY CONTAINER NO. SNBU2113406 SEAL NO. SINOTRANS799049				

Description of Contents for Shipper's Use only (not part of this B/L Contract)

PARTICULARS FURNISHED BY SHIPPER

ORIGINAL

THIRD ORIGINAL

12.Total Number of Packages or Containers (in Words): TOTAL: ONE (1) CONTAINER ONLY.

13.Freight and Charges: AS ARRANGED

Optional Declared value for Increased Freight Charges to Avoid Packages Limitation:US$

19.No. of Original B(s)/L: THREE (3)

20.Place and Date of Issue: OSAKA, JAPAN AUG. -8.2019

Regarding Transhipment Information Please Contact
SINOTRANS CONTAINER LINES CO.,LTD.
2ND FLOOR,SINOTRANS MANSION 188,
FUJIAN ZHONG RD.,SHANGHAI CHINA
TEL:021-63757000 (EX.5535)
FAX:021-63757035

14.Prepaid/Collect	15.Prepaid at OSAKA, JAPAN	16.Payable at
17.Total Prepaid	18.Laden on board the Vessel AUG. -9.2019	

21.Signed for the Carrier, Sinotrans Container Lines Co., Ltd.
SINOTRANS JAPAN CO.,LTD.
AS AGENT FOR THE CARRIER,
SINOTRANS CONTAINER LINES CO.,LTD.

*Applicable Only When Document Used as a Combined Transport B/L

Sinotrans Standard Form SNL0101 No.

（7）受益人证明。

DENKI SHOJI CO. , LTD.

CERTIFICATE

OSAKA HEAD OFFICE
4 - 1 - 3, NISHITEMMA, KITA - KU,
OSAKA, JAPAN
L/C No. : 0227LC07000016 DATED Jul 2, 2019
ISSUED BY BANK OF AMERICA, SHANGHAI BRANCH
VESSEL : LINGE TRADER ON/ABOUT AUG. 08, 2019
FROM YOKOHAMA TO SHANGHAI, CHINA
MARKS & NOS.
AW7997E11
NET WEIGHT: KG
GROSS WEIGHT: KG
No. 1 - 8

DESCRIPTION	QUANTITY	UNIT	UNIT PRICE	AMOUNT
CONTRACT NO. KPL - 070326			CIF SHANGHAI	
PACKING: STANDARD EXPORT PACKING			US $	
"NANIWA" BRAND	600	SHTS	225.00	135 000.00
STEEL MOULD FOR LAMINATION				
NTK - 630 (SUg - 630)				
2.0mm × 9.66mm × 1 270mm				

WE HEREBY CERTIFY THAT 1/3 ORIGINAL OF B/L TOGETHER WITH ONE ORIGINAL INVOICE, ONE ORIGINAL PACKING LIST HAVE BEEN SENT TO MR. CHEN BY DHL WITHIN 5 DAYS AFTER SHIPMENT.

DENKI SHOJI CO. , LTD.

Denki Shoji
(Authorized Signature)
AUG 8 2019

7. 出口地银行（议付行）缮制交单面函，将单据寄交进口地银行（开证行），请求付款。

交单面函如下：

ORIGINAL

SUMITOMO MITSUI BANKING CORPORATION
INTERNATIONAL BUSINESS OPERATIONS DEPT.
7-7, UTSUBOHONMACHI 1-CHOME, NISHI-KU, OSAKA, 550 JAPAN

SWIFT ADDRESS : SMBCJPJTOSA
CABLE ADDRESS : SMBC OSAKA
TELEX NO : J63266

DATE AUG 10, 2019

MAIL TO :
BANK OF AMERICA,
SHANGHAI BRANCH
(509714)

PLEASE QUOTE OUR REF.NO.
518PLS-707 2270

WE ENCLOSE HEREWITH THE UNDERMENTIONED DOCUMENTS FOR YOUR PAYMENT UNDER THE CREDIT INDICATED BELOW.

AMOUNT
US$ 135,000.00

INTEREST %P.A DAYS

COMMISSIONS & CHARGES

LESS COMMISSION

TO BE PAID AT MATURITY
US$ 135,000.00

DRAFT NO : AW7997
TENOR (MATURITY) : 30 DAYS AFTER B/L DATE
DUE ON SEP 9, 2019

SHIPPED ON : AUG 8, 2019
FROM TO

L/C NO : 0227LC07000016
ISSUED BY BANK OF AMERICA, SHANGHAI BRANCH

DOCUMENTS :	
DRAFTS	2
COMMERCIAL INVOICE	3
BILLS OF LADING	2/3
INSURANCE	2
PACKING LIST	3
CERT. OF ORIGIN	2
INSPECTION CERT.	
STATEMENT	1
OTHERS	

- WE CERTIFY THAT THE TERMS AND CONDITIONS OF THE CREDIT HAVE BEEN DULY COMPLIED WITH.
- WE HAVE DULY ENDORSED THE DRAFT AMOUNT ON THE REVERSE OF THE ORIGINAL CREDIT.
- "PLEASE REMIT/CREDIT THE PROCEEDS TELEGRAPHICALLY TO OUR HEAD OFFICE ACCOUNT WITH SUMITOMO MITSUI BANKING CORPORATION NEW YORK BRANCH 277 PARK AVENUE, NEW YORK, NY 10172, U.S.A. UNDER ADVICE TO US QUOTING OUR REF. NO.."
- "UPON ACCEPTANCE, INFORM US OF THE DATE ACCEPTED AND MATURITY, RETAINING THE DRAFT UNTIL MATURITY WITHOUT DISCOUNTING."
- PLEASE REMIT TO OUR H.O. A/C WITH SUMITOMO MITSUI BANKING CORPORATION, NEW YORK BRANCH ("SMBC NY") EITHER VIA CHIPS TO SMBC NY (CHIPS ABA 0967), F/O SMBC TOKYO (UID 060551), OR VIA FEDWIRE TO CITIBANK N.A., NY (ABA 021000089), F/O SMBC NY A/C 36023837 (SWIFT SMBCUS33), F/O SMBC TOKYO A/C 895002 (SWIFT SMBCJPJT)
- IN CASE OF NON-PAYMENT/NON-ACCEPTANCE, NOTIFY US TELEGRAPHICALLY.

AUTHORIZED SIGNATURE IS NOT REQUIRED

AUTHORISED SIGNATURE

A1771285A

公司留存
CUSTOMER COPY

8. 进口地银行（开证行）审核单据无误后，向出口地银行（议付行）付款。

（1）信用证单据通知书。

信用证单据通知书

INWARD DOCUMENTS UNDER LETTER OF CREDIT

TO：

SHANGHAI ABC ELECTRONIC MATERIAL LTD **NO. 44，NANJING ROAD** **SHANGHAI P. R. CHINA**	日 期： Date 20190816 银行编号： **Bank** Ref. No. 0227LC07000016

敬启者：Dear Sirs，

RE：

信用证号 L/C No. 0227LC07000016

出票人 Beneficiary DENKI SHOJI CO.，LTD
4－1－3 NISHI－TEMMA，KITA－KU，
OSAKA 530，JAPAN

汇票期限 Tenor 30 DAYS AFTER SHIPMENT 金额 Amount USD 135 000. 00

兹收到下列银行寄来的信用证单据，

We have received one set of documents from the bank below.

SUMITOMO MITSUI BANKING CORPORATION INTERNATIONAL BUSINESS OPERATION DEPT. 7－7，UTSUBOHONMACHI 1－CHOME，NISHI－KU. OSAKA，550 JAPAN	
REF. NO. 518PLS－70742270	Dated 20190810

有关单据内容通知如下：

Documents details are as follows

DRAFT	COMM INV	CUST/ CONSUL INV	PACK/WT LIST	ORIGIN CERT	GSP FORM A	QUAL/ WT CERT	INSP/ ANALY CERT
2	3		3	2			
E/L SHIP CERT VISA INV	INS POLICY/ DECLARE	B/L P. P. R A. W. B/C. R	N/N B/L C/R	TLX/ FAX COPY	BENE LETTER/ CERT	SSCO CERT	
	2	2/3			1		
金额 Amount USD 135 000. 00				原证金额 Original Amount USD 135 000. 00			

不符点 Discrepancy（ies）

兹附上有关单据，请即审核。贵司在向银行确认付款或承兑前，应妥善保管全套单据，不得散失或凭以提货；如需拒付或拒绝承兑，必须退回全套单据，若有缺损，应承担按时付款/承兑责任。根据国际商会第600号出版物《跟单信用证统一惯例》第14条b款，银行审核单据和决定是否接受单据有一个合理的时间，即不超过收到单据后的5个银行工作日。请特别注意下列各点：

1. 请最迟于20070822回复我行接受或拒绝本套单据。

2. 凡本通知书中列有不符点，贵司认为应拒绝付款/拒绝承兑，请于上述第“1”款规定的日期前书面通知本行，并退还全套单据。

3. 凡本通知书中未列明不符点，而单据经贵司审核，发现不符，拒绝接受单据，请于上述第“1”款规定的日期前书面通知本行，并退还全套单据。经本行复审，确认不符点成立，则对外拒绝付款/拒绝承兑。

4. 凡本通知书中未列明不符点，单据经贵司审核也无不符，请于上述第“1”款规定的日期前退此通知书第三联，注明同意付款/承兑，并加盖公章。如不退回，则本行认为贵司接受单据，并按惯例规定主动对外付款/承兑。

本行严格按照国际商会《跟单信用证统一惯例》（UCP 600）处理信用证项下一切事宜。

公司签收：　　　　　　　　　　　　　　　　　　For BANK OF AMERICA SHANGHAI BRANCH

Confirmation for Receipt ______

日期：

Date ______　　　　　　　　　　　　　　　　　　______________

银行印鉴

Authorized Signature（s）

（2）银行承兑电文。

Sender　　　：BOFACNSH×××
Receiver　　：SMBCJPJTOSA
Swift Input　：FIN 799 Free Format Message
20：Transaction Reference Number
0227LC07000016
21：Related Reference
518PLS－70742270
79：Narrative
ATTN：EXPORT BILLS DEPT.
A/M BILLS FOR USD 135000，
ACCEPTED TO MATURE ON 20190909
WE WILL EFFECT PAYMENT LESS CHGS.
AS PER YR INSTRUCTION AT MATURITY.
REGARDS.

（3）银行付款电文。

* Own Address　　　　：BOFACNSH×××
* Input Message Type　：202　　General Financial Institution Transfer
* Sent to　　　　　　：PNBPUS3NXNYC
Priority/Obsol. Period：Normal/100 Minutes
20 /Transaction Reference Number
　0227LC07000016
21 /Relate Reference
　518PLS－70742270
32A/Value Date，Currency Code，Amount
　190909USD 134965，00
57A/Account With Institution
　SMBCUS33

58A/Beneficiary Institution
SMBCJPJT×××
72 /Sender to Receiver Information
/CHGBEN/CABLE CHARGE USD 35.

9. 进口商向进口地银行（开证行）付款，取得单据。

付款或承兑委托书/拒绝说明：

付款或承兑委托书/拒绝说明

AUTHORIZATION FOR PAYMENT OR ACCEPTANCE/NON-PAYMENT OR NON-ACCEPTANCE

TO

BANK OF AMERICA, SHANGHAI BRANCH	日　期： Date 20190816 我行编号： Bank Ref. No. 0227LC070000161

敬启者：
Dear Sirs,
RE：
兹收到贵行寄来的信用证单据一套，我公司已审核完各项单据，
We have received one set of L/C documents from your good bank, and have processed all the
请贵行依照下列标有"×"的内容办理：
documents. Please execute our instruction marked with "×".

[×] 我公司同意付款，请最晚于20190909 付款
We agree to effect payment, please pay no later than 20190909

[ ] 我公司同意承兑，请于______________付款
We agree to accept the draft (s), please pay on ______________

[ ] 我公司不同意付款/承兑，理由如下：
We do not agree to pay/accept, reasons：

SHANGHAI ABC ELECTRONIC MATERIAL LTD
WANG LIPING
(Applicant: name, signature of authorized person)

第十二章
审核单据

本章学习要点

- 掌握审单的核对清单，审单中常见的单据不符点，指定银行和开证行对单据的处理；
- 熟悉 ICC 对单据审核的相关规定；
- 了解审核单据的工作方法。

本章知识结构

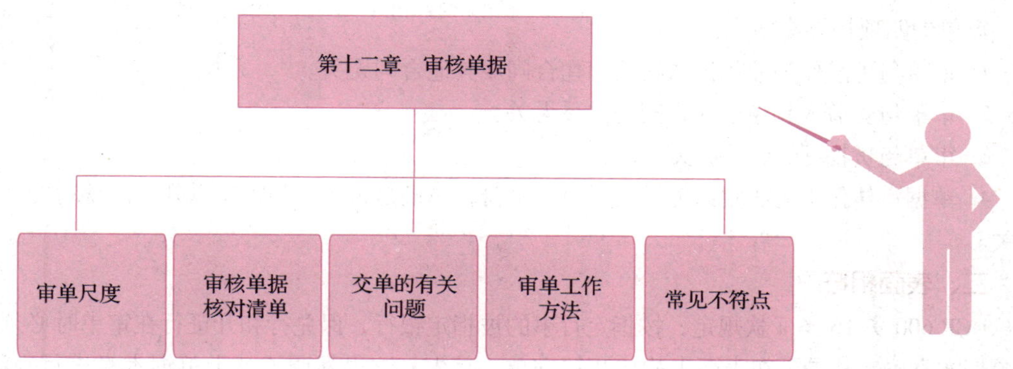

第一节　审单尺度

一、审单的四项指导原则

按照指定行事的被指定银行、保兑行（如有）以及开证行必须对提交的单据进行审核，并仅以单据为基础决定单据在表面上是否构成相符交单。

在信用证业务操作中必须履行审单义务的有三家银行，即按指定行事的被指定银行、保兑行（如有）以及开证行。至于实务中涉及的其他几类银行是否需要审单，UCP 600 未作明确规定。对于通知行而言，因为受益人此时尚未出运货物，因而无单可审；对于偿付行而言，UCP 600 第 13 条 b 款中规定“开证行不应要求索偿行向偿付行提供证实单据与信用证条款及条件相符的证明”，由此可知，偿付行原则上是不审单的；对于转让行而言，因为需要凭相符单据从开证行获得偿付，其身份其实也是被指定银行，因此也必须审单；还有一类是单据处理行（Handling Bank），它们通常是受益人的往来银行，但不是信用证中的被指定银行，通常根据受益人的申请审核单据，然后再按照信用证规定将单据转往被指定银行、保兑行（如有）或者开证行，见表 12－1。

表12－1

银行名称	是否审单	主要职责
开证行	可以，但非必须审单	兑付
保兑行	可以，但非必须审单	兑付/议付
（按照指定行事的）被指定银行	可以，但非必须审单	兑付/议付
通知行	货物尚未出运，无单可审	通知信用证
偿付行	无须审单	按照开证行授权偿付索偿行
转让行	可以，但非必须审单	索偿并支付交单人
处理行	不一定需要	索偿并支付交单人

审单的四项指导原则为：

1. 审单与可能作为信用证依据的销售合同或其他合同无关。

2. 审单与受益人和申请人之间的关系无关。

3. 审单与货物/服务/行为无关。

4. 单据审核作出的决定只能取决于审单本身，单证是否相符与审单以外可能获得的知识无关。

二、表面相符

UCP 600 第 16 条 a 款规定，按指定行事的被指定银行、保兑行和开证行在审单时必须根据单据本身确定其是否在表面上构成相符交单。首先，这里强调了基于单据本身进行判断，而不能越过单据本身去考虑基础合同或其他交易或货物情况从而影响判断，这是与 UCP 600 第 4 条、第 5 条所反映出的信用证独立性原则相一致的。其次，强调是否在“表面上（on their face）”构成相符交单，而对单据代表的货物是否和基础合同上的相符，货物是否真实存在、真实出运，单据是否伪造或单据记载内容是否真实等，不负责调查审核。这里的措辞“表面上”并无单据的正面（与背面相对）之意，而是应理解为单据直接呈现在审核者面前的表面的内容，不涉及单据的真实性和所代表的货物等。这又是和第 34 条关于单据有效性的免责条款相一致的。

相符交单的概念在 UCP 600 第 2 条定义中做了简单的概括，即单据必须与信用证条款、UCP 600 中的相关条款以及国际标准银行实务相符。UCP 600 第 14 条 d 款进一步规定了审单标准：单据中的数据，在与信用证、单据本身以及国际标准银行实务参照解读时，无须与该单据本身中的数据、其他要求的单据或信用证中的数据等同（identical），但不得矛盾（conflict）。

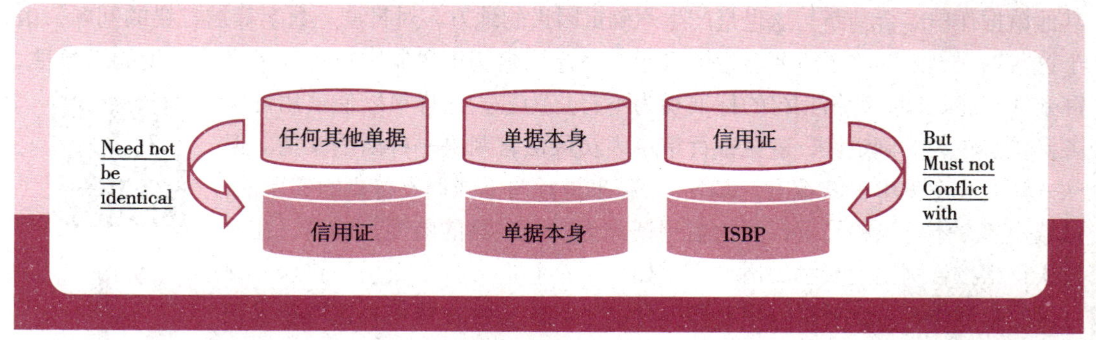

图 12－1

理解时应把握以下几点：

1. 根据相符交单的定义，单据要与信用证条款、相关的 UCP 条款以及国际标准银行实务相符。那么相符的标准是什么呢？本款表明，在将单据内容与信用证条款、其他单据、该单据本身内容对照审核时，并不需要一定完全等同，但不能“不等同”到相互产生“矛盾”的程度。举例说明：ISBP745 第 A1 段中讲到的普遍接受的单词缩写，虽然与单词不等同，但代表了该单词，因而可被接受。在一个案例中，信用证要求汇票显示“Letter of Credit Number 105”，而提交的汇票将“Number”写成了“No.”，法院判定这不是不符点。但需要注意的是，缩写必须是常用的被广为接受的。在另一个案例中，将 Coromandel groundnuts 用其缩写“CRS”来替代被认为是不合适的。再比如，商业发票上显示“60 packages”，而产地证上显示的却是“60 boxes”，虽然两者不等同，但“packages”是包装单位的统称，“boxes”是一个具体的包装单位，二者并不矛盾，因而不视为不符。

2. 判断是否矛盾时，要具体情况具体分析。比如，信用证要求产地证由受益人、出口商或厂商来出具，则由商会出具的单据是可以接受的，只要该单据相应地注明受益人、出口商或厂商。再比如，在转让信用证下，提交的出口许可证上显示的用当地货币计算的 FOB 价格，与第一受益人替换的发票上的价格不一致，但银行不应以此拒付，因为当开证行同意并开出可转让信用证时就必须考虑到，由于发票的替换，某些单据上显示的信息可能会与发票上的信息不一致。这就说明有时要结合信用证来判断。

3. 单据中的拼写错误（misspellings）或打字错误（typing errors）的处理。在审单实务中，经常会碰到拼写错误或打字错误，但哪些可以拒付，哪些又不应视为不符点，令人难以掌握。ICC 在 ISBP745 中给出了一个指导意见，即如果拼写/或打字错误并不影响单词或其所在句子的含义，则不构成单据不符。这说明不是所有的拼写或打字错误都可不被视为不符点，不被视为不符点的拼写或打字错误是有限定条件的。但判断一个拼写或打字错误是否影响到单词或句子的含义，却是人的主观判断，需要常识、经验和权威先例的支持。从以往法院判例、DOCDEX 仲裁案例以及 ICC 咨询意见中可以总结出以下几点，供审单实务中参考：

（1）单据中单词的拼写或打字错误不构成另一个单词，从而不构成歧义的，一般不视为不符点。

（2）拼写或打字错误有可能导致歧义或产生实质性影响的，则要结合语境，联系提交的其他单据作出综合判断。这也是产生不确定因素的地方。对日期、数字等被打错的问题，由于这些错误已经影响了所要表达的意思，考虑到信用证机制中审单业务必须体现的迅急性、高效性，还是按照严格相符的标准视为不符点为妥，这样可以使信用证实务操作有较大的确定性，避免银行审单人员像法官判决一样斟酌案情。但从一些 ICC 意见中可以看出，ICC 似乎越来越倾向于强调不符点的实质性，以减少单据不符点的情况，强化信用证作为支付工具的特性。确实，在受益人正常按合同出运货物的情况下，如系不小心造成打字或拼写错误，银行以此为理由拒付会使得信用证作为付款工具的特性被弱化。这就要求银行在保证信用证高效、低成本和迅急性、确定性的同时，又要确保其作为公平有效的支付工具的作用发挥，这也许正是确定一个稳定、一致、合理的审单标准如此困难的原因所在。

［案例 12－1］韩国外换银行与青岛银行信用证项下纠纷案

三、审单时间

1. UCP 600 对审单时间的修订。在 UCP 600 修订过程中，审单时间引起了广泛关注和热烈讨论。最终 UCP 600 第 14 条将 UCP 500 中的“7 个银行工作日”改为：按指定行事的被指定银行、保兑行（如有的话）及开证行各有从交单次日起的至多 5 个银行工作日用以确定交单是否相符。根据 UCP 600，相关银行最多有 5 个银行工作日的时间进行审单，这就彻底解决了合理审单时间带来的不确定性，将大大减少实务中的纠纷。

2. 审单时间的起算。UCP 600 规定最长 5 个银行工作日的审单时间的起算是从“交单次日起（following the day of presentation）”。根据常理，此处应以相关银行收到提交的单据为准，即交单以单据到达收件人才算完成。

举例来说，相关银行收到提交的单据日为 3 月 20 日（星期五），则从 3 月 23 日起算的最长 5 个银行工作日来审核单据，即该行最迟可于 3 月 27 日确定是否接受单据。

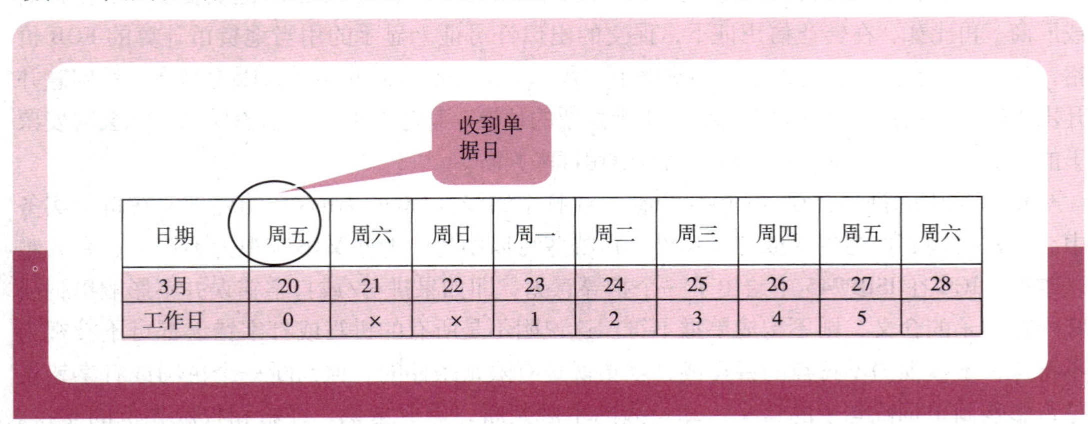

日期	周五	周六	周日	周一	周二	周三	周四	周五	周六
3月	20	21	22	23	24	25	26	27	28
工作日	0	×	×	1	2	3	4	5	

图 12－2

3. 审单时间与信用证有效期及最迟交单期的关系。UCP 600 第 14 条 b 款新增加了一条说明：这一期限（至多 5 个银行工作日的审单时间）不因在交单日当天或之后信用证截止日或最迟交单日届至而受到缩减或影响。

举例来说，假设根据信用证条款计算出的最迟交单日为 3 月 25 日，信用证有效期为 3 月

26 日，单据于 3 月 20 日交到开证行，则开证行仍然有从 3 月 23 日起算的最长 5 个银行工作日来审核单据，即该行最迟可于 3 月 27 日确定是否接受单据。这一日期不能因为此时已过最迟交单日和信用证有效期，而被缩短至 3 月 25 日或 3 月 26 日。

开证行收到单据日

日期	周五	周六	周日	周一	周二	周三	周四	周五	周六
3月	20	21	22	23	24	25	26	27	28
工作日	0	×	×	1	2	3	4	5	

图 12－3

这一规定保护了相关银行的正当权益，否则由于受益人或交单行提交单据较晚而缩短相关银行的审单时间，对相关银行是不公平的。

4. 对银行实务的影响。首先有关银行要关注所允许的审单时间上限从 7 个银行工作日减少到 5 个银行工作日带来的影响，要合理配置各种资源，调整工作流程，确保在不超过自收到单据次日起 5 个银行工作日对交单人发出是否接受单据的通知，否则将失去拒绝单据的权利。如果开证行有在对外发出通知前就审单结果告知申请人及征询申请人是否接收不符点的操作环节，就更需要把握好时间。

虽然 UCP 600 在第 14 条中拿掉了“合理时间”的表述，但法院根据个案情况需要判断审单时间是否合理的要求仍然存在，它不随 UCP 中有无规定而存在或消失。比如，如果法院根据个案情况认定 4 天的审单时间是不合理的，仍然可以判定未按照 UCP 600 的规定拒付。所以“最多 5 个银行工作日”依然只是一个上限要求，超过这个上限肯定不可以，但不同个案情况下不一定都允许用到最多 5 个银行工作日。但在 3 个银行工作日内一般被视为是合理的、安全的，这也是美国《商法典》UCC 第 5 篇中所规定的“safe habor”。对此有人会担忧，是否会有开证行在任何情况下都拖延到收单次日起第 5 个银行工作日才付款或拒付，而不管是否早已审单完毕？应该说理论上这种现象有可能发生，且实务中也时有发生，但一家信誉良好的银行是不应该选择这样做的。

四、发票以外的其他单据上的货物描述

UCP 600 第 14 条 e 款在“其他单据中的货物、服务或履约行为的描述”后添加了“如果有的话（if stated）”的措辞，暗含了不是所有单据上都必须显示货物描述之意。也就是说，除了发票以外的其他单据，可以不显示货物描述，如果显示了，可以使用概括性用语，只要与信用证中规定的货物描述不矛盾即可。

五、以单据的功能为判断标准

对于信用证要求提交运输单据、保险单据和商业发票之外的单据，却未规定出单人或单据内容，UCP 600 第 14 条 f 款提出所提交单据符合以下两项要求，就可以接受：

1. 提交的单据的内容看似满足所要求单据的功能（fulfil the function of the required documents）。也就是说，当信用证要求某个单据时，实际上可以从该单据的名称中得知信用证对该单据内容的最基本要求，那么所提交的单据必须是信用证要求的单据。比如，信用证要求提交 packing list in three copies，如受益人提交 packing/weight list or packing note 或未冠名的单据，只要内容符合该单据的功能，则银行将接受所提交的单据。（ISBP745 第 I39 段）

在下面的例子中，例 1 可接受，例 2 可接受，例 3 不可接受（因为单据中没有任何关于 PACKING 的内容）。

【例 1】

DENKI SHOJI CO., LTD.
PACKING LIST
OUR REF. No.：AW7997E11 -00
Date：Aug 8 2019
TO：SHANGHAI ABC CO., LTD.
MARKS & NOS.
N/M
GARMENTS

QUANTITY	N. W. (KG)	G. W. (KG)	M'MENT (m^3)
600PCS	11483.0	12020.00	5.574m^3

PACKED IN 8 CASES

【例 2】

DENKI SHOJI CO., LTD.
OUR REF. No.：AW7997E11 -00
Date：Aug 8 2019
TO：SHANGHAI ABC CO LTD
MARKS & NOS.
N/M
GARMENTS

QUANTITY	N. W. (KG)	G. W. (KG)	M'MENT (m^3)
600PCS	11483.0	12020.00	5.574m^3

PACKED IN 8 CASES

【例 3】

DENKI SHOJI CO., LTD.
PACKING LIST
OUR REF. No.：AW7997E11 -00
Date：Aug 8 2019
TO：SHANGHAI ABC CO LTD
GARMENTS

QUANTITY	AMOUNT
600PCS	USD 5 000.00

这一要求也提高了对银行审单人员的要求，因为其必须事先了解各种单据的功能是什么，才能判断出所提交单据的内容是否符合该功能。

2. 提交的单据在其他方面符合 UCP 600 第 14 条 d 款的规定。根据 UCP 600 第 14 条 f 款的规定，新的要求是，所提交单据内容与该单据本身、信用证要求的其他单据、信用证条款之间均没有矛盾之处。

3. 对银行和进出口企业的影响。开证申请人和开证行要求受益人提交某种单据时，一定要在信用证中清楚地列出对该单据出具人和单据内容的要求。假如信用证要求受益人提交货物的质量检验报告，就应该在信用证中明确规定质量检验报告的出具人和要求显示的检验结果。否则的话，任何人包括受益人本身出具的质量检验报告，无论其显示的检验结果是否与信用证下应提交的货物的标准吻合，只要该报告与其他单据和信用证条款没有矛盾，开证行都必须接受。这样就失去了要求提供质量检验报告的意义了。

六、对信用证未规定单据的处理

受益人在信用证下提交单据时，有时会同时提交信用证并未要求提交的单据。这主要是为了将这些额外单据通过银行与信用证要求的单据一并转递申请人，有时也是由于受益人的疏忽或其他原因造成的。UCP 600 第 14 条 g 款对此的规定是：提交的非信用证要求的单据将被不予理会，并可被退还给交单人。此规定删除了 UCP 500 中可将非规定单据照样转递（pass them on）的选择，只规定可退还交单人，以堵住借信用证交单之机传递其他单据的路径。UCP 的规定说明，相关银行对额外单据应不予审核，不能以额外单据中的不符之处为由拒付。这是和开证行和保兑行的承付及议付责任相一致的，因为其承担承付或议付责任都仅是针对信用证规定的单据，这也是信用证独立性原则的一种体现。

虽然 UCP 规定对非规定单据不予审核，但考虑到实际中对此有不同见解，受益人要注意在信用证下应仅提交信用证要求的单据，其他文件不应混同在信用证要求的单据中一并提交给相关银行，以免节外生枝。

七、条款和条件

信用证项下的条款和条件是有区别的。根据国际商会出版物第 511 号，条款（terms）一词可以解释为“必然发生的事件（Events that are certain to take place）”，条件（conditions）一词可以解释为“未来的不确定事件（future and uncertain events）”。信用证交单期、有效期、装运期是在实务中必然要发生的或一定要发生的事件，属于信用证的条款。若为将来不一定发生的则属于将来不确定的事件，应视作信用证条件。例如信用证有效日期是条款，通常没有单独单据可供银行审核，而条件需要有一定的单据要求来支持。

八、非单据条件

（一）什么叫做非单据条件

如信用证含有某些条件而未列明需提交与之相符的单据者，银行认为这是非单据条件。如 A condition which does not state the document (s) to be presented in compliance therewith is called a non – documentary condition.

UCP 600 第 14 条 h 款规定：对于非单据化条件，银行将视为未作规定并不予理会。

（二）过去曾有的非单据条件举例

1. 直到装运时，载货船只的船龄不得超过 15 年。

The age of the carrying vessel as at the date of loading is no more than 15 operating years.

2. 装运船只应是英国国籍或挂英国国旗的船只。

Shipment is to be made by a vessel of U. K. nationality or by a vessel flying her flag.

3. 装船后受益人必须立即通知申请人装货细节。

Beneficiary must immediately advise applicant of details of shipment after loading on board.

4. 货物不得是以色列产地（阿拉伯国家信用证）。

Goods must not be of Israeli origin.

5. 载货船只没有在以色列注册，不是以色列国民所有，或不是居住在以色列的人所有，以及行驶至沙特阿拉伯的途中，不停靠或经过任何以色列港口（阿拉伯国家信用证上的非单据条件）。

The carrying vessel is not registered in Israel or owned by nationals or residents of Israel and will not call at or pass through any Israeli port en route to Saudi Arabia.

（三）与规定单据有联系的条件不是非单据条件

国际商会于 1994 年一次发布了四个意见书，分别对信用证修改、议付、非单据化条件以及运输单据上承运人名称的注明和签署四个问题做了解释。其中，三号意见书涉及非单据化条件问题。三号意见书中国际商会指出：Sometimes, however, a condition appears in a documentary credit which can be clearly linked to a document stipulated in that documentary credit. Such a condition is not then deemed to be a non – documentary condition.，即如果某一条件未规定提交某一单据来满足该条件，但却可以清楚地与另一要求提交的单据建立关联，那么该条件将不构成第 13（c）条下的非单据化条件，从而不能被忽略。

UCP 600 第 14（h）条在措辞上和 UCP 500 几乎没有变动，然而，在由 UCP 600 起草小组共同撰写的 *Commentary on* UCP 600 一书以及 UCP 600 随附的出版引言中都表示上述三号意见书中的“clear linkage”标准，虽然在 UCP 600 条款中没有明确被排除，但是在 UCP 600 下该“clear linkage”标准是不适用的。换而言之，在实务中当发现该某一条件中未要求提交使之相符的单据时，无须再考虑该条件是否与规定提交的其他单据有无明显的关联，而直接将其视为非单据化条件。

同时值得注意的是，“disregard”或“as not stated”并不能简单地从字面上理解，因为这里的“disregard”或“as not stated”是相对的，而不是绝对的，即可以忽略它，而不需要提交单据来满足该条件，但提交的单据当中不能有与该条件相矛盾或相抵触的内容。2008 年的 ICC R631/TA644rev 中该问题第一次由英国银委会向 ICC 正式提出质疑。ICC 就此作出了明确的答复：“According to sub – article 14（h）, banks will deem a non – documentary condition as not stated (on the basis that there is no necessity for the beneficiary to provide any evidence of compliance) and will disregard it. Should the beneficiary, nevertheless, elect to insert such data on any other stipulated document, then it must ensure that the data does not conflict with the data in the credit. The view of the Banking Commission is that sub – article 14（h）is not absolute and is qualified by the content of sub - article 14 (d)”。例如，信用证上的一个条件说货物是德国产地，没有要求产地证，“德国产地”可以被视为“非单据条件”，按照 UCP 600 第 14 条第 h 款的规定，对此可不予理会。可是如果同一信用证规定了要产地证，那么提交的产地证上必须要注明产地，那么该显示的产地就不能与该非单据化条件“德国产地”相矛盾，在此层面该非单据化条件是不能被忽略的。

需要注意的是，判断信用证中的一项条件是否为非单据化条件必须在审核提交的单据后才能最终确定。根据 ISBP745 第 A26 段，单据内容必须看来满足所需要的单据的功能。单据的内容包括两种：满足该单据功能的内容（必不可少的内容）和未反映出该单据功能却显示在该单据上的其他内容。仅根据信用证条款而没有看到提交的规定单据，将无法知晓提交的单据上的全部内容，在此情况下有时也就无法判断信用证条款是否与规定提交的单据之间有明显的关联，从而无法准确判断该条款是否为非单据化条件。因此，申请人和开证行在开立信用证时应尽量将信用证条件单据化。举例如下：

1. The age of the carrying vessel as at the date of loading is no more than 15 operating years.

A carrier's or his agent's certificate certifying this effect is required.

2. Beneficiary must fax applicant shipping particulars within 24 hours after the goods are shipped.

A copy of the fax, sent to the applicant notifying shipping particulars within 24 hours after shipment made must be presented.

对于受益人和指定银行来说，当发现信用证中的某项条件未明确在哪个单据中满足，但又似乎与某个单据有关联时，切莫轻易将其作为非单据化条件而置之不理，应及时向开证行询问，加以确认。

九、单据出具的日期

UCP 600 第 14 条 i 款规定，单据出具日期可以早于信用证的开立日期，但不能迟于信用证规定的交单日期。在国际贸易实务中，先发货并缮制单据、后开立信用证的情况也时有发生，因此，出现单据的出具日期早于信用证开立日期也是合乎贸易实务的。但提交的单据的出具日期晚于交单日期，则显然是有悖常理的。

十、受益人和申请人的地址问题

根据 UCP 600 第 14 条 j 款，在审核受益人和申请人的地址时要注意以下方面。

1. 单据中受益人和申请人的地址不需要和信用证及其他规定单据中所载相同，但必须与信用证中规定的地址同在一国。

UCP 600 规定，提交的单据中（不仅限于发票）如果出现受益人和申请人的地址，无须与信用证中的地址相同，只要国别相同即可。这是为了杜绝实务中有些当事方以单据中受益人和申请人地址与信用证存在一些不至于对信用证业务或基础交易产生影响的差别为由来拒绝单据，另外在实务中许多公司是多处办公，有时不可避免会在出具的单据中显示同样的公司名称和不同的地址，这是常见的现象。UCP 600 的规定正是适应了这种情况。

这里需要注意的是，本款的适用是在信用证中显示了受益人和申请人名址（例如显示在 SWIFT MT700 中的第 50 场申请人栏，第 59 场受益人栏），没有对某一单据上显示的受益人或申请人名称及地址作具体要求时。如果信用证中明确规定某一单据必须显示信用证中规定的受益人或申请人名址，那么实际上是信用证条款排除了 UCP 600 第 14 条 j 款的适用。例如，信用证显示了 applicant 的名称和地址，并规定 "Invoice indicating Applicant's name and address stated as that shown in the credit"，那么，提交的发票上应显示 applicant 的地址，并且该地址必须与信用证上显示的相同。

2. 本款明确了受益人和申请人的联络细节（比如传真、电话号码，电子邮件地址等）作为其地址的一部分时，如在信用证中出现将不予理会。

3. 当申请人的地址和联络细节作为 UCP 600 所规定的运输单据的收货人（consignee）或被通知方（notify party）细节的一部分时，必须与信用证规定的相同。之所以这样规定，是考虑到收货人的信息准确与否直接关系到提单项下货物的提取，而被通知方的信息要求与信用证完全一致，是因为当承运人需要同收货人联系时，比如船到港通知收货人提货时，准确的信息显得尤为重要。

十一、托运人或发货人

根据 ISBP745 第 F11 段，原产地证上显示的发货人/出口商不是信用证受益人或者不是运输单据上显示的托运人，也可被接受。这是考虑到在实务中受益人有时会委托另一方比如货运代理代为托运货物，因而在提单或其他单据上显示不同于受益人的发货人可被接受。UCP 600 第 14 条 k 款的规定放宽了适用范围，规定任何单据中注明的托运人或发货人无须为信用证受益人。

十二、运输单据的出具人

UCP 600 新增规定明确指出，对运输单据的出具人没有限制，任何人都可以出具运输单据，只要符合 UCP 600 相关运输单据条款的规定。

十三、国际标准银行实务

国际标准银行实务的标准是灵活的、不确定的，它存在于 UCP 条款中，存在于 ICC 发表的咨询意见中，存在于 ISBP 中，存在于信用证专家的权威论断中，存在于权威的法院判例中，存在于当地信用证业务实践中，是 UCP 乃至任何出版物所无法囊括的，必要时甚至要由法院对此作出评判。

第二节　审核单据核对清单

在信用证业务全过程中，出口地指定银行需要审核单据，进口地开证行需要审核单据，如有保兑行，还要审核单据。银行审核单据的注意事项已分散地写入各种单据中，现在我们将各种单据的审核要点加以提炼、概括和综合，并参照 ICC 515 号形成审核单据核对清单（Checklist for the Examination of Documents），详述于下。

一、收到单据的银行必须核对的单据

传递单据面函。确保：（1）它是致函给你行的；（2）它有当前的日期；（3）它涉及参考的信用证号码；（4）附有列举的单据；（5）单据的金额和面函的金额一致；（6）寄送单

据的银行（如果有）是作为付款行、承兑行、议付行或是寄单行；（7）付款指示清楚和易于理解；（8）任何不符点已经记录在上。

二、银行和受益人必须核对的单据

1. 跟单信用证。确保：（1）它是正确联系到跟单信用证；（2）它仍然有效（没有过有效期）；（3）信用证下可使用的余额足够用做支取金额；（4）信用证所需要的单据已提交；（5）没有处于疑问状态下的修改或以前的支取款项。

2. 汇票。确保：（1）汇票载有正确的信用证参考号码；（2）它有当前的日期；（3）签字及/或出票人的名称与受益人的名称一致；（4）开致正确的付款人；（5）金额大小写一致；（6）汇票的期限就是信用证所要求的；（7）收款人应是受益人或交单银行；（8）如果需要背书，它被正确地背书了；（9）没有限制性背书；（10）它包含信用证要求的必需的条款；（11）所开立的金额不超过信用证可以使用的余额；（12）汇票金额与索偿金额一致。

3. 发票。确保：（1）被信用证的受益人发出的发票；（2）除非信用证另有注明，申请人（买方）被表明为发票当事人；（3）不要加称号为“形式发票”或“临时发票”；（4）货物描述和信用证的商品描述相符；（5）没有表现出任何附加的、不利的将会引起怀疑货物状况或价值的货物描述；（6）发票上包括信用证所提及的货物细节、价格和条款；（7）发票上提供的其他资料如唛头、号码、运输通知等与其他单据一致；（8）发票上的货币与信用证一致；（9）发票金额不超过信用证可使用的余额，如不允许分批装运，发票应包括信用证要求的整批装运金额；（10）按照信用证要求发票已被签字、公证人证实、合法化、签证等；（11）关于装运、包装、重量、运费或其他有关的运输费用符合其他单据上所载明的；（12）提交正确份数的正本和副本。

4. 其他单据。

（1）商品检验证书：①其种类应符合信用证的要求。②检验结果是否与信用证的要求一致。③货物名称、规格、唛头须与商业发票一致。④检验的项目是否合乎信用证规定。⑤检验机构是否符合信用证所要求的机构。⑥应有检验人的签署，证明货物已检验合格。依信用证规定，检验人可能为出口国的政府机构、独立的公证行、同业公会、鉴定人、制造厂商、进口商在出口地的代表或代理人，有时也可为出口商本身。

（2）包装单与重量单：①货物名称、数量、规格应与商业发票相符。②唛头应与其他不矛盾。③它是独一的单据，不要与其他单据联合起来。④它符合信用证的要求，一张详细的包装单要求列出每个包装、纸板箱等内容的清单和其他有关资料。⑤包装单上面的资料应与其他单据一致。

（3）产地证：①产地证的证明机构是否符合信用证的要求。②货物名称、数量、规格等是否与商业发票一致。③所证明的原产地国别是否与信用证要求一致。④如信用证要求标明制造厂商名称时，注意不能遗漏。⑤应有证明机关的签署。

对于产地证，ISBP 特别作出了如下的规定。

①产地证必须在表面上与发票的货物相关联。产地证中的货物描述可以使用与信用证规定不相矛盾的货物统称，或通过其他援引表明其与要求的单据中的货物相关联。（ISBP745 第

L4 段）

②如果显示收货人的信息，则不得与运输单据中的收货人信息相矛盾。但是，如果信用证要求运输单据作成“空白指示”“凭托运人指示”“凭开证行指示”或以开证行为收货人，则产地证可以显示信用证的申请人或信用证中具名的另外一人作为收货人。如果信用证已经转让，那么以第一受益人作为收货人也可接受。（ISBP745 第 L5 段）

③产地证可以显示信用证受益人或运输单据上的托运人之外的另外一人为发货人/出口方。（ISBP745 第 L6 段）

（4）海关发票：①海关发票日期不得迟于信用证的有效日期或最后提示期限。②标明买方名称及地址。即使买方与收货人相同，也应照填其名称和地址，不能以“SAME（一样）”之类词汇替代。③在价格条件栏，应注意运费负担、佣金、折扣等是否与信用证规定相同。④币别应与其他单据相同。⑤唛头应与商业发票的记载不矛盾。⑥有关货物的描述是否明确，如货名、货号、规格、体积大小及其他有关货物的说明。⑦核对发票总额是否等于单价×数量。⑧出口商或代理人的签章。⑨海关签章。⑩其他信用证中所要求的事项。

（5）领事发票：①注意签证期限是否在信用证有效期限内。②发货人、收货人的名称应与信用证所标明者相同。③有关货物的说明应与商业发票一致。④领事的签署。

5. 保险单据。确保：（1）根据信用证要求交来保险单/保险证明/保险声明/暂保单；（2）要提交所开立的全套保险单据；（3）由保险公司或承保人或其代理人或代表签发；（4）发出日期或保险责任生效日期最迟应在已装船或发运或接受监管之日；（5）货物投保金额要符合信用证要求或符合 UCP 600 第 28 条 f（ii）的解释；（6）除非信用证另有规定，保险单据必须使用与信用证相同的货币开立；（7）货物描述要与发票上的相符；（8）它承保商品从指定装货港口或接受监管点到卸货港口或交货点；（9）投保信用证指定的险别和那些险别已明确表示出来；（10）唛头和号码等要与运输单据相符；（11）如果被保险人的名称不是保兑行、开证行或买方，它应带有适当的背书；（12）保单表现的其他资料要与其他单据一致；（13）如果单据记载有任何更改，应被适当地证实。

6. 运输单据。确保：（1）提交开立的全套正本单据（UCP 600 明确规定无须提交全套正本如空运单、铁路运单等或信用证规定无须全套提交的除外）；（2）除非信用证授权，它不是“租船合约”项下的运输单据；（3）收货人的名称要符合信用证的要求；（4）如果运输单据需要背书，它要适当背书；（5）它带有发货人或其代理人的名称；（6）如果有被通知人，它的名称与地址要符合信用证的要求；（7）货物描述一般符合信用证所说明的货物描述，唛头和号码以及其他规格，如果有的话，要与表现在其他单据上面的内容相同；（8）“运费已经预付”或“运费待收”在运输单据上面的表示应符合信用证条款；（9）运输单据上没有条款能够使其瑕疵或不清洁（见 UCP 600 第 27 条）；（10）所有其他条件与 UCP 600 中规定的运输条文中的条件是相符的。

第三节　交单的有关问题

信用证项下有两次交单，第一次是受益人向指定银行交单，第二次是指定银行向保兑行

（如有保兑行的话）或开证行交单。

一、交单的有效日期

一切信用证必须规定一个交单的有效日期和交单的有效地点，它不是一个议付、付款、承兑的有效日期。因为信用证条款是要求受益人履行的，受益人可以确保自己在有效日期以内交单，但受益人不能保证银行在有效日期以内办妥议付、付款或承兑。信用证如果规定“议付的最迟日期（latest date for negotiation）”，则应视为交单的最迟日期，即交单的有效日期。如果受益人在交单有效日期的最后一天，在银行营业时间的最后时刻交单，只要是相符的单据，即属相符交单。指定银行可以在有效日期以后办理审单、议付和承付工作，但不得超过 5 个工作日，在议付通知书（schedule of negotiation，也称寄单面函）上注明：相符单据是在信用证有效期内交到我行（The compliant documents were presented to us within the validity of the Credit）。

国际商会出版物第 489 号第 275 号案例指出：银行有权声称单据不符，但无权声称“迟期议付”（The bank was entitled to raise a claim of non－conforming documents, but was not entitled to allege a claim of “late negotiation”）。意指开证行不得将议付通知书日期在信用证有效日期之后当作“迟期议付”，并以此为由而予拒付。银行要了解信用证有效期、交单期与最迟交单日期三者之间的区别。在拒付时，不能将“credit expired（信用证过效期）”与“late presentation（迟交单）”这两个不符点混淆，因为虽然信用证过效期一定是迟交单，但单据迟交时，信用证并不一定已过效期。

二、最迟交单日期的订立

信用证有两个交单有效日期和一个装运有效日期，合计三个有效日期。第一个交单有效日期上面已经讲过，是指受益人交单给银行的时限。第二个交单有效日期是从运输单据（多是提单）装运日后一定时限的最迟交单日期以内，应尽快交来包括提单在内的全套单据。如未规定最迟交单日期，意指从装运日起 21 天内交单，UCP 600 实施后，规则中没有关于过期提单（Stale B/L）或过期单据（Stale Document）可否接受的规定，而是在最迟交单期内交来单据即可接受，超过最迟交单日期交来单据不能接受，但“过期单据”的说法在 ISBP745 中有所提及①。

国际商会出版物第 489 号第 279 案例指出：最迟交单日期应订立相同于有效日期的长度。

下面举例说明最迟交单期限的三种情况。

1. 最迟交单期限短于有效期限，则不能使用全部长度的有效时期，从逻辑的角度来讲，是不够严谨、周密的开证，不利于受益人掌握交单的时间。例如：

Latest shipment date：3 Sep.
Latest date for presentation of documents within 15 days after date of shipment.
Expiry date：30 Sep.
Expiry period cannot be utilized within its full length.
It is a badly issued Credit.

---

① ISBP745 第 A19 条“UCP 600 未作界定的用语”中提到：“过期单据可接受”指晚于发运日后 21 日提交的单据可以接受，只要其不晚于信用证规定的截止日。国际商会一直告诫银行开立信用证时不要使用“过期提单”或“过期单据”的措辞。

2. 最迟交单期限长于有效期限，则不能使用全长的最迟交单时期，那也是坏的开证。例如：

Latest shipment date ： 20 Sep.

Latest date for presentation of documents unmentioned.

Expiry date：30 Sep.

Period for presentation of documents cannot be utilized within its full length.

It is also a badly issued Credit.

3. 最迟交单期限就是有效期限，则有效期限和最迟交单期限均可使用两者的全长，这才是较好的开证。例如：

Latest shipment date：15 Sep.

Latest date for presentation of documents within 15 days after date of shipment.

Expiry date ： 30 Sep.

It is a better issued Credit since both expiry period and period of presentation of documents can be utilized within their full lengths.

三、UCP 默认交单期的适用

UCP 600 第 14 条默认交单期的规定仅适用于要求包含一份或多份相关正本运输单据的交单，该条 c 款添加了“calendar”一词，强调这里的天数指的是日历日而不是工作日。需要注意的是，这里所指的运输单据只限于 UCP 600 第 19 ~ 25 条所规定的运输单据，即多式运输单据，提单，不可转让的海运单，租船提单，空运单据，公路、铁路或内河运输单据，快件收据、邮寄收据或邮寄证明。ISBP745 第 A18 条指出，交货单（Delivery Order）、运输行收货证明（Forwarder's Certificate of Receipt）、运输行装运证明（Forwarder's Certificate of Shipment）、运输行运输证明（Forwarder's Certificate of Transport）、运输行承运货物收据（Forwarder's Cargo Receipt）和大副收据（Mate's Receipt）都不是 UCP 600 所规定的运输单据。另外，本款只适用于提交相关运输单据的正本时。ISBP745 第 A6 条 c 款指出，运输单据的副本并不是 UCP 600 第 19 ~ 25 条以及第 14 条 c 款所指的运输单据，只有当提交正本运输单据时，这些条款才适用。开证申请人如欲缩短交单期，必须在 SWIFT MT700 报文中第 48 栏位特别规定，以排除本条。在国际商会 TA582rev（R693）意见下，银行所咨询的四个案例中，所需单据均为提单副本，交单期均已经过了副本显示的提单日后 21 天，但是未过信用证有效期。商会分析认为，副本提单不是 UCP 规则所定义的运输单据，因此不适用 UCP 500 第 43（a）所规定的 21 天默认交单期，同时信用证所规定的“Documents must be presented within 10 days after the shipment date”附加条款也不适用①，“迟交单”这一不符点不适用于所咨询的案例。虽然上述意见为 UCP 500 规则下出具，但相关结论仍适用于 UCP 600。因此，为减少争议，在开立信用证时开证行应在条款中明确交单期的相关表述。

例如：信用证要求在提单日后 10 天内并在信用证有效期内交单。

48 /Period for Presentation in days：21/AFTER B/L ISSUING DATE

四、交单的有效地点

交单期限的概念和交单地点密不可分，只有确定了交单地点，交单期限才能最终确定

---

① 因为无法确定哪个日期为“装船日”。

（如世界各地时差造成的差异）。由于指定银行被指定承付或议付单据，因此指定银行所在地即为信用证规定的交单地点。可在任何银行兑用（available with any bank）的信用证，任何银行所在地均为交单地点。不管信用证类型如何，是否有指定银行，所有的信用证都可在开证行兑用，即受益人可以直接交单到开证行，因此在任何情况下，开证行所在地都是所有信用证规定的交单地点。

银行在开立信用证时，要注意“place of expiry”栏位与“available with”栏位之间保持一致性，要把“available with”后面的银行所在地规定为交单地点，即“place of expiry”栏显示为指定银行，同时“available with”栏显示为指定银行；或“place of expiry”栏显示为开证行，同时“available with”栏也显示为开证行；或“place of expiry”栏显示为任何银行，同时“available with”栏也显示为任何银行。

出口商在收到信用证时，如果发现“place of expiry”栏位与“available with”栏位之间内容不一致，例如place of expiry规定为开证行，而又指定A银行议付该证，则应该联系开证行要求澄清并更改。

在有指定银行的情况下，受益人可以不将单据交指定银行，而自己直接或通过往来银行将单据径交开证行，但此时受益人应注意交单时间。如果单交指定银行，只要在最迟交单日期前交到指定银行柜台即可（无论指定银行是否按照开证行的指定进行承付或议付），由于指定银行通常与受益人在同一地，受益人在交单时间上较好把握。如果选择将单据径交开证行，由于开证行与受益人通常不在同一国家，受益人一定要计算好单据在途邮程，必须保证单据在最迟交单日期前邮寄到开证行柜台。如果邮寄过程中发生延误，单据在最迟交单日期后才到达开证行，就会产生“信用证过有效期”或“迟交单”的不符点。因此，受益人最好选择单交指定银行。

当信用证只在开证行兑用时，受益人也同样要注意计算寄单邮程的问题。

五、单据传递中涉及的风险转移

受益人把单据传递和提交给指定银行请求议付、付款或承兑，指定银行审单相符，办理议付或承付，并把单据传递和提交给开证行要求偿付。根据国际商会出版物第434号R146案例，单据传递中如果发生遗失，在信用证完成议付、付款或承兑之前，单据传递风险由受益人承担；在完成之后，单据传递风险由开证行承担。这个意见提请国际商会银行委员会研究后决定，当单证相符的单据被指定银行接受时，风险从受益人转移至开证行。

又根据国际商会出版物第469号R175案例，银行委员会决定，当符合信用证条款的单据在信用证有效期内被提交给指定银行时，无论该信用证是付款、延期付款、承兑、指定或自由议付方式，风险从受益人处转移至申请人。

在信用证中有指定银行的情况下，受益人将相符单据交到指定银行，开证行/保兑行责任即告确立，即使由于单据丢失而导致开证行/保兑行根本就没有“见单”。在发生单据丢失的情况下，指定银行应联系邮局或快件公司出具单据遗失证明，并将一套副本单据及时寄送给开证行或保兑行。银行和受益人应积极配合申请人解决提货问题，受益人可要求运输公司重新签发一套运输单据或仅凭收货人证件交货。

六、受益人直接提交单据给开证行

当信用证已经授权一家银行作为被指定银行时，受益人是否可以把全套单据直接寄给开证行要求付款？根据国际商会出版物第489号第211案例，受益人如果愿意的话，他有权直接向开证行提交单据，只要该笔交单不是有悖于信用证的明显支付条款。如远期信用证要求汇票以指定银行作为付款人，则汇票须经该银行承兑，倘若受益人直接寄单给开证行，则上述要求无法履行。

根据国际商会出版物第411号，受益人可以直接向开证行寄送单据的清单如下：（1）直接付款信用证（Straight Credit）；（2）信用证规定开证行自己是汇票付款人或承兑人时；（3）指定通知行不是由于单据的原因拒绝对信用证办理付款、承担延期付款责任、承兑或议付时；（4）指定银行的业务，由于UCP中人力不可抗拒原因中断时；（5）当信用证可自由议付，而受益人却找不到愿意议付的银行时；（6）其他情况，如金额特别巨大时等。

受益人在既可交单给指定银行，也可直接交单给开证行的两便情况下，要分析两种方式的利弊。

直接交单给开证行：（1）受益人承担寄单路途遗失风险；（2）受益人必须提早寄单，使其到达开证行时没有过期；（3）开证行审单发现不符点，受益人修改单据不方便。

交单给指定银行：（1）受益人不承担从指定银行寄单至开证行的路途遗失风险；（2）受益人多与指定银行处于同城，不必提早交单；（3）受益人修改单据方便。

可见，受益人交单给指定银行优点较多。

本书第六章第四节跟单信用证的基本业务流程中对此事也有过说明。

七、第三家银行可否向开证行寄单索汇

第三家银行不是指定银行，如它议付受益人提交的单据，然后向开证行寄单索汇，根据国际商会出版物第489号第196案例，第三家银行没有得到开证行授权，因此无权得到偿付。

但是第三家银行提交单据给开证行，若单据相符，开证行是在信用证的有效期内并在最迟交单期内收到单据，那么开证行必须付款。本书第六章第四节跟单信用证的基本业务流程和第七章第三节议付信用证中已经详述此事。

第四节　审单工作方法

一、审单工作方法概述

审单的具体操作方法常常因人而异，下面将审单工作大致情况加以概括说明，仅供参考（见图12-4）。

（一）审单记录表

审单记录表（Check Memo）提供从受益人交单直到单据寄出提交开证行的一段历史记录。将审单记录表放在桌面右边，把单据放在桌面中间，单据的顺序是汇票、商业发票、包装单……最后是保险单、提单。要有固定的开头次序和固定的末尾次序，中间次序任意，然后把信用证放在桌面左边。

（二）信用证的可用性

信用证的可用性（Availability of the Credit）是让交来的单据可以有效地符合信用证的条款和条件，并可使用信用证金额。必须查看：（1）信用证号码是正确的，它可以适用于交来的单据；（2）它是致受益人的正本信用证通知书；（3）信用证尚未到期；（4）可使用的金额是充足的，以前的支款（如有）已经正确地记录下来；（5）所有的修改（如有）已经随附信用证交来。

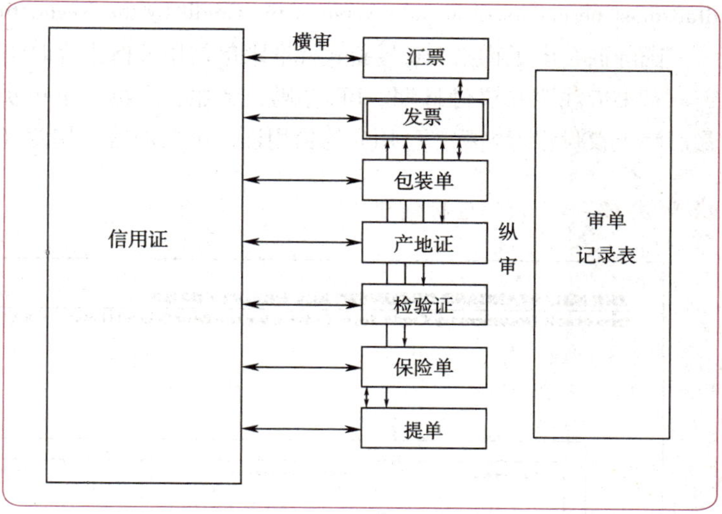

图 12－4 审单工作方法

（三）横审

1. 信用证如有修改，首先查看受益人对于修改通知书确无书面表示拒绝接受，然后以修改条款核对有关单据，若符合修改条款，表明受益人接受修改。

2. 将信用证从头到尾地阅读一遍，每涉及一种单据，立即与那一种单据核对，以达到单证一致。

3. 阅读信用证文句并与单据核对，发现不符点立刻记录在审单记录表上。有时审单人员在记录文字后面写上“改”“加”“补”等字，待受益人改妥时，在上述各字画圈表示改妥，便无此不符点了。绝不要在核对整个信用证完毕后一次写出发现的全部不符点，因为那样的做法容易遗忘个别的不符点。全部的“改”“加”“补”都已画圈，就表示单据全部改妥相符了。后面审单实例中的第 1 ~5 条就是核出的汇票与信用证的不符点。

4. 审完的单据反转放置在桌面中间未审单据前面，待全套单据审完，将已经反转放置的单据翻过来即可恢复原状。未被审核的单据就是受益人交来的信用证未规定的单据，应退还受益人。

（四）纵审

1. 以发票为中心，与其他单据逐个核对，先将被核对的单据全部阅读一遍，将涉及发票的相同资料核对是否一致。

2. 将提单与保险单核对。

3. 纵审的目的是要达到单单一致，例如后面审单实例中的第 21 条就是提单与发票的不符之点。

4. 经过横审和纵审没有发现不符点，或发现不符点已经改妥，即可确定单据全部相符。

（五）背书

有的信用证在下方印有：议付行必须在信用证背面注明汇票金额。（The amount of each

draft must be endorsed on the reverse of the Credit by the Negotiating Bank.)

国际商会出版物第 516 号新式标准跟单信用证格式背面印有背书格式（见附式 12－1）。

背书应注明：议付日期、BP 号码、金额、余额、审单员签章。如系自由议付信用证，最后写上议付银行名称。已用完的信用证，可以加盖“用罄（Exhausted）”戳记。

附式 12－1　信用证背面格式

THE NEW STANDARD DOCUMENTARY CREDIT FORMS

Irrevocable Documentary Credit Form (Advice for the Beneficiary) (Reverse side)

Date of Presentation	Amount in figures and in words:	Name, stamp and signature of the bank

Other annotations:

二、审单实例

（一）国际商会审单实例

根据国际商会出版物第 535 号第 33 号案例提供的审单实例，受益人交来信用证第 1234 号（见附式 12－2），请求银行凭以审核单据。

受益人随附一套单据（见附式 12－3 至附式 12－6），请求银行审核全套单据。

附式 12－2　跟单信用证

Name of Issuing Bank
Banko Binko
Panama, Rep. of Panama

Irrevocable Documentary Credit　　Number 1234

Place and Date of Issue: Panama, May 29, 202×

Expiry Date and Place for Presentation of Documents
Expiry Date: June 17, 202×
Place for Presentation: Hong Kong

Applicant:
Importadores Electronicos S.A.
147 Avenida San Jose
Panama, Rep. of Panama

Beneficiary:
Electronic Distributors Associates
217 Des Voeux Road, Central
Hong Kong

Advising Bank:　　Reference No.
Asian International Bank and Trust Co.
Hong Kong

Amount: Approximately USD110,000.-

Partial shipments ☐ allowed ☒ not allowed

Transhipment ☐ allowed ☒ not allowed

☒ Insurance covered by buyers

Credit available with Nominated Bank: Freely Negotiable
☐ by payment at sight
☐ by deferred payment at:
☐ by acceptance of drafts at:
☒ by negotiation

Shipment as defined in UCP 500 Article 46
From: Port of Hong Kong
For transportation to: Puerto Armuelles, Panama
Not later than: June 9, 202×

Against the documents detailed herein:
☒ and Beneficiary's draft(s) drawn on:
Banko Binko
Panama, Rep. of Panama

Signed Commercial Invoice

Certificate of Origin

Full set of clean "on board" ocean bills of lading consigned to Transitarios Panama,

Covering:
Televisions, VCRs, Video Recorders and spare parts of Japanese origin and 10,000 VHS cassettes of Chinese origin as per purchase order 1714-X, CFR Puerto Armuelles, Panama, INCOTERMS 202×

Draft to be marked "Drawn under Banko Binko, Panama Documentary Credit 1234 issued on May 29, 202×

Documents to be presented within ☐ days after the date of shipment but within the validity of the Credit.

We hereby issue the Irrevocable Documentary Credit in your favour. It is subject to the Uniform Customs and Practice for Documentary Credits (1993 Revision, International Chamber of Commerce, Paris, France, Publication No. 500) and engages us in accordance with the terms thereof. The number and the date of the Credit and the name of our bank must be quoted on all drafts required. If the Credit is available by negotiation, each presentation must be noted on the reverse side of this advice by the bank where the Credit is available.

Name and signature of the issuing Bank
Banko Binko
Panama, Rep. of Panama

This document consists of 1 signed page(s)

Advice for the Beneficiary

附式 12－3

Draft

USD122,500.-　　Hong Kong, June 18, 202×

At Sight

Pay to the order of: Electronic Distributing Associates

One hundred twenty-two thousand five hundred US Dollars

For Value Received and charge same to account of

To:
Banko Binko
Panama

Electronic Distributing Associaces

附式 12－4

Electronic Distributing Associates

Invoice

June 17, 202×

Sold to: Importadora Electronica S.A.
Panama, Rep of Panama

Terms: Documentary Credit

Invoice N° 741 **Contract N°** 1714

Packaging	Description	Price
1 Container	Televisions, VCRs, Video Recorders	USD100,000.-
	VHS cassettes	USD 5,500.-
	FOB Factory	USD105,500.-
	Handling	USD 150.-
	Freight	USD 16,850.-
	Total C & F Panama	USD 122,500.-

Electronic Distributing Associates
Hong Kong Consolidators Inc., as agents

附式 12－5

For multimodal transport or port to port shipment

Cosigner Electronic Distributing Associates, Hong Kong Consolidators, Inc., as agents	**No. HK 764187** **Original** **Certificate of Origin**
Consignee: Banko Binko Panama, Rep. of Panama	**Country of Origin:** JAPAN
Transport details Ocean MV Altamares	

Item, number, marks, number and type of packages, description of goods:

Container

Containing Televisions, VCRs, Video Recorders and spare parts and 10,000 VHS cassettes as per purchase order 1714

The undersigned authority certifies that the goods described above originate in the country shown above.

PANAMANIAN – HONG KONG CHAMBER OF COMMERCE

Place and date of issue, name and signature of competent authority

June 9, 202×, Hong Kong

Panamanian – Hong Kong Chamber of Commerce

✪ 附式 12－6

Bill of Lading

For multimodal transport or port to port shipment

Shipper:
Electronic Distributing Associates,
Hong Kong Consolidators, Inc., as agents

Voyage N° 59E　　**??? N°** 7

Shipper's reference: EDA-PA 4576

Carrier:

PHK Lines

Consignee:
To order of
Transitarios Panama

Notify address (carrier not responsible for failure to notify):
Importadora Electronica S.A.
147, Avenida San Jose
Panama, Rep. of Panama

Place of receipt (Applicable only when document used for MULTIMODAL transport):

Place of delivery (Applicable only when document used for MULTIMODAL transport):

Ocean Vessel: M/V Altamares

Port of loading: Hong Kong

Port of discharge: Puerto Armuelles Panama

Container Nos. Seal Nos; Marks and Nos.	Number and type of packages; description of goods	Gross weight (kg)	Measurements (cbm)
1 Container	TVs, VCRs, Spare Parts and Cassettes ON BOARD June 9, 202×		

ABOVE PARTICULARS AS DECLARED BY SHIPPERS

Total No. of Containers/Packages received by the Carrier: 1

Shippers declared value: USD 122,500

RECEIVED from the Carrier from the Shipper in apparent good order and condition (unless otherwise noted herein) the total number or quantity of Containers or other packages or units indicated in the box opposite entitled "Total No. of Containers/Packages received by the Carrier" for carriage subject to all the terms and conditions hereof (INCLUDING THE TERMS AND CONDITIONS ON THE REVERSE AND THE TERMS AND CONDITIONS OF THE CARRIERS APPLICABLE TARRIF) from the Place of Receipt or the Port of Loading, whichever is applicable, to the Port of Discharge or the Place of Delivery, whichever is applicable. In accepting this document the Merchant expressly accepts and agrees to all its terms and conditions whether printed, stamped or written, or otherwise incorporated, notwithstanding the non-signing of this document by the Merchant.

Movement:

Freight and charge		Collect
Freight and charge		
Origin THC /LCL Charge		
Sea Freight		
Sea Freight		
Destination Land Freight / Transp. Add'l		
Collect USD16,800.-		

Appropriate columns to be marked by "X"

Freight payable at:

Place and date of issue: Hong Kong - June 9, 202×

Number of Originals issued: 1

Signature [signature]
XYZ Company as agents

现将审核的不符点列出清单，并写出不符点的理由如下：

1. 信用证有效期是 202×年 6 月 17 日，而汇票日期是 202×年 6 月 18 日。

2. 信用证超支 USD 1 500，汇票和发票金额是 USD 122 500，而信用证开立的大约金额是 USD 110 000。

3. 汇票的出票人是 Electronic Distributing Associates，而信用证受益人的名称是 Electronic Distributors Associates。

4. 汇票的收款人是 Electronic Distributing Associates，而信用证受益人的名称是 Electronic Distributors Associates。

5. 汇票上没有加列“Drawn under Banko Binko，Panama，Documentary Credit 1234 issued on May 29，202×”。

6. 商业发票表明货物售给 Importadora Electronica S. A.，信用证上的买方名称是 Importadores Electronicos S. A.。

7. 商业发票上提及的合约号是 1714，而信用证提及的购货订单号是 1714—X。

8. 商业发票未包括装运备件 spare parts。注意信用证不准许分批装运和信用证金额已全部支取用完。

9. 商业发票上的货物描述与信用证的货物描述不一致。商业发票没有提及货物产地和 10 000。

10. 商业发票上出现的装运条件是 C & F Panama，而信用证要求的条件是 CFR Puerto Armuelles，Panama，INCOTERMS 202×。

11. 发票上的签字人名称与信用证上的受益人名称 Electronic Distributors Associates 不符。

12. 产地证表示托运人是 Electronic Distributing Associates，Hong Kong Consolidators，Inc.，as agents，而信用证上受益人的名称是 Electronic Distributors Associates。

13. 产地证表示收货人是 Banko Binko，Panama，而信用证的提单收货人是 Transitarios Panama。

14. 产地证表示货物原产地是日本，而信用证要求货物原产地是日本和中国。

15. 产地证表示购货订单号是 1714，代替了信用证上的 1714—X。

16. 提单是 consigned to order of，代替了信用证上的 consigned to。

17. 提单表示被通知人是 Importadora Electronic S. A.，而信用证上申请人名称是 Importadores Electronicos S. A.。

18. 提单没有包括装运 Video Recorders。

19. 提单表示 freight and charge collect，而信用证上则是 freight prepaid（按照 CFR Incoterms 2000 规定）。

20. 提单表示运费是 USD 16 800，而发票上的运费是 USD 16 850。

21. 提单没有按照 UCP 600 要求签字。XYZ 公司作为代理人未表明它所代理的承运人或船长的名称和身份。应该是如下签字式样：

XYZ Company as agent for L. H. K. Lines， the carrier signature	or	XYZ Company as agent for (name of master) the master signature

（二）出口地被指定银行审单实例

1. 出口审单基本程序分为接单、审单、收费、寄单四个环节。

（1）接单。签收出口商递交的信用证和全套单据，应点收单据的种类份数是否齐全，并注明收到日期，然后区别轻重缓急及时处理。一般是按到期日的先后以及金额大小进行排队，严防错漏遗失。出口商在交单时一般要填写一式两份的单据签收清单。银行核点后签收，退回一份给出口商，以分清责任。单据签收清单亦称公司结汇备查表。如果是时间要求较紧迫的出口商，可洽请银行先行审核能够提交的部分单据，待装船后，再把提单送银行审核。

（2）审单。首先，把单据进行整理排列，排列的顺序大致如下：a. 汇票（有些信用证不要求汇票）；b. 商业发票；c. 其他单据；d. 提单（全套正本）；e. 保险单；f. 信用证正本及修改书（如有修改书的话）。

按上述顺序排列，可以防止错乱或漏审。

其次，用纵横审单法对单据进行全面逐条审核，并在审单记录（work - sheet）中记录审单过程中发现的问题，存在的不符点，以及对这些问题的处理意见。审核单据的记录必要时应通知出口商（在单据有不符点时），以便及时修改。

最后，对信用证背面进行批注。注明日期、金额、余额、银行名称。如果信用证之金额已用罄，应加盖“Exhausted”戳记，收回归档。信用证如果是部分议付，则应将议付日期、金额与出口数量以及余额注明。例如，信用证金额为 HKD50 000，货物 100M/T，6 月 10 日交单金额为 HKD25 000，货物 50M/T，余额为 HKD25 000，未出口货物 50M/T 时，则记录如下：

日期	交单金额	出口数量	余额	待出口数量
6 月 10 日	HKD25 000	50M/T	HKD25 000	50M/T

以后每次议付时，均应再逐笔批注。

（3）计算费用。即按银行规定的收费种类和费率表，计算出应收的费用。这些费用通常包括通知费、预先通知费、修改费、转递费、保兑费、议付费、邮费等。各家银行的收费水平不一定一致。

通知费一般在议付时计收，也可在信用证的通知/修改时计收。通知行如为保兑行，则只收保兑费，不再收通知费。议付费是在议付银行受理议付时收取的费用，如未办理议付，可酌情收验单费（Handling Commission）。如信用证规定发生在当地银行办理付款，则可收取付款费（Payment Commission），付款费通常略高于议付费。如信用证项下有转让费、承兑费等，其转让费应由第一受益人承担，承兑费则只限于承兑后以出口地银行为付款人的远期汇票，这些费用可由议付行在议付时向开证银行收取。如信用证中规定“All charges and Commission are for Beneficiary's account”（所有费用及佣金由受益人负担），则上述所有费用可直接向受益人收取。

（4）缮制议付通知书及寄单。议付银行审单完毕，若认为单据合格，即可缮制议付通知书。议付通知书一式多联，其中第一、第二联随单据寄送开证行。如信用证规定向偿付行索汇时，则第三联作为索汇函寄往该行，其余各联作为议付行的传票或归档备查。

2. 审单实例。

基本案情：

荷兰银行上海分行收到了韩亚银行从汉城开来的信用证，受益人为 SHANGHAI EFG

CO.，LTD.。受益人在按照信用证要求出货、制单以后，将全套单据交自己的开户行（指定银行）审核。指定银行审单后发现一系列不符点，将不符点告知受益人，并向受益人建议如何修改单据。

出口信用证：

MT700　Issue of a Documentary Credit
Sender　: HNBNKRSE×××
HANA BANK
SEOUL KR
Receiver　: ABNACNSH×××
ABN AMRO BANK N. V.
(SHANGHAI BRANCH)
SHANGHAI CN
-------------------------------- Message Text ---------------------------------
27: Sequence of Total
1/1
40A: Form of Documentary Credit
IRREVOCABLE TRANSFERABLE
20: Documentary Credit Number
123456
31C: Date of Issue
200808
40E: Applicable Rules
UCP LATEST VERSION
31D: Date and Place of Expiry
201003AT YOUR COUNTRY
50: Applicant
ABC CO., LTD.
SEOUL, KOREA
59: Beneficiary – Name & Address
SHANGHAI EFG CO., LTD.
SHANGHAI CHINA.
32B: Currency Code, Amount
Currency　: USD (US DOLLAR)
Amount　: #79444#
39A: Percentage Credit Amt Tolerance
05/05
41D: Available With... By... - Name & Addr
ANY BANK
BY NEGOTIATION
42C: Drafts at...
BENEFICIARY DRAFTS AT SIGHT
FOR 100 PCT OF THE INVOICE VALUE
42A: Drawee - BIC
HNBNKRSE×××
HANA BANK
SEOUL KR
43P: Partial Shipments
ALLOWED
43T: Transhipment
NOT ALLOWED
44E: Port of Loading/Airport of Dep.
CHINESE PORT

44F：Port of Discharge /Airport of Dest
KOREAN PORT
44C：Latest Date of Shipment
200918
45A：Description of Goods &/or Services
ORIGIN CHINA
CIF CHINA
（COTTON 100PCT SHIRTS as per Sales Contract 004 DD 070105）
T001　4000PCS　AT USD 7，30　USD 29200，00
T002　4000PCS　AT USD 7，80　USD 31200，00
T003　3600PCS　AT USD 5，29　USD 19044，00
46A：Documents Required
+SIGNED COMMERCIAL INVOICE IN TWO FOLDS indicating that goods shipped and invoiced fully conform to those described on proforma invoice No. 53 307 03199 dated 31 July 2014（发票上需要标注的内容）.
+PACKING LIST IN TWO FOLDS
+FULL SET OF CLEAN ON BOARD OCEAN BILLS OF LADING MADE OUT TO ORDER AND BLANK ENDORSED MARKED FREIGHT PREPAID，NOTIFY APPLICANT AND LIONS SHIPPING AND AIR CO.，LTD.
+INSURANCE POLICY OR CERTIFICATE ENDORSED IN BLANK ISSUED FOR 110 PER CENT INVOICE VALUE COVERING I. C. C . ALL RISKS AND
CLAIMS PAYABLE AT DESTINATION.
+COPY OF BENEFICIARY'S FAX ADDRESSED TO THE APPLICANT ADVISING ALL SHIPMENT DETAILS
47A：Additional Conditions
+5PCT MORE OR LESS IN Q'TY AND AMOUNT ALLOWED.
+THIS L/C IS TRANSFERABLE AT ADVISING BANK.
+THIRD PARTY DOCUMENTS ARE ACCEPTABLE.
+ALL DOCS MUST INDICATE LC NO. AND NAME OF LC ISSUING BANK.
+EXCEPT SO FAR AS OTHERWISE EXPRESSLY STIPULATED HEREIN，ALL DOCUMENTS SHOULD BE INDICATED L/C NUMBER AND MUST BE FORWARDED DIRECTLY TO US IN ONE LOT BY COURIER SERVICES.
+ADDRESS OF THE ISSUING BANK
9－10，EULJIRO，2－KA，JUNG－GU，SEOUL，KOREA
ZIP CODE ：100－720
ATTN：INTERNATIONAL BUSINESS OPERATION CENTER
71D：Charges
+ALL BANKING CHARGES OUTSIDE KOREA
AND REMITTANCE
CHARGES ARE FOR ACCOUNT OF
BENEFICIARY.
48：Period for Presentation in days：10
49：Confirmation Instructions
WITHOUT
78：Instr to Payg/Accptg/Negotg Bank
+T/T REIM IS NOT ALLOWED
+UPON RECEIPT OF DOCUMENTS IN ORDER，WE SHALL REMIT PROCEEDS TO YOUR DESIGNATING ACCOUNT.
+IF DOCUMENTS ARE PRESENTED WITH DISCREPANCIES，A DISCREPANCY FEE OF USD 60，00（JPY7000，00 OR EUR60，00）
OR EQUIVALENT SHOULD BE DEDUCTED FROM THE REIMBURSEMENT CLAIM. THIS FEE SHOULD BE CHARGED TO BENEFICIARY.
+THE NEGOTIATING BANK/PRESENTING BANK MUST SEND AN EXTRA COPY OF EACH DOCUMENT TO US FOR OUR FILES ALONG WITH THE ORIGINAL DOCUMENTS. IF NOT，USD 10，00 WILL BE DEDUCTED FROM PAYMENT.

出口商递交被指定银行待审单据：

（1）汇票。

Bill of Exchange

No. 004　　　　　　　　　　　　Date：20201005
Exchange for USD 79, 444. 00
At 90 DAYS AFTER SIGHT of this FIRST of
Exchange (Second of exchange being unpaid)
Pay to order of **ABN AMRO BANK N. V. SHANGHAI BR.**
The sum of US DOLLARS SEVENTY NINE THOUSAND FOUR HUNDRED FORTY FOUR ONLY.
Drawn under L/C No. 123456 Date 200808
Issued by HANA BANK, SEOUL
Value received and charge the same amount to
To：HANA BANK SEOUL, KOREA

For and on behalf of
SHANGHAI EFG TRADING CO., LTD.
XUE HAI
AUTHORIZED SIGNATURE

（2）发票。

SHANGHAI EFG CO., LTD.
INVOICE

INVOICE NO. 004　　　　　　　　Date：SEP. 14 2020

TO：ABC INDUSTRIAL CO LTD.
LC NO. DC123456　　ISSUING BANK：HANA BANK SEOUL KOREA
MARKS & NOS.
N/M
ORIGIN CHINA
CIF CHINA
(COTTON 100PCT SHIRTS)

T001	4 000PCS	AT USD 7. 30	USD 29 200. 00
T002	4 000PCS	AT USD 7. 80	USD 31 200. 00
T003	3 600PCS	AT USD 5. 29	USD 19 044. 00
TOTAL			USD 79 444. 00

SHANGHAI EFG CO., LTD.
AUTHORIZED SIGNATURE

（3）装箱单。

SHANGHAI EFG CO., LTD.
PACKING LIST

INVOICE NO. 004 –0702　　　　　　Date：SEP. 14 2020
TO：ABC CO LTD.
MARKS & NOS.
SHIRT
----
1 – UP
ORIGIN CHINA
CIF CHINA
(COTTON 100PCT SHIRTS)
T001　4 000PCS
T002　4 000PCS
T003　3 600PCS
TOTAL：350 Cartons
G. W. 4 875. 00 KGS
MEASUREMENT：18. 2CBM

SHANGHAI EFG CO., LTD.

（4）提单。

中远集装箱运输有限公司
COSCO CONTAINER LINES

ORIGINAL

TLX:33057 COSCO CN
FAX: +86(021)65458984

PORT TO PORT OR COMBINED TRANSPORT BILL OF LADING

1. Shipper Insert Name Address and Phone/Fax SHANGHAI EFG CO LTD. SHANGHAI, CHINA		Booking No.	Bill of Lading No. COSCOTEC192
		Export References	
2. Consignee Insert Name Address and Phone/Fax TO ORDER OF SHIPPER		Forwarding Agent and References	
		Point and Country of Origin	
3. Notify Party Insert Name Address and Phone/Fax (It is agreed that no responsibility shall attach to the Carrier or his agents for failure to notify) ABC CO LTD.		Also Notify Party-routing & Instructions	
4. Combined Transport* Pre-Carriage by	5. Combined Transport* Place of Receipt		
6. Ocean Vessel Voy No. TUO HE V.25	7. Port of Loading SHANGHAI	Service Contract No.	Commodity Code
8. Port of Discharge PUSAN	9. Combined Transport* Place of Delivery	Type of Movement LCL/LCL	

Marks & Nos. Container/Seal No.	No. of Container or Packages	Description of Goods (If Dangerous Goods, See Clause 20)	Gross Weight	Measurement
N/M	350 CARTONS	SHIRT	4875.000 KGS	18.200 CBM
OCEAN FREIGHT COLLECT SHPPER'S LOAD, STOWAGE AND COUNT ON CFS-CFS TERM				
CHGJ4860285	/ 298403 /	350 CARTONS / LCL/LCL	/ 20 GP /	
Declared Cargo Value US$		Description of Contents for Shipper's Use Only (Not part of This B/L Contract)		

10. Total Number of Containers and/or Packages (in words) Subject to Clause 7 Limitation: SAY THREE HUNDRED AND FIFTY CARTONS ONLY

11. Freight & Charges	Revenue Tons	Rate	Per	Amount	Prepaid	Collect	Freight & Charges Payable at/by

Received in external apparent good order and condition except as otherwise noted. The total number of the packages or units stuffed in the container, the description of the goods and the weights shown in this Bill of Lading are furnished by the merchants, and which the carrier has no reasonable means of checking and is not a part of this Bills of Lading contract. The carrier has issued 3 original Bill of Lading, all of this tenor and date, one of the original Bills of lading must be surrendered and endorsed or signed against the delivery of the shipment and whereupon any other orginal Bills of Lading shall be void. The merchants agree to be bound by the terms and and conditions of this Bill of Lading as if each had personally signed this Bill of lading.
*Applicable Only When Document Used as a Combined Transport Bill of Lading.

Date Laden on Board 15 SEP 2019

Signed by: 上海中远集装箱船务代理有限公司
COSCO SHANGHAI CONTAINER SHIPPING AGENCY CO., LTD.

许可证号：JTL0008 Standard Form 9805

Date of Issue 15 SEP 2019
Place of Issue SHANGHAI

Signed for AS AGENT COSCO CONTAINER LINES
for the Carrier, COSCO Container Lines

（5）保险单。

货 物 运 输 保 险 单
CARGO TRANSPORTATION INSURANCE POLICY

总公司设于北京 Head Office Beijing　　一九四九年创立 Established in 1949

发票号 (INVOICE NO.) 004　　保单号次 POLICY NO. **IPGOEN0435**

合同号 (CONTRACT NO.)

信用证号 (L/C NO.)

被保险人 INSURED SHANGHAI EFG CO LTD.

中国人民财产保险股份有限公司（以下简称本公司）根据被保险人的要求，由被保险人向本公司缴付约定的保险费，按照本保单承保险别和背面所载条款与下列特款承保下述货物运输保险，特立本保险单。

THIS POLICY OF INSURANCE WITNESSES THAT PICC PROPERTY AND CASUALTY COMPANY LIMITED (HEREINAFTER CALLED "THE COMPANY") AT THE REQUEST OF THE INSURED AND IN CONSIDERATION OF THE AGREED PREMIUM PAID TO THE COMPANY BY THE INSURED, UNDERTAKES TO INSURE THE UNDERMENTIONED GOODS IN TRANSPORTATION SUBJECT TO THE CONDITIONS OF THIS POLICY AS PER THE CLAUSES PRINTED OVERLEAF AND OTHER SPECIAL CLAUSES ATTACHED HEREON.

标　记 MARKS & NOS	包装及数量 QUANTITY	保险货物项目 DESCRIPTION OF GOODS	保险金额 AMOUNT INSURED
AS PER INVOICE NO. 004	**350 CARTONS** **AS PER DOUMENTARY CREDIT NO.** 123456 **ISSUED BY** HANA BANK SEOUL KOREA	SHIRT	USD79,444.00

ORIGINAL

总保险金额：TOTAL AMOUNT INSURED US DOLLARS SEVENTY NINE THOUSAND FOUR HUNDRED FORTY FOUR ONLY

保费：PREMIUM **AS ARRANGED**　启运日期：DATE OF COMMENCEMENT **AS PER B/L**　装载运输工具：PER CONVEYANCE **TUO HE V.25**

自 FROM **SHANGHAI, CHINA**　经 VIA ＿＿＿＿　至 TO PUSAN KOREA

承保险别：CONDITIONS

COVERING ALL RISKS AS PER C.I.C OF PICC DATED 1/1/1981.

所保货物，如发生保险单项下可能引起索赔的损失或损坏，应立即通知本公司下述代理人查勘。如有索赔，应向本公司提交保单正本（本保单共有　叁　份正本）及有关文件，如一份正本已用于索赔，其余正本自动失效。

IN THE EVENT OF LOSS OR DAMAGE WHICH MAY RESULT IN A CLAIM UNDER THIS POLICY, IMMEDIATE NOTICE MUST BE GIVEN TO THE COMPANY'S AGENT AS MENTIONED HEREUNDER. CLAIMS, IF ANY, ONE OF THE ORGINAL POLICY WHICH HAS BEEN ISSUED IN　3　ORIGINAL(S) TOGETHER WITH THE RELEVENT DOCUMENTS SHALL BE SURRENDERED TO THE COMPANY. IF ONE OF THE ORIGINAL POLICY HAS BEEN ACCOMPLISHED, THE OTHERS TO BE VOID.

AIG EUROPE, S.A., ITALY BRANCH
VIA DELLA CHIUSA 2
20123 ITALY
TEL: 39 02 36901

中国人民财产保险股份有限公司 上海市分公司
PICC Property and Casualty Company Limited, Shanghai Branch

赔款偿付地点 CLAIM PAYABLE AT/IN PUSAN IN USD

出单日期 ISSUING DATE **SEPTEMBER 16, 2019**

马健

GENERAL MANAGER

地址：中国上海中山南路700号
ADD: 700 ZHONGSHAN ROAD (S) SHANGHAI CHINA
邮编（POST CODE）：200010

经办：冯可　复核：林晓平

Settling & Customer Service Centre:
（理赔/客户服务中心）86 21 63674274

保单顺序号 PICC 0190123

银行审单记录：

出口单据审单记录表

	不符点	应修改为
汇票	1. 出票日期晚于信用证有效期	一般为单据提交议付行的日期，最迟为9月30日
	2. 付款期限与信用证不符	at... sight
	3. 出票人名称与信用证不符	Shanghai EFG Co. Ltd.
商业发票	1. 买方名称错误	ABC CO LTD.
	2. 货物描述与信用证货物描述不完全一致	as per Sales Contract No. 004 070105
	3. 遗漏信用证规定的证明文句	We hereby evidence that goods shipped and invoiced fully conform to those described on proforma invoice No. 53 307 03199 dated 31 July 2019.
	4. 发票未经签署	**XUE HAI**
装箱单	1. 发票号码与商业发票不符	004
	2. 运输标记与提单不符	N/M
	3. 未按信用证要求标注信用证号码和开证行名称	Documentary Credit No. 123456 Name of issuing bank：HANA BANK SEOUL KOREA
提单	1. 收货人错误	To Order
	2. 被通知人与信用证规定不符	除开证申请人以外，还应添加： LIONS SHIPPING AND AIR CO.，LTD.
	3. 运费条款错误	Freight Prepaid
	4. 未按信用证要求标注信用证号码和开证行名称	Documentary Credit No. 123456 Name of issuing bank：HANA BANK SEOUL KOREA
	5. 提单未背书	应作空白背书： Shanghai EFG CO. Ltd. **XUE HAI** 20 – Sep – 19

保险单	1. 保险金额与信用证规定不符	USD 87 388.40 Say US Dollars Eighty Seven Thousand Three Hundred Eighty Eight and Cents Forty Only
	2. 承保险别与信用证规定不符	I. C. C All Risks as per I. C. C. dated 1/1/1982
	3. 未按信用证要求作空白背书	Shanghai EFG. CO. Ltd. **XUE HAI**
	4. 保单日期晚于装船日	应在2019年9月15日以前出具
受益人传真副本	未提交	补交

评析：

1. 保险单的日期。一般情况下，保险单据的出具日期不得晚于货物在信用证规定的地点装船、发运或接管（如果适用的话）的日期，除非保险单据上明确表述保险责任已从装船、发运或接管（如果适用的话）之日起生效。

2. 保险单的背书。在CIF或CIP价格条件下，被保险人为卖方（信用证项下受益人），但若发生了货损，实际索赔的权益应属于买方（信用证项下申请人），所以保险单在以卖方为投保人的情况下，卖方在向银行交单前应在保单背面作背书，以使索赔权益能够转让给保险单的受让方。

在信用证交易中，保单的背书形式应遵照以下原则：

（1）如信用证明确要求在保险单上作空白背书（Endorsed in blank/Blank endorsed），或是信用证没有对保险单是否要背书作具体规定时，在投保人为信用证受益人的情况下，受益人应作空白背书。

（2）如信用证规定“Endorsed to Order of...”，在投保人为受益人的情况下，背书时必须先写明“To order of...”或“Pay to the Order of...”，然后再由受益人署名签字。

（3）在信用证规定保险单据以开证申请人（进口方）作为投保人的情况下，受益人（出口人）无须对保险单作背书。

（三）进口地开证行审单实例

基本案情：应申请人AAA SHANGHAI CORP. 的要求，民生银行上海分行向纽约银行纽约分行开立信用证。受益人在按照信用证要求出货、制单以后，将全套单据通过本地指定银行邮寄至开证行。开证行审单后发现一系列不符点，供申请人参考。

进口信用证：

```
* FIN/Session/ISN          : F01 . SS. SEQ.
* Own Address              : MSBCCNBJA002
* Input Message Type       : 700      Issue of a Documentary Credit
* Sent to                  : IRVTUS3N××××
```

Priority/Obsol. Period: Normal/100 Minutes

----

27 /Sequence of Total
1/1
40A/ + Form of Documentary Credit
IRREVOCABLE
20 / + Documentary Credit Number
0218LC07000011
31C/ + Date of Issue
190906
40E/Applicable Rules
UCP LATEST VERSION
31D/ + Date and Place of Expiry
191016INDIA
50 / + Applicant
AAA SHANGHAI CORP.
17 - 19TH FL., NO. 66 HE NAN ROAD (S)
SHANGHAI CHINA
59 / + Beneficiary
PRIVI ORGANICS LIMITED (EXPORT
ORIENTED UNIT) UNIT - Ⅱ (100PCT EOU)
C - 3, 4, 5 AND 8, M. I. D. C, MAHAD - 402
309 DIST. RAIGAD, MAHARASHTRA, INDIA
32B/ + Currency Code, Amount
USD 27 360,
39A/ + Percentage Credit Amount Tolerance
0/0
41D/ + Available With... By...
ANY BANK
BY NEGOTIATION
42C/ + Draft at...
60DAYS AFTER SHIPMENT FOR 100PCT OF
INVOICE VALUE SHOWING THIS L/C NO.
AND DATE OF ISSUE
42A/ + Drawee
MSBCCNBJ002
43P/ + Partial Shipments
NOT ALLOWED
43T/ + Transshipment
NOT ALLOWED
44E/Port of loading
INDIAN MAIN PORTS
44F/ Port of discharge
HONG KONG
44C/ + Latest Date of Shipment
190925
45A/ Description of Goods and/or Services
NAME OF COMMODITY:
1 - (2, 2, 6 - TRIMETHYLCYCLOHEXYL) - 3 - HEXANOL (TIMBER TOUCH), LOT
NO.: 2019080807
QUANTITY: 720, 0KG
UNIT PRICE: USD 38, 0/KG
TOTAL AMOUNT: USD 27360, 00 CIF GUANGZHOU
PACKING: 180KG DRUM, PALLETIZED

TOTAL VALUE: USD 27360, 00
SHIPPING MARK:
1 - (2, 2, 6 - TRIMETHYLCYCLOHEXYL) - 3 - HEXANOL (TIMBER TOUCH)
N. W.: 180KG
G. W.: 200KG
LOT NO.: 2019080807
MADE IN INDIA
46A/ Documents Required
+SIGNED COMMERCIAL INVOICE IN 5 FOLD.
+3/3 ORIGINALS OF CLEAN ON BOARD OCEAN BILLS OF LADING
MADE OUT TO ORDER AND BLANK ENDORSED, MARKED "FREIGHT
PREPAID", NOTIFY APPLICANT.
+FULL SET OF INSURANCE POLICY/CERTIFICATE
FOR 110PCT OF THE INVOICE VALUE
SHOWING CLAIMS PAYABLE IN CHINA,
IN CURRENCY OF THE DRAFT BLANK ENDORSED,
COVERING ALL RISKS AND WAR RISKS.
+PACKING LIST IN 5 FOLD ISSUED BY BENEFICIARY INDICATING
QUANTITY GROSS AND NET WEIGHTS OF EACH PACKAGE.
+CERTIFICATE OF ORIGIN IN 1 FOLD.
+CERTIFICATE OF QUALITY IN ISSUED BY BENEFICIARY 5 FOLD.
+BENEFICIARY'S CERTIFICATE CERTIFYING
THAT EXTRA COPIES OF OTHER DOCUMENTS HAVE BEEN SENT
DIRECTLY TO APPLICANT AFTER SHIPMENT.
+FUMIGATION CERTIFICATE ISSUED BY BENEFICIARY IN 2 FOLD.
47A/Additional Conditions
+B/L MUST SHOW FINAL DESTINATION: GUANGZHOU CHINA
+THIRD PARTY AS SHIPPER IS NOT ACCEPTABLE.
SHORT FORM/BLANK BACK B/L IS NOT ACCEPTABLE.
+ALL DOCUMENTS MUST INDICATE THIS LC NO. （须注意此条款）
+THE NEGOTIATION BANK / PRESENTING BANK MUST INDICATE THE EXACT DATE OF DOCS PRESENTATION ON THEIR COVERING SCHEDULE. IF SUCH A DATE WAS NOT MENTIONED WITHIN THE COVERING SCHEDULE, THE DATE OF THE COVERING SCHEDULE WILL BE DEEMED TO BE THE DATE OF DOCS PRESENTATION.
71D/Charges
ALL BANKING CHARGES OUTSIDE THE
ISSUING BANK ARE
FOR BENEFICIARY'S ACCOUNT.
48/Period for Presentation in days: 10
49/ + Confirmation Instructions
WITHOUT
78/Instructions to the Paying/Accepting/Negotiating Bank
+UPON RECEIPT OF THE DOCUMENTS AND THE DRAFTS
IN COMPLIANCE WITH THE TERMS AND CONDITIONS

OF THIS CREDIT, THE REIMBURSEMENT WILL BE EFFECTED
AS PER THE NEGOTIATING BANK'S INSTRUCTION.
+THE AMOUNT OF EACH DRAFT MUST BE ENDORSED
ON THE REVERSE OF THIS CREDIT BY THE NEGOTIATING BANK.
+A CHARGE OF USD 50. – OR EQUIVALENT
IN THE CREDIT CURRENCY WILL BE DEDUCTED
FROM THE PROCEEDS FOR EACH PRESENTATION
BEARING DISCREPANCIES.
+ALL DOCUMENTS MUST BE SENT IN ONE LOT TO ISSUING BANK: RM216,
NO. 48 WEIHAI ROAD, SHANGHAI, 200003 CHINA.

国外被指定银行递交开证行的待审进口单据：

（1）汇票。

Exchange **No.** EXP/07-08/2000212

DRAWN UNDER DOCUMENTARY CREDIT NUMBER 0218LC07000011 DT. 070906 OF CHINA MINSHENG BANKING CORPORATION, LIMITED

Date 24/09/2019

For US$ 27360.00

60 DAYS AFTER SHIPMENT **of this** *First* **Bill of Exchange** **(Second of the same tenor and date being unpaid)**

pay to the order of CORPORATION BANK
VEENA CHAMBERS, 21, DALAL STREET,
FORT, MUMBAI 400023. INDIA

the sum of US$ TWENTY SEVEN THOUSAND THREE HUNDRED SIXTY ONLY

value received and place the same to account of 4 DRUMS CONTAINING AROMA CHEMICALS

packages shipped by S.S./Air MAGNAVIA V-0704

Invoice No. EXP/07-08/2000212 **Dt.** 24/09/2019

B/L / Air Bill No. TGLN 10070092 **Dt.** 04/10/2019

To,

CHINA MINSHENG BANKING CORPORATION, LIMITED
(SHANGHAI BRANCH)
RM216, NO. 48 WEIHAI ROAD,
SHANGHAI, 200003 CHINA.

For PRIVI ORGANICS LTD.

Authorised Signatory

（2）发票。

INVOICE

Exporter	Invoice No.& Date	Exporter's Ref
PRIVI ORGANICS LIMITED (EXPORT ORIENTAL UNIT) UNIT-II (100CT EOU) C-3,4,5 AND 8, M.I.D.C, MAHAD-402309 DIST.RAIGAD, MAHARASHTRA, INDIA.	EXP/07-08/2000212 24/09/2019	
	Buyer's Ref No.& Date	
	Other Reference(s) L/C NO. 0218LC07000011 DT. 070906	

Consignee	Buyer (if other than consignee)
AAA SHANGHAI CORP. 17-19TH FL.,NO.88 HE NAN ROAD(S) SHANGHAI CHINA	

Pre-Carriage by	Place of Receipt by Pre-carrier	Country of Origin of Goods	Country of Final Destination
SEA		INDIA	CHINA
Vessel/Flight No. MAGNAVIA V-0704	Port of Loading MUMBAI	Terms of Delivery and Payment CIF GUANGZHOU 60 DAYS AFTER SHIPMENT DOCUMENTARY CREDIT NUMBER 0218LC07000011 DT. 070906	
Port of Discharge HONG KONG	Final Destination GUANGZHOU(CHINA)		

Marks & Nos./ Container No.	No. & Kind of Pkgs.	Description of Goods	Quantity In KGS	Rate US$ Per KGS	Amount CIF US$
1-(2,2,6-TRIMETHYL CYCLOHEXYL) -3-HEXANOL (TIMBER TOUCH) N.W.180KG G.W.200KG LOT NO.: 2019 080807 MADE IN INDIA	4 DRUMS X 180 KGS	(1-(2,2,6-TRIMETHYLCYCLOHEXYL)-3-HEXANOL (TIMBER TOUCH), LOT NO. :2007080807 DOCUMENTARY CREDIT NUMBER 0218LC07000014 DT. 070906	720.000	38.00	27360.00
Amount in Words: CIF US$ Twenty Seven Thousand Three Hundred Sixty Only				Total	27360.00

Declaration :
We declare that this Invoice shows the actual price of the goods described and that all particulars are true and correct.

For PRIVI ORGANICS LIMITED (EXPORT ORIENTAL UNIT)

Authorised Signatory

（3）装箱单。

PACKING LIST

1/1

Exporter	Invoice No.& Date
PRIVI ORGANICS LIMITED (EXPORT ORIENTAL UNIT) UNIT-II (100CT EOU) C-3,4,5 AND 8, M.I.D.C, MAHAD-402309 DIST.RAIGAD, MAHARASHTRA, INDIA.	EXP/07-08/2000212　　24/09/2019 Buyer's Ref.No.& Date Other Reference(s) L/C NO. 0218LC07000011 DT. 070906

Consignee	Buyer (if other than consignee)
AAA SHANGHAI CORP. 17-19TH FL.,NO.66 HE NAN ROAD(S) SHANGHAI CHINA	Country of Origin of Goods: INDIA Country of Final Destination: CHINA

Pre-Carriage by	Place of Receipt by Pre-carrier
SEA	
Vessel/Flight No.	**Port of Loading**
MAGNAVIA V-0704	J.N.P.T
Port of Discharge	**Final Destination**
HONG KONG	GUANGZHOU(CHINA)

Marks & Nos./ Container No.	No. & Kind of Pkgs.	Description of Goods	Quantity In KGS	Remarks DRUM NO
1-(2,2,6-TRIMETHYL CYCLOHEXYL) -3-HEXANOL (TIMBER TOUCH) N.W. 180KG G.W.200KG LOT NO.: 2019080807 MADE IN INDIA	3 DRUMS X 180 KGS PALLA-TISED EACH DRUM NET WT. GROSS WT.	(1-(2,2,6-TRIMETHYLCYCLOHEXYL)-3-HEXANOL (TIMBER TOUCH), LOT NO.: 2019080807 TOTAL NET WEIGHT : 720.000 KGS TOTAL GROSS WEIGHT : 808.000 KGS DOCUMENTARY CREDIT NUMBER 0218LC07000011 DT. 060906	720.000	3187 TO 3190

For PRIVI ORGANICS LIMITED (EXPORT ORIENTAL UNIT)

Authorised Signatory

（4）提单。

MTD Bill of Lading NOT NEGOTIABLE UNLESS CONSIGNED TO ORDER

ORIGINAL

B/L No. TGLN 10070092

Consignor / Shipper
PRIVI ORGANICS LIMITED
EXPORT ORIENTED UNIT
UNIT - II (100 PCT EOU)
C-3,4,5 AND 8,M.I.D.C.
MAHAD-402309 DIST. RAIGAD, MAHARASHTRA, INDIA

Consignee or 'To order' as indicated
TO ORDER

Notify address (No claim shall attached for failure to notify)
M/S AAA SHANGHAI CORP.
17-19 TH FL.NO 66
HE NAN ROAD(S)
SHANGHAI, CHINA

TEAMGLOBAL
Taking business places
Teamglobal Logistics Pvt Ltd.
Gyan Bhavan, Ground Floor, 8, Kumpta Street, Ballard Estate, Mumbai-400 038. INDIA
Tel: +91 22 6754 9800 • Fax: +91 22 6754 9800
Email: info@teamglobal.in • Website: www.teamglobal.in
Reg. No. MTO/DGS/507/2006
FMC Registration No. 020250

Place of acceptance	Port of Loading JNPT
Port of Discharge HONG KONG	Place of Delivery GUANGZHOU (CHINA)
Vessel & Voyage No. MAGNAVIA V - 0704	

Container No.(s) / Marks and numbers	Number of packages, kinds of packages, general description of goods. Said to contain	Gross Weight	Measurement
SINOCHEM SHANGHAI CORP. LC NO.0218LC0700 0011 CONT. NO. KMTU 7084275 SEAL NO. 110486	SAID TO CONTAIN 1 PALLET STC 4 G.I. BARRELS (FOUR G.I. BARRELS ONLY) AROMA CHEMICALS TIMBER TOUCH (1-(2,2,6-TRIMETHYL CYCLOHEXYL)-3-HEXANOL (TIMBER TOUCH) LOT NO : 2019080807 (CODE NO. 101192) (HS # 2906 19 00 90) AS PER LC NO. 0218LC07000011 DT.06/09/2019 INV. NO. EXP/07-08/2000212 DT.24/09/2019 S/B NO. 5617192 DT.26/09/2019 FREIGHT PREPAID FREIGHT AS ARRANGED	Gr.Wt:\KGS 808.000 Net.Wt:\KGS 720.000 Tare Wt:\KGS 88.000	1.434 CBM LCL / LCL CFS / CFS

SHIPPED ON BOARD

Particulars above furnished by consignor/consignee

Delivery Agent	Freight amount	Number of Original B/L MTD(s) 3 (THREE)	Place and date of issue MUMBAI 4 OCT 2019
	Freight payable at MUMBAI		For TEAMGLOBAL LOGISTICS PVT. LTD. AS CARRIER (Authorised Signatory)

MUM N 29253

Weight and measurement of container not to be included
(TERMS CONTINUED ON BACK HEREOF)

（5）保险单。

Bajaj Allianz General Insurance Company Ltd.

Registered Office : GE Plaza, Airport Road, Yerwada, Pune -411006(India)　**BAJAJ | Allianz**

Marine Insurance Certificate

Issuing Office :	952/954, Appasaheb Marathe Marg, Prabhadevi, , Mumbai-400025,Phone No: 022 66628666		
Open Cover No :	OG-08-1901-1006-00000013	**Certificate No :**	OG-08-1901-1011-00003026
Date :	08/10/2019		

CTD/BL/AWB NO. LCL/ JAI/PWT/KLG/ : TGLN 10070092 Dated :-04/10/2007

IMD CODE : 10007294 / MR RAMESH SABOO

Survey in the event of loss or damage which may involve claim under this certificate notice of loss or damage should be given to — 952/954, Appasaheb Marathe Marg, Prabhadevi, , Mumbai-400025,Phone No: 022 66628666

HUATAI INSURANCE AGENCY & CONSULTANT SERVICE LTD. RM. 2014 AMERICA BANK CENTER , NO. 555 REN MIN ZHONG LU GUANGZHOU CHINA P.R.

Invoice Number :	EXP/14-06/2000212		
Insured Name and Address	Privi Organic Limited205, Princess Street, ,, Mumbai - 400002		
Insured value	USD - 30096		
Sum Insured	INR 1221898	**Exchange rate @ :**	INR 40.6
Vessel Name	MAGNAVIA	**Marine @**	as agreed
Vessel Flag	LIBERIA	**Net Premium**	INR 978
Built Year	1996	**Stamp Duty**	INR 1.00
Voyage Number	V-0704	**Service Tax**	INR 0
From Place	JNPT	**Edu Cess**	INR 0
		Total	INR 979
To Place	CHINA		
Consignee/Consignor Details	AAA GROUP 'SHANGHAI		

Description of Goods and packaging				
Product No	**Description**	**Qty**	**Packaging/Case No**	
1	AROMA CHEMICALS & OTHER CHEMICALS **Description as per LC :-**	720	STANDARD & CUSTOMERY	

Commodity Wise Excess,Coverage,Exclusion,Warranties					
Cargo Description	**Excess**	**Coverages**	**Exclusions**	**Warranty**	
AROMA CHEMICALS & OTHER CHEMICALS					
AROMA CHEMICALS & OTHER CHEMICALS					
AROMA CHEMICALS & OTHER CHEMICALS					

Mark No:-SINOCHEM SHANGHAI CORP.

Container No:- KMTU-7064275,

Terms of Insurance:-

Subject to the undernoted clauses, endorsements, special conditions and warranties attached which form part of the Policy. Any loss or damage due to rust or contamination is excluded unless caused by an insured peril.(1) Institute Cargo Clauses (Air Cargo) (2) Institute War Clauses (Air Cargo) (3) Institute Strike Clauses (Air Cargo) (4) Institute Cargo Clause (A) (5) Institute Strike Clauses (Cargo) (6) Institute War Clauses (Cargo) (7) Institute Radio-Active Contamination Exclusion Clause (8) Important Notice (9) Institute Classification Clause (10) Open Cover Schedule (11) Subject to conditions for despatches through courier (12) Cargo ISM Endorsement. (13) Institute War Cancellation Clause (14) Declaration Clause (15) Climatic Conditions Clause (16) Label Clause (17) Pollution And Contamination Exclusion Clause (18) Shortage in Weight Clause (19) Warranted packed to withstand the intended journey

This is to certify that insurance of the above goods has been effected with this Company as per details specified in the Scheduled herein above, Subject to the terms and conditions of the relative Open Cover.

Claim Payable at destination by : BAJAJ ALLIANZ GENERAL INSURANCE COMPANY LTD.1ST FLOOR,G E PLAZA ,AIRPORT ROAD YERWADA PUNE-411006

Premium Collection Dtls : ReceiptNo / Collection No / Amt(INR) :- / / (INR)

Received With Thanks From Privi Organic Limited A Sum Of Rs979/-

In case of any claim, please contact our 24 Hour Call centre at 1800-22-5858, 1800-102-5858(Toll Free) / 30305858 (chargeable,add area code before this number in case of mobile call) or email us at 'info@bajajallianz.co.in'.

Service Tax Regn. No :-　AABCB5730G-ST-001

For Bajaj Allianz General Insurance Company Ltd

（6）产地证。

06755 **CERTIFICATE OF ORIGIN (NON PREFERENTIAL)**

NP/07 ***(COMBINED DECLARATION & CERTIFICATE ISSUED IN INDIA)***

1. Goods consigned from (exporter's business name, address, country)

PRIVI ORGANICS LIMITED
EXPORT ORIENTED UNIT
UNIT - II (100 PCT EOU)
C-3,4,5 AND 8,M.I.D.C.,
MAHAD-402302 DIST.RAIGAD,MAHARASHTRA
INDIA

REFERENCE NO.________ I.M.C. CODE NO. 1362

INDIAN MERCHANTS' CHAMBER

PREMIER CHAMBER OF COMMERCE AND INDUSTRY

An ISO 9001 Certified Organisation

100 1907-2007

HEAD OFFICE :
IMC Bldg., IMC Marg, Churchgate, MUMBAI - 400 020 (INDIA)
TEL.: 2204 6633 FAX: (91-22) 2284 4380 / 2204 8508 / 2283 8281
E-mail: imc@IMCnet.org WEB ADDRESS : http://www.IMCnet.org

BRANCH OFFICE:
The Commodity Exchange, Room NO. 616 & 617, 6th Floor,
P.O. Box 87, Sector - 19, Vashi, NAVI MUMBAI - 400 705. (INDIA)
TEL.: 2784 2466 TELEFAX: 2784 2467

2. Goods consigned to (consignee's business name, address, country)

M/S AAA SHANGHAI CORP.
17-19 TH FL NO.66
HE NAN ROAD(S)

3. Means of transport / Port of loading & Discharge
BY SEA
JNPT TO GUANGZHOU (CHINA)
VESSEL : MAGNAVIA V- 0704

4. For office use (IMC)

5. Item no.	6. Marks & no. of packages	7. No. & kind of packages description of goods	8. Origin criteria	9. Gross wt. or other quantity	10. No. & dt. of invoice
1	SINOCHEM SHANGHAI CORP. LC NO. 0218LC0700 0011	4 G.I. BARRELS OF 180 KGS AROMA CHEMICALS TIMBER TOUCH (1-(2,2,6-TRIMETHYL CYCLOHEXYL)- 3-HEXANOL (TIMBER TOUCH) LOT NO : 2019080807 (CODE NO. 101192) (HS # 2906 19 00 90) LOT NO. 2019080807 AS PER LC NO. 0218LC07000011 DT.06/09/2007 TOTAL NET WEIGHT : 720.000 KGS TOTAL GROSS WEIGHT : 808.000 KGS TOTAL TARE WEIGHT : 88.000 KGS	INDIA	GR.WT. 808.000 KGS	EXP/07-08/ 2000212 DATE : 24/09/2019

11. **CERTIFICATION** (IMC)

It is hereby certified on the basis of control carried out, that the declaration by the exporter is correct.

INDIAN MERCHANTS' CHAMBER 0 OCT 2019 MUMBAI-INDIA

No. 0 34:17

Authorised Signatory - INDIAN MERCHANTS' CHAMBER, MUMBAI - INDIA

12. **DECLARATION BY THE EXPORTER**

The undersigned hereby declares that the above details & statements are correct that all the goods were produced in
INDIA
(Country)
and that they comply with the origin requirements for exports to
CHINA
- 4 OCT 2019 (importing country)

For PRIVI ORGANICS LTD.

RAJESH KHAMBAL
EXPORT EXECUTIVE MUMBAI Authorised Signatory

place & date, Exporters signature rubberstamp of Co.

（7）熏蒸证。

CENTRAL WAREHOUSING CORPORATION
(A GOVT. OF INDIA UNDERTAKING)

FUMIGATION CERTIFICATE

Container Freight Station
CFS-D'NODE Tel:27242131/132 Ext-205
Jawaharlal Nehru Port
Navi Mumbai-400707 Fax 022-27242517

DPPQS Registration Number :062/MB Dt:26.09.2019

Treatment Certificate Number :7366- 12

Date of Issue:28/09/2019

This is certify that the following regulated articles have been fumigated according to the appropriate procedures to conform to the current Phytosanitary requirements of the importing country

DETAILS OF GOODS

Description of goods	: EMPTY WOODEN PALLETS
Quantity declared	: 01 NO'S WOODEN PALLETS
Distinguishing Marks	: ---
Container No	: UNDER FUMIGATION SHEET
Port & Country of loading	: JNPT MUMBAI INDIA
Name of Vessel	:
Country of Destination	: CHINA
Declared point of entry	: GUANGZHOU
Name and address of Consignor/Exp	: PRIVI ORGANICS LTD
Declared name & address of Consignee	: AAA SHANGHAI CORP

DETAILS OF TREATMENT

Name of fumigant	: METHYL BROMIDE
Date of fumigation	: 24-SEPT- 2019
Place of fumigation	: D'NODE
Dosage rate of fumigant	: 48GM/CBM
Duration of fumigation	: 24 HOURS
Minimum air temperature	: 26 C
Fumigation has been performed in a gas tight sheet	: YES
Container pressure test conducted	: NA
Container has 200mm free air space at top of Container	: YES
In transit Fumigation-Needs Ventilation at Port of discharge:	-NO-
Container has been ventilated to below 5ppw V/v M.Br.	: YES

WRAPPING AND TIMBER

Has the commodity been fumigated prior to lacquering varnishing Painting of Wrapping	: NA
Has plastic wrapping been used in the Consignment	: NO
Is the timber in this consignment less than 200mm thick in one dimension and correctly space every 200mm in height	: YES

ADDITIONAL DECLARATION: -SB .NO: 5617192 DT 26/09/2019

NAME OF PARTY: SHREE GANESH PALLETS

declared that these details are true & correct and the fumigation has been carried out in accordance with the SPM-15

Signature :
Name of Acc Fum. Operator
DDPQS Accreditation No.

G. MANI KUMAR
FUMIGATION OPERATOR
Central Warehousing Corpn
Acc No. 0820408

（8）质量证明。

CERTIFICATE OF QUALITY

The bellow mentioned product has been internally inspected for quality and specification in terms of Order / L/C.

(1-(2,2,6-TRIMETHYLCYCLOHEXYL)-3-HEXANOL
(TIMBER TOUCH)
against
INVOICE NO. EXP-07-08/2000212

NET WEIGHT : 720000 KGS
GROSS WEIGHT : 808000 KGS

MUMBAI :

DATE : 08/10/2019

FOR PRIVI ORGANICS LTD.

AUTHORISED SIGNATORY

PRIVI ORGANICS LIMITED
Knowledge Centre & Office :
Privi House, A-71, TTC, Thane Belapur Road, Near Kopar Khairane Railway Station, Navi Mumbai-400 703. India
Tel. : +91 22 27783040-48 Fax : +91 22 27783049 email : enquiry@privi.co.in website : www.privi.com
Regd. Off. : 205, Princess Street, Mumbai-400 002. India. Tel. : +91 22 22062626

（9）受益人证明。

BENEFICIARY CERTIFICATE

THIS IS TO CERTIFIFY THAT EXTRA COPIES OF OTHER DOCUMENTS HAVE BEEN SENT DIRECTLY TO THE APPLICANT AFTER SHIPMENT.

DATE : 08/10/2019

FOR PRIVI ORGANICS LTD.

AUTHORISED SIGNATORY

PRIVI ORGANICS LIMITED

Knowledge Centre & Office :

Privi House, A-71, TTC, Thane Belapur Road, Near Kopar Khairane Railway Station, Navi Mumbai-400 703. India

Tel. : +91 22 27783040-48 Fax : +91 22 27783049 email : enquiry@privi.co.in website : www.privi.com

Regd. Off. : 205, Princess Street, Mumbai-400 002. India. Tel. : +91 22 22062626

开证行审单记录：

进口单据审单记录表

不符点

商业发票	1. 货物描述未按信用证要求（DOES NOT STATE THE PACKING IS PALLETIZED）。 2. 起运港 MUMBAI 与提单上的 JNPT 不相符。
装箱单	包装方式和件数“3 DRUMS × 180KGS”与发票上的“4 DRUMS × 180KGS”不相符。
提单	1. 未按照 LC 的要求空白背书。 2. 装船日 10 月 4 日晚于信用证规定的最迟装运日 9 月 25 日。
保险单	1. 未按照 LC 的要求空白背书。 2. 未显示信用证号。 3. 签发日 10 月 6 日晚于装船日 10 月 4 日。 4. 收货人名字不同于提单。
产地证	未显示信用证号。
熏蒸证	1. 未显示信用证号。 2. 未按信用证要求由受益人签发。
质量证明	未显示信用证号。
受益人证明	未显示信用证号。

人工智能审单简介

第五节 常见的单据不符点

一、汇票常见的不符点

1. 汇票的出票日期迟于信用证规定的有效期（Draft presented after expired date）。
2. 汇票的到期日未能确定（Draft payable on an indeterminable date）。
3. 汇票金额超过信用证金额（Amount of draft greater than amount of credit）。
4. 汇票的背书有误（Bill of exchange not endorsed correctly）。
5. 汇票规定的付款期限与信用证规定的不符（Tenor not as shown on credit）。
6. 汇票上的付款人有误（Draft drawn on the wrong party）。
7. 汇票的出票人非信用证的受益人（Draft not drawn by beneficiary of credit）。
8. 汇票金额不足（Short drawing）。
9. 出票人未签字（Signature of drawer missing）。

10. 未按信用证金额比例开立汇票（Draft are drawn incorrectly or for an amount disproportionate to the amount of the credit）。

11. 汇票未按信用证要求开立以指定银行或指定人为付款人（Draft not drawn on bank of party specified on credit）。

12. 汇票收款人名称不符（Drawer incorrect）。

13. 汇票的收款人未背书（Draft not endorsed by payee）。

14. 币别有误［Draft drawn in ×× （currency） instead of ×× （currency）］。

15. 未按规定列出“利息条款”或“出票条款”（Required interest clause or drawn drawee, if any, missing）。

16. 错记或漏记信用证号码（Documentary credit number absent or incorrect）。

二、商业发票常见的不符点

1. 出票人名称不符，即非信用证的受益人（Not issued by beneficiary of credit）。

2. 发票日期迟于信用证的有效期（Invoice dated later than expiry date of credit）。

3. 商业发票对货物的描述与信用证不符（Merchandise description not identical）。

（1）货名不符（Description of goods on invoice differ from that in the credit）。

（2）唛头及件数与提单不一致（Marks and numbers are not consistent with B/L）。

（3）唛头及件数与其他单据不一致（Marks and numbers are not consistent with other documents）。

（4）以毛重代替净重计价（Gross weight shown for net weight when not expressly permitted by credit terms）。

（5）发票上的重量与其他单据不一致（Weights on the invoice differ from those shown in other documents）。

4. 发票金额超过信用证金额，或超出其允许增减的范围（Total amount of money on invoice exceeds or not within permitted leeway）。

5. 发票金额与汇票金额不符（The amounts shown on the invoice and draft differ）。

6. 单价超出规定的幅度（Unit price not within permitted leeway）。

7. 未按信用证要求加具签证（Not visaed, when required by credit）。

8. 提交发票的份数不足（Insufficient number of invoice copies）。

9. 在信用证禁止分运的情况下，发票作成分批装运（Partial shipments）。

10. 在信用证未授权的情况下，发票货物说明中有“已用过”“二手货”“重新装配”等字样（Notation that merchandise is “used”, “second hand” or “rebuilt”, not authorized by credit）。

11. 未按信用证规定而分批出口（Partial shipments made, when forbidden by credit）。

12. 价格条件与信用证规定不符（Price term not as specified in the credit）。

13. 未按信用证要求分列费用支出（No breakdown of charges as required by the credit）。

14. 商业发票所列的装运条件不正确（Invoice does not show correct shipping terms）。

15. 信用证要求签字而未签字（Not signed）。注意，如信用证未明确要求商业发票签字，按 UCP 规定，可以不签字。

16. 商业发票的参考号码与信用证上的不一致（Reference number on invoice not in accordance with credit）。

17. 抬头的标示不合信用证要求（Invoice not made out to applicant's name as show in credit）。

三、提单常见的不符点

1. 不洁净提单，即提单上有不良的批注（Claused or unclean bills of lading presented）。

2. 信用证规定提交海运提单，提交的却是内陆水路运输单据（Inland water way transport documents presented instead of ocean B/L）。

3. 收货人名称与信用证要求不符（Consignee's names not as per credit）。

4. 无"已装船"的证明（No evidence of goods actually "shipped on board"）。

5. 提单上的被通知人与信用证所规定者不一致（B/L notify party differs from that of credit），如 Credit states notify A company，But，Bill of Lading indicates notify B company。

6. 提单所列的货物与信用证所列的货物不一致（Description of goods not consistent with credit）。

7. 提单未在有效期内提示（Shipping documents not presented in the expiry period）。

8. 提单的背书有误（Bills of lading not endorsed correctly）。

9. 提单上的唛头与信用证不一致（Marks differ from credit）。

10. 违反信用证规定而用了租船提单（Charter party bill of lading break stipulation of the credit）。

11. 提单上的起运港与信用证规定不符（Port of lading not as per credit）。

12. 提单上的卸货港与信用证规定不符（Port of discharge not as per credit）。

13. 提单上的转运路线与信用证规定不符（Transhipment route not as per credit）。

14. 提单上的装运船舶的国籍与信用证规定不符（Nationality of the carrying vessel not as per credit stipulation）。

15. 提单上的"已装船"的批注没有标明日期，或批注的日期迟于信用证规定的装运期（"On board" notation not dated，or dated after latest shipment date on credit）。

16. 提单上未注明运费已付还是未付（Bill of lading does not evidence whether freight is paid or not）。

17. 提单上有"货装甲板"的批注（"Goods shipped on deck"）。

18. 信用证禁止转运时却提交转运提单（Transhipment effected when forbidden by credit）。

19. 信用证规定允许转运，但提单所示的转运港口与信用证规定的港口不一致。如 Shipment effected to Hong Kong via ShangHai instead of via FuZhou。

20. 未按信用证规定证明运费支付金额（No evidence freight has been paid not listed amount of freight paid when required by credit）。

21. 信用证规定的价格条件为 CIF 或 CFR（运费保险费在内或运费在内）时，提单提示上未有"运费已付"字样（Absence of "freight paid" statement on bill of lading where the credit

call for CIF or CFR shipment）。

22. 未按规定提交全套有效提单（Less than fullest of lading presented）。

23. 信用证规定须提交直接提单，但提交的是指示性提单（Bill of lading made out to order where as credit stipulates “straight” bill of lading）。

24. 提单未按信用证规定签证或背书（Not visaed or missing endorsement when required by credit）。

25. 信用证要求提单副本也须签字时，所提交的提单副本上却没有签字（Nonnegotiable bill of lading not signed when required）。

26. 提单为无装船日期的“备运提单”（“No on board date on the received for shipment” bill of lading presented）。

27. 提单上的数量与信用证规定不符。如短装（Bill of lading indicates short shipment）或超装（Over shipment）。

28. 提单上的特别记载非信用证所允许者（Additional remarks or alterations on bill of lading not approved by the credit）。

四、保险单据常见的不符点

1. 提示的保险单据种类与信用证的要求不符（Presentation of an insurance document of a type other than that required by the L/C）。

2. 保险的币别与信用证的币别不一致（Insurance cover expressed in a currency other than that of the L/C）。

3. 保险金额与信用证规定不符（Amount of insurance not as shown on L/C）。

4. 保险的种类与信用证规定不符（Insurance risks covered not as specified in the L/C）。

5. 承保的公司与信用证要求不一致（Not issued by an insurance company as required by the L/C）。

6. 保险不足额（Under insured）。

7. 保险单上的货物描述与信用证有矛盾（Merchandise description conflicts with L/C）。

8. 保险项目少于信用证规定的投保险类（Insurance risks covered less than those specified in the L/C）。

9. 保险单上的装运港或卸货港与信用证规定不一致（Port of loading or discharge not as shown on L/C）。

10. 保险凭证次于信用证所要求的级别，如信用证规定提交“保险单”，而提交时却为“保险凭证”（Insurance document of lower order presented than required by the L/C）。

11. 投保生效日期晚于提单日期（Insurance not effective from the date on the shipping document）。

12. 保险日期迟于装运日期（Insurance dated later than shipped on board date）。

13. 在保单赔付受益人指示时，受益人未在保单上背书（Endorsement missing, when policy is payable to the order of the beneficiary）。

14. 保险单的背书不正确（Insurance document endorsed incorrectly）。

15. 保险单的受益人与信用证所规定者不符（Insurance policy / certificate made out to... whereas L/C stipulates to...）。

16. 保险单上的理赔地点与信用证规定不符（Insurance policy indicating place of settling claim differs from that in the credit）。

17. 保险单上的唛头和件数与提单不一致（Marks and numbers are inconform to those on bill of lading）。

18. 信用证规定应向保险公司提交起运通知书时没有照办（No evidence that shipment has been advised to Insurance Company）。

19. 未提交全套保险单据（Full sets of insurance documents not presented）。

20. 保险单的更正处未见有更正章或签名（Corrections in the insurance policy are not authenticated）。

五、其他单据常见的不符点

1. 产地证

（1）货物名称与信用证有矛盾（Name of goods on certificate of origin differs from that in the credit）。

（2）签发机构与信用证规定的不符。例如规定应由商会签发产地证而签发时却无商会签署（Certificate of origin not signed and issued by a Chamber of Commerce）。

（3）没有签署（Certificate of origin not signed/not visaed）。

（4）份数不足（Full sets of Certificate of Origin not presented）。

（5）产地证日期迟于信用证有效期限（Certificate of Origin dated later than expiry date in the credit）。

2. 海关发票

（1）所提供的海关发票非信用证中所要求的官方发票。

（2）所列货物名称、唛头、代号及件数中有一项或多项与信用证不符。

（3）原产地国家或地区名称不符。

（4）出口商或进口商的名称、地址不符。

（5）未按信用证要求加列特别条款。

（6）商品的数量、单价、总值、净重、毛重中的有关项目与商业发票不符。

3. 装箱单

（1）所列货物的重量、体积、件数、商品名称等与其他单据不符。

（2）包装方法与发票所列不符。

（3）每件包装单位的内容未分开列明（如果信用证要求）。

4. 重量单

（1）单据彼此间的唛头不一致（Irregular shipping marks）。

（2）未注明每件包装重量。

（3）内容与其他单据不符（Not comply with all specific conditions enumerated in other documents）。

5. 各种检验证书

（1）未按信用证要求提供检验证书。如信用证要求提供 Inspection Certificate of Sanity or Certificate of Health（卫生检验证书），而提供的却是 Certificate of Disinfection（消毒检验证书）。

（2）签发人与信用证规定不符。

（3）所列内容与其他单据不符。

（4）所列的检验结果与信用证要求不符。

（5）填写的项目不全。

6. 其他方面常见的不符点。

（1）单据未按信用证规定方式寄发（Documents not disposed of as specified by the credit）。

（2）信用证所要求的单据不全（Absence of documents called for under the L/C）。

（3）单据的类别不能接受（Class of documents not acceptable）。

（4）所提交的单据没有按规定签章（Absence of signatures where required on documents）。

（5）唛头与号数在各单据之间不同（Marks and Numbers differ between documents）。

（6）各单据间重量、数量互相矛盾（Weights or quantity differ between documents）。

（7）同一单据的内容前后矛盾（Documents contents inconsistent with each other）。

（8）交单金额超过信用证金额（Credit amount exceeded）。

（9）单据未在规定的时间内提示（Documents not presented in time）。

（10）未按信用证规定的程序发货（Irregularity of shipping schedule）。

（11）信用证过期（Credit expired）。

（12）信用证的金额不足以支付货款。

（13）未在最迟交单期内提交单据（Documents not presented in time）。

第六节　（按指定行事的）指定银行对于单据的处理

一、审单相符时指定银行的工作

指定银行审核单据确定单证一致后，对受益人应该办理议付/承付，对开证行应该寄单索偿。关于寄单索偿本书第十三章将详述，现就指定银行对受益人的工作分述于下。

（一）议付行要对相符单据予以议付

议付行审单相符时，对受益人进行议付。受益人应该寻求或取得被指定议付行的议付。关于议付，本书第六章第一节信用证的基本概念中已作详细论述。

（二）议付信用证与汇票

1. 要求提交汇票。要求提交汇票的议付信用证项下涉及两种关系：一种是议付行在信用证下与受益人、开证行之间的法律关系，另一种是议付行议付了受益人提交的以开证行为付款人的跟单汇票而产生的票据关系。通过对跟单汇票的提前付款（买入），议付行不仅成为一家合格的议付行，同时还成为票据法上的正当持票人，取得票据法赋予持票人的两种权利——对开证行的付款请求权和对受益人的追索权。即使在开证行尚未承兑的情况下，汇票的主债务人不是开证行而是受益人，但由于信用证关系，提交相符单据时开证行承担绝对的向被指定议付行（正当持票人）付款的责任，使得票据关系和信用证关系交织在一起。

2. 不要求提交汇票。如果议付信用证未要求提交汇票，那么议付行议付的将是单据。这也是信用证法律中议付的独特性所在。议付行是开证行在信用证中对其作出偿付允诺的受益人，依赖于开证行在信用证中的允诺，在开证行的授权/允许/邀请下向受益人善意地付出对价，将有权获得开证行的偿付，并且不受欺诈例外抗辩的影响，享有优于受益人的权利。此种权利正如该行是一个正当持票人面对欺诈例外抗辩所享有的一切权利。但如此一来，议付行便无法享有票据法对正当持票人赋予的向受益人追索的权利。

3. 议付带有“无追索权”字样的汇票。追索权是票据法上的特有概念。日内瓦票据法和英美票据法都采用“期前偿还主义”，规定票据在到期日前，无论被拒绝付款还是被拒绝承兑，持票人都可向偿还义务人（票据债务人）包括出票人和背书人请求偿还。因而，当议付信用证要求提交汇票时，议付行在议付后成为正当持票人，在开证行拒绝承兑或付款时，可以依据本国票据法，行使对受益人（出票人）的追索权。对于这一点各国的法律基本一致。但是，如果受益人为了确保其收款的确定性，而在提交给议付行的汇票上背书了“无追索权”字样，就会出现各国票据法的不一致问题。《英国票据法》［第 16 条（1）］和美国票据法［《美国统一商法典》第 3—414（e）］认为这样的汇票有效，即该受益人将不会受到追索。但一些大陆法系国家，比如丹麦、日本的票据法则规定，加注“无追索权”字样是无效的。

当信用证关系和票据关系发生冲突时，根据信用证独立性原则，信用证项下的票据关系亦不能影响信用证关系。比如加具了保兑的议付行同时成为票据法上的持票人，即使遭到开证行的拒付，也不能享有票据法上向受益人（出票人）的追索权。在 ICC 第 R8 号咨询意见中，ICC 银行委员会被问及，根据 UCP290 第 3 条，一家对受益人有追索权的议付行如果议付了特别加注了“无追索权”字样的汇票，其是否还享有对受益人的追索权？ICC 回答，尽管一家银行在“无追索权”汇票下丧失了追索权，但其仍能享有在跟单信用证下的对受益人的追索权。

因此，国际商会的意见是应劝阻在汇票上批注“无追索权”字样，而在实务中已经看不见带有如此批注的汇票了。

（三）议付行、保兑行、开证行遭到拒付的处境如何

1. 开证行从议付行收到相符单据而予拒付，议付行的处境如何？

开证行不付款给议付行，一般来说议付行可以从受益人那里收回已付款，因为议付信用证下议付行对受益人是否有追索权的问题通常遵从议付行与受益人的约定，没有明示约定的情况下一般可视为有追索权（取决于各国法律规定）。

2. 保兑行拒付议付行寄来相符单据后，议付行的处境如何？

保兑行不付款给议付行时，一般来说议付行可以从受益人那里收回已付款，因为议付信用证下议付行对受益人是否有追索权的问题通常遵从议付行与受益人的约定，没有明示约定的情况下一般可视为有追索权（取决于各国法律规定）。

3. 开证行从保兑行收到相符单据并拒付后，保兑行与议付行之间是什么样的关系？

开证行不付款给保兑行，保兑行没有追索权，不能从议付行收回付款。

4. 开证行认为单证相符，而申请人却拒收单据，申请人和保兑行的处境如何？

申请人不付款给开证行，开证行不能从保兑行收回付款，因为开证行的付款是没有追索权的。

（四）付款行要对相符单据予以付款

付款信用证是开证行或指定银行收到相符单据后应付款的一种信用证。实务中，此类信用证不要求汇票。ICC 在 R7 和案例 14 中谈及付款信用证和议付信用证的区别时指出：付款信用证项下，被指定银行对受益人无追索权，如果付款时其没有明确保留追索权。而议付信用证项下，除非其已对信用证加具保兑，指定银行总有追索权。通过以上意见可以看出，一般来说，付款行对相符单据予以付款，且对受益人的付款是终局性的，没有追索权。

（五）承兑行要对相符单据承兑汇票

承兑信用证指开证行指令指定银行在单据相符的情况下对汇票承兑并在到期日付款。该承兑汇票可以在福费廷市场进行贴现而获取融资。承兑行一方面将已承兑汇票退受益人保管，另一方面寄单给开证行，通知开证行汇票已承兑，请开证行在到期日偿付给承兑行。俟到期日承兑行一方面凭受益人提示汇票予以付款，此项付款无追索权，另一方面获得开证行的偿付。承兑行与开证行是同一家银行时，承兑汇票后立即发出承兑通知书给受益人。

二、指定银行对于不符单据的处理方法

受益人提交了不符合信用证要求的单据时，保兑行或指定银行按照下列方法之一处理：

1. 将所有单据退还给提交人更改，以便在信用证有效期内和最迟交单期内再交单。

Return all the documents to the presenter for correction and resubmission within the validity of the Credit and within the latest date for presentation of documents.

2. 仅仅退还不符单据。做法同上，同时代表提交人安全保管其余单据。

Return just the discrepant document as in above (1) and safe - keep the remaining documents for the account of and on behalf of the presenter.

3. 在交单人授权下将信用证项下不符单据以等待批准方式寄送给开证行，要求该行审查和批准接受单据或拒绝接受单据。

Upon authorisation by the presenter, forward the discrepant documents on "an approval" basis under Documentary Credit to the Issuing Bank for review and approval or rejection of the documents.

4. 将所有单据退还交单人，请他采取直接行动寄单给开证行。

Return all the documents to the presenter for direct action by him to remit documents to the Issuing Bank.

5. 如果交单人准许，以电报、电传或电讯发至开证行，要求凭不符单据授权承付或议付。

If so authorised by the presenter, cable, telex, or telecommunicate with the Issuing Bank for authority to pay, accept, or negotiate against such discrepant documents.

在具体操作中此方法应用得较多，俗称“电提”。电文举例如下：

DOCUMENTS PRESENTED UNDER YOUR L/C NO. BILL'S AMOUNT USD OUR REF

NO. ALL TERMS COMPLIED WITH EXCEPT

(1) NO UNIQUE P/L

(2) SHIPMENT DATE 140612 LATE SHIPMENT

(3) DOCUMENTS PRESENTED ON 140615

PLEASE CABLE US WHETHER WE MAY NEGOTIATE DOCUMENTS

开证行复电同意接受不符点和授权议付时，电文中要写明："if otherwise in order"，即单据"在其他方面是相符的"，以保护开证行在收到单据时没有发现其他不符点。

指定银行也可以用 MT750 单据不符通知报文向开证行电提不符点。收报方可用 MT752 报文进行授权，授权支付、承兑或议付；也可用 MT796 或 MT799 答复报文对其作出拒绝的回答。

案例分析

开证行：AUSTRALIA AND NEW ZEALAND BANKING GROUP LIMITED，SHANGHAI BRANCH

（SWIFT：ANZBCNSH×××）

议付行：BANK OF CHINA（HONG KONG）LTD HONG KONG

（SWIFT：BKCHHKHH×××）

中国银行香港分行（BKCHHKHH×××）收到受益人交来澳新银行上海分行（ANZBCNSH×××）开立的信用证 0215LC07000002 项下单据一套，金额为 USD 1 649 303. 70。受益人要求中银香港议付该套单据，中银香港遂发送 MT750 报文给开证行澳新银行上海分行，询问不符点是否可以被接受。电文如下：

```
----------------------------- Message Header --------------------------------
SWIFT Output              : FIN 750 Advice of Discrepancy
Sender                : BKCHHKHH×××
BANK OF CHINA (HONG KONG) LIMITED
HONG KONG HK
Receiver                : ANZBCNSH×××
AUSTRALIA AND NEW ZEALAND BANKING GROUP LIMITED,
SHANGHAI BRANCH
SHANGHAI CN
MUR : ATFS10082650119
--------------------------------- Message Text --------------------------------
  20: Sender's Reference
      265A07EL06537401          (议付行编号)
  21: Related Reference
      0215LC07000002            (开证行编号)
32B: Principal Amount
Currency               : USD (US DOLLAR)
Amount                 :          #1649303, 7#
34B: Total Amount to be Paid
Currency               : USD (US DOLLAR)
Amount                 :          #1649303, 70#
  72: Sender to Receiver Information
      PLEASE CONFIRM US BY RETURNED
      AUTHENTICATED SWIFT/TESTED TELEX
      WHETHER THE FOLLOWING
```

DISCREPANCIES ARE ACCEPTABLE TO
YOU AND AUTHORISE US TO NEGOTIATE
THE SAID BILL.

77J：Discrepancies（不符点）
1. B/L SHOWING NOTIFY PARTY DIFFER
FROM L/C "CHINA JINSHAN ASSOCIATE
TRADING CORP" I/O "CHINA JINSHAN
ASSOCIATED TRADE CORP".
BEST REGARD
TSC，TEAM ONE（EXT -3634）

注：

该报文提示的不符点为：提单上"通知人"一栏中显示"CHINA JINSHAN ASSOCIATE *TRADING* CORP"而非信用证中规定的"CHINA JINSHAN ASSOCIATED *TRADE* CORP"。

澳新银行接到该 MT750 报文后，立即通知了开证申请人，并在收到开证申请人接受中银香港所提及的不符点的书面指示后，发送 MT752 报文作为回复，授权中银香港议付该套单据。电文如下：

* FIN/Session/ISN ：F01 . SS . SEQ.
* Own Address ：ANZBCNSH × × ×
* Input Message Type ：752 Authorisation to Pay，Accept or Negotiate
* Sent to ：BKCHHKHH × × × ×
Priority/Obsol. Period ：Normal/100 Minutes

---

20 / Documentary Credit Number
0215LC07000002
21 / Presenting Bank's Reference
265A07EL06537401
23 / Further Identification
NEGOTIATE（授权议付）
30 / Date of Advice of Discrepancy or Mailing（电提不符点的日期）
191008
32B/ Total Amount Advised
USD 1649303，7

根据国际商会出版物第 535 号案例研究第 4 案例指出：开证行接受不符点，授权指定银行议付、付款、承兑等同于对不符点做了修改，从而达到单证相符。

---

6. 关于"保留承付/议付"和"凭保承付/议付"。根据 UCP 600，开证行对指定银行的指示是凭相符单据付款、承担延期付款责任、承兑汇票或议付。如果指定银行已经发现单据中存在不符点，就不应对其承付或议付。假如该行仍对不符单据进行了付款或承诺付款，不管是如何保留，或者凭怎样的赔偿担保，都不是信用证项下的授权行为，仅仅是该行对于受益人的一种押汇融资安排，与开证行、保兑行无关。因此，UCP 600 删除了 UCP 500 中关于"negotiation under reserve""negotiation against an indemnity"的提法的规定。此后指定银行相关合同文本以及函电格式中如出现"negotiated under reserve""negotiated against an indemnity"等字样，可能引起误解纠纷。

7. 寄单托收。还有一种不符单据处理方法是采用寄单托收（Remittance of Documents for Collection）方式，此举意味着放弃应用 UCP 600 规则，完全使用 URC522 托收统一规则，以申请人是否接受单据为主，开证行不起作用，成了代收行。这种方法最好不用。

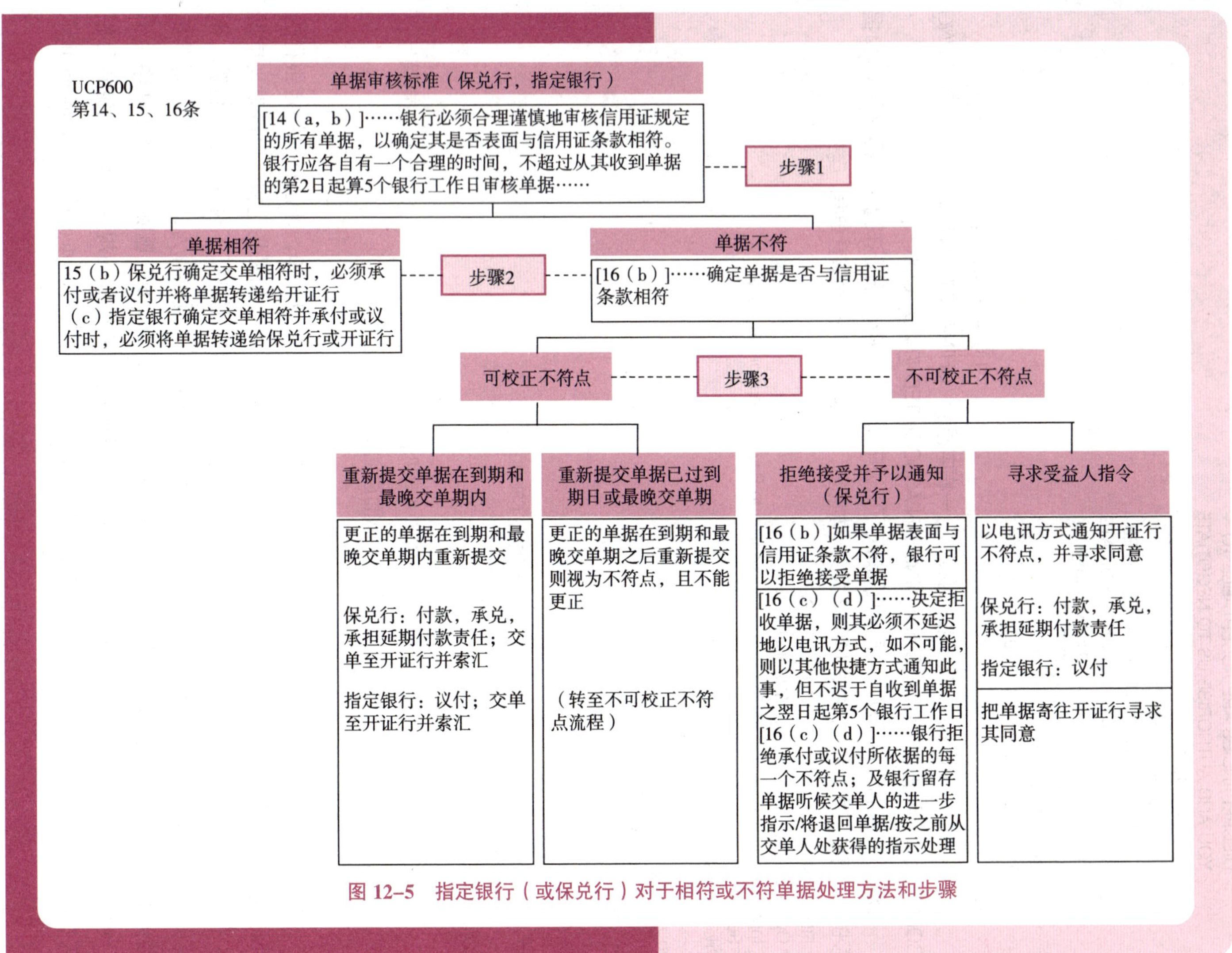

图 12–5　指定银行（或保兑行）对于相符或不符单据处理方法和步骤

信用证项下带有不符点的单据寄送开证行应采用寄单待批准（Forwarding Documents for Approval）方式，不要采用寄单托收方式，因为寄单待（开证行）批准，从开证行收到单据直到拒付代管单据的过程，受到 UCP 600 第 16 条的保护和管辖，寄单托收失去 UCP 600 的保护，对寄单行（指定银行和受益人）不利。

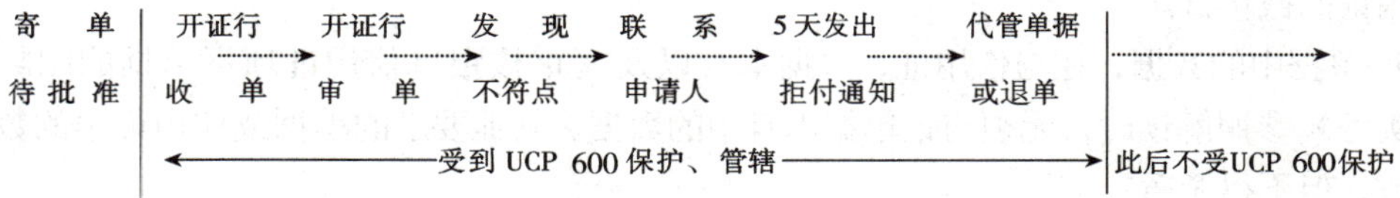

把带有不符点（写明在寄单面函上）的单据寄给开证行，开证行仍应遵照 UCP 600 第 16 条自己审单，按照上面程序办理。从代管单据以后才不受 UCP 600 保护。

寄单托收 | 开证行收单 —— 受到URC522管辖 ——→

寄单托收方式下，开证行不予审单，直接交单给申请人，申请人如果拒付，告诉开证行转告寄单行。凡是带有不符点单据的寄单面函绝不能带有表示托收方式的字样或词语。有一个案例说到，因为寄单面函写出 Issuing/Collecting Bank，开证行将单据按托收处理，要求申请人付款交单，遭到拒付，开证行通知议付行，议付行告知开证行那是信用证项下单据，开证行改按 UCP 600 审单后拒付，距收单日期早已过了 5 天，开证行已无权拒付，使开证行处于十分尴尬的境地。

指定银行（或保兑行）对于相符或不符单据处理方法和步骤如图 12－5 所示。

［案例 12－2］
开证行案例 1

［案例 12－3］
开证行案例 2

第七节　开证行对单据的处理

开证行对单据的处理，分为以下五个步骤。

一、审核单据

当单据被提示时，程序中的第一步是审核单据。

UCP 600 第 14 条说明了审核单据的标准：

a. 按指定行事的指定银行、保兑行（如果有的话）及开证行须审核交单，并仅基于单据本身确定其是否在表面上构成相符交单。

b. 按指定行事的指定银行、保兑行（如有的话）及开证行各有从交单次日起的至多 5

个银行工作日用以确定交单是否相符。这一期限不因在交单日当天或之后信用证截止日或最迟交单日届至而受到缩减或影响。

c. 如果单据中包含一份或多份受第 19 ~ 25 条规制的正本运输单据，则须由受益人或其代表在不迟于本惯例所指的发运日之后的 21 个日历日内交单，但是在任何情况下都不得迟于信用证的截止日。

d. 单据中的数据，在与信用证、单据本身以及《审核跟单信用证项下单据的国际标准银行实务》参照解读时，无须与该单据本身中的数据、其他要求的单据或信用证中的数据等同一致，但不得矛盾。

e. 除商业发票外，其他单据中的货物、服务或履约行为的描述，如果有的话，可使用与信用证中的描述不矛盾的概括性用语。

f. 如果信用证要求提交运输单据、保险单据或者商业发票之外的单据，却未规定出单人或其数据内容，则只要提交的单据内容看似满足所要求单据的功能，且其他方面符合第 14 条 d 款，银行将接受该单据。

g. 提交的非信用证所要求的单据将被不予理会，并可被退还给交单人。

h. 如果信用证含有一项条件，但未规定用以表明该条件得到满足的单据，银行将视为未作规定并不予理会。

i. 单据日期可以早于信用证的开立日期，但不得晚于交单日期。

j. 当受益人和申请人的地址出现在任何规定的单据中时，无须与信用证或其他规定单据中所载的相同，但必须与信用证中规定的相应地址同在一国。联络细节（传真、电话、电子邮件及类似细节）作为受益人和申请人地址的一部分时将被不予理会。然而，如果申请人的地址和联络细节为第 19 ~ 25 条规定的运输单据上的收货人或通知方细节的一部分时，应与信用证规定的相同。

k. 在任何单据中注明的托运人或发货人无须为信用证的受益人。

l. 运输单据可以由任何人出具，无须为承运人、船东、船长或租船人，只要其符合第 19 ~ 24 条的要求。

开证行接到指定银行寄单表提（寄单面函注明不符点）（包括：寄单待批准、出具赔偿担保信、保留权利付款）的交单，开证行要按没有表提交单一样处理，在 5 天内审核单据，按自己发现的不符点发出拒付通知。

二、接受或拒绝接受单据

程序中的第二步是单据一经审核及银行确定是否单据相符或有不符点，开证行就要决定是否接受或拒绝接受单据。

1. 决定接受单据。开证行如果确定单据符合信用证条款和条件，就有义务接受信用证项下的单据，予以偿付。

2. 决定拒绝接受单据。开证行如果确定单据不符合信用证条款和条件，则必须拒绝接受单据并且发出通知（参见下述第三步）或自行决定寻求申请人放弃不符点。

三、寻求放弃或发出通知

如果开证行决定拒绝接受单据，它有两个选择：第一，可以拒绝接受单据并提供拒付通知；第二，可以寻求申请人放弃不符点。

（一）发出拒付通知

如果开证行决定拒绝接受单据，它必须根据 UCP 600 第 16 条 c 款和 d 款提供拒付通知。

（二）拒付通知的要求

当相关银行决定拒付时，必须向交单人发出一份拒付通知。UCP 600 第 16 条 c 款对拒付通知的内容作了详细规定。如果相关银行没有按照本款的规定缮制拒付通知，则拒付无效，相关银行不得宣称交单不符。下面对构成有效拒付通知的三个要素分别予以分析。

1. 要有拒付的明确意思表示。由于不符点可以被放弃，仅仅是不符点通知并不一定含有拒付单据之意。这种通知并没有清楚地、毫无歧义地表达开证行拒付的决定。通知中列出了不符点只是在客观上传递了单据不符的这一事实的信息，而不符单据可以被拒付，也可以不被拒付。通知中声明代为保管单据听候交单人处置，与拒付决定并没有必然联系，因为在有关银行承付或议付之前，单据都属于交单人的财产。接到此类通知的交单人很可能以为相关银行正处于发现了不符点，正联系申请人给予接受这样一个阶段，而没有进行拒付，该通知只不过是将这一情况告知交单人而已。可见，拒付通知中缺少明确的拒付声明将很可能引起误解和争议。UCP 600 第 16 条 c 款明确规定：拒付通知必须声明银行拒绝承付或议付。

另外需要注意的是，开证行必须以自己的名义而不是申请人的名义提出拒付。

在实务中，个别银行发出的拒付电中仅声明“申请人拒绝单据（Documents refused by the applicant）”，这显然不符合 UCP 的原则。开证行决定拒绝单据与否与申请人无关，这是开证行自身的一项独立行为，其作出拒绝单据的唯一依据是单据是否相符，与申请人的意见也没有关系。因此，开证行必须以自己的名义提出拒付，否则就不是有效的拒付。

在实务操作中，拒付通知中必须有明确拒付的字样（如 We refuse the documents），也可使用 SWIFT MT734 拒付标准电文。拒付通知中最好不要出现“正联系申请人对不符点予以接受”等类似字句，以避免引发争议。

2. 一次全部列出不符点，不符点必须明确。银行在拒付时必须给予交单人一份单独的通知（a single notice），该通知必须声明银行拒付所依据的每一个不符点。对该款的理解应注意以下几点：

（1）不符点必须一次性全部提出，即只有第一份发出的拒付通知有效，以后再发现有其他的有效不符点，即使仍在 5 个工作日的最长审单期限之内，也无权提出，即便向交单人提出了也将被置之不理。UCP 600 强调了“a single notice”的要求，并且要求在该通知中声明拒付所依据的“每一个不符点”。

（2）拒付通知中列出的不符点必须具体明确，易于辨认。如果拒付通知中对不符点的描述不明确、不准确的话，该不符点不得作为拒付理由。因此银行在拟订拒付通知的内容时，一定要注意不符点的具体性和准确性，尽量不使用缩略语，即便使用也以通常被大家广为接受的为标准，使交单人能容易地识别出不符点以及时更正。

3. 对如何处置不符单据的说明。拒付通知中要明确说明对不符单据如何处置，这也是构成有效拒付的要素之一。UCP 600 第 16 条 c 款（iii）列出了相关银行必须在拒付通知中声明的四条对不符单据的处置方式，允许相关银行根据实际情况从中进行选择。

①在拒付通知中声明“the bank holding the documents pending further instructions from the presenter（银行留存单据听候交单人的进一步指示）”。[UCP 600 第 16 条 c（ii）]

如使用本选择，银行将不得在没有交单人明确指示的情况下，当申请人表示接受不符点时即放单给申请人。

②在拒付通知中声明“the issuing bank is holding the documents until it receives a waiver from the applicant and agrees to accept it，or receives further instructions from the presenter prior to agreeing to accept a waiver（开证行留存单据直到其从申请人处接到放弃不符点的通知并同意接受该放弃，或者其同意接受对不符点的放弃之前从交单人处收到其进一步指示）”。[UCP 600 第 16 条 c（iii）b]

本选择是 UCP 600 较 UCP 500 新增的，明确允许开证行在未接到交单人进一步指示之前，当申请人表示接受不符单据时，可以自行决定放单给申请人。这是符合目前实务的一种做法。

注意这里的措辞是“开证行”，因为向申请人接洽是否放弃不符点的情况只适用于开证行。只有开证行可以在拒付通知中使用这一选择，而其他三种选择对于开证行、保兑行、按照指定行事的指定银行均适用。

③在拒付通知中声明“the bank is returning the documents（银行将退回单据）”。[UCP 600 第 16 条 c（iii）c]

表明拒付银行径将不符单据退回给交单人。

④在拒付通知中声明“the bank is acting in accordance with instructions previously received from the presenter（银行将按之前从交单人处获得的指示处理）”。

这一选择明确允许了交单人向相关银行发出适当的对单据进行处置的指示，如果交单人在交单面函中已对单据的处置作了具体的指示，相关银行就应按照其指示行事。比如，交单人在交单面函中指示保兑行，如发现单据不符则径寄开证行，此时保兑行应按照交单人的这一指示将单据转递开证行，同时在拒付通知中加列该条语句。又比如，交单人可以在交单面函中指示开证行，若在 10 个日历日内未收到申请人接受单据的通知，则将单据退回。

下面介绍 SWIFT MT734 拒付标准电文中对如何处置不符单据说明的代码用法：

栏位 77B：单据处置

可以使用表 12－2 中代码：

表12－2

代　码	含　义
HOLD	单据由你方处置
RETURN	返回你方
NOTIFY	留存单据直到其从申请人处接到放弃不符点的通知并同意接受该放弃，或者其同意接受对不符点的放弃之前从交单人处收到其进一步指示
PREVINST	将按之前从交单人处获得的指示处理

（三）发出拒付通知的方式

UCP 600 第 16 条 d 款规定：要求拒付通知必须以电讯方式，如不可能，则以其他快捷方式发出。发出拒付通知的第一选择应当是电讯方式，若电讯方式无法获得，才可选择其他的快捷方式。如果可以使用电讯方式，却去选择其他方式（不如电讯方式快捷）通知，则不符合该款的规定。这里所说的电讯方式包括 SWIFT、电传、传真和电话等。IFSA 对于使用电话方式具体解释是，交单人录音留言电话、电子留言存储器（VOICEMAIL）或类似装置中存储的开证行的拒付留言足以构成通过电讯方式发出的拒付通知。ICC 在第 R262 号咨询意见答复中指出，电讯方式包括电话（必要时要随附书面确认）。可见，如果使用电话作为一种电讯方式来通知拒付，要有各种形式的证实，否则空口无凭。UCP 对什么构成“其他快捷方式”并没有说明。IFSA 在其“STATEMENT OF PRACTICE”中也提到，如果信用证或寄单面函中没有寄单人的电话、电传、传真和 SWIFT 号码，则银行可将单据通过航空信件（AIRMAIL）或专递方式（COURIER）寄至寄单人，如无寄单人地址，则寄至受益人。可见，航空信件和专递应被视为“其他快捷方式”。

（四）发出拒付通知后对单据的处理

UCP 600 第 16 条 e 款是较 UCP 500 新增的规定，解决了相关银行发出拒付通知后何时可以退单的问题。

从拒付单据的相关银行的角度讲，长时间代交单人持有单据存在单据遗失、毁灭、受损的风险，还会发生保管和人工费用。从责任角度讲，相关银行拒付单据后已完成其在信用证下的义务，如果交单人在交单面函中没有特别指示，那么拒付银行暂时代交单人保管单据听候其进一步指示，完全是为了便利交单人下一步行动的友善行为。交单人应尽快向相关银行发出如何处理单据的指示，不能让该行长时间承担有关风险。如果交单人迟迟不对如何处理单据发出指示，则拒付银行也没有代其保管单据的义务，可以主动退单。

［案例 12－4］
仁和国际公司诉
光大银行杭州分行案

UCP 600 第 16 条 e 款明确规定，当相关银行在拒付通知中声明留存单据听候交单人进一步指示，或声明留存单据直到从申请人处接到放弃不符点的通知并同意接受该放弃时，即按照第 16 条 c 款中（a）或（b）选项行事时，可以自主决定在任何时候退单给交单人，而无须事先征得交单人同意。此项修订维护了拒付银行的合理权益。

（五）寻求申请人放弃不符点

UCP 600 第 16 条 b 款规定了开证行在确定交单不符时，可以自行决定联系申请人放弃不符点。根据申请人作出的是否接受不符点的决定，开证行有自行决定是否拒付单据的权利。即当开证行发现交单不符点时，可以自行决定马上对交单人发出拒付通知，或者先联系申请人放弃不符点。如果开证行选择先联系申请人放弃不符点，若申请人同意接受不符点，在不损害自身利益的前提下，开证行将在申请人授权下安排承付，但此时开证行并没有必须接受不符点的义务，仍有权自行决定对外拒付；若申请人不同意接受不符点，开证行将对外拒付，虽然理论上开证行此时仍有权自行决定不拒付并安排承付，但这将违反申请人对开证行的对相符单据承付的授权，开证行将得不到申请人的偿付。

开证行拥有对拒付的自行决断权正是开证行承担信用证独立付款责任的体现，但是信用证业务中的习惯做法是，开证行通常在发现不符点时先征求申请人对是否放弃不符点的意见。这只是 UCP 给开证行多一种处置不符单据情况的选择，不管申请人同意放弃不符点与否，最终还是由开证行决定是否拒付。

四、未收到放弃书

1. 确定开证行是否将放弃不符点。如果在开证行规定的时间内，申请人没有提供放弃不符点的信息，开证行必须作出决定是否放弃不符点或是拒绝接受单据。开证行不顾没有收到申请人放弃不符点的通知但是它（开证行）能够放弃不符点的事实常被忽略。

2. 如果开证行放弃不符点——接受单据。开证行决定按照自己的意愿放弃不符点，就必须接受单据。例如，当指定银行或议付行强调它们在单据中看到的不符点，开证行对其不适当性可以选择予以废弃。

3. 如果开证行拒绝接受不符点——拒绝接单和发出通知。如果开证行决定拒绝接受单据，因为它没有从申请人那里收到放弃不符点通知，它必须按照 UCP 600 第 16 条 c、d 款发出拒付通知。

五、收到放弃书

1. 开证行对放弃不符点是否接受具有独立性。如果申请人递送其不符点放弃书，开证行必须决定是否接受申请人的放弃书，事实上申请人放弃不符点不能迫使开证行也放弃不符点。国际商会意见 R254、R267 和 R268（出版物 596 号）以及 R327（出版物第 613 号）明确指出，申请人发出放弃书是作为对开证行要求的结果，申请人向开证行发出放弃不符点通知，或是申请人向受益人发出提交单据的放弃书，不能约束开证行接受单据。

2. 如果开证行放弃不符点——接受单据。如果开证行决定接受申请人放弃不符点，它必须接受单据，不管它是否发现了不符点。

3. 如果开证行拒绝接受单据——拒绝并发出通知。如果开证行收到申请人的放弃书，决定拒绝接受单据，不管有无放弃书，它必须拒绝接受单据，并按照 UCP 600 第 16 条 c、d 款发出通知。

指定银行审单认为单据相符，一方面寄单给开证行，另一方面向偿付行索偿并收到索款，开证行审单认为单据不符，如果不符点能够成立，按照 UCP 600 第 16 条 g 款，指定银行应该退还索款并加付利息。因为开证行在审单以前付款，在审单后发现不符点，对于已付款有追索权。同理，也可适用于指定银行审单相符向开证行发电索汇。

开证行对于相符或不相符单据处理方法和步骤如图 12 - 6 所示。

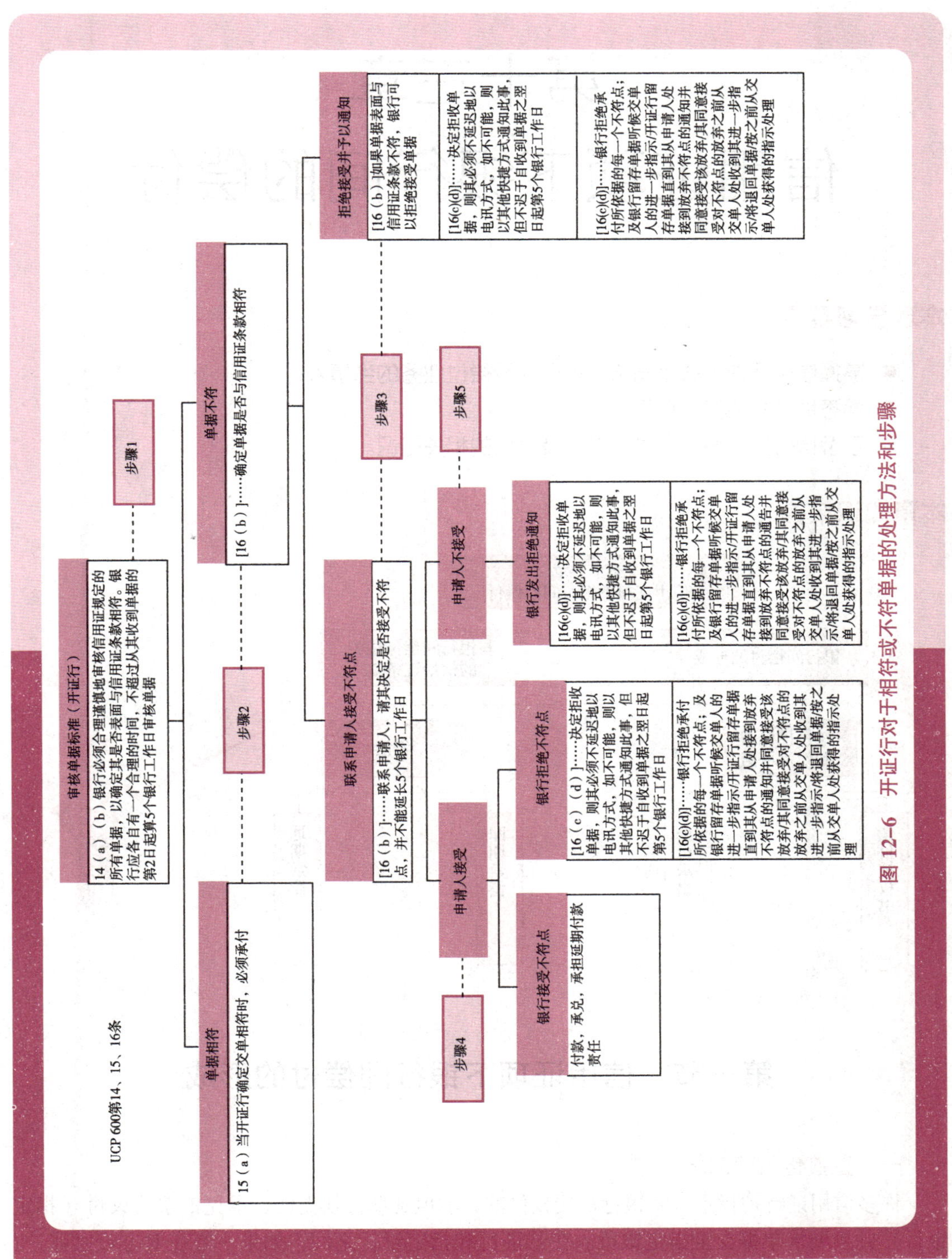

图 12-6　开证行对于相符或不符单据的处理方法和步骤

第十三章
信用证项下银行间的偿付*

本章学习要点

- 掌握信用证项下银行间偿付的形成及偿付业务的当事人；
- 熟悉银行间偿付的指示；
- 了解偿付授权书、偿付承诺以及索偿的相关知识。

本章知识结构

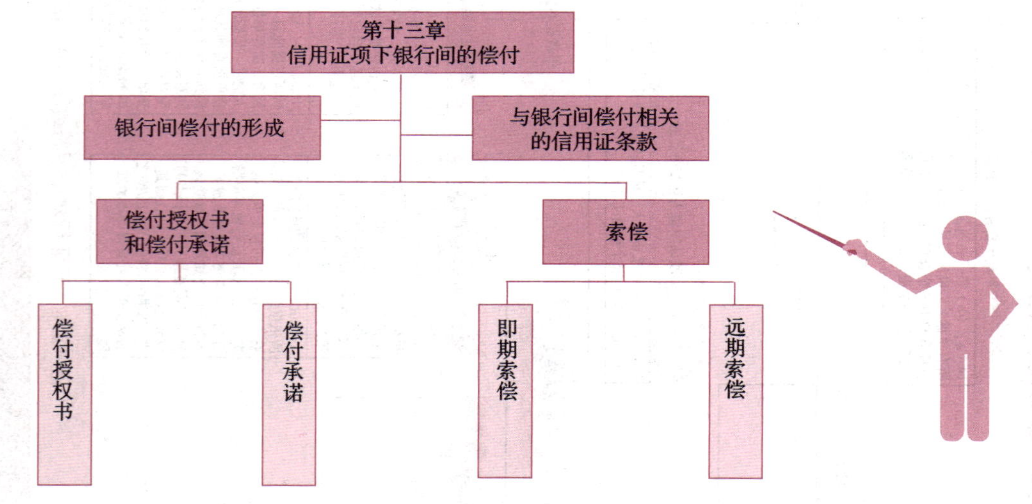

第一节　信用证项下银行间偿付的形成

一、直接偿付或简单偿付

许多信用证特别指定一家银行被授权付款、承担延期付款责任、承兑汇票或议付（指定银行）并且要求单据交至指定银行。在开证行和指定银行之间，如果一方在对方设立账户：

* 为选学内容。

开证行在指定银行开立账户者，开证行审单相符，可以授权指定银行借记开证行的账户，这家指定银行以借记开证行账户的做法直接偿付自己；指定银行在开证行设立账户者，当开证行审单相符时即可贷记指定银行账户。这种类型的业务称为直接偿付或简单偿付。在这种情形下，资金立即可以使用，不需要另一家银行参与这项业务来推动资金从开证行付至指定银行。

二、使用第三家银行的理由

在通常情况下，要求开证行在每一家指定银行均开设账户是不现实的。开证行可以在受益人的国家里的一家银行开立一个账户，或在不是申请人或受益人要求的另外一家银行开立账户，或在开证行选择将要作为指定银行的那家银行开立账户。

在许多跟单信用证业务中，受益人往往选择最靠近其场所的一家指定银行，以便提示单据和对其付款。在有诸多跟单信用证业务的国家中，因为开证行不可能在那个国家开设几百个代理行账户，所以最有可能使用第三家银行进行偿付。

另外，信用证项下的使用货币并不是受益人所在国的货币，在这种情况下，第三家银行的参与是为了便利用外国货币付款。当信用证业务包含了第三家银行以推动付款时，这家银行就叫做偿付行。使用偿付行的过程称为银行间的偿付。

开证行开立信用证经过指定付款行或议付行通知信用证带有致指定银行的指示，即在审单相符后向偿付行索偿。在偿付过程中，该指定银行就是索偿行。偿付行作为中介推动开证行的信用证项下付款，它不是跟单信用证的当事人。

如果开证行不是自己向被指定银行偿付，而是授权另一家银行即偿付行（通常是自己的账户行）向被指定银行偿付，则适用 UCP 600 第 13 条。UCP 600 第 13 条 a 款明确规定：如果信用证规定指定银行（索偿行）向另一方银行（偿付行）获取偿付，则信用证必须同时规定该偿付是否按照信用证开立日时有效的 ICC 银行间偿付规则办理。

为了规范银行间的偿付行为，国际商会银行委员会于 1996 年 5 月通过了 URR525 号出版物即《银行间偿付统一规则》，并于 1996 年 7 月 1 日起实行。2007 年 7 月实施 UCP 600 以后，为了使 URR 与之相适应，国际商会对 URR525 做了一些修订，于 2008 年 7 月公布了新版《银行间偿付统一规则》（国际商会第 725 号出版物，URR725），2008 年 10 月 1 日实施。

UCP 600 及以前版本都列有偿付条款，即开证行一部分偿付业务通过第三家银行偿付，但是 UCP 的相关规定非常简要，而 URR 的内容却很详尽，它是与 UCP 配套的独立文件。

三、偿付业务的当事人

银行间偿付业务的三个当事人是开证行、偿付行和索偿行。

（一）开证行的作用

开证行是指开立信用证并出具该信用证项下偿付授权书的银行。具体而言，开证行在信用证中指示指定银行（索偿行）从第三家银行（偿付行）获得偿付。开证行还要开立偿付授权书给愿意付款给指定银行的第三家银行（URR725 第 2 条第 A 分条）。

开证行有责任偿付已承付或议付相符单据的指定银行，包括被指定的即期付款行、被指定的延期付款行、被指定的承兑行、被指定的议付行和保兑行。

UCP 600 则对偿付的条件、时间等做了明确规定。

开证行偿付指定银行的两个前提条件是：

1. 指定银行承付或议付了相符单据，即完成了开证行对指定银行的指令。指定银行没有承付或议付单据，仅仅作为受益人的审单、寄单行，当然不会得到开证行的偿付。

指定银行对单据付了款或承诺付款，但单据存在不符点，不管是指定银行本身发现的还是后来被开证行发现的，因没有遵照开证行指令行事，不能得到开证行的偿付。

被指定延期付款行和被指定承兑行仅对相符单据承担了延期付款责任或承兑了汇票，但尚未付款，仍未完成开证行指令的全部，此时不能得到开证行的偿付。

2. 将单据转给开证行，是指指定银行完成了向开证行转送单据的行为，而不能理解为单据已送达开证行。

指定银行对单据从该行向开证行的发送过程中丢失的后果免责，开证行必须偿付指定银行。单据在尚未发往开证行之前丢失，比如在指定银行内部传递过程中丢失，则开证行没有偿付该指定银行的责任。

如果信用证下存在保兑行，另外的指定银行在对相符单据承付或议付后，将单据发送保兑行而不是开证行，则开证行对该“另外的指定银行”没有偿付责任，而是由保兑行对该“另外的指定银行”承担偿付责任，之后再由开证行对保兑行承担偿付责任。当然，在保兑行未履行其保兑责任的情况下，开证行对指定银行仍有偿付责任。

在上述前提条件得到满足的情况下，开证行即确立了对指定银行的偿付责任。在即期付款信用证和即期议付信用证下，开证行应在确认偿付前提条件满足时立即办理偿付。

在延期付款信用证或承兑信用证（包括远期议付信用证）下，开证行的偿付应在延期付款承诺或已承兑汇票的到期日办理。即使指定银行在到期日前对受益人作出预付或购买了单据，开证行也没有对该指定银行在作出预付或购买单据后立即偿付的责任。

开证行偿付指定银行的责任独立于开证行对受益人的责任，在有指定银行的信用证中，不仅包含了开证行对受益人的有条件承付承诺，还包含了开证行对指定银行的有条件偿付承诺，这两个承诺是相互独立的，两者确立的时间与前提条件不相同。

开证行确定应对受益人承担承付责任，并不意味着同时也一定对指定银行承担偿付责任。开证行确定不对受益人承担承付责任，并不意味着同时对指定银行也不承担偿付责任。例如，开证行发现受益人欺诈，根据欺诈例外原则，可以解除对受益人的承付责任，但此时如果在议付、延期付款、承兑信用证下指定银行已按照开证行的授权善意地对相符单据给予受益人预付或购买了单据，则开证行仍应偿付该指定银行。

（二）偿付行的作用

偿付行是指根据开证行偿付授权的指示或授权，依照开证行出具的偿付授权书提出偿付的银行。URR725 第 2 条第 B、C 分条指出，当索偿行按照信用证索偿时，开证行授权给偿付行借记开证行账户去承付索偿。

如果偿付行未能于首次索偿时即行偿付，则开证行不能解除其自身的偿付责任。如果开证行在信用证中规定了偿付行，则索偿行应当首先向偿付行索偿，这是因为开证行往往已在偿付行那里预先安排了付款头寸或预留了授信额度。只有在索偿行未能正常获得偿付款项时，开证行才有责任偿付索偿行。

（三）索偿行的作用

索偿行是指在信用证项下作出付款、延期付款承诺，承兑汇票或议付并向偿付行提示索偿要求的银行。索偿行应包括被授权代表指定银行提交索偿给偿付行的一家银行（URR725 第 2 条第 E 分条）。从开证行的信用证所含的偿付指示中，索偿行获得如何及向哪家偿付行索偿的指示。

偿付步骤和程序遵照商业银行间的典型做法，其过程见图 13－1。

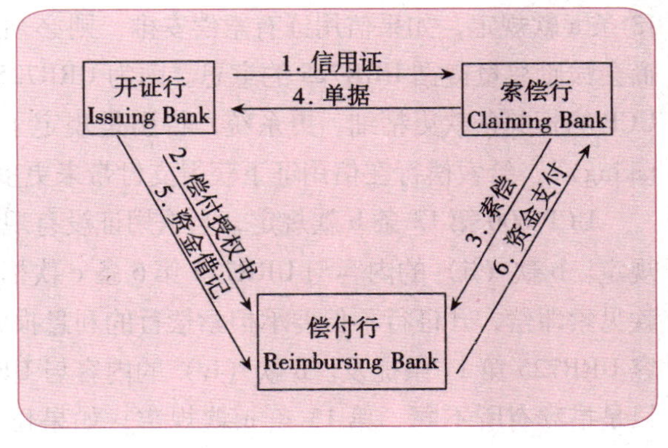

图 13－1　银行间偿付业务

第二节　银行间偿付业务有关的信用证条款

一、使用偿付类型的决定

开证行开立信用证时，必须决定信用证项下的偿付是用直接的或简单的偿付类型还是用银行间的偿付类型。要根据指定银行的情况，包括自由议付信用证的任何银行情况作出决定。

二、银行间偿付的指示

使用银行间偿付时，开证行必须在信用证中作出偿付指示，告知指定银行如何获得偿付的信息（URR725 第 5 条）。指示包括偿付银行的名称，偿付受到 URR725 和其他影响指定银行接受偿付能力的附加信息的约束。典型的行文应是："我行兹授权你行向（偿付行）自行索偿你行垫付款项［We hereby authorize you to reimburse yourself on (reimbursing bank)］"。

URR725 列入信用证偿付指示，通常是在信用证中插入"本信用证项下的偿付受到《银行间偿付统一规则》，国际商会出版物 725 号的约束"或"偿付受到 URR725 的约束"或与之相似的其他语句。

"Reimbursements under this credit are subject to the Uniform Rules for Bank-to-Bank Reimbursements Under Documentary Credits, ICC Publication No. 725", or "Reimbursement subject to URR 725", or the like.

URR725 第 1 条明确规定了该规则的适用范围：适用于在偿付授权中注明适用于本统一规则的所有银行间的偿付。除非偿付授权另有规定，本规则对有关各方均具有约束力。开证行有义务在跟单信用证（信用证）中注明索偿要求遵循本规则。从这条规定可以看出，当在偿付授权中注明适用 URR725 时，开证行必须也要在信用证中注明索偿要求遵循 URR725。这一点是必要的。开证行在给偿付行的偿付授权中注明适用 URR725，只能约束开证行和偿付行，而索偿行（信用证指定银行）不是偿付授权的当事方，只有在信用证中注明偿付事项遵循 URR725，索偿行才知晓 URR725 的适用，并且遵循 URR725 行事。鉴于此，UCP 600 第

13 条 a 款规定，如果信用证有索偿安排，则必须规定是否遵循 URR725。这里也体现了国际商会鼓励尽量遵循 URR725 的意思。因为 URR725 是在 UCP 的相关条款之上孕育而生的，比 UCP 的相关条款更精细、更系统，特别是规定了偿付行的“偿付承诺（reimbursement under taking）”，给索偿行在信用证下获得支付带来更多保障，是 UCP 相关条款所无法比拟的。

UCP 600 第 13 条 b 款规定，当信用证没有规定偿付遵守 URR725 时，则遵守该款的各项规定。b 款（ii）的内容与 URR725 第 6 条 c 款相似。b 款（iii）规定，偿付行未按信用证条款见索即偿，开证行不但要承担索偿行的利息损失，还要承担产生的任何其他费用。这项内容 URR725 第 17 条提及。b 款（iv）的内容与 URR725 第 16 条 a 款和 c 款的内容基本一致，只是措辞有所不同。第 13 条 c 款规定，如果偿付行未能见索即偿，开证行不能免除偿付责任。

URR725 第 1 条已修改为要求开证行明确表明他们的银行间的偿付安排是否适用于 URR725。为此，跟 MT700 一样，MT740 不再可以自动适用于 URR725，发出 MT740 的银行一定要明确表明适用的条例。银行有两个选择，在 40F 场，他们可选“URR LATEST VERSION”或“NOT URR”，“NOT URR”代表银行间的偿付安排适用于 UCP 600 第 13 条而不适用于 URR725。

综上所述，如果信用证中未注明偿付安排适用 URR725，那么 UCP 600 第 13 条 a、b、c 各款均适用，而 URR725 则不适用。如果信用证中注明偿付安排适用 URR725，那么第 13 条 a、c 款适用，同时 URR725 也适用。

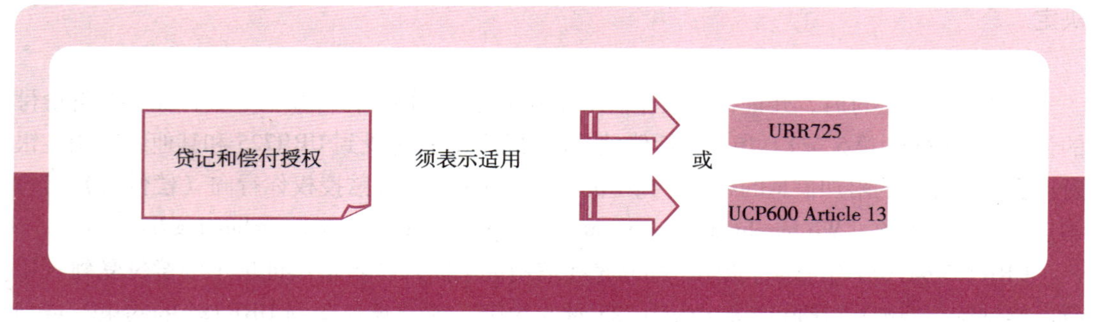

图 13 – 2

信用证的偿付指示主要有以下几种：

1. 寄单收款（Mailing Documents Claim），也称信索。在这种情况下，开证行须于收到单据后才偿付。

2. 直接以电报向开证行索偿（Claim T/T Reimbursement from issuing bank），也称电索。在单证相符时，可在向开证行寄单的同时，以电报向开证行索偿。

3. 直接扣账（Direct Debit），也称主动借记。信用证授权指定的议付行可在单证相符情况下，直接在该开证行开立于议付行的账户中扣除有关款项。

注意，在上述第 2 种及第 3 种情况下，若单据有不符点须叙做电报议付，电文内应要求开证行在接受不符点时，同时将款项电汇给议付行或授权议付行实时扣账。

4. 向偿付行索偿（Claim from Reimbursing Bank）。指信用证注明通过邮寄汇票或以电报形式向指定偿付行索偿，而单据则直接寄往开证行。在远期信用证的情况下，一般是于汇票到期日前3个工作日才索偿，但若信用证指明贴现利息由开证人承担及开证行会以即期形式付款（假远期信用证），便可以实时向有关偿付行索偿。

三、SWIFT 电讯和偿付指示

UCP 600 正式颁布后，SWIFT 组织对于开证行如何在信用证中表示“适用于本惯例”作出如下规定：开证行可以在 SWIFT MT700 第 40E/APPLICABLE RULES 栏位的六个备选项中选择一项或多项，其中的一个选择是 SUBJECT UCP URR LATEST VERSION。

四、预先通知

预先通知（有时指预先索偿通知）是开证行的要求，指示索偿行在信用证项下索偿前的特定天数通知开证行。例如，开证行可以要求索偿行“在索偿3天以前通知开证行（3 days pre-claim notification to the Issuing Bank）”，它将作出索偿。预先通知通常是一个声明，说明索偿行将在一个特定日期索偿和索偿的金额。

预先通知的目的是使开证行有充足的时间来确保本行在偿付行的账户有充足的资金，以便偿付行于收到索偿时能够借记开证行账户以支付索偿款项。[URR725 第 6 条第 F（i）分条]

如果信用证是用 SWIFT 开立，要求将预先通知之事在 MT700 的 78 格中注明。

五、借记前通知

（一）定义和要求

借记前通知是一项类似于预先通知的要求，但借记前通知是放在偿付授权书中发给偿付行的，要求偿付行在借记开证行账户和支付索偿款的特定天数之前通知开证行。

借记前通知是一项对偿付行的要求，开证行必须把要求偿付行借记前通知之事列入开立的信用证中。这样做是为了让索偿行及受益人知道，借记前通知的结果将会有索偿行从偿付行那里收到索偿款项延迟的现象［URR725 第 6 条第 F（ii）分条］。这是开证行对偿付行的要求，而不是偿付行自己的要求。

（二）预先通知和借记前通知的理论基础

预先通知和借记前通知做法的逐渐形成是为了使开证行更好地管理其在代理行账户的现金状况。预先通知和借记前通知延长了付款给索偿行的时间，同样也延长了付款给受益人的时间。许多从事跟单信用证的人认为，预先通知会改变即期信用证的即期付款性质，因为付款增加额外天数就变成延期付款或远期付款信用证了。接受信用证带有预先通知或借记前通知偿付条件的受益人实际已经同意接受潜在的收取索偿款的延迟。

如果信用证是用 SWIFT 格式开立的，包含借记前通知的偿付指示应在 MT700 的 78 格中注明。

六、信用证不需要的项目

除了开证行应包括在信用证中的各项外，还有几个按照 UCP 的规定不应包括在信用证中的项目。

（一）相符证书

通常开证行要求索偿行向偿付行提交相符证书。这种相符证书通常包括一项声明说明：

单据与信用证的条款和条件相符。由于下述原因，要求提交相符证书是不正确的。

1. 只有单据与信用证已经相符，索偿行才能有权索偿。

2. 由于偿付行不是信用证的当事人，并且不知道该信用证的条款，所以没有理由要求索偿行向偿付行提示这种相符证书（URR725 第 6 条第 C 分条）。

如果要求相符证书，它应该被索偿行作为对开证行预先通知的一部分，而不是作为对偿付行的声明。大多数偿付行把这种相符证书作为本行必须审核的一项附加单据，原因是对开证行提供这种服务就要向开证行收取额外的费用。

值得注意的是，UCP 600 使用的措辞是建议性的“不应要求”（shall not be required），而不是强制性的“不得要求”（must not require）。国际商会第 511 号出版物解释说：如果开证行不愿采纳这个建议，仍坚持要求提供单证相符的证明，那么它就有责任将此要求通知被指定银行和偿付行。在此约定下，如果索偿时未能提供单证相符的证明，偿付行就只能拒付，别无选择。因此，尽管目前已逐渐形成了不强调索偿行提供单证相符证明的惯例，但索偿行不能因为本条“不应要求”的惯例而忽略信用证可能的“另有规定”，以防遭到偿付行拒付。

（二）偿付授权的有效期

UCP 600 与 UCP 500 相比，在第 13 条 b（i）中增加了“偿付授权不应设立截止日”的规定。之所以禁止在偿付授权中规定有效期，是因为这会给信用证业务带来不必要的阻碍。例如，许多情况下开证行将对偿付行的偿付授权有效期规定为与信用证有效期相同，那么当单据在信用证有效期的最后一两天提交到指定银行时，该行对偿付行的索偿极有可能超过信用证的有效期也就是偿付授权的有效期。再有，有时候开证行在延展信用证有效期时往往忘记通知偿付行将偿付授权的有效期也跟着延展，这也会使得索偿过有效期。结果造成许多索偿被拒绝，原因仅仅是索偿超过了偿付授权的有效期。这对整个业务的顺利完成造成不必要的麻烦。因此，UCP 600 以及 URR725 均规定，偿付授权不应设定有效期。

（三）即期汇票

许多银行犯了另一个错误，即要求向偿付行提示即期汇票（URR725 第 6 条第 E 分条）。现在的做法是向偿付行提交正确的索偿要求便足以获得偿付，不需要提交即期汇票给偿付行，理由如下：

1. 要求提示汇票就成了禁止电讯提示索偿，而且汇票只能邮寄或快邮交给偿付行。

2. 要求提示汇票的做法极大地延迟了对索偿行的偿付，而且增加了处理费用。开证行不应要求将即期汇票作为索偿单据的一部分，大多数偿付行把即期汇票当作附加单据，必须审核并向开证行收取这项服务的额外费用。

（四）远期汇票

关于要求偿付行接受远期汇票，许多国家的法律或法规要求汇票列有特定资料，才能允许偿付行接受这种汇票，这些资料通常包括货物和/或服务的一般描述、产地国、目的地或抵达地、装船日期和装船地点。如果这些资料就是偿付行所要求的，开证行应该在信用证中包括这些资料，以便提出附加资料的指示给索偿行。

如果信用证没有包括这些资料，索偿行不知道要求这些资料而提交远期汇票很有可能被偿付行退回，势必导致偿付延迟（URR725 第 10 条第 B 分条）。位于要求这些资料的国家中的偿付行应该通知开证行它们所需的资料，以便开证行能把资料包括在信用证的偿付指示中，让偿付行照办。

（五）费用

每个包括银行间偿付的信用证应该明确说明谁必须为偿付方面付费［URR725 第 6 条第 D（5）分条］。这些费用包括偿付行的费用。违约拖欠时，偿付行的费用应由开证行负担（URR725 第 16 条第 A 分条）。因为使用偿付行是开证行为向被指定银行提供资金而自行作出的决定。

偿付行的费用应由开证行承担。然而，如果费用系由受益人承担，则开证行有责任在信用证和偿付授权书中予以明确，且该费用应在偿付时从支付索偿行的金额中扣除。UCP 500 和 UCP 600 都规定了偿付行向受益人收取其偿付费用的方式，即在偿付时直接从偿付款项中扣减。UCP 600 在措辞上作了改进，不是以信用证款项是否被支取为标准，而是以偿付是否已发生作为标准来区分偿付行的费用是从支付给索偿行的款项中扣减，还是向开证行收取。

如果未发生偿付，开证行仍有义务承担偿付行的费用。这里主要是讲开证行对偿付行的费用负有最终付款责任。例如，由于单证不符，交单人经征求开证行意见后直接将单据提交开证行，此时便无索偿行为和偿付行为发生，但由于偿付行前期在准备偿付的过程中付出了时间、人力和成本，因此开证行仍有义务承担偿付行的费用。

（六）附加付款指示

由于开证行已安排了通过第三家银行偿付，且将对那家银行签发偿付授权书，在这种情况下，开证行在收到信用证项下单据时绝不要再发出附加指示给偿付行或其他银行（URR725 第 12 条）。

通常，开证行收到单据时，如发出电讯给偿付行或付款给指定银行的另一家银行，将导致偿付行或另一家银行二次付款。开证行的账户被双重借记，此时开证行要对因此造成的损失负责，因为它是发出双重付款指示的当事人，偿付行或其他银行不知道已发生的双重付款，所以收回双重付款资金的责任要由开证行承担。

七、首次索偿未果时

如果偿付行未能按照信用证的条款及条件在首次索偿时即行偿付，则开证行应对索偿行的利息损失以及产生的费用负责。根据 UCP“谁指示、谁负责”的原则，偿付行是根据开证行的授权行事的，其身份是开证行的委托代理人，如果未能按照信用证的规定履行其偿付职能，则作为委托方的开证行应当承担责任。在实务中，由于开证行工作疏忽漏发偿付授权书而导致的首次索偿失败的情形并不鲜见。以下是一份由偿付行发给索偿行的拒绝偿付报文，拒付的理由是未收到开证行的偿付授权书。

PLEASE BE ADVISED THAT WE ARE UNABLE TO HONOUR YOUR CLAIM FOR REIMBURSEMENT AT THIS TIME AS WE HAVE NOT YET RECEIVED THE ISSUING BANK'S AUTHORIZATION. WE WILL NOTIFY THE ISSUING BANK OF YOUR CLAIM AND SEEK AUTHORIZATION TO REIMBURSE. IN THE INTEREST OF TIME, WE SUGGEST YOU CONTACT THEM AS WELL.

所谓开证行应对迟付利息负责，系指该项迟付利息应向开证行追索。然而，索偿行的索偿必须符合信用证的规定及偿付行的偿付承诺。比如，索偿行未在单证相符情况下索偿，致首次索偿时未能得到偿付，索偿行应自担迟付利息，不能向开证行追索。由于索偿行自身原因的索偿延迟，索偿行不能要求偿付行倒起息。

偿付行并不核验单据，索偿行的索偿应以单证相符为条件。实务中一些银行却一边将不符单据寄开证行，同时照样向偿付行索偿，而偿付行因不了解实际情况而照常偿付。此种情况下若开证行拒付，开证行不应要求偿付行索回已偿付的款项及利息，而应按 UCP 600 第 16 条 g 款的规定，自己索回已经付给索偿银行的任何偿付及利息。另外，在对不符单据拒付后又接受的情况下开证行应把索偿行的索偿视为首次索偿，处理方式应与首次索偿未果时一样。

八、非被指定银行的索偿风险

如开证行拟使用偿付行对索偿行进行偿付，应及时向偿付行提供照付该索偿的适当指示或授权。结合 URR725，该指示或授权的内容包括信用证号码、货币及金额，另外还有索偿行，在自由议付信用证项下，可由任何银行索偿。如缺少关于索偿行的指定，偿付行有权对任何索偿行偿付。

言外之意，一旦有了这些指示项目，偿付行只能对授权中的被指定银行偿付，并且只有如此，偿付行才能从开证行得到补偿。若偿付行不遵守这一指示，对非被指定银行的索偿进行偿付，开证行则有权停止补偿偿付款项，ICC535 案例 17 中银行委员会专家的意见充分肯定了这一观点：

B 银行议付了某限制 A 银行议付之信用证项下单据，并向偿付行 R 银行索偿。R 银行支付了该项索偿，并借记了开证行的往来账。开证行收单后以“信用证并非可自由议付而是限制 A 银行议付”为不符点，拒绝接受单据，并要求 B 银行退还从 R 银行索偿的金额及自付款日至退款日的利息。B 银行否认了开证行的理由，拒绝退还所支款项。由此，开证行正式要求 R 银行足额冲回借记开证行账户的这笔款项。

由于开证行对 R 银行的偿付授权中明确指示只对被指定银行 A 银行偿付，银行委员会专家否定了偿付行的这一做法，支持了开证行告 R 银行应当冲账的要求，并提出 R 银行应力争从 B 银行索回该笔错误划款或考虑单方面借记 B 银行的账户，从而冲转未经授权的偿付。

国际商会对该案例的态度，再次说明了偿付行的错误偿付及向非被指定银行付款、承兑、议付后可能遭到拒付的风险。

九、术语名词解释

1. 偿付行。偿付行（Reimbursing Bank）系指根据开证行的指示或者授权，依照开证行出具的偿付授权书提供偿付的银行。

2. 偿付授权书。偿付授权书（Reimbursing Authorization）系指开证行出具给偿付行的独立于信用证的一项指示或者授权，偿付行据此对索偿行进行偿付，或者，如果开证行要求，承兑并且到期支付以偿付行为付款人的远期汇票。

3. 偿付修改。偿付修改（Reimbursement Amendment）系指由开证行出具给偿付行的对偿付授权书进行改变的一项通知。

4. 索偿行。索偿行（Claiming Bank）系指信用证项下作出承付或者议付并向偿付行提出偿付要求的银行。索偿行包括经过承付或者议付银行授权并代表其向偿付行提示索偿要求的银行。

5. 索偿要求。索偿要求（Reimbursement Claim）系指由索偿行向偿付行提出的以期获得偿付的要求。

6. 偿付承诺。偿付承诺（Reimbursement Undertaking）系指偿付行根据开证行的授权或者要求，向偿付授权书中指定的索偿行作出的一项单独的、不可撤销的承诺，保证当偿付承诺中所规定的条款和条件得到满足时，将对索偿行进行偿付。

7. 偿付承诺修改书。偿付承诺修改书（Reimbursement Undertaking Amendment）系指偿付行出具给偿付授权书指定的索偿行的对偿付承诺进行改变的一项通知。

第三节　偿付授权书和偿付承诺

一、偿付授权书

1. 偿付授权书应采用证实的电讯传递或签字的信函形式发出。即期索偿的偿付授权书使用程序如图13－3所示。

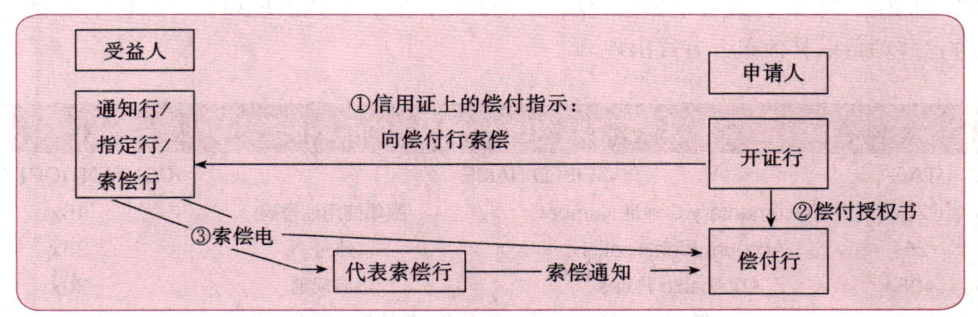

图13－3　即期索偿的偿付授权书使用程序

2. 即期付款信用证偿付授权书格式（见附式13－1）。即期信用证项下偿付授权书必须说明以下各点：(1) 信用证号码。(2) 币种和金额。(3) 附加的应付金额和增减幅度（如有）。(4) 索偿行。如果是自由议付信用证情况，则声明索偿可以由任何银行提出。如果无此类指示，偿付行有权向任何索偿银行进行偿付。(5) 说明索偿行和偿付行的费用负担人。这样的偿付授权书是可撤销的、没有有效期的。不应要求开出以偿付行作为付款人的即期汇票。

开证行开立偿付授权书后，要承担双重责任：一方面要对信用证主要当事人即受益人承担信用证项下的付款责任，另一方面要对其代理人即偿付行承担偿付授权书项下拨付信用证资金的责任。

开证行不应邮寄信用证副本给偿付行且希望把该副本作为偿付授权书。偿付行如果收到信用证副本将对其不予理会。[URR725第6条第B（i）分条]

附式 13－1　Reimbursement Authorization

under Sight Credit

From: Name and address
of Issuing Bank
To: Name and address
of Reimbursing Bank

We hereby issue a Reimbursement Authorization to authorize you to reimburse claims presented by Claiming Bank and debit our account No. ________ with you under advice to us subject to Uniform Rules for Bank – to – Bank Reimbursements under Documentary Credits, ICC Publication No. 725 upon receipt of its claim (s) in accordance with the following:

1. Credit number
2. Currency and amount
3. Additional amounts payable, and tolerance, if any
4. Claiming Bank: its name and address, or any bank (in the case of freely negotiable Credits)
5. Parties responsible for charges

3. SWIFT MT740 电讯偿付授权书（MT740 AUTHORISATION TO REIMBURSE）是由开证行发给偿付行，用来要求收报行偿付跟单信用证项下的付款或议付款项的报文格式。如果要求注销 MT740，则必须发送 MT747，而不能发送 MT792。

以下为项目使用规则：(1) 报文中可能出现项目“39A”或项目“39B”，但不能同时出现；(2) 项目“42C”和项目“42a”在使用时必须同时出现；(3) 报文中同时出现项目“42C”和项目“42a”，或者单独出现项目“42M”，或者单独出现项目“42P”，除此之外，不允许这些项目以其他组合方式出现。

表13－1　MT740偿付授权书的电文格式

M/O	TAG	FIELD NAME		CONTENT/OPTIONS
M	20	Documentary Credit Number	跟单信用证号码	16x
O	25	Account Identification	账号	35x
M	40F	Applicable Rules	适应规则	30x
O	31D	Date and Place of Expiry	到期日及到期地点	6!n 29x
O	58a	Negotiating Bank	议付行	A or D
O	59	Beneficiary	受益人	[/34x] 4*35x
M	32B	Credit Amount	信用证金额	3!a 15d
O	39A	Percentage Credit Amount Tolerance	信用证金额上下限百分比	2n/2n
O	39C	Additional Amounts Covered	附加金额	4*35x
M	41a	Available with...by...	兑用银行及信用证兑用方式	A or D
O	42C	Drafts at...	汇票付款期限	3*35x
O	42a	Drawee	汇票付款人	A or D
O	42M	Mixed Payment Details	混合付款详述	4*35x
O	42P	Negotiation/Deferred Payment Details	议付/延期付款详述	4*35x
O	71A	Reimbursing Bank's Charges	偿付行的费用	3!a
O	71D	Other Charges	其他的费用	6*35z
O	72Z	Sender to Receiver Information	附言	6*35z

参数说明：

20：跟单信用证号码。

25：账号。该项目列明在偿付时应借记的账号。该账户可以是发报行的分行的账户。

40F：偿付的适用规则。

31D：到期日及到期地点。该项目列明跟单信用证最迟交单日期和交单地点。

32B：跟单信用证的货币及金额。该项目列明跟单信用证的货币及金额。

39A：信用证金额浮动允许范围。该项目列明信用证金额上下浮动的最大允许范围，用百分比表示，如用“10/10”来表示允许上下浮动各不超过10%。

39C：附加金额。该项目列明信用证所涉及的附加金额，诸如保险费、运费、利息等。

41a：有关银行及信用证兑付方式。该项目列明被授权对该证付款、承兑或议付的银行及该信用证的兑付方式。其具体内容是：

（1）银行表示方法：当项目代号为“41A”时，银行用SWIFT名址码表示；当项目代号为“41D”时，银行用行名地址表示；如果信用证为自由议付信用证，该项目代号应为“41D”，银行用“ANY BANK IN...（地名/国名）”表示；如果该信用证为自由议付信用证，而且对议付地点也无限制，该项目代号应为“41D”，银行用“ANY BANK”表示。

（2）兑付方式表示方法：BY PAYMENT，即期付款；BY ACCEPTANCE，远期承兑；BY NEGOTIATION，议付；BY DEF PAYMENT，延期付款；BY MIXED PAYMENT，混合付款。

如果该证系迟期付款信用证，有关付款的详细条款将在项目“42P”中列明；如果该证系混合条款，将在项目“42M”中列明。

42C：汇票付款期限。该项目列明跟单信用证项下汇票的付款期限。

42a：汇票付款人。该项目列明跟单信用证项下汇票的付款人，必须与42C同时出现。该项目内不能出现账号。

42M：混合付款条款。该项目列明混合付款跟单信用证项下的付款日期及其确定的方式。

42P：迟期付款条款。该项目列明只在迟期付款跟单信用证项下的付款日期及其确定方式。

58a：议付行的名称。当议付行是汇票的出具人时，此处应填写议付行名称。

59：受益人的名称。当汇票的出具人是受益人时，此栏位应填写受益人名称。

71A：偿付行的费用。该项目列明偿付行的费用应由谁负担，其内容以下列方式之一出现：CLM，费用由索偿的银行负担；OUR，费用由发报行负担。

若无此项目，即表示该费用将由报文的发报行负担。

71D：OTHER CHARGES 只有发生承兑费或贴现费时，该场次可选两个代码/ACCECHGS/或/DISCCHGS/。

72：附言。该项目包括给偿付行的任何特别指示。

若该项目中未对银行费用的索偿作出明确指示，即表示偿付行被授权支付这些费用。

举例 1：

附式 13－2　SWIFT MT740 Authorization to Reimbure

Mandatory/Optional	Field Tag	Field Name	Contents/Options
M	20	Documentary Credit Number	LC12345
O	25	Account Identification	012345678
O	58A	Negotiating Bank	××××××××
M	32B	Credit Amount	USD 247 000. 00
M	41A	Available With... By...	ZZZZZZZZ
			BY NEGOTIATION
O	71A	Reimbursing Bank's Charges	OUR
O	72	Sender to Receiver Information	PRE－DEBIT NOTIFICATION OF 2 BANKING DAYS

举例 2：

Skandinaviska Enskilda Banken issues its documentary credit number DC. IMP 3410/3444, to Generale Bank, Brussels, the advising bank, including the following details:

Expiry Date: 30 July 2020

Place of Expiry: Brussels

Amount: USD 31 500

The credit is available with Generale Bank, Brussels, by acceptance, with all charges to be paid by the claiming bank.

At maturity of the draft, reimbursement is to be claimed at Manufacturers Hanover Trust Company, New York.

At the time the MT700 is issued, Skandinaviska sends an MT740 Authorisation to Reimburse to Manufacturers Hanover Trust Company, New York, indicating that authorisation to reimburse is restricted to the credit amount and the claiming bank's acceptance commission.

信息流动：

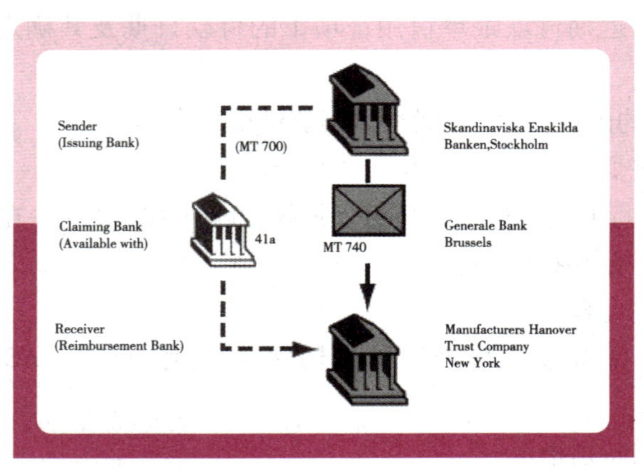

图 13－4

SWIFT 报文：

Explanation	Format
Sender	ESSESESS
Message Type	740
Receiver	MAHAUS33
Message Text	
Documentary Credit Number	:20:DC. IMP 3410/3444
Credit Amount	:32B:USD 31500
Available With...By...	:41A:GEBABEBB BY ACCEPTANCE
Reimbursing Bk's Charges	:71A:CLM
Sender to Receiver Information :	72: RESTRICTED TO CLAIMING BANK'S ACCEPTANCE COMMISSION
End of Message Text/Trailer	

4. 即期信用证项下偿付授权书要求开出偿付承诺。此种授权书必须说明以下各点：（1）信用证号码；（2）币种和金额；（3）附加的应付金额和增减幅度（如有）；（4）开致偿付行的偿付承诺，必须有索偿行的全称和地址；（5）索偿的最迟期限，包括远期索偿的期限；（6）说明索偿行和偿付行的费用与偿付承诺费用的负担人。

即期信用证项下，偿付授权书要求开出偿付承诺的格式见附式 13－3，此种偿付授权书是不可撤销的。

附式 13－3　Reimbursement Authorization

under Sight Credit with
request of issuing
Reimbursement Undertaking

From: Name and address
of Issuing Bank

To: Name and address
of Reimbursing Bank

We hereby issue an Irrevocable Reimbursement Authorization to authorize you to reimburse claims presented by Claiming Bank and debit our account No. ________ with you under advice to us subject to Uniform Rules for Bank－to－Bank Reimbursements under Documentary Credits, ICC Publication No. 725 upon receipt of its claim (s) in accordance with the following:

1. Credit number
2. Currency and amount
3. Additional amounts payable, and tolerance, if any
4. Claiming Bank: its name and address, or any bank (in the case of freely negotiable Credits)
5. Parties responsible for charges

We also irrevocably authorize you to issue an Irrevocable Reimbursement Undertaking to the Claiming Bank to honour its reimbursement claim by you in accordance with the following:

1. Credit number
2. Currency and amount
3. Additional amounts payable, and tolerance, if any
4. Full name and address of the Claiming Bank to whom the Reimbursement Undertaking should be issued
5. Latest date for presentation of a claim
6. Parties responsible for charges (Claiming Bank's and Reimbursing Bank's charges and Reimbursement Undertaking fee)

5. 远期（包括承兑和延期付款）信用证项下偿付授权书图示。远期索偿的偿付授权书使用程序见图 13－5。

远期信用证项下偿付授权书必须说明的要点，除包括即期信用证项下偿付授权书的要点外，还有：（1）汇票付款期限；（2）出票人；（3）承兑费和贴现费（如有）的承担人。

远期信用证项下偿付授权书格式见附式 13－4，它是可撤销的、没有有效期的授权书。

远期（包括承兑/延期付款）信用证项下偿付授权要求开出偿付承诺的格式见附式 13－5，此项偿付授权书是不可撤销的。

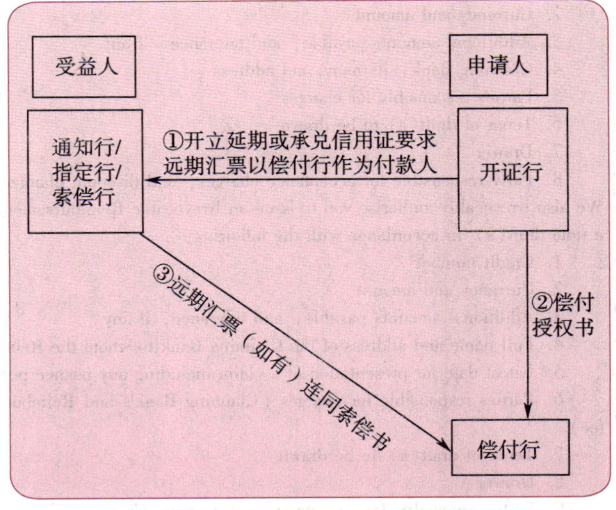

图 13－5　远期索偿的偿付授权书使用程序

附式 13－4 Reimbursement Authorization

under Acceptance/Deferred Payment Credit

From: Name and address
of Issuing Bank

To: Name and address
of Reimbursing Bank

We hereby issue a Reimbursement Authorization to authorize you to accept a time draft (s) drawn on you payable at predetermined date and in the meantime debit our account No. ________ with you under your advice to us subject to Uniform Rules for Bank－to－Bank Reimbursements under Documentary Credits, ICC Publication No. 725 upon receipt of such draft presented by the Claiming Bank in accordance with the following:

1. Credit number
2. Currency and amount
3. Additional amounts payable, and tolerance, if any
4. Claiming Bank: its name and address
5. Parties responsible for charges
6. Tenor of draft(s) to be drawn
7. Drawer
8. Party responsible for acceptance charges, and discount charges, if any

附式 13－5 Reimbursement Authorization

under Acceptance/Deferred Payment Credit
with request of issuing Reimbursement
Undertaking

From: Name and address
of Issuing Bank

To: Name and address
of Reimbursing Bank

We hereby issue an Irrevocable Reimbursement Authorization to authorize you to accept a time draft(s) drawn on you payable at predetermined date and in the meantime debit our account No. ____ with you under your advice to us subject to Uniform Rules for Bank－to－Bank Reimbursements under Documentary Credit's, ICC Publication No. 725 upon receipt of such draft presented by the Claiming Bank in accordance with the following:

1. Credit number
2. Currency and amount
3. Additional amounts payable, and tolerance, if any
4. Claiming Bank: its name and address
5. Parties responsible for charges
6. Tenor of draft(s) to be drawn
7. Drawer
8. Party responsible for acceptance charges, and discount charges, if any

We also irrevocably authorize you to issue an Irrevocable Reimbursement Undertaking to the Claiming Bank to accept and pay a time draft(s) in accordance with the following:

1. Credit number
2. Currency and amount
3. Additional amounts payable, and tolerance, if any
4. Full name and address of the Claiming Bank to whom the Reimbursement Undertaking shall be issued
5. Latest date for presentation of a claim including any usance period
6. Parties responsible for charges (Claiming Bank's and Reimbursing Bank's charges and Reimbursement Undertaking fee)
7. Tenor of draft(s) to be drawn
8. Drawer
9. Party responsible for acceptance and discount charges, if any

6. 偿付授权书的修改。无论何时作出影响索偿行提出索偿的变更，开证行必须修改偿付授权书（URR725 第 2 条第 D 分条、第 6 条第 D 分条和第 8 条第 A、B 分条）。通常，信用证中影响偿付授权书的条款如下：（1）信用证的货币和金额及附加金额或增减幅度的修改；（2）索偿行名称的修改；（3）汇票付款期限或出票人的修改；（4）如果包括在偿付行的协议中，偿付授权书的有效期的任何改变；（5）负担费用的当事人的变更，包括承兑费和贴现费（如果有的话）；（6）如果偿付授权书当初要求的借记前通知的时间改变，或如果偿付授权书当初没有要求，增加了借记前通知的时间，修改应包括以上任何改变。

MT747 修改偿付授权（MT747 AMENDMENT TO AN AUTHORISATION TO REIMBURSE）是由发出偿付授权的银行（开证行）发送给偿付行，用来通知收报行关于修改与偿付授权相关的信用证条款的报文格式。

使用该报文时请注意：（1）修改中未提及的条款保留不变；（2）注销偿付授权（MT740 报文）应采用修改格式，此时必须用 MT747 格式；（3）对跟单信用证有效期和金额的修改可用专门的项目，其他所有的修改必须在项目“77A”中列明。

表13－2　MT747修改偿付授权的电文格式

M/O	TAG	FIELD NAME		CONTENT/OPTIONS
M	20	Documentary Credit Number	跟单信用证号码	16x
O	21	Reimbursing Bank's Reference	偿付行的编号	16x
M	30	Date of the Original Authorization to Reimburse	原偿付授权日期	6!n
O	31E	New Date of Expiry	修改后的到期日	3!a15d
O	32B	Increase of Documentary Credit Amount	跟单信用证金额的增额	3!a15d
O	33B	Decrease of Documentary Credit Amount	跟单信用证金额的减额	3!a15d
O	34B	New Documentary Credit Amount After Amendment	修改后的跟单信用证金额	3!a15d
O	39A	Percentage Credit Amount Tolerance	信用证金额上下限百分比	2n/2n
O	39C	Additional Amounts Covered	附加金额	4*35x
O	72Z	Sender to Receiver Information	附言	6*35z
O	77	Narrative	修改内容详述	20*35z

参数说明：

20：跟单信用证号码。

21：偿付行的编号。

30：原偿付授权日期。该项目列明原偿付授权发送的日期。

31E：修改后的到期日。

32B：跟单信用证金额的增额。该项目列明跟单信用证的货币和增加的金额。

33B：跟单信用证的减额。该项目列明跟单信用证的货币和减少的金额。

34B：修改后的跟单信用证金额。该项目列明修改后的跟单信用证的货币和总金额，它与信用证项下的任何支款无关。

39A：信用证金额上下限百分比。该项目用百分比（上限/下限）表示修改后的跟单信用证的金额允许浮动限额。

39C：附加金额。该项目列明对信用证所涉及的附加金额（如保险费、运费、利息等）的修改。

72Z：附言。

77：修改内容详述。

举例 1：

附式 13－6　SWIFT MT747 Amendment to an Authorization to Reimburse

Mandatory/Optional	Field Tag	Field Name	Contents/Options
M	20	Documentary Credit Number	LC12345
O	21	Reimbursing Bank's Reference	RA789
M	30	Date of the Original Authorization to Reimburse	140218
O	32B	Increase of Documentary Credit Amount	USD 40000，00
O	34B	New Documentary Credit Amount After Amendment	USD 287000，00

举例 2：

On 17 May 2020, Skandinaviska Enskilda Banken issues its documentary credit number DC. IMP 3410/3444, to Generale Bank, Brussels, the advising bank, and its authorization to reimburse to Manufacturers Hanover Trust Company, New York.

On 21 May 2020, Skandinaviska Enskilda Banken notifies Manufacturers Hanover Trust Company, New York of the following changes to the terms and conditions of the documentary credit:

- The expiry date of the credit has been extended to 30 September 2020.
- The amount of the credit has been increased by USD 3 250 to USD 34 750.

信息流动如图 13－6 所示。

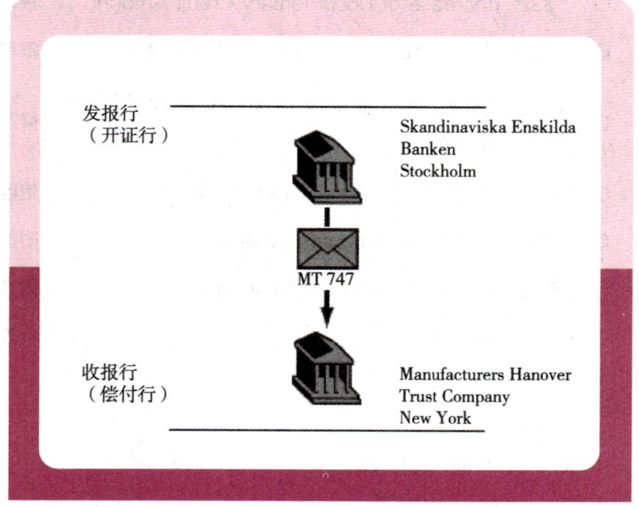

图 13－6

SWIFT 报文：

Explanation	Format
Sender	ESSESESS
Message Type	747
Receiver	MAHAUS33
Message Text	
Sender's Reference	:20:DC. IMP 3410/3444
Date of Original Authorisation to Reimburse	:30:200517
New Date of Expiry	:31E:200930
Increase of D/C	:32B:USD 3250
New D/C Amount	:34B:USD 34750
End of Message Text/Trailer	

修改了信用证有效期、却不对偿付授权书作相应修改，是偿付行对索偿拒付的最常见的原因。然而，若偿付授权书中未规定有效期，当信用证的有效期变更时，修改是没有必要的，故若信用证有效期有了改变，则会节省开证行每次去修改授权书的费用。

二、偿付承诺

（一）偿付承诺图示

偿付行按照开证行在授权书中的要求开出偿付承诺给索偿行，这一规定使得索偿行对信用证项下单据的付款、承兑偿付承诺的使用程序或议付更有信心及保证，消除了议付或付款后开证行忘记指定或通知偿付行，使索偿行没有延迟索偿的可能性。偿付承诺的使用程序如图 13－7 所示。

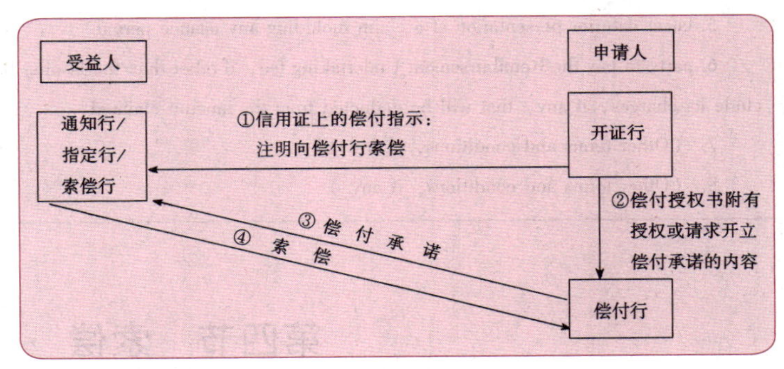

图 13－7　偿付承诺的使用程序

偿付承诺必须说明以下各点：（1）信用证号及开证行；（2）偿付授权书的币种及金额；（3）附加的应付金额和增减幅度（如有）；（4）偿付承诺的币种和金额；（5）提示索偿要求的最晚日期，包括任何票据的期限；（6）注明负担偿付承诺费的当事人；（7）注明其他承诺的条款和条件（如有）。

偿付承诺格式见附式 13－7。偿付承诺是不可撤销的，带有索偿的最迟期限，即偿付承诺的有效日期。偿付承诺这个术语以前被美国银行界称为确认偿付（Confirmed Reimbursement），为了避免与保兑信用证（Confirmed Credit）混淆，现在改称偿付承诺。

偿付承诺的特点：

1. 偿付承诺是偿付行支付索偿要求的单独承诺书，只要索偿符合承诺的条件即可。

2. 偿付行支付索偿的发生，是不管信用证项下交单是否符合信用证的条款的，偿付行对指名索偿行的义务是该偿付行要支付索偿款。

3. 因为偿付承诺是开致指名索偿行的，它不适用于自由议付信用证。

4. 偿付承诺不是偿付行对信用证受益人的义务，受益人不能使自己获得偿付承诺的利益，他不是偿付承诺的当事人。

（二）偿付承诺格式

附式 13－7 Irrevocable Reimbursement Undertaking

From: Name and address of
Reimbursing Bank
To: Name and address of
Claiming Bank

Upon the authorization of the Issuing Bank, we hereby issue an Irrevocable Reimbursement Undertaking to you to honour your reimbursement claim subject to Uniform Rules for Bank－to－Bank Reimbursements under Documentary Credit, ICC Publication No. 725, provided the following terms and conditions of this Undertaking have been complied with:

1. Credit number and Issuing Bank
2. currency and amount of the Reimbursement Authorization
3. additional amounts payable, and tolerance, if any
4. currency and amount of the Reimbursement Undertaking
5. latest date for presentation of a claim including any usance period
6. party to pay the Reimbursement Undertaking fee, if other than the Issuing Bank. The Reimbursing Bank must also include its charges, if any, that will be deducted from the amount claimed
7. (Other terms and conditions, if any.)
8. (Other terms and conditions, if any.)

第四节 索偿

一、即期索偿

即期索偿必须以电讯传递形式，例如采用电讯索偿。电讯格式见附式 13－8。

附式 13－8 索偿电讯格式

A Claim for reimbursement at sight in the form of a teletransmission

A telex dispatched from Claiming Bank to Reimbursing Bank

TEST ____ DOCUMENTS NEGOTIATED/PAID UNDER L/C NO. ____ ISSUED BY (NAME OF ISSUING BANK) OUR BP ____ AND TERMS COMPLIED WITH CLAIM FOR USD ____. PLEASE REMIT THE SAID PROCEEDS TO (OUR NEW YORK BRANCH) FOR CREDITING OUR ACCOUNT WITH THEM UNDER ____ ADVICE TO US QUOTING A. M. BP NO.

如果开证行禁止电讯索偿，可采用信函索偿。信函格式见附式 13－9。

附式 13－9　索偿信函格式

A Claim for reimbursement at sight in the form of an original letter

A letter addressed by Claiming Bank to Reimbursing Bank
Name of Reimbursing Bank,
Place.

Dear Sirs,

Re: Claim for Reimbursement of USD

We have negotiated documents under L/C No. ____ issued by ____ our BP. ____. Terms and conditions of the Credit have been complied with, we claim for USD ____, please remit the said proceeds to ____ for crediting our account with them under ____ advice to us quoting above mentioned BP number.

Kindly take note.

Name of Claiming Bank
place
______ signature

索偿必须单独规定索偿的本金、附加金额和费用，不应该是索偿行致开证行的付款、承兑或议付通知书的副本。如有偿付承诺，索偿必须符合承诺的条款和条件。

偿付行从收到索偿翌日起算，不超过 3 个银行工作日处理索偿。索偿行不应提出倒起息的要求。

经验表明，向偿付行电索收汇迅速，优于寄单向偿付行索偿。如果担心开证行不给偿付行授权书，或撤销或修改授权书，可以要求偿付行开立偿付承诺。

二、电讯索偿通用格式

MT742 索偿（MT742 REIMBURSEMENT CLAIM）是由付款行或议付行发给被授权偿付的银行，就付款或议付的款项进行索偿的报文格式（见附式 13－10）。

附式 13－10　MT742 索偿的电文格式

M/O	TAG	FIELD NAME		CONTENT/OPTIONS
M	20	Claiming Bank's Reference	索偿行的号码	16x
M	21	Documentary Credit Number	跟单信用证号码	16x
M	31C	Date of Issue	开证日期	6!n
M	52a	Issuing Bank	开证行	A or D
M	32B	Principal Amount Claimed	要求偿付的资金	3!a15d
O	33B	Additional Amount Claimed as Allowed for in Excess of Principal Amount	要求偿付本金以外的附加金额	3!a15d
O	71D	Charges	费用	6*35z
M	34a	Total Amount Claimed	要求偿付的总金额	A or B
O	57a	Account with Bank	账户行	A, B or D
O	58a	Beneficiary Bank	收款行	A or D
O	72Z	Sender to Receiver Information	附言	6*35z

参数说明：

20：索偿行的号码。

21：跟单信用证号码。

31C：开证日期。该项目列明开证行开立跟单信用证的日期。

52a：开证行。该项目列明发出偿付授权的银行。

32B：要求偿付的资金。该项目列明发报行要求偿付的货币和本金。该本金应是从跟单信用证余额中扣减出的金额。

若要求偿付的货币不同于信用证的货币，那么该项目仍列明要求偿付的货币，有关兑换和从信用证余额中扣减的说明则须在项目“72”中列明。

33B：要求偿付本金以外的附加金额。该项目列明依据特别授权而已经支付/议付的附加金额，即应从 MT700 报文项目“39C”中扣减的金额。

若要求偿付的货币不同于信用证的货币，那么该项目仍列明要求偿付的货币，有关兑换和从信用证余额中扣减的说明则须在项目“72”中列明。

71D：费用。该项目列明由发报行在索偿总金额中加入或扣除的费用。可能出现的代码：

/AGENT/，代理人佣金；

/TELECHAR/，电讯费用；

/COMM/，我行费用；

/CORCOM/，我代理行费用；

/DISC/，商业贴现费；

/INSUR/，保险费；

/POST/，我行邮费；

/STAMP/，印花税；

/WAREHOUS/，码头费和仓储费。

34a：要求偿付的总金额。该项目列明要求偿付行偿付的货币和总金额。该金额系项目“32B”“33B”及“71D”金额的总和。

57a：账户行。该项目列明发报行的账户行（收报行以外的银行），发报行要求收报行将偿付总金额汇往发报行开在该账户行的账户，或者汇往发报行的分行开在该账户行的账户。如果系汇往发报行的分行开在该账户行的账户，那么该分行的名称将在项目“58a”中列明。

58a：收款行。如果偿付的总金额将汇往发报行的分行开在账户行的账户，该项目列明这家分行。如果发报行的分行在收报行的账户被贷记，该项目则用来列明该分行的账号，在这种情况下，报文不应使用项目“57a”。

此外，如果发报行与收报行或账户行之间开有多个账户，该项目应列明发报行 SWIFT 名址码（此时该项目代号应为“58a”，并且列明应贷记的账号）。

72Z：附言。

【例1】

On 23 August 2020, Deutsche Bank, Munich, requests reimbursement from Chemical Bank, Frankfurt, asking that it pay Deutsche Bank, Munich's account number 700 – 373473 at Deutsche Bank, Frankfurt.

The amount claimed includes the total credit amount of EUR 95 000 and EUR 200 charges for commission.

信息流动如图 13 – 8 所示。

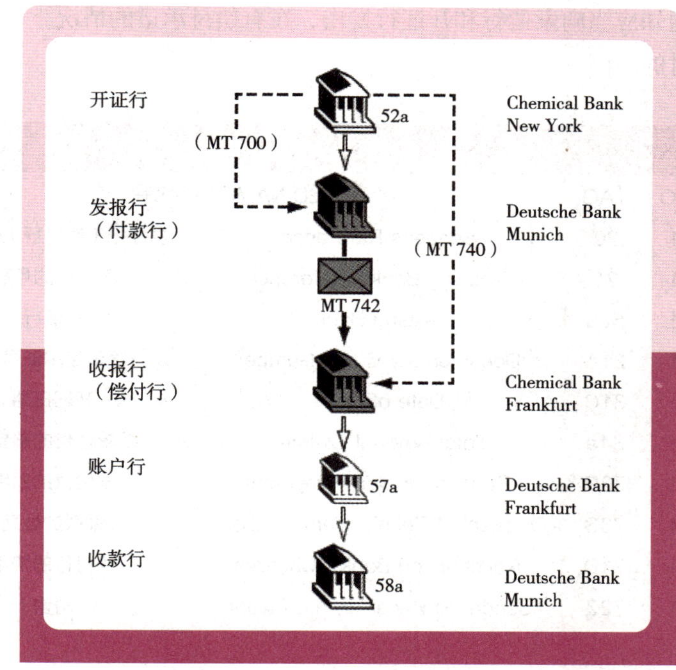

图 13 – 8

SWIFT 报文：

Explanation	Format
Sender	DEUTDEMMA
Message Type	742
Receiver	CHEMDEFF
Message Text	
Claiming Bank's Reference	:20:CL934372
Documentary Credit Number	:21:IMP 693/70224
Date of Issue	:31C:200607
Issuing Bank	:52A:CHEMUS33
Principal Amount Claimed	:32B:EUR95000
Charges	:71B:/COMM/EUR200
Total Amount Claimed	:34B:EUR95200
Account With Bank	:57A:DEUTDEFF
Beneficiary Bank	:58A:/700 –373473DEUTDEMM
End of Message Text/Trailer	

MT744 拒绝偿付通知（Notice of Non – Conforming Reimbursement Claim）是由偿付行发送给索偿行（信用证指定行），用于通知索偿与授权不相符的报文格式。

如果由于偿付要求与偿付承诺不一致，或者在仅有偿付授权书的情况下，由于任何原因，偿付行决定不予偿付，则其应当在不迟于自收到索偿要求的次日起三个银行工作日结束时（如有借记前的预先通知的话，则不包含在此期限内），通过电讯方式，或者如不可能，则通知应当向索偿行和开证行发出，在有偿付承诺的情况下，还必须说明未对偿付要求予以偿付的原因。

附式13－11　MT744拒绝偿付的电文格式

M/O	TAG	FIELD NAME/项目名称		CONTENT/OPTIONS
M	20	Sender's Reference	发报行（偿付行）的编号	16x
M	21	Claiming Bank's Reference	索偿行的号码	16x
M	52a	Issuing Bank	开证行	A or D
M	21A	Documentary Credit Number	跟单信用证号码	16x
O	31C	Date of Issue	开证日期	6!n
M	34a	Total Amount Claimed	要求偿付的总金额	A or B
M	73R	Reason for Non－Payment	未偿付的原因	4!c [/35x]
M	73S	Disposal of Reimbursement Claim	索偿的处理	4!c [/35x]
O	71D	Reimbursing Bank's Charges	偿付行的费用	6*35z
O	72Z	Sender to Receiver Information	附言	6*35z

参数说明：

20：发报行（偿付行）的号码。

21：索偿行的号码。

52a：开证行。

21A：信用证号码。

31C：开证日期。

34a：要求偿付的总金额。与 MT742 中的 34a 场的金额对应。

73R：未偿付的原因。/OTHER/当选择 OTHER 时才可以使用【/35x】，其余情形均通过代码表示。/DIFF/表示索偿不一致，/DUPL/重复索偿，/INSU/索偿信息不完整，/NAUT/未获得开证行偿付授权，/OVER/超额索偿（不含附加金额），/REFE/等待开证行进一步指示，/TTNA/电索不允许。/WINF/索偿信息与偿付授权信息不一致，/XAMT/超额索偿（含附加金额）。

73S：索偿的处理。只有以下三种代码可以选择。CANC：索偿被取消；HOLD：索偿等待后续安排，当选择 HOLD 时，必须要在【/35x】中录入具体的等待处理的安排；RETD：索偿被拒绝，意味着将全部收到的与本次索偿有关的内容退回，其中包括汇票（如有）。

71D：偿付行的费用。

72Z：附言。

【例 2】

On 24 August 2020, Chemical Bank, Frankfurt receives a reimbursement claim from Deutsche Bank, Munich, After checking the claim, Chemical Bank, Frankfurt finds that TT claim not allowed according to reimbursement authorization, the reimbursing bank decide to refuse the claim.

Explanation	Format
Sender	CHEMDEFF
Message Type	744
Receiver	DEUTDEMMA
Message Text	
Sender's Reference	:20:CHED94234
Claiming Bank's Reference	:21:CL934372
Issuing Bank	:52a:CHEMUS33
Documentary Credit Number	:21A:IMP 693/70224
Date of Issue	:31C:200607
Total Amount Claimed	:34a:EUR95200
Reason for Non－Payment	:73R:/TTNA/
Disposal of Reimbursement Claim	:73S:/CANC/
Reimbursing Bank's Charges	
Sender to Receiver Information	

【例 3】

开证行：WOORI BANK，SEOUL（SWIFT：HVBKKRSE×××）

交单行：CHINA MINSHENG BANKING CORP LTD. SHANGHAI BR.（SWIFT：MSBCCNBJ002）

偿付行：WOORI BANK SHENZHEN BRANCH（SWIFT：HVBKCNBS×××）

信息流动如图 13－9 所示。

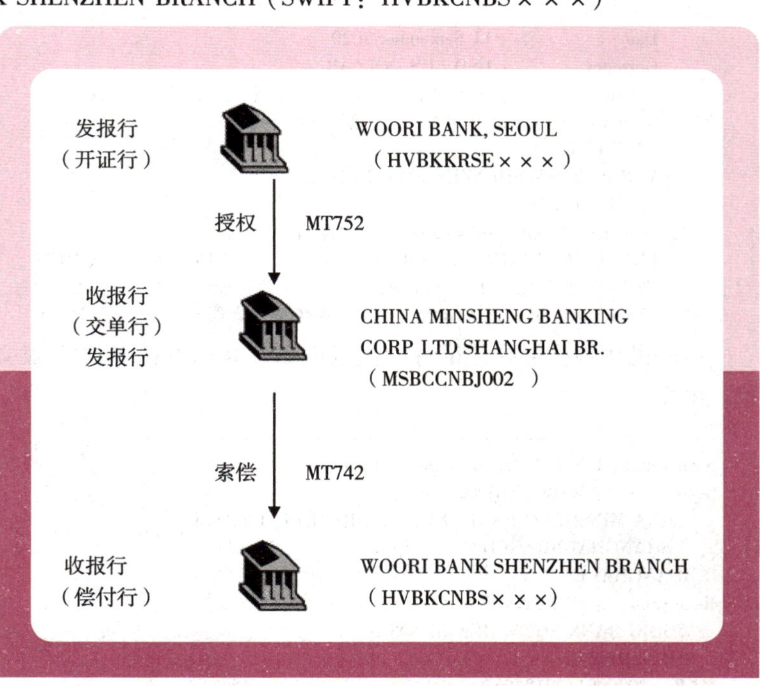

图 13－9

详情：中国民生银行上海分行（MSBCCNBJ002）收到受益人提交，韩国友利银行（HVBKKRSE×××）开立的信用证 MD1A0702NS00057 项下单据一套。中国民生银行审核单证后发现，该信用证有偿付条款，偿付行为友利银行深圳分行，受益人的单据中存在不符点。中国民生银行经受益人授权后，将含有不符点的单据直接寄开证行，并在寄单面函上指明："单据存在不符点，请开证行在接受单据后授权我行索偿。"

开证行在开证申请人接受了该套含有不符点的单据以后，发送 MT752 电文，授权中国民生银行按照信用证的条款进行索偿。电文如下：

```
----------------------------- Message Header --------------------------------
SWIFT Output   FIN 752 Auth to Pay, Accept, Negotiate
Sender            : HVBKKRSE × × ×
  WOORI BANK, SEOUL
  SEOUL KR
Receiver          : MSBCCNBJ002
  CHINA MINSHENG BANKING CORPORATION, LIMITED
   (SHANGHAI BRANCH)
  SHANGHAI CN
MUR               : 0013729978
-------------------------------- Message Text ---------------------------------
  20: Documentary Credit Number        （信用证编号）
      MD1A0702NS00057
  21: Presenting Bank's Reference      （交单行编号）
      0218BP07000158
  23: Further Identification
      REIMBURSE        （授权索偿）
  30: Dt of Adv of Discrepancy or Mailing        （拒付日期）
      200903
 32B: Total Amount Advised
      Currency          : USD (US DOLLAR)         （交单金额）
      Amount            : #84319, 37#
 71B: Charges Deducted        （扣除费用）
      CABLE CHARGE USD 50, 00
 33A: Net Amount
      Date              : 11 September 2020
      Currency          : USD (US DOLLAR)
      Amount            : #84269, 37#       （允许索偿的净额）
 53A: Sender's Correspondent-BIC        （偿付行）
      HVBKCNBS
      WOORI BANK SHENZHEN BRANCH
      SHENZHEN CN
  72: Sender to Receiver Information        （附言）
      PLS CLAIM REIMB. AS PER CREDIT        （请按照信用证条款索偿）
      TERMS. T/T REIMB. ALLOWED        （允许电索）
      PLS AVOID DUPLICATION        （请避免重复索偿）
```

中国民生银行得到开证行的授权以后，立刻发送 MT742 报文，向友利银行深圳分行索偿。电文如下：

```
----------------------------- Message Header --------------------------------
Swift Input   FIN 742 Reimbursement Claim
Sender        : MSBCCNBJ002
  CHINA MINSHENG BANKING CORPORATION, LIMITED
   (SHANGHAI BRANCH)
  SHANGHAI CN
Receiver      : HVBKCNBS × × ×
  WOORI BANK SHENZHEN BRANCH
  SHENZHEN CN
MUR : 2020091100186263
-------------------------------- Message Text ---------------------------------
```

20：Claiming Bank's Reference （索偿行编号）
0218BP07000158
21：Documentary Credit Number （信用证号）
MD1A0702NS00057
52A：Issuing Bank-BIC （开证行）
HVBKKRSE×××
WOORI BANK，SEOUL
SEOUL KR
32B：Principal Amount Claimed （索偿的本金）
Currency ：USD（US DOLLAR）
Amount ：#84319，37#
71B：Charges （费用）
LESS：USD 50，00
34B：Total Amount Claimed （实际索偿的总额）
Currency ：USD（US DOLLAR）
Amount ：#84269，37#
57A：Account With Bank-BIC （索偿行的账户行）
PNBPUS3NNYC
WELLS FARGO BANK N. A.
（NEW YORK INTERNATIONAL BRANCH）
NEW YORK，NY US
58A：Beneficiary Bank-BIC （索偿行）
/2000191000218
MSBCCNBJ002
CHINA MINSHENG BANKING CORPORATION，LIMITED
（SHANGHAI BRANCH）
SHANGHAI CN

三、远期索偿

远期索偿（见附式 13－12）包含开立以偿付行为受票行的远期汇票，索偿行必须寄送索偿要求连同汇票给偿付行（URR725 第 10 条第 B 分条）。偿付行可以要求对货物的一般描述［URR725 第 10 条第 B（i）分条］、货物的产地国［URR725 第 10 条第 b（ii）分条］、目的地、装运日期和装运地点［URR725 第 10 条第 B（iii）分条］等说明。在信用证的偿付指示中，开证行应该提供包括这些资料的指示。

附式 13－12 远期索偿

<u>Claim for reimbursement at a tenor</u>

In case of a Claim for reimbursement at a tenor，a time draft（if any）together with the Reimbursement Claim must be forwarded to the Reimbursing Bank.

远期索偿包括远期汇票举例，例题有关项目如下：

（1）Addressee or drawee：Bank of America，New York

（2）Sender or drawer：The Industrial and Commercial Bank of China，Tianjin

（3）Amount：USD 25，730. 00

（4）Date of letter of Reimbursement Claim and Draft：24 July，202×

（5）Predetermined reimbursement date：3 Aug.，202×（此日提前 10 天．即在 24 July 提交索偿）

（6）Payee：ICBC，Tianjin

（7）Accounting procedure：crediting our Head office account with you under your telex advice to us quoting our Ref. No. BP87654321

（8）Drawn clause：Drawn under Dresdner Bank，Hamburg L/C No. H169087 dated 15 April，202×

远期索偿允许索偿行开立以偿付行为付款人、以索偿行为收款人，以受益人为出票人的远期汇票，连同注明预定偿付日的索偿书，一并寄给偿付行处理，索偿书和远期汇票格式分别见附式 13－13、附式 13－14。

附式 13－13 Letter of Reimbursement Claim（远期索偿书）

To：(1) Bank of America, New York　　　(4) 24 July, 202×

Dear Sirs,

We enclose herewith a time draft drawn on (1) you for (3) USD 25, 730.00 payable at the predetermined reimbursement date i. e. (5) 3 Aug., 202× which is presented to you for acceptance.

On such predetermined date please reimburse us the above mentioned amount less your acceptance charge for (7) crediting our Head Office account with you _ under _ your _ telex _ advice to us quoting our Ref. No. BP87654321 _.

(2) (6) The Industrial and Commercial Bank of China,
Tianjin Branch, Tianjin

Signature

附式 13－14 Time Draft（远期汇票）

Exchange for (3) USD 25 730.00　　Tianjin, (4) 24 July, 202×

On (5) 3 August, 202× fixed pay to the order of

(6) Ourselves

the sum of

U. S. dollars twenty five thousand seven hundred and thirty only

Drawn under Dresdner Bank, Hamburg L/C No. H169087 dated 15 April, 202×

To (1) Bank of America,　　(2) ABC CO., LTD
New York

受益人出具的远期汇票能够从汇票本身计算出到期日（若无法确定到期日，如×××DAYS AFTER SIGHT，须开证行进一步对偿付行进行到期日的确定），该日期为索偿书的预定偿付日，偿付行需于该日对索偿行索偿。

索偿不应在预定偿付日期提前多于 10 个银行工作日提交给偿付行。

开证行如果要求索偿行发出索偿的预先通知或要求偿付行发出借记前通知，就必须在信用证中规定此项要求。

第十四章 国际贸易融资[①]

本章学习要点

● 掌握备用信用证、银行保函、国际保理、福费廷的定义、当事人及业务流程；

● 熟悉备用信用证、银行保函与跟单信用证的异同点，打包贷款、押汇、发票贴现及进口海外代付的定义及业务流程；

● 了解备用信用证、银行保函、国际保理、福费廷等业务的主要种类。

本章知识结构

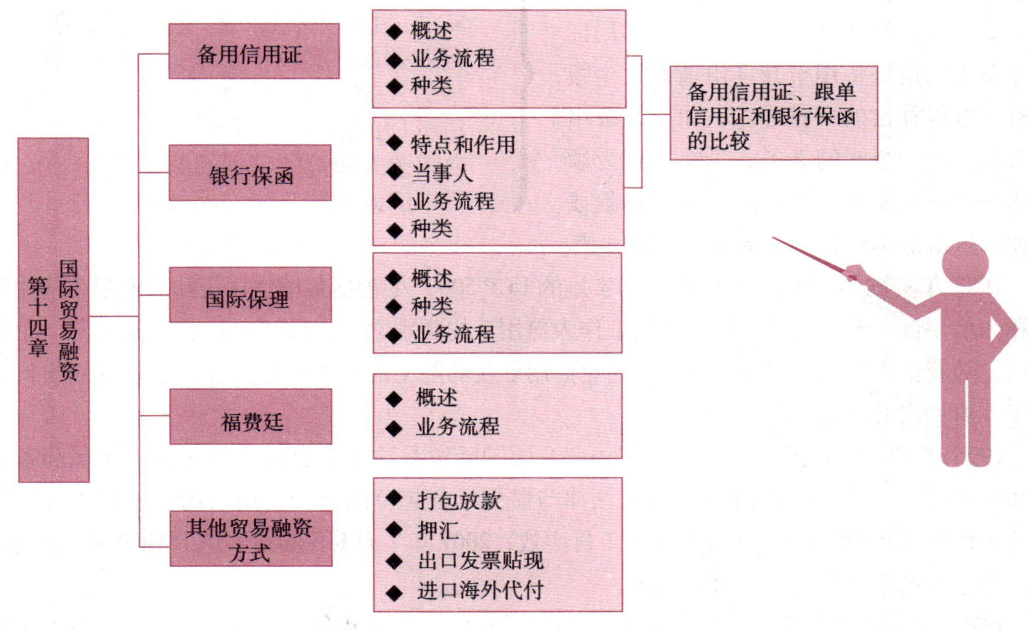

① 限于篇幅，本章内容为简述，详尽内容请见《国际贸易融资——实务与案例（第二版）》（徐捷著）。

第一节 备用信用证概述

一、备用信用证概述

备用信用证起源于美国银行业。针对一些判例中法院对美国1864年《国民银行法》（*The National Bank Act*）所规定的银行权限的狭义解释，在美国的商业银行不得开出保函，担保只能由担保公司出具。在银行实务中，常有客户有担保需求，为了满足客户提出的代其担保的要求，美国的商业银行便开立了实际上是保函性质的备用信用证。备用信用证具有商业跟单信用证的特点，即开证行承担第一性的付款责任，凭单付款，信用证不受基础合同的约束。

作为独立的凭单付款的保证书，备用信用证的内容通常只要求受益人提交汇票和简单的文件，以证明申请人和第三者的违约行为。时至今日，虽然美国有关的法律限制已被取消，但备用信用证已成为国际融资的一个重要工具。由于其具备单据化、独立性和见索即付的特点，在处理具体业务时又可根据《跟单信用证统一惯例》（UCP）的规定办理，因此比较容易为银行界掌握，故其业务量一直居高不下。目前，备用信用证除应用于招投标、履约以及一般商业用途外，还广泛地应用于国际企业的资金融通。

备用信用证属于银行信用，开证行对受益人保证，在开证申请人未履行其义务时，即由开证行付款。因此，备用信用证对受益人来说是备用于开证申请人发生毁约时，取得补偿的一种方式。如果开证申请人按期履行合同的义务，受益人就无须要求开证行在备用信用证项下支付货款或赔款。这就是称做备用（Standby）的由来。

所谓备用信用证，不论其被如何命名或描述，都是一种信用证或类似安排，实质上是一种担保书，它代表了开证行对受益人的以下责任：（1）偿还申请人的借款，或预付给申请人，或将款项记在申请人账户；（2）支付由申请人承担的任何债务；（3）由于申请人未履行契约而付款。

1983年实施的UCP 400和1993年实施的UCP 500，尽管把备用信用证和商业跟单信用证统称为信用证，但其只是将备用信用证作为信用证的类别之一，且“只在适用范围内”予以适用。随着备用信用证的推广，其与商业信用证在功能上的差异日趋凸显，误解及纠纷日渐增多，迫切需要对其进行专门规范。

1995年12月，联合国大会通过了由联合国国际贸易法委员会起草的《独立担保和备用信用证公约》；最初由美国的国际银行法律与惯例学会起草的适合备用信用证规则的《国际备用证惯例（ISP98）》于1999年1月1日生效；2007年7月1日颁布实施的UCP 600也规定在其可适用的范围内包括备用信用证。

ISP98关于备用信用证性质的规定简而言之就是：无须另作声明，备用信用证为不可撤销、独立、跟单，且一经开出即受约束的一种担保。备用信用证具有如下性质：

1. 不可撤销性（Irrevocable）。备用信用证一经开立，除非有关当事人同意或备用信用证内另有规定，开证人不得撤销或修改其在该备用信用证项下的义务。

2. 独立性（Independent）。备用信用证一经开立，即作为一种自足文件而独立存在。其既独立于赖以开立的申请人与受益人之间的基础交易合约，又独立于申请人和开证人之间的开证契约关系。基础交易合约对备用信用证无任何法律约束力，开证人完全不介入基础交易的履约状况，其义务完全取决于备用信用证条款和受益人提交的单据表面上是否符合这些条款的规定。

3. 单据性（Documentary）。备用信用证也有单据要求，并且开证人付款义务的履行与否取决于受益人提交的单据是否符合备用信用证的要求。备用信用证的跟单性质和商业信用并无二致，但后者主要用于国际贸易的货款结算，其项下的单据以汇票和货运单据为主；而备用信用证则更普遍地用于国际商务担保，通常只要求受益人提交汇票以及声明申请人违约的证明文件等非货运单据。

4. 强制性（Enforceable）。不论备用信用证的开立是否由申请人授权，开证人是否收取了费用，受益人是否收到并相信该备用信用证，只要其一经开立，即对开证人具有强制性的约束力。

二、备用信用证的业务流程

1. 开证申请人（基础交易合同的债务人）向开证人（银行或非银行金融机构）申请开出备用信用证。继而，开证人严格审核开证申请人的资信能力、财务状况、交易项目的可行性与效益等重要事项，若同意受理，即开出备用信用证，并通过通知行将该备用信用证通知受益人（基础交易合同的债权人）。

2. 若开证申请人按基础交易合同约定履行了义务，开证人不必因开出备用信用证而必须履行付款义务，其担保责任于信用证有效期满而解除；若开证申请人未能履约，备用信用证将发挥其支付担保功能。在后一种情形下，受益人可按照备用信用证的规定提交汇票、申请人违约证明和索赔文件等，向开证人索赔。

3. 开证人审核并确认相关索赔文件符合备用信用证规定后，必须无条件地向受益人付款，履行其担保义务。

4. 开证人对外付款后向开证申请人索偿垫付的款项，后者有义务予以偿还。

三、备用信用证的种类

按照用途的不同，ISP98 将备用信用证分成以下几种：

1. 履约备用信用证（Performance Standby L/C）。履约备用信用证用于担保履行责任而非担保付款，包括对申请人在基础交易中违约所造成的损失进行赔偿的保证。在履约备用信用证有效期内，如发生申请人违反合同的情况，开证人将根据受益人提交的符合备用信用证的单据（如索款要求书、违约声明等）代申请人赔偿合同或保函规定的金额。举例如下：

PERFORMANCE STANDBY L/C

In consideration of an Agreement between ABC company with its principal place of business at ______________ (hereinafter called "Seller") and XYZ company with its principal place of business at ________________ (hereinafter called "Buyer") signed by the parties and dated July 01, 202× (hereinafter called the "Agreement"), we, the undersigned ____________, a corporation organized under the laws of Republic of China and with its principal place of business in __________, hereby guarantee the payment to Buyer by Seller up to the below amount in the measure and to the extent that Seller should fail to carry out all or part of the obligations under the Agreement, provided nevertheless that the total amount of our responsibility under this guarantee is limited to and shall not exceed a sum of __________.

Claims against us on account of this guarantee shall be made by letter, duly signed by authorized representatives of the Buyer and accompanied by either a written admission issued by Seller that Seller has failed to carry out all or some of his obligations and / or liabilities or an official copy of against Seller on an order of a competent court or arbitration tribunal in favor of the Buyer claim under the Agreement.

This guarantee can not be called upon for failure on the part of the Seller due to:

– reasons beyond the Seller's control of Force Majeure events;

– delays attributable to the Buyer or in the event Seller has remedied its failure within the period given by the Buyer.

This guarantee shall be valid as long as the Agreement is in force but in any case claims according to this guarantee shall reach us no later than Feb 28, 202 ×. After which date our guarantee is to be considered as null and void whether or not returned to us.

This guarantee is subject to the International Standby Practices 1998, International Chamber of Commerce Publication No. 590 (ISP98).

2. 预付款备用信用证（Advance Payment Standby L/C）。预付款备用信用证支持申请人收到受益人预付款后所承担的义务。预付款备用信用证常用于国际工程承包项目中业主向承包人支付的合同总价一定比例的工程预付款，以及进出口贸易中进口商向出口商的预付款。例如，承包人要向工程业主提供预付款备用信用证，该证规定开证行要向业主保证承包人收到业主预付款后，一定完成承建工程；如果没有完成，开证行负责将预付款连同利息退还业主。又如，出口商可以向进口商提供预付款备用信用证，该证规定开证行向进口商保证出口商收到进口商的预付款后，如不出运货物，开证行负责将预付款连同利息退还进口商。

3. 投标备用信用证（Tender/Bid Bond Standby L/C）。投标备用信用证支持申请人中标后执行合同的义务。若投标人未能履行合同，开证人须按备用信用证的规定向受益人履行赔款义务。投标备用信用证的金额一般为投标报价的1% ~5%（具体比例视招标文件规定而定）。

4. 反担保备用信用证（Counter Standby L/C）。反担保备用信用证支持反担保备用信用证受益人而开立另外一个单独的备用信用证或其他承诺书。

5. 保险备用信用证（Insurance Standby L/C）。保险备用信用证用于担保申请人的某一保险或再保险义务。

6. 融资备用信用证（Financial Standby L/C）。融资备用信用证保证付款义务的履行，包括对借款偿还义务的任何证明文件。融资备用信用证广泛用于国际信贷融资安排。境外投资企业可根据所有权安排及其项目运营需要，通过融资备用信用证获得东道国的信贷资金支持。

境外投资企业可要求本国银行或东道国银行开立一张以融资银行为受益人的融资备用信用证，并凭以作为不可撤销的、独立的偿还借款的支持承诺，向该银行申请提供账户透支便利。根据融资协议，企业应在规定的额度和期限内循环使用、归还银行信贷资金。如果其正常履约，融资备用信用证则“备而不用”；如果其违约，融资银行作为融资备用信用证的受益人有权凭规定单据向开证人索偿，后者有义务偿付申请人所欠透支信贷资金。由于融资备用信用证的受益人为东道国商业银行，其信用度较商业受益人为高，风险相对较小，加之规范备用信用证运作的国际规则已相当完备，所以银行通常乐于提供账户透支融资支持。在其他形式的商业信贷及官方支持的出口信贷融资中，融资备用信用证的应用也相当广泛。举例如下：

FINANCIAL STANDBY L/C

Standby Letter of Credit No.: ______________

Applicant: ______________________________
Beneficiary: ____________________________
Amount: US $ ____________________ Expiry Date: ________________

Sirs,

At the request of ________, we hereby issue our irrevocable Standby Letter of Credit No. ________ in your favor for a sum or sums not exceeding in the aggregate US $ ________ (U. S. Dollars __________ only) to cover your extending the credit facility to (ABC BANKs customer name & address) effective immediately and expiring on ______.

Funds under this Standby Letter of Credit are available to you against your sight draft (s) drawn on us, mentioning thereon our Standby Letter of Credit No. ________. Each such draft must be accompanied by your signed written statement certifying that the amount drawn hereunder represents the unpaid indebtedness and interest thereon due to yourselves arising from granting credit facility to (ABC BANKs customer name).

We hereby undertake with you to honor each draft drawn under and in compliance with the terms of this Standby Letter of Credit, if duly presented together with the documents specified to us at our counter on or before the stated expiration date.

The Credit will become null and void automatically after the aforesaid expiry date. Claims, hereunder, if any, must be received by us on or before the expiry date of this Credit.

The credit should be returned to us when the purpose for the issuance of the instrument has been fulfilled.

This Standby Letter of credit is subject to the International Standby Practices 1998, International Chamber of Commerce Publication No. 590 (ISP98).

7. 直接付款备用信用证（Direct Payment Standby L/C）。直接付款备用信用证用于担保到期付款，尤其指到期没有任何违约时支付本金和利息。直接付款备用信用证主要用于担保企业发行债券或订立债务契约时的到期支付本息义务。直接付款备用信用证已经突破了备用信用证备而不用的传统担保性质。

实践中，直接付款备用信用证普遍地用于商业票据融资支持。商业票据融资是国际短期资金市场最通行的直接融资方式，企业利用这一融资手段的益处在于：由于利率水平低于一般商业贷款利率，发行主体信用度高，加之发行手续较简便，中间费用少，故筹资成本相对较低；在约定期限内，发行人可根据资金需求状况，灵活选择发行金额与发行时间，用款比较便利；成功的票据发行具有良好的广告效应，有利于提高企业的市场知名度，为中、长期筹资奠定基础。

在美国短期资金及资本市场上，外国公司利用直接付款备用信用证筹资的做法颇为流行，其既可免受评估结果的限制，还避免了信用评估所必须等待的时间、支付的费用以及披露企业财务状况。

具体做法是：当企业以发行商业票据等方式筹资时，由一家当地银行开立直接付款备用信用证，为企业提供资信担保，并承担付款责任。当债务到期时，由开证银行直接以该备用信用证项下的资金进行支付，投资者主要依据开证银行的资信等级即可对该项投资的信用风险作出判断，而无须过多考虑实际借款人的信用级别。我国企业大都对国际金融市场环境及运作规则不甚熟悉，其中很多企业又是财务报表尚未公开的非上市公司，在融资市场暂无完整的财务与资信记录，其信用评估级别往往达不到规定要求，利用直接付款备用信用证融入资金，无疑是一种合理尝试。

8. 商业备用信用证（Commercial Standby L/C）。商业备用信用证为申请人对货物或服务的付款义务进行保证，如果开证申请人未履行付款义务，则开证人凭受益人提交的与备用信用证条款相符的申明申请人违约的索款申明和商业发票、运输单据副本等，向受益人履行付款责任。商业备用信用证样本见附式 14 - 1。

备用信用证已发展成一种全面的金融工具，其应用范围比一般的见索即付保函更为广泛，一般用在投标、技术贸易、补偿贸易的履约保证、预付货款和赊销等业务中，也用于带有融资性质的还款保证、履约保证金的担保业务。近年来，有些国家已开始把备用信用证用于买卖合同项下的货款支付。备用信用证在国际工程承包、BOT 项目、补偿贸易、加工贸易、国际信贷、融资租赁、保险与再保险等国际经济活动中广泛应用，只要基础交易中的债权人认为商业合约对债务人的约束尚不够安全，即可要求债务人向一家银行申请开出以其（债权人）为受益人的备用信用证，用于规避风险，确保债权实现。

附式 14 - 1　商业备用信用证

Date: **Commercial Standby L/C**

To: (Beneficiary = Seller)

Irrevocable Standby L/C no. .... for ....(currency and amount).......................

We hereby issue our irrevocable Standby Letter of credit no. .... in your favour for account of the .... (buyer) for the aggregate amount of ....(Maximum currency and amount in words)......expiring on ....

This standby credit is available to you against receipt at our counter in .... (place in issuing bank) of your sight draft(s) drawn on us, mentioning thereon our this credit no. .... accompanied with the following written drawing certification in form as follows :

To: .... (name and address of opening bank)
Re: Irrevocable standby letter of credit no. ....

Please be advised that we are hereby drawing under the above referenced letter of credit on you for (the claimed amount) that

(1) ....(the name of the buyer) owes us as of the date hereof (currency/amount)..... in connection with ....

(2) We have requested payment from ......(name of the buyer) in the amount of (currency/amount) ..... and as of the date hereof they have failed to pay or reimburse us for such amount.

(3) This drawing is in the amount of (currency/amount)... ...which is not in excess of the amount for which payment has been requested as set forth in paragraph (2) hereof.

....(name of beneficiary)
....(Signature)

For the purpose of identification, your request for payment and your certification have to be presented through the intermediary of a first rate bank confirming that the signatures are legally binding upon your firm.

All banking charges outside issuing bank 's country are for account of beneficiary.

The amount which may be drawn by you under this letter of credit shall be automatically reduced by the amount of any drawing hereunder. Partial drawings are permitted.

We hereby engage with you that all drafts drawn and presented under and in accordance with the terms of this letter of credit will be duly honoured by us.

Except so far as expressly stated herein this standby letter of credit is subject to the Uniform Customs and Practice for Documentary Credit (1993 Revision) International Chamber of Commerce Publication No. 500.

Issuing Bank,
Place and date

第二节　银行保函

一、银行保函的特点和作用

在国际经济交往中，如果一方未能履约，就会使对方蒙受较大损失。为使双方能放心地达成交易，常常需要由第三者作为担保人，向一方提供另一方履约的保证，担保人以自己的资信向受益人保证对委托人履行交易合同项下的责任、义务或偿还债务承担责任。银行因为有雄厚的资金和较强的经营能力，常应客户要求，担当这种担保人，银行保函（Letter of Guarantee，L/G）业务因此应运而生。

银行保函是银行向受益人开立的保证文件。根据银行保函，银行作为担保人，以第三者的身份保证被保证人如未向受益人履行某项义务，由担保银行承担保证书所规定的付款责任。

按索偿条件，银行保函可分为独立保函（Independent Guarantee）和从属保函（Accessory Guarantee）。

独立保函是根据基础合同开出的，但不依附于基础合同而存在的具有独立法律效力的法律担保文件。担保银行承担第一性的付款责任，即不管委托人是否同意均应付款；不调查基础合同履行的事实，担保银行均应付款。

从属保函是基础合同的一个附属性契约，其法律效力随合同的存在而存在。担保银行承担第二性的付款责任，即担保银行的偿付责任从属于或依赖于委托人在基础业务合同下的责任义务，只有委托人违约时，担保行才负责赔偿。

（一）银行保函业务的特点

1. 开出保函主要以自身的信用向受益人保证申请人履行合同责任和义务，只有在申请人违约或受益人具备索偿条件时才能依据保函要求赔偿，主要目的在于担保而不是付款。

2. 付款的依据是受益人提出符合保函规定的索偿条件，包括受益人证明、申请人违约声明和其他有关文件（单据）。

3. 既可以用做各种商务支付的手段，以解决交易中合同价款及费用的支付问题，又可以用来作为对履约责任人必须按期履行其合同义务的制约手段和对违约受害方的补偿保证工具。

4. 通常保函上会有自动展期条款，如保函到期时自动续期一年之类的字句，令业务方便操作和节省成本。

（二）银行保函的作用

1. 协助投标人中标。在国际贸易和对外承包工程的绝大多数项目中，进口商和业主为了争取以最低的价格获得最多最好的商品和劳务，通常采用公开招标的方式。在招标中，招标人要求投标人提供一份银行投标保函，以防止投标人在标书规定的期限内修改原报价或中途撤标，并在中标后规定的期限内向招标人提供履约保函以签署合同。

2. 促使合同达成与实施。投标保函是出口商或承包商在招标项目中获取交易和承包项目的前提条件，而履约保函则是双方签订合同和保证合同实施的必要条件。投标人中标后，并不意味着合同已经到手。通常情况下，投标人需在中标后 30 天内提交符合标书中规定的履约保函以正式签署商务合同或承包合同。

在出口贸易项下，履约保函主要是保证出口方履行贸易合同项下的交货义务，即保证出口方按时、按质、按量地交运合同规定的货物。在某些紧缺商品的进口贸易项下，出口商为了有计划地安排生产，也要求进口商提供履约担保，以保证进口商按期、按量进行采购。在承包合同项下，履约担保主要是保证承包商按期、按质、按量地完成所承包的工程。

3. 保证及时收汇并正式启动项目。向进口商或业主提交预付款保函是保证及时收汇并正式启动项目的标志。在出口贸易合同中，出口商为了确保进口商一定购买其货物，以免在其备好货后买方又不要而使其遭受损失，在交货前要求进口商支付合同金额一定比例的货款作为定金。进口商为了确保付了定金后一定能收到符合合同规定的货物，则要求出口商提供由银行开立的相应预付款保函，保证出口商按合同规定发货。

在承包工程项下，承包人按合同规定将业主支付的预付款用于支付国外佣金、施工机械或设备采购部分预付款以正式启动项目。

向进口商或业主提交质量保函，可使出口商或承包人在交货或完成承包的工程时，提前1~2年收到货物或工程质保期结束才可收到的质保金。在质量保证期间，进口商或业主凭持有的质量保函，要求出口商或承包人对所交货物或工程出现的质量问题，采取替换、修复等措施，以确保所交货物和完成工程的质量。

4. 实现延期支付便利。在进口贸易过程中，应进口商要求，进口商向出口商提供延期付款担保，以保证出口商按合同规定交运有关货物或有关技术资料后，进口商一定按规定履行付款义务。延期付款保函的优势在于，减轻进口商即期支付货款的压力，赢得资金融通的便利。

二、银行保函的当事人及其权责关系

（一）银行保函的当事人

1. 申请人（Applicant），是指向开出保函的银行申请开立保函的合同当事人。申请书就是申请人与开出保函银行之间的合同。申请人的责任是在相符索赔（满足“相符交单”要求的索赔）的情况下，担保银行按照保函规定向受益人作出赔偿后，向担保人偿付已赔款项。

2. 担保人（Guarantor），就是接受申请人委托开出保函的银行，其通过保函向受益人承诺在相符索赔的情况下付款，然后向申请人提出索偿。

3. 受益人（Beneficiary），是指有权依据保函条款向开出该保函的银行提出索偿的当事人。只要受益人按保函要求提交相符单据，便可要求担保人支付相应款项。受益人在对方不履行或不完全履行交易合同中规定的义务时，才根据保函中规定的条款提出索偿。

4. 通知行（Advising Bank），是指受担保银行的委托将保函通知给受益人和银行的当事人。在实务中，通知行通常由受益人所在地的银行承担，其与担保人建有印鉴密押关系，通知行的责任是核实保函表面的真实性，并不承担任何其他责任或支付。

5. 保兑行（Confirming Bank），是指对保函加具保兑的银行，保证担保人按规定履行赔偿义务。只有在担保行不按规定履行赔偿义务时才向受益人偿付，使受益人得到双重担保。

6. 转开行（Reissuing Guarantor），是指在担保人的保证下，按担保人的要求，向受益人开立保函的银行。转开行开立保函后，当发生符合保函规定条件的事件时，受益人只能向转开行要求偿付。转开行对受益人赔付后，有权向担保人索取赔偿款项。

7. 反担保人（Counter Guarantor），是指为申请人向担保人开具书面反担保的人。反担保人的责任是保证申请人履行合同义务，同时向担保人作出承诺，即当担保人在保函项下作出付款承诺以后，担保人可以从申请人处得到及时、足够的补偿，并在申请人不能向担保人作出补偿时，负责向担保人赔偿损失。

（二）银行保函当事人之间的权责关系

1. 委托人的责任。

（1）在担保行按照保函规定向受益人付款后，委托人须立即偿还担保行垫付的款项。

（2）负担保函项下一切费用及利息。

（3）如果担保人认为需要，应预支部分或全部押金。

2. 担保人的责任、权利。

（1）一经接受开立保函申请书，就有责任按照申请书开出保函。

（2）一经开出保函，就有责任按照保函承诺条件，对受益人付款。

（3）如果委托人不能立即偿还担保行已付款项，则担保行有权处置押金、抵押品、担保品。如果处置后仍不足抵偿，则担保行有权向委托人追索不足部分。

3. 受益人的权利。受益人按照保函规定，提交相符的索款声明，或连同有关单据，有权向担保行索偿，并取得付款。

三、银行保函的业务流程与主要内容

（一）银行保函的基本业务流程

一笔银行保函业务从开立到结束一般需经过如图 14－1 所示的几个环节。

（二）银行保函的内容

银行保函的内容应清晰、准确，避免过多的细节。保函必须规定以下内容：

1. 申请人、受益人和担保行（完整名称和地址）。

2. 通知行。

3. 有关的交易合同、协议，标书的编号、日期，供应货物的名称、数量，工程项目名称等。

4. 保函的货币名称、金额。

5. 有效日期。如果保函未规定失效期，则保函一直有效，直到保函被撤销、赔完款或减额至零为止。另外根据 URDG758 第 25 条 C 款的规定，如果保函未规定失效期或失效事件，那

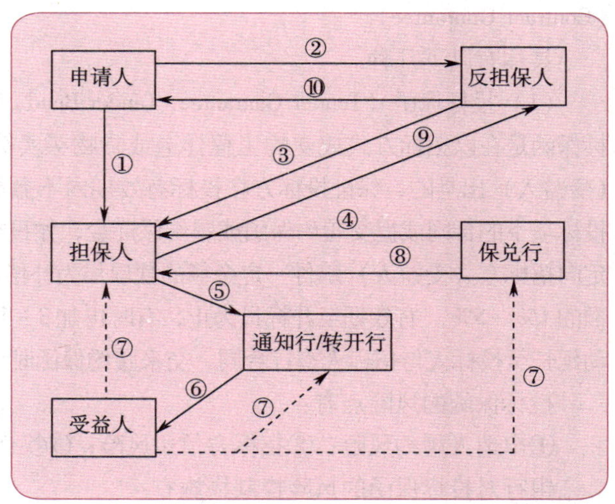

注：①申请人向担保人提出开立保函的申请；②申请人寻找反担保人；③反担保人向担保人出具不可撤销的反担保；④有时，担保人需要保兑行对其保函加具保兑；⑤担保人将其保函寄给通知行，请其通知受益人或重新开立以受益人为抬头的保函；⑥通知行或转开行将保函通知或转开给受益人；⑦受益人发现申请人违约时，向担保人或转开行或保兑行索偿，担保人赔付；⑧保兑行赔付后，向担保人索偿，担保人赔付；⑨担保人赔付后，向反担保人索偿，反担保人赔付；⑩反担保人赔付后，向申请人索偿，申请人赔付。

图 14－1 银行保函的基本业务流程

么保函将自开立之日起三年之后终止。

6. 索赔条件，指索赔时对提交单据的要求，如索赔书、支持声明以及其他单据。

7. 索款办法，是指受益人向担保行提出的索偿方式（如信索或电索）和路线（是否通过通知行）等。

8. 赔付金额或最高赔付金额、支付货币和金额递减条款。

9. 索赔书或其他单据是否应以纸质和/或电子形式提交。

10. 担保银行的责任（第一性付款责任或第二性付款责任）。

11. 费用的承担方。

12. 生效条款一般是开出后立即生效，也有的是在一定日期后或某一事件发生后才生效。

13. 保函中规定的单据所使用的语言。

14. 适用法律或仲裁条款与规则。

四、银行保函的种类

银行保函按其应用范围可分为出口类保函、进口类保函、对销贸易类保函、其他类保函四种。

（一）出口类保函

出口类保函是指银行应出口方申请向进口方开出的保函，是为满足出口货物和出口劳务需要而开立的保函。

1. 承包保函。某些国家进行工程建设多采用招标、承包方式，供应劳务、物料或设备的投标人和中标后的承包人，须向招标人或向工程业主提供各种银行保函，统称为承包保函（Contract Guarantee）。

具体有以下几种。

（1）投标保函（Tender Guarantee，Tender Bond，Bid Guarantee，Bid Bond，Bid Security）。投标保函是在以招标方式成交的工程建造或货物买卖等交易中，银行应投标方的要求向招标方（受益人）出具的，保证投标方在投标有效期内不撤标、不改标、在中标后规定期限内签订招投标项下的合同或提交履约保函或履约保证金，如投标方违反以上条件，则由银行按照保函约定向招标方（受益人）赔付一定金额的款项作为补偿的书面承诺。投标保函金额一般为投标金额的1%～5%。有效期至开标日为止，有时再加3～15天索偿期。如投标人中标，则有效期自动延长至投标人与招标人签订合同、交来履约保函时为止。投标保函式样见附式14－2。

投标保函的风险点有：

①申请人履约风险；②招标方信用风险；③操作及技术性风险。

银行对投标保函的风险控制措施有：

①申请人履约能力方面，主要审核申请人及相关方是否具备项目承包或承建资质，是否具备相关产品生产能力，外部环境是否存在可能影响申请人履约的不确定因素等。

②受益人资信方面，主要了解受益人基本情况、经营作风、与合作方交易过程中是否发生过纠纷甚至出现无理索赔行为等。

③技术性审核，主要审核保函条款中关于金额、效期、责任条款的规定是否与合同约定一致并符合国际惯例及相关法律法规，赔付承诺和条件是否明确且单据化。

附式 14－2 投标保函示范格式

BANK'S NAME, AND ADDRESS OF ISSUING BRANCH OR OFFICE

Beneficiary .... Date ....
(name and address)

TENDER GUARANTEE No. ....

We have been informed that ____________________ (hereinafter called "the Principal"), responding to your invitation to tender No. ____________ dated ________________ for the supply of ________________ *(description of goods and/or services)*, has submitted to you his offer No. ______ dated ________________.

Furthermore we understand that, according to your conditions, offers must be supported by a tender guarantee.

At the request of the Principal, we *(name of bank)* ________________ hereby irrevocably undertake to pay you any sum or sums not exceeding in total an amount of ________________ *(say:* ____________) upon receipt by us of your first demand in writing and your written statement stating:

i) that the Principal is in breach of his obligation(s) under the tender conditions; and

ii) the respect in which the Principal is in breach.

Your demand for payment must also be accompanied by the following document(s): *(specify document(s) if any, or delete)*

This guarantee shall expire on________________ at the latest.

Consequently any demand for payment under it must be received by us at this office on or before that date.

This guarantee is subject to the Uniform Rules for Demand Guarantees, ICC Publication No.758.

Signature(s) :

（2）履约保函（Performance Guarantee, Performance Bond, Performance Security）。履约保函是银行应商品供货方或工程承包方的申请，向买方或发包方出具的、保证供货方或工程承包方严格履行合同义务的书面承诺。倘若供货方或工程承包方日后未能按合约的规定及时发运货物或完成所承建的工程，以及未能履行合约项下的其他义务，银行将受理买方或发包方的索赔，按照保函约定向买方或发包方支付一笔不超过保函金额的款项，作为对买方或发包方的损害补偿。

保函金额由招标人确定，一般为合同金额的 5% ～10%。履约保函的有效期至合同执行完毕日期为止，有时再加 3～15 天索偿期。如合同有质量保证期或工程维修期，则有效期可延长到质量保证期或工程维修期满为止，再加 3～15 天索偿期。履约保函式样见附式 14－3。

履约保函的风险点有：

①申请人履约风险，在总分包情况下还包括总包商或分包商的履约风险；②受益人信用

风险；③操作及技术风险。

银行对履约保函的风险控制措施有：

①申请人履约能力方面，主要审核申请人及相关方是否具备项目承包或承建资质，是否具备相关产品生产能力，外部环境是否存在可能影响申请人履约的不确定因素等。此外，在总分包模式项下，还需对总包商或分包商的履约能力一并审核。

②受益人资信方面，主要了解受益人基本情况、经营作风、与合作方交易过程中是否发生过纠纷甚至出现无理索赔行为等。

③技术性审核，主要审核保函条款中关于金额、有效期、责任条款的规定是否与合同约定一致并符合国际惯例及相关法律法规，赔付承诺和条件是否明确且单据化。

④可根据交易情况设立减额条款，如规定依据能体现工程进度或发货情况的单据按比例降低担保金额，以控制风险。

附式 14－3　履约保函示范格式

BANK'S NAME, AND ADDRESS OF ISSUING BRANCH OR OFFICE

Beneficiary : .... Date : ....
(name and address)

PERFORMANCE GUARANTEE No. ....

We have been informed that ______________________ (hereinafter called "the Principal"), has entered into contract No. ______________ dated ______________________ with you, for the supply of *(description of goods and/or services)*.

Furthermore we understand that, according to the conditions of the contract, a performance guarantee is required.

At the request of the Principal, we *(name of bank)* ______________ hereby irrevocably undertake to pay you any sum or sums not exceeding in total an amount of______________________ (say:____________) upon receipt by us of your first demand in writing and your written statement stating:

i) that the Principal is in breach of his obligation(s) under the underlying contract; and

ii) the respect in which the Principal is in breach.

Your demand for payment must also be accompanied by the following document(s): *(specify document(s) if any, or delete)* .

This guarantee shall expire on ______________________ at the latest.

Consequently any demand for payment under it must be received by us at this office on or before that date.

This guarantee is subject to the Uniform Rules for Demand Guarantees, ICC Publication No.758.

Signature(s) :

（3）预付款保函（Advance Payment Guarantee）或退还预付款保函（Refundment Guarantee for the Advance Payment）或还款保函（Repayment Guarantee）。

预付款保函是指银行应供货方或承包方的要求，向买方或发包方出具的、保证供货方或承包方在收到预付款后履行合同义务的书面承诺。如供货方或承包方在收到预付款后，未能履约或未能全部履约，银行将在收到买方或发包方的索赔后向其返还一笔与预付金额等值的款项或相当于合约尚未履行部分相应比例预付金的款项（在某些情况下，还要加上自买方或发包方支付预付金到担保银行退还款项这一期间所发生的利息），以使买方或发包方的预付款金额得以收回。保函金额通常为预付款本金（船舶保函等保函类除外）。

保函有效期至合同执行完毕日期为止，再加上 3 ~ 15 天索偿期，或者订为预付金全部扣完时失效。通常业主收到承包人从银行开来的预付金保函后，才将预付金汇交承包人。预付款保函式样见附式 14 -4。

附式 14 -4 预付款保函示范格式

BANK'S NAME, AND ADDRESS OF ISSUING BRANCH OR OFFICE

Beneficiary .... Date: ....
(name and address)

ADVANCE PAYMENT GUARANTEE No. ....

We have been informed that ______________________ (hereinafter called "the Principal"), has entered into contract No. ____________________ dated ________________________ with you, for the supply of *(description of goods and/or services)*.

Furthermore we understand that, according to the conditions of the contract, an advance payment in the sum of _______ is to be made against an advance payment guarantee.

At the request of the Principal, we *(name of bank)* ________________ hereby irrevocably undertake to pay you any sum or sums not exceeding in total an amount of ________________ *(say:* ______________) upon receipt by us of your first demand in writing and your written statement stating:

i) that the Principal is in breach of his obligation(s) under the underlying contract; and

ii) the respect in which the Principal is in breach.

Your demand for payment must also be accompanied by the following document(s): *(specify document(s) if any, or delete)*

It is a condition for any claim and payment under this guarantee to be made that the advance payment referred to above must have been received by the Principal on his account number________ at *(name and address of bank)*.

This guarantee shall expire on________________ at the latest.

Consequently any demand for payment under it must be received by us at this office on or before that date.

This guarantee is subject to the Uniform Rules for Demand Guarantees, ICC Publication No.758.

Signature(s) :

预付款保函的风险点有：

①申请人履约风险；②受益人信用风险；③操作及技术风险。

银行对预付款保函的风险控制措施有：

①申请人履约能力方面，主要审核申请人及相关方是否具备项目承包或承建资质，是否具备相关产品生产能力，外部环境是否存在可能影响申请人履约的不确定因素。

②受益人资信方面，主要了解受益人基本情况、经营作风、与合作方交易过程中是否发生过纠纷甚至出现无理索赔行为等。

③技术性审核，主要审核保函条款中关于金额、效期、责任条款的规定是否与合同约定一致并符合国际惯例及相关法律法规，赔付承诺和条件是否明确且单据化。

④可根据交易情况设立减额条款，如规定依据能体现工程进度或发货情况的单据按比例降低担保金额，以控制风险。

⑤尽量避免出具可转让保函。

⑥保函中加列生效条款，即规定只有预付款到达申请人在担保银行开立的专门账户后保函才生效。

⑦对申请人预付款的使用情况进行监控，以免出现挪用预付款无法按期履约的情况。

2. 保留金保函或留置金保函。机械设备交易合同常常规定先支付合同金额的90%～95%，其余5%～10%的款项待设备安装完毕且运转良好，经买方验收后再支付。这一小部分余额称为保留金或留置金，如发现机械设备品质、规格与合同规定不符，双方洽商减价，便从保留金中扣抵。

如果卖方要求买方将此笔保留金随大部分货款一并支付给卖方，卖方则须提供银行保函，保证货到发现品质不符、货物短量或伤残时，担保行便将卖方预支的保留金退还给买方。此银行保函即为保留金保函（Retention Money Guarantee）。保函金额就是保留金的金额，有效期是合同规定的索赔期满加3～15天索偿期。

保留金保函的风险点有：

（1）申请人履约风险；（2）受益人信用风险；（3）操作及技术风险。

银行对保留金保函的风险控制措施有：

（1）申请人履约能力方面，主要了解申请人是否具备相关工程承建或货物生产能力，是否因承建工程或产品质量问题遭过索赔。

（2）受益人资信方面，主要了解受益人基本情况、经营作风、与合作方交易过程中是否发生过纠纷甚至出现无理索赔行为等。

（3）技术性审核，主要审核保函条款中关于金额、效期、责任条款的规定是否与合同约定一致并符合国际惯例及相关法律法规，赔付承诺和条件是否明确且单据化。

（4）保函中加列生效条款，即规定只有所付尾款到达申请人在担保银行开立的专用账户后保函才生效。

3. 质量保函。在供货合同中，尤其在机械设备、船舶、飞机等出口合同中，买方要求卖方提供银行担保，保证如货物质量不符合合同规定，而卖方又不能更换或维修时，担保行便将保函金额赔付给买方，以弥补其所受损失。这种银行保函即为质量保函（Quality Guaran-

tee）。

保函金额一般为合同金额的5% ~10%，保函有效期一般至合同规定的质量保证期满再加3~15天索偿期。

质量保函的风险点有：

（1）申请人履约风险；（2）受益人信用风险；（3）操作及技术风险。

银行对质量保函的风险控制措施有：

（1）申请人履约能力方面，主要审核申请人及相关方是否具备项目承包或承建资质，是否具备相关产品生产能力，外部环境是否存在可能影响申请人履约的不确定因素等。

（2）受益人资信方面，主要了解受益人基本情况、经营作风、与合作方交易过程中是否发生过纠纷甚至出现无理索赔行为等。

（3）技术性审核方面，主要审核保函条款中关于金额、效期、责任条款的规定是否与合同约定一致并符合国际惯例及相关法律法规，赔付承诺和条件是否明确且单据化。

（4）跟踪背景交易进展情况，一旦有可能导致索赔的情况发生，应及时采取应对措施。

4. 维修保函。在承包工程合同中，工程完工后业主扣留一部分款项以备补偿工程质量缺陷而承包人不予维修造成的损失。工程业主要求承包人提供银行担保，保证在工程质量与合同规定不符而承包人又不能维修时，担保行按保函金额赔付业主，以弥补其所受损失，则业主可以释放这部分扣款，供担保行赔付使用。这种银行保函即为维修保函（Maintenance Guarantee）。保函金额一般为合同金额的5% ~10%，保函有效期一般至合同规定的工程维修期满再加3~15天索偿期。

（二）进口类保函

进口类保函是指银行应进口方申请而向出口方开出的保函，是为满足进口货物和进口技术需要而开立的保函。

1. 付款保函。

（1）在只凭货物付款而不是凭单据付款的交易中，进口方向出口方提供银行担保，保证在出口方交货后，或货到后，或货到经买方检验与合同相符后，担保行一定支付货款，或进口方一定支付货款，如进口方不支付，担保行代为付款。

（2）在技术交易中，买方向卖方提供银行担保，保证在收到与合同相符的技术资料后，担保行一定付款，或买方一定付款，如买方不付，担保行代为付款。

以上两种银行担保就是付款保函（Payment Guarantee）。保函金额即为合同金额，保函有效期为按合同规定付清价款日期再加半个月。

2. 延期付款保函。发展中国家进口大型机械成套设备多采用延期付款方式。进口方按照合同规定预付出口方一定比例（如货款的5%）的定金，其余部分（货款的95%）由进口方银行开立保函，保证进口方凭货运单据支付一部分（如货款的10%），其余部分（货款的85%）分为10个相等份额，每份金额加利息，连续每半年支付一次，共5年分10次付清全部货款。如果买方不能付款，担保行代为付款。此种保函称为延期付款保函（Deferred Payment Guarantee）。

保函金额即为扣除预付部分的货款金额，保函有效期为按保函规定最后一期货款及利息付清日期再加半个月。

3. 租赁保函。用租赁方式进口机械、仪器、设备、运输工具时，承租人向出租人提供银行担保，保证：（1）担保行一定代承租人按租赁合同规定交付租金；或（2）承租人一定按租赁合同规定交付租金，如不交付，担保行代为交付。

这种保函即为租赁保函（Leasing Guarantee）。通常情况下，租金的总额相当于货价加利息，全部租金付完后，货物便为承租人所有。保函金额即为租金总额，保函有效期为按租赁合同规定的全部租金付清日期再加半个月。

（三）对销贸易类保函

把出口与进口连在一起做交易，就是对销贸易，也称对等贸易。其中，补偿贸易、来料加工、来件装配是我国常见的三种做法。银行为对销贸易提供的保函如下：

1. 补偿贸易保函。在补偿贸易中，进口设备的一方向供应设备的一方提供银行担保，向其保证：如进口方在收到与合同相符的设备后，未能以该设备生产的产品，按合同规定返销出口给供应设备方或由其指定的第三方以偿付进口设备的价款，又不能以现汇偿付设备款及附加利息，担保行即按保函金额加利息赔付供应设备的一方。这种保函即为补偿贸易保函（Compensation Guarantee）。

保函金额通常是设备价款金额加利息，保函有效期一般为合同规定进口方以产品偿付设备款的日期再加半个月。

2. 来料加工保函及来件装配保函。在来料加工或来件装配业务中，进料方或进件方向供料或供件方提供银行担保，向其保证如进料方或进件方收到与合同相符的原料或元件（有时还包括加工或装配所需的小型设备及工具）后，未能以该原料或元件加工或装配，并按合同规定将成品交付供料方或供件方或由其指定的第三方，又不能以现汇偿付来料或来件价款及附加的利息，担保行便按保函金额加利息赔付供料方或供件方。这种保函即为来料加工保函（Processing Guarantee）及来件装配保函（Assembly Guarantee）。

保函金额通常为来料或来件的价款金额加利息，保函有效期一般为合同规定进料方或进件方以成品偿付来料或来件价款的日期再加半个月。

（四）其他类保函

其他类保函包括在一切非贸易性质的国际经济交往中，银行代债务人向债权人开出的各种保函，我国比较常见的有以下几种：

1. 借款保函。企业或单位向国外借款，一般需要提供银行担保，向国外贷款人保证，如借款人未按借款契约规定按时偿还借款并支付利息，担保行即代借款人偿还借款并支付利息。这种保函即为借款保函（Loan Guarantee）。

保函金额即为借款金额加利息，保函有效期为借款契约规定的还清借款并付给利息的日期再加半个月。借款保函式样见附式 14－5。

附式 14－5　借款保函式样

××× **BANK**
---------- **BRANCH**
ADDRESS: --

Beneficiary: ________________________________ (hereinafter called the "Lender")
[name and address]

Date: _____________________

LOAN GUARANTEE NO.

Referring to the Loan Agreement dated __________ (hereinafter called the Loan Agreement), between you and ______ with registered address at ______ (hereinafter called the Borrower), we hereby issue this Irrevocable Letter of Guarantee in favor of yourselves.

We, ××× Bank __________ Branch, __________ [Address of the Branch] (hereinafter called the "Guarantor"), here by irrevocably and unconditionally guarantee the punctual payment any sum or sums not exceeding in total an amount of __________ [Amount In Figures] (say: __________ Amount In Words) (Maximum Guaranteed Amount, inclusive the principal, interest accrued from the principal and relevant banking charges payable by the Borrower in accordance with the provisions of the Loan Agreement). We shall, within __________ business days after receipt of your written demand, pay the amount stated in such demand in _____________ [Name of the Currency].

(All payments under this guarantee shall be made without set-off or counterclaim and without any deductions or with holdings for any present or future taxes. If any deduction or with holding is required to be made from any such payment, we shall together with such payment pay such additional amount as is necessary and permitted by Taxation Laws of P. R. C. to ensure you will receive the full amount due to you.)

The guaranteed sums will be reduced correspondingly as and when payments thereof are made by the Borrower pursuant to the Loan Agreement or by the Guarantor. When the Guaranteed sums have been paid in full by the Borrower and /or the Guarantor, this Guarantee shall automatically cease to be in force and shall be returned by the Lender to the Guarantor for cancellation.

Any amendment or modification of, extension or renewal with respect to the Loan Agreement could only be made at our prior written consent.

Each notice and communication hereunder shall be made in the English language and shall be made in writing by telex, SWIFT or letter. Each notice or communication shall be deemed duly given or made when dispatched (in the case of letter) or when dispatched and the appropriate answerback received (in the case of telex or SWIFT), at the address or telex number specified herein or to such other address as you may from time to time designate in writing. All notices to us shall be sent to _________________ [Address of the Guarantor].

This Letter of Guarantee, including all matters of construction, validity and performance, shall be governed by and construed in accordance with the laws of _________________ [Agreed Country or Region].

We hereby irrevocably submit to the jurisdiction of ____________ [Name and Place of the Agreed Court]. / (All disputes arising from the execution or in connection with this Letter of Guarantee shall be submitted to the ____________ [Name of the Agreed Institution] for arbitration in accordance with its rules of procedures. The arbitral award is final and binding upon both parties. The fees and expenses of the arbitration proceeding must be paid in the manner and proportions stated in the written arbitral award of the arbitrators.)

This Letter of Guarantee shall become effective from its issuing date /on the effective date of the above Loan Agreement subject to your written notice to us advising the Loan Agreement No. and the date on which the Loan Agreement becomes effective. And the Letter of Guarantee shall expire on the date on which all payments and other amounts due under the Loan Agreement have been paid in full. Anyway all claims under this Letter of Guarantee must be received by us at this office on or before ____________ (Agreed Date) after which this Letter of Guarantee shall automatically become null and void, whether it is returned to us or not.

This Guarantee is subject to the Uniform Rules for Demand Guarantees, ICC Publication No. 758.

Signature (s):

2. 关税保付保函（Customs Guarantee）。关税保付保函主要有两种情况。第一，应进口商（含加工贸易企业）的要求，银行向海关出具的、保证进口商履行关税缴纳义务的书面承诺，又称海关免税保函、海关保函、临时进口保函。如日后进口商不按期缴纳关税或未执行海关的其他具体规定，银行将受理海关或海关指定金融机构的索赔，按照保函约定进行赔付，以代为履行关税缴纳义务。第二，在国际承包工程或国际展览、展销等活动中，施工机械或展品运往工程或展览所在地时，应向该国海关缴纳一笔关税作为押金，工程或展览完毕将机械或展品运出该国时，海关将这笔税金退还。承包商或参展商要求银行向对方海关出具担保代替押金，并保证如承包商或参展商未将机械或展品运出该国，由担保行支付这笔税金。

保函金额即为外国海关规定的税金金额，保函有效期为合同规定施工机械或展品等撤离该国的日期再加半个月。

3. 账户透支保函。承包工程公司在外国施工时，常在当地银行开立账户。为了得到当地银行的资金融通，有时需要开立透支账户。在开立透支账户时，一般须提供银行担保，向当地账户行保证，如该公司未按透支合约规定及时向该行补足透支金额，担保行代其补足。这种保函即为账户透支保函（Overdraft Guarantee）。

保函金额一般是透支合约规定的透支限额，保函有效期一般为透支合约规定的结束透支账户日期再加半个月。

4. 保释金保函。载运货物的船只或其他运输工具，由于船方或运输公司责任造成货物短缺、残损，使货主遭受损失，或因碰撞事故造成货主或他人损失，在确定赔偿责任前，被当地法院下令扣留，须缴纳保释金方予放行时，可由船方或运输公司向当地法庭提供银行担保，向其保证如船方或运输公司不按法庭判决赔偿货主或受损方所受损失，担保行就代其赔偿，当地法庭即以此银行担保代替保释金，将船只或其他运输工具放行。此种银行担保就是保释金保函（Bail Bond）。

保函金额视可能赔偿金额大小由当地法庭确定，保函有效期一般至法庭裁决日期后若干天。

保函的分类

内保外贷

五、备用信用证、跟单信用证与银行保函的关系

备用信用证不同于一般的跟单信用证。跟单信用证只作为提供货物或服务的付款工具；而备用信用证可以作为货款或预付金违约及其他意外事件的支付工具。跟单信用证是在受益人履行交货义务后开证银行付款；而备用信用证是在申请人未能履约时开证人付款，所以备用信用证具有保函的性质，也称做担保信用证。备用信用证与保函也有诸多不同。保函一般用于投标、履约等的担保，规定较简单的单据，并直接付款给受益人；而备用信用证用途更多，也规定较多的单据，还可有代理参与，并且只有直接付款备用信用证才用于付款，其他的多用于担保。

（一）备用信用证与跟单信用证的关系

1. 备用信用证与跟单信用证的相同点。

（1）备用信用证与跟单信用证同属信用证范畴，它们都可以选择适用国际商会的《跟单信用证统一惯例》，两者均是独立于基础合同之外的独立文件。

（2）备用信用证与跟单信用证同属银行信用，银行所处理的都是单据而非货物。

（3）备用信用证与跟单信用证均可凭单付款，开证行承担第一性的付款责任。

（4）备用信用证采用与跟单信用证相同的做法，如指定人、通知、接受提示、执行转让、保兑、付款、议付、承担延期付款责任、承兑汇票等。

2. 备用信用证与跟单信用证的不同点。

（1）跟单信用证多用于贸易结算货款方面，备用信用证多用于非贸易或贸易上的担保或融资方面。

（2）跟单信用证规定全套各种单据和装期、交单期、效期；备用信用证规定索款要求、违约声明，只有有效期，没有装期和交单期。

（3）跟单信用证的主要单据是商业发票、运输单据，种类比较复杂，跟单信用证对货物的运转、仓储进行融资时，一般都凭出示代表货权的单据付款，因此，可以说跟单信用证是以在运货物作抵押的银行信用。备用信用证的主要单据是索款要求、违约或其他提款事由的声明，种类比较简单。备用信用证一般是无抵押的银行信用，在多数情况下，银行只凭一张违约说明和书面索偿付款。

（4）跟单信用证一般适用 UCP 600；备用信用证可适用 ISP98，也可适用 UCP 600。跟单信用证的付款条件是受益人的履约（单证一致），备用信用证的付款条件是申请人没有履约（违约）。

（二）备用信用证与银行保函的关系

1. 银行保函与备用信用证的相同点。

（1）银行保函与备用信用证都是银行根据申请人的要求向受益人出具的书面保证文件。两者都是以银行信用来弥补商业信用的不足。

（2）在银行保函及备用信用证项下，银行所处理的都是单据，而不是货物，除非银行事先发现受益人有明显的欺诈行为。银行在通常情况下对申请人与受益人之间的商务纠纷并不参与，只要受益人提交了符合保函或备用信用证规定的索赔文件，银行就必须履行赔付义务。

（3）在银行保函及备用信用证项下，银行一般都是在申请人没有履约的情况下才对受益人作出赔付。

（4）银行保函与备用信用证所涉及的当事人基本相同，即主要当事人都包括申请人、担保人和受益人。

2. 银行保函与备用信用证的不同点。

（1）银行保函与备用信用证所要求的单据有所不同。备用信用证一般要求受益人在索赔时提交即期汇票及表明申请人未能履约的书面声明；而银行保函则不要求受益人提交汇票，担保行仅凭受益人提交的书面索偿及证明申请人违约的声明即须付款。

（2）在付款责任方面两者存在一定差异。银行保函有独立性保函和从属性担保之分，在独立性担保保函项下，银行承担对相符交单的第一性付款责任，而银行在从属性保函项下承担的责任则是从属性或第二性，只有在基础交易项下债务人不履行债务的情况下银行才承担赔付责任。备用信用证项下银行的担保责任一般是第一性的。

（3）两者在功能范围上有所不同。虽然见索即付保函和备用信用证在功能上基本等同，都是用于担保债务人在基础交易项下的不履约行为，提起索赔时一般都需要声明债务人的违约情况，但直接付款备用信用证在付款到期日前无须受益人提交索赔，更不用声明违约。从这个意义上来说，备用信用证在功能范围上大于银行保函的担保功能。

（4）银行保函与备用信用证所遵循的国际惯例不同。见索即付保函等独立担保一般适用URDG758，而备用信用证一般适用ISP98或UCP 600。

（三）银行保函与跟单信用证的关系

1. 银行保函与跟单信用证的相同点。银行保函与跟单信用证都是由银行根据申请人的要求而开出的，同属于银行信用，银行在跟单信用证与保函项下处理的都是单据而不是货物。

2. 银行保函与跟单信用证的不同点。

（1）从银行付款的角度来说，在银行保函项下，当申请人违约时，担保银行一经收到受益人的书面索偿及证明申请人违约的声明即须付款（除非保函另有规定）；而在跟单信用证项下，开证银行则凭完全与信用证条款相符的单据（通常包括提单、发票、装箱单、保险单等）付款。

（2）从银行的责任来说，银行在跟单信用证项下的付款责任是第一性的，而在保函项下的付款责任有第一性的，也有第二性的。在担保的付款类保函项下，银行承担第一性的付款责任，而在担保履约赔偿金的信用类保函项下，银行承担第二性的付款责任。

（3）从使用范围来说，保函既可作为独立的法律文件，又可作为合同的从属文件对商业信用进行补充。而信用证只是一种支付方式，是独立于合同之外的银行信用，故保函的应用范围比信用证广泛。

（4）跟单信用证遵循的国际惯例为国际商会的《跟单信用证统一惯例》，而见索即付等独立担保保函可以由国际公认的URDG458/758等惯例规则进行规范。

（5）跟单信用证项下所支付的款项均为货物价款，而保函项下支付的款项既可以是合同价款，也可以是履约赔偿金或退款。因为保函从属性上可分为两种，一种是担保支付货款的付款性保函，这与信用证的特点一样，同为结算方式之一；另一种是担保在申请人违约或在受益人履约情况下作出赔付的信用性保函，这个作用超出了跟单信用证的使用范围。

（6）跟单信用证项下的付款有多种形式，根据信用证的性质、种类明确注明，如主动借记、授权借记、向第三家索偿、请其贷记等，而保函项下的索赔只有一种，即担保人见单后根据受益人要求付款。

（7）跟单信用证的到期地点可以在受益人所在地、开证行所在地或付款行/承兑行/限制议付行所在地，而保函的到期地点一般均在担保行所在地。

（8）跟单信用证项下要求的单据通常为货运单据以及与其相关的单据，而保函项下的单据既可以是货运单据，又可以是其他证明文件，或受益人出具的书面索偿等。

第三节 国际保理

一、国际保理概述

（一）国际保理的概念

国际保理（International Factoring）是指在国际贸易中以出口商（Seller）向进口商信用销售货物时所产生的债权转让给保理商为基础，由保理商提供贸易融资、销售分户账管理、应收账款催收和信用风险担保等综合性金融服务。

国际保理业务主要为赊账方式（Open Account，O/A）而设计的金融服务，一般指出口商采用赊销（O/A）、承兑交单（D/A）等信用方式。在赊销结算方式下，出口商在发货交单后就只能等待买家的如期付款，往往会遇到拖延付款或不付款的情况。但如果使用了保理服务，保理商将负责对所有客户的信用销售控制、销售分户账管理、应收账款催收和坏账担保和定时提供所有情况的报告，从而解决了出口商售后的所有跟进工作。

在中国，国家外汇管理局的政策文件中曾对出口保理作出了界定："出口保付代理系指外汇指定银行（出口保理商）为出口单位（出口商）的短期信用销售提供应收账款管理与信用风险控制、收账服务与坏账担保以及贸易融资等至少两项的综合性结算、融资服务的业务。"出口保理融资是一种无追索权的融资，即保理商在与出口商签订保理合同并为出口商融通资金后，如果进口商因为贸易纠纷以外的原因无力或拒绝支付货款，则由保理商承担债务人不支付货款的信用风险，放弃向出口商追索货款的权利。

国际保理是相对于国内保理而言的，二者的区分标准是应收账款发生的地点不同。国内保理业务的买卖双方均处于同一国家或地区，而国际保理业务的买卖双方处于不同的国家或地区。

（二）国际保理的当事人

国际保理业务一般有四个当事人，即出口商、进口商、出口保理商和进口保理商，现在分别说明如下：

出口商（Exporter）或称销售商（Seller）或称供货商（Supplier），负责提供货物或劳务，出具发票，其应收账款则由出口保理商叙做保理业务。

进口商（Importer）或称买方（Buyer）或称债务人（Debtor），是对提供货物或劳务所产生的应收账款承担所有付款责任的当事人。

出口保理商（Export Factor）是对出口商的应收账款叙做保理业务的当事人。出口保理商可以是银行也可以是专业的保理公司。

进口保理商（Import Factor）或称代理保理商（Correspondent Factor），一般是进口商所在地的保理商，为进口商及出口商提供服务的当事人。进口保理商可以是银行也可以是专业的保理公司。

（三）国际保理服务项目

1. 贸易融资（Trade Financing）。保付代理业务最大的优点，就是可以向出口商提供无追索权的贸易融资。出口贸易融资又叫保理预付款。出口保理商根据出口商转让的应收账款提供一定比例的资金融通，使出口商能够及时获得所需要的营运资金。

凡与保理商签订保理协议的出口商，在发货或提供技术服务后，将发票交保理商后，经申请即可获得不超过 80% 发票金额的无追索权预付款贸易融资。这样就基本解决了出口商在途商品和信用销售远期付款的资金占用问题，而且手续简便易行。

出口双保理融资是无追索权的贸易融资，有利于出口商改善财务指标。在出口双保理中，由于进口保理商承担了进口商的信用风险，出口保理商放弃了对出口商的融资的追索权。出口商可将此无追索权的融资作为正常的销售收入对待，而不用像银行贷款那样必须显示在资产负债表负债方。在内部账务处理上，直接表现为应收账款减少，现金增加，资产负债率降低，反映公司清偿能力的主要参数之一的流动比率（流动资产与短期负债之比）改善，从而优化了出口商的财务指标。

2. 销售账务管理（Maintenance of Sales Ledger）。销售分户账管理是供应商将销售发票交给保理商，由其办理销售后按买方的分户账务管理服务。销售分户账是出口商（供应商）与进口商（买方）进行货物买卖交易的账务记录。出口保理商承购了出口商的应收账款后，即全面承担了向进口商催收账款的责任。保理商与出口商签订保理协议后，即开始提供销售分户账管理服务。

保理商收到出口商交来的销售发票后，在电脑中设立有关分户账，并输入信息和数据，实行计算机自动处理承担账务管理工作，诸如记账、催收、清算、计息、收费、统计报表及打印账单等会计财务工作。

出口商将售后账务管理交给保理商管理后，可以集中力量组织生产货源，进行经营和销售；还可以相应减少财会人员、办公设备，缩小办公室面积，从而减少工资、房屋租金、费用开支等。

3. 收取应收账款（Collection of Receivables）。出口商不擅长于收取账款工作，会导致大量营运资金占压在应收账款上面。为了解决这个问题，保理商负责替出口商收取账款，使得销售与收款两个环节分离开，各负其责。

保理商拥有专门的收债技术和丰富的收债经验，一般都设有专门的部门处理法律事务，并可随时提供较高水平的律师服务。保理商往往在签署保理协议之前，就要先与供应商议定将来的收债方式、程序和最后手续，并且在征求供应商意见之前，一般不会擅自采取法律手段来解决债务问题，以维护供应商的长远利益。如必须通过法律途径解决收债问题，为收回核准应收账款而产生的一切诉讼和律师费用也将由保理商负担。

4. 信用风险担保（Protection for Buyer's Credit）。保理商要对进口商的债务逐一核定，预先评估信用额度（Preliminary Credit Approval）。在执行保理合同的过程中，保理商要根据每一进口商的资信变化情况、付款记录和出口商的业务需要，定期或经常为每个进口商核准或调整信用额度（Credit Approval）。凡在信用额度内的销售债权，称为已核准应收账款（Approved Receivables），超过信用额度的销售债权称为未核准应收账款（Unapproved Receivables）。保理商只对已核准应收账款的范围内承担赔偿责任。在应收账款到期后的第 90 天，如果买方仍然不付款，且未提出任何商业纠纷通知，则保理商必须先向出口商付款。但有一个前提条件，即应收账款必须基于已被进口商所接受的商品销售和技术服务。由于出口商卖断给保理商的应收账款，必须是正当的、毫无争议的债务求偿权，所以对产品质量、服务水平、交货期等引起贸易纠纷所造成的呆账和坏账，保理商则不负担保赔偿的责任。

（四）国际保理的作用

第一，在信用额度内具有比较可靠的安全收汇保证。信用额度是出口商委托保理商对进口商进行资信调查，保理商按进口商的业务规模大小以及资信情况审核后给进口商一定的信用额度，在这个额度内，保理商承担出口商向进口商出口货物或劳务的收汇风险。在进口商付款到期日后的第 90 天，如未发生商业纠纷，保理商需要向出口商付款。

第二，便利出口商获得融资。出口商将发票作为应收账款凭证交给出口保理商后，即可向它申请发票金额 80% 左右的融资，这种方式加快了企业的资金周转，提高了企业的经济效益。

第三，减少出口商管理应收账款的人力时间成本。办理了国际保理后，出口商的应收账款的收汇、到期催收、到期对账等由保理商全部包办，节省出口商的人力和时间成本。保理商作为专业的应收账款催收机构，由专业的律师团队负责催收问题，并且对于进口商更有威慑力，能够保障应收账款的安全。

第四，有利于出口商拓展新市场、扩大贸易量。出口商给予进口商一定的赊销期限，有利于开拓新市场，扩大进口贸易量，同时提高收汇的安全性。

第五，有利于出口商改善财务报表，降低资产负债率。在无追索权的保理下，由于保理商买断了出口商的应收账款，可以直接降低出口商的应收账款，增加现金，降低资产负债率。

第六，出口商可以提前退税核销。在无追索权的保理项下，由于银行提供的是无追索权的融资服务，出口商已卖断应收账款，因此，在银行提供融资时即可认为出口商已完成收汇手续，出口商可以按照相关规定提前办理出口退税，而不必等到进口商付款再办理。

第七，当外汇市场出现人民币不断升值的情形下，保理商为出口商融资以后，出口商可以立即结汇，减少汇率风险。

■发运货物后的融资，提前结汇、核销，规避汇率风险
■买断情况下不占客户的授信额度、无须担保
■降低出口风险（进口保理商担保付款）
■提高出口竞争力（买方市场下不利的付款条件）
■免费的买方信用调查
■降低管理成本（节省财务人员和处理时间）
■加速资金周转，改善现金流，优化财务报表

对出口商的好处

■增强银行（出口保理商）的竞争力
■出口保理手续费、贸易融资利息、汇兑收益
■国际结算业务量、贸易融资业务量、外汇资金业务量
■担保付款风险由进口保理商承担
■贸易纠纷风险由出口商承担

对出口保理商的好处

国际保理对于进口商的好处：

第一，进口商取得了赊购的结算方式，先获得货物再付款，甚至等到货物销售款回笼后再付款，取得了资金的融通，有利于扩大业务规模。

第二，由于国际保理的手续费全部由出口商支付，进口商无须承担任何的费用。

■节约财务成本 •不用开证进口，节约手续费 •保理费用由出口商承担 ■用赊销方式进口商品（先收货、后付款） ■扩大进口量、增加购买能力 ■无须占用资金	■增强银行（进口保理商）的竞争力 ■丰厚的进口保理手续费（5‰~2%） ■仅承担进口商的财务和资信风险，不承担贸易纠纷、商业欺诈的风险
对进口商的好处	对进口保理商的好处

二、国际保理的种类

（一）无追索权保理和有追索权保理

根据债务人未能付款时保理商是否保留对出口商的追索权，可分为无追索权保理和有追索权保理。

无追索权保理（Non－recourse Factoring）亦称非回购性保理：在无追索权保理中，保理商根据出口商所提供的债务人名单进行资信调查，并对每个债务人核定相应的信用额度；然后在此信用额度内购买供应商对债务人的应收账款，而且不保留追索权，即指出口保理商在与供应商签订保理合同后，即放弃了向供应商追索预付款本息的权利，如果债务人无力或拒绝支付货款，则出口保理商无权要求供应商回购发票，返还预付款本息或在未付购买应收账款的款项时不能拒付。但是，当出口商有明显欺诈行为、发生不可抗力的意外事故或者出现买方对出口商货物提出异议时出口保理商仍可行使追索权。

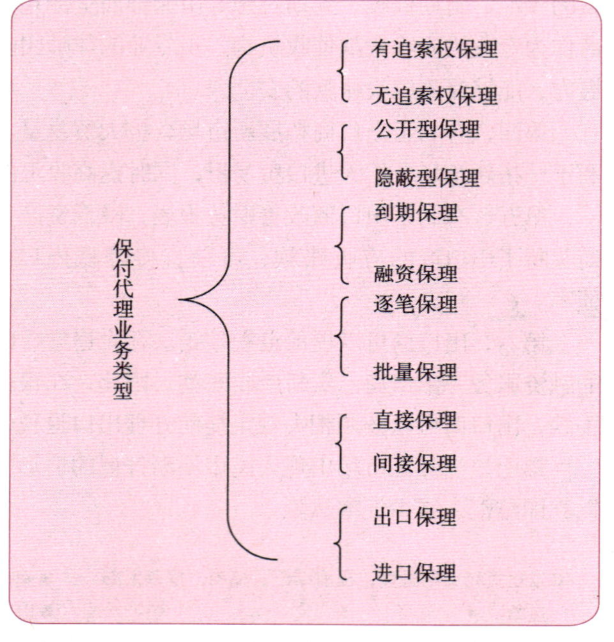

图 14－2 保付代理业务类型图

由于国际贸易的复杂性，以信用方式赊销商品或提供服务的出口商往往迫切需要保理商的坏账担保服务，因而无追索权保理更受欢迎。因此大多数的国际双保理都是无追索权的。

有追索权保理（Recourse Factoring）亦称回购性保理：在有追索权保理中，保理商不负责为债务人核定信用额度和提供坏账担保，仅提供包括融资在内的其他服务。无论债务人因何种原因不能支付而形成坏账的，保理商都有权向出口商索回已付款项或拒付应付款项。这种方式的保理业务中，保理商不承担债务人的信用风险，适用于债务人信用较好、出口商仅需融资或债款收取的情况，但有其局限性，在国际保理中运用得较少。

（二）公开型保理和隐蔽型保理

根据是否将应收账款转让情形告知债务人，可分为公开型保理和隐蔽型保理。

公开型保理（Disclosed Factoring）亦称明保理，是指每单发票项下应收账款债权转让一经发生，供应商应以书面形式将出口保理商的参与情况通知债务人，并指示债务人按买卖合同约定的时间和金额将货款直接付给出口保理商委托的进口保理商。根据大多数国家法律的规定，债权的转让必须通知债务人才能对债务人发生效力，因此大多数国际保理都采用公开型保理。在实践中，因通知债务人有利于保理商直接收款，能更好保护其权益，所以大多数国家的国际保理业务也都采用这类型。但也有一些出口商处于弱势，害怕债务人知道了保理商收购了他们的债权而以为他们面临经营危机，不利于业务关系，所以倾向于采用隐蔽型保理。

隐蔽型保理（Undisclosed Factoring）亦称暗保理，是指出口商不通知债务人应收账款已转让给保理商，也就是说保理商的参与是保密的，债务人可以直接付款给出口商。至于融资和费用，则在保理商和供应商之间直接进行。隐蔽型保理的功能主要是融资；其次是应收账款的管理和坏账担保。在德国和日本采用这种方式的保理比较多，而在美国则把这种业务视为为应收账款做担保的信贷，非保理。保理商采用这种方式时需要特别谨慎，因为债务人直接付款给出口商后，保理商就无法监测债务人的付款行为。但必须指出的是，当债务人拖欠出口商应收账款后，保理商作为应收账款的正当债权人仍然有权利直接向债务人出示债权转让的凭证来进行追索，这时暗保理就变成了明保理了。

（三） 到期保理和融资保理

根据保理商向出口商支付受让应收账款对价的时间，可分为到期保理和融资保理。

到期保理（Maturity Factoring）是指出口商向保理商提交发票、提单等单据副本后，保理商不立即付款而是在付款到期日向其支付发票金额。付款到期日通常为保理商根据出口商所给予债务人的付款期限计算出的平均到期日，即平均预计收款日，并于平均到期日将应收账款支付给出口商。至于债款是否能按期回收，仍然是保理商的事情，这种方式适用于没有融资需求但希望获取账务管理和坏账担保的出口商，因此到期保理一半都是无追索权的。目前，在国内，到期保理中的保理商处于更为优势的地位，因为他们并不是根据应收账款的平均到期日向出口商支付应收账款，而是在进口商的应收账款到期日后第 90 天才履行坏账担保的义务，向出口商支付账款。这样保理商有更长的时间向债务人进行追索。

融资保理（Financed Factoring）又叫预付保理（Advance Factoring），是指保理商在收到出口商提供的单据和发票后立即支付一定额度的预付款，剩余的于货款收妥后再进行清算。国际上预付款的比例一般不会高于发票金额的 80%。预付款保理为出口商提供了资金的融通，因此更受欢迎。

（四） 逐笔保理和批量保理

根据出口保理商是否逐笔向供应商提供服务，可分为逐笔保理和批量保理。

逐笔保理（Special Order Factoring）是出口商逐笔向保理商申办提供保理服务的保理业务。保理商批准的信用担保额度只能使用一次，发货后不能再次使用，如需再次发货，必须重新申请。

批量保理（Whole Sales Factoring）是指出口保理商根据与供应商签订的保理合同，向供应商提供关于全部销售或某一系列销售项目（含未来产生销售应收账款债权）的保理服务的保理方式。常见的批量保理是循环保理（Cover Line Factoring）作业方式，即保理商批准给出口商一个最高信用额度，在此信用额度内，出口商可循环使用其额度，不必再次申请，直到保理商通知撤销批准额度时为止。

例如，出口商与进口商签订合同，为发货后90天T/T付款方式，保理商对出口商批准的信用限额为60万美元，可循环使用。出口商遂于3月1日发出20万美元货物；4月1日发出20万美元货物；5月1日发出20万美元货物。5月30日保理商从进口商收回首笔货款20万美元，因此出口商于6月1日又可以继续发出20万美元货物，保理商仍承担60万美元的信用担保额度。随着货款收回的金额还可以继续再发出相应金额的货物，信用额度从使用到恢复循环周转，直到保付代理合同到期终止。

（五）直接保理和间接保理

根据保理合同中所规定的债务人付款对象的不同，可分为直接保理和间接保理。直接保理是指根据保理合同的规定，债务人直接向出口保理商委托的进口保理商支付到期应收账款的保理方式。

间接保理是指根据保理合同由债务人仍向供应商付款的保理方式。间接保理中包括隐蔽型保理和代理保理（Agency Factoring）。代理保理是指销售商作为保理商的代理人执行销售账务管理和催收应收账款管理的保理方式。如已发生融资，在销售商收到应收账款后，应将账款转付给保理商。代理保理和隐蔽型保理的区别在于前者应收账款债权转让事宜将被及时通知债务人，而后者将不会及时通知债务人。

（六）出口保理与进口保理

国际保理（International Factoring）是位于不同国家（地区）的出口商和出口保理商与进口商和进口保理商之间进行的保理业务。国际保理业务的运作既可以是单保理形式，也可以是双保理形式。在国际保理业务中，又可以按照保理商对不同客户提供的服务项目不同，分为出口保理与进口保理。

（1）出口保理（Export Factoring）是出口国的保理商为出口商提供的出口保理服务。服务项目主要包括：对进口商进行资信调查和信用评估；出口信用风险保障；销售账户管理；催收账款和贸易融资等。

（2）进口保理（Import Factoring）是进口国的保理商为进口商提供的进口保理服务。服务项目主要是根据进口商的经营能力、财务资信状况，为其提供对外付款保证或代其垫付款项，以使进口商以赊欠方式达成进口交易，加速资金周转，节约进口成本开支。

表14－1　保理类型比较简表

种类 项目	有追索权保理	无追索权保理	到期保理	融资保理	隐蔽型保理	代理保理
是否融资	是	不一定	否	是	是	是
是否提供坏账担保	否	是	是	不一定	不一定	不一定
是否立即通知债务人	不一定	不一定	不一定	不一定	否	是
是否提供销售账户管理	是	是	是	是	否	不一定
是否负责催收账款	是	是	是	是	否	否
对供应商是否有追索权（信用风险时）	有	无	无	不一定	不一定	不一定

三、国际保理的业务流程

（一）国际单保理业务流程

国际单保理的模式较为简单，以有追索权出口单保理为例，流程如下：

1. 出口商与进口商签订贸易合同；
2. 出口商对进口商进行货物发运；
3. 出口商向保理商提交发票和货物运输单据副本等并申请融资，双方签订保理协议；
4. 保理商代为寄送发票；
5. 保理商向出口商融资；
6. 保理商到期从进口商处收取应收账款；
7. 保理商从收回的账款中扣收融资款及融资费用和保理费用后将余款支付给出口商。

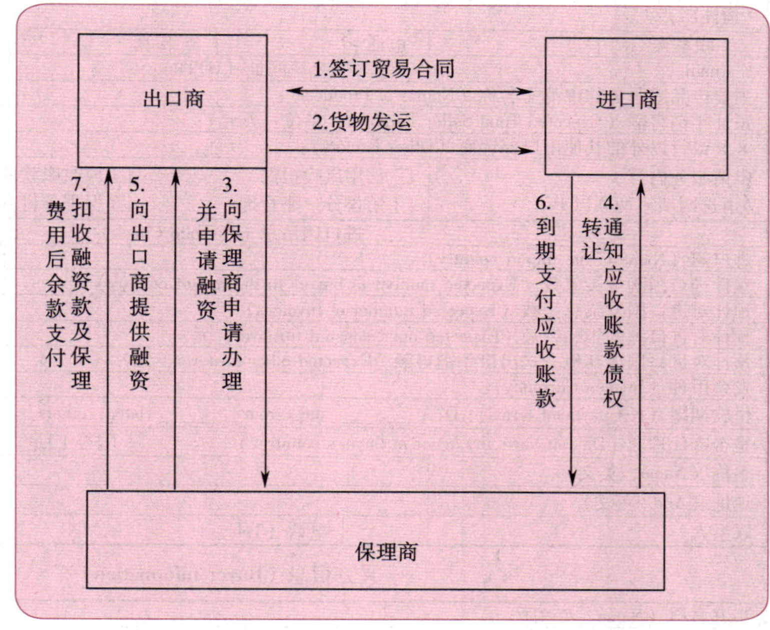

图 14－3　有追索权出口单保理业务流程图

以上流程实际上为有追索权保理的正常形态，若应收账款到期无论何种原因不能收回（无论是信用风险还是商务纠纷所致），保理商有权就全部融资款及保理费用向供应商进行追索。

鉴于单保理业务存在的缺点，商业银行一般开展单保理都较为谨慎，有些银行仅针对资信状况较好的优质客户开办有追索权出口单保理。在此业务中，由于要给出口商提供融资，出口保理商便承担了相应的资金风险。为防范相关风险，在出口单保理中，出口保理商保留账款无论何种原因逾期不能收回时的追索权，即出口保理商在所受让的应收账款到期未收回时，无论是由于信用风险（进口商偿债能力不足）还是商务合同纠纷（出现合同履行争议的情况下）造成的，出口保理商均有权追索已支付的融资款本金及逾期支付违约金，并有权要求出口商回购其已转让的应收账款债权；在授信风险的控制方面，出口保理商（银行）将给出口商的融资额度纳入其综合授信额度（包括贷款、贸易融资、票据承兑、保函等一揽子业务）一并考虑，并统一要求有关担保条件。

（二）国际双保理的业务流程

出口商向出口保理商提出叙做国际保理的申请（见附式 14－6），出口商可以将全部债务人信息都提供给出口保理商，也可以仅提供部分债务人的信息。一般还需要提供销售或服务合同。

附式 14－6 保理服务申请书（出口）

中国××银行__________________分（支）行：

本公司兹向贵行提供以下信息，申请出口保理服务：

卖方信息（Seller Information）

<table>
<tr><td>公司名称
（Name 中英文）</td><td colspan="5"></td></tr>
<tr><td>营业地址
（Add. 中英文）</td><td colspan="2"></td><td colspan="2">邮编 Postcode</td><td></td></tr>
<tr><td rowspan="3">企业组织形式</td><td rowspan="3">□国有 □民营
□三资 □其他
（请注明）</td><td colspan="2">企业代码</td><td colspan="2"></td></tr>
<tr><td colspan="2">注册资本</td><td colspan="2"></td></tr>
<tr><td colspan="2">注册时间</td><td colspan="2"></td></tr>
<tr><td colspan="6">行业类别：□化学能源 □交通运输 □冶金 □房地产 □电子通信 □租赁 □医药 □教育 □商贸 □工程 □其他（请注明）：</td></tr>
<tr><td>联系人</td><td></td><td>电话</td><td></td><td>传真</td><td></td></tr>
<tr><td colspan="2">E－mail：</td><td colspan="4">公司网址（HTTP）：</td></tr>
<tr><td colspan="6">主要产品或服务的中英文名称（Nature of Products）：</td></tr>
<tr><td colspan="6">预计年销售额（Expected Total Seller Turnover，单位：万元）：</td></tr>
<tr><td colspan="6">××银行以外的其他出口保理商（Other Factors）：</td></tr>
<tr><td>申请服务内容
（请选两项或两项以上）</td><td colspan="5">□ 信用风险担保　　□ 应收账款催收
□ 销售分户账管理　□ 保理预付款</td></tr>
<tr><td colspan="6">进口国信息（Portfolio Check）</td></tr>
<tr><td colspan="4">进口国（Name of the import country）</td><td colspan="2"></td></tr>
<tr><td colspan="4">预计进口国购货买家数（Expected number of buyers in the import country）</td><td colspan="2"></td></tr>
<tr><td colspan="4">预计对进口国发票总张数（Expected number of Invoices）</td><td colspan="2"></td></tr>
<tr><td colspan="4">预计对进口国的年赊销额（Expected open account turnover，元）</td><td colspan="2"></td></tr>
<tr><td colspan="4">预计对进口国以其他方式出口年销售额（Expected other turnover，元）</td><td colspan="2"></td></tr>
<tr><td colspan="4">发票币种（Invoice Currency）：</td><td colspan="2"></td></tr>
<tr><td colspan="6">付款期限（Net payment terms）：O/A ________ days from ________ date ; others: ________</td></tr>
<tr><td colspan="4">是否有代理商（Do you have any agent in buyer's country?）</td><td colspan="2">□否 □是</td></tr>
<tr><td>名称（Name，英文）</td><td colspan="5"></td></tr>
<tr><td>地址（Add. 英文）</td><td colspan="5"></td></tr>
<tr><td>联系人</td><td></td><td colspan="2">电话（Tel）：</td><td colspan="2"></td></tr>
</table>

买方信息（Buyer Information）

<table>
<tr><td colspan="2">买方名称（Name，英文）</td><td colspan="3"></td></tr>
<tr><td colspan="2">买方地址（Add. 英文）</td><td></td><td>邮编（Postcode）</td><td></td></tr>
<tr><td>城市（City）：</td><td colspan="2">省/州（Province）：</td><td colspan="2">国家（Country）：</td></tr>
<tr><td colspan="3">Buyer Company Registration No. / VAT No.</td><td colspan="2"></td></tr>
<tr><td colspan="3">买方联系人（Contact Person）：</td><td colspan="2">电话（Tel）：</td></tr>
<tr><td colspan="3">传真（Fax）：</td><td colspan="2">E－mail：</td></tr>
<tr><td>往来银行（Bank）</td><td colspan="4"></td></tr>
<tr><td>分行（Branch）</td><td></td><td colspan="3">账号（A/C No.）</td></tr>
<tr><td colspan="3">交易产品（Product imported from seller）</td><td colspan="2"></td></tr>
<tr><td colspan="3">预计年赊账交易额（Expected annual open account turnover）</td><td colspan="2"></td></tr>
<tr><td colspan="3">信用风险担保申请额度（Credit line requested）</td><td colspan="2"></td></tr>
<tr><td colspan="3">可否与进口商联系（Buyer contact allowed?）</td><td colspan="2">□ 是（Yes）□ 否（No）原因：</td></tr>
<tr><td colspan="3">是否在开户银行或保险公司取得保险额度</td><td colspan="2">□ 否（No）□ 是（Yes）额度</td></tr>
<tr><td colspan="3">是否曾向其他银行申请上述买方保理额度</td><td colspan="2">□ 否（No）□ 是（Yes）额度</td></tr>
<tr><td colspan="5">付款期限（Payment terms）：O/A ________ days from ________ date ;
others ：__________________</td></tr>
<tr><td colspan="5">备注：
填妥后请提交正本或传真到××银行当地网点，并将电子邮件发送至____________________</td></tr>
</table>

本公司申请叙做本申请书项下的出口保理业务是自愿的，并确认本申请书的内容为真实的。

公司签章____________________

日期____________________

1. 出口保理商EDI系统分别向进口保理商发出message1（出口商情况表）和message2（进口商情况表），向进口保理商进行买方信用额度预申请。出口保理商在选择进口保理商时主要考虑以下因素：进口保理商所处的地区是否为与债务人相同的地区、进口保理商在行业内的名声、进口保理商的授信余额、进口保理商报价等。

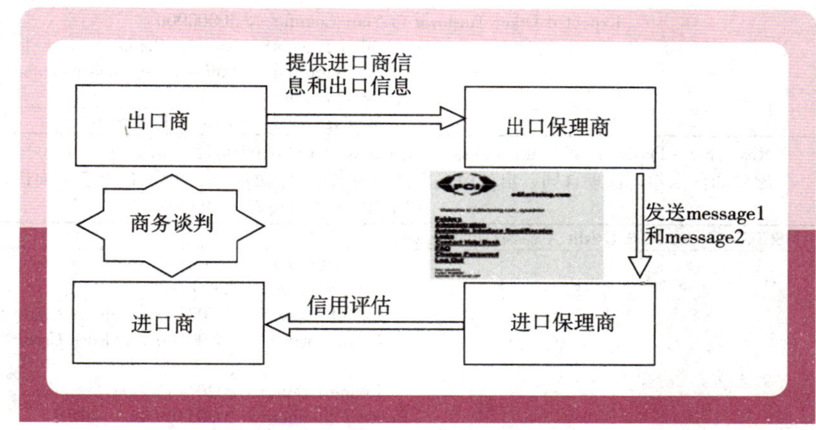

图 14－4　初步询价

附式 14－7

Message 1 – Seller's Information（卖方信息/出口商基本资料）

- 提供出口商资料（区分为：（1）出口商尚未签订保理合同；（2）出口商已经签订保理合同）。
- 获得进口保理商报价，亦即 EDI MSG#04。
- 若出口商已经签订保理合同，将可建立出口商 FSBC 表格。

EDI MESSAGE 模板（MSG#01）

MSG01 – Sellers Information	
Created By	sysadmin
Status	Retrieved
Export Factor	TW00109 Chailease Credit Services Test
Import Factor	TW00100 Chailease Credit Services
Message Date	2020－11－09
Message Function	Seller's Information
Date Factoring Agreement Signed	2020－11－09
Seller	
Seller Number	20201109AAA
Name	AAA Electronics Cp. , Ltd
Street and Number PO Box	High Way Road
City	Tokyo
Postcode	Jp52123
Country	JP
Seller Details	
Nature of Business Products Services	LCD Components etc.
Net Payment Terms	120
Invoice Currency	USD
Invoice Currency	JPY
Invoice Currency	EUR
Invoice Currency	TWO
Charge Back Percentage	5
Charge Back Amount	50000
Charge Back Currency	USD
Expected Total Seller Turnover	800000000
Expected Number of Buyers in Your Country	2
Expected Number of Invoices to Your Country	200
Expected Open Account Turnover to Your Country	10000000

Expected Other Turnover to Your Country	50000000
Other Factors	Ex – Im Bank
Services Required	Full service，non recourse
Bank Details Seller	
Message Text	This is the MSG01

Message 2 – Preliminary Credit Assessment Request（初步信用额度申请）

出口商尚未签订保理合同，出口商提出预期所需进口商的额度，由出口保理商向进口保理商申请初步的额度。

EDI MESSAGE 模板（MSG#02）

MSG02 – Preliminary Credit Assessment Request	
Created By	sysadmin
Status	Retrieved
Export Factor	TW00109 Chailease Credit Services Test
Import Factor	TW00100 Chailease Credit Services
Request Date	2020 – 11 – 09
Request Number	20201109AAA – BBB
Message Function	Reminder
Seller	
Seller Number	20201108AAA
Name	AAA International Co.，Ltd
Buyer	
Buyer Number	20201109BBB
Name	BBB International Co.，Ltd
Street and Number PO Box	ShineHin Road
City	Taipei
Postcode	300
Country（region）	TW
Direct Contact Allowed	Direct contact is allowed
Bank Details Buyer	
Preliminary Credit Assessment Details	
Amount of Credit Assessment Request	2000000
Currency	USD
Net Payment Terms	120
Message Text	This is the MSG02

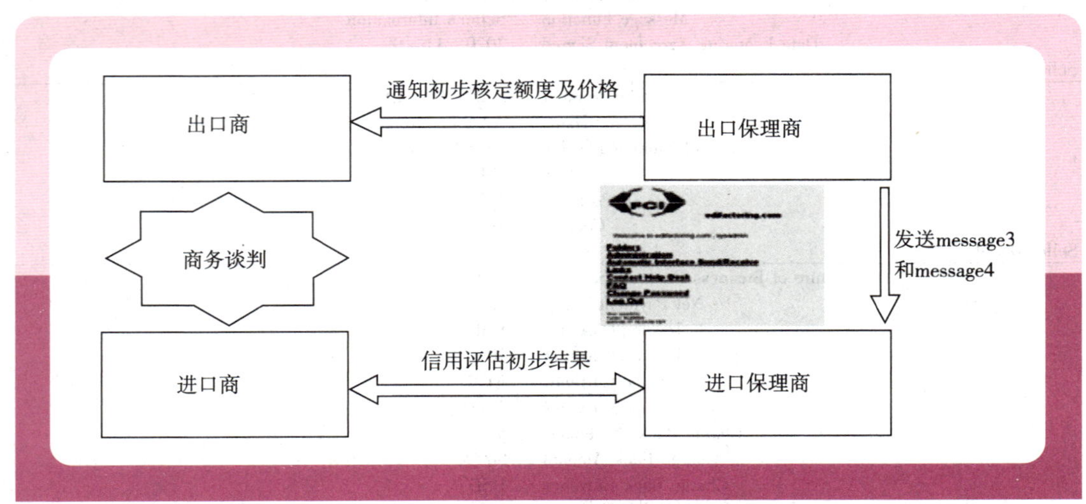

图 14 – 5　询价回复

2. 进口保理商对进口商进行通过信用评估，并在14个工作日内通过EDI系统向出口保理商发出初步额度恢复 message 3 和初步保理价格回复 message 4。进口保理商的报价包括手续费和单据处理费，债务人信用越好且交易金额越大，手续费越低；发票的数目越少单据处理费越少。反之则相反。

附式14－8

Message 3 – Preliminary Credit Assessment Response（初步信用额度申请回复）
进口保理商回复出口保理商所申请的进口商初步评估的结果。

EDI MESSAGE 模板（MSG#03）

MSG03 – Preliminary Credit Assessment Response	
Created By	sysadmin
Status	Retrieved
Export Factor	TW00109 Chailease Credit Services Test
Import Factor	AR00100Galicia Factoring y Leasing
Reply Date	2020 – 11 – 09
Preliminary Credit Assessment Number	0
Seller	
Seller Number	12205020
Name	Air Condition Corporation
Buyer	
Buyer Number	054LRDCO
Name	LASER DISCARGENTINA 5. A.
Bank Details Buyer	
Preliminary Credit Assessment Details	
Amount of Credit Assessment Request	0
Currency	USD
Reason	Possible revision if direct contact with buyer is allowed
Message Text	this is a test msg

Message 4 – Pricing Information（价格信息/进口保理商对出口商的报价）
进口保理商针对此出口商或是申请案提供报价（管理费率、单据处理费，或其他费用）。

EDI MESSAGE 模板（MSG#04）

MSG04 – Pricing Information	
Created By	keyinuser
Status	Retrieved
Export Factor	TW00100 Chailease Credit Services
Import Factor	TW00109 Chailease Credit Services Test
Message Date	2020 – 11 – 06
Seller	
Seller Number	BBB00100 – 1
Name	BBB International Co. , Ltd
Factoring Commission	
Gross Turnover Percentage Commission	0. 85
Price Per Document	0
Currency	USD
Bank Charges Included	Bank charges are paid by the IF
Message Text	MSG#04 for testing

3. 出口保理商通知出口商初步核准的信用额度，并在进口保理商报价的基础上加价进行报价。如果出口商需要贸易融资，出口保理商还要进行保理预付款的利率报价。

4. 如出口商接受该报价和信用额度，出口商与出口保理商签订“出口保理业务协议”。如果出口商需要保理预付款，则出口保理商需要为出口商核准保理预付款的授信额度。如果该预付款是无追索权的，出口保理商还要同时为进口保理商核准信用额度。

5. 出口保理商向进口保理商发出正式的信用额度申请（message 5）。

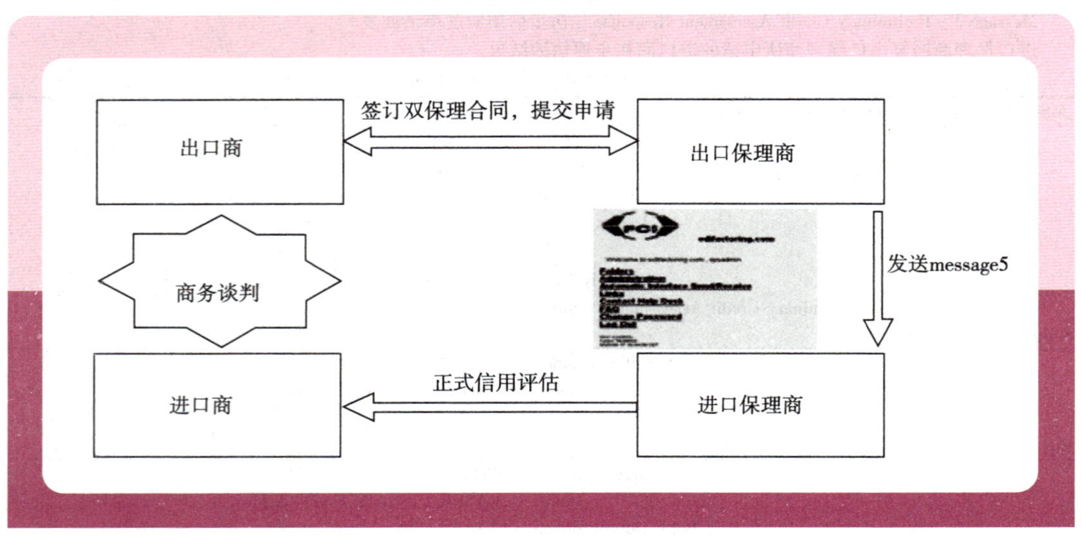

图 14－6　正式询价

附式 14－9

Message 5－Request for Credit Cover（正式信用额度的申请）

- 请求进口保理商建立进口商账户且提供进口保理商有关进口商资料。
- 建立 FSBC 表格，将会建立进口商的名称与币别种类。
- 要求新的额度（Credit Line）或单笔订单额度（Order Approval）。
- 通知进口保理商进口商名称或地址变更。

EDI MESSAGE 模板（MSG#05）

MSG05－Request for Credit Cover

	Created By	kkmank
	Status	Retrieved
	Export Factor	TW00109 Chailease Credit Services Test
	Import Factor	TW00100 Chailease Credit Services
	Request Date	2020－11－09
	Request Number	20201109－AAA－Panda
	Message Function	Request for line cover
Seller		
	Seller Number	20201108AAA
	Name	AAA International Co.，Ltd
Buyer		
	Buyer Number	20201109Panda
	Name	Panda

Street and Number PO Box	2020
City	Taipei
Postcode	234
Country (region)	TW
Direct Contact Allowed	Direct contact is allowed
Bank Details Buyer	

Credit Cover Details	
Request	Request new limit for new buyer account
New Credit Cover Amount	2000000
Currency	USD
Net Payment Terms	120
Message Text	This is a test

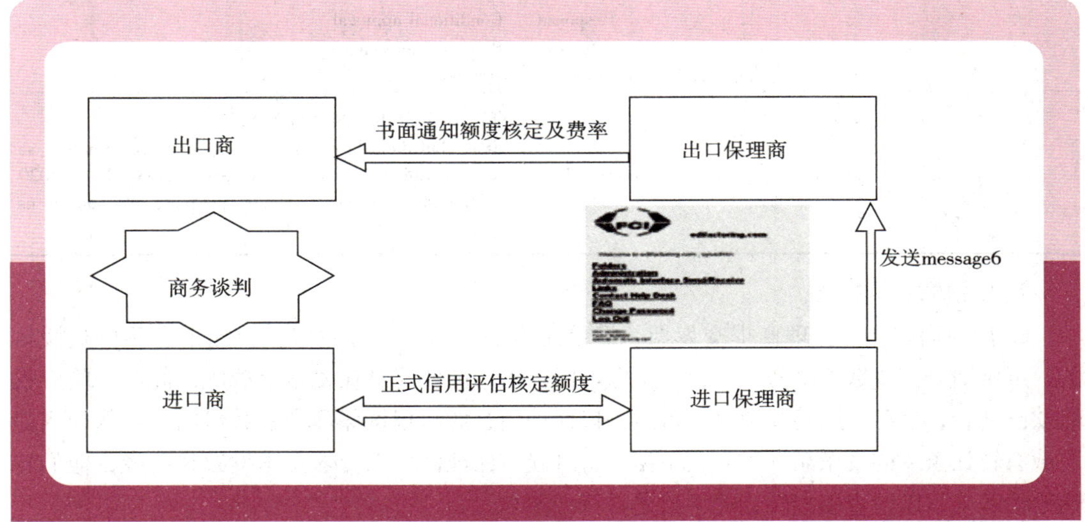

图 14－7　正式回复

6. 进口保理商向出口保理商回复正式的信用额度（message 6）。

附式 14－10

Message 6－Credit Cover（正式信用额度申请的回复）

- 提供正式的保理额度。
- 在 FSBC 表格中加入进口保理商，并由进口保理商自行订立进、出口商编号。
- 确认或修改进口商在 FSBC 表格中的名称（进口商的名称）。

确认变更进口商的名称或地址。

EDI MESSAGE 模板（MSG#06）

MSG06－Credit Cover	
Created By	119
Status	Retrieved
Export Factor	TW00100 Chailease Credit Services
Import Factor	TW00109 Chailease Credit Services Test
Reply Date	2020－11－30
Credit Cover Number	20201130bnqresponse
Message Function	Credit cover decision
Original Request Number	20201126bnq－request

	Original Request Date	2020 - 11 - 26
Seller		
	Seller Number	20201126bandq
	Name	B & Q
Buyer		
	Buyer Company Registration Number	20201126wmart
	Buyer Number	20201126wmart
	name	Eagle
Credit Cover Details		
	Credit Amount	2000000
	Currency	USD
	Response	Conditional approval
	Reason	Buyer is new company
	Credit Cover Amount Check	2000000
	Message Text	We approval the USD 2000000 on this case, but the debtor is a new company in our country, so that the valid period is only for one quarter, Dec, 2020 to Mar. 2021. If you have any question, pls contact us asap.

7. 出口商履约交货。

8. 出口商向出口保理商提交发票、提单副本等资料转让应收账款，如果有预付款授信的，可申请一定成数的融资。在公开型保理中，出口商要注意在发票上载明由此产生的应收账款已转让，债务人应将款项直接付给进口保理商；然后根据保理商的数量向出口保理商提交载有转让条款的发票副本和有关单据。有时候，保理商可以要求正本发票也要经由他们转递给债务人，以检查债权转让的条款是否符合要求。

9. 出口保理商在 EDI 系统上发出 message9 通知进口保理商债权的转让，并将发票副本转交给各进口保理商。

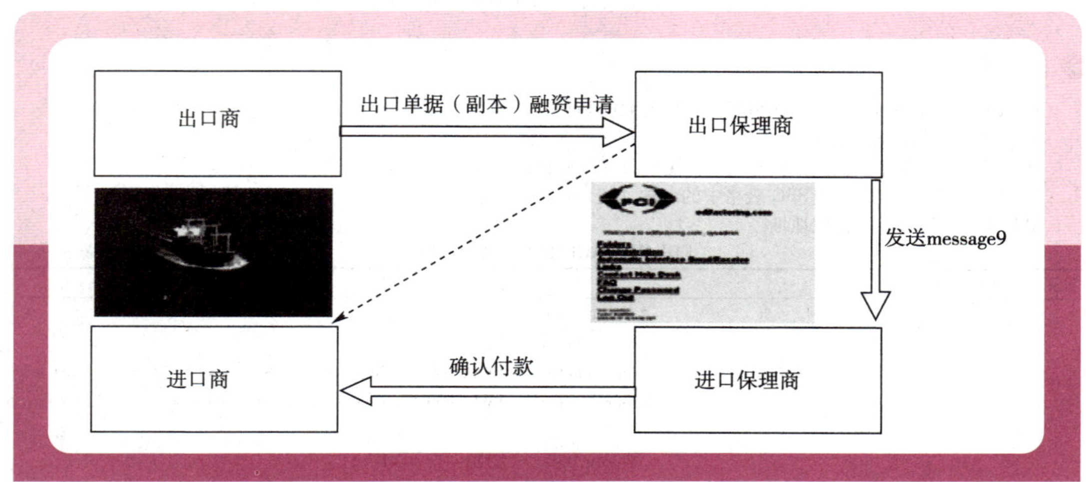

图 14 - 8　出运货物

✪ 附式 14－11

Message 9－Invoices & Credit Notes（发票与贷记通知）

转让出口商发票及贷记通知给进口保理商。

EDI MESSAGE 模板（MSG#09）

MSG09－Invoice & Credit Notes

Created By	113
Status	Retrieved
Export Factor	TW00109 Chailease Credit Services Test
Import Factor	TW00100 Chailease Credit Services
Invoice Batch Number	20201123Panda Elec. 1
Invoice Batch Date	2020－11－23
Invoice Batch Currency	TWD
Total Amount of Invoices	8000000
Total Amount of Credit Notes	500000

Seller

Seller Number	tw00109Panda Elec. changebytw00100
Name	Panda Elec. Corp

Invoice Credit Note Details

Buyer Number	Eagle Tech00109changebytw00100
Name	Eagle Tech Co. Ltd.
Document Type	Invoice
Document Number	20201123Panda Elec. －Eagle Tech
Document Date	2020－11－23
Document Amount	1000000
Document Due Date	2020－12－05
Document Value Date	2020－11－04
Net Payment Terms	30
Payment Conditions	Bill of exchange against acceptance

Invoice Credit Note Details

Buyer Number	Eagle Tech00109changebytw00100
Name	Eagle Tech Co. Ltd.
Document Type	Credit note
Document Number	20201123Panda Elec. －Eagle Tech－creditnote
Document Date	2020－11－23
Document Amount	5000000
Document Due Date	2020－11－30
Documet Value Date	2020－10－30
Net Payment Terms	30
Payment Conditions	Open account

Invoice Credit Note Details

Buyer Number	Eagle Tech00109changebytw00100
Name	Eagle Tech Co. Ltd.
Document Type	Invoice
Document Number	20201123Panda Elec. 3
Document Date	2020－11－23
Document Amount	5000000
Document Due Date	2020－12－15
Document Value Date	2020－11－15
Net Payment Terms	30
Payment Conditions	Documents through banks

Control Totals

Total Number of Invoice	2
Total Number of Credit Notes	1
Message Text	The total invoice and credit note amount is not correctly, and we have to calculate them by ourself.

10. 进口商付款至进口保理商的国际保理专户。

11. 进口保理商向出口保理商付款，并在 EDI 上发出 message18 通知出口保理商付款信息。如果是无追索权保理，即使债务人在到期后仍未付款，进口保理商也应于应收账款到期日后第 90 天向出口保理商付款。其业务费用可根据相互保理协议扣除。若因买卖双方贸易纠纷导致进口保理商收款失败，则他可以不承担付款责任，但应协助出口保理商解决争议。

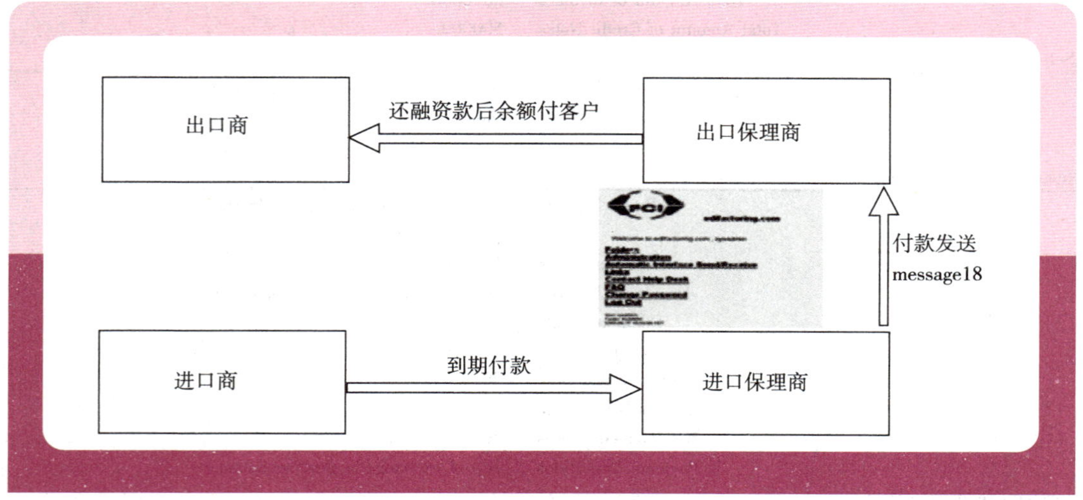

图 14－9

附式 14－12

Message 18 – Remittance（汇款）

EDI MESSAGE 模板（MSG#18）

MSG18 – Remittance	
Created By	9966
Status	Retrieved
Export Factor	TW00100 Challease Credlt Services
Import Factor	TW00109 Chailease Credlt Services Test
Message Date	2021－04－10
Remittance Number	11223334455
Remittance Currency	USD
Remittance Date	2021－04－10
Payment Mathod	Banker's draft
Payment Channel	SWIFT
Seller	
Name	Legned Intl Co. Ltd.
Beneficiary	

Remittance Details

Message Number Reference	6565
Message Date Reference	2021 - 04 - 12
Payment Amount	54854
Control Totals	
Total Amount Remitted	54854

12. 出口保理商扣除相应的融资本息和其他手续费后，净额入出口商账户。

第四节　福费廷

一、福费廷业务概述

（一）福费廷的定义

福费廷是指包买商提供的一种贴现融资，在这种方式下，包买商以无追索权的方式贴现出口商从进口商那里收到的信用证或非信用证项下的本票、汇票等票据或应收账款，该票据或应收账款通常经金融机构承兑或承付。

福费廷的融资期限比较灵活，出口商支付贴现成本后，可以无风险地立即收到货款。

（二）福费廷业务的特点

1. 福费廷使出口商敢于与风险较高的国家做贸易。因为出口商不必承担与出口贸易有关的国家风险、资金转移风险及商业信用风险，这些风险已经全部转嫁给包买商。出口商将远期应收账款变成了现金销售收入，有效地解决了应收账款的资金占用问题和对应收账款的回收管理问题，并且减低出口商对国内银行的负债，改善公司的资产负债表。

2. 对出口商来讲无利率、汇率变动风险，容易控制成本。出口商可以从包买商处得到一个固定利率，因此可以将融资成本计入合同价款，福费廷融资一般采取的是固定利率，不论融资期限是2年还是10年，一般在进行买断时，就确定了固定利率。这就将利率风险转嫁到了包买商头上。在某种融资货币处于加息周期时，出口商和进口商相对会愿意使用固定利率来锁定成本，但是当某种融资货币很显然地处于降息周期且融资期限仅仅有1～2年时，出口商和进口商可能就不太愿意采取固定利率了。因此随着福费廷市场的发展，目前包买商也向出口商提供浮动利率的短期贸易融资，通常期限是30天到180天。

3. 包买商处理福费廷业务的程序一般比较标准化，是否受理该笔业务主要取决于担保人的资信情况，因此可以给出口商迅速报价，然后作出相应决策。一般包买商要求较少的文件，因而办理手续简单，同时保密性很强，包买商会替出口商承担保密责任，而不像商业贷款那样要办理公开登记等手续。

4. 包买商是根据承兑/承付/保付银行和其所在国家的情况确定融资贴现利率的高低，而不是根据出口商的状况确定融资利率。包买商在扣除贴现息和有关费用后将未到期应收账款净额无追索权地支付给出口商。福费廷业务由于买断了信用风险和国家风险，因此融资利率是根据担保付款人以及其所在国家地区的风险级别来进行计算的，担保付款人的信用越好，其所在国家的政治越稳定，利率就越低；反之则越高。如果担保付款人所处国家发生战乱或受到经济制裁，出口商甚至可能找不到包买商做福费廷业务。

5. 在中国办理福费廷可以提前享受退税。根据国家外汇管理局的规定，“对于通过福费廷业务方式取得的外汇资金，银行应当按规定为出口单位办理结汇或入账手续后，出具核销专用联”，因此办理了福费廷业务后，企业可以在融资日直接凭银行的核销联去税务部门办理退税手续，而不需等到买方的到期付款日。

中国的出口退税率最高为 17%，这就意味着出口企业有将近 17% 的利润直接和出口退税的速度快慢有关。如某货物出口退税率为 15%，当出口货物收购价为 USD1000000（对应的增值税发票金额）时，办理福费廷业务后可提前获得出口退税款 USD150000，如果贴现期限为 900 天，当时贷款年利率为 8%，仅提前获得退税款部分就可节约利息支出 USD30000，同时新增流动资金 USD150000。

二、福费廷业务流程

当前在福费廷业务的实务操作中，通过信用证来办理的福费廷业务占大多数，原因是信用证作为银行一种有条件支付工具，既可加强对信用证项下商务交易贸易背景的审核，又可使用各国普遍接受的、国际上通行的惯例对债权债务双方进行约束，较好地保证了福费廷融资商的权益，故一直在福费廷市场上占有主流地位。

运用信用证办理福费廷业务，不论采用何种信用证，通常情况下都需在开证行对信用证项下款项作出承兑或承付表示后，出口商方可向福费廷融资商申请办理福费廷业务，其中运用信用证办理福费廷业务中又以远期信用证最为典型。具体业务流程如下（以远期信用证为例）。

（一）主要业务操作流程

1. 进出口双方签订买卖合约。

2. 进口商（Applicant）根据合同约定向开证行申请开立信用证。

3. 开证行开出远期承兑信用证。

4. 出口方（Beneficiary）根据收到的信用证条款安排出货，并向出口地的议付行（交单行）提交全套单据，议付行将单据送交开证行进行审单和承兑。

5. 开证银行审单无误后向交单行发出承兑电文，随着科技的发展，目前承兑运作只要通过 SWIFT 系统发出 MT799 报文即可，而不一定涉及票据的流转。一个合格的承兑电文必须包含以下要素：（1）加押电文；（2）要有承兑（Acceptance）或到期付款（Effect Payment）字样，如：We hereby accept the documents and shall effect payment at maturity；（3）要有到期日期；（4）要有承兑金额。

6. 开证行放单给进口商。

7. 交单行将收到有效承兑的信息通知出口商。

8. 出口商需要提前得到资金融通，或需要对远期收款风险进行卖断，故与一级买断行（初级包买商）签订福费廷协议。

9. 一级买断行向二级买断行（二级包买商）提供所需资料及询价。

10. 二级买断行在一级买断行接受报价的前提下，向一级买断行发出正式报价（Offer），一级买断行收到后向二级买断行确认接受报价（Acceptance）。

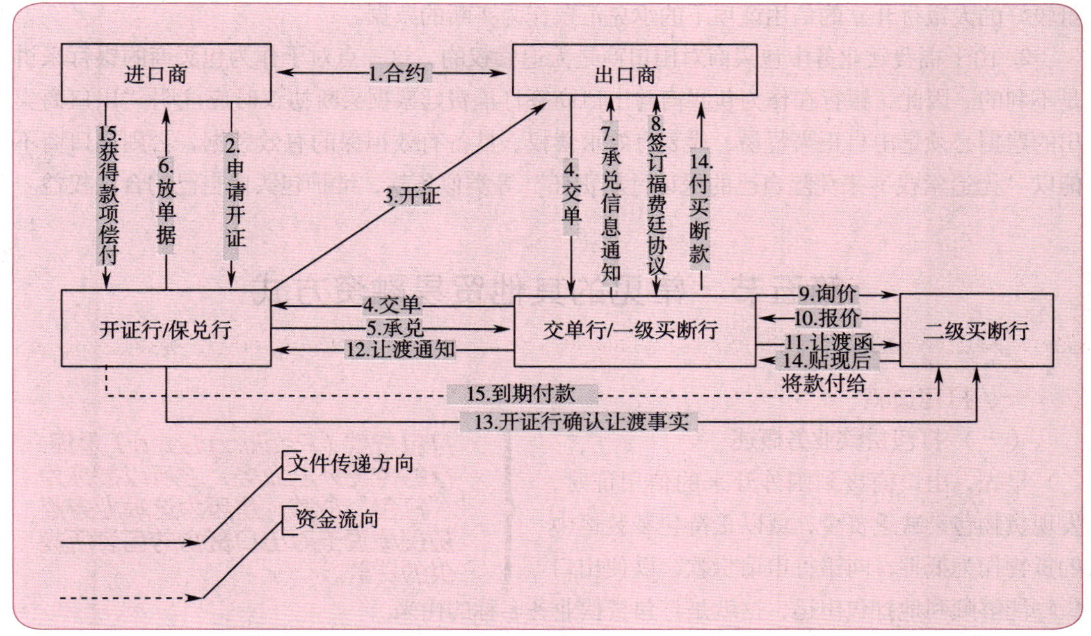

图 14－10　信用证项下福费廷业务操作流程

11. 一级买断行将某些单据（通常为发票或运输单据）及承兑电文副本转发给二级买断行，并向二级买断行发出让渡函（Assignment Letter）。

12. 一级买断行会向开证行发出让渡通知（Notice of Assignment），并要求开证行向二级买断行发出收到让渡通知声明（Acknowledgement）。

13. 开证行对让渡事实进行确认。

14. 二级买断行检查收到的文件及让渡函并证实合格后，会进行贴现并将贴现后款项付给一级买断行，一级买断行扣除价差后付买断款给出口商。有些二级买断行一定要在收到开证行确认收到让渡通知后才会进行贴现，但不一定所有二级买断行都会这样做。因为，在实务中很多国家的开证行都不会向二级买断行发出收到让渡通知的声明，例如印度、伊朗等。

15. 到期日，开证银行向二级买断行付款，同时，开证行也从进口商处获得款项的偿付。

在实务中，上述的 Offer、Acceptance、Assignment、Notice of Assignment 和 Acknowledgement 电文大部分都利用 SWIFT MT799 方式进行交换，减省了邮寄的时间及电文真实性的确认。

（二）业务中的风险及防范

1. 在叙做信用证项下的福费廷业务时，包买商除了要承担汇价风险、利率风险、外汇汇兑和汇出风险外，还应承担汇票的到期付款风险。由于汇票的承兑人是银行（一般是开证行），且由于银行承担的是第一性的付款责任，因此它与其他类型的福费廷业务相比，到期付款风险要小得多。但仍有一定的风险，即由于承兑行或开证行倒闭而无法取得汇票上承兑款项的风险。因此作为包买商的银行在叙做此种福费廷业务时，最重要的一点即选择资信质量较好的大银行开立的信用证项下的承兑汇票作为买断的票据。

2. 由于福费廷业务中包买商对出口商是无追索权的，这一点对于作为包买商的银行来讲是不利的。因此，银行在作为包买商与出口商签订福费廷票据买断协议时应注明“出口商卖出的票据必须是出自正当贸易、代表有效求偿权、具备有效担保的有效票据，否则出口商不能以‘无追索权’来免除自己的保证付款责任”等类似条款，维护包买商自己的合法权益。

第五节　常见的其他贸易融资方式

一、打包贷款

（一）打包贷款业务概述

打包贷款（Packing Loan）是银行的传统外汇业务，之所以被称为“打包”贷款，是因为这项业务最初仅局限于对出口货物的包装所提供的贷款。

早先，出口商接到国外开来的信用证时，发现货物包装缺乏资金，就以正待包装装运中的货物作为抵押，向银行申请贷款，以便出口货物能够顺利地打包出运，这就是打包贷款业务名称的由来。

打包贷款业务发展到现在，形式和内容均已有了变化。现在打包贷款的概念是指出口商采用信用证结算方式出口货物时，将受益人正本信用证项下的应收账款作为还款保障，向银行申请发放的用于采购、生产和装运信用证项下出口货物的专项贷款。打包贷款还款来源为信用证项下出口收汇，是一种货物装船出运前的短期贸易融资。

打包贷款可以帮助出口商在自身资金紧缺而又无法争取到进口商预付货款的支付条件时，扩大贸易机会；同时，在生产、采购等备货阶段都不必占用出口商的自有资金，缓解了出口商的流动资金压力。打包贷款期限短，周转快，从流通领域深入到生产领域，它对缓解出口商的资金压力，帮助企业按期按质按量地完成出口商品的生产和装运有着重要的意义，是银行对出口商提供贸易融资的一种重要形式。

信用证打包贷款的金额一般是按照信用证金额的一定比例发放，具体根据该信用证开证行的资信和贷款企业的信用情况而定，各家贷款银行的标准也不尽相同。融资比例通常为信用证金额的70%～80%，一般不超过90%。融资银行会分析出口商产品的成本结构，计算生产成本占信用证金额的比例，从而决定打包放款的百分比。银行不可能将信用证金额全额打包放款给客户，因为信用证金额中还包含着客户的利润，而且客户也必须自担一部分资金。

打包贷款的年利率可以根据贷款使用的币种，选择使用外汇贷款利率或人民币贷款利率，即若打包贷款使用外币如美元、日元等，则使用美元、日元等外币贷款利率；若打包贷款使用人民币，则使用人民币贷款利率。贷款利率按中国人民银行公布的同币种利率执行，收息一般采用“后收利息”方法，待贷款到期后本金及利息一并收取。

外币融资年利率的计算，一般根据贷款当日同期银行同业间拆放利率（如美元为LIBOR，日元为TIBOR，港元为HIBOR）为基础加一定浮点（Margin）来确定。银行同业间拆放大量使用的利率（美元）是参照LIBOR（London Inter Bank Offered Rate，缩写为LIBOR），LIBOR是指在伦敦的第一流银行借款给伦敦的另一家第一流银行资金的利率。现在 LIBOR 已经作为国际金融市场大多数浮动利率（美元）的基础利率，作为银行从市场上筹集资金进行转贷的融资成本，贷款协议中议定的 LIBOR 通常是由几家指定的参考银行，在规定的时间（一般是伦敦时间上午 11：00）报价的平均利率。最频繁使用的是 3 个月和 6 个月的 LIBOR。比如 2020 年美元 3 个月 LIBOR 为 1.19513%，如打包贷款银行在此基础上加收 80 个基点，打包贷款利率即为 3 个月 LIBOR + 80BP = 1.19513% + 0.8% = 1.99513%。

（二）打包贷款业务的特点

1. 单前融资。打包贷款为单前融资，其发放贷款的时间段为收到信用证之后，向出口地银行提交信用证规定的单据以前。

2. 专款专用。打包贷款是出口地银行为支持出口方受益人执行出口信用证而进行的主要用于对生产或收购商品开支及其他费用的资金融通，一般要求专款专用，不能将打包贷款用于固定资产的投资、归还贷款等其他资本项目的支出。

3. 贷款期限较短。由于信用证项下的出口收汇时间一般不超过半年，而且商业银行是以所抵押的信用证项下款项作为还款来源，所以这种贷款的期限比较短，一般从放款之日起至信用证有效期后一个月止，例如，信用证的受益人于 2020 年 4 月 10 日要求打包贷款，信用证的最迟装运日为 5 月 31 日，则打包贷款的天数为 4 月 10 日至 5 月 31 日的天数即 51 天加 30 天，也就是 81 天，打包贷款期限也就是从 2020 年 4 月 10 日至 2020 年 6 月 30 日。

4. 贷款行留存信用证正本。信用证正本留存于贷款银行，以确保打包贷款的申请人（信用证的受益人）在贷款银行交单议付，便于贷款银行监督信用证的执行情况。

5. 有追索权。打包贷款在正常情况下，以信用证项下收汇作为第一还款来源；在企业不能正常从国外收回货款的情况下，企业必须偿还打包贷款的本金及支付利息，或允许银行主动从其账户扣划打包贷款的本金及利息。

（三）打包贷款业务的作用

出口信用证打包贷款推动了出口企业国际贸易业务的拓展和商业银行国际结算业务的开展，在以下几个方面发挥重要的作用：

1. 对出口商来说，扩大了出口商的国际贸易机会。在无法争取到进口商预付货款的结算条件下，它通过有效地帮助出口企业解决了其在装运货物之前的资金短缺问题，对确保其能够按时对外履行出口销售合同发挥了重要作用，也因此提高了出口企业的国际信誉，使企业借此顺利地把握住更多的贸易机会。另外还减少了出口商的资金占用，提高了竞争能力。由于出口企业提前从贷款银行收到并使用了货款，在一定程度上减少了出口销售货款的收汇风险，也使得出口企业加快了资金的周转速度，减少了自有资金的无效占用，缓解了出口商的流动资金压力，从而提高了出口企业的国内外市场竞争力和经营效益。

2. 对进口商来说，通过使用信用证方式，使得出口商可以获得打包贷款的机会，减轻了进口商预先付款的压力，从而使进出口合同得以顺利地签订和实施，也因此延缓了进口商支付货款的时间，降低了进口商的成本。

3. 对贷款行来说，由于有国外银行开来的合格信用证正本作为保证，银行的风险被相对减少。即银行通过控制所抵押的信用证正本和交单议付权利，从而控制了作为偿还来源的出口货款的收汇，确保了信用证打包贷款能够按期、及时、快速地收回。从经营效益的角度来讲，这种贷款还可以为银行带来相关的国际结算、结售汇等中间业务收入以及派生的本外币存款收益。

（四）打包贷款的操作流程

如图14－11所示，信用证打包贷款的业务流程，可分为以下步骤：

1. 进口商与出口商签订买卖合同，并约定使用信用证方式进行结算。

2. 在合同规定的时间内，开证人按合同要求填报开证申请书，并交纳开证保证金和手续费，向开证行申请开证。

3. 开证行严格按开证申请书要求开立信用证，并传送给出口商所在地通知行，通知行核押审核信用证真实性无误后，向受益人通知信用证。

4. 出口商将收到的以其为受益人的信用证正本提交往来银行，申请打包贷款融资。

5. 出口地银行审查出口商的资信情况、贸易合同、信用证条款，确定给予出口商一定金额的本币或外币打包贷款（金额通常不超过信用证金额的80%，期限通常以信用证有效期或预计收款期为限）。

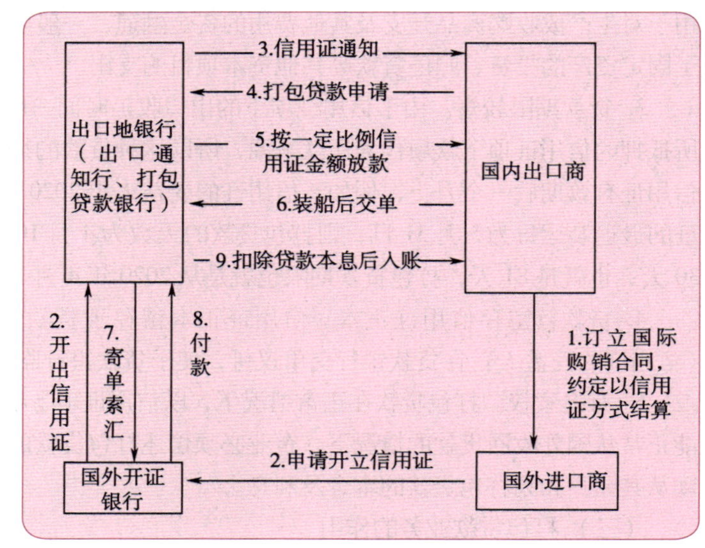

图14－11　打包贷款的操作流程

6. 出口商利用打包贷款组织购买原材料、加工制作、装运出口货物，出口商向融资银行提交信用证规定的单据，融资银行通常为出口商叙做信用证议付、押汇（或贴现、福费廷），以议付、押汇款项归还打包放款本息。如提交单据有不符点，则无法叙做议付等融资，须要等待外国贷款收回后才能归还打包放款本息。

7. 出口地银行向国外开证银行寄单索汇。

8. 在单证相符前提下，开证行履行付款责任。

9. 打包贷款银行收到开证行付款后，扣除贷款本息后，多余款项贷记出口商账户。

二、押汇

（一）进口押汇

1. 信用证项下进口押汇。

（1）信用证项下进口押汇的含义。信用证项下进口押汇又称进口信用证押汇（Import Bill Advance against Letter of Credit），是在信用证业务中，作为开证申请人的进口商在收到开证行到单付款通知后，应及时付款赎单，但在某些特殊情况下，进口商由于种种原因可能出现资金缺口导致一时难以付款（如价格波动导致的临时性囤货，加工周期较长导致的销售款无法及时回笼，应收应付账期不匹配等），进口商即将进口货物的所有权或其他财产抵押给银行，或提供第三人担保，由银行代进口商垫付进口货款。一般融资期限掌握在1～3个月，所以这类资金融通特别适合进口商从事流动速度较快的进口贸易，尤其是那些市场前景好、销售渠道通畅的商品。

图 14－12

我国银行在开展进口信用证押汇业务时并没有统一的做法，各自的要求不尽相同。

中国工商银行的做法是：开证行以信托收据的方式向进口商释放单据（见以下“信托收据”），进口商在未付款的情况下先行办理提货、报关、存仓、保险和销售，并以货物销售后回笼的资金支付银行为其垫付的信用证金额和相关利息。开证行与进口商由于信托收据形成信托关系。可以看出，中国工商银行在开展进口押汇业务时通常是与信托收据（Trust Receipt，T/R）配套操作的。

✪ 附式 14－13　信托收据

编号：

________银行：

我公司在贵行办理了业务编号为________期限为________天的进口开证/代收业务，现同意以下列方式处理该进口开证/代收项下单据（单据金额：________，货物名称：________，数量：________）及货物：

一、我公司兹确认收到贵行上述进口开证/代收项下单据/货物，自我公司取得该单据之日起，至我公司付清该进口开证/代收项下货款、利息及一切费用之日止，该单据及货物的所有权以及有关的保险权益均归属于贵行，我公司保证办理确认贵行上述权利所必需的手续。未经贵行授权，我公司不以任何方式处理该单据及货物。我公司不因上述转让行为而减少、免除或抵消我公司对贵行所承担的债务。

二、我公司作为贵行的受托人，代贵行保管有关单据，以贵行名义办理该货物的存仓、保管、运输、加工、销售及保险等有关事项，代为保管该货物出售后的货款或将货款存入贵行指定账户。贵行有权以任何合法方式对我公司进行监督，包括随时派员或代理人在任何时候进入仓库检查货物。

三、贵行有权要求我公司立即返还该单据或货物或销售所得款项，或从我公司在贵行系统内各机构开立的账户中直接扣款。该货物折价或销售所得款项不足以偿付我公司所欠贵行债务的，贵行有权就差额部分向我公司及保证人进行追索；货物折价或销售所得款项超过我公司所欠贵行债务的，超额部分我公司有权保留。

四、该货物在我公司保管期间产生的所有费用（包括但不限于保险、仓储、运输、码头费用等）由我公司承担。我公司承诺对该货物投保所有可能出现的风险，在保险单上列明贵行为第一受益人，并将保险单交贵行保管，如投保货物发生损失，贵行有权直接向保险公司索赔。

五、未经允许，我公司不以延期付款或任何非货币方式或低于市场价值处理该货物。

六、我公司保证不将货物销售给我公司无权向其进行索偿的任何人。

七、我公司不向其他任何人抵押或质押该货物，或使该货物受到任何留置权的约束。

八、一经贵行要求，我公司即将该货物的账目、任何销售收入或与该货物有关的销售合同详细情况提交给贵行，贵行有权进入仓库对货物的实际情况进行检查或重新占有该货物。

九、若本公司发生破产清算，以信托收据提取的货物不在本公司债权人可分配的财产范围内。

十、我公司保证履行上述有关承诺，否则贵行有权采取任何措施（包括处理公司其他财产）清偿我公司在本信托收据项下承担的义务。

单位名称（公章）：

有权签字人：

年　　月　　日

中国银行的做法是：进口商首先向开证行提出书面的进口押汇申请，与银行签订正式押汇协议，确定金额、期限、利率、还款日期等，银行向进口商交付单据，进口商用销售信用证项下的货物所得款项向银行偿还本金和利息。银行与进口商签订“进口押汇总质押书”，进口商还必须提供相应的担保。

中国建设银行甚至直接把进口押汇业务称做是信托收据贷款。其具体做法是：进口商向银行申请，提交信托收据，银行审核之后与进口商签订押汇合同，进口商同时必须提供担保。

上海浦东发展银行的做法是：把进口押汇分成不同的种类，主要有：①信用押汇即无担保押汇；②凭进口货物仓单押汇，即凭进口商出具的信托收据以信用证项下进口货物及其存仓仓单为质物叙做押汇，开证申请人提货时以相应货款存入上海浦东发展银行，换取相应仓单；③担保押汇，开证申请人提供除进口仓单质押以外的担保方式，如抵押、质押、保证等。

从上述各个银行的具体操作中我们可以看出，进口押汇业务中有的银行采用信托收据的方式，甚至个别银行直接称进口押汇为信托收据贷款，有的银行并没有采用信托收据的形式，而是采用的“进口押汇总质押书”的形式。在采用信托收据形式的银行中，大部分都要求另外提供担保。

因采用信托收据方式是银行界较为普遍的做法，故在下文中将以此种业务方式展开论述。

（2）采用信托收据方式的信用证项下进口押汇的操作流程。

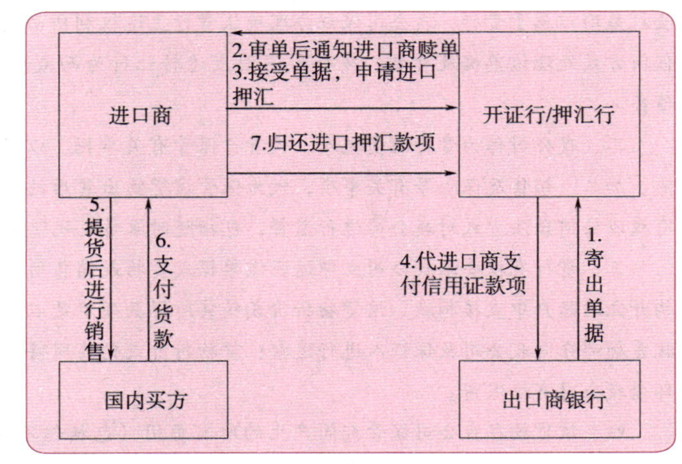

图14－13　采用信托收据方式的进口信用证押汇的操作流程

①开证行收到出口商根据信用证条款规定通过出口商银行递交的单据。

②开证行对单据进行独立审核，审单完毕后提示进口商付款/承兑赎单。

③进口商向开证行提出书面申请，开证行进行严格审查，根据进口商资信、是否单证相符等情况决定是否接受申请。开证行决定接受申请后双方签订进口押汇协议，明确双方权利和义务，协议的基本内容包括：

（a）押汇金额、期限及利率条款。进口押汇的金额、期限与利率由双方协商约定，押汇金额为信用证项下来单金额减去进口商自筹款项，押汇期限与进口货物转卖的期限相匹配，一般不超过90天，利率为同期伦敦银行间同业拆借利率（LIBOR）加一定幅度的附加利率。

（b）进口商的付款义务及保证条款。进口商从押汇行得到的进口押汇款仅限于履行该信用证项下的对外付款，进口商应保证在押汇到期日前归还押汇行押汇款本息，否则押汇行有权处置押汇项下货物。

（c）货权及其转移条款。发放押汇款前，进口商应签发信托收据（T/R）交付给押汇行，信托收据项下货物的所有权转移给押汇行，在进口商未还清押汇款本息前，信托收据项下货权属于押汇行，进口商处于代押汇行保管和销售货物的地位。

（d）进口商的违约条款。如进口商违约，押汇行有权停止进口商在本银行办理一切融资业务，并对其提起诉讼或执行其他措施。

④押汇行根据押汇协议发放押汇款，代进口商向出口商银行支付信用证项下款项。

⑤进口商凭信托收据项下的物权单据向承运人提货，向国内买方进行销售。

⑥进口商收到国内买方支付的货款，实现资金回笼。

⑦进口商到期或提前向押汇行归还押汇款本金及利息。

在国内银行实际操作中，申请进口信用证押汇的企业一般须满足以下条件：持有国家工商行政管理部门核发的公司法人营业执照并经工商行政管理部门办理年检手续，且拥有进出口经营权；必须是国家外汇管理局“对外付汇进口单位名录”上或者持有外汇局签发的“进口付汇备案表”的企业，且不在“进口付汇黑名单”上；资信状况和经营效益良好，在银行无不良记录。

从进口信用证押汇业务的内容可以看出，它大体分为以下三个步骤：一是开证行根据与进口商签订的进口押汇协议对外付款；二是进口商凭信托收据领取货运单据；三是进口商销货后，将货款归还银行，换回信托收据。因此，进口押汇协议和信托收据是进口信用证押汇中的两个主要文件。这里所说的信托收据是指进口押汇业务中，在进口商未付款之前向银行出具的领取货权的凭证。进口信用证押汇业务中开证行收到来单并代进口商对外付款之后，其实意味着已取得了货权，在此基础上银行将单据交给进口商提货并进行加工或销售等处理动作，实际上是一种信托性质的活动。尽管货物是由进口商购买的，但由于签订了信托收据，进口商的提货、加工、销售等行为仅仅是以银行受托人或代理人的身份进行的，实际上通过信托收据明确了进口商所提取货物的所有权仍属银行，及由进口商代为保管和销售货物的地位。在理论上和法律关系上进口商并不享有货权，只有待其按规定支付了货款（归还银行押汇款）之后，货权才由押汇行转移给进口商。

[案例14-1]
建设银行荔湾支行诉蓝粤能源案

2. 托收项下的进口押汇。

（1）托收及汇款项下进口押汇业务定义。托收项下进口押汇简称进口代收押汇（Advance against Import Collection Bills）是代收行以包括物权单据在内的进口代收单据为抵押向进口方提供的一种融资性垫款。由于所得押汇款项仅限于履行进口代收项下的对外付款，不能入企业的结算账户而自由使用，因此具有专款专用的特征。

（2）进口代收押汇的操作流程。通常采用信托收据方式的进口代收押汇的业务操作流程是：代收行收到托收行寄送的单据后，代收行根据进口方的申请与其签订信托收据和进口押汇协议，先行对外垫付。同时，将单据放给进口方，由其提货进行加工、转卖，用货物的回笼款归还代收行的垫款。具体业务流程如下：

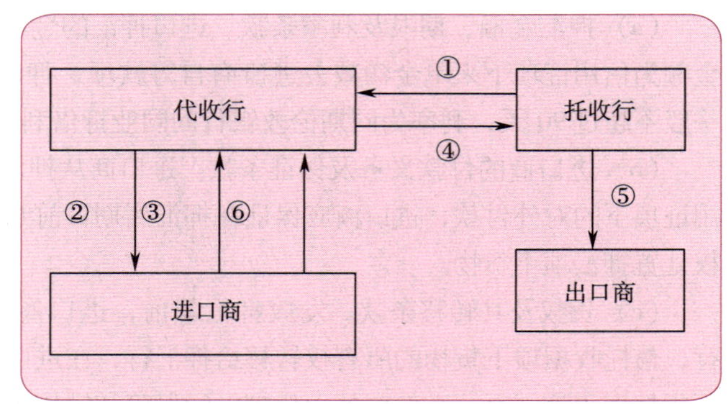

图 14－14　采用信托收据方式的进口代收押汇的业务操作流程

①在进口代收结算方式下，国外出口地托收行收到本国委托人（出口商）的出口单据，经过相应的处理后，将该单据寄送代收行。

②国内代收行在审核单据后通知进口商。

③进口商审核单据，确认接受单据，在付汇资金有困难的情况下，填写“进口代收押汇申请书”，向代收行提出要求办理进口代收押汇。

④代收行接受进口商的要求，在与进口商（开证申请人）签订进口代收押汇合同及信托收据后，办理进口代收押汇，并将进口代收押汇所得款项直接用于向出口地托收行付款。

⑤出口托收行将货款划付出口商。

⑥进口商在进口代收押汇到期后将款项归还代收行。由于进口代收押汇业务风险较大，一般适用于以付款交单（D/P）为结算方式的进口代收业务。对于以承兑交单（D/A）或远期付款交单为结算方式的进口代收业务，由于风险较大，须谨慎办理。代收行通常根据进口方资信状况和抵押品的情况核定一个押汇额度，周转使用。

3. 汇款项下进口押汇。

（1）汇款项下进口押汇的定义。汇款项下进口押汇又称进口 T/T 押汇（Import T/T Financing），是指在汇款贸易结算方式下，进口商将到港的进口货物办理清关后，因资金周转困难，向银行申请押汇用以对外支付部分或全部进口货款，待进口货物销售货款回笼之后，按约定利率和期限由进口商购汇偿还付息的短期融资业务。进口 T/T 押汇具有专款专用的特点，融资的资金不入进口商账户，将款项直接汇给其供应商（发票开票人）或供应商在发票上指定的收款人。

（2）进口 T/T 押汇的操作流程。

①进出口双方签订合同或协议确定以货到付款为贸易结算方式。

②进口商资金周转有困难，向汇出行（进口地银行）提出办理汇出汇款项下融资业务的申请，并提交“汇出汇款项下融资申请书”。

③汇出行（汇出汇款融资行）经审核同意后，与进口商签订汇出汇款项下融资合同，凭进口商提交的“购汇/用汇申请书”（汇出行提供、汇款人填写并盖章）、国外进口商寄交的进口商业发票副本及提单副本、进口贸易合同、货物进口报关单等外汇管理局要求的其他单据向汇入行汇出货款。

④汇入行将货款解付给出口商。

⑤进口商在汇出汇款融资到期时将本金归还汇出行（汇出汇款融资行）并支付相应的利息。

（二）出口押汇

1. 出口押汇概述。

（1）出口押汇的概念。出口押汇是“装船后融资”，包括信用证项下押汇和托收项下押汇。

出口押汇(Export Bill Purchase)是指在国际贸易中，依托出口贸易的信用证或托收结算背景，银行以出口单据所代表的应收账款作为质押，或者以信用证项下或托收项下的有关汇票/出口单据所代表的物权作为质押，向出口商提供的银行有追索权的短期贸易融资业务。

（2）出口押汇与议付的比较。在国际银行实务中，经常会提到“议付”（Negotiation）这个词。根据 UCP 600 的规定，议付是指指定银行在相符交单下，其在应获偿付的银行工作日当天或之前向受益人预付或同意预付款，从而购买汇票（其付款人为指定银行以外的其他银行）及/或单据的行为。议付行给出对价通常都是在确保单据没有不符点的情况下作出的，但有时候受益人在单据不符的情况下仍然有融资的需求。在国内，很少有银行在交单时就愿意为企业办理议付，因为除了对于单据的要求，国内银行也缺乏对于开证行信用或国家/地区风险的评价机制，因此不敢贸然作出议付。企业在交单后到收汇前往往需要银行能够给予融资支持，因此国内银行就为出口企业办理了出口押汇业务，以替代国际上惯用的议付。

由于出口押汇是一种有追索权的融资，因此出口押汇又比议付有如下的好处：

①议付一般仅限于单单相符、单证相符的情况，而出口押汇则可以适用于单单不相符、单证不相符的情况，当然银行会给予出口商一定的授信额度，以供企业办理不相符单据下的出口押汇业务。

②在国际上议付只限于出口信用证项下的业务，但是出口押汇则不仅可以办理出口信用证下的业务，还可以办理托收包括 D/P、D/A 项下的出口押汇。银行在办理托收项下押汇时，会比办理信用证项下的单据更加谨慎，对于出口商的资信有更高的要求。

（3）出口押汇业务的特点。

①出口押汇是对出口商有追索权的融资，押汇银行如果未能按时从国外收回款项，有权要求出口商立即归还押汇融资本息。

②通常期限较短，从出口商提交出口单据之日起至预计从国外收回款项的日期为止，短则几天，长不超过数月。

③押汇金额可以是出口应收账款的全额，也可以是应收账款的一定比例，视出口商的需求及押汇银行在风险方面的考虑而定。

（4）叙做出口押汇业务的好处。叙做出口押汇业务使得商家和银行双得益。对于出口商来说，首先，押汇融资加快了其资金周转，将未来的应收账款转化为现金；其次，融资手续相对于银行贷款而言简便易行，期限、金额方面比较灵活；最后，出口商即时得到货款，提前办理外汇结汇，能够有效地规避汇率风险。

对于融资银行来说，与流动资金贷款相比，有了出口单据所代表的物权/应收账款作为质押，比对出口商的信用放款更有保障。出口信用证押汇还款来源明确，贷款周期通常较短，因而更安全，流动性更强。由于其项下的贸易结算按协议是通过融资行来进行的，融资行除可获得放款回收保证、存贷款利差之外，还可以获得更多收益。它可以通过提供结算，处理结算中的单据赚取该笔融资项下贸易结算中的各种手续费，如信用证通知费、议付费等。此外，还能赚取货款支付结算时因本外币的汇兑而带来的买卖差价，即汇兑收益。

2. 信用证项下出口押汇。

（1）信用证项下出口押汇的定义。信用证项下出口押汇指出口商凭借进口方银行开来的信用证将货物发运后，按照信用证要求制作单据并向其往来银行交单，该银行审核无误后，参照票面金额将款项垫付给出口商，然后向开证行寄单索汇，以收回款项归还押汇款本息并保留追索权的一种短期出口融资业务。

出口押汇金额由押汇银行根据实际情况核定，原则上为所提交单据金额的70%～90%。一般采用后收息的方式，押汇银行将押汇款项直接划入出口商的账户。押汇也可采用预扣利息的方式，在预扣利息方式下押汇银行预扣银行费用、押汇利息后，将净额划入出口商的账户。如实际收汇日超出押汇的期限，押汇银行将向出口商补收押汇利息。即出口押汇净额＝出口押汇金额－银行费用－押汇利息。

（2）信用证项下出口押汇的操作流程。

①进出口双方签订贸易合同。

②进口商根据合同要求向进口商银行提出申请，委托其开立信用证。

③进口商银行向出口商银行开出信用证。

④出口商银行收到信用证后，通知出口商，要求其按照信用证要求提交相应单据。

⑤出口商根据信用证条款向出口商银行递交相应单据，

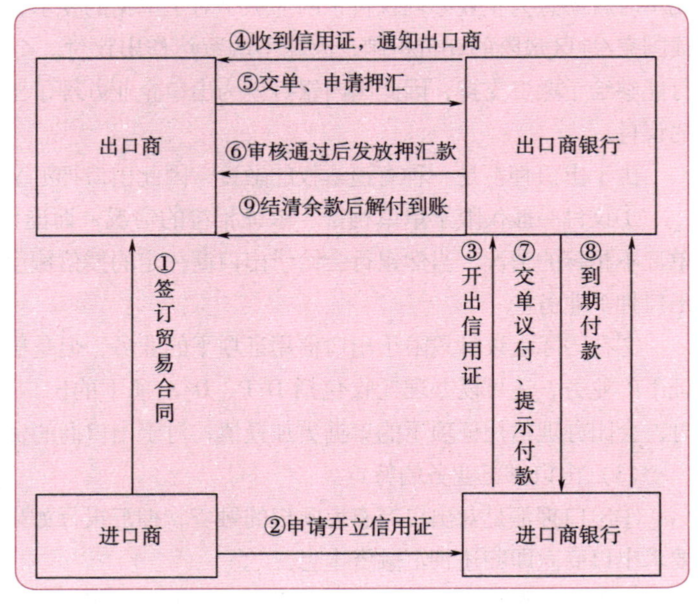

图 14－15　出口信用证项下押汇业务的操作流程

并向出口商银行申请办理出口信用证押汇业务并提交出口押汇业务申请书。

⑥出口商银行对单据及押汇申请进行一并审核，审核通过后按单据金额的一定比例（一般最高不超过 90%）发放押汇款。

⑦出口商银行向进口商银行交单议付，并提示进口商银行即期付款或承兑付款。

⑧进口商银行到期付款。

⑨出口商银行收到进口商银行支付的款项后，扣除押汇本金、利息及相关手续费后将余款解付至出口商账户。

3. 托收项下出口押汇。

（1）托收项下出口押汇的定义。出口托收押汇（Advance against Documentary Collection），是指出口商采用托收为结算方式并将单据交出口托收行，在货款收回前，托收行以托收单据为质押向出口商提供短期融资，待托收款项收妥后归还银行押汇款本息的一种贸易融资方式。

（2）托收项下出口押汇的操作流程。

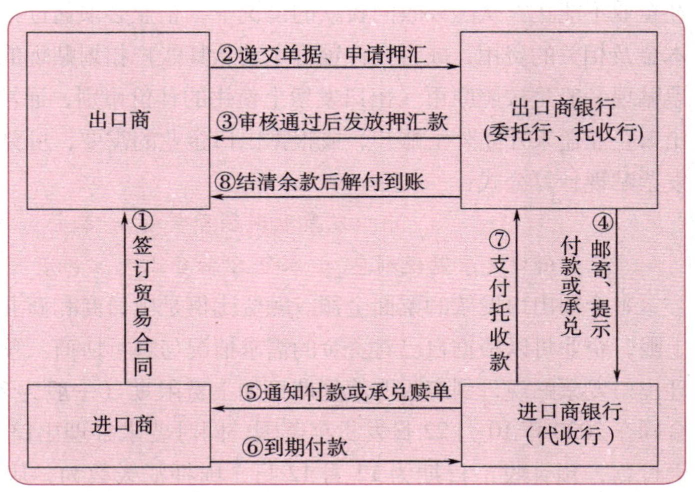

图 14－16　出口托收押汇的业务流程

①进出口双方签订贸易合同。

②出口商根据合同要求向出口商银行递交全套单据，申请办理出口押汇。

③出口商银行接受出口商的押汇要求，在双方签订有关押汇协议、审核通过后按单据金额的一定比例（一般最高不超过 90%）发放押汇款，即押汇一般为后收息，押汇放款后直接入出口商账户。

④出口商银行将全套单据邮寄给进口商银行，并提示付款或承兑赎单。

⑤进口商银行通知进口商已到单，并提示付款或承兑赎单。

⑥进口商即期付款或承兑到期付款。

⑦进口商银行收到进口商付款后将托收款支付给出口商银行。

⑧出口商银行收到进口商银行支付的款项后，扣除押汇本金、利息及相关手续费后将余款解付至出口商账户。

三、出口发票贴现

（一）出口商业发票贴现业务概述

出口发票贴现是从国际保理中分离出来

出口商业发票贴现(Discounting of Export Commercial Invoice，以下简称出口发票贴现)是指出口企业在发货以后，银行凭出口企业提供的相关商业发票和其他有关单据，在商业发票票面金额的基础上，按照一定的比例向出口企业进行有追索权的短期贸易融资业务，出口企业以应收账款回笼款项作为主要还款来源。

的一项业务，由于国际保理中保理商必须提供出口贸易融资、销售账务管理、应收账款收取以及买方信用担保这四项服务中的至少两项服务，因此对于一些企业来说，国际保理的费用过于昂贵。有一些企业自身财务评级较高，与之交易的进口商财务实力也较好，因此，这些企业，仅仅需要资金周转，而无须银行提供如坏账担保等其他服务，这样出口发票贴现就应运而生了。

出口发票贴现的融资比例通常不超过出口商业发票票面金额的80%，利息采用预收或者后收的方法，即银行在发票金额的80%内扣除预计利息及各种手续费后，将余额贷给出口企业；出口发票贴现的还款来源正常情况下为该笔融资业务对应的应收账款形成的现金流入，在企业不能正常从国外收回货款的情况下，企业必须通过第二还款来源偿还出口发票贴现的本金及相关的费用，或者允许银行主动从其账户扣划贴现的金额及补收相关的费用。出口发票贴现一般是按照原币（出口发票上使用的计价币别，通常为美元）入出口企业的账，如果出口企业还未开立外汇账户，或根据出口企业的需要，可兑换（结汇）成人民币入账。出口发票贴现计算公式：

出口发票贴现融资金额 = 本金 × 融资比例

出口发票贴现利息 = 本金 × 融资比例 × 融资年利率 × 贴现天数/360

本金即出口发票的票面金额。融资比例是出口商和商业银行通过出口发票贴现协议规定上限，企业可以根据自己对资金的需求情况与银行协商。预收利息贴现天数的计算通常是办理出口发票贴现日到应收账款到期日加上宽限期（一般为3个工作日）。例如，出口商根据合同在2020年10月22日发货至美国，同时要求办理出口发票贴现，付款条件是货到后20天付款，预计收汇日期为12月12日，则押汇天数为：从10月22日到12月12日的天数（51天）加上3个工作日，即为54天。后收利息的贴现天数以实际融资天数计算。

（二）出口发票贴现业务流程

1. 进出口双方签订贸易合同，约定以赊销（O/A）或承兑交单托收（D/A）的方式结算。

2. 出口商与银行建立授信关系，并向银行提出出口发票融资申请，银行核定出口发票贴现专项额度。

（1）银行对出口商的申请进行审核，主要查验其出口贸易是否适合叙做出口发票贴现业务、出口合同中有无限制债权转让及寄售等条款。

（2）银行要对出口商资信进行审查，审查其资本、信誉、经营状况等方面情况，并认真了解出口商以往与进口商往来的具体业务情况，包括近期签约情况、付款条件及贸易关系

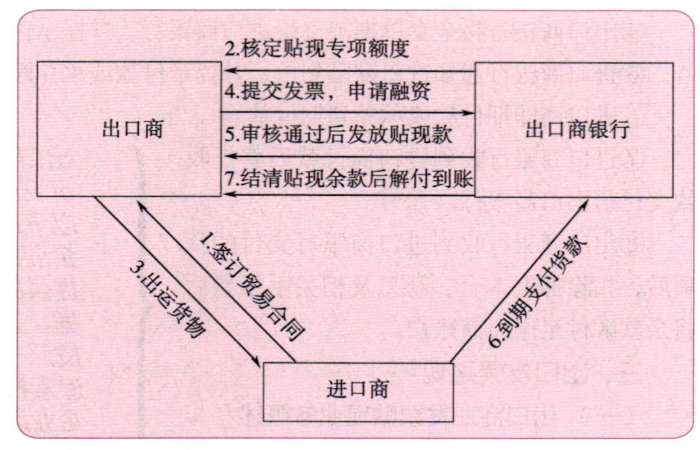

图14－17　出口发票贴现业务操作流程

等，以确定交易的真实性和出口商申请出口发票贴现额度的适量性。

（3）在对出口商资信情况进行综合评判分析并根据需要落实有关担保措施后，银行对出口商核定一定金额的出口发票贴现专项额度。

3. 出口商向进口商发货。

4. 出口商发货后，向出口银行提交“出口商业发票融资申请书”、出口合同、商业发票、运输单据副本。

5. 出口商银行审核通过后按发票金额的一定比例（一般最高不超过80%）发放贴现款。

（1）出口银行要对贸易真实性和单据进行审核，审核各项单据所记载内容的一致性，应特别注意审核运输单据的真实性，必要时可通过海关等机构查询确保真实的贸易背景。

一般需审核的内容有“出口商业发票融资申请书”及商业发票中的有关内容：重点核对进口商名称是否与“出口商业发票融资额度申请书”及出口贸易合同中的记载一致，付款条件、金额是否正确，货物名称是否一致；提请融资的金额是否在融资额度以内：如同一合同项下有多单发票，提请融资的发票金额是否超出了未执行的合同金额；审核各项单据所记载内容的一致性，特别审核提单的表面真实性，如有必要，应要求出口商提供相关提单的正本进行核对；除对单据表面真实性的审查外，银行一般要通过其他渠道核查相关业务的真实贸易背景，如在出口商协助下登录海关“中国电子口岸系统”抽查拟融资发票项下货物的出口报关情况（如时间紧急，亦可在融资后进行定期抽查）等。

（2）出口银行审核无误后，根据结算方式的不同对外寄交单据，同时以发票金额的一定比例在核准的额度内给予出口商贴现融资。银行通常在扣除贴现利息后，将净额给付出口商，扣息天数按贴现日至发票到期日的实际天数加一定宽限期（不超过30天）计算。

一般银行采取逐笔办理融资，即一笔发票对应办理一笔融资，利息可采取先扣（融资时预扣）或后收（实际收汇还贷时收取）两种方式。企业可择机选择原币发放或按当日结汇价折合人民币发放。

6. 进口商到期向出口商银行支付货款。

7. 出口商银行收到进口商支付的款项后，扣除贴现本金、利息及相关手续费后将余款解付至出口商，同时恢复出口商可融资额度。如应收账款到期后进口商未付款，银行将以适当的方式向进口商催收。如果超过一定时期仍未收回，则银行向出口商行使融资追索权，索回贴现融资本息。

四、进口海外代付

（一）进口海外代付的概念

根据结算方式的不同可分为信用证代付、T/T代付或进口托收代付。

（二）进口海外代付的作用

1. 进口商办理海外代付的好处。

（1）融资成本低。海外代付同进口押汇一样都是银行为进口商提供融资，但是有很大区别。进口押汇中银行使用的外汇资金来自国内进口商银行本身，成本较高，相应地要转嫁到进口商身上，而海外代付是利用海外代理行低成本的外汇资金，进口商的融资成本相应地也降低了。

通常由于国外闲置资金较多、资本市场发达等因素，银行同业之间的拆借成本较低，因而同等条件下，境外银行可以给予客户比我国国内低得多的贷款利率。由于海外代付的资金来源于境外银行，一方面，因为资金成本低，企业可以通过叙做该项业务享受较低的融资利率，从而降低融资成本，降低财务费用支出，提高经营效益；另一方面，由于使用的是境外银行的外汇资金，融资过程在海外完成而不受国内对外汇贷款利率规定的约束，规避了政策上的风险。

进口海外代付是指进口信用证项下、T/T汇出汇款项下或进口托收项下，国内进口商向国内融资银行提出进口项下的融资申请，由融资银行同海外代理行签订协议，授权海外代理行对出口商先行付款，并约定还款日期，在到期日进口商将融资本金和利息归还国内银行，国内银行扣除利息差额后，再偿付海外代理行的本金和利息。

（2）融资手续简单便捷。由于有真实的贸易背景和进口货物销售作为今后融资还款来源，银行更容易控制授信资金用途和还款来源；具体办理进口代付手续时随汇款手续一并进行，操作便捷。

（3）有利于规避汇率风险。当市场出现人民币升值的情形下，企业规避汇率风险的有效手段主要有在出口业务中提前收汇并结汇，在进口业务中推迟购汇和付汇。进口商在付出较低的利息支出的情况下，获得了融资并在到期购汇还款时享受了人民币升值的好处。

2. 国内银行办理海外代付的好处。

（1）获得了海外低成本的资金，降低了融资价格，吸引了客户，提高了银行收益。

（2）在不占用自有资金的情况下，将贷款业务收入（以前的进口押汇）转化成中间业务收入，改善了银行收益结构。

3. 海外代理行提供代付带来的好处。

（1）海外代理行本身的外汇资金充裕，而且由于海外资本市场发达，使之能够为国内银行提供低成本的资金，从而为海外代理银行带来超过单纯资金拆借的收益，海外代付的价格一般都在 LIBOR + 20 点以上，而单纯的资金拆借利率为 LIBOR + 5 点左右。

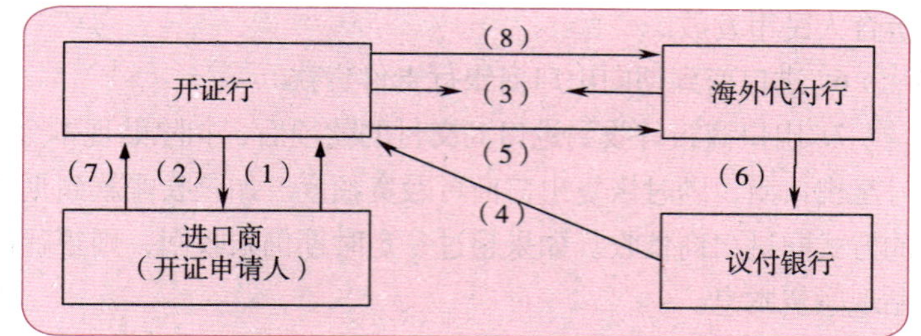

图 14－18　信用证代付业务流程

（2）海外代理行获得的收益是低风险的收益。海外代理行会评估国内银行的资信情况并拟定一个信用额度，在国内银行同海外代理行签订海外代付协议并确认到期偿付的权利与义务情况下，海外代理行的资金和收益的风险都能够得到保障。

（三）进口海外代付的基本流程

1. 信用证代付业务流程图（见图 14－18）。

（1）进口商（开证申请人）向开证行申请开立信用证，并要求叙做信用证代付业务，以降低利息、节约财务成本。

（2）境内开证行经审核同意为进口商开立信用证及叙做信用证代付业务后，要求申请人出具信用证代付业务申请书、信托收据、进口代付合同及开证行要求的其他单据。

（3）开证行向选定的代付行进行询价，并就融资价格分别与代付行、申请人达成一致，并签订信用证项下代付业务协议。

（4）境外议付行将信用证要求的单据寄开证行并要求根据信用证条件付款。

（5）开证行在收到境外议付行的单据和付款指示后，将表明代付金额、代付到期的还款日等内容的授权付款指示通知海外代付行。

（6）海外代付行根据开证行的授权付款指示将款项付给境外议付行。

（7）进口商收回销售货款，到期将进口付汇的款项及利息支付给开证行。

（8）在约定的时间内，开证行将融资的本息归还给海外代付行。

2. 进口托收代付业务流程图（见图14－19）。

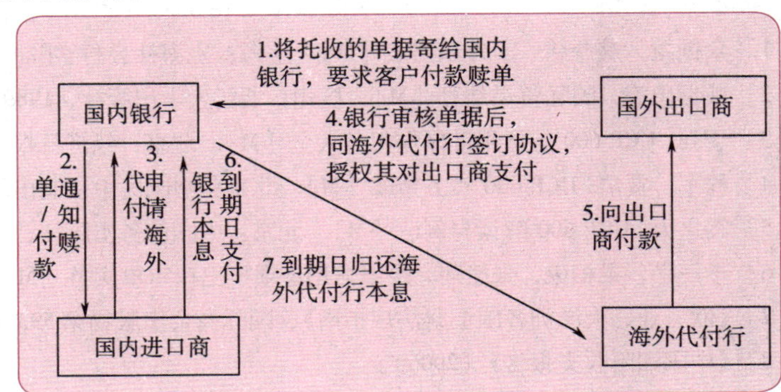

图14－19　进口托收代付业务流程图

3. 汇款代付业务流程图（见图14－20）。

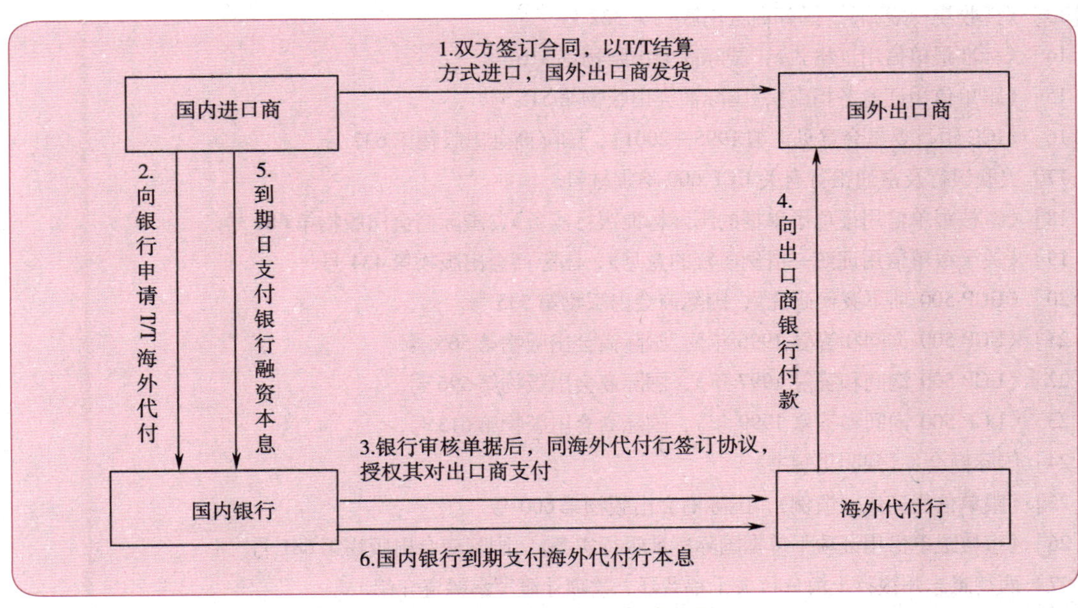

图14－20　汇款代付业务流程图

参考文献

[1] 余振龙，姚念慈．国外票据法［M］．上海：上海社会科学院出版社，1991.
[2] 戚世忠等．国际贸易结算［M］．杭州：浙江大学出版社，1989.
[3] 于强．UCP 600 与信用证操作实务大全［M］．北京：经济日报出版社，2007.
[4] 程军，贾浩．UCP 600 实务精解［M］．北京：中国民主法制出版社，2007.
[5] 阎之大．UCP 600 解读与例证［M］．北京：中国商务出版社，2007.
[6] 李一平，梁柏谦，张然翔．跟单信用证项下出口审单实务［M］．北京：中国商务出版社，2004.
[7]《欧、亚、大洋洲各国汇票法规指南》，国际商会出版物第 593 号.
[8]《中国国际收支报告》（2006）。
[9]《中国外汇管理》杂志增刊：《国家外汇管理法规专辑（2002）》.
[10] 美联银行、花旗银行及德意志银行国际清算培训资料.
[11]《托收统一规则》，国际商会出版物第 522 号.
[12]《托收统一规则评论》，国际商会出版物第 550 号.
[13]《托收统一规则》，国际商会出版物第 322 号.
[14]《标准跟单信用证格式》，国际商会出版物第 516 号.
[15]《跟单信用证业务指南》，国际商会出版物第 515 号.
[16]《ICC 银行委员会意见汇编 1995—2001》，国际商会出版物第 632 号.
[17] 美联银行及富通银行有关 UCP 600 培训材料.
[18]《审核跟单信用证项下单据的国际标准银行实务》，国际商会出版物第 681 号.
[19]《关于跟单信用证统一惯例质疑的意见》，国际商会出版物第 434 号.
[20]《UCP 500 项下案例研究》，国际商会出版物第 535 号.
[21]《UCP 500 询问和答复 1996 年》，国际商会出版物第 565 号.
[22]《UCP 500 询问和答复 1997 年》，国际商会出版物第 596 号.
[23]《UCP 500 询问和答复 1999 年》，国际商会出版物第 613 号.
[24] 国际商会：《阐明见解书》.
[25]《跟单信用证统一惯例》，国际商会出版物第 600 号.
[26]《审核跟单信用证项下单据国际标准银行实务》，国际商会出版物第 681 号.
[27] 西德意志州银行上海分行关于福费廷、款项让渡贸易融资介绍.
[28]《美国统一商法典》第三编.
[29]《中国银行 SWIFT 报文标准实用手册》（内部资料），2002.
[30]《跟单信用证统一惯例（UCP 600）关于电子交单的附则（eUCP）1.1 版本》.
[31]《跟单信用证案例研究》，国际商会出版物第 459 号.

[32]《清洁运输单据》，国际商会出版物第 473 号.

[33]《多式运输单据规则》，国际商会出版物第 481 号.

[34]《审核信用证单据的标准银行实务》（SBPED），美国国际银行理事会，1996.

[35] Dudley Richardson：《流通票据和英国票据法指南》，“关于汇票各种当事人”.

[36] DC Insight，Spring 1997，Winter 2000，Winter 2001.

[37] Richardson：《流通票据指南和英国票据法》.

[38] 国际商会银行委员会文件：《UCP 500 第 20b 的正本单据的决定》.

[39]《UCP 500 和 400 比较》，国际商会出版物第 511 号.

[40] 国际商会银行技术与实务委员会文件：《UCP 500 项下开证行的审单义务》.

[41] 国际商会银行委员会文件：《UCP 500 第 20b 正本单据的决定》.

[42] 国际商会出版物第 411 号、431 号、469 号、511 号、515 号、516 号、535 号、596 号、600 号、681 号.

[43]《跟单信用证项下银行间偿付统一规则》，国际商会出版物第 525 号、第 725 号.

[44]《见索即付保函统一规则》（国际商会出版物第 458 号）.

[45]《跟单信用证统一惯例》（国际商会出版物第 500 号）.

[46]《托收统一规则》（国际商会出版物第 522 号）.

[47]《国际备用信用证惯例》（国际商会出版物第 590 号）.

[48]《2000 年国际贸易术语解释通则》（国际商会出版物第 560 号）.

[49] 2000 年国际保理商联合会制定的《国际保理业务惯例规则》.

[50]《关于 UCP 500 等的意见汇编》（国际商会出版物第 632 号）.

[51]《审核跟单信用证项下单据的国际标准银行实务》（国际商会出版物第 645 号）.

[52]《跟单信用证项下银行间偿付统一规则》（国际商会出版物第 725 号）.

[53] DC Insight 1999 年秋季季刊：鲍勃·福斯特评论延期付款信用证的英国重要案例.

[54] Lakshman Wickremeratne 等：《跟单信用证全面指南》.

[55] SWIFT：SWIFT User Handbook，2008 Version.

[56] 国家外汇管理局网站，http：//www. safe. gov. cn.

21世纪高等学校金融学系列教材

一、货币银行学子系列

★货币金融学（第四版）	朱新蓉	主编	56.00元	2015.08出版
（普通高等教育“十一五”国家级规划教材/国家精品课程教材·2008）				
货币金融学	张　强　乔海曙	主编	32.00元	2007.05出版
（国家精品课程教材·2006）				
货币金融学（附课件）	吴少新	主编	43.00元	2011.08出版
货币金融学（第二版）	殷孟波	主编	48.00元	2014.07出版
（普通高等教育“十五”国家级规划教材）				
现代金融学——货币银行、金融市场与金融定价	张成思	编著	58.00元	2019.10出版
货币银行学（第二版）	夏德仁　李念斋	主编	27.50元	2005.05出版
货币银行学（第三版）	周　骏　王学青	主编	42.00元	2011.02出版
（普通高等教育“十一五”国家级规划教材）				
货币银行学原理（第六版）	郑道平　张贵乐	主编	39.00元	2009.07出版
金融理论教程	孔祥毅	主编	39.00元	2003.02出版
西方货币金融理论	伍海华	编著	38.80元	2002.06出版
现代货币金融学	汪祖杰	主编	30.00元	2003.08出版
行为金融学教程	苏同华	主编	25.50元	2006.06出版
中央银行通论（第三版）	孔祥毅	主编	40.00元	2009.02出版
中央银行通论学习指导（修订版）	孔祥毅	主编	38.00元	2009.02出版
商业银行经营管理（第二版）	宋清华	主编	43.00元	2017.03出版
商业银行管理学（第五版）	彭建刚	主编	53.00元	2019.04出版
（普通高等教育“十一五”国家级规划教材/国家精品课程教材·2007/国家精品资源共享课配套教材）				
商业银行管理学（第三版）	李志辉	主编	48.00元	2015.10出版
（普通高等教育“十一五”国家级规划教材/国家精品课程教材·2009）				
商业银行管理学习题集	李志辉	主编	20.00元	2006.12出版
（普通高等教育“十一五”国家级规划教材辅助教材）				
商业银行管理	刘惠好	主编	27.00元	2009.10出版
现代商业银行管理学基础	王先玉	主编	41.00元	2006.07出版
金融市场学（第三版）	杜金富	主编	55.00元	2018.07出版
现代金融市场学（第四版）	张亦春	主编	50.00元	2019.02出版
中国金融简史（第二版）	袁远福	主编	25.00元	2005.09出版
（普通高等教育“十一五”国家级规划教材）				
货币与金融统计学（第四版）	杜金富	主编	48.00元	2018.07出版
（普通高等教育“十一五”国家级规划教材/国家统计局优秀教材）				
金融信托与租赁（第五版）	王淑敏　齐佩金	主编	45.00元	2020.06出版
（普通高等教育“十一五”国家级规划教材）				
金融信托与租赁案例与习题	王淑敏　齐佩金	主编	25.00元	2006.09出版

书名	作者		方式	定价	出版时间
（普通高等教育“十一五”国家级规划教材辅助教材）					
金融营销学	万后芬		主编	31.00 元	2003.03 出版
金融风险管理	宋清华	李志辉	主编	33.50 元	2003.01 出版
网络银行（第二版）	孙　森		主编	36.00 元	2010.02 出版
（普通高等教育“十一五”国家级规划教材）					
银行会计学	于希文	王允平	主编	30.00 元	2003.04 出版

二、国际金融子系列

书名	作者		方式	定价	出版时间
国际金融学	潘英丽	马君潞	主编	31.50 元	2002.05 出版
★国际金融概论（第五版）	孟　昊	王爱俭	主编	45.00 元	2020.01 出版
（普通高等教育“十二五”国家级规划教材/国家精品课程教材·2009）					
国际金融（第三版）	刘惠好		主编	48.00 元	2017.10 出版
国际金融概论（第三版）（附课件）	徐荣贞		主编	40.00 元	2016.08 出版
★国际结算（第七版）（附课件）	苏宗祥	徐　捷	著	70.00 元	2020.08 出版
（普通高等教育“十二五”国家级规划教材/2012—2013 年度全行业优秀畅销书）					
各国金融体制比较（第三版）	白钦先		等编著	43.00 元	2013.08 出版

三、投资学子系列

书名	作者		方式	定价	出版时间
投资学（第三版）	张元萍		主编	56.00 元	2018.02 出版
证券投资学	吴晓求	季冬生	主编	24.00 元	2004.03 出版
证券投资学（第二版）	金　丹		主编	49.50 元	2016.09 出版
现代证券投资学	李国义		主编	39.00 元	2009.03 出版
证券投资分析（第二版）	赵锡军	李向科	主编	35.00 元	2015.08 出版
组合投资与投资基金管理	陈伟忠		主编	15.50 元	2004.07 出版
投资项目评估	王瑶琪	李桂君	主编	38.00 元	2011.12 出版
项目融资（第三版）	蒋先玲		编著	36.00 元	2008.10 出版

四、金融工程子系列

书名	作者		方式	定价	出版时间
金融经济学教程	陈伟忠		主编	35.00 元	2008.09 出版
衍生金融工具（第二版）	叶永刚	张　培	主编	37.00 元	2014.08 出版
现代公司金融学（第二版）	马亚明		主编	49.00 元	2016.08 出版
金融计量学	张宗新		主编	42.50 元	2008.09 出版
数理金融	张元萍		编著	29.80 元	2004.08 出版
金融工程学	沈沛龙		主编	46.00 元	2017.08 出版

五、金融英语子系列

书名	作者		方式	定价	出版时间
金融英语阅读教程（第四版）	沈素萍		主编	48.00 元	2015.12 出版
（北京高等教育精品教材）					
金融英语阅读教程导读（第四版）	沈素萍		主编	23.00 元	2016.01 出版
（北京高等学校市级精品课程辅助教材）					
保险专业英语	张栓林		编著	22.00 元	2004.02 出版
保险应用口语	张栓林		编著	25.00 元	2008.04 出版

注：加★的书为“十二五”普通高等教育本科国家级规划教材。

21 世纪高等学校保险学系列教材

书名	作者		方式	定价	出版时间
保险学概论	许飞琼		主编	49.80 元	2019.01 出版
保险学（第二版）	胡炳志	何小伟	主编	29.00 元	2013.05 出版
保险精算（第三版） （普通高等教育"十一五"国家级规划教材）	李秀芳	曾庆五	主编	36.00 元	2011.06 出版
人身保险（第二版）	陈朝先	陶存文	主编	20.00 元	2002.09 出版
财产保险（第五版） （普通高等教育"十一五"国家级规划教材/普通高等教育精品教材奖）	许飞琼	郑功成	主编	43.00 元	2015.03 出版
财产保险案例分析	许飞琼		编著	32.50 元	2004.08 出版
海上保险学	郭颂平	袁建华	编著	34.00 元	2009.10 出版
责任保险	许飞琼		编著	40.00 元	2007.11 出版
再保险（第二版） （普通高等教育"十一五"国家级规划教材）	胡炳志	陈之楚	主编	30.50 元	2006.02 出版
保险经营管理学（第二版） （普通高等教育"十一五"国家级规划教材）	邓大松	向运华	主编	42.00 元	2011.08 出版
保险营销学（第四版） （教育部经济类专业主干课程推荐教材）	郭颂平	赵春梅	主编	42.00 元	2018.08 出版
保险营销学（第二版）	刘子操	郭颂平	主编	25.00 元	2003.01 出版
★风险管理（第五版） （普通高等教育"十一五"国家级规划教材）	许谨良		主编	36.00 元	2015.08 出版
保险产品设计原理与实务	石　兴		著	24.50 元	2006.09 出版
社会保险（第四版） （普通高等教育"十一五"国家级规划教材）	林　义		主编	39.00 元	2016.07 出版
保险学教程（第二版）	张　虹	陈迪红	主编	36.00 元	2012.07 出版
利息理论与应用（第二版）	刘明亮		主编	32.00 元	2014.04 出版

注：加★的书为"十二五"普通高等教育本科国家级规划教材。